致薇拉

LETTERS TO VÉRA

〔美〕弗拉基米尔·纳博科夫 著

唐建清 译

人民文学出版社
PEOPLE'S LITERATURE PUBLISHING HOUSE

著作权合同登记号　图字 01-2016-6582

图书在版编目(CIP)数据

致薇拉 /(美)弗拉基米尔·纳博科夫著；唐建清译. —北京：人民文学出版社，2016
ISBN 978-7-02-011942-4

Ⅰ. ①致… Ⅱ. ①弗… ②唐… Ⅲ. ①纳博科夫(Nabokov, Vladimir 1899—1977)-书信集 Ⅳ. ①K871.256

中国版本图书馆 CIP 数据核字(2016)第 197316 号

责任编辑　甘　慧　邱小群　汤　淼
装帧设计　高静芳

出版发行　人民文学出版社
社　　址　北京市朝内大街 166 号
邮政编码　100705
网　　址　http://www.rw-cn.com

印　　制　山东临沂新华印刷物流集团
经　　销　全国新华书店等

字　　数　570 千字
开　　本　720 毫米×1000 毫米　1/16
印　　张　35　插页　5
版　　次　2017 年 2 月北京第 1 版
印　　次　2018 年 3 月第 2 次印刷

书　　号　978-7-02-011942-4
定　　价　88.00 元

如有印装质量问题，请与本社图书销售中心调换。电话：01065233595

目 录

缩略语 001

年表 001

关于纳博科夫给薇拉的信 001

布莱恩·博伊德

《致薇拉》英译前言 028

奥尔加·沃罗尼娜

给薇拉的信 035

附录一：谜语 525

格纳迪·巴拉布塔罗

附录二：纳博科夫去世后 540

布莱恩·博伊德

致谢 543

参考文献 544

缩略语

下述作品的作者是弗拉基米尔·纳博科夫，除非另作说明。更多书目见《参考文献》。此表还包括信头中使用的简称。

未署名亲笔信（AL）

署名亲笔信（ALS）

亲笔便函（AN）

署名亲笔便函（ANS）

未签名明信片（APC）

签名明信片（APCS）

布莱恩·博伊德（BB）

《亲爱的邦尼，亲爱的瓦洛佳：纳博科夫—威尔逊书信集：1940—1971》（*DBDV*）

德米特里·纳博科夫（DN）

埃琳娜·纳博科夫（EN）[①]

《尤金·奥涅金》（*EO*）[②]

《天赋》（*Gift*）

《王、后、杰克》（*KQK*）

《文学讲稿》（*LL*）

《俄国文学讲稿》（*LRL*）

哈佛大学比较动物学博物馆（MCZ）

《从苏联来的人：剧作选》（*MUSSR*）

《尼古拉·果戈理》（*NG*）

---

① 纳博科夫的母亲。——译注

②《尤金·奥涅金》（*Eugene Onegin*）即俄国诗人普希金（Alexander Pushkin，1799—1837）的《叶甫盖尼·奥涅金》，此处指纳博科夫翻译并评注的英译本。——译注

《纳博科夫的蝴蝶》(*N'sBs*)

《诗歌与棋题》(*PP*) [①]

《一个俄罗斯美人：短篇小说选》(*RB*)

史黛西·希夫著《薇拉》(*Schiff*) [②]

《书信集：1940—1971》(*SL*)

《说吧，记忆》(*SM*)

《独抒己见》(SO)

《眼睛》1938（*Sog*）

《弗拉基米尔·纳博科夫短篇小说集》(*SoVN*)

《诗选》(*SP*)

《诗集》1979（*Stikhi*）

《被推翻的暴君》(*TD*)

《摩纳先生的悲剧》(*TGM*)

《摩恩先生的悲剧》(*TMM*) [③]

《诗歌与译本》(*V&V*) [④]

《肖巴之归》(*VC*)

弗拉基米尔·德米特里耶维奇·纳博科夫（VDN）[⑤]

薇拉·纳博科夫（VéN）

《菲雅塔的春天》(*VF*)

薇拉·纳博科夫的录音文件（1932 年的信件，来自 BB 录音记录）(VÉNAF)

弗拉基米尔·纳博科夫（VN）

弗拉基米尔·纳博科夫档案（VNA）[⑥]

布莱恩·博伊德：《纳博科夫传：俄罗斯岁月》(*VNAY*)

布莱恩·博伊德：《纳博科夫传：美国岁月》(*VNRY*)

---

① 棋题（chess problem），即借助棋子在棋盘上编制的棋局或难题。——译注

② 即《弗拉基米尔·纳博科娃传》。——译注

③ 前为俄文原著，此为英译本。——译注

④ 此书副标题为《三百年俄国诗选》，由纳博科夫编选及翻译。——译注

⑤ 纳博科夫的父亲。——译注

⑥ 由亨利·柏格和艾伯特·柏格收集，纽约公共图书馆收藏。——译注

年　表

为了便捷地确定给薇拉的书信，下述年表只提供：（1）纳博科夫和他的直系亲属生活中的关键日期；（2）尽可能准确地提供他的小说和自传（及其译本，依据在书信中的重要性）的日期；（3）当纳博科夫与薇拉分开较长时期，纳博科夫给薇拉写不止一封信的日期。*斜体*表明一方离开另一方的住处（或在一次短途旅行中一方离开又返回）；**黑体**表明一次返回。每次离开或返回用空行间隔。

1870年	弗拉基米尔·德米特里耶维奇·纳博科夫（VDN）出生。
1876年	埃琳娜·伊万诺夫娜·鲁卡维什尼科夫出生。
1897年	VDN与埃琳娜·鲁卡维什尼科夫（EN）结婚。
1899年4月23日	弗拉基米尔·弗拉基米诺维奇·纳博科夫（VN）出生于圣彼得堡。
1900年	谢尔盖·弗拉基米诺维奇·纳博科夫出生。
1902年1月5日	薇拉·叶夫谢耶夫娜·斯洛尼姆（后称VéN）出生于圣彼得堡。
1903年	奥尔加·弗拉基米诺夫娜·纳博科夫出生（嫁给莎霍夫斯考埃，后又姓彼得伦克维奇）。
1906年	埃琳娜·弗拉基米诺夫娜·纳博科夫出生（后嫁给斯库尔雅利，那时称西科尔斯基）。
1911年	基里尔·弗拉基米诺维奇·纳博科夫出生。
1917年	2月和10月，俄国革命爆发；纳博科夫一家于年底逃往克里米亚。
1919年4月	纳博科夫一家逃往希腊，之后（5月）前往伦敦。
1919年10月	纳博科夫进入剑桥（三一学院），谢尔盖去牛津。
1920年	VDN偕妻子和其余的孩子去柏林，柏林是当时俄国侨民的中心，他创立并主编俄国自由派报纸《舵》（*Rul’*）。
1921年	纳博科夫自1916年以自己的姓名发表文章，现在开始使用弗·西林（V.Sirin）的笔名。
1922年3月28日	VDN被俄国右翼分子枪杀。
1922年6月	纳博科夫在剑桥完成大学学业，去柏林与家人团聚。

1923 年 1 月	斯维特兰娜·西维尔特家人执意中止她与纳博科夫的婚约。
1923 年 5 月 8 日	纳博科夫在柏林的侨民慈善舞会上遇见薇拉·斯洛尼姆。
1923 年 5 月	*纳博科夫前往法国南部的索利埃斯蓬（瓦省），在一家农场打工。*
1923 年 8 月 18 日（?）	**纳博科夫回到柏林，9 月见到度假回来的薇拉。**
1923 年 12 月 29 日（?）	*纳博科夫和家人旅行并帮助他们定居布拉格。*
1924 年 1 月 27 日	**纳博科夫回到柏林。**
1924 年 8 月 12 日—28 日	*纳博科夫去捷克斯洛伐克的布拉格和多布里丘维瑟探望母亲。*
1925 年 4 月 15 日	纳博科夫和薇拉·斯洛尼姆在柏林结婚。
1925 年 8 月 16 日（?）	*纳博科夫陪伴他的学生亚历山大（舒拉）·萨克去索波特的波美拉尼亚海滨度假胜地，之后在德国南部（弗莱堡和黑森林地区）徒步旅行。*
1925 年 9 月 4 日	**薇拉在康斯坦茨与纳博科夫和舒拉·萨克会合。**
1926 年 6 月 1 日—7 月 21 日（?）	*VéN 因健康问题（沮丧、焦虑和消瘦）被送往德国黑森林地区一家疗养院。*
1926 年	小说《玛申卡》（*Mashen'ka*）[1] 出版。
1926 年 12 月 22 日—26 日	*纳博科夫探望布拉格的家人。*
1928 年	小说《王、后、杰克》（*Korol', Dama, Valet*）出版。
1929 年	小说《防守》（*Zashchita Luzhina*）开始连载。
1930 年 5 月 12 日—25 日	*纳博科夫去布拉格旅行，探望家人并作公开朗读。*
1930 年	中篇小说《眼睛》（*Soglyadatay*）连载。

① 英译《玛丽》（*Mary*）。——译注

1931 年　小说《荣誉》(*Podvig*) 连载。

1932 年 4 月 3 日（?）—20 日　*纳博科夫探望布拉格的家人。*

1932 年 5 月　小说《黑箱》(*Kamera obskura*) [1] 开始连载。

1932 年 10 月　*VN 和 VéN 见到堂弟尼古拉斯和他的妻子娜塔莉，在靠近斯特拉斯堡的科尔布桑一起待了两周；VéN 10 月 13 日回柏林，VN 10 月 18 日去巴黎，此时，巴黎成了俄国侨民的中心，他去巴黎作俄语和法语文学朗读，联系朋友并签订出版合同，后取道比利时返回。*

1932 年 11 月 28 日（?）　VN 回到柏林。

1934 年　小说《绝望》(*Otchayanie*) 连载。

1934 年 5 月 10 日　德米特里 · 弗拉基米诺维奇 · 纳博科夫（DN）生于柏林。

1935 年　小说《斩首之邀》(*Priglashenie na kazn'*) 开始连载。

1936 年 1 月 21 日—2 月 29 日　*纳博科夫去布鲁塞尔旅行并于 1 月 29 日去巴黎作文学朗读并联系友人。*

1936 年 6 月 9 日（?）—22 日　*薇拉和德米特里及安娜 · 费金一起度假，安娜去莱比锡探亲。*

1937 年 1 月 18 日　*在谢尔盖 · 塔博里茨基——杀害 VDN 的凶手之一，被任命为希特勒的俄国侨民事务特使之后，薇拉坚持要纳博科夫离开德国；他先去布鲁塞尔，之后（1 月 22 日）去巴黎，作朗读并设法让家人前往法国。*

1937 年 2 月（?）　纳博科夫在巴黎与俄国侨民伊琳娜 · 瓜达尼尼婚外恋。

1937 年 2 月 17 日（?）　纳博科夫去伦敦作朗读、交友、签订合同及谋职。

1937 年 3 月 1 日　*纳博科夫回到巴黎。*

1937 年 4 月　小说《天赋》(*Dar*) 开始连载。

1937 年 5 月 6 日　*薇拉和德米特里逃离德国，在布拉格与 EN 会合。*

---

① 英译《黑暗中的笑声》(*Laughter in the Dark*)。——译注

1937年5月22日　纳博科夫在布拉格与薇拉、德米特里和他母亲再次团聚；从那儿，纳博科夫、薇拉和德米特里去捷克斯洛伐克的费兰兹贝德（现称弗兰季斯科维-拉兹内）旅行。

1937年6月17日　纳博科夫去布拉格朗读并安排从捷克斯洛伐克去法国的旅行。

1937年6月23日　纳博科夫和薇拉在马里安巴（现称玛丽安斯克-拉兹内）重逢并于6月30日去巴黎。

1937年7月　纳博科夫一家居住在法国戛纳，纳博科夫承认了与瓜达尼尼的恋情，薇拉让他作决定，他选择了薇拉。

1937年9月9日（?）　伊琳娜·瓜达尼尼不顾纳博科夫的意愿前来戛纳；纳博科夫让她离去；恋情彻底结束了。

1937年10月　纳博科夫一家移居法国的芒通。

1938年7月　纳博科夫一家移居芒通北边的穆利内，纳博科夫捕蝴蝶，命名为吕珊德拉-科米翁（Lysandra cormion）。

1938年8月　纳博科夫一家移居法国昂蒂布海角。

1938年10月　纳博科夫一家移居巴黎。

1939年4月2日—23日　纳博科夫去伦敦作英语文学和俄语文学朗读，交友、签订合同，也希望谋求俄国文学的教职。

1939年5月2日　他母亲在布拉格去世。

1939年5月31日—6月14日　纳博科夫为出版事宜和谋求教职去伦敦。

1940年5月28日　在数月试图逃离法国之后，纳博科夫、薇拉和德米特里终于到达纽约并定居于此。

1941年3月15日—4月2日　纳博科夫前去马萨诸塞的韦尔斯利，在韦尔斯利学院授课两周。

1941年9月　纳博科夫在韦尔斯利学院（家人也住在这儿）开始为期一年的比较文学课程，并开始在哈佛比较动物学博物馆做志愿工作。

1941 年	小说《塞巴斯蒂安·奈特的真实生活》出版。
1942 年 9 月	纳博科夫一家前往马萨诸塞的坎布里奇，纳博科夫与韦尔斯利签订俄语教学年度合同，并在哈佛的 MCZ 任为期一年的昆虫学特约研究员。
1942 年 9 月 30 日—12 月 12 日	*纳博科夫进行短期巡回讲学，10 月在南部，11 月在中西部，12 月去弗吉尼亚的法姆维尔。*
1944 年 6 月 1 日—15 日	*薇拉带德米特里去纽约做阑尾炎手术。*
1945 年 2 月 8 日（?）—11 日	*纳博科夫去巴尔的摩讲课。*
1947 年	小说《庶出的标志》出版。
1948 年 1 月	纳博科夫的自传开始连载，大部分发表在《纽约客》。
1948 年	纳博科夫在康奈尔大学被任命为俄国文学教授。
1951 年	自传性的《确证》（美国）/《说吧，记忆》（英国）出版。
1951 年	小说《天赋》（*Dar*）出版。
1954 年 4 月 16（?）—22 日	*纳博科夫去堪萨斯的劳伦斯讲课。*
1955 年	小说《洛丽塔》在巴黎出版。
1957 年	小说《普宁》出版。
1958 年	《洛丽塔》在美国和其他国家出版。
1959 年	因《洛丽塔》的成功，纳博科夫从康奈尔辞职，和薇拉去欧洲旅游。
1961 年	纳博科夫和薇拉去瑞士蒙特勒，入住蒙特勒皇家旅馆。
1962 年	小说《微暗的火》出版。
1969 年	小说《阿达》出版。
1970 年 4 月 4 日	*纳博科夫先于薇拉去西西里的陶尔米纳度假。*
1970 年 4 月 13 日（?）	**薇拉去那儿和他会面。**
1972 年	小说《透明》出版。
1973 年	小说《看那些小丑!》出版。

1977年7月2日　纳博科夫患病两年后在洛桑的医院去世。
1991年4月7日　薇拉在韦威医院去世。
2012年2月22日　德米特里去世。

关于纳博科夫给薇拉的信

布莱恩·博伊德

我昨晚梦见了你——
好像我在弹钢琴，
你在为我翻着乐谱。
纳博科夫致薇拉 1924年1月12日

1

20世纪的大作家中，没有谁的婚姻比弗拉基米尔·纳博科夫的婚姻持续的时间更长，也很少有表现持久的婚恋状态的形象能胜过菲利普·哈尔斯曼1968年拍摄的照片：薇拉在她丈夫的身边织着毛衣，满怀爱意地注视着他。

纳博科夫1923年给薇拉写了第一首诗，那是在见到她的几小时之后，1976年，历经半个多世纪的婚姻之后，将他生前出版的最后一部小说"献给薇拉"。1951年，他首次将作品献给她，他的自传，其最后一章直接转向一位未明确说明身份的"你"："岁月流逝，亲爱的，眼下没有人会知道你和我所知道的。"[1]① 他在一封给薇拉的信中期待这种感情，那时他们有恋爱关系还不足一年："你我如此特别；这些奇妙之处，除了我们，无人知晓，也无人像我们这样相爱。"[2]

纳博科夫后来将他的婚姻形容为"晴朗"。[3] 他甚至在给伊琳娜·瓜达尼尼的信中也这么说，他1937年与她坠入情网。[4] 那年是纳博科夫婚姻生活中最困难和最痛苦的一年，也是一个例外，下文的书信就是佐证。虽然初恋的阳光照耀或在

① 他日后解释自传最初的书名《确证》(*Conclusive Evidence*)，与其中相互关联并居于中心的两个"v"有关，代表弗拉基米尔（Vladimir）和薇拉（Vera），见皮埃尔·多默尔格斯访谈，《现代语言》第六十二辑（1968年1月—2月），第99页。

许多早期书信中闪光，但他们的通信中也有许多其他的困扰：薇拉的健康和他母亲的状况；他们长期的经济拮据；他们对德国的反感，以及他为了寻求家人在法国、英国或美国的避难而殚思极虑，此时，希特勒的上台威胁到俄国侨民社区中每个人的生存，他虽忍饥挨饿，但声名鹊起。

薇拉·斯洛尼姆最初见到作为“弗拉基米尔·西林”的弗拉基米尔·纳博科夫，那是他 1921 年给自己取的笔名，以区别他自己与他父亲的署名，他父亲也署名为弗拉基米尔·纳博科夫。[①] 老纳博科夫是柏林一份俄语日报《舵》的主编和创办者，20 世纪 20 年代的柏林成为 1917 年俄国革命后俄国侨民的中心，具有很大的吸引力。自 1916 年——他还有两年才高中毕业——以来，年轻的纳博科夫出版书籍，并继续向彼得格勒的杂志投稿，到 1920 年，他一家移居国外的第二年，他的诗歌已获得年长的作家，如泰菲和莎夏·乔尔尼的赏识。

《致薇拉》的大部分书信展现了弗拉基米尔和薇拉鲜为人知的侧面。为人所知的形象开始于纳博科夫 1950 年他第一次将书“献给薇拉”，这正处于他们爱情故事的中途。当 1958 年《洛丽塔》在美国出版，及之后的岁月中，源源不断的作品，包括他以前的俄语作品的翻译，还有他的英语新作——小说、诗歌、剧本、学术著作和访谈——出版时大多献给薇拉。这位作家出名后，他和妻子一起出现在许多访谈的照片中，她为他编辑、打字、开车、授课、通信及商谈的故事成为纳博科夫传奇的一部分。然而，他们共同生活的下半个阶段，从 1950 年到 1977 年，只占据全部书信的百分之五，而其余的百分之九十五的信件反映了比这个享有世界声誉的生活阶段更紧张的岁月。

斯洛尼姆一家（父亲埃弗塞、母亲斯拉娃，女儿埃琳娜、薇拉和索菲亚）逃离彼得格勒，在东欧颠沛流离，1921 年初才定居柏林。薇拉曾告诉我，她在见到他之前就“很清楚”他的才华，“尽管生活在并非文学家的圈子里，尤其是在旧政府的官员中间”。[5]（也许是一种奇特的选择，因为她是一个年轻的犹太裔俄国女孩，而白军中普遍存在反犹倾向。但薇拉自身的勇气，当她和她的姐妹们逃离俄国时，将一个怀有敌意的白军士兵从威胁者变为她们的保护者；她对我再三说，在柏林，有许多正派的前白军官员。）她最早从报纸和杂志上剪下他发表的诗歌是

① 参见年表中纳博科夫家人生平的具体日期。

1921年11月和12月，那时她才十九岁，而他二十二岁。[6]一年后，年轻的西林作为一个诗人、短篇小说家、散文作家、书评家和翻译家，已在侨民办的各种报纸杂志上发表了大量的作品，在柏林的侨民文学界以多产著称：1922年11月，他翻译了罗曼·罗兰1919年的小说《科拉·布勒伊农》；1922年12月，六十页的诗歌近作《物以类聚》；1923年1月，一百八十页的近几年的诗歌集《苍天路径》；1923年3月，翻译了《艾丽丝漫游奇境记》。[7]

对一个有着文学热情，引人注目并意志坚强的年轻女子来说，更大的兴趣是西林诗歌近作中一种浪漫的裂痕。随着1922年3月28日他父亲被杀，纳博科夫经性格活泼的美少女斯维特兰娜·西维尔特的父母同意，与她订婚，尽管她比他年轻得多，她十七岁，他二十三岁。他们认识的第一年里，他为西维尔特写的诗占了他最新的诗集《物以类聚》中的大部分。但1923年1月9日，他被告知，婚约取消了：她太年轻，而他作为一个诗人，前途莫测。

如果认识斯维特兰娜使他诗兴大发，那与她分手的情况亦是如此。在随后的几个月里，一些反映这位诗人失恋的诗歌开始出现在侨民出版物上：3月是《珍珠》这首诗（“如同潜水采珠人，下海了解充满激情的折磨的深度，我来到海底——在将珍珠带回水面之前，我听见你的船在我上方，离我远去”）；[8]《什么样的天堂》这首诗也发表在3月（“你俘虏了我的灵魂，一代又一代，刚才又是这样，但你再次一闪而过，我只剩下永久的痛苦，因你那不可捉摸之美”）；[9]表现最明显的是5月6日的这首诗《我小心翼翼地怀着》（“我小心翼翼地，为你怀着这颗心，但有人用肘撞了一下，心跌得粉碎”）。[10]

另一首诗，《统治者：我统治着一个看不见的印度》与那首《我小心翼翼地怀着》写于同一天，发表于4月8日，标志了一个新的开始：诗人是一位想象中的帝王，他发誓他能够显现奇迹，追求一位新的公主，尽管她，无论会是谁，依然尚未现身。[11]这位公主，虽有可能见到了这首诗，也可能读到了纳博科夫写于同一天的另一首诗中的罗曼史的结局。因为1923年5月8日，《小心翼翼地怀着》这首诗发表于《舵》两天后，薇拉·斯洛尼姆出现在弗拉基米尔·纳博科夫面前，出于矜持，她戴了一个花斑黑色面具。纳博科夫日后会想起在侨民举办的一次慈善舞会上与薇拉的相遇。[12]《舵》对柏林侨民活动有详尽的记录，但只记载1923年5月9日有一场慈善舞会，然而，纳博科夫夫妇仍然将5月8日作为他们初次见面的纪念日。当我对薇拉说到她丈夫对他们相遇的描述，他日记中把5月8日作为他们相遇的纪念日，而《舵》只记载5月9日有场舞会，她回答说："难道你认为我们不记得我们相遇的日子？"

但薇拉是矢口否认的行家。无论"除了我们，无人知晓"之说究竟如何，在这次侨民举办的慈善舞会上，薇拉脸上戴着一个面具，选中了弗拉基米尔·西林。纳博科夫喜欢的妹妹埃琳娜·西科尔斯基认为，薇拉戴那个面具是因为，她引人注目，但并非无与伦比的面貌就不会让他走神而忽略了她独特的价值：[13] 她对西林的诗歌有一种奇特的感应（她能在几次朗读会上背诵诗歌），她对这些诗的理解有惊人的悟性。他们一起出门走进夜色中，漫步在柏林的大街上，对黑夜中灯光与树叶的交织摇曳感到惊奇。一两天后，[14] 纳博科夫按计划去法国南方的一个农场打工，这个农场是他父亲1918—1919年在克里米亚临时政府任职时的同事管理的，纳博科夫希望生活的改变有助于缓和他因父亲之死及他自己与斯维特兰娜分手引起的悲伤。

5月25日，从邻近索利埃斯蓬，离土伦不远，位于博利厄田庄的农场，纳博科夫给斯维特兰娜写了最后一封告别信，表达了充满感情的遗憾，"仿佛已获许可，距离分开了他们"。[15] 一周后，纳博科夫写诗表达了生活中新的可能性：

相　遇

被这奇特的接近吸引……

渴望、神秘、欢乐……
仿佛来自那摇曳的夜色
化装舞会上脚步慢移
你出现在朦胧的桥上。

夜在流，寂静
漂浮在绸缎般的水上
还有狼形轮廓的黑色面具

及你温柔的双唇。

栗树下，运河边
你牵引着我的目光。
我的心对你有了何种感应，
你为何如此打动了我？

你那顷刻间的温柔
或你曼妙轻摇的双肩，
让我依稀想起曾体验过的
那些——难以忘怀的——相遇？

也许浪漫的怜爱
会让你明白
此刻那枝刺穿我诗篇的箭
正传递着怎样的颤动？

我茫然无知。奇怪的是
诗在振动，诗中有一支箭……
也许仍然不知姓名的你
真的是那位被等待的人？

然而，忧伤还没有喊叫
烦扰我们的夜半时分。
黑夜中双眼尚未闪亮
你的眼神依然迷茫。

多久？永远？我向
远方徘徊，时刻聆听

我们相遇时夜空中星辰的运动
莫非你就是我的命运……

渴望、神秘、欢乐，
犹如一个遥远的祈求……
我的心必定长途漫游。
但如果你就是我的命运……

年轻的诗人知道，这位和他交往的年轻女子奇特而又勤勉地呼应着他的诗歌。他将这首新的诗交给《舵》，发表于6月24日。[16]某种意义上说，这就是纳博科夫给薇拉写信的开始，在一个公开的文本中，对一个读者表达一种私密的呼吁，这个读者能够明白此诗告别过去，迎接未来。

就像纳博科夫用诗歌来回应薇拉对西林近来诗作悲伤之情的大胆回应，薇拉也似乎对这首新诗中的邀约给予大胆的回应。这个夏天，她至少三次给在法国南方的他写信。这些信没有留存下来——很看重个人隐私的薇拉后来毁掉了她能够找到的每一封她给纳博科夫的信——这样，我们无法确定她的第一封信是否因《舵》上发表的《相遇》而写，但他们炽热的情感本身暗示着存在这种可能性。5月8日，她本人戴着面具出现在他面前，不清楚能否引起他的关注，而不是一时的兴趣。读到6月24日的《舵》，她会知道他要她知道她产生的影响及她激发的希望。

如果薇拉读了这首诗之后几乎马上就给弗拉基米尔写信，那弗拉基米尔对她第一封信的回复就又是一首诗，《闷热》，写于7月7日。他在诗中暗示由南方暑热引起的欲望。① 他没有把诗寄给她，但收到她至少两三封信之后，他7月26日又写了一首诗，《你呼唤——小石榴树上的小猫头鹰》。[17]他随后给她写了第一封信，就在他按计划去农场之前，随信附了这两首"给你的诗"。他在信的开头就写得很直率，没有客套（"我不想掩饰：我是如此不习惯——哦，也许不习惯彼此相知——对此颇不习惯，我们刚见面，我就想：这是一个玩笑，一个伪装的骗

① 这首诗可译作《炎热》或《热情》，诗写得古奥没问题，诗人的欲火怎样微妙地渗入字面意义上的暑热也并非此诗的关键。这首诗此前没有发表，它是为一个特别的读者而写，他已经知道这个读者可以读到并能理解他的诗，但她也能读出并理解他的欲望吗？

局……但随之……有些事情很难谈论——你仅仅一个字眼就让那些神奇的花粉相形失色……他们从家里给我写信说到神秘的花卉——你很可爱……你所有的来信也很可爱，犹如白夜”)，并以同样肯定的语气说（“是的，我需要你，我的童话一般的姑娘。因为你是我唯一能够与之谈论云的阴影，谈论一个想法的人”)，在将诗献给她之前，他这样写信的结尾：“所以，我会在 10 号或 11 号到柏林……要是你不在那儿，我会去找你，找到你。”[18]

从此，即从弗拉基米尔给薇拉的第一封信起，我们就可以逐年通过他们的书信来了解他们的生活、他们的爱情和他们生活的世界，随之探讨他们之间的通信有何特别的意义以及这些书信如何有助于理解作为一个人和一个作家的纳博科夫。

1923 年夏末，他在柏林遇到戴着面具、大方随和的薇拉。如同其他没有自己的空间的年轻恋人一样，他们通常见面后便在黄昏的大街上溜达。这个时期的信，自 1923 年 11 月开始，从居住在西柏林俄国侨民区的弗拉基米尔寄往另一个地区的薇拉，反映他们恋爱初期彼此之间的理解和误解。

1923 年 12 月末，弗拉基米尔和他母亲及弟妹埃琳娜、奥尔加和基里尔去布拉格旅行，他母亲，作为一位俄国学者和政治家的遗孀，在那儿获得了一份抚恤金。在他们分开的头几个星期，弗拉基米尔写信给薇拉，信的主要内容是他的第一部长篇作品、五幕诗剧《摩恩先生的悲剧》，[19] 他对布拉格的印象，（从结冰的莫尔道河看过去，“河面上白皑皑一片，沿着这片白色，人的剪影似的小黑点从这边河岸走到另一边河岸……一个男孩的身影在他身后拖着一个升 D 调似的雪橇。”）[20] 也感叹几乎一个月没见到她了。

1924 年 1 月底回到柏林，他们很快就考虑订婚，8 月弗拉基米尔旅行两周，去靠近布拉格的多布里丘维瑟的河畔小镇看他母亲，他的第一封给薇拉的回信开头便说：“我的欢乐，我的爱，我的生命，我难以理解：你怎么能不跟我在一起？我与你难分难舍，以致此刻我感到失落和空虚：没有了你，我就没了魂。你让我的生命变得轻盈、奇妙和五彩缤纷——你使得每样事物都呈现出幸福的光彩。”[21] 在柏林的几封便函，有着同样的情调，反映了 1925 年 4 月 15 日他们结婚之前的欣喜之情。（比如：“我爱你。无限和难以形容的爱。我半夜醒来，就给你写信。我的爱，我的幸福。”）[22]

弗拉基米尔和薇拉都通过教授英语获得主要的生活来源，1925 年 8 月下旬，弗拉基米尔有报酬地陪同他的学生亚历山大·萨克先去波美拉尼亚海滨度假胜地，后兴致勃勃地在黑森林地区徒步旅行，在薇拉到康斯坦茨与他会面之前，他用明信片写下简短的旅行见闻。

一年后，1926年夏天的书信则反映出更为复杂的心情。薇拉由她母亲陪同被送往黑森林山区的一家疗养院，她因焦虑和抑郁而身体消瘦，弗拉基米尔则留在柏林做家教。薇拉让丈夫保证每天写信，告诉她他每天吃什么、穿什么及做什么，弗拉基米尔信守了这样的约定。

我们很少见到如此坚持逐日进行的生活起居的报告。在他第一部小说《玛申卡》(写于1925年）与第二部小说《王、后、杰克》(写于1927年底和1928年初）之间，他的生活似乎如假日般悠闲：家教（通常不外乎长时间的日光浴、游泳和在黑森林山区找乐子)、打网球、朗读、写点东西：为塔塔里诺夫文学圈里他的朋友写了一篇当下苏联小说的评论；为俄国文化日写了一首诗；对托尔斯泰小说《克莱采奏鸣曲》中的凶手波兹德内谢夫进行虚拟审判，他扮演波兹德内谢夫并成功地阐释了这一角色；构思和写作都很顺利的一个短篇小说；还为塔塔里诺夫文学圈列出一份他为之痛苦的清单，“开始于对缎子衣服的触碰，终之于没有能力消化、吸纳世界上所有的佳丽”。[23] 为了鼓励薇拉待在疗养院，增加体重——他和她父亲都认为她需要这么做——天性幽默的弗拉基米尔尽力——有时，要获得效果确实颇为吃力——为她提供消遣，让她高兴，当他们仍然两地分居的时候更是如此。他每封信的开头总有新的昵称，起初显然采用他们收集到的动物玩具的名称，而往后则越来越怪异（小甜点、小兔子、小老汉、小蚊子)：他为她出各种各样的谜语和字谜，还有密码设置、迷宫及组词游戏等；最后他虚构了他的谜语的德国编辑，一位达令先生，这位先生据称介入了他的写作。

柏林成了逃离1917年10月布尔什维克革命的最初一批俄国流亡者的中心。1920年和1923年之间，这个城市居住着约四十万俄国人，有许多艺术家和知识分子。但1923年恶性通货膨胀结束，德国马克重建之后，德国的生活很快变得昂贵起来。到1924年底，大部分侨民移居巴黎，他们在那儿待到第二次世界大战席卷整个欧洲大陆的时候。

为确保在一个他熟悉本地语言的城市生活而他的俄语不被削弱，纳博科夫继续留在柏林。到1926年，他已经成了本地侨民圈里一个公认的文学明星，这在俄国文化日的庆祝活动中他受到热烈欢迎便可见一斑，他在写给薇拉的娓娓道来的文字中叙述过这种情况。纳博科夫作为一个作家进步神速——虽然《舵》(他的大部分作品仍然发表于此）在巴黎少有人读——他和薇拉在柏林的生活相对来说是无忧无虑的，这有赖于他们简陋的生活方式和有一份微薄但亦可观的收入，包括他的课时费，他头两部小说的德语翻译费，以及薇拉做兼职秘书的收入。

到 1929 年，当西林在巴黎的杂志《当代年鉴》——一份稿酬最优、也最著名的侨民文学出版物——上发表《防守》时，小说家尼娜·贝贝洛娃马上作出回应："一个巨大、成熟、精妙的现代作家出现在我面前，一个伟大的俄国作家，就像一只凤凰，在革命和流亡的火焰中诞生了。从此，我们的存在就有了意义。我们整整一代获得了存在的合理性，我们得救了。"[24] 小说家和诗人伊凡·布宁，侨民作家的前辈，不久将成为第一个获得诺贝尔文学奖的俄国作家，他用他自己的方式评论《防守》："这孩子抓起一把枪，干掉了整整一代老作家，包括我自己。"[25]

布拉格是欧洲侨民第三大中心，受捷克政府资助的吸引，活跃着一大批学者。当纳博科夫 1930 年 5 月去布拉格探望家人时，他也是那儿的一个文学明星，但他更关注他母亲的生活困境（包括臭虫和蟑螂)、他妹妹的婚姻、他弟弟的文学抱负，以及鲍克斯，这条达克斯猎狗已经老得认不出他来了。

1932 年 4 月，他再次离开薇拉去布拉格看他的家人。他喜欢上了他的小外甥，奥尔加的儿子罗斯季斯拉夫，并为这孩子受到父母的忽视而吃惊。唯有重读福楼拜，以悠然的态度重新发现他早年的诗歌，并获准参观国家博物馆的蝴蝶藏品，这才缓解了他在这座室内有臭虫的阴郁的城市感到的郁闷。

也许这种内心的忧郁也能解释 1932 年他的书信中为何缺少了亲昵的情调，而我们只是通过薇拉·纳博科夫于 1984 年 12 月和 1985 年 1 月面对录音机进行复述后才了解到这些书信。在我写纳博科夫传记的过程中，我多年坚持向薇拉要求得到这些信件。她不让我亲自阅读这些信件，最后则是同意她尽可能把信读出来，我用录音机录下来。自那以后（显然是 20 世纪 90 年代后期），1932 年的信的原件不知为何消失了。既然许多明显含有激情和若干事件的信件在薇拉读信时被排除掉了，那 1932 年的信就有了损失，尤其是 1932 年 4 月旅行中的信件。

1932 年 10 月和 11 月的信件也取决于薇拉读信的意愿，但损失较小，因为这次旅行中的信件大多记录他的可喜的成果，而这是她乐观其成也愿意怀念的。10

月，弗拉基米尔和薇拉去靠近斯特拉斯堡的科尔布桑旅行，和纳博科夫的堂弟尼古拉斯及这位作曲家的妻子娜塔莉团聚。当薇拉回柏林后，他在科尔布桑多待了几天，之后去巴黎待了一个月。在巴黎侨民圈里，西林的成就使他成了侨民作家（布宁、弗拉季斯拉夫·霍达谢维奇、马克·阿尔达诺夫、鲍里斯·扎伊采夫、贝贝洛娃、尼古拉·叶夫列伊诺夫、安德烈·莱温松、亚历山大·库普林等）和编辑（尤其是《当代年鉴》的伊利亚·丰达明斯基和弗拉基米尔·津济诺夫）中广受赞誉的人，那些人他大多不认识或很陌生。他成了许多活动的核心人物，通过公开朗读尽可能赚钱，同法国出版社（格拉塞、法亚尔、伽利玛）、作家（朱尔斯·苏佩维埃尔、加布里埃尔·马赛尔、让·波朗）和翻译家（丹尼斯·罗什、杜西娅·埃尔加兹）进行接触。纳博科夫 1932 年秋天的书信充满了对俄国和法国文学人物的传神的特写，以及对他们的慷慨大度感到受宠若惊，尤其是“非常可爱和圣洁”的丰达明斯基[26]，《当代年鉴》的编辑，也是主要的资助者。

1932 年，仍然在柏林，纳博科夫夫妇搬进薇拉的表姐安娜·费金的安静——对他们来说也更便宜——的套房。他们的儿子德米特里出生于 1934 年 5 月。随着希特勒巩固权力，薇拉不再能够挣钱，现在又要喂养德米特里，他们短期需要弄到额外的钱，而从长期考虑，也需要在别处寻求一个更安全的去处。为了长远的目标，纳博科夫自己将《绝望》译成英语，也写了他的第一篇法语小说，自传性的《O 小姐》，1936 年 1 月旅行去了布鲁塞尔、安特卫普，之后是巴黎，面对俄国和法国听众进行了一系列文学朗读，并同法国文学界建立更密切的联系。他很快同比利时最优秀的作家弗朗茨·海伦斯成了朋友。在巴黎，和丰达明斯基及津济诺夫相处，他发现自己踏入了高度社交化的侨民文学圈，涉足之深常常超出了他的意愿——他对被布宁拉去赴宴的描述就是社交不适的一个显例——在他和霍达谢维奇合作的一次公开朗读中则获得了很大的成功。他对其他作家的印象及他作为一个非常渴望进行沟通的人所具有的能力和坚持成了这些信的主要内容。

1936 年下半年，谢尔盖·塔博里茨基，1922 年枪杀纳博科夫父亲的一个右翼凶手，被希特勒任命为侨民事务特使。薇拉再三要求丈夫离开德国，设法在法国或英国为家人找到一个安身之处。后来，1937 年 1 月，他最后一次离开德国，在布鲁塞尔停留作文学朗读，之后去巴黎，再次和丰达明斯基待在一起。他为普希金逝世百年写了一篇文章，并开始将他的短篇小说译成法语。他在公共场所或私人宅邸为俄国和法国听众所作的朗读获得了很大的成功，但他无法取得身份证件，更不用说工作许可。1月底，他开始与伊琳娜·瓜达尼尼谈情说爱，她是个业余诗人，以为人饲养宠物谋生，纳博科夫前一年与她相识。对薇拉不忠而带来的精神压力加重了弗拉基米尔的牛皮癣，以至寝食难安。与此同时，他设法将薇拉带到法国，但出于对经济状况的焦虑，她觉得他对前景过于乐观，因而拒绝离开柏林。2月下旬，他前往伦敦进行文学朗读，并和当地文学和出版界建立联系，尤其希望不仅为他用英语写的一部篇幅短小的自传及英语短篇小说集找到出版社，而且甚至能找到一个教职。尽管他广泛联系，百般努力，但收获不丰，并未抢占滩头阵地。

他3月初回到巴黎，再陷情网。和薇拉的通信越来越显得忧心忡忡，因为他力图劝说她离开德国，去法国南方与他团聚，那儿的俄国朋友邀请他们去居住。他要薇拉绕开巴黎，但薇拉对绯闻有所耳闻，除了法国，可以在任何地方见面：比利时、意大利，尤其是捷克斯洛伐克，他们可以让埃琳娜·纳博科夫见到她的孙子。当她将流言蜚语告诉他时，他加以否认。他们之间的紧张关系不仅表现在进一步的指责和否认，也表现在团聚计划方面你来我往的较量——用史黛西·希夫的话来说，“一种痛苦的无调二重唱”。[27] 使他们的生活及通信变得更复杂的是办理签证遇到的种种困难。薇拉和德米特里要离开德国，弗拉基米尔要离开巴黎，去布拉格，薇拉对他的法国计划的坚决反对意味着他们最终——弗拉基米尔途径瑞士和奥地利以避开德国——在5月22日团聚。

六周后，他们回到法国，再次避开德国，定居在戛纳。当纳博科夫承认这桩恋情，婚姻掀起风暴，随之减弱为表面的风平浪静，他发誓结束这一切，但其实仍给瓜达尼尼写信。担心他们的关系结束，瓜达尼尼9月8日来到戛纳，尽管他让她别去。他见了她，让她回巴黎，婚外恋结束了，尽管弗拉基米尔和薇拉经过更长时间才和好如初。在戛纳、芒通和昂蒂布角住了一年，他们去北方旅行，到了巴黎。纳博科夫现在有个美国代理，他设法将《黑暗中的笑声》——是他将《暗箱》翻译重写——交由鲍比斯-梅里尔出版。但尽管法国、英国和美国的俄语读者对他的其他作品，那些更复杂的小说纷纷叫好，但他的作品因语言问题，在侨民圈外找不到其他出版社。得不到工作许可，纳博科夫发现光凭写作难以养家糊口。贫穷开始张开大口，他看上去也日益憔悴。

期望在法国之外找到一个避难所，纳博科夫 1939 年初用英语写了他的第一部小说《塞巴斯蒂安·奈特的真实生活》。4 月，他去伦敦，听说里兹大学俄语系有个空缺，如果里兹大学选择了伦敦大学或谢菲尔德大学的某个申请人，那两个大学就会空出一个位置。他在巴黎给薇拉的回信记录了他 1936 年和 1937 年数次旅行中令人身心疲惫的各种请托现在更是紧锣密鼓地进行，但尽管有来自俄侨和英国学术及文学界的大人物的支持，他除了收获友谊，成果甚微，希望很快破灭。6 月初，他打道回府，这个时期他写的一些信表达了前途渺茫的心情。

唯有机遇才能让他自己和他的家人离开欧洲。有人给小说家马克·阿尔达诺夫提供了斯坦福大学的一个教师职位，在 1941 年秋季学期教写作课程，但阿尔达诺夫觉得自己的英语太弱难以胜任，就把邀请让给了纳博科夫。这最终让纳博科夫获得允许离开法国，虽然办理签证和筹集大西洋旅行经费很久才得以落实，1940 年 5 月 28 日，纳博科夫一家坐船前往纽约，过了仅两周，巴黎就沦陷了。在纽约，纳博科夫找到了教俄语的工作，也为纽约的报刊写书评，因爱德蒙·威尔逊的关系，为《新共和》杂志撰稿。通过他的堂弟尼古拉斯，1941 年 3 月，他受邀在韦尔斯利学院任教两周，这促使他给薇拉又写了好几封信。在希特勒和斯大林签约期间，纳博科夫的反苏主义加强了他讲课的吸引力——他简直不能相信那些溢美之词——1941 至 1942 年间，他得到了全年的聘用。但那个学年之后，尽管 1941 年年底，他出版了《塞巴斯蒂安·奈特的真实生活》，并且在《大西洋月刊》，甚至在《纽约客》上露面，纳博科夫发现自己迫于经济考虑要去巡回讲学，1942 年去美国南方，11 月在中西部，12 月在加利福尼亚。比起 1941 年在韦尔斯利任教期间，他现在有更多的时间将他在美国的经历和观察传达给薇拉，他最为普宁[①]式的一天写出了所有信中最长的一封信，有三千字。

在韦尔斯利教俄语的职位虽不永久，但一年一聘，1943 到 1948 年，在哈佛大学比较动物学博物馆研究鳞翅目昆虫，之后，1948 至 1959 年，被康奈尔大学聘为教授，如今，纳博科夫很少与薇拉长时间分开。1944 年 6 月，当薇拉带德米特里去纽约做一个检查性手术——后进行了阑尾切除，弗拉基米尔因工作留在了坎布里奇。6 月 6 日，盟军在欧洲登陆的那一天，他因食物中毒发病，在信中将

---

① 纳博科夫同名小说《普宁》（*Pnin*）的主人公。——译注

住院过程中受到的折磨娓娓道来，添油加醋——他后来穿着睡衣逃离了医院。在他写作自传、《洛丽塔》、《普宁》和翻译并评注普希金的《尤金·奥涅金》的几年间，只有1954年受邀到堪萨斯大学作著名演讲，他写了几封给薇拉的信。

1958年，《洛丽塔》飓风横扫北美和欧洲大部。到1959年，纳博科夫可以提前从康奈尔大学退休，偕薇拉去欧洲旅行，既去看望妹妹埃琳娜，她现在住在日内瓦，又可去探视德米特里，他现在米兰接受歌剧男低音训练。虽然并无计划留在那儿，但纳博科夫夫妇不久觉得欧洲是一个足以避开美国名声之累的好地方。在欧洲生活的这些年里，他们很少分开。这个时期只有不多的几封信，那是弗拉基米尔急于捕捉早春的蝴蝶，于1970年4月初去西西里的陶尔米纳度假。之后，"通信"日渐稀少并简短，最短的是只有几个字的便条："四十五个春天！"附在结婚周年的花束上。[28] 虽只有几个字，但却与俄语"年"及"夏"构成双关：当俄语中表示"年（*god*）"的词需要复数形式时，通常采用"夏"的复数"*let*"；纳博科夫进一步的替代是要说明，他们婚后的岁月就是春天！

2

如最后数年和数十年的节奏变化所表明，对纳博科夫夫妇来说，环境的变化是很大的因素。这正是这些书信的魅力的一部分：作家的声音和视野有连续性，但经由生活和爱情的显著变化，并随着作为人物和通信者所处的环境和要求的转换，表现方式大不一样：1923年，作为农场工人和匿名诗人；1924年上半年，作为儿子、兄弟和初露头角的剧作家；1925年，家庭教师和有报酬的旅行陪伴者；1926年，心态平和、不爱出门的家庭支柱；1930和1932年，回归儿子和兄弟角色；1932年，旅行中的作家和文学界的常客，之后的1936年、1937年和1939年，混合了这些角色，再加上疲惫的求职者和恼火的签证申请者；再就是1937年，作为一个婚外恋者和几乎要自杀的牛皮癣患者；1941年，公关活动中的未来的教师；1942年是个穷困的巡回讲学者，1944年是住院病人，1954年是著名的巡回讲学者；1970年是个心态平和的度假者。在某种程度上，这些变化反映了人生阶段的自然进展，此外则突出了一些奇异的经历：一个无忧无虑的年轻人和早婚的生活，一个业余的行家；一个受逐渐消失的侨民听众好评但非营利的作者；一个成功的客座教师，一个打零工性质的巡回讲学者，一个全职教授；一个富有和著名的作家。在某种程度上，这些变化反映了他们之间长久爱情的自然进展，也反映了自最初相遇起弗拉基米尔与薇拉各自性格的独特性：早期柔情蜜意、山盟海誓及作出困难的调整；应付生活中其他的焦虑和要求，包括一个吵闹的孩子、一桩婚外恋、一位老迈的母亲，以及日益逼近的法西斯暴政；在一个新的国度适应一种新的、最初在某种程度上仍不稳定的生活；最终琴瑟和谐，他们只求安度晚年。

奇异的是，持久婚姻中的这些通信仍有着双重的单向性。薇拉似乎毁掉了她能找到的给弗拉基米尔的每一封信，甚至她和他一起写给纳博科夫母亲的明信片，她愿意保留他的部分，而把她写的字都划掉了。①

我记得她给弗拉基米尔的信都毁了，就在我写这篇序言之前，我重新找到了薇拉写给弗拉基米尔的三封就事论事的短信的抄件，两封是在一只小公文包里找到的，这只包也许是 1981 年由薇拉的一个秘书带给我的，她知道我在给文献编目，她在一个不显眼、因而逃过了薇拉的清理的角落发现了这只包。为了避免不必要的猜想，让我全文引述其中一封信，信的日期约为 1944 年 6 月 1 日，她带十岁的德米特里去医院做检查性手术：

> 旅行顺利。天气很热。今天我们到医院，他们做了额外的检查等，但手术确定安排在周三。我周一见到 D 后再写信告诉你详情。上午还要做透视。我们在等一封信。多保重。
>
> 薇拉[29]

薇拉给弗拉基米尔的信没有留存下来，至少纽约公共图书馆柏格收藏的弗拉基米尔·纳博科夫档案中没有收入。但我想到我写完这篇序言，包括上述引文，

---

① 除了新婚期一张明信片，薇拉保留下来，可能因为弗拉基米尔的字与她的字混杂在一起。在他们婚后的第一个冬天，他们在克鲁姆乎贝尔（那时属于德国，即现在波兰的卡尔帕奇）滑雪。他们回来的几天后，1926 年 1 月 7 日，薇拉写了一张明信片给纳博科夫的母亲，但她写道（他的字为斜体）："瓦洛佳不让我写太多，我最好趁他不在家的时候再写一张。*我没不让你写*。这不是真的。*这是真的*。这不是真的。"

这时我意外发现在我自己的文件里，有薇拉·纳博科夫于1971年5月9日写给传记作者安德鲁·菲尔德的一封信的部分抄件，信中她说到她“刚找到”一封她写给她丈夫的信。薇拉对菲尔德提及的信说到《天赋》第四章“车尔尼雪夫斯基的生活”的奇特命运。《当代年鉴》乐于发表“西林”的作品，尤其乐于发表他的最杰出的小说《天赋》的其余章节，但断然拒绝发表第四章，因为此章对19世纪激进主义作家尼古拉·车尔尼雪夫斯基作了不恰当的批评。当他到达美国，纳博科夫仍然想发表此章，如果可能的话，完整地出版《天赋》，没有长达百页的缺失。当弗拉基米尔·曼斯韦托夫和其他侨居美国的俄国作家提议将他的作品收入一部选集[30]，他给了他们《车尔尼雪夫斯基的生活》。1941年3月17日，薇拉从纽约给弗拉基米尔写信，那时他在韦尔斯利学院做客座教师：

> 科迪利昂斯基[31]夫人今天来了。“车尔尼雪夫斯基是社会主义者的一个偶像，如果我们收入这一篇，那就毁了这部选集，因为工人党不会购买。”她很失望，但完全是个小妞。一味重复曼斯韦托夫的话。尽管如此，我答应写信告诉你。我告诉她你对任何检查制度的意见。她又说：“在美国不可能出版这种东西，因为这会毁了他的名声。”对此我直截了当地告诉她：“告诉他们，他不在乎，他能够照看自己的名声。”……他们今天要为此开会。[32]

薇拉对菲尔德引述此信，因为她为她丈夫的原则及他战胜了苦难而感到骄傲，尽管也显示了她性格的某个侧面及她对他的坚定的维护。但她还是将她的信毁掉了，因为她觉得这些信不值得保存，因为这些信跟别人没关系。（她告诉我，她觉得她的小姑子埃琳娜·西科尔斯基自以为是地出版《兄妹通信集》，将她自己和他兄长的信公之于众并不合适。）[33]在以后的日子里，那位戴着面具出现在她要引其注意的男子面前的女子现在则要在全世界面前戴起面具，甚至当她尽其所能帮助他成为具有世界声誉的作家——她始终认为他当之无愧——时，她仍然如此。

我说“双重单向性”。甚至比薇拉毁掉自己的信更为奇怪的是，她很少写信。在那个戴面具之夜，以及西林写此夜的诗之后，在收到他的一封回信之前，她给在法国南方的他写了好几封信，之后，他们的通信很大程度上是单向的。薇拉写信的情况经常是，每收到弗拉基米尔的五封信，才似乎写一封回信。他是个勤勉，甚至溺爱妻子的写信人，虽然经常因她的沉默而恼怒，但他表现出极大的耐心，这也许可以看作爱情中应有的互动关系的一种失败。这种不平衡在他们分开期间始终存在，从1924年在布拉格（“‘你默默无言，就像所有的美人……’我已经习惯了这个想法，我不会再接到你的信了，糟糕的是，我爱你。”[34]“难道你没发现我们的通信似乎……单方面的？我对你很生气，以致开始写此信时没有问候你”[35]），1926年薇拉去疗养期间（“小兔子，我觉得你给我写信太勤了！这次就有整整两封信，岂不是太多了？信不信由你，我每天都写。”[36]“我明天能收到一封信吗？此时是否坐在有轨电车里，冒着高温，一边是穆勒夫人给她的厨师的信，另一边是施瓦茨先生给他的债务人的信？”[37]），到1930年在布拉格（“我很伤心，你写得这么少，亲爱的。”[38]）及1970年去陶尔米纳（“我真的不能再收到你的信了吗？”[39]）。

尽管一再失望，但弗拉基米尔也因他收到的来信而喜形于色：“我今天——终于收到了——你的奇妙的（美好的！）信。”[40]“我的甜心，我的爱，我的爱，我的爱——你是否知道——世界上所有的幸福、财富、权力和冒险活动，所有的宗教承诺，所有的自然魅力，甚至人的名声，都比不上你的两封信。”[41]“亲爱的，我在你的信上流连忘返，像一只昆虫四处溜达，埋着头，亲爱的！”[42]“我将你小卡片（有关搬家——可怕！我能想象……）上的部分文字大声读给伊柳沙和津济诺夫听，他们说他们现在明白了谁为我写了那些书。奉承话？”[43]

那些知道薇拉为弗拉基米尔做了什么的人，如管理员、代理、档案保管员、理发师、编辑、研究和教学辅助人员以及秘书和四种语言的打字员，时常会想，她是那么顺从。她其实并非如此：她悉心照料纳博科夫，但出于她自己的意愿。当她才二十一岁，戴着面具走近西林，当他给她写上只言片语之前她就听从自己的心意和他的回应，从那一刻起她就是个意志坚定和有勇气的人。她在欧洲和美国时带着一支枪，她为这样的事实而骄傲：德米特里，一个成功的赛车手，拥有多辆法拉利和游艇的人，自豪地说她开起车来像个男人。

薇拉身上有某种强悍，也有某种刚硬，早年也有某种脆弱。从一开始她就表现出她有自己的原则。在他给她的第一封信里，那时他在法国南方的一个农场，弗拉基米尔写道：“你所有的来信也很可爱，犹如白夜——甚至那封你在几个词下面重重画线的信。”[44]在下封信，说到他们晚上约会，漫步在柏林华灯初上的大街上："我无法想象生活中没有你——尽管你会想，对我来说，两天不见你会很'有趣'……听着，我的幸福——你别再说我折磨你了，好吗？"[45]

她与纳博科夫分享生活琐事和文学财富的奇妙，他认为她是他所见过的女性中最有幽默感的。但在他性情所至、兴致盎然时，她却会黯然神伤。他在美国讲学将要回去时给她写信："我爱你，亲爱的。当我回去时尽量开心些（但即使你情绪低落我也爱你）。"[46] 如她承认，她天性爱挑剔。她从不唯唯诺诺，即使对她挚爱的人。纳博科夫第一次去巴黎为拓展文学关系而弄得精疲力竭，他有些恼怒地写信给她："但我为什么要告诉你这一切，要是你觉得我无所事事？"[47] 为同样的目的，他第一次去伦敦，信中写道："亲爱的，说我欠考虑，这并不公正（因我已经写信给你）……求你了，亲爱的，别再对我作这些孩子气的抱怨，我尽力了。"[48] 两年后写自伦敦："我准备回巴黎了，让里兹像座城堡一样浮现在地平线上淡紫色的尘埃中，但如果真是这样，那就认了，这不是我的错——我尽力而为了。"[49] 在下一封信中，"别给我写什么'别松懈'及'未来'之类的话——这只会让我紧张。然而我崇拜你。"[50]

这种严厉当然也会针对别人。如果 T.H. 赫胥黎是达尔文的斗牛犬，那薇拉就是弗拉基米尔的斗牛犬，尽管形如灰狗。但纳博科夫围绕薇拉的坚定的支持而建立起来的生活揭示了他性格的一个侧面，而这不常为人所知。

他的作品在 20 世纪二三十年代广受赞誉，如书信所示，他时常觉得困窘，但也深感自豪，但他从不寻求廉价的喝彩。他喜欢精神独立的同伴，胜过那些毫无主见的人：尖刻的霍达谢维奇、好斗的爱德蒙·威尔逊、兴高采烈的埃伦迪娅·普罗弗、桀骜不驯的阿尔弗雷德·阿佩尔。众所周知，他对别人，甚至时常对诸如莎士比亚、普希金和乔伊斯也并不买账，更不用说对斯丹达尔、陀思妥耶夫斯基、托马斯·曼、艾略特或福克纳。纳博科夫在给薇拉的信中表达了他对在等级、权力和财富或声誉面前的任何卑躬屈膝的痛恨。他很少谈及时事，但 1926 年的这篇专栏文章激起了他的愤怒："芬兰总统访问拉脱维亚总统，在此情况下，《词语》社论在四十六行文字中重复了八遍'我们尊贵的客人'。'我们尊贵的客人'，真是谄媚之词！"[51] 他讨厌妄自尊大，这导致了对批评家安德烈·莱温松和他谄媚的家庭的既讥讽又搞笑的一幕，或附带对亚历山大·哈尔佩恩进行揶揄，"他很不愉快，举止小心翼翼，以免泄露满腹心事"，[52] 或者取笑琪萨·库普林那种"'说说我吧'的微笑"，[53]或笑话薇拉的妹妹索菲亚，她自视甚高，相当自恋，他很讨厌。他同小说家马克·阿尔达诺夫是朋友，但抱怨"他好像乐于受人奉承"。[54]纳博科夫可以对他欣赏的事物兴致勃勃，有个晚上在柏林，一切如意，他甚至在离开朋友的聚会时乘兴玩起了侧手翻，但当他翻转身体时，头脑还是清醒的："再三的称赞……我开始讨厌这些了：他们甚至说我比托尔斯泰'更精致'。废话连篇，真的"；[55]"为避免日后尴尬（如我寄自巴黎的信——当我重读这些信就有这样的尴尬），我从现在起不再引述我听到的直接或间接的恭维话。"[56]加布里埃尔·马赛尔"要我再作一次报告（他过奖了）"。[57]他对早年的作品甚至近作持批评的态度，（"不知道我的《O小姐》今天是否会受欢迎——我担心它冗长乏味"[58]；"我并不介意我的这些法国臭大粪！"）[59]那些将纳博科夫与他的自负的主人公，如赫尔曼、亨伯特、金波特及凡·维恩混为一谈的人应该反思，虚荣是他描写的对象，并非他的行为模式。

当然，尽管有可能会感到厌烦或不屑一顾，纳博科夫在信中说到对他人的看法时，还是自然流露出慷慨的天性和由衷的赏识："他很可爱，圆鼓鼓的眼睛似乎要从眼窝中弹出来，因为（病中凹陷）的面颊挤着它们"；[60]"我身边围满了很可爱的人"；[61]"他原来是一个活泼可爱的大家伙"。[62]在巴黎地铁车站，"我曾经问过一个售票员，石砌的台阶里含有什么成分，闪着很好看的光泽——就像石英在花岗岩上翩翩起舞，对此，他以不寻常的热心——给我地铁公司一员的荣誉，可以说，——开始对我解释，并教我站在哪儿及怎样看可以最佳程度地欣赏它的光芒；要是我加以描述的话，人们会说是我编造的"。[63]

如同当时的任何一个昆虫学家，纳博科夫把捕到的蝴蝶弄死后，摊开，用针钉起来，这使得日后许多标题党给他贴上"穿刺公弗拉德①"的标签。但在写给薇拉——一位喜欢动物的人（将动物捐给反活体解剖协会）——的信中，他对待动物的温柔及对动物可爱之处的欣赏一再表现出来：

> 我救了老鼠，厨房里有很多。仆人抓住它们：起先她要杀死一只，

① 穿刺公弗拉德（Vlad the Impaler），中古时期罗马尼亚的一位大公，性格残暴，喜用尖桩将人处死，成为后世吸血鬼德拉库拉的原型。——译注

但我拿过来，带到花园里，放它自由了。此后，所有的老鼠都被带到我这儿，还哼的一声："我可什么也没看见。"我已经用这种方式放了三只老鼠，或许始终是同一只老鼠。它不愿待在花园里。[64]

他们有一只怎样的猫！珍稀之物。是暹罗猫，深米色，或者灰褐色，有着巧克力色的爪子和同样颜色的尾巴……灵活而清澈的眼睛随着夜晚的降临而变成透明般的绿色，它走起来有种优雅的温柔，一种美妙的款款而行。一只神奇、非凡的猫，又如此娴静——不清楚它在看什么，蓝宝石的眼睛水灵灵的。[65]

他们家的小狗看上去很活泼很乖巧——昨天，它钻到我的外衣里，头埋进衣服口袋，打了个嗝，流出口水来。[66]

他对孩子也表现出同样的温柔。他自己就提供了爱意油然而生的一个情景："每个暖气架上都蹲着一只猫，一只二十天大的小狼狗在厨房里呜呜叫。我想，我们的小宝贝（即德米特里）怎么样啊？奇怪的是，醒来时没有你怀抱中细小的声音经过我的房门。"[67] 两天后，仍然在布鲁塞尔的马勒夫斯基–马勒维奇夫妇家：

这儿的仆人伯隆金有一张忧伤的脸，但他很和蔼，喜欢小狗，饭做得很好。我总是想看小宝宝——这儿所有的马车都用厚轮胎。昨天我猛然惊醒，觉得我的小男孩关进手提箱了，必须马上打开，否则就会闷死。尽快给我写信，亲爱的。嘣、嘣、嘣，每天早晨厨房里踩着高脚椅子的踏板。我虽不在那儿，但一切都很新奇。[68]

"你（还有可以抱着的温暖的小家伙）不在身边，我感到令人苦恼的空虚。"[69] 此前他曾写道：

还有他，我的小宝贝？我想念某些具体的感觉：短裤背带上的线头，当我将那些扣子解开又扣上；那细小的韧带，我嘴唇触及的丝绸帽顶，当我把他抱到便壶上，带他上楼梯；当他手臂抱住我的肩膀，全身便涌起幸福的暖流。[70]

他为孩子的美丽、孩子的活力、孩子的柔弱而感动。他表亲谢尔盖的儿子：

> 小尼基多可爱啊！我舍不得离开他。他躺着，一个红润的小东西，头发蓬松，患了支气管炎，身边是各式各样的玩具汽车。[71]

或者他妹妹奥尔加的“非常迷人”[72]的小男孩：

> 我拿了点钱，想给罗斯季斯拉夫买些穿的。他只会说“好的”，还有许多的表情，并一再重复“好的，好的，好的，好的，好的”，似乎这能表明他的存在。[73]

或者他朋友格列布·斯特鲁夫的孩子：

> 三个孩子与他们的父亲很像，不怎么好看，长着红红的大鼻子（虽然长女不无吸引力），但第四个孩子，一个约莫十岁的男孩，也像他的父亲，但有一点不同：他绝对迷人，长相很俊，有种波提切利画中人物的美感——很可爱！尤伦卡还和以前一样，健谈，不修边幅，对童子军入迷，她穿一件难看的背心，戴一顶宽边、有帽箍的帽子。应该喝茶的时候没有茶水，而他们的“晚餐”包括复活节蛋糕和复活节的奶酪（两者都很难吃）——这就是孩子能得到的，不是因为贫穷，而是因为缺乏家教。[74]

纳博科夫对孩子的关注也体现在《庶出的标志》中大卫这一角色身上，体现在《洛丽塔》的主人公或《阿达》中卢塞特身上。亨伯特对小女孩的睨视可比不上纳博科夫从他的宿舍里看到上体育课的那个最矮小文弱的女孩时的温柔的目光：“老师拍着手，女学生——还很小——绕圈跑着，并不时跳起。一个女孩，最小的一个，总是落在后面，越来越跟不上，轻声地咳嗽。”[75]

3

在纳博科夫的《书信集（1940—1977）》的护封上，约翰·厄普代克①写道：“无论身在何处，喜悦随之。多么出色的一个作家！真的，多么通情达理又多么得体的一个人！”虽然就纳博科夫其人而言，这些给薇拉的信披露了很多信息，但这些信让我们对纳博科夫这个作家又有多少了解？这当然取决于读者本身，但有些方面让我印象深刻。多变，即在话题、语气和视角方面的善变，仿佛就像薇拉的一时反应，或者是一个对话者、一个评论者或一个人物化的西林：

> 现在我在第六场的泥淖中挣扎。我很疲倦，头感觉就像一个滚球槽——早晨五六点之前我睡不着。在先前几场，有无数的重写、删节和添加。最终我会得到常见的嘲讽作为酬报：“……并非没有诗才，但我们必须承认……”诸如此类。最重要的是你——保持沉默……
>
> 不——绝对不行！我会展示自己，以致神灵掩面而退……要么我的头砰然裂开，要么这世界——非此即彼。昨天我吃了鹅肉。天气雾蒙蒙的：粉红色烟雾喷出来，空气中有股糖渍小红莓的味道。[76]

他的诙谐幽默不仅体现在他的甜言蜜语中，甚至也体现在责备之词里（“我要去买邮票，糟糕的是你很少给我写信，还要买一把吉列剃须刀。”）[77]以及对希特勒政权监控的逃避。1936—1937年，在给他妻子——犹太人，仍住在柏林——的信中，涉及他通过朗读和在国外发表作品赚的钱，这些钱，部分寄给他住在布拉格的母亲，其余让薇拉存起来，为此他自己发明了临时性或重复使用的代号：格里高里·阿布拉莫维奇、维克托、卡姆布罗德，把挣得的现金用暗号表示，单位每次变化：图书、杂志、书页、专栏、蝴蝶，甚至“谢苗路德维格维奇”。(因为

① 约翰·厄普代克（John Updike，1932—2009），美国作家。——译注

薇拉认识谢苗·路德维格维奇·弗兰克，弗拉基米尔的信写自布鲁塞尔，她对暗号进行解读，明白这是用比利时法郎记录钱的数目。）[78]

他的描写能力能够把日常生活的日复一日的报道（如1926年）转变成一种快乐（“今天上午的天气很一般：阴沉，但温暖，天空像煮开了的牛奶，结着一层奶皮——但只要你用茶匙将奶皮拨到一边，阳光还是很怡人，所以我穿上了白裤子”）[79]；或夸大为一个罗曼史（“你走进我的生活——不像一个人来访——你知道，‘并非慕名而来’——而像来到一个王国，那儿所有的河流都期待映出你的倩影，所有的道路都期待你的步履”）[80]；或赋予一处景致或一个人永恒的生命（“布宁，看上去多么像一只无用的老乌龟，伸着结实的脖子，只看到皮的褶皱而看不到喉结，嚼着什么东西，眼睛呆滞，摆动着苍老的头颅”）[81]；或平息对边境事务中官僚作风的愤怒（“我的德国签证——护照破损已久，犹如青苔爬上了破墙”）。[82]

他兴致勃勃地观察着一切：动物、植物、脸面、性格、言论、天空、景色、城市风光（“地铁上有股臭味，像是脚臭，空间狭小的缘故。但我喜欢铁门猛地关闭、墙上的涂鸦（‘屎’）、染发的女人、有股酒味的男子、响亮而了无生气的站名”）。[83] 奥立弗·萨克斯，音乐爱好者和杰出的心理学家，不无道理地将纳博科夫视为缺乏乐感的人（“音乐，我遗憾地说，”他在自传中坦承，“在我看来只是多少让人讨厌的声音的任意排列而已”），[84] 然而，这些书信却显示他在合适的场合也能欣赏音乐：“我看了一小时书——院子里的‘喇叭’放着优雅的舞曲。萨克斯管吹出小提琴般的柔情，长笛伴随着脚尖旋转，甚至有弦乐的节奏”；[85]“我和他们一起去看吉卜赛人，去一个令人愉快的俄国机构，*蓝蝴蝶之家*。我们在那儿喝白葡萄酒，听真正美妙的歌曲。真正的吉卜赛加上波尔亚科娃”。[86]

纳博科夫兴致所至的阅读很难预料；不仅没想到他会重读福楼拜、普鲁斯特和乔伊斯，而且意外的是他让自己读苏联小说，读亨利·贝劳德、拉尔夫·霍奇森、阿诺德·本涅特，这些作家他都读得津津有味。但更有价值的是，他写给薇拉的信揭示了他的写作。这些信是有关他的写作能量的文献，让我们看到众多的写作主题——诗歌、戏剧、短篇小说、长篇小说、回忆录、电影剧本、翻译——这些主题自有意义，就像由已写作品构成的树林中的点点磷火。大部分书信是早年写的，与他那些杰出的英语作品关系不大，甚至也不能说明后来的杰出的俄语作品——他1930年去巴黎和伦敦旅行，忙于订出版合同和谋职，很少有时间写作——而20世纪20年代的书信显示出他构思第一部长篇作品《摩恩先生的悲剧》时所具有的创造性力量，以及两篇诗歌的灵感产生和写作，包括他最好的一首诗。原来的构想是有关一个房间的短篇故事，但这个奇特的想法演变成（现在有助于说明）诗歌《房间》。最明显的是诗歌《柔和的声音》的写作，我们可以一路跟随他从挫折到成功的写作历程。纳博科夫是1925年柏林首个俄国文化日的明星，第二年，要有新作以更上层楼。只有几天时间了，他确实感到焦虑，因为两手空空，随之有了一首诗歌的初步的节奏冲动，继而对最先出现的几句充满怀旧的陈词滥调感到不满，他一时觉得想象力枯竭了。接着，新近的印象，包括记忆中在他酝酿一首诗的几天前的那场大雨，加上过去的一些记忆和新的印象，就像水流的不断冲刷，汇成了后来的诗篇，诗思之流发挥持续不断的冲击力，无论他就寝还是醒来，或去他学生的家里，直到他去薇拉的表亲家里拜访，最终把诗写到纸上，并牢记在心，随后在俄国文化日上大受欢迎，再次赢得赞誉。

纳博科夫给薇拉写信，不是为未来的读者，如我们在他1926年的信中看得最清楚的，在这些信中，他答应汇报他每天的饮食、穿着和活动。就此而言，写给薇拉的信与写给爱德蒙·威尔逊的信不同，在给威尔逊的信中，虽然纳博科夫出于他们之间貌合神离的文学情谊把信写得热情洋溢，但他也意识到这些信有朝一日会印出来。[87] 但到1960年代后期，他也许是活着的作家中最著名的了。当安德鲁·菲尔德，这位写出了第一部引起广泛注意的纳博科夫研究专著的作者，1968年从纳博科夫夫妇那儿听说他们收到寄自布拉格的、纳博科夫给他父母的信，他便问他是否能够写一部他的传记。他们同意了，当他1970年底到达蒙特勒时，他们把纳博科夫给他父母的信影印了，有几段涉及个人隐私的文字被挡住了，还影印了几封给薇拉的信，尤其是1932年的信，这些信写到纳博科夫在巴黎得到了俄国文学圈及法国文学界的欢迎。这些信的有些文字同样看不到，但纳博科夫也为菲尔德写了信中提到的一些人的身份。也许在菲尔德到来之前，薇拉就销毁了她自己给弗拉基米尔的信。

纳博科夫给薇拉写了所有这些信，几乎很少想到后人会看到。但1970年4月在陶尔米纳，纳博科夫与妻子最后一次分别多日——除了20世纪70年代在附近的医院里迫不得已的逗留——他想到菲尔德在写他的传记，会引用一些他写给薇拉的信，写信时心中不免有个更宽泛意义上的观众。这封信出色地结合了他后期明显的风格——戏仿、诗意、敏捷和文字游戏——和他与薇拉之间的亲密关系。不像许多早年的信，成为他们不稳定生活所带来的压力的证明，这封信显示了一种内心的宁静，那是他拥有了名声、财富、欢乐和近半个世纪的与薇拉的婚姻后获得的。在这个最后阶段中他随后的几封信表明，他更少意识到后人的阅读，又像往常那样向薇拉汇报他的日常生活。当薇拉要去和他会合，这些信的结尾有了这样一种征兆，这可能是最后的机会，他只是享受每天给她写信的快乐：

> 现在我在等你。我有点遗憾，在某种意义上，这样的通信就要结束了，拥抱并崇拜你。
>
> 记下洗衣服的事，9点左右去取。
>
> 弗拉基米尔[88]

《关于纳博科夫给薇拉的信》注释

1 《确证》（纽约：Harper and Brothers，1951）；修改为《说吧，记忆：一部自传》（修订本 1967：纽约：Vintage），第 295 页。

2 1924 年 8 月 13 日信。

3 《独抒己见》（纽约：McGraw-Hill，1945），第 145 页："一种晴朗的家庭生活。"

4 纳博科夫 1937 年 6 月 14 日给伊琳娜·瓜达尼尼的信：十四年"晴朗的幸福"。（塔吉亚娜·莫罗佐夫收藏）

5 1981 年 12 月 20 日 BB 对薇拉的采访。

6 据西林的一部诗歌集中记载，她似乎稍后，即成为他的档案保管者（VNA）时才进行收集，包括他的散文集和他作品的评论集。

7 在遇见薇拉前不久，年仅二十三岁的他四个月内出版了四本书，这一事实说明下述说法站不住脚："律师、出版商、亲属、同事、朋友，在这一点上达成共识：没有她，他会一事无成。"（史黛西·希夫：《薇拉》，纽约：Random House，1999。）

8 写于1923年1月14日，发表于*Al'manakh Medniy Vsadnik*（柏林，未注明日期，但在《舵》上的广告的日期是1923年3月18日和25日），第267页；1979年收入《诗集》，第76页。纳博科夫的妹妹埃琳娜·西科尔斯基也很关注她兄长的文学创作及爱情生活，对我说，她认为此诗因斯维特兰娜而写。

9 写于1923年1月16日，同样发表于*Al'manakh Medniy Vsadnik*，发表时题为《跨越时代》（*Cherez veka*），第268页。同样，埃琳娜·西科尔斯基认为此诗因斯维特兰娜而写。

10 写于1923年3月7日（VNA，作品第八辑，第36页），发表于1923年5月6日的《舵》上，发表时题为《心》（*Serdtse*），组诗题为《六步格诗》（*Gekzametry*），后收入《诗集》，1979，第94页。

11 写于1923年3月7日（VNA，作品第八辑，第37页），发表于1923年4月8日的《今天》上，第5页，题为《统治者》（*Vlastelin*）；收入《诗集》，1979，第125页；收入《诗选》（SP），由德米特里翻译。收入《诗集》时，日期误为"1923年12月7日"；在纳博科夫的1923年修订的诗歌集（VNA，作品第八辑）中，三月之"Ⅲ"有修改，看上去像是"Ⅻ"，但此诗后面写有"7—Ⅲ—23"，位于另一首写着"19—Ⅲ—23"的诗之前。

12《独抒己见》，第127页；《纳博科夫传：美国岁月》，第558页，注37。

13 BB对埃琳娜·西科尔斯基的采访，1981年12月24日。

14 纳博科夫修订过的诗歌集（VNA，第八辑）记下了一些诗歌新作，一周好几首，经常每天都写，但1923年5月7日后中断了，直到8月19日。

15 在国会图书馆季娜依达·莎霍夫斯考埃文件以及在艾摩斯特学院艾摩斯特俄国文化中心的季娜依达·莎霍夫斯考埃文件中，有这封给斯维特兰娜的信的手稿；《纳博科夫传：美国岁月》，第209页。

16《相遇》，《舵》，1923年6月24日，第2页；收入《诗集》，1979，第106—107页。标题短语来自亚历山大·布洛克的诗歌《隐姓埋名的女人》（*Incognita*，1906）。纳博科夫的手稿上标明写于1923年6月1日，手稿是他母亲贴到她收集或抄写他诗歌的集子里的，作品第九辑，第48—49页。

17 没有发表，后收入《诗集》，1979，第112页。

18 1923年7月26日，或稍晚。在其传记《薇拉》中，史黛西·希夫从这几个月写起，但材料很混乱。她说得没错，弗拉基米尔于5月25日给斯维特兰娜写信，但说到了他给薇拉的第一封信："两天后，他写信给薇拉·斯洛尼姆……他仍然钟情于斯维特兰娜吗？……在他告诉斯维特兰娜他将改变主意的四十八小时之后，这个年轻的诗人感到有必要回到柏林，部分原因是为了母亲的缘故，部分原因是一个秘密，一个'我很想说出来'的秘密。"（第6页）实际上，弗拉基米尔写给薇拉的第一封信没有写日期。希夫把诗歌《相遇》的日期（在纳博科夫死后出版的俄国诗选——《诗集》，1979，第107页——中，日期是1923年5月，但在他的手稿上，确切的日期是1923年6月1日，见作品集第九辑，第48—49页，VNA）和他写给薇拉的第一封信的日期搞混了，同时忽略了信中附的一首诗（《你呼唤……》）直到7月26日才写。写给薇拉的第一封信的其他细节也表明，此信不是1923年5月27日写的：信中附的诗《闷热》写于6月7日（埃琳娜·纳博科夫手稿，作品集第九辑，第54页），信中提到剧本《祖父》（*Dedushka*）和《极地》（*Polyus*），分别写于1923年6月20日及7月6—8日（见《舵》，1923年10月14日，第6页，及1924年8月4日，第3页）。

希夫认为，纳博科夫在信里表达了对斯维特兰娜难以忘怀的爱，而两天后又深情款款地写信给薇拉。然而，根据文献记载，5月25日，他给斯维特兰娜写了最后一封告别信，一周后动笔写《相遇》，这是他三周前与薇拉相遇的回应，诗一发表，就对她发出了一种直接的呼唤。薇拉在几封信中回应了这种呼唤，而他又在两首诗里对她给予了回应，他的第一封信里附了这两首诗。并非如希夫所认为的，两天就移情别恋了，而是为时两个月的呼唤和回应。

19 发表于1997年（*Zveda*，1997），2008年才出书（安德烈·巴比科夫编，弗拉基米尔·纳博科夫：《摩恩先生的悲剧》，*Tragediya Gospodina Morna*，P'esy Lektsii o drame，圣彼得堡：Axbuka—klassika，2008），2012年译成英语（阿娜斯塔西娅·托尔斯泰和托马斯·卡善译，《摩恩先生的悲剧》：Penguin，2012）。

20 1924年1月8日信。

21 1924年8月13日信。
22 1925年1月19日信。
23 1926年6月19日信。
24 尼娜·贝贝洛娃，《我的斜体字》(*The Italics are Mine*)，菲力普·拉德利译，纽约：Harcourt Brace Jovanovich，1969，第318页。
25 引自列夫·留比莫夫，《新世界》，1957年3月，《纳博科夫传：美国岁月》，第343页。
26 1932年11月3日信。
27 见希夫，第81页。
28 1970年4月15日便条。
29 引自BB抄件，原件原在蒙特勒，现在不知去向。
30《方舟：俄国侨民文学选》(*The Ark: Anthology of Russian Émigré Literature*)，纽约：纽约俄国作家协会，1942。
31 娜塔莉·科迪利昂斯基（Natalie Kodriansky，1901—1983）是儿童文学和传记作家，1940年6月从法国来到纽约。
32 在薇拉·纳博科夫对菲尔德引述信的原文时这段文字略去了。见BB文献。
33 弗拉基米尔·纳博科夫：《兄妹通信集》(*Perepiska s sestroy*)，埃琳娜·西科尔斯基编，安阿伯：Ardis，1985。
34 1924年1月12日信。
35 1924年1月14日信。
36 1926年6月9日信。
37 1926年6月28日信。
38 1930年5月19日信。
39 1970年4月8—9日信。
40 1924年1月8日信。
41 1925年8月19日信。
42 1936年2月10日信。
43 1937年4月6日信。
44 1923年7月26日信。
45 1923年11月8日信。
46 1942年11月9日信。
47 1932年11月3—4日信。
48 1937年4月6日信。
49 1939年4月13日信。
50 1939年4月14日信。
51 1926年6月24日信。
52 1939年4月21日信。
53 1932年11月25日信。
54 1932年10月24日信。
55 1926年7月12日信。
56 1936年1月24日信。
57 1937年2月4日信。
58 1936年1月24日信。
59 1937年2月12日信。
60 1936年2月19日信。

61 1937 年 2 月 4 日信。
62 1939 年 4 月 21 日信。
63 1936 年 2 月 24 日信。
64 1932 年 10 月 17 日信。
65 1932 年 10 月 24 日信。
66 1936 年 1 月 24 日信。
67 1936 年 1 月 22 日信。
68 1936 年 1 月 24 日信。
69 1937 年 2 月 4 日信。
70 1936 年 2 月 6 日信。
71 1937 年 1 月 22 日信。
72 1932 年 4 月 4 日信。
73 1932 年 4 月 6 日信。
74 1939 年 4 月 11 日信。
75 1926 年 6 月 2 日信。
76 1924 年 1 月 14 日信。
77 1926 年 6 月 11 日信。
78 1936 年 1 月 27 日信。
79 1926 年 6 月 10 日信。
80 1923 年 11 月 8 日信。
81 1936 年 2 月 13 日信。
82 1936 年 2 月 24 日信。
83 1936 年 2 月 2 日信。
84 奥立弗·萨克斯，《爱乐：音乐和大脑的故事》(纽约：Knopf，2007)，第 102 页；《说吧，记忆》，第 35—36 页。
85 1926 年 6 月 27 日信。
86 1932 年 10 月 28 或 29 日信。
87 见西蒙·卡林斯基编，《纳博科夫——威尔逊书信集：1940—1971》(纽约：Harper & Row，1979)，及《亲爱的邦尼，亲爱的瓦洛佳：纳博科夫-威尔逊书信集，1940—1971》(柏克利和洛杉矶：加州大学出版社，2001)。
88 1970 年 4 月 10 日信。

《致薇拉》英译前言

奥尔加·沃罗尼娜

夫妇间的通信多半难以示人。即便著名作家给他们的配偶写起信来，也无多少情趣可言。乔伊斯写给诺拉·乔伊斯的情书，主要因信中猥亵的语言而为人熟知，而不是信的抒情性。在弗吉尼亚·伍尔夫写给她丈夫的信中，只有最后一封信——即“自杀便函”，信中她为“生活中的诸多幸福”感谢他——会在读者的记忆中留存下来。显然，纳博科夫写给他妻子的信则写得异常丰满，令人难忘。这些信几乎总是有趣、浪漫和精练，并不能简化为几句金玉良言。

在《说吧，记忆》中，纳博科夫将往事编织成一块“魔毯”，读者能够折叠或展开，在文本中徜徉。在《天赋》《洛丽塔》《普宁》《阿达》中，他创造出多维度的艺术世界，其中的每一个文本细节奇妙地联系在一起，组合成这些小说各自的时空，并将某种天命观与人类意识相联系。尽管这些写给薇拉的信各有其情景，但这些信展示了一种相似的情景上的完整性。如其中两封——一封始自他们通信的开端，另一封则作为通信的结束——组成一个叙事之弧，跨越了独匠慧心且妙笔生花的四十六年。

1924 年，纳博科夫去布拉格探访家人，他参观了在维谢赫拉德的圣彼得和圣保罗教堂。他对这座城市并无好感，然而他欣赏雕刻在大教堂圣殿门上的宫廷小丑的头像，他写信给薇拉：“我不禁想，那个雕刻家，因微薄的酬金，因阴沉的僧侣的吝啬而受到伤害，他被指令在墙上雕刻，在不改变肖像的情况下，将那些脸处理成了小丑的脸。”[1]1970 年，他又注意到了一个修道士的脸——此次兴致勃勃。当纳博科夫和妻子去陶尔米纳度假时，这张脸出现在一家旅店的墙上：“正对你房间的门是个奇特的景观：它是假的，画上去的，从门后，一个相当快乐的白须僧侣伸出头来。”[2]

这些由重复出现的图像所构成的主题性设计说明了纳博科夫个性的连续性，

也显示出他的书信风格的一致性。我们翻译这些书信时尊重这两个特性。我们也认同这位大师自己的信条：一个好的作家亦是个魔法师，读者至少应该欣赏甚或识破其骗局。[3] 作为一个热心的棋题编写者，一个投入的迷宫制作者，以及一个擅长说俏皮话的人，纳博科夫将他的许多书信变成一种代码游戏，那些短简便函成了小说。尤其在 1937 年的信中，他那些异想天开的昵称，获得了个性、行程，甚至档案的特征。他去布鲁塞尔、巴黎和伦敦作文学朗读及向出版商推销他的小说，在给薇拉的信中避免直接提及他的收入——即不愿与德国税务局打交道，也讨厌一个可能存在的十分警觉的监管者。所以，他在信中虚构了两个人物来代表他挣了多少钱。这两个幽灵戏仿了他们的创造者，既具有纳博科夫的一些品性又与他大相径庭。格里高里·阿布拉莫维奇在 1936 年 2 月 13 日的信中露面，他“敏锐、务实、秀美”(1936 年 2 月 19 日信)，有家庭，希望在巴黎定居（1936 年 2 月 17 日信)，无法像纳博科夫那样计划去伦敦旅行，因为他拿不到签证（1937 年 2 月 4 日信)。维克托，另一个幽灵，出现在 1937 年 1 月 22 日信中，他的生平资料并不全面，两周后（1937 年 2 月 5 日信）他暂时消失了。某种程度上，他与其创造者更接近：因一个耳背的神父的错误，纳博科夫受洗时差点被命名为维克托，他把这个名字给了短篇小说《音乐》[4] 的叙述者和主人公，之后又为《普宁》中那位有天赋的年轻艺术家取名为维克托·温德。在信中，维克托比格里高里具有更多的活力，被赶走后很快又出现，挣了更多的钱，并以一种令人眼花缭乱的身份变化，成了一位有血有肉的父亲，名为瓦季姆·维克托洛维奇·卢得涅夫，即俄国侨民杂志《当代年鉴》的主编（“瓦季姆·维克托洛维奇给他父亲几百法郎作为酬金。那位父亲会收下的”)。[5] 写下这封有关卢得涅夫的信四年之后，纳博科夫会称赞果戈理创造“次要角色”的技巧[6]，这些角色“由这样的从句……各种隐喻、比较及直抒胸臆所产生”。无疑，他清楚地知道，他自己的书信体散文是很果戈理式的。

如同果戈理，纳博科夫不失时机地将生活的一丝一缕——或语言的一词一句——变成一席小说盛宴。甚至他实际的财务状况也用虚构性的花絮来装饰。比利时法郎变形为谢苗·路德维格维奇·法兰克[7]，这位哲学家和老相识，让纳博科夫描写这种货币，仿佛数以百计的人纷纷复制他们自己。他在英国和法国的收入成了“蝴蝶”(在 1937 年 2 月 5 日信中，他谈及收集了“三千只蝴蝶的藏品——至今”)，而维克托此刻成了一个蝴蝶专家，在大英博物馆谋得一个职位，[8]

这是纳博科夫梦寐以求的学术天堂，没有经济上的担心及其他后顾之忧。蝴蝶代码最终失去了它的光泽。在1937年春季，他开始写到收藏、储存以及给他母亲寄“书”——即他母亲急需的钱。他的财政密码添加了“期刊”和“书籍”，“页码”[9]——用一系列的语言表示——代表他挣得的不同货币的数量。

纳博科夫热衷于将他的收入进行编码，并能够让这种游戏看起来相当普通，相对于果戈理极为丰沛的文学想象，这种游戏甚至有点俗气。但他书信中的大部分文学虚构源于戏谑行为，而非实用主义。1926年，当薇拉去德国南部一家疗养院进行治疗期间，他发明了一大群小动物，有些名称闻所未闻，是从他为薇拉煞费苦心所取名称中衍生出来的，每封信中均出现新的称呼。这些“小动物”中，许多确实很娇小，属于猫科及犬齿类动物——如“普齐”（Pooch，Poochums）[10]，一种杂种小狗，1925年至1926年，纳博科夫给妻子取的绰号。另一些名称显然与人有关，如塔夫蒂夫人（Mrs. Tufty），一个穿着时尚的人；再如达令先生（Mr. Darling），一个口齿不清、天性敏感，书信中“字谜部”的德裔“编辑”，他暗恋薇拉，因她对“他的”数量众多的字谜和文字游戏懒得理睬而耿耿于怀。达令先生躲在字纸篓里哭泣[11]，或者胆大妄为地想借纳博科夫的笔在信中给心爱的人写上几句[12]，这些都是艺术的神来之笔，就像达令本人，虽有名字，但避免归类。这犹如在艺术上走钢丝，是“生命生成”的小说实验[13]。

纳博科夫式的语言上的兴味盎然，让许多翻译家发怵，但他那些古怪的俄语昵称更是新的挑战：此前从没有如此丰富地转化为英语。1926年的书信充满了甜言蜜语，与此相关的一些词常常附上“sch”或“shch”的后缀[14]。如俄语“mysh”（老鼠）成了“mysch”，甚至（mys-sh-s-ch-shch-s-sh），再加上若干不同的拼写。不清楚这种文字游戏是否源于试图对这种乱窜的啮齿类动物进行再创造，通过头韵的变化，再兴之所至，引入其他动物或物体，还是纳博科夫借用了德语中用于昵称的后缀“-chen”（如“Greta—Gretchen”或“Brot—Brotchen”），取得一种有点舒缓，又有点刺耳的效果。我们选择在英语词根加上“sch”（如“Mousech”“Feverisch”），还是用英语中用于昵称的后缀“-kin（s）”来取代纳博科夫的俄语构词，如“monkey”（猴子）—“monkeykins”（小猴子），这取决于我们在文体上的直觉。

甚至当纳博科夫用一种不怎么古怪的方式给薇拉写信时，他的选择在英语中并没有对应的方式。通常，他更愿意称妻子为dushen'ka，字面上，是俄语dusha（“灵魂”“心智”）的昵称。可以将此词译为“亲爱的”（我们选择此译）、“爱人”“至爱”（可考虑的译名），要是作者没用一些温柔的形容词来修饰，如dorogaya（可爱的）、lyubimaya（心爱的）、milaya（可爱的、甜蜜的）及bestsennaya（珍贵的）。我们几次用了“亲爱的宝贝”，尽管听起来也押了头韵，很少用“挚爱的宝贝”，有一两次尝试用“甜蜜的宝贝”，有一次（1939年4月15日信）勉强用“我亲爱而又珍贵的宝贝”。不幸的是，甚至这种巴洛克式的用词也无法完全传达俄语“dushen'ka moya lyubimaya i dragotsennaya”所表达的既起伏又持久的情感，俄语中名词后表示甜蜜的形容词的数量要比名词多出1.5倍。

在某种情况下，读者只需要将此当作一个前提来接受，即纳博科夫并不吝啬使用甜言蜜语。就英语而言，理解他在书信中的激情，最恰当的例子莫过于比较1926年7月3日信中的句子（“我爱你，我的猫咪，我的生命，我的飞鸟，我的流水，亲爱的狗狗……”）与他的最著名小说的开头：“洛丽塔，我的生命之光，我的欲望之火，我的罪恶，我的灵魂。洛–丽–塔。”[15]

纳博科夫的甜言蜜语反映了他对母语的文字游戏的钟爱。他移居美国并转向英语写作，这甚至为他开辟了更大的空间以探索新的用词可能性。这些书信完整而又具体地呈现了这位作家在他欧美生活期间语言上所作的调整。不像他的《洛丽塔》俄译本[16]，充满了细心选择的英语表达的对应词，大胆地将直译了的英语塞入俄语句型中。尤为显著的是1941年—1942年他在美国南部经历的描写，信中他以这样的词作为佐料：诸如khintiki（小小的暗示）、prufsy（证据）、glimpsnul（我瞥见）、brekfastayu（我用早餐）及tribulatsii（苦难）。我们将纳博科夫信中用的这些英语表述（也有法语和德语）用斜体表示，但其中化用的斯拉夫字母仍然无法表现。

从他的第一封信到最后一条注释，纳博科夫采用俄国革命前的拼写方式给薇拉写信。如同他父亲（他父亲认为1917年—1918年的拼写改革是个“耻辱”）[17]，他始终将他意识到的文化上的失落同旧式拼写方式的废除而造成的某种过失联系起来。无论纳博科夫身居何处，爱称“Verochka”（薇罗契卡）总是与yat' 写在一起，而所有的词尾硬辅音也一定跟着个yer，[18] 这些词连同其他三个词被从俄语中剔除了。唯一的例外只是个笑话或出于纳博科夫的嘲讽，如1926年7月11日的一条字谜。他问薇拉，为什么“M.M.苏库丁”——一个虚构的“小角色”——他写自己的姓时最后少了一个硬音符？回答是：因为M.M.苏库丁是“共产党人”的同位词，所以他是个语言的野蛮的破坏者。

随着现代拼写方式的发展，无论在俄国国内还是国外，《致薇拉》保留了纳博科夫政治或文化意义上对旧式拼写方式有意识的使用，但也只能在注释或作为例证的手稿中体现出来。无论这个英译本，还是其他译本，都无法完全呈现他对已经消失的拼写法的怀恋。然而，如果不理解纳博科夫希望借助语言的出走来跨越时空的边界，就难以欣赏这些书信。在写于1938年的短篇《访问博物馆》中，他借一块街头招牌突出地表现主人公从法国到苏俄的可怕旅行，招牌上写着“……OE REPAIR”，这是俄语“鞋子”的所有格复数形式，但拼写上没有yer。此人惊恐地意识到，“并不是下雪将词尾的‘硬音符’擦掉了”。[19] 但如果在小说中，硬音符“ъ”的消失，意味着一个人的故乡最终并无可挽回地失去了，那它在纳博科夫1941年3月19日信中的再现就暗示了希望。游戏性地虚构了一本未来出版的有关他自己的俄文书中的一条引文，纳博科夫故意，甚或显摆似的让那位尚未问世的评论家采用了那种旧式拼写方式：“生活在韦尔斯利学院，在橡树和新英格兰宁静的夕阳下，他梦想以他的美国钢笔，交换他自己无与伦比的俄国羽毛笔。”(引自《弗拉基米尔·西林和他的时代》，2074，莫斯科)。[20]

不仅这种特有的旧式拼写方式在译文中付诸阙如，某些文体变异也难以体现。如在这个译本中，我们不得不放弃纳博科夫对某些俄语单词的拼写，而这些古奥的词似乎别有风采。意识到英语中表示娇小或多少与温柔相关的后缀已经废弃，而反之，俄语中这类后缀则很丰富并运用自如，我们也就减少使用指称娇小的名词形式，而在纳博科夫早期书信中，这类名词相当可观，尤其描述食品、衣服和其他生活琐事。否则，1926年7月3日信中的“cold-cuts and macaroni”(冷盘和通心粉）就得译成“teeny cold-cuts and macaronkins”(小片冷切肉和通心粉颗粒)。当翻译听起来很亲昵的“mama”(妈妈）——纳博科夫用来称呼埃琳娜·伊万诺夫娜·纳博科夫——时，我们选择了更正式的“mother”(母亲)，这样就避免了现在常用的“mom”或“mum”(老妈)，因为这种口语化的称呼不属于那个时代纳博科夫家庭的用词。

我们根据国会图书馆系统简本翻译俄语专用名称，包括期刊名称，介绍了一些与标准有偏差的拼写，而这样的拼写多为纳博科夫研究界和英美学界所接受。固定的英语拼写保持原样（“Rachmaninov”，而不是“Rakhmaninov”）。我们用 y 来拼写 й 及 jot 为基础的元音系列，如 ая 和 ую，亦用来译 ы（“Sergey”，但“Sovremennye”；“novyi”，但“goluboy”）。以 ий 或 ый 结尾的男性名字译为 y（“Fondaminsky”，而不是“Fondaminskiy”）。我们尽可能省略俄语的软音符号（“Gogol”，而不是“Gogol’”），在译某些名字时译为 ie（Vasilievna），有些情况下则译为 ’，如辅音前和词的结尾时（“Izobretenie Val’sa”；“*Rul’*”）或者在元音前（“p’esy”）。元音 ё 译为 yo（Fyodor、Seryozha、Zyoka）。

像他那个时代及那个阶层的所有通信者，纳博科夫习惯上称呼名字及父名（瓦季姆·维克托洛维奇），只有家庭成员或亲近的朋友才叫名字（如基里尔、伊利亚、索尼娅）。我们保留所有的父名及爱称（伊柳沙、丰迪克），后者在尾注中加以说明。

用英语翻译俄语女性姓氏时，我们采用纳博科夫常用的方式，即略去最后的字母“a”，如“Anna Karenin”（安娜·卡列宁）[21]，除非这是一位为人熟知的文学家或艺术家的姓名，如“Berberova”（贝贝洛娃）、“Akhmatova”（阿赫马托娃）。在有些情况下，我们无法确定所涉及的女子是否已婚。如 1932 年 11 月 3 日及 9 日的信，纳博科夫提到了谢尔盖·拉赫玛尼诺夫的女儿和妻子。我们只得在名字前加上“夫人（小姐?）”，以免认定她就是作曲家的妻子。还有一种情况，很容易推断，沃特沃尔采夫小姐，纳博科夫的前女友，她在纳博科夫于 1932 年和 1936 年在巴黎进行文学朗读时搭讪他，这时她仍然单身，所以能够无所顾忌地表露自己的感情。

当纳博科夫 1926 年在给薇拉的信中写到食物，1924 年和 1936 年的信中写到家庭事务，1937 年的信中写到他的收入或女士们谈论他眼睛的颜色时，他的措辞一如他在 1944 年的信中写到住院或 1942 年和 1970 年的信中写到蝴蝶收藏。从第一封信到最后一封信，他的文笔始终轻快又奇特、抒情又明晰、丰富又敏捷。这种文体上的连贯性正是这部书信集的一个显著特点，尤其考虑到这样一个事实，在他生命的晚年，他颇为痛苦地意识到他的俄裔身份。面对读者，纳博科夫首先是个英语散文大师，这部译本旨在保持纳博科夫亲切的文体风格，包括它的丰富、流畅和激情。

德米特里赞同出版他父亲写给他母亲的书信，并期望编辑我们的译本。令人悲伤的是他的健康每况愈下，他只看到为这个译本所做的最初的工作，而再也见不到它的最终成果了。我们怀念他的见识，怀念他的感觉和音调，怀念他丰富而又珍贵的知识，这样的知识充实了弗拉基米尔·纳博科夫和薇拉·纳博科夫的个人档案，很大程度上也构成了他自己的传记。

《致薇拉》英译前言注释

1 1924年1月10日信。
2 1970年4月8日信。
3《文学讲稿》，第5—6页。
4《音乐》似乎写于1932年2月，发表在《最新消息》，1932年3月27日，第2页。
5 1937年3月10日信。既然父名是由父亲名字派生而来的，那瓦季姆·维克托洛维奇·卢得涅夫就意味他叫瓦季姆，维克托的儿子，而维克托是纳博科夫的文学虚构，他的另一个自我。
6《尼古拉·果戈理》，第78页。
7 1936年1月27日信。
8 “维克托，我也是在博物馆拜访的，他现在已经收集了一百二十九份蝴蝶样本——从英国地带。”1937年2月27日信。
9 “……所以加在一起，从我的‘百科全书’共寄了九百页捷克。”（1937年3月4日信）；“维克托昨天给他母亲寄了第四册——这两个月来，总共一千两百页捷克语译文。”（1937年4月7日信）。
10 见1925年8月27日信、1925年8月29日信、1926年6月6日信、1926年7月3日信。
11 1926年7月10日信。
12 1926年7月15日信。
13 纳博科夫在其论《死魂灵》的文章中谈及果戈理的“生命生成句法”（life-generating syntax），见《俄国文学讲稿》第20页。
14 1926年6月4、5、7、10、15日信。
15《洛丽塔》，纽约：普特南，1958年，第9页。
16《洛丽塔》由弗拉基米尔·纳博科夫译成俄语（纽约：菲德拉，1967年）。
17《V.D. 纳博科夫和俄国临时政府》，维吉尔·D. 梅德林和史蒂文·L. 帕森斯编辑并翻译，纽黑文：耶鲁大学出版社，1976年，第100页。
18 在1917年的拼写法改革中，*yat'*、“Ѣ”为“e”取代，而*yer*、“ъ”、“硬音符”则在大部分情况下被取消。
19《访问博物馆》，见《弗拉基米尔·纳博科夫短篇小说集》，第284页。
20 1941年3月19日信。
21《俄国文学讲稿》第137页。

给薇拉的信

1923年

ALS，2页①

1923年7月26日？②

法国瓦尔省索利埃斯蓬博利厄田庄寄往柏林

我不想掩饰：我是如此不习惯——哦，也许不习惯彼此相知——对此颇不习惯，我们刚见面，我就想：这是一个玩笑，一个伪装的骗局③……但随之……有些事情很难谈论——你仅仅一个字眼就让那些神奇的花粉相形失色……他们从家里给我写信说到神秘的花卉——你很可爱……

你所有的来信也很可爱，犹如白夜——甚至那封你在几个词下面重重画线的信。我找到了这封信，还有先前我从马赛回来后收到的那封信，我在马赛港口干活。这就是前天，我决定不给你回信，直到你给我写更多的信。一个小玩笑……

是的，我需要你，我的童话。因为你是我唯一能够与之谈论云投下的影子，谈论一个想法的人——谈论当我今天外出干活，迎面看到一棵高高的向日葵，它饱满的脸庞向我微笑。在马赛最脏乱的地区有一家小小的俄国餐馆。我在那儿和俄国水手一起吃饭——没有人知道我是谁，我从哪儿来，我自己也感到吃惊：我原是系领带、穿薄袜子的。苍蝇在罗宋汤和红酒的污渍上打转，略带酸味的寒气和港口的夜色从街上飘浮进来。我听着，看着，——我想我记得龙沙④的诗歌，知道头盖骨、细菌、植物汁液的名称。这真奇怪。⑤

---

① 指信写在若干张信纸或卡片上。——译注

② 虽没标注日期，此信附有诗《傍晚》，在纳博科夫母亲收集的诗集里，此诗的日期标注为1923年7月26日，那此诗必定写于此日或此后不久。

③ 纳博科夫1923年5月8日在俄国侨民的一个慈善舞会上遇到薇拉·斯洛尼姆，她始终戴着一个化装舞会的面具。

④ 龙沙（Pierre de Ronsard，1524—1585），法国诗人，纳博科夫年前译了他的一首十四行诗《当你年老的时候》（*Quand vous serez bien vieille*），《舵》，1922年8月13日。他日后在作品中，尤其在《洛丽塔》（第一部第十一章）提到这首诗。

⑤ 这儿表达的思想在诗歌《普鲁旺斯》（*Provence*）的第二部分也有反映，“我漫无目的地在一条条小巷游荡”，诗写于1923年8月19日，他刚返回柏林，诗发表于1923年9月1日《舵》上，第2页，后翻译收入《诗歌与棋题》，第27页，他回忆时间和地点时有误，标注为“1923年，索利埃斯蓬”。

我非常向往去非洲和亚洲：有人给我提供一个职位，在一艘去印度支那的船上做司炉。但两件事迫使我暂回柏林：第一件事是母亲[①]必定很孤单——第二件事……是个秘密——或者是我迫切想要解决的一件相当神秘的事情……我6号动身，但会在尼斯和巴黎耽搁一些日子——在一个剑桥同学家里。你可能认识他。所以，我会在10号或11号到柏林……要是你不在那儿，我会去找你，找到你……期待很快见到你，我奇妙的喜悦，我温柔的夜晚。下面是为你写的诗：

傍　晚[②]

你呼唤——在一棵小石榴树上
　　一只幼枭像条小狗那样吠叫。
傍晚时分，弯弯的月亮
　　是如此孤独和清丽。

你呼唤——像泉水飞溅在青绿色的傍晚：
　　水珠清扬，一如你的声音，
那月儿，闪烁着它的光辉
　　颤动着穿过一只陶壶。

闷　热[③]

我拭去额头上大颗的汗珠
在发热的陡坡上躺下，
芳香的松树间太阳闪耀

① 埃琳娜·伊万诺夫娜·纳博科夫（1876—1939），娘家姓鲁卡维什尼科夫，纳博科夫与母亲关系很好，见《说吧，记忆》第二章。

② 发表（没有标题）于《诗集》，第112页，在弗拉基米尔·纳博科夫档案（VNV）由埃琳娜·纳博科夫收集的纳博科夫诗集中标注日期为1923年7月26日。纳博科夫的妹妹埃琳娜·西科尔斯基认为此诗及那首《你呼唤》（*You call*）是他兄长对薇拉最初几封信的回应。见布莱恩·博伊德访谈，1981年12月24日。

③ 此诗未发表。在弗拉基米尔·纳博科夫档案（VNV）由埃琳娜·纳博科夫收集的纳博科夫诗集中，在她的抄件上标注为1923年7月7日，于博利厄田庄，纳博科夫注明收入《诗集》，但该诗集中并无此诗。

вернуться на время въ Берлинъ: первая — то, что мамѣ ужъ очень одиноко приходится, — вторая... тайна — или вѣрнѣе, тайна, которую мнѣ мучительно хочется разрѣшить...] Выѣзжаю я 6-го, — но нѣкоторое время пробуду въ Ниццѣ и въ Парижѣ — [у человѣка, съ которымъ я учился вмѣстѣ въ Cambridge'ѣ. Ты вѣроятно знаешь его.] Такимъ образомъ въ Берлинѣ я буду 10-го или 11-го.. [И если тебя не будетъ тамъ, я приѣду къ тебѣ, — найду... До скораго, моя странная радость, моя нѣжная ночь. Вотъ тебѣ стихи:

Вечеръ

Зовешь, — а въ деревѣ гранатовомъ совенокъ
поплакиваетъ, какъ щенокъ.
Въ вечерней вышинѣ такъ одинокъ и звонокъ
луны изогнутый клинокъ.

Зовешь, — и плещетъ ключъ вечернею лазурью:
какъ голосъ твой, вода свѣжа, —
и въ глиняный кувшинъ, лоснящiйся глазурью,
луна вонзается, дрожа.

Зной

Я стеръ со лба узоры капель жгучихъ
и навзничь легъ на скользкiй теплый скатъ,
гдѣ голосами сплюснутыхъ цикадъ
гремѣло солнце въ сосенкахъ пахучихъ.

И я поплылъ въ пылающую тьму
дня южнаго, — подъ пьяный плескъ тимпана,
подъ лепетъ флейтъ — и ротъ пурпурный Пана
прижался жадно къ сердцу моему...]

Я здѣсь очень много написалъ. Между прочимъ — двѣ драмы „Дѣдушка" и „Полюсъ". Первая будетъ въ альманахѣ „Грани" — вторая въ слѣд. номерѣ „Русской мысли".

В.

伴随着悠长的蝉鸣。

我飘浮在南方时光灼热的黑暗中
醉意中传来阵阵鼓声，
还有悠扬的长笛，那潘神的紫唇
贪婪地压向我的心房。

我在这儿乱写一气。除了其他一些东西，还有两个剧本，《祖父》① 和《极地》②。第一个剧本将收进加马因 ③ 出版的选集中，第二个剧本将发表在下一期《俄罗斯思想》④ 上。

弗拉基米尔

* * *

ALS，4 页

1923 年 11 月 8 日

柏林寄往柏林西区兰德豪斯大街 41 号

我如何对你解释，我的幸福，我的金色的、奇妙的幸福，我所有的一切难道不都是你的——我所有的记忆、诗歌、激情的爆发、内心的旋风？或如何解释，听不到你说话，我就一个字也写不出来——每每想起生活中哪怕一件琐事都不无遗憾——如此强烈！——那就是我们并没有一起经历这件琐事——无论这是最最个人的、不可传递的——或只是某一次在路的拐弯处看到日落——你明白我的意思吗，我的幸福？

---

① 写于 1923 年 6 月 30 日，发表于《舵》；1923 年 10 月 14 日，由德米特里翻译；收入《从苏联来的人：剧作选》（*MUSSR*）。

② 写于 1923 年 7 月 6—8 日，发表于《舵》，1923 年 8 月 14 日，第 2—3 页及 1924 年 8 月 16 日，第 2—3 页；由德米特里翻译，收入《从苏联来的人：剧作选》（*MUSSR*）。

③ 柏林侨民出版社，倒闭前只出版了七本书，包括纳博科夫翻译的《艾丽丝漫游奇境记》，1923 年 3 月。

④ 文学和政治月刊，1921 年在索非亚成功发行，之后在布拉格和巴黎发行。其在 1924 至 1927 年之间的停刊，大概能解释为什么《极地》最终会在《舵》发表。

我也知道：我难以用言词告诉你什么——当我在电话里这么说的时候，结果是完全言不达意。因为跟你说话，需要说得精彩，而这种跟人的交谈方式早已消失，你明白我的意思吗？就是用纯净、轻盈和精神上准确的方式交谈——但我——我说得乱七八糟[①]。然而，你会被一个丑陋的小词擦伤——因为你是如此敏感——就像海水，我的爱人。

我发誓——墨迹与此无关——我以我所爱和所信的一切发誓——我发誓我之前从未如我爱你这么爱过——如此温柔——热泪盈眶——又容光焕发。在此页上，我的爱人，我曾（信中也画了你的头像[②]）开始为你写首诗，但只留下这尾巴似的一小段——我找不到空处了。又没有多余的纸张。最重要的是，我要你幸福，我似乎觉得，我能够给你这种幸福——一种温暖的、简单的幸福——而不是那种完全常见的幸福。

你应该原谅我的琐碎——我正在头痛地想——实际上——我是否明天寄这封信——然而，我乐于为你呕心沥血，若是我必得如此——这难以解释——听起来很平淡——但就是如此。此刻我要告诉你——以我的爱，我可以胸怀十个世纪的火焰、情歌和勇气——整整十个世纪，巨大的、有着翅膀的——无数的骑士冲上燃烧的山冈——以及有关巨人的传说——勇猛的特洛伊战士——在橙色海上的航行——海盗——还有诗人。这不是文学，倘若你细心重读，你会知道，那些骑士变得很丰满[③]。

不——我只是想告诉你，我无法想象生活中没有你——尽管你会想，对我来说，两天不见你会很“有趣”。你知道，事实上根本不是爱迪生发明了电话，而是另一个美国人[④]，一个文静矮小的男子，其名字没人记得。他这是活该。

听着，我的幸福——你别再说我折磨你了，好吗？我多么想把你带去什么地方——你知道过去那些拦路抢劫的强人是什么模样：一顶宽边帽、一副黑色面具、

---

① 原文为法语。

② 这幅没有画完的草图在信的右角，文字写在图的周边。

③ “无数的骑士（full of knights）”能够读成“丰满的骑士（plump knights）”。

④ 也许纳博科夫想到的是美国人以利沙·格雷（Elisha Gray，1835—1901），他1870年制作了一部电话，而不像是说更著名的苏格兰和加拿大双重国籍的亚历山大·格雷厄姆·贝尔（Alexander Graham Bell，1847—1922），他制作了一部电话，同年获得了美国专利。

一支歪斜的火枪。我爱你，我要你，我不可遏止地渴望你……你的眼睛——因惊讶而闪亮，当你头后仰说着某件趣事——你的眼睛、你的声音、嘴唇，你的双肩——如此轻盈、光彩照人……

你走进我的生活——不像一个人来访（你知道，“并非慕名而来”）而像来到一个王国，那儿所有的河流都期待映出你的倩影，所有的道路期待你的步履。命运要纠正它的错误——仿佛请求我原谅它先前所有的欺骗。所以我如何能离开你，我的童话、我的太阳？你明白，要是我爱你少一些，那我就会不得不离去。但这样的话——毫无意义。而我也不想去死。有两种“无论如何”，不知不觉的和深思熟虑的。原谅我——但我以后者为生。你不能夺走我对害怕去想的事物的信念——这会是如此的幸福……这儿又是一条小尾巴：

是的：老派的娓娓而谈，
极为简单……这样，心更是灼热；
钢铁在飞行中会白热化……①

这原是我的长诗中的一个片断——但没有写进诗里。曾写下来，以免忘了，就在此时此刻——一个碎片。

这些都是我躺在床上写的，信纸放在一本大书上。当写作到深夜，墙上挂着的一幅画像（我们房东的曾祖母）的眼神显得严峻，让人很不舒服。好在写到这条小尾巴的尽头了，多么讨厌。

我的爱人，晚安……

不知道你是否能够读懂这封词不达意的信……但没关系……我爱你。明天晚上 11 点我会等你——或者 9 点后给我打电话。

弗拉基米尔　23.11.8.

① 这几句话将信竖向分成两部分。

У меня прощенье за всѣ свои прежнiя обманы. Какъ-же мнѣ уѣхать отъ тебя, моя сказка, мое солнце? Понимаешь если-бъ я меньше любилъ-бы тебя, то я должен былъ-бы уѣхать. А такъ — просто смысла нѣтъ. И умирать мнѣ не хочется. Есть два рода „будь что будетъ" безвольное и волевое. Прости мнѣ — но я живу вторымъ. И ты не можешь отнять у меня вѣры въ то о чемъ я думать боюсь. такое это-было-бы счастье... Вотъ опять — хвостикъ. Это кусочекъ моей поэмы — не вошедшiй въ нее. Записалъ какъ-то чтобы не забыть и вотъ теперь — заноза. Все это я пишу лежа въ постели, опирая листокъ объ огромную книжку. Когда я долго ночью работаю то у одного изъ портретовъ на стѣнѣ — (какая то прабабушка нашего хозяина) дѣлаются пренеприятные глаза. Очень хорошо что я дошелъ до конца этого хвостика: Очень мѣшалъ.

Любовь моя, спокойной ночи...

Не знаю разберешь ли ты это бухгалтерское письмо... но все равно... Я люблю тебя. Буду ждать тебя завтра въ 11 ч. утра — а не то позвони мнѣ послѣ 9 час. В.

Да: старомодная медлительность речи

стальная простота... Этим сердце горячей:

сталь накаленная полетомъ...

*　*　*

ALS，1页

1923年12月30日

布拉格斯密霍夫区斯沃诺斯迪大街37号寄往柏林

我亲爱的幸福：

在那个熙熙攘攘的车站，你是多么迷人、可爱和轻盈……我都没有时间跟你说话，我的幸福。但我能透过车厢的窗户看到你，由于某种原因，看你站在那儿，你的手肘在两侧压紧毛皮大衣，双手缩在袖子里——我看着你，看着你身后车站窗户的茶色玻璃，看着你的灰色小短靴——一只能看到侧面，另一只看到四分之三[①]——由于某种原因，此时此刻我意识到我是多么爱你——而当列车开始滑行，你露出了如此迷人的微笑。但你知道——我们的旅行绝对是异常可怕的[②]。我们的行李在车厢里散乱地堆着，我们只得在风口站着，直到边境。我多么想对你描述那有趣的冻雪，就像银色的玉米粒，粘在那些，你知道，连接车厢的皮圈的内侧。你看到会喜欢的。

想象一下三个小房间：那些家具，一张松木桌、十几把旧椅子，七张床——都是木板床，没有垫被，床座就几根横木——还有一张长沙发，偶然买的。就是这样。一块薄垫子铺在横档上——但你可以隔着垫子感觉到那些木头横档，所以到了早晨，浑身酸疼……沙发床上还有臭虫。喷了松节油后它们几乎消失了，但就在今天它们又出现了，在天花板上，到了夜里，它们就会像小鸟似的从那儿下来，落到熟睡者身上——落到基里尔[③]和我身上。我告诉他，十二只臭虫足以杀死一个人，但记得你多么迷人地说："但他这么小啊！"那如人们所说，我收回我的话。此外就是房间里的寒冷，那两只花砖火炉不情不愿地散发着热气（当然这对它们来说并不是愉快的事），你可以想到我们在这儿的生活了。身无分文，也没

① 原文为法语。

② 埃琳娜·纳博科夫带着她几个年幼的孩子定居布拉格，她接受了捷克政府发给她的一份微薄的抚恤金。纳博科夫帮助他们前去布拉格。

③ 基里尔·纳博科夫（Kirill Nabokov，1911—1964），纳博科夫最小的弟弟和教子。

有刀叉——所以，我们只好吃三明治过日子。一有机会，我就要带母亲回柏林，我自己4月5号会回来——减去八十五天（你能算出来吗?）。我还没有看一下布拉格——一般来说，我们彼此没有好感。

听着：一旦有机会，我会跟你打电话，那是我在这座城里唯一能找到的电话：克拉马家里。[①] 我会在23号（旧历）设法打电话，7点。[②]

我非常爱你。以一种极端的方式爱你（别生气，我的幸福）。以一种得体的方式爱你。爱你的牙齿。我在写作。摩恩和我坐在一起。[③] 他请我将他的“亲切的问候”送给你。亲爱的，你知道，没有你我会非常无聊。我感觉你好像仍然站在车站，就像我最后一刻看到你那样——就像你，也许觉得我戴着圆礼帽，仍然站在车窗前。在法庭场景之前，你的西班牙小说让人着迷；之后，很糟糕。我明天会把包裹给他们。

我多么希望你动情地说，就在此时：“但你答应我的！？”我爱你，我的太阳，我的生命，我爱你的眼睛——闭上——爱你所有细微的想法，爱你有弹性的声音，爱你整个的灵魂，从头到脚。我困了，要去睡了。我爱你。

弗拉基米尔　23.12.30.

* * *

ALS，2页

邮戳日期：1924年1月2日

布拉格斯密霍夫区斯沃诺斯迪大街37号

寄往柏林西15区兰德豪斯大街41号

还没有收到你的信，亲爱的——也许明天。但要是没有呢？你知道，我没想

① 卡雷尔·克拉马（Karel Kramar，1860—1937），捷克民族主义政治家和捷克斯洛伐克首任总理（1918—1919）。他是个亲俄分子，娶了一个俄国人，他对布尔什维克主义极为反感，欢迎著名的俄国流亡者去捷克斯洛伐克，去布拉格他的家作客。

②（新历）1924年1月5日，薇拉二十二岁生日。

③ 五幕剧《摩恩先生的悲剧》的主人公，纳博科夫动笔于1923年12月，完成于1924年1月，去世后才出版，Zvezda，1997；收入《摩恩先生的悲剧：剧本及论剧讲稿》（*Tragediya Goospodina Morna，P'esy，Lektsii o drame*），圣彼得堡：Azbuka-klassika，2008；英译本《摩恩先生的悲剧》（*The Tragedy of Mr. Morn*）由安娜斯塔西娅·托尔斯泰和托马斯·卡善译，伦敦：企鹅出版社，2012。

到我会如此想你（"啊，你没想到！……"）。不——这只是一种表达方式——告诉你，亲爱的，我的幸福，我多么渴望你（我多么需要你）。其间，我只在17号会离开这儿——我要写完我的摩恩——要是再写下去，他就会崩溃了。他是一个绝对不能忍受异地安置的人。昨天，我全天只写了两行，甚至这两行我今天也删了。眼下，写作进行得格外顺利，所以，明天我会完成第三幕第一场。不知为何，我对这种事很敏感。然而，为两个人读这个剧本是多么让人高兴的事——为你，另一天也为母亲。第三个能完全理解这部作品并欣赏那些对我来说珍贵的琐事的人就是我父亲。[①] 当我给母亲读些什么，母亲总要回想这一情景——这让人哀伤。

我刚给塔塔里诺夫[②] 写了信，让他在6号或7号的《舵》[③] 上登个广告，我（署名）想在一家俄国家庭找个带膳食的房间。否则就太贵了。不幸的是，我把你的包裹丢在了火车上。我"完全绝望"了！实际上，两天前，我带着包裹去那个地址——那是你在几乎听不清楚的耳语中写下的……你知道现在我想做什么？看你从街上走到人行道时稍微屈膝的样子（"得了！……"）。今天我特别想你，以致我似乎写了一堆废话。

这就是我在布拉格至今所注意到的：许多拉车的马，还有商店里的标识，就像一个法国人想要炫耀，在小说中摆弄几句俄语——弄巧成拙。还有一条很宽的河——结了冰。随处都有清理出来的溜冰的场地。在一个溜冰场上，只有一个男孩在溜冰，不时滑倒。过路的闲人从一座古老的大桥上俯视着他，桥上马拖着大车，一辆接一辆。一个穿制服的胖子站在桥的一头，每个路人必须付给他一个铜板作为过桥费。这规定很古老，是封建时代留下来的。有轨电车很狭小，车厢两边红色，车厢里，最新出版的杂志挂在钩子上——以便公众阅读。了不起的

① 弗拉基米尔·德米特里耶维奇·纳博科夫（Vladimir Dmitrievich Naboko，1870—1922），刑事学家，自由派政治家，报人和编辑，艺术赞助人。纳博科夫很推崇他（见《说吧，记忆》第一部和第九部），非常重视他在道德、政治、文学和艺术领域的判断。1923年，他仍然为他父亲1922年3月的被杀而深感悲痛；几乎在四分之一世纪之后，他依然描写了由他父亲的死而引起的"情感的万丈深渊"（《说吧，记忆》，第191页）。

② 塔塔里诺夫（Vladimir Tatarinov，1892—1961），报人，《舵》的定期撰稿人。

③《舵》(*Rul'*)，自由派俄语日报，发行于1920—1931年，由纳博科夫的父亲和他的两位革命前的亲密的同行奥古斯特·卡敏卡和尤西夫·赫森创办，是柏林最主要的俄语报纸；1924年前，柏林是俄国侨民中心。在《舵》关闭之前，纳博科夫（以弗拉基米尔·西林的笔名）在上面发表了大量的诗歌、短篇小说、剧本、评论、散文、棋题和填字游戏。

城市？

昨天，一位教授告诉我，当他的女儿还只有几个月大，她就经常假装晕倒。后来当她长大一点，他担心她故伎重演：他坐下来读书，她在地板上玩。他突然放下书，瞪着眼睛，抹一下额头，慢慢地说："你知道，玛申卡，我好像要变成一只鹰了……"她含着眼泪："你为什么总是在没人的房间里见神见鬼？……"

明天7点，我会试着给你"打电话"。这也许会令人痛苦，但我想听听你的声音，即使是三言两语。柏林的情况怎样，亲爱的？你愿意和我一起去美国吗？哦，要是你知道我是多么讨厌去适应这样一种可怜的生活，为钱而忙乱，不得不拼命翻译——再就是便士、便士……但在日常生活中我是很资产阶级的。克拉马的汽车，他家的大理石浴缸、他的仆人，简直让我发疯……布丰[①]坐下来工作时拉上蕾丝窗帘。我需要舒适，你明白，不是为了舒适本身，而是我可以不再想怎么舒适，而可以只是写、写——展现自我并爆炸……但毕竟，天知道，也许因为我在写"摩恩先生"，穿一件毛皮大衣，坐在监狱的床上，就着暗淡的烛光（这几乎带有诗意），这会写得更好。我都等不及为你读第五场了。

你知道你是我的幸福吗？你就是那无数的小小的箭矢——每支箭都射中了我。你是否想过，我们的生命是多么奇特、多么自然地有了交集？也许上帝在天堂感到厌倦，耐心地伸出了手，这种事不常发生。我喜欢你身上这种不可思议的敏锐，仿佛在你的灵魂中，为我的每个想法预先准备了空间。当基督山伯爵来到他买下的城堡，他注意到在各种物品中，他的书桌上有只小盒子。他对先来布置一切的管家说："那盒子里应该是手套。"管家微微一笑，打开这只不起眼的盒子，里面正是一副手套。在这一情景中我有些迷失，但不管怎样，这和你我有关。[②]你知道，我从未信任什么人像信任你一样。在所有令人着迷的事物中有一种信任的因素。

我担心这会是一封写得相当磕磕碰碰的信。也并无文采。我最近写多了抑扬格五音步诗，写起散文来反而吃力。听着：你能在午夜或更晚些的时间给我先前

---

① 布丰（Comte de Buffon，1707—1788），法国博物学家和百科全书撰稿人。

② 信中提到大仲马（Alexandre Dumes，1802—1870）的《基督山伯爵》（*Le Comete de Monte Cresto*，1844）。当基督山伯爵问贝蒂西奥名片的事，他期待名片已做好了；贝蒂西奥告诉他，其中一张名片已经送出去了，其余的名片放在他卧室的壁炉台上。

的公寓打个电话吗？我也让塔塔里诺夫夫妇[①]和斯特鲁夫夫妇[②]这么做。我想让那些房客快乐。

吻你，我的幸福——你不能阻止我……

弗拉基米尔　23.12.3（1）.[③]

---

① 弗拉基米尔·塔塔里诺夫和他妻子赖莎·塔塔里诺夫（笔名赖莎·塔尔，1889—1974）；弗拉基米尔·塔塔里诺夫是在索邦大学受过教育的律师，十多年后，成了著名的法国作家。赖莎·塔塔里诺夫是有名的才女，她将俄国侨民作家、艺术家和思想家聚集在一起，经常邀请他们去她柏林的公寓做客。

② 格列布·斯特鲁夫（Gleb Struve，1898—1985），是纳博科夫的朋友，尤其在20年代，他妻子是尤利娅·尤利夫娜。1917年十月革命前，斯特鲁夫的父亲彼得·斯特鲁夫（Petr Struve，1870—1944）如同纳博科夫的父亲，也是反对沙皇的自由派领导人之一，在流亡期间，是流亡者的政治代言人及有影响的俄语期刊的编辑。当纳博科夫在剑桥大学就读时，格列布是牛津大学的学生，20年代的大部分时期，他们都生活在柏林；他日后成为俄国侨民中第一个文学史家。

③ 纳博科夫信的日期看起来像是"23.12.3."（虽然"3"似乎涂改过，写了另一个数字）。安娜放这封信的信封上的邮戳是"1924年1月2日"。纳博科夫可能在前一封信之后写了"1923年12月31日"这个日期，但前一封信的日期"1923年12月30日"本身也不很清楚，更像是"20"号而不是"30"号，但纳博科夫似乎于1923年下旬才去柏林（《舵》，1924年1月8日，第5页）。如果我们认定前一封信的日期"1923年12月30日"是正确的，并且"1924年1月2日"的邮戳属于这封信，那1923年12月31日这个日期就很有可能。

1924 年

ALS，2 页

1924 年 1 月 8 日[①]

布拉格寄往柏林西区兰德豪斯大街 41 号

你好！（有些气急）。致意（平稳和温柔地，——这真是一个起缓解作用的词）。

不，我并没有设法给你打电话。我的爱……但我今天——终于收到了——你的奇妙的（美好的！）信。你知道，我们极为相像……比如，在信里，我们都喜欢：1）不经意地用上了外文；2）引用喜欢的书；3）将一种感觉（视觉）印象转换为另一种感觉（如味觉）印象；4）最后会为想象中的无稽之谈抱歉；诸如此类。你写到自己写得很好，亲爱的：我犹如目睹。我甚至想把你的头发弄得更乱。至于说到面具，确实，你不能戴了。你是我的面具……你如此喜欢雪，你想要知道我窗外的风景吗？景色是这样的：莫尔道河[②]白皑皑一片，沿着这片白色，剪影似的人的小黑点从这边河岸走到另一边河岸，就像乐谱上的音符。比如，一个男孩的身影在他身后拖着一个升 D 调似的雪橇。河对岸，在远处澄明的天空下，能看到覆盖着雪的房顶，右边，就是那座我已经对你描述过的老桥。

摩恩就像月黑风高中的旺火！我只需再写两场；我已经有了最后，即第八场的结尾。我给卢卡什[③]写信，说这事简直妙不可言——但我不相信……然而……

---

① 信封上有个柏林邮戳“1924 年 1 月 12 日”，但在信封的反面（因而不是最早的邮戳）有捷克邮戳的邮票被剪掉了。薇拉在信封上注明此信日期为“1924 年 1 月 8 日”。

② 这是 Vltava（捷克语）的德语名称，此河贯穿布拉格。

③ 卢卡什（Ivan Lukash，1892—1940），多产作家，记者，文学批评家。20 世纪 20 年代初，在离开柏林去里加之前，他和纳博科夫是好朋友，并合作了几个项目，包括舞剧《亚哈随鲁》(*Ahasuerus*）和《活水》(*The Living Water*)。

主呵，我多么希望见到你……我明眸的爱人……我不知道当我们相遇时我会做什么，今天不能多写——得去参加一个晚会。他们带我进入社交圈！在我所有的熟人中，只有永远年轻的谢尔盖·马科夫斯基在这儿。[①] 我爱你。永无止境。

弗拉基米尔

我刚从克拉马家的晚会上回来。我得引述晚会上“发生”（用法语来说）的交谈。

一位女士（上了年纪）：

“你喜欢布拉格吗？”（接下来是几行描述布拉格之美的文字，我略去了。接着：）

“你上本地的高中[②]？”

我：

“???”

那女士：

“呵，抱歉——你的脸看上去那么年轻……那你是个大学生？什么专业？”

我（带着忧郁的微笑）：

“我两年前读完大学。两个专业，自然历史和文献学。”

那女士（困惑）：

“呃……那你工作了？”

我：

“为缪斯工作。”

那女士（有些兴奋）：

“啊，你是个诗人。你很早就写诗了吗？告诉我，你读过阿尔达诺夫[③]——他写得很有意思，是吧？总之，在我们这个困难的时代，读书有很大的帮助。比如，

① 谢尔盖·马科夫斯基（Sergey Makovsky，1877—1962），诗人、艺术史家。

② 传统高中，重视古典教育。

③ 阿尔达诺夫（Mark Aldanov，1886—1957），曾是个化学家，一战前开始历史小说写作，在侨民圈中尤其获得成功。

你拿起沃洛申[①]或西林[②]的书——你的心顿时就提了起来。但如今，你知道，书这么贵……”

我：

“是的，非常贵。”（悄然消失，隐姓埋名。）

这岂不是一段有趣的对话？我逐字逐句地复述给你了。

我的福星，你知道，明天就是我与未婚妻解除婚约的一周年。[③]我是否感到遗憾？不遗憾。这事就得这样发生，如此，我可以遇到你。写完摩恩先生，我会写《流浪者》[④]的第二，即最后一幕。我突然觉得喜欢它了。现在我要熄灭蜡烛去睡觉了。不，我要再读一会儿。我爱你，亲爱的。要更多地给我写信，否则我也不写了。17号来车站接我。

弗拉基米尔

* * *

ALS，2页

1924年1月10日

布拉格斯密霍夫区斯沃诺斯迪大街37号

寄往柏林西区兰德豪斯大街41号

亲爱的，今天我肯定我妹妹[⑤]会喊着跑来找我：“伯特兰夫人的来信！”但没

---

① 沃洛申（Maximilian Voloshin，1877—1932），杰出的俄国诗人（但并未移民）。纳博科夫1918年在克里米亚遇到他，对他的诗歌有很高的评价，也欣然接受他的指导。

② 纳博科夫1921年1月采用“弗拉基米尔·西林”作为他常用的笔名，部分原因在于有别于他的父亲，他父亲的名字也是弗拉基米尔·纳博科夫，他父亲创办了《舵》并为其撰稿，纳博科夫的许多作品也登在这份报纸上。

③ 斯维特兰娜·西维尔特（Svetlana Siewert，1905—2000）1922年成为纳博科夫的未婚妻，1923年1月9日解除了他们的婚约。

④《流浪者》（*The Wanderers*）是纳博科夫于1921年九十月间写的一部短小的两幕剧；发表于《格拉尼》（*Grani*），1923年第2期，第69—99页。纳博科夫先寄给他父母，作为他对英国剧作家卡姆布罗德（Vivian Calmbrood）作品的翻译，但这是他虚构的一位作家，其姓名是纳博科夫姓名的不同拼写。

⑤ 即他喜爱的妹妹埃琳娜（Elena Vladimirovna Nabokov，1906—2000）。

有信。[①] 我很伤心……“信是什么？分别的黑色破衣服上的白色补丁”（改写莱蒙托夫著名诗句）。[②]

昨晚就像一幅佛兰德绘画，静止在一片怠惰的雾中。雾中的雪地上，夕阳柔和地照着，淡淡的，就像印花釉法的淡彩。（你明白我的意思吗？）在冰上过了河，我爬上一座小山——一片白色，点缀着黑色的光秃秃的接骨灌木。在山的一侧，山坡突然下降与一处要塞的城墙相接；在山顶，耸立着一座黑黝黝的双塔城堡，装饰着许多猩红色浮雕——就像哥特式建筑泛着斯拉夫光泽。在铸铁栏杆后还有一个天主教公墓：排列整齐的小墓，金色的十字架。在大教堂正门上方，有个拱形的浮雕，在门的两端是两个头像——两个……小丑的向外凸出的怪脸。其中一个有着夸张的狡猾的表情，另一张脸扭曲地现出轻蔑的讪笑。两个小丑都戴着桨状的皮帽或兜帽（让人顿时想起蝙蝠的翅膀和公鸡的鸡冠），那是中古时期小丑常戴的帽子。我在另一些门上也发现了这样的脸，每张脸有着不同的表情：如有张脸，在多层的粗糙头饰下有一个美丽、严峻的脸型：一个天使般的小丑。我不禁想，那个雕刻家，因微薄的酬金，因阴沉的僧侣的吝啬而受到伤害，他被指令在墙上雕刻，在不改变肖像的情况下，将那些脸处理成了小丑的脸。在我看来，这或许是个美好的象征，只有通过欢笑，凡人才能进入天堂……你同意吗？

我沿着雪堆之间滑溜溜的路径绕着大教堂走。雪明亮干爽，抓起一把，向上撒去，像尘土一样在风中散开，仿佛又飘了回来。天暗起来。天上似有一个薄薄的金月亮：半圈残缺的光环。我沿着要塞城墙边缘走。古老的布拉格在渐浓的雾气中展现在下方。覆盖着雪的房顶栉比鳞次，一片模糊。那些房屋似乎在某个时刻因可怕而不可思议的粗心大意堆在了一起。在这暴风雪形成的轮廓中，在这雪天的昏暗中，街灯和窗户散发出温暖和甜蜜的光芒，就像深受喜爱的潘趣棒棒糖。[③] 有的地方，你只能看到一点绯红色的光，一滴石榴汁。雾气中，在蜿蜒的城墙和烟雾般的角落，我勘探一个古老的居住区、神秘的废墟、炼金术士的小巷……在回家的路上，我构思了一小段独白，堂迪利奥会在倒数第二场中念：

---

① 出于隐私考虑，在他们恋爱的最初时期，即在柏林和布拉格时，薇拉在给纳博科夫写信时在信封上用了“伯特兰夫人”的名字。

② “分别”是莱蒙托夫（Mikhail Lermontov，1814—1841）诗歌的中心主题，但这句诗似乎是纳博科夫虚构的。

③ 一种有小棒的硬糖，用潘趣酒或棕榈酒制成。

……事物必然衰败

事物也将复活——因此，
如果我们猜出这个古老的象征，
结果会是这样——跟着我，泰门斯
空间是上帝，事物是基督，时间
是圣灵。因而我的结论：
世界是神圣的，所以一切皆幸福，
如此我们必得歌唱
如同我们工作（*为了我们的存在*）
意味着为主人工作
以三种形式：空间、事物
（和时间），但工作结束，
我们去赴永恒的盛宴，
将我们的记忆给予时间，
我们的形象给予空间，
我们的爱给予事物[①]

对此，泰门斯回答道："异性相吸，我同意你的看法——但问题在于，我反抗至高无上的存在；我不愿为之工作，相反，我得马上去参加聚会。"

尽管我忙于文学，但我非常爱你，我的幸福——我很生气，你没有写信给我。这些天我处于一种紧张、兴奋的心境，因为我一直在写作，"简直"一刻不停。

他们告诉我《舵》上有兰多夫人[②]写的有关我们朗读《亚哈随鲁》[③]的介绍。你看到了吗？[④]

---

①《摩恩先生的悲剧》，第五幕第一场，第128—129页。斜体标明原稿与出版的译文之间的不同。
② 不详。
③《亚哈随鲁》(*Ahasuerus*)，纳博科夫和伊凡·卢卡什合作的一部舞剧，由雅科布森作曲。1923年12月下旬，纳博科夫和卢卡什在一位朋友家对少量听众朗读了他们的剧本。
④《〈舞剧亚哈随鲁〉评论》，见《舵》1924年1月8日，第5页。

再见，亲爱的。你没有对我“失去爱”了，是吧？

弗拉基米尔

* * *

ALS，2页

1924年1月12日

布拉格寄往柏林西区兰德豪斯大街41号

“你默默无言，就像所有的美人……”我已经习惯了这个想法，我不会再接到你的信了，糟糕的是，我爱你。我要寄给你我的肖像，我恰巧发现在我母亲手里(类似的她还有一张)。这是两年前拍的，那是甜蜜记忆中的剑桥，在一次考试前夕，这么做是以防“考砸”，我会发现一种厄运的标志，在我的肖像上有一种命中注定的小特征。但是，如你所见，我是骄傲和无忧无虑的。

昨天，我们的家具什么的[①]终于到了。这些东西似乎绕了一大圈（汉堡——美国——新加坡——君士坦丁堡）——这可以解释为什么姗姗来迟。现在我们的房间有了点生气，就是说，起初，每个房间（很小!）只有一把椅子，现在有好多把，所以这让人想起这样一个房间，孩子们可以放映幻灯。(潮湿的床单，每张片子都有冗长的解说：我小时候很讨厌。)[②]你知道在《格拉尼》[③]第一期封面上我们的姓并列在一起吗？一个象征？

卡达谢夫-阿姆菲捷阿特罗夫[④]刚来看我，说起著名的打字错误。一份省报上，“Virgin Mary（圣母玛利亚）”印成了“veterinary（兽医）”。[⑤]当局肯定没

① 原文为德语。

② 见《说吧，记忆》第八章，纳博科夫叙述他小时候看幻灯的事情。

③ “内容庞杂”（文学类杂集）的《格拉尼》(*Grani*）第一册1922年出版，其中收有纳博科夫的诗歌《童年》(*Childhood*)、散文《鲁珀特·布鲁克》(*Rupert Brooke*)。不清楚纳博科夫这儿指什么：书的封面上既没有“薇拉”，也没有“斯洛尼姆”的字样。《格拉尼》由同名俄国出版社出版，由沙夏·乔尔尼（Sasha chyony），即亚历山大·格利克伯格（Alexsandr Milkhailovich Glikberg，1880—1932）于1921年在柏林创办，他是诗人、讽刺作家，也是纳博科夫父亲的朋友；1923年，《格拉尼》发表了纳博科夫的诗集《苍天路径》(*Gorniy Put'*)。

④ 卡达谢夫－阿姆菲捷阿特罗夫（Vladimir Amfiteatrov-Kadashev，1888—1942），诗人、“圆桌兄弟会”（The Brotherhood of the Round Table）成员，“圆桌兄弟会”是纳博科夫和其他人于1922年成立的一个文学团体。

⑤ 原文“bogoroditsa”（圣母）印成了“pugovitsa”（纽扣）。

有注意到，但报纸第二天为这个错误道歉——并马上遭到了查封。聂米罗维奇-丹钦科[1]与《北方之光》[2]有场纠纷，因为在他的一篇小说中，在最有戏剧性的情节中，应是“贝波，套上马”，却不经意地印成了“贝波，鞭打马”。这种事时有发生……

灯具也运到了，所以现在稿纸和我的写作都沐浴在光柱之中。

今天，我们有了一件不幸的事情；我和母亲及基里尔去看望一个生病的教授。基里尔拖着雪橇落在后头。当我看到一块很陡的雪坡，我决定要展示一下如何真的往下滑。我脸朝下躺在雪橇上，让他坐在我的背上，把我自己往下推。（同时，一群闲人围拢来。）往下滑到一半，有什么东西开裂了——我在一团飞旋的雪花中继续往下滑，没有了雪橇，也不见了基里尔。后来，一个跑步者精疲力竭，坚持不住了（我自从来到这儿体重增加了不少）。哭泣和责备持续了几个小时。这儿就是摩恩与米迪亚告别时所说的：

……你会离去；我们将彼此相忘；
但此时此刻，一条街的名字
或街头演出的风琴在暮色中的呜咽，
会以比思想所能重温
或言词所能传达
更生动更真切的方式提醒我们
那存在于我们之间的重要事情，
及我们所不知道的重要事情……
到那个时刻，当灵魂
感受到以往琐事的美妙——
*灵魂便会理解，*永恒者皆永恒：
无论天才的思想或邻居的玩笑，
特里斯坦痛苦的困惑

① 聂米罗维奇-丹钦科（Vasily Nemirovich-Danchenko，1848—1936），作家，1923年移居布拉格之前住在柏林。
②《北方之光》（*Spolokhi*），俄语文学杂志，由流亡作家亚历山大·德罗兹多夫（Alexsandr Drozdov，1895—1963）于1921年在柏林创办。

还是转瞬即逝的爱。①

……并非不像你的（你生气了吗?）。亲爱的，今日我爱你，很甜蜜，很愉快——你不知道那是怎样……

我昨晚梦见了你——好像我在弹钢琴，你在为我翻乐谱……

弗拉基米尔

24.1.12. 午夜

* * *

ALS，1 页

邮戳日期：1924 年 1 月 14 日 ②

布拉格寄往柏林西区兰德豪斯大街 41 号

难道你没发现我们的通信似乎……单方面的？我对你很生气，以致信的开头没有问候你。起初我决定只寄给你一张白纸，中间几个问号，但随后我觉得不能浪费邮票。说实话，你为什么不给我写信？这是我的第五封信，但我只收到你的一封信。也许你病了？或者又是“棱角分明”？或者，最终，你故意这么做，好让我忘记你？今天我写得格外糟糕。

我得无限期地推迟回柏林，考虑到我写作的异常缓慢。有时，经过一整天创作的折磨，也只能写上两三行。我从第二场删去了克利因的故事以及与之相关的所有内容。现在我在第六场的泥淖中挣扎。我很疲倦，头感觉就像一个滚球槽——早晨五六点之前我睡不着。在先前几场，有无数的重写、删节和添加。最终我会得到常见的嘲讽作为酬报：“并非没有诗才，但我们必须承认……”诸如此类。最重要的是你——保持沉默……

不——绝对不行！我会展示自己，以至神灵掩面而退……要么我的头砰然裂开，要么这世界——非此即彼。昨天我吃了鹅肉。天气雾蒙蒙的：粉红色烟雾喷

① 《摩恩先生的悲剧》第四幕，第 107 页。斜体表明草稿不同于发表的译文。

② 信封反面是柏林邮戳；更早的布拉格邮戳可能要早一两天，但连同邮票被剪掉了。

出来，空气中有股糖渍小红莓的味道。

17号就要到了，但我要去柏林的哪条街，我们会住哪儿——我不知道。塔塔里诺夫没有信，我的老板没有信，[1]德罗兹多夫[2]没有信，你没有信……只有我一个人写信——这可不行。

让我再说一遍，是你表现不佳。但要是你不爱我，坦率告诉我。真诚最重要！你依然是我的幸福所在。

弗拉基米尔

日期：不感兴趣

地址：如前，"斯沃诺斯迪"

* * *

ALS，2页

1924年1月16日[3]

布拉格寄往柏林西区兰德豪斯大街41号

谢谢你，我的爱，为你两封美妙的来信。这里我想起一句愚蠢的格言：脑用钢笔写，心用铅笔写。

我的幸福，我无法在17号来。除了那部悲剧，还有一个原因，第二个原因——不幸的是它比第一个原因更重要。事实是，说白了，我在等柏林寄钱来(那些翻译稿酬)。他们答应7号寄给我——十天过去了，我还在等待。我一拿到钱，当天就走——甚至明天都有可能。我手头有一点钱，但昨天全花在家庭开销上了；同时，碰运气是危险的，只有5个马克就来柏林。至于那部悲剧，即将写到这个程度，现在只要我愿意，哪天都能把它写完。所有这些让我如此烦恼，我

---

① 可能指雅科夫·尤日内（Yakov Yuzhny，？—1938），柏林蓝鸟卡巴莱歌舞导演，他为纳博科夫的一些速写作品付酬，尤其是1923年末和1924年。

② 德罗兹多夫（Aleksandr Drozdov，1895—1963），作家、翻译家、杂志《北极光》(*Spolokhi*）的创办者，文学年鉴《纺缍》(*Vereteno*）编辑，纳博科夫为这两家杂志写稿。1923年，他责备移居国外的行为和《舵》，这引起纳博科夫不满，曾考虑跟他决斗；1923年12月，他返回俄国。

③ 信封邮戳日期为1924年1月26日，但从纳博科夫信中提到1月17日来看，此信应是此前写的。

几乎无法给你写信。

要是我遇到那个头发蓬松的穴居人，他先是想接近隔壁邻居，要用一张鹿皮换一把宝石，我会很乐意拧掉他的头。我甜蜜的爱，我的欢乐，多么意想不到的事情！我因一个愚蠢的理由没回去，现在又来了一个更愚蠢的理由，几乎像个托辞。现在我只在乎你；我不再需要那些摩恩了。好吧，这个新年有了一个相当不顺的开端。

很抱歉，我给你写了一些废话。我的脑子乱七八糟——发夹掉了出来：就像那些秃发男子，我脑袋有点儿秃……你明白吗？

我会再等两三天，并动身徒步去柏林。当太阳升起，你还在床上。我还是不知道回去跟你在一起我会做什么。但你别改变我对那些长老[①]的看法！我读了尼罗斯[②]和克拉斯诺夫[③]的书——书里说得很清楚[④]。你知道吗？比如，那是共济会成员安排了日本大地震？我爱你，真的，胜过太阳。

弗拉基米尔　24.1.16.

一个幻象[⑤]

在午夜广袤的雪原
我梦见所有桦树的母亲，
还有一个人——或是一团移动的白霜——
扛着什么东西，悄悄走去。

极度痛苦中，扛在肩上的，
我的俄罗斯——是一个孩子的棺木，

---

① 可能指臭名昭著的反犹骗局《锡安长老会纪要》(*The Protocols of the Elders of Zion，1903*)，称该文件记录了犹太人意在统治全球的计划，此说在保守的俄国侨民中广为流传。

② 尼罗斯（Sergey Aleksandrovich Nilus，1862—1929），宗教作家，出版《锡安长老会纪要》，作为他的《见微知著和反基督，一种临近的政治可能性：一位东正教徒的笔记》(*The Great within the Small and Antichrist，an Imminent Political Possibility: Notes of an Orthdox Believer，1903*）的一部分。

③ 克拉斯诺夫（Peter Nikolaevich Krasnov，1869—1947），曾任俄国和哥萨克军队将军，小说家和国际法学家。

④ 原文为法语。

⑤ 此诗写在信的背面，没有发表。

1924年

来到孤独的桦树下，
站在苍白的粉末似的雪里。

他弯腰，一阵白色的颤动，
弯腰，犹如风中烟雾。
躺着瘦弱身躯的小棺木
放在纯洁、悄无声息的雪地上。

整个广袤的雪原，
祈祷，望着苍天，
云朵飘动，像只鸟
修长的双翼掠过明月。

在月下冰缝里，
光秃秃的桦树此刻摇晃着，
此刻像一张弓弯下来，
树影落在雪地上：

在这个雪堆起来的坟墓上
此刻压在一起或展开，
在无边的绝望中拧着，
有如上帝之手的影子。

它起身；在雪原上，
永远消失在夜色中——
上帝的面容、这幻象及白霜，
不留下丝毫痕迹。

弗拉基米尔·西林

* * *

ALS，2页

1924年1月17日

布拉格寄往柏林西区兰德豪斯大街41号

我的爱，我23号星期三返回。说定了。我的广告已经登在《舵》上。我的名字以这样粗的字体印刷，我一时以为这是一则讣告呢。“要是你凑巧看到有带膳食的房间，租金不高于每天一元（但3马克则更佳），那就通知纳博科夫先生本人。”你知道，我现在习惯我的笔名，看见我的真名实姓反觉奇怪。

今天有雾，但天晴①，因此房顶上的积雪看起来就像一幅紫色水粉画；空中炊烟袅袅。我那部该死的悲剧到结尾还有一场半要写；我会设法在柏林出版。你知道吗？两天前，我们可怜的雅科布森跳入施普雷河，想和萨德柯一样，将一场小型音乐会献给美人鱼。②幸运的是，一位“新来的”勇士跳下河中断了他的水下行程；他将这个作曲家拖上岸，腋下夹着乐谱。卢卡什写信告诉我，那个可怜的家伙得了重感冒，但精神振作了许多。你懂的。

我想我从未把柏林梦想成人间……天堂（空中的天堂很可能相当乏味——那儿有这么多的奇怪之物——六翼天使——他们说，禁止吸烟。有时，虽然天使自己也吸烟——偷偷地藏在衣袖里。但当大天使经过，他们便扔了烟头：这就有了流星）。你可以每个月一次来我这儿喝茶。当我的收入花光了，我就和你去美洲。此刻，我的两个妹妹要去参加考试。我为她们写了“失败之歌”，她们读得哭了起来。我爱你。

在此期间，我重读所有福楼拜的作品。读——或重读了——《包法利夫人》。③这是世界文学中最优秀的小说——就内容和形式之间完美和谐而言——这是唯一让

---

① 让人想到普希金（Aleksandr Pushkin，1799—1829）的诗《冬日之晨》（*Zimnee utro*，1829）。

② 萨德柯（Sadko）是诺夫哥罗德史诗中的英雄。在里姆斯基－柯尔萨科夫（Nikolay Rimsky-Korsakov，1844—1908）的歌剧《萨德柯》（*Sadko*，1897）中，这位英雄用他的音乐使海神的女儿着迷，潜入沃尔霍夫寻宝并挽救他的名誉。

③ 纳博科夫对福楼拜（Gustave Flaubert，1821—1888）评价很高，他曾在康奈尔大学和哈佛大学讲授过《包法利夫人》（*Madame Bovary*，1857）。

我读得热泪盈眶的一本书：lacrimae arsi[①]。

不知何故，今天我似乎觉得你和我会很快幸福美满。“我将黎明的红丝带像丝绸一样缠在你的腰际”（或诸如此类）——虽然这并非那么时尚，亲爱的。[②]

现在我又要坐下写摩恩了。我的上帝，我多么想读给你听……我狂热并无休止地爱着你：你的书写，一如你走路的姿态；你的声音就是恬静的黎明的色彩。吻你的双眼——接着，此处涂去。爱你。

弗拉基米尔　24.1.17.

* * *

ALS，3 页

1924 年 1 月 24 日

布拉格寄往柏林西区兰德豪斯大街 41 号

亲爱的：

我 27 号星期日下午 5 点到达柏林的安哈耳特车站。

我滞留是因为钱的缘故。最重要的是母亲病了，我也在过莫尔道河时得了重感冒，河上的冰正在融化。我的感冒有所好转，母亲也好多了，所以现在没有什么能阻止我星期日返回了。我似乎觉得，我的幸福，你因我的行动迟缓生气啦？但要是你知道有那么多的琐事缠住我，每走一步有那么多讨厌的荆棘绊住脚……我的家人必须不停地从这个公寓搬到另一个公寓——再说，诸多的烦心事压在我的肩上——还有令人沮丧的交谈。只有一件事让我快乐：后天，摩恩会开枪自杀；还有差不多五十或六十行要写，那是最后——即第八场。我当然不能松懈，得对整部作品进行润色，但基本工作完成了。

至于我们的哑剧作品，有个叫阿斯塔·尼尔森[③]的人喜欢上了它——但她要求对第一幕作些修改。我们的另一部哑剧《活水》几天后将在“蓝鸟”剧场

---

① 拉丁语 lacrimae 意为“眼泪”，arsi 意为“燃烧”，arsi 又是双关，指“艺术”（虽然“艺术之泪”应是 lacrimae artis）。

② 出自莱蒙托夫的长诗《恶魔》（*Demon*，1837），第十章第二节，第 5—6 行。

③ 阿斯塔·尼尔森（Asta Nielsen，1881—1972），丹麦无声电影（默片）演员。

演出。[①]

我因写作而极为疲惫。夜里，我的梦也带上了韵律，我整天因失眠而昏昏沉沉。我打草稿用的厚笔记本会送给你——上面题了一首诗作为献辞。间接地用某种委婉的方式——就像米堤亚人[②]的故事——你给了我这份灵感。没有你，我不会用这种方式，说花卉的语言。

但我累了。我十七岁时，平均每天写两首诗，每首诗花二十分钟。这些诗的质量不敢保证，但那时我甚至都没作努力要写得更好，想到我并非表现什么奇迹，我不需要去考虑什么奇迹。现在我明白了，确实，理性是创造活动中的一种消极因素，灵感则是一种积极因素，但只有通过它们秘密的结合，耀眼的火花才会产生，才会有完美创造的电光闪烁。如今，连续工作十七小时，我一天写不出三十行诗来(之后不会删去的)，而单单这一点就已经是向前一步了。我记得，我朦胧而兴奋——在我们种蘑菇的桦木林里——用即兴的词来表达即兴的想法。那时我喜欢这样一些词，如“闪光”、“透明”，有一种奇怪的偏好；将“rays（光线）”与“flowers（花朵）”押韵，虽然我对阴性押韵非常小心在意。后来——甚至现在——我有一种真正的语文学激情，整整一个月，甚至更长时间，我会偏爱出于喜欢而选择的一个特别的词。比如，最近我与“暴风”一词就有个小插曲——也许你注意到……

这些我只能告诉你。我越来越确信，艺术是生活中唯一重要的事情。我已经准备为找到一个外号而承受中国式酷刑——在科学和宗教领域，能打动和吸引我的只有色彩，只有那个长着络腮胡须，戴大礼帽的人，沿着一根绳子下降——最前面的滑稽机车的烟囱经过桥下时，后面拖着一些小车厢，车里胖胖的夫人太太们发出惊叫声，小小的彩色遮阳伞的移动，带衬的裙裾窸窸窣窣。或者，在宗教领域，那掠过皱着的眉头的阴影和红色强光，彼得的有力的握手，在寒冷的清晨就着炉火暖暖身子，当第二批公鸡有的在近处啼叫，有的则在远处啼叫——一阵轻风吹过，柏树枝叶微动……

今天，我检查了我产业上的一项大宗棉布计划（幸运的是它和我的其他文件放在了一起），我在想象中沿着田产的路径溜达，此刻，我感觉好像真的回到了家

① “蓝鸟”(Bluebird)，柏林的一家俄国卡巴莱剧场。《活水》(*The Living Water*) 由纳博科夫和卢卡什合写，演出了一个多月（1924 年 1—2 月）。

② 米堤亚人（Medes）是古代波斯人。《摩恩》中一个主要人物叫米迪亚（Midia）。

里。[1]那儿此时必定是雪花纷飞，树枝戴上了白色的连指手套，河那边传来清脆的声音——有人在伐木……今天报纸上有列宁死去的消息。[2]

亲爱的，再次见到你，听到你歌唱般的嗓音，会多么地快乐，我的爱。请到车站来——因为事情就是如此（只是你别生气!）——我不记得（看在上帝分上，别生气!）——我不记得（你保证不生气?）——我不记得你的电话号码了!!! 我想其中有个“7”，但还有呢？……

这就是为什么，当我到柏林，就必须给你写信——但我从哪儿去弄邮票？——既然我如此害怕邮局!!!

我们在柏林会过得很愉快。我在这儿的生活很朴素。只拜访了克拉马夫妇——偶尔——但今天，为了换换空气，我想拜访玛丽娜·茨维塔耶娃[3]。她迷人极了（啊……是吧?）。

很快就会见到你，亲爱的，别生我的气。我知道我是个很乏味、很讨厌的人，沉溺在文学中……但我爱你。

弗拉基米尔　24.1.24.

* * *

ALS，2 页

1924 年 8 月 13 日

布拉格？寄往柏林

我的欢乐，我的爱，我的生命，我难以理解：你怎么能不跟我在一起？我与你难分难舍，以致此刻我感到失落和空虚：没有了你，我就丢了魂。你让我的生命变得轻盈、奇妙和五彩缤纷——你使得每样事物都呈现出幸福的光彩——始终有所不同：有时，你的眼睛是烟灰色，很柔和，而有时候则乌黑，眉毛飞扬——我不知道我喜爱你的眼睛何时更多一分——闭上还是睁开。现在是晚上 11 点：我竭尽全力

---

① 纳博科夫从他舅舅卢卡维什尼科夫（Vasily Rukavishnikov，1872—1916）那儿继承了一处田产。

② 列宁（生于 1870 年），布尔什维克革命和苏联早期领导人，于 1924 年 1 月 21 日逝世。

③ 玛丽娜·茨维塔耶娃（Marina Tsvetaeva，1892—1941），俄国杰出诗人，散文作家和剧作家，1922 年随丈夫移居国外，此时是布拉格大学的学生。1925 年起，她住在巴黎，直到 1939 年回苏俄。

想要穿过空间看见你；我的思念请求一份凌空去柏林的签证……我兴奋而甜蜜……

今天，除了对你的思念，我什么都不能写。我感到沮丧和恐惧；荒唐的想法纷至沓来——坐地铁你出车厢时可能绊倒，或者，在街上有人会撞上你……我不知道怎样度过这个星期。

我的温柔，我的幸福，我能为你写什么呢？多么奇怪，虽然我的写作驱使笔在纸上行走，但我不知道怎样告诉你我多么爱你，多么渴望着你。如此心烦意乱——又如此平和安详：阳光下白云舒卷——幸福多多。我随你而动，因你而动，燃烧并融化——全身心地追随着你，如同白云悠悠，空灵、飘逸、轻盈和平稳，千姿百态又色彩各异——我的难以言说的爱。我无从表达这些云彩般的感受。

当上次你我在墓园，我明显感到：你什么都明白，你知道身后之事——你理所当然地知道，如同一只鸟知道，它飞离树枝，就会飞起而不会跌落……那就是为什么和你在一起我会如此幸福，我的小可爱。更有甚者，你我又多么特别；这些奇妙之处，除了我们，无人知晓，而无人像我们这样相爱。

你此刻在做什么？出于某种原因，我猜想你在书房：你站起来，走到门口，将两扇门拢在一起，你驻足片刻——等着看门是否会再敞开来。我困了，我困极了，晚安，我的欢乐。明天我会给你写一堆日常琐事。我的爱。

弗拉基米尔

24.7（8）.13.①

* * *

ALS，2 页

1924 年 8 月 17 日

多布里丘维瑟② 寄往柏林

我不只是想你——我生命中只有你，我的爱，我的幸福……我期待你的来

① 纳博科夫似乎将 8 月错写成了 7 月（如下一封信）；此信和以后三封信，后两封信写了 8 月，他实际上似乎在布拉格和捷克的多布里丘维瑟度假胜地只过了一周。纳博科夫和薇拉在柏林共处七周后回到布拉格。

② 多布里丘维瑟（Dobrichovice），靠近布拉格的一个河边城镇。

信——虽然我知道信会姗姗来迟，因他们要从布拉格转给我。母亲和我住在一家漂亮的旅馆，这儿一切都很昂贵，所以我们只有一间房——很大，真的。从窗户往外看，视野很开阔；河边有成排的白杨，远处是农田——一块块绿色、蓝绿色、灰褐色的田地——再远处，则是树木葱茏的山丘，漫步其间会非常惬意：可以闻到蘑菇的香味，林间有湿润的野生覆盆子。人不多：都是从布拉格来的老年夫妇，就像一个个步履缓慢，默不出声的树桩——没有俄国人，对他们而言，太昂贵了——但奇里科夫[1]一家和茨维塔耶娃住在附近，山谷中小村庄的屋顶闪着光彩。

我的至爱，我无比的欢乐，你没有忘了我，是吧？一路上，我吃着你准备的三明治、梅子和桃子：味道很好，我的爱。我9点左右抵达布拉格，坐一辆黑色大马车颠簸了好一阵才到家。我家有一个小套间，但很棒——只是生活费用又涨了，手头拮据。另外，从早晨5点起，马车、汽车和卡车的声音雷鸣般响起，所以，半睡半醒之际，觉得仿佛整座房子在慢慢移动，隆隆作响。

结果证明，奥尔加[2]去莱比锡毫无意义。要是她离开，她就会失去资助；[3]她在这儿的演唱已经作了安排：她有着与众不同的嗓音，不久就会开始演出。请代我及我母亲向你的表亲[4]表示感谢——非常感谢她。

我将于下周一或周二回柏林。我要准备更多的讲课——要是你乐意，请助我一臂之力，亲爱的。但总的来说状况不佳，生计没有着落，母亲很悲伤和不安，梦到去柏林，去泰格尔[5]。要是我能对她有所帮助的话，我都乐意去砸石头。我带来的10块钱足以生活一星期——很舒适，也很安宁。只是今天下雨，雨滴像珠子一般，我得在球台上使劲击球。

我的阳光，我的欢乐之源，要是你在这儿和我在一起，我就会幸福至极了。这儿安静，孤寂，一片绿荫。花园中随处可见可怕的鹳和侏儒的泥塑——分明有着日耳曼渊源。有阳台、喷泉。我们在户外午餐和晚餐。

---

① 奇里科夫（Evgeny Chirikov，1864—1932），作家，布拉格儿家俄国文学协会的成员。

② 即纳博科夫的大妹奥尔加（Olga Nabokov，1903—1978），后随第一个丈夫姓莎克霍夫斯考埃（Shakhovskoy），后又随第二个丈夫，姓彼得伦克维奇（Petrunkevich）。

③ 她作为俄国流亡学者或作家（她父亲）的家庭的一个成员获得资助并住在捷克斯洛伐克。

④ 可能指薇拉的表姐安娜·费金（Anna Feigin，1890—1973），薇拉同她很亲近，费金有位表亲赫尔曼·布隆柏格（Herman Bromberg），在莱比锡。

⑤ 泰格尔（Tegel），柏林的一个郊区，那儿有俄国人墓地，纳博科夫的父亲葬在那儿。纳博科夫会寄钱去，以支付墓地管理费用。

一个小任务：请复制（重打）一下诗歌《祈祷者》(复活节其一）和《河流》。前一首诗寄给《舵》，后一首诗也寄给《舵》。[①] 别打错别字，我的欢乐。这件事你能做吧？另外，写信告诉我是否有我的作品登在《今日》[②] 上。

我得去午餐了，我的欢乐！我爱你。我能听见你轻微的呼吸。也能听见你的眼睫毛拂着我脸颊的沙沙声。你是我的幸福。要是你愿意——打电话给塔塔里诺夫太太[③]，告诉她我一周内到达。也请向你父亲转达我最美好的问候。

吻你，我的爱，深深的吻，晕厥为止。我期待你的来信，我爱你，我行动小心，以免伤到你，因为你就在我之内——水晶般地，令人神魂颠倒……

弗拉基米尔

24.7（8）.17.[④]

* * *

ALS，2 页

1924 年 8 月 18 日

多布里丘维瑟寄往柏林

我仍然没有收到你的只言片语，亲爱的。但我满怀希望（小写的）[⑤]。你优雅地咬着下嘴唇，接着说：“我不喜欢你开这样的玩笑……”请原谅，我的欢乐。

今天我对你的爱是一种特别宽阔、灿烂的爱，充满了松树的味道——因为一整天我都在山上游逛，寻找奇妙的小路，弯腰，挨近熟悉的蝴蝶……林中空地上花卉的绒毛微微震颤，如同柔软的薄雪，蚱蜢唧唧有声，金色的蛛网——阳光的光圈——横贯小径，贴着我的脸庞……一阵飒飒声从林间越过，远处的山坡上云

---

① 《祈祷者》(*Prayer*)，《舵》，1924 年 8 月 24 日，第 2 页，又《诗集》，第 140—141 页；《俄国河流》(*Russian River*)，《我们的世界》(*Nash Mir*)，1924 年 9 月 14 日，第 264—266 页，又名《河流》(*River*)，《诗集》，第 100 页。

② 《今日》(*Segodnya*)，移民办的日报，1919 至 1940 年发行于里加（两次世界大战之间，拉脱维亚是独立国家）。诗歌《占卜》(*Fortune Telling*) 将发表于《今日》，1924 年 8 月 26 日，第 11 页。

③ 即赖莎·塔塔里诺夫。

④ 见前信有关日期的注释。

⑤ “hope”即“希望”之意，但在俄国，“Hope”则是女性的一个普通的名字。

的阴影缓缓移动……它让人感觉非常自由、轻盈，就像我对你的爱。同时，在莫克劳波斯（有这样一个小村庄）[1]，奇里科夫，个子矮小，穿一件俄式衬衫，正站在他房子的阳台上。这个小老头完全没有才华。

我9点睡觉，9点起床。我喝了一桶（我的另一个弱点）未经消毒的牛奶。母亲和我隔开，房间中间摆了一张白色衣柜。我们早晨争论谁先用浴盆。

只有一件不愉快的事情：一条杂种小母狗，毛发蓬松，脸上有一种胆怯的表情，尾巴弯曲得像一把法国号。我们一上床，这条小狗就开始在窗下汪汪叫。它停了又叫。起初，母亲心有所动，接着她开始在一阵狂叫声中读秒，随后，我们只好关上窗户。今天我们在花园遇到这条小狗。它狡黠而又亲切地看看我们。但我不敢想今晚会发生什么。这比布拉格的运货马车更糟糕。

你怎么样，我奇妙的幸福？你又学了不少英语单词？[2] 你还下棋吗？我很想看到你此刻在这个房间里走动，忽闪着睫毛，突然变得柔软，像一小块布……我甜蜜的双腿……

哦，我的欢乐，我们什么时候真正生活在一起——在一个迷人的地方，能看见山岭，窗下有条小狗汪汪叫？我所需不多：一瓶墨水，地板上有一点儿阳光——还有你；但后者可不仅仅是“一点儿”，命运、上帝、六翼天使全然明白——克制再克制……

我现在有意识地不再写什么，我压住天知道从哪儿冒出来的诗句，我尊敬但坚决躲避诗神的诱惑。我只翻译——暗中生气——科罗斯托维茨[3] 的这样的句子：“现代欧洲，一方面，在取得卓越成就的政治领域遭遇重创之后，然而，注定如此，毁灭或在最好的情况下，被遗忘，另一方面……”诸如此类。尽是废话。

好吧，亲爱的，是睡觉的时候了——差不多9点了……你此刻干吗？关上百叶窗，也许……我喜欢拉窗的哗啦声。晚安，我的幸福。该睡觉了。那条小狗开始叫了。

弗拉基米尔　24.8.18.

---

① 在一个俄国人听来，“莫克劳波斯”（Mokropsy）这个地名听上去像是说“落水狗（wet dogs）”。

② 薇拉的英语很好，可以授课，但她想要增加词汇量。

③ 科罗斯托维茨（Vladmir Korostovets），1930年前，《威斯敏斯特报》（*Westminster Gazette*）和《泰晤士报》（*Times*）驻柏林记者，他付优厚酬金让纳博科夫将他的文章译成英文。

*　*　*

ALS，2页

1924年8月24日

布拉格寄往柏林兰德豪斯大街41号

亲爱的，你的信——至今四封——真是美妙，——它们近乎完美，这是你关于书信所能说的最了不起的话。我崇拜你。

昨天，母亲和我从乡间回到布拉格，那儿始终潮湿，但阳光明媚。路旁，色彩斑斓的田地点缀着桦树和橡树的树干，有的就长在岩石上，像一面面小旗，指示去这个或那个村子的路途。我还注意到农民给他们的佩尔什马套上红色耳罩，而对鹅则比较残忍，他们有很多的鹅：他们活活地拔掉鹅的胸部羽毛，这样，这些可怜的生物走起来像是穿着袒胸的衣服。我见到了奇里科夫的许多家人（他有两个可爱的女儿、一个儿子，他在追求我的小妹）①，老奇里科夫和我设想了一些方案，想象我们的“照片”登在里加的报纸上会是什么样子。在我动身的前夜，西边和东边的天空以极瑰丽的日落景色款待我们。上方，天空湛蓝，只是西边有大片云彩，形似淡紫色的翅膀，展开它广阔的橙色的肋骨。河水呈现粉红色，仿佛有人在水中倾注了葡萄酒——岸上，从布拉格到巴黎的高速列车飞驶而过。右边地平钱上，紫色的云彩下端有一道橙色的边，云彩下的天空像一块淡绿色的绿松石——红彤彤、岛屿般的云朵缥缈其间。这让我想起弗鲁贝尔②，想起《圣经》，想起天堂鸟③。

你找到住处了吗，我甜蜜的爱人？你能不能就住在我寄宿的人家——他们还有一间空房，不是吗？只要安排好我们就很容易见面。这个星期的“不忠”④之后，我得一天见你四十八小时（这不很有趣?）。我星期四上午9点动身——不能

① 埃琳娜，十八岁。

② 弗鲁贝尔（Mikhail Vrubel，1856—1910），俄国画家，以俄国文学及民间故事的人物画著称，形象忧郁、深沉。

③ 斯拉夫神话中的天堂鸟（Alkonost），有着女人的脑袋，其美妙的歌声让人忘却一切。绘画中。天堂鸟常与西林（Sirin）在一起，西林是能预言的鸟，如瓦斯涅佐夫（Victor Vasnetsov，1848—1926）著名的画作《西林和天堂鸟：欢乐与忧伤之歌》（*Sirin and Alkonost: Song of joy and grief*，1896）。

④ 薇拉（Vera）在俄语中有“忠诚（faith）”之意。

再早了，因为有各种家庭聚会。别因这种拖延对我生气，亲爱的——别说“我就知道会这样……”要是我星期四还不到，你可以把我看作是一个不够体面的男人和一个没有才华的作家。今天很冷，下着毛毛雨，早晨7点，屠户行会的小乐队就在我们窗外演奏起来——周日惯例。

昨天晚上，我读了我父亲的笔记和日记，他从克列斯特①写给我母亲的信，他在维堡宣言②后在那儿关了三个月。我生动地记得他回来的情景，从车站到我们的田庄，路上用松树和花卉搭起的拱门——村里的农民成群结队，拿着面包和盐③围着他的马车——我跑出门到路上迎接他——我跑着，激动地大叫。母亲戴一顶浅色的大帽子，一星期后，她和父亲去了意大利。

我很快就会见到你，我的幸福。我想我们不会再如此分开。今年过得像一面迎着阳光鼓起的风帆——而现在没有什么能打扰这种安宁，打扰我悠然航行在幸福的空中……你懂我所有的心思，——我生活中的时时刻刻充满了你的存在——我心中的歌只为你唱——瞧，我像所罗门王一样对你说话。

但让我们离开柏林，亲爱的。这是个不幸和多灾多难的城市。我恰在那儿遇见你，就我如此糟糕的命运而言，这真是一个难以置信的疏忽。我不无担心地想到，我们将不得不再次避开我认识的人——要发生的事难以避免，这想法让我恼火——我的好朋友会兴致勃勃地谈论我生活中最了不起的、神圣的、不可言传的事情。你明白吧，亲爱的？

亲爱的，哦，亲爱的，只要你和我在一起，就没有什么可担心的——所以，我这是庸人自扰，是吧？一切都会好的，是吧，我的生命？

弗拉基米尔　24.8.24.

---

① 克列斯特（Kresty），俄国圣彼得堡的一所监狱。

② 1906年7月，沙皇尼古拉二世解散第一届杜马后，次日，许多杜马成员（代表）从圣彼得堡前往附近的维堡，他们在那儿发表一份宣言，号召民众拒绝服兵役和纳税。纳博科夫的父亲是杜马的一个领导人，帮助起草并在宣言上签名，为此他被判处三个月监禁。

③ 斯拉夫人迎接贵客的风俗。

1925 年

AL，1 页

1925 年 1 月 19 日①

柏林？寄往柏林西区贝里尔克，利特波德大街 13 号

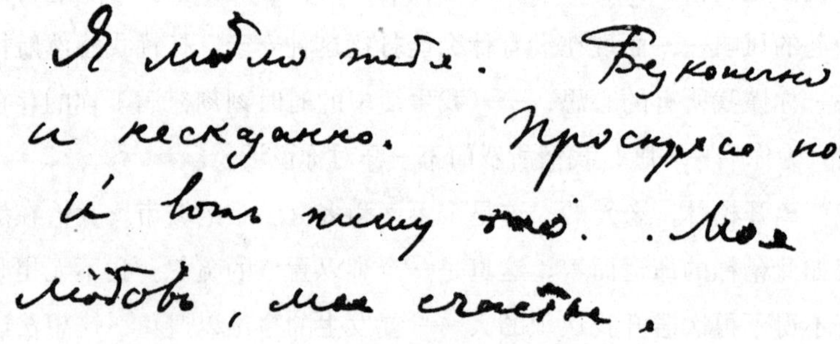
Я люблю тебя. Бесконечно и несказанно. Проснулся ночью и вот пишу это. Моя любовь, мое счастье.

我爱你。无限和难以形容的爱。我半夜醒来，就给你写信。我的爱，我的幸福。

* * *

ALS，1 页

1925 年 3—4 月？②

柏林寄往柏林西区利特波德大街 13 号

我最最甜蜜的爱，我的欢乐，我的彩虹：

我似乎吃下了整块的三角奶酪，但我真的饿极了……此刻我吃饱了。我现在

① 日期由薇拉用铅笔写在信封反面，邮票不见了。

② 信封上没有邮票，信上没写日期。

出门来到柔和的暮光下，这是个清冷的傍晚，我爱你，今晚，明天，后天，以及许多个明天，无数个明天。

总之，我温柔的、难以形容的喜悦。

哦，是的：我忘了说我爱你。

弗拉基米尔

又：爱你。

* * *

AL，1页

1925年6月14日[①]

柏林？寄往柏林？

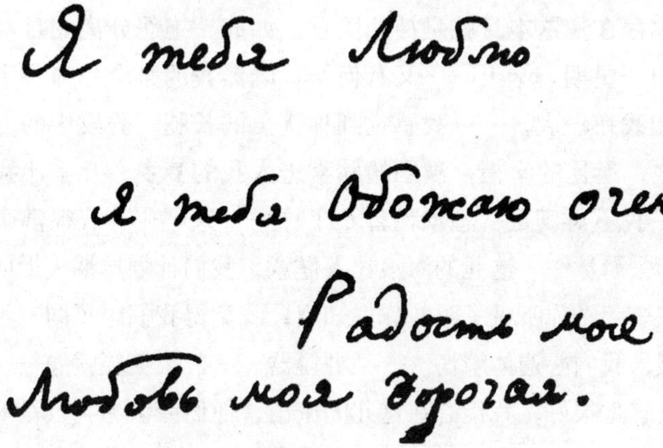
Я тебя Люблю
Я тебя Обожаю очень
Радость мое
Любовь моя дорогая.

我 爱你

我很崇拜你

我的欢乐

我的至爱。[②]

---

① 一只小信封的正面作了标记，反面用铅笔写着日期，是薇拉的笔迹：1925年6月14日。

② 俄语中，"我爱（Lyublyu）""我崇拜（Obozhayu）""欢乐（Radost）"这三个词的大写并整齐排列的字母连起来组成一个词"LOR"(月桂？)。

*　*　*

ALS，4页

邮戳日期：1925年8月19日

索波特[①]寄往柏林舒内伯格，新温特菲尔德街29号

我的甜心，我的爱，我的爱，我的爱——你是否知道——世界上所有的幸福、财富、权力和冒险活动，所有的宗教承诺，所有的自然魅力，甚至人的名声，都比不上你的两封来信。这是一个恐怖之夜、可怕的痛苦，我想象你的无法投递的信件，不知道丢在了哪个邮局，就像一条瘦小的流浪狗被处理掉了……但今天，你的信到了——此刻，我似乎觉得，它就在信筒里躺着，在麻袋里颤抖，所有其他的信件只要触碰一下，就会吸收到你独特的魅力，这一天，所有的德国人都收到了陌生而又奇妙的信件——那些信件都不可理喻，因为它们都触碰到了你的笔迹。只要想到你存在，这本身就是神仙美意，如此，抱怨分离的日常悲伤就显得很可笑——哪怕一星期、十天——又有何妨？既然我的整个生命属于你。我半夜醒来，知道你和我在一起，——我感觉到你优美的长腿，秀发中的玉颈，抖动着的睫毛——随之，无比的幸福，满心的欣喜进入我的梦乡，几乎让我窒息……我爱你，我爱你，我不再满足，想象代替不了你——来吧……我很健康，感觉好极了，来吧，我们去游泳——这儿的海浪让人惬意。我们计划星期天返回——但最后几天我得跟你在一起，你听见了吗？你也知道；我觉得我们患了同一种病。甚至在我离开的前一天，我内心遍体鳞伤——某种锐器——甚至笑笑就痛——到这儿就发起高烧。现在我感觉很好。我担心在这儿的旅馆，他们会认为我只是喝多了。天气较凉，但没下雨。舒拉[②]不怎么游泳，今天我会给S. A.[③]写信。接下来我真的不知道要做什么。去巴伐利亚，也许？

你会来吗，亲爱的？后天（21号）你何不休息一天——我们会在这儿待两三天。旅行花费12马克，房间一个半马克（你可以跟我住一起），午餐和晚餐——几乎吃不到什么。

我的小猫咪，我的欢乐，今天，我多么欣喜地爱着你……吻你——但别说吻

① 那时是自由城市但泽（现属于波兰）的一个波美拉尼亚海滨度假胜地。

② 舒拉（Alexander Shura Sack），纳博科夫在柏林的一个学生，相伴来到索波特。

③ S.A. 萨克，舒拉的父亲。

哪儿，对此无可奉告。

弗拉基米尔

*　*　*

APC

1925 年 8 月 27 日

弗莱堡罗米斯御凯泽旅馆寄往巴登 / 康斯坦茨，留局待取

你好，我的猫咪，我的至爱：

我们的旅行很出彩，今天爬了附近的山，晚上看了电影。明天 9 点我们出发去多金根，中午到达，午餐后徒步去波尔[①]，我们会在那儿过夜。我会从那儿给你寄明信片。旅途充满乐趣。F 是个奇妙的小镇，有点像剑桥。镇中央是座大教堂，新鲜草莓的颜色，里面是彩绘玻璃——各种装饰，一轮轮的天堂的光芒，金色的背景上还有一只黑色的长统靴，很亲切，附近是圣徒们的小小的面孔。我爱你，我的小狗狗。旅馆不错。我爱你，我的猫咪。

25.8.27.

*　*　*

APC

1925 年 8 月 28 日

弗莱堡寄往巴登 / 康斯坦茨，留局待取

你好，亲爱的，我们今天走了约 20 俄里[②]（从下午 1 点到 8 点），经过巴德-波尔，此刻我们在里塞尔芬根车站等去蒂蒂湖的火车，明天我们将在那儿停留。暮色苍茫，一群乌鸦飞过杉树林，发出沙沙的声音。我们随意溜达，景色迷人。天有点黑写不了什么，坐在当地车站的一条凳子上。乌鸦发出鸦鸦的叫声，当它

① 不清楚纳博科夫说的是哪个城镇。下一封信中说到“巴德-波尔”(Bad-Bol)，位于他们东北方向 110 英里处。

② 1 俄里 (verst) 相当于 2/3 英里或 1 公里，20 俄里等于 13 英里。

们低飞掠过杉树林时，我能听见一阵柔滑的细雨般的低声鸣叫。这很美。但徒步时有些地方很泥泞，所以我庆幸穿了一双黑色靴子。刚换了另一双靴子。月亮发出橙黄的光；乌鸦栖在树枝上，沉默下来。我爱你，我的幸福；我们的车来啦。

25.8.28.

* * *

APC①

1925 年 8 月 29 日

蒂蒂湖寄往康斯坦茨，留局待取

你好，小狗狗：

我在蒂蒂湖的岸边给你写信，我们此刻正在品尝冰镇巧克力。我们会在这儿过夜，明天去爬菲尔德山。今天我们游泳，晒日光浴，过得很快活。

我爱你。很爱。

我们途经这里。②

25.8.29.

* * *

APC③

邮戳日期：1925 年 8 月 30 日

菲尔德堡寄往康斯坦茨，留局待取

在登上菲尔德山峰的途中，我构思了这首行诗句，并在心中反复吟咏：“我什么也不爱，除了可爱的小猫。”④ 天气潮湿，电线上挂着雨珠，还有一圈圈蛛网。眼前一片雾气。我爱你。

---

① 信写在明信片上。明信片上的照片是一辆蒸汽机车正通过横跨在黑森林霍伦托峡谷上的著名的拉文那菲亚达库特铁路大桥。明信片下端写着：“黑森林。霍伦托 巴德。拉文那菲亚达库特。”

② 写在明信片的另一面上。

③ 信写在明信片上，明信片风景的说明文字是“扎斯特勒休特”(Zastlehutte)。

④ 原文为“I love noittything except kittything”，纳博科夫通过字形变体进行文字游戏，遗憾的是中文只能意译。——译注

我们会在这儿过夜，明天去圣布拉辛。[1]

* * *

APCS

1925 年 8 月 31 日

圣布拉辛寄往巴登 / 康斯坦茨，留局待取

舒拉建议称之为诗：即我在穿越[2]黑森林并见到一种熟悉的植物时的所思所想。

你好，我的太阳：

我们从菲德尔山一直走到非常可爱的圣布拉辛。明天我们徒步去威尔，星期五可能会在康斯坦茨。把这首诗再完整地打一遍，寄给《舵》，附张要求发表的便条（“我丈夫……）。天气很热。我爱你。

弗拉基米尔

25.8.31.

山　顶[3]

我喜欢那座山，披上了深色的
树林的外衣——因为
在一个陌生的山村的暮色中
我离家乡近了。

我怎么会不知道那些浓密的针叶
又怎么不会如醉如痴
仅仅见到那路上

① 写在明信片有照片的一面。

② 先写了日期；信的头两行剩下的文字写在日期边上，而明信片和诗早已写好。

③ 诗写在明信片的另一面。发表于 1925 年 9 月 19 日《舵》上，第 2 页；由纳博科夫翻译，题为《我喜爱那座山》（*I like that moutain*），收入《诗歌与棋题》。

泥炭色浆果呈现蓝色？

又暗又湿的小路
越往上蜿蜒而去，
童年起就珍视的
北方平原的象征越加清晰。

在死亡的时候，难道我们
不会如此爬上天堂的山坡，
遇到生命中
所有提升我们的可爱的事物？

弗拉基米尔·西林
于黑森林

* * *

APCS
1925 年 8 月 31 日
圣布拉辛寄往康斯坦茨纽豪森大街 14 号蔡斯膳宿公寓

你好，亲爱的：

我刚给你寄（待领邮件）了一张写了一首诗的明信片，但在邮局，我拿到了你寄来的一张小卡片，亲爱的。① 我得在这儿让人修我的那双黑色半筒靴——橡胶鞋底脱胶了；我很少穿那双灰色靴子走路，它们还是新的。总之，这次旅行越来越出色，我们经过一些令人着迷的地方。山坡上牛的颈铃像小溪一样叮当，声音悦耳，令人心旷神怡。到今晚，我们已经花了整整 100 马克（还剩下 500）。我崇拜你。

弗拉基米尔
25.8.31.

① 薇拉刚在康斯坦茨的蔡斯公寓租了一个房间。

*　*　*

APCS[①]

1925年9月1日

托特莫斯寄往康斯坦茨纽豪森大街14号蔡斯膳宿公寓

明天我们穿过威尔去莱茵河畔的萨金根。[②] 我爱你，爱你，爱你。

25.9.1.

你好，我的生命：

你可以顺着我们今天走过的路。[③] 现在是4点。我们坐在托特莫斯的一家咖啡馆里。晴空万里，我走路时没穿衬衫，在长着石南植物的山坡上快步朝下走。托特莫斯是个迷人的小地方，他们给你剃须剃得很干净。旅馆里有两个俄国姑娘（!）。

弗拉基米尔

*　*　*

APC[④]

1925年9月2日

威尔寄往康斯坦茨/巴登纽豪森大街14号蔡斯膳宿公寓

你好，我的至爱，我们周五到，在你的公寓给我们找两个房间。

在威尔，我收到了薇拉的一封可爱的来信。我会给你发封电报，告诉你我们到达的车次（周五）。我们不在你那儿[⑤] 停留，我们去萨金根（离托特莫斯约30俄里[⑥]）。我爱你。

25.9.2.

---

① 明信片，上面有托特莫斯和圣布拉辛的地图。
② 即莱茵河畔的巴德萨金根。
③ 在明信片的另一面标着路线。
④ 明信片，有“威尔（巴登）”的说明文字，一座小镇，有铁路通过。
⑤ 即在威尔，在俄语中，“在威尔（in Wehr）”读起来像“薇拉（Vera）”。
⑥ 约18英里。

*　*　*

APC[1]

1925 年 9 月 2 日

萨金根寄往康斯坦茨纽豪森大街 14 号蔡斯膳宿公寓

你好，我的歌[2]：

我们在萨金根，莱茵河畔，河对岸是瑞士。明天我们徒步去瓦尔茨胡特，凌晨之后，我们会到达康斯坦茨。天气很好。希望你喜欢这张可爱的明信片。

25.9.2.

*　*　*

ALS，1 页

1925 年？

柏林，可能刚结婚

我打电话过去，但房间已经订出去了，这样，我们只得另找。我会去看一下。要是你回来不太晚，就去溜达溜达。

弗拉基米尔

① 明信片上有位绅士的图片，穿着“文艺复兴”时的戏剧服装，将一位同样着装的女士拥在胸前。他左手拿着一支喇叭；他们骑在马上。图片下方是诗体的说明文字，是舍费尔（Joseph Viktor von Scheffel，1826—1886）写于 1853 年的一首诗，曾由奈斯勒（Victor Ernst Nessler，1841—1890）改编为歌剧《冯萨金根的喇叭》（*Der Trompeter von Sackingen*，1884）：“上帝保佑你。乱云飞渡 / 风吹树叶沙沙响 / 阵雨滋润树林和田野 / 真是离别的好时节 / 灰色天空下，世界展现在我面前。”

② 与明信片另一面上的图片有关。

1926 年

手稿，1 页

1926 年 4 月 26 日

伊凡 · 韦尼赫 ①

1

灯亮了，斜斜的光线，照在夜幕中暗青色的雪地上，大雪堆几乎要把房屋盖住了。不知为何一切显得陌生，并非故意的，微光中纷飞的雪花亮闪闪的，灯杆从雪堆里戳出来，背光的阴影在雪地上画出精巧的图案，光秃秃的菩提树投下了它的影子。伊凡 · 韦尼赫，在门廊里跺了跺穿着的软底靴，伸出皮革手套，推那道玻璃门，门没有马上被推开——冻住了——随后突然有什么冲出来，冲入花园的雪雾中。那是切尔尼雪夫的狗，毛发蓬松，上了年纪，就像老切尔尼雪夫本人，很快跟了出来，但你刚出门，我不再写了，亲爱的。此刻，你在卧室里搬动一把椅子，此刻你又走回来，敲了一下小盘子，像狗一样打了个哈欠，低声抱怨着什么，问我是否要点牛奶。小狗狗，我的小猫咪。

26-4-16

① 放弃的短篇小说的手稿（“弗拉基米尔 · 纳博科夫档案”第一卷），成了给薇拉的一封信。标题“1”表明这是短篇的第一节。韦尼赫（Vernykh）意为“真实”、“忠实的”，和薇拉（Vera）有同样的词根 ver（忠实）。感谢格纳迪 · 巴拉布塔罗提醒我们这个成了一封“给薇拉的信”。

ALS，4 页

1926 年 6 月 2 日

柏林寄往黑森林圣布拉辛彼得·巴克梅斯特疗养院斯洛尼姆博士收

猫咪，我的猫猫咪：

你瞧，我度过了生平第一次你不在的日子。现在是晚上 9 点差一刻。我刚吃了晚餐。我总会在这个时候写信。每次，会有一种不同的称呼——只是我不知道是否有足够的小动物。也许我得再创造一些。写信用的小动物。哦，亲爱的，我甚至不知道你此刻在哪儿——在圣布拉辛还是托特莫斯或天知道哪儿——他们开车将你带走啦。① 我来这儿（旅馆服务生没给我邮票，因为他将一只小箱子丢在了房间后就不知去向），读了一会《纽带》②，但很快就放下了，因为电灯线够不到沙发那儿（但今天我已经让房东给我调整一下。她答应——明天）。我 10 点左右爬上床，抽了一会儿烟，掐灭了。有人在叮当叮当地弹钢琴，但很快就不弹了。我此时起身想喝一口——加了点糖的水。我去找。我觉得水在一只小包里。我在柜子里乒乒乓乓地翻了好一会儿，并蹲了下来。喝了一口，将所有的东西放回去。此刻女佣进门，她来整理床铺。她又走了。我睡得很香。早晨，大概 8 点，我听见一些女学生咚咚地上楼。9 点，我吃了一个鸡蛋（我得写得小一些，否则我一天的事情写不下），还有热巧克力及三只面包卷；我起床，洗了个冷水澡，穿衣的时候，我看到外面的院子里，学生正在上体育课。老师拍着手，女学生——还很小——绕圈跑着，不时跳起。一个女孩，最小的一个，总是落在后面，越来越跟不上，轻声地咳嗽。这之后（仍然跟着拍子），她们唱起歌来：我的衣服是蓝色的，蓝色的，我所有的东西都是蓝色的。③ 她们重复了几遍，用“红色的”代替“蓝色的”，接着是“绿色的”，等等。她们也玩猫捉老鼠的游戏，还玩别的一个游戏，我看不懂，之后，她们拿起放在一旁的小书包，离开了。树荫在院子的围墙上摇曳生姿。我读书（《阿尔贝蒂娜》④，随后读一个相当通俗的俄国短篇小说），不等裁缝店的人来我就去了（现在我明白我肯定需要再带一条床单）卡普兰家，⑤ 但

---

① 1926 年夏天，薇拉和她母亲斯拉娃（Slava Slonim，1872—1928）在德国南部的几处疗养胜地待了两个月。纳博科夫留在柏林，在纽伦堡大街的一家俄国人的膳宿公寓客居。

② 《纽带》（*Zveno*）俄语周刊，由米留可夫和维纳韦尔编辑，1923 至 1928 年在巴黎发行。

③ 德国儿歌。

④ 即《女逃亡者》（*La Fugitive*），是普鲁斯特（Marcel Proust，1871—1922）所著《追忆逝水年华》（*A la Recherche du temps perdu*，1923—1927）之卷六（1925）。

⑤ 卡普兰于 1925—1926 年是纳博科夫的一个正式的学生，而他母亲则偶尔上几次课。

结果是芒曼·卡普兰去看牙医了。穿着深蓝色套装，奶油色衬衫，戴一个白色圆点花纹的蝶形领结，我出发去雷根斯堡大街，但那儿也没人在家。[①] 我上楼时遇到了索菲亚[②]，她给了我你的地址。从那儿（这天有风，阳光惨淡；在树下，大片树荫在行人身上落下斑斑点点，但留不住他们的脚步，他们行色匆匆，外套成了行走的斑点的皮肤）我去了蝴蝶商店，获得了我的神奇的灯蛾[③]，和老板进行了一些讨论。(他认为夹竹桃天蛾[④]不会出现在西西里，我告诉他，西西里不仅有夹竹桃天蛾，八字白眉天蛾[⑤]、银条斜线天蛾[⑥]，甚至素饰蛱蝶[⑦]也有。他还给我看了如此神奇的绢粉蝶[⑧]!）我回到旅馆，让人把午餐送到房间。粉丝肉汤、炖肉、许多的蔬菜，还有加了甜汁的一大份点心（我没吃）。我午餐时，我的小号的灰色裤子送到了：做工考究。我换了两次——先是灰色的裤子，接着是白色的裤子——随后——3点——去舒拉家。[⑨] 我在门厅遇到了女房东（不，这是先前，先前，午餐前的事，我重新把蝴蝶钉好，以便腾出空间给灯蛾，这时听到女房东的声音，就走出房间到门厅，决定问她要一根长的电灯线），她对我说，她觉得我像她的一个孩子——“要是你有什么心事，就来找我，我们一起来聊聊。”(就在那儿，午餐前，女佣拿来了房客登记单——我写上——纳博科夫-西林。）我在舒拉家喝了茶，和索菲亚[⑩]说到了B.G。[⑪] 她觉得情况真的不妙。肺结核。幸运的是，B.G的妹妹十五岁了。茶后，舒拉和我打了网球。路上，我们看到有个地方起火了：一个谷仓烧毁了，那仓库是用来堆放某种戏剧道具的。在烧焦的物品中，大块的地毯、垫子露出红色或蓝色，倒也蛮好看。我们打了一会儿球，走回舒拉家，再骑车去我的俱乐部[⑫]，在那儿我又打了会儿球（有风，灰尘很大，教堂的钟响着），一直打到7点半。我回去（哦，又忘了：我几点去舒拉家的），我遇到的

---

① 薇拉的父母于1924年分居。她表姐费金（Anna Feigin，1888—1972）和她父亲在一起，斯洛尼姆（Evsey Slonim，1865—1928）以及其他人住在雷根斯堡大街的一套公寓里。

② 索菲亚（Sofia Slonim，1908—1996），薇拉的小妹。

③ 灯蛾（The arctiid moth），也称赫柏虎蛾（the Hebe Tiger moth）。

④ 夹竹桃天蛾（Daphnis nerii），又称夹竹桃鹰蛾（the Oleander Hawk Moth），在非洲和南亚的部分地区常年出现，欧洲大部分地区只在夏天才有。

⑤ 八字白眉天蛾（Hyles livonica），在非洲、南欧、中亚和东西都有发现。

⑥ 银条斜线天蛾（Hippotion celerio），在非洲和南亚常年出现，也会迁徙到欧洲。

⑦ 素饰蛱蝶（Stibochiona nicea），通常出现在澳大利亚-印马生物区（australo-indomalay ecozone）内。

⑧ 绢粉蝶（Aporia crataegi），一种体形较大的白色蝴蝶，有着深色的纹路。它的亚种 Aporia crataegi augusta 1905年由图拉蒂（Turati）命名，纳博科夫在决定性的最后的棋赛（《防守》）中以此命名卢仁（Luzhin）的对手。

⑨ 即亚历山大·萨克，纳博科夫的学生。

⑩ 可能指亚历山大的母亲萨克夫人。

⑪ 不详。

⑫ 柏林最好的网球俱乐部之一，纳博科夫因球艺精湛而几乎可以免费打球。

不是女房东（我记得遇到了什么人!），而是拿来另一条裤子那个人——来自洗衣店，我付了1马克15分），又读了一些苏联垃圾，还读了《舵》，第八页上有一条注释谈到我的阅读。我要把这条注释记下来。在桌上，我看到了从税务局[①]寄来的那张小纸片。（我之前跟你提到过。我的回答是，我不是天主教徒，而是俄国东正教徒，他们别再来烦我。）约8点半，他们拿来了晚餐（和昨天一样，只是通心粉和奶酪代替了鸡蛋）。我吃了晚餐，坐下来给你写信。这就是我的一天，我的猫咪。现在我要上床去了——已经十点一刻了。我给你写了很长时间的信！哦，甜蜜的，哦，亲爱的，别担心，别忧伤……你知道，多么奇怪，我躺在床上竟然听不到电车和汽车的声音。再见，我的猫咪，我的小猫咪。[②]你绝不会猜到我明天的信的开头是什么小动物。

弗拉基米尔

26.6.2.[③]

* * *

ALS，2页

1926年6月3日

柏林寄往黑森林圣布拉辛疗养院斯洛尼姆博士收

小老汉[④]：

今天早晨，我收到警察局的一份通知，我们的护照已经办好。——请付款取件，他们说，20马克。我没有那笔钱。怎么办，小老汉？

今天天气阴沉沉的，像要下雨，所以我没有按计划和舒拉去游泳。我们在夏洛腾堡车站见面（我穿了宽松的烟灰色新裤子），去了动物园。哦，那儿有怎样的白孔雀！它站在那儿，羽毛展开像一把扇子，它的尾巴像星状的树枝上闪烁着的白霜——或者像放大了百万倍的雪花——如此神奇的尾巴，像一把张开（从后向外张

① 也征收“教会税”。

② 在之后的几个月里，纳博科夫经常在昵称和他自造的词后加上德语中表示娇小之意的后缀“sch”。

③ 薇拉给她丈夫留了一本信笺，写着月份和日期（从6月2号到6月30号），纳博科夫加上年份。见1926年6月30日信的开头。

④ 纳博科夫常用动物作为薇拉的昵称，尤其是1926年的信，有许多昵称可能来自神话传说中的动物或动物玩具，甚至他自造的词，中文没有对应的词，所指何种动物也不详。此信的昵称为英文“Little old man”，直译“小老汉”，纳博科夫所指何种动物不详。——译注

开，像一条装着裙环的裙子被风吹起）的扇子铺开来——时不时地把它所有白霜似的羽骨弄出劈啪的声响。稍后在猩猩馆，我们看见两头硕大的赤褐色猩猩。雄猩猩长着红胡子，缓缓走动，有一种父权的镇静：它庄重地在身上挠着，庄重地擤鼻涕（它感冒了），堂而皇之地吮着手指。有一条好心的母狗，垂着两只乳头，它正在给两只肥嘟嘟的小狮子哺乳，它们蹲坐着，黄澄澄的眼睛一动不动地看着管理员在油漆笼子前的栏杆。另一头神奇的动物凝视着；那些小狮子的母亲通过笼子的铁条想要朝那个角落看去——在笼子的那边，它的孩子和它们的狗奶妈在一起——而那头公狮，若有所思地注视着一匹佩尔什马的臀部，那马套在一辆大车上，一个工人正从车上卸木板。我陪舒拉一直走到维尔默斯多夫大街尽头，路上我买了《观察者》，之后，回家，读报直到午餐。他们端来（按我的要求送到房间）了肉汤米粥、一块羊排，外加苹果奶冻。餐后我打电话给塔塔里诺夫夫妇（我星期六去拜访他们）。之后我换衣，去俱乐部。我打球——打得不赖——打到6点，回家的路上，我顺便去了阿纽塔家。[①] 我在那儿见到了很多人，我们坐在暮色中，我回家吃晚餐（煎鸡蛋、炸薯条和一些碎肉、萝卜、奶酪、香肠）。晚餐后，我坐下来给你写信（此刻正好9点）。这就是你，小老汉，我的迷人精，我的命根子，我是这样一个弃妇……但我觉得这儿很好，很舒适。晚安，我的小老汉。我现在要写一首诗，10点半睡觉。

弗拉基米尔

26.6.3.

* * *

ALS，4页

1926年6月4日

柏林寄往黑森林圣布拉辛疗养院

小老鼠，小呀小老鼠……

上午，我收到施泰因[②] 寄来的明信片："我需要和你谈谈将《玛丽》[③] 译成德语

---

① 即安娜·费金。

② 施泰因（Semyon Stein，1887—1951），纳博科夫好友赫森的同父异母兄弟。

③ 即纳博科夫的第一部小说《玛申卡》（*Mashen'ka*），1926年由词语（Slovo）以俄语出版。德文本由舒伯特（Jakob Schubert）和佳可（G.Jarcho）翻译（柏林：Ullstein，1928）。

的事。你能给我打个电话，或更好，到词语[①]来找我。”我一样也做不了，因为我急着去舒拉家。（哦，是的，还有一封信——我母亲寄来的。他们几乎把她挡在了边境，因为她没有德国签证！她乐于待在她的“捷克”村庄。）舒拉和我去克鲁姆大街的游泳馆。有个人少了一条手臂（从肩膀那儿被砍掉了，这样，他就像维纳斯雕像。我在想他的手臂藏在了什么地方。看着他，我感到一种身体上的不安：就像光滑的皮上有一撮腋毛），另一个人全身满是文身（左乳文了两片小绿叶，乳头就成了醒目的纷红色小花）。我们游泳，喝了一瓶塞尔矿泉水，我动身（一点）去给卡普兰上课（卡普兰太太也在）。两点，我回家（白色裤子、白色运动衣、防水的），把我自己关在电话亭给斯泰因打电话。他结结巴巴，满口的“obli—obli”，他告诉我：“在德国文学界，他们对 obli 玛丽和短篇小说感兴趣，所以他们既要译《玛丽》，也要译 obli 短篇；要是我 obli 同意的话，他们让我在 6 月 20 号前别另外接洽（这与格拉格[②]有关）。请 obli 将你所有的短篇寄给我，等待进一步消息，这是一件 obli 绝对有把握的事情。”我有些担心，他们会 obli 哄骗我。我决定为《玛丽》要价 600 马克（不是西班牙货币[③]），为短篇小说集要价 500 马克[④]。我明天会和埃弗塞·拉扎列维奇[⑤]谈这件事（他明晚去阿姆斯特丹，但今天他一天都在万湖）。不管怎么说，我很开心。再想到施泰因多么兴奋，满口 obli—obli 地，这真是一件确定无疑的事情。我的老鼠，我爱你。午餐，他们给我几个肉丸，放着胡萝卜、芦笋，还有一碗普通的肉汤，一小盘很甜的樱桃。我喝了每天要喝的一升牛奶。午餐后，我又直接去了卡普兰家，之后打网球直到 7 点。全天多云，但很暖和。傍晚我奇妙地收到了《舵》[⑥]。回家后我看了一会儿《舵》，开始构思写一首有关俄国、有关“文化”，以及有关“流放”的诗[⑦]。但什么也没写出来。只有一些零碎而愚蠢的意象：“柏树林中小路 / 通到海边……”或“在波希米亚的山毛榉树林中 / 有一间阅览室……”这让我感到厌恶、紧张和困惑。只有很久以前写过

---

① 词语出版社于 1920 年创立于柏林，由纳博科夫的父亲和他父亲的朋友赫森（Yosif Hessen）及卡敏卡（Avgust Kaminka）发起，作为德国主要出版社 Ullstein 的分社。纳博科夫在词语出版了他译罗曼·罗兰的《可拉斯·布列农》(*Colas Breugnon*)(1922)、他的小说《玛申卡》(1926) 和《王、后、杰克》(1928)，以及短篇小说集《肖巴之归》(*Vozvrashchenie Chorba*，1936)。

② 不详。

③ “马克（mark）”的所有格为“marok”，此语双关，与法语“Maroc”(摩洛哥) 同音异义。

④ 纳博科夫并没有在德国出版短篇小说集，后来，齐默（Dieter Zimmer）编辑、伯吉尔（Wassili Berger）等人译的《菲雅塔的春天》(*Fruhling in Fialta*) 在德国出版（Reinbek bei Hamburg: Rowohlt，1966）。

⑤ 薇拉的父亲斯洛尼姆，纳博科夫就商业意识向他咨询。

⑥ 尽管他换了地址，也没有让《舵》寄送。

⑦ 他希望新写一首诗在 6 月 8 日的俄国文化节上朗读。

的句子，浮现出来……我得抓住某种幻象，让自己沉入其中——但此刻只有虚假的幻象匆匆而过；这让我很恼火。晚餐（几个肉丸——冷盘、香肠、小萝卜）时，我突然捕捉到未来的音乐、音调，但还不是韵律——一团朦胧的音乐之雾——但无疑我会写出这首诗。我爱你，小老鼠。他们把电线放长了，现在很舒适（啊，刚才多么大的雨……起初一阵模糊的沙沙声，接着雨点击鼓似的打在哪个罐头上，——也许是窗台——声音越来越大，院子里什么地方有扇窗户砰的一声猛地关上。此刻雨势骤急……这是一种全方位的嘈杂声，锡罐似的敲击声，令人有一种浑身湿透的感觉……），我忘了写我仍然没有马上去上 3 点的课（雨声远了，轻了，更平缓了），但还有 15 分钟时间躺下来，听见——阳台上——两个女孩大声背诵法语句子："il est evidang . . . evidang . . . "①（雨声一时又响起来，此刻又安静下来……壮观的雨……）我桌子上的玫瑰还没有凋谢，但我把今天的糖吃完了(雨滴分别滴下来，分别发出清晰的声音，此时没有了嘈杂声，只有沙沙声……渐渐消歇)。现在恰好 9 点，10 点我就去睡觉。我还要给母亲写信。我的小老鼠，你在哪儿？我敢说明天早晨会有一封短信。你知道看到那信封让我想起什么吗？根本不是去布拉格的旅行，(我妹妹叫起来：伯特兰太太的来信!）而是那个在白晃晃的路上用农妇的嗓音招呼我的邮递员——在普罗旺斯的大太阳下——"有您的信，先生……"②就是这样，小老鼠。今天你不在我身边已是第三天了。雨几乎完全停了，天也凉了一些，厨房里碗碟叮当作响，很悦耳，晚安，我的小老鼠，我的鼠宝贝。亲爱的，甜蜜的……又是一些音乐的碎片，也许我今天会把它写出来。我的小老鼠……

弗拉基米尔

26.6.4.

* * *

ALS，2 页

1926 年 6 月 5 日

柏林寄往黑森林圣布拉辛疗养院

鹅宝贝③：

我现在回家（7 点），看到你的小巧的信放在盥洗盆的大理石台面上。鹅宝

---

① 女孩将"il est evident（很明显）"错读成"il est evidang"。

② 原文为法语。

③ 原文为"coosikins"，意译为"鹅宝贝"。——译注

贝，怎么回事？马上离开 S.B（不是斯拉娃·波里索夫娜[①]，而是圣布拉辛），去温暖的什么地方。跟你的医生谈谈。了解一下托特莫斯或蒂蒂湖怎么样。我的小可怜……你带毛皮大衣了吗？要我另外给你寄些保暖的衣服吗？你知道，当我去年8月在圣布拉辛时，那儿是多么闷热。让人很不舒服。请别待在那儿了，我的甜心。我不会跟你的家人说什么，我会等你的下一封信（明天会来）。我发烧的小宝贝……你那位白痴医生为什么送你去山里呢？这完全是错误的。但坏事会变成好事，我的鹅宝贝，你明天会走，是吧？今天下了一天雨，刚放晴。今天上午，我去看了那只表——结果是要到下星期才清楚它要多少钱。之后，在一阵暖和的毛毛雨中，我去了拉德日尼科夫书店借苏联小说[②]。我办了手续——花了7马克（5马克作为押金）——每月——我别无选择。他们告诉我《玛丽》已卖出一百多本。我借了左琴科[③]的短篇小说，午餐时读了一些。今天午餐没吃多少：一道放了某种燕麦的汤，米黄色的厚皮香肠和一块米糕。餐后，我去谢尔盖·卡普兰家上课，又遇上暴雨——雨如此之大，雨衣下端我的浅灰色（旧）裤子湿透，折痕立马不见了。5点，课后我又去了拉德日尼科夫书店，还掉白痴左琴科的书，又借了另外两本薄薄的书。随后我拜访了雷根斯堡的居民，我和E.L.[④]（他只是星期一才离开）作了交谈，就翻译征询了他的意见。我7点回家看到了你的来信。今天真是个平淡的日子。此刻他们送来了晚餐，之后我会去塔塔里诺夫家（约弗小姐——有意思的名字——要作有关弗洛伊德的报告——有意思的话题）[⑤]。科斯腾卡，我最热烈的问候、感谢，诸如此类——我不想在给你的信里说这些。昨天夜里我没有写那首小诗——文化日近了[⑥]。我还有5马克。他们给我密封的大瓶牛奶——很好喝。昨晚老鼠折腾了很久。我的欢乐，我的幸福，我的鹅宝贝，想到你感冒和不适，我很难过……但情况会好转，会有其他地方的……好吧，我的晚餐来了。明天见，甜蜜的爱人。

弗拉基米尔

26.6.5.

* * *

① 薇拉的母亲。
② 柏林一家可以借阅图书的俄国书店。
③ 左琴科（Mikhail Zoschenko，1895—1958），讽刺作家，短篇小说大师，纳博科夫后来对他有较高的评价。
④ 埃弗塞·拉扎列维奇（斯洛尼姆）。
⑤ 纳博科夫日后以讨厌弗洛伊德（Sigmund Freud，1856—1939）和揶揄弗洛伊德分子著称。
⑥ 俄国文化日，6月8日（纪念普希金生日），是俄国侨民最重要的文化节日。

ALS，2页

1926年6月6日

柏林寄往黑森林圣布拉辛疗养院

我的狗狗，小狗狗[①]：

昨晚在塔塔家[②]，有关庸医弗洛伊德，进行了报告和讨论，(在“关于现代妇女”的辩论中，卡尔萨温[③]想要证明，多亏了妇女的影响，男子才修面和穿宽松的裤子[④]。深奥吧?）艾亨瓦尔德[⑤]发表有关普利西柯维奇[⑥]的文章后收到一封匿名信。“你怎么能对你朋友的坟墓吐唾沫?”一个名叫格里弗[⑦]的记者告诉我，他写了一篇有关我的长文给德国一家文学杂志；很遗憾我不懂德语。一般来说，德语相当沉闷，卡迪什[⑧]讲德语最多。我们差不多一点才走——所以我今天起得晚了些，近11点了。我去散步——穿过纪念教堂，往下走到河堤上，看到水中风吹栗树那立体派似的倒映。在席勒大街，有一家古董铺，我看见一本薄薄的古书，翻开在第一页——那是1553年某个西班牙人去巴西的旅行。插图很迷人：作者穿着骑士的盔甲——束带、护甲、胸甲、头盔——披挂整齐——他骑在美洲驼上，身后是土著、棕榈树，树干上盘着一条蛇。我能想象他是多么兴奋……今天我穿了一条鸽灰色新裤子，诺福克夹克。午餐前，我读了列昂诺夫的《獾》[⑨]。比其他所有的垃圾略胜一筹——但仍然不是真正的文学。午餐，他们提供了肉汤饺子、烤肉的新鲜芦笋，还有咖啡和蛋糕。餐后我躺在沙发上，一直在读书：读完了列昂诺夫，还读了谢夫丽娜的《维莱尼娅》[⑩]。一个讨厌的巫婆。晚餐和昨天一样；煎

---

① 原文“poochums”、“pooch-chums”，意译为“狗狗、小狗狗”。——译注

② 即塔塔里诺夫，他的姓名有“鞑靼人（Tartars）”之意。

③ 可能指卡尔萨温（Lev Karsavin，1882—1952），宗教哲学家和中古文化史家。

④ 2月14日的这场讨论在俄国作家和记者协会所在的Press Ball举行。

⑤ 艾亨瓦尔德（Yuliy Aykhenvald，1872—1928），文学研究者和批评家，纳博科夫的朋友，视纳博科夫为一流作家的第一个重要的批评家。

⑥ 普利西柯维奇（Vladimir Purishkevich，1870—1920），著名的左翼政治家和反犹主义者，大学期间是艾亨瓦尔德（犹太人）的朋友。艾亨瓦尔德的文章《普利西柯维奇》发表于1926年。

⑦ 不详。如果他的文章发表了，但至今不见踪影。

⑧ 卡迪什（Mikhail Kadish，1886—1962），记者，作家，翻译家。

⑨《獾》(*Badgers*，1924），一部描写十月革命后俄国农民生活变化的小说，作者是苏联作家列昂诺夫（Leonid Leonov，1899—1994）。纳博科夫要在塔塔里诺夫文学圈作一次有关苏联小说的报告，为此研究左琴科、列昂诺夫及其他作家；6月11号他完成了报告草稿。

⑩ 谢夫丽娜（Lidiya Seyfullina，1889—1954），苏联作家，小说表现主旋律，但艺术上蹩脚，《维莱尼娅》(*Virenea*，1925）描写一位卷入革命漩涡的农妇形象。

鸡蛋、冷切肉。瞧，我过了个多么安静平淡的星期天。今天我听了这么多农民的交谈——从书中——当有人在院子里突然用德语喊着什么——我吓了一跳；这个德国人从何而来？现在是8点半；再过一会儿，我就去散步，寄封信，随后就该熄灯了。我亲爱的欢乐，你在何方？你还发抖吗？我的小狗狗……开灯的时间到了。好啦。我想早晨会有一封短信……但当然是明天。别去托特莫斯……显然，那儿纬度甚至更高。我都等不及你完全康复了。我的小狗狗，我的爱……我甜蜜的秀腿。看来明天天气不错——如此美妙的夜空。

弗拉基米尔

6.6

* * *

ALS，3页[①]

1926年6月7日

柏林寄往黑森林圣布拉辛疗养院

我的猴宝宝[②]：

昨晚约9点，我出门散步，感觉如同暴雨淋湿了全身，那是一首诗来临的预兆。10点回到家，我在内心攀爬，似乎这样，到处翻找，折磨自己了一会儿，什么也没挤出来。我关了灯——突然，一个意象一闪而过——寒碜的土伦旅馆的一个小房间，开着的窗户通向黑沉沉的深夜，黑夜中很远的什么地方，大海发出嘶嘶声，仿佛有人慢慢地吸气，再从齿间呼出去。我想起近期一个傍晚，院子里雨声沙沙，非常悦耳，那时我正在给你写信。我觉得这种柔和的声音就是一首诗——但此时，我头脑因疲倦而云层密布，入睡时开始想到网球，想象我在打网球。稍后，我打开灯，拖着步子去厕所。那儿，只要一拉绳子，水流就会嘎吱嘎吱、呜呜地响上很久。随着管子里这种柔和的声音我回到床上，带着土伦漆黑的

① 附有一份《俄罗斯意志》(*Volya Rossii*) 的剪报，预告西林的《玛丽》的一篇书评（发表于该刊1926年5月号上，第5页）。纳博科夫在书评作者梅尔尼科夫-papoushek（Nadezhda Melnikov-papoushek，1891—1945）名下画线。信中还附了一张纸，用钢笔写着一首诗《柔和的声音》(*Soft sound*)，有细微的修改，反面则是用铅笔写的此诗的草稿。

② 原文为“monkeykins”，意译为“猴宝宝”。——译注

窗户和新近雨声的感性回忆，我构思了这首萦绕已久的诗的两节：第二和第三节。第一节几乎一蹴而就——但我在第二节上捣鼓了很久，几次将之搁起，对全诗进行修剪，或者考虑一下其余的诗节，这些诗节还没有踪迹，但是有可能存在的。在构思了这第二节和第三节诗后，我平静下来，睡着了——早晨，当我醒来，满心欢喜地想到那些诗节，就马上开始又构思了一些。大约 12 点半，我去卡普兰（太太）家上课，第四节、第六节，第七节部分已经构思好了——此刻我体会到那种不可思议的、难以解释的感觉，也许是创作中最令人愉悦的感觉，即对诗的确切的长度的感觉，它总共会有多少行；我此刻知道——虽然也许片刻之前我还不知道——这首诗会有八节，最后一节会有不同的韵律。我在街上构思，接着午餐时（有肝和土豆泥、李子蜜饯）和午餐后，去萨克家（3 点）前，也在构思。天下着雨，很高兴我穿了深蓝色外套、黑皮鞋、雨衣，在电车上，我构思完了全诗，顺序如下：第八节、第五节、第一节。我推开花园门时，构思好了第一节。我和舒拉打网球，随后我们读威尔斯[①]，冲着隆隆的雷声：一场酣畅的雷阵雨从天而降——好像迎合我的解放——因为之后，在回家的路上，看着闪亮的水坑，在夏洛腾堡车站买了《生产队》和《观察者》[②]，我觉得格外的轻松。《生产队》上恰好有《俄罗斯意志》[③]的预告（我会寄给你；我明天会收到年鉴）。回家的路上，我在阿纽塔家稍作停留。我见到了 E.L[④]，他刚收到 S.B[⑤] 的一封来信。大约 7 点，他们准备去商店，我则回家，征得阿纽塔的同意，从报纸和卫生球下面找出你的小毛皮大衣（有这样的毛领子，小猴有多可爱啊……），阿纽塔明天将衣服打个包，我会寄给你。我在晚餐前读了报纸（母亲来了信：她们住得较拥挤，但还不坏），接着吃土豆和肉块，还有许多瑞士奶酪。我 9 点左右坐下来给你写信，也就是说，我伸手去拿信纸，突然看到了这封小巧的信。这是我不在家时送来的，而不知怎么我未曾注意到。我的甜心。这是猴宝宝的小巧的信……看来并不是空气，而是“家庭问题”促使你离开圣 S.B[⑥]？阿纽塔说——我觉得她是对的——山中空气经常初时会令人不适——但之后，两三天后，你就会习惯了——接着就让人觉得很

---

① 威尔斯（H.G.Wells，1866—1946），英国作家，纳博科夫的父亲曾在彼得堡的家里设晚宴接待过他，那是 1914 年 2 月，纳博科夫对他的小说始终评价很高。

②《观察者》（*The Observer*）自 1791 年起在伦敦出版。

③《俄罗斯意志》是一份俄国侨民期刊，于 1920 至 1932 年在布拉格出版。刚开始是日报，1922 年起成为文学和政治月刊。

④ 埃弗塞・拉扎列维奇（斯洛尼姆）。

⑤ 斯拉娃・波里索夫娜（斯洛尼姆）。

⑥ 圣布拉辛（Saint Blasien），也许指薇拉和她母亲冷淡的关系。

惬意。不，猴宝宝，别回去——你会被塞进那只最陈旧、最低廉的小提箱里，再次打发走。我明天会把你的抱怨告知那个天主教徒——谢谢你，猴宝宝[1]。我会在这张纸的背后留下空白——我困了。我出门的时候，服务生买来了香烟。我向阿纽塔借了30马克，明天会从卡普兰那儿拿到同样数目的钱。我爱你，猴宝宝。

弗拉基米尔

26.6.7.

柔和的声音[2]

在某个海边小城，夜晚
云层低垂，空气沉闷
你打开窗户——
远处一片窃窃私语的声音。

仔细聆听、分辨
那拍打陆地的涛声，
入夜，守护着
倾听海浪的灵魂。

白天，海的呢喃十分轻柔，
但漫长的一天此刻已然离去
（犹如玻璃架子上
叮叮当当的空酒杯）；

再一次在无眠的寂静中
推开你的窗，开得大大的，
在这个广阔而安静的世界上
与大海单独相对。

---

① 纳博科夫6月2号的信由税务局（Finanzamt）转交，薇拉用德语回了信。

② 信中附有此诗的草稿和定稿；发表于1926年6月10日《舵》，第4页；纳博科夫翻译后收入《诗歌与棋题》，第59—61页，他将写诗的地点的日期误写为“勒布卢，1926”。

在静谧的夜晚，我听到的
不是海的声音，而是不同的回响：
我故国那柔和的声音，
她的呼吸与脉搏的跳动。

那是各种声响的合成
如此亲切，又稍纵即逝
其中有普希金诗歌的韵律
也有记忆中松树林的叹息。

那是宁静和欢乐，
是流亡中的一种祝福；
然而这柔和的声音白天听不到
被步履匆匆和喋喋不休所淹没。

但在给人补偿的夜晚
在无眠的寂静中，你仔细聆听
来自故国的声音，聆听她的呢喃
聆听她不死的睡眠。

弗·西林

* * *

ALS，4页
1926年6月8—9日
柏林寄往黑森林圣布拉辛疗养院

我的欢乐：

在描述今天不可思议、令人眩晕的成功[①]（也许报纸上会有报道）之前，我必

① 纳博科夫在俄国文化日的朗读。

须按已承诺的告诉你我的日常生活。上午，我赶往萨克家，同他在雨中打球。回家的路上，我去了“莫斯科”①，但结果是他们没有最新一期《俄罗斯意志》。我冒雨回家。他们给我准备了午餐：白色的淡而无味的鱼及樱桃（不，你甚至想象不出如此的成功）。接着——仍在雨中——我把你的毛皮大衣交给阿纽塔（小心地把她包好——不是说阿纽塔，而是这件大衣）②。我在阿纽塔家拿到了埃琳娜给我的香皂③，为此我万分感谢。我急忙赶到卡普兰家（你知道，这是我第一次获得如此的成功。我觉得很遗憾，你不在那儿，亲爱的），5 点回到家——顺路去了“拉德日尼科夫”，结账离开时有了两本新书。我读了一会儿，大声背诵了几遍我的诗，换了无尾礼服，用晚餐（冷切肉、一些奶酪④），喝了一小杯白兰地，动身去贝尔维尤大街 3 号，8 点，活动就在那儿举行。现场已有很多人，我和艾亨瓦尔德聊天，还有谢尔盖 · 高尔尼⑤，以及不期而遇的卡达科夫⑥。卡达科夫告诉我有关农民如何对待他的惊人故事，他是一个昆虫学家，在乌苏里江地区工作。他们对他的态度很恶劣（近于谋害），原因有两个。首先，他让孩子们给他捉甲虫，每只虫子付两戈比。农民开始传说，这位“医生”，你知道，低价买他们的甲虫，随后 1000 卢布再卖出去。他曾经让孩子们在柴火堆中为他去寻找一种稀有的西伯利亚甲虫。孩子们找到了这种甲虫，但他们也完全弄乱那些木材，农民们决定了结卡达科夫。其次，他们都认为（我现在明白了“雷鸣般地掌声”意味着什么。这是一种真正的喝彩）卡达科夫是个医生，那些病人，还有孕妇，成群结队去找他。他极力对他们解释，他不知道如何治疗他们，但他们断定他是故意这么说的，出于恶意或傲慢。最后他实在受不了，就到别的地方去了。接着，利亚斯科夫斯基⑦朝我扑来——不是一个人，真的，而是一只勾子（我必须告诉你，今天上午，他给我写信，让我 8 点准时到这儿，还说，你知道，你不需要门票——“你在主席台上有个位子”），旁若无人地看着别处说：“你知道怎么回事，弗拉基

---

① 柏林的一家俄文书店。

② 俄语中的“它（it）”，至少此句中经常可以理解为“她（her）”。

③ 埃琳娜 · 斯洛尼姆（Elena Slonim，1900—1975），薇拉的姐姐送给纳博科夫的礼物，她婚后姓马斯萨利斯基。

④ 原文是德语。

⑤ 谢尔盖 · 高尔尼（Sergey Gorny），奥楚普（Aleksander Otsup，1882—1949）的笔名，他是个幽默作家。

⑥ 卡达科夫（Nikolay Kardakov，1885—1973），昆虫学家，1921 年起先在柏林的德国昆虫学会，后在柏林自然史博物馆工作，参与了在阿尔泰山、俄国远东地区，以及印度支那和锡兰的昆虫考察。

⑦ 利亚斯科夫斯基（Aleksandr Lyaskovsky，1883—?），文学史家。

米尔·弗拉基米诺维奇①，你最好坐在第一排——这是我的票，请拿上吧。”铃响了，我们都坐下来。当主席台成员一一就坐（亚辛斯基②、扎伊采夫③、艾亨瓦尔德教授、塔塔里诺夫，等等），结果是有个位子空着，但，尽管亚辛斯基和艾亨瓦尔德低声要求，我拒绝坐这个位子。而利亚斯科夫斯基坐在台子一边，避免和我目光相接。意想不到的人物。活动开始了。亚辛斯基致词后，伊林④作了颇为精彩的演讲，接着，有个年轻人表演契诃夫的《禧年》⑤。随后是短暂的休息，最后铃响，利亚斯科夫斯基跑过来，大声说：“你，弗拉基米尔·弗拉基米诺维奇，让他们安排一个人宣布你出场，因为现在可能是奥夫罗西莫夫小组⑥演出了。”我不禁对他大为生气，明明白白地对他说；“不，我的宝贝，你忙去，我还是坐在这儿的休息室里。”他端了端夹鼻眼镜，顺从地走了。从幕后边，我听到在静寂中，亚辛斯基在报我的名字。突然间掌声响起⑦。我将幕布拉开，走到台前。我朗诵完（我流畅地背诵，显然声音洪亮），整个大厅，众多的听众使劲鼓掌，热烈欢呼，我甚至开始觉得给他们带来了快乐。我致谢了三次。欢呼声没有停止。利亚斯科夫斯基跑到后台，呆呆地喃喃自语：“为何如此喧嚣？这真的冲你来的？”有人把我再次推到前台——大厅的欢呼声没有停息；他们高喊“再来一个”、“好极了”或“西林”。随之，我再次读我的诗，甚至朗诵得更出色——又是一阵喝彩。当我来到听众中间，各式各样的人向我拥来，纷纷跟我握手，赫森⑧吻我的额头，拿了我的手稿，要把诗登在《舵》上。⑨随后，在演出《好景不常在》⑩中的一场之后，人们再次祝贺我，我觉得遗憾，我的欢乐，你不在现场。稍远处，脸色苍白的小舒拉和她的父亲坐在一起，卡普兰家人也在那儿，还有众多的女孩，以及帮助你

① 弗拉基米尔·弗拉基米诺维奇（Vladimir Vladimirovich），纳博科夫的名字和父名。

② 亚辛斯基（Yeronim Yasinsky），马克西姆·别林斯基（Maksim Belinsky，1850—1931）的笔名，作家，记者。

③ 扎伊采夫（Kirill Zaytsev，1887—1975），文学批评家，历史学家，政治评论家，晚年成为神学家。

④ 伊林（Ivan Ilyin，1883—1945），俄国东正教哲学家。

⑤《禧年》(*Yubiley*，1876），契诃夫（Anton Chekhov，1860—1904）的一部喜剧小品。

⑥ 奥夫罗西莫夫（Yuriy Ofrosimov，1894—1967）组建的一个戏剧团体，他是位导演和戏剧家。1972年，纳博科夫的《从苏联来的人》(*The Man from the USSR*，1927）由该剧团演出。

⑦ 前一年，在第一届（之后成为年度活动）文化节上，纳博科夫朗读了他的诗歌《流亡》(*Exile*），诗中，他将普希金想象为一个移居国外的诗人。（见《纳博科夫传：美国岁月》，第242页）

⑧ 赫森（Yosif Hessen，1865—1943），文化节的名流，第二届国家杜马成员，政治评论家，出版家（词语），《舵》的共同编辑。

⑨ 发表于1926年6月10日《舵》，第4页，附有俄国文化日活动的报道。

⑩《好景不常在》(*Ne vse kotu maslenitsa*，1871），奥斯特洛夫斯基（Aleksandr Ostrovsky，1823—1886）创作的一个剧本。

翻译词典的那位耳聋的女士。我两点回到家，坐下来给你写信，但没写完，今天接着写。天气不错，但有风。我收到母亲和——潘琴科[①]的来信。现在我要去给卡普兰妈妈上课了。哦，我的欢乐，我甜蜜的爱人，你好吗，你在干吗？你记得我吗？我今天很想你。昨晚，我从波茨坦大街往回走时——我突然觉得你的存在是多么温暖——有你是多么欢乐。试想，如果我能因翻译《玛丽》而得到一大笔钱，我们就能去比利牛斯山度假了。我昨天给房东付了账（我从卡普兰家回来的时候），一共是55马克20芬尼（52马克加上牛奶）。我的甜心，我的幸福，我甜而又甜的……别担心，我今晚还会给你写信。此刻，亲爱的（最最亲爱的……），我得走了——第二页恰好写完。

弗拉基米尔

26.6.8.

* * *

ALS，2页

1926年6月9日

柏林寄往黑森林圣布拉辛疗养院

塔夫蒂[②]：

给你写信——也给母亲写信——之后，我将信投到文特菲尔特大街的邮筒里，在邮局给卡敏卡[③]寄了一张明信片，他昨天问我要我母亲的地址。随后我漫步来到卡普兰夫人家，第一百次向她解释，“琼”不是某个“伊凡”先生，而是一个年轻的姑娘乔安娜。随后我回家，午餐：鸡肉米饭和大黄蜜饯。随后我读革拉特柯夫的《水泥》[④]，我得给你引一些句子；“她不愿收起傻笑，而她的傻笑又从墙上反射到她脸上，她脸通红，眼窝中射出火辣的目光。这时，格列勃攥拳咬牙。心潮起伏。他自己也傻笑，咽了一下口水。但一阵心悸，肌肉似乎要撕裂。格列勃，温顺下来，

① 不详。

② 原文为“Tufty”，音译为“塔夫蒂”，何种动物不详。——译注

③ 卡敏卡（August Kaminka，1865—1941？），纳博科夫父亲的好朋友、同事，《舵》的业务经理；纳博科夫父亲死后，他为纳博科夫的母亲提供帮助，1920年代中期经济危机后他自己出资补贴《舵》，使它不再自负盈亏。

④《水泥》（*Cement*，1925），由苏联作家革拉特柯夫（Fedor Gladkov，1883—1958）创作，被认为是社会主义现实主义的一部力作。

瘦骨嶙峋但又勇猛，凹陷的面颊上下巴收紧，因心烦意乱而咬着牙。”你喜欢这件珍品吗，塔夫蒂？我读书、做笔记，直到晚餐。《舵》到了，我给你寄一份剪报，并非无趣。晚餐有煎鸡蛋和冻切肉。此刻8点半了。我会在睡觉前去溜达一下。

塔夫蒂，我觉得你给我写信太勤了！这次就有整整两封信，岂不是太多了？信不信由你，我每天都写。今天室外有人争吵，尽管声音不大，但透过墙还是能听到——无奈说的是德国方言。“令人惊讶的是，楚克瞪大了眼睛，脸上写着‘呀’，一脸茫然。发愣的工程师克莱斯特站着，背紧靠着栏杆，头罕见地抖动一下掀掉了帽子。”我觉得这位工程师克莱斯特……会有一个好的前程。

是的，塔夫蒂，这不好……比如，我今天并不太指望收到一封短信。小动物名越来越少（顺便说一下，拉洛迪亚不在《玛丽》第一页的名单中。他很生气），我甚至不知道该怎么办。今天，此信归在塔夫蒂名下——但明天呢？我今天穿了新裤子。

弗拉基米尔

26.6.9.

* * *

ALS，2页

1926年6月10日

柏林寄往黑森林，黑森林豪斯膳宿公寓[1]

跳鼠[2]：

今天上午，他们给我送来了你的第三封信，还有我的早餐。哦，跳鼠……

今天上午的天气很一般：阴沉，但温暖，天空像煮开了的牛奶，结着一层奶皮——但只要你用茶匙将奶皮拨到一边，阳光还是很怡人，所以我穿上了白裤子。我11点去萨克家，和他一起打球。随后奶皮厚起来——开始下小雨。当我到家时，雨下大了，一天都没有停。院子里积起了一个大水塘，——泛起一个个水圈——有的小，有的大——稍纵即逝——所以在我眼里有一种涟漪的效果——随

① 邮差画掉了原先的地址：“托特莫斯圣布拉辛疗养院”，写了上述地址。

② 俄语中，tushkan 意为“跳鼠”（jerboa）；跳鼠科（Dipodidae）的主要成员就是 jerboa。

之在无数小水圈的地方，水呈波浪状开始向前流去——我得设法切断视线才能在雨滴下又看到水圈。所以，我整天没有出门。午餐不赖——羊排和醋栗蜜饯。午餐后，我读费定①，随后决定将我的手稿分类：毕竟，我需要为施泰因准备好我所有的短篇小说——他曾问我要过，——但原来我这儿没有《战斗》②。此外，我需要一台打字机把它打出来（目前，只有《善行》③和《海港》④为誊清稿）——所以，我不知道如何完成这件事。之后我又读起书来，接着我打开棋盘，开始编制一道棋题，但很快就放弃了。⑤他们送来了《舵》和晚餐（我不知道今天厨房为何如此喧哗。我们好心的女房东可能情绪不佳），《舵》对那次晚会的评论写得很糟（"弗拉基米尔·西林朗诵了他最后一次写故乡的诗——好像我不会再写似的！——《柔和的声音》一诗登在昨天的《舵》上，富有才华，在其将特殊的背景当作一种途径，以表现基本的、深层的体验时尤其令人感到亲切"）。⑥晚餐包括一个鸡蛋和常吃的冷切肉。《舵》留下来给你，但我晚餐得吃。讲座安排在周六，我想会一切顺利。（我把火柴放哪儿了？事物似乎有某种生存本能。如果你把球扔在一间没有家具，只有一把椅子——除此之外一无所有——的大房间里，球恰恰会滚到椅子下面。我还是找到了火柴。就在烟灰缸里。）你知道，我至今一个星期没打球了，因为下雨的缘故……塔夫蒂宝贝，我要在信的结尾处吻你。等着，别动……别动，等着。我的塔夫蒂宝贝……哦，我的爱人，我甜蜜的，我亲爱的人。我们从托特莫斯走到圣布拉辛。天热得够呛，我脱掉了衬衫。塔夫蒂宝贝……我的奇妙无比的跳鼠宝贝……我读一会儿书再去睡觉。

弗拉基米尔

26.6.10.

---

① 费定（Kostantin Fedin，1892—1977），苏联作家，小说《城与年》（*Cities and Years*，1924）是其时他的最重要的作品。

②《战斗》（*The Fight*）写于1925年6月底7月初，发表于1925年9月26日《舵》，第2—3页。

③《善行》（*Beneficence*）写于1924年3月，发表于1924年4月27日《舵》，第6—7页。

④《海港》（*The Seaport*）写于1924年初，发表于1924年5月24日，第2—3页。

⑤ 纳博科夫至少1917年起开始编制棋题，最初发表于1923年。1970年的《诗歌与棋题》除了三十九首俄语诗歌和十四首英语诗歌，他还选了一些精彩的棋题。"棋题要求编制者具有与所有艺术创造者同样的才艺：新颖、创意、简洁、和谐、复杂，出其不意。"（《诗歌与棋题》，第15页）

⑥ 纳博科夫引自1926年6月10日《舵》，第4页，《柔和的声音》诗前有按语："我们在此刊发弗拉基米尔·西林的这首诗，这是昨天诗人本人朗读的。此诗获得了很大的成功，听众经久不息的掌声使得这位有才华的诗人将诗朗读了两遍。"

* * *

ALS，2页

1926年6月11—12日

柏林寄往黑森林，黑森林豪斯膳宿公寓[①]

伦普金[②]：

今天上午，不急不忙地，我出门去拉德日尼科夫书店还书，去银行取款，再绕到“莫斯科”，花两个马克买了《俄罗斯意志》。梅尔尼科娃-帕普什克太太（她爸爸没有带来什么好消息）写道：《玛丽》不是一部小说，我模仿普鲁斯特，我的一些描写像是“速写”，有些冗长的文字则显然是普鲁斯特所没有的，整体的思想并不坏，但描写比较弱——她，即梅尔尼科娃-帕普什克太太不理解那些批评家，他们将《玛丽》视为俄国的一个象征。[③]这一评论，总体上说，是清高和不怀好意的。回到家，我坐下来写讲稿，写了一天（卡普兰一家取消了课程），一直写到凌晨一点半。在写讲稿的期间，我还用当今“苏联”风格写了一篇小小说。要是我有足够的胆量，今晚在塔塔里诺夫家朗读这个短篇，把它当作一篇俄国作品。讲稿虽然写了二十八页（不是这些——而是另外的纸，你送给我的，伦普金），似乎写得还不错。但我不甚满意，想要撕成碎片。朗读一结束我就把它寄给你。[④]

伦普金，别奇怪我这么写：“今晚在塔塔里诺夫家。”事实是，我太累了，没法在11号的晚上给你写信——虽然那信听起来好像是我在11号傍晚写的，实际上现在是6月[⑤]12号早晨，我刚起床，在我那间凌乱的小房间坐下来给你写信。昨天午餐有小牛排、樱桃和一根香蕉。晚餐，他们为我提供了煎鸡蛋和冷切肉。昨天下雨。今天晴天，虽然有点冷，院子墙边的那棵婀娜多姿的合欢树在风中摇

---

① 邮差画掉了原先的地址：“托特莫斯圣布拉辛疗养院”，写了上述地址。

② 原文为“Lumpikin”，音译为“伦普金”，何种动物不详。——译注

③（书评）《西林与〈玛申卡〉》，《俄罗斯意志》，1926年5月。梅尔尼科娃-帕普什克（Nadezhda Melnikov-Papoushek，1891—1978），偶尔为俄国侨民刊物写稿。

④ 收入“纳博科夫档案”（VNA）；发表于《离散》（*Diaspero*），2001年第2期，第7—23页，亚历山大·多利宁编。

⑤ 纳博科夫误写为“7月”。

曳。我的讲稿题为《略谈苏联文学的悲惨状况以及对其原因的一点分析》。明天我会寄给你先睹为快。

在我的书桌下有一堆烟灰。女佣敲门进来，她要打扫房间。我要去买邮票，糟糕的是你很少给我写信，还要买一把吉列剃须刀。我还为你拿了两份节目单，有戈鲁别夫-巴格连诺洛德诺夫[①]的插图，与我大获成功的那天有联系。我还没有把书寄给布宁[②]和克斯特亚叔叔[③]，潘琴科和警察局仍在等待，我仍然没有把我的地址告知《舵》，虽然因不可思议的奇迹，我每天傍晚都能收到这份报纸。施泰因也在等我的短篇。我还没有找到时间给 B.G. 打电话。这一切都很糟糕。我的伦普金，你过得怎样？你的小毛皮大衣怎么样？在我那棵合欢树上有只鸟或鹦鹉什么的。直到今天傍晚，伦普金——今晚我肯定会给你写信。讲座 9 点开始，在塔塔里诺夫家。我的欢乐……

弗拉基米尔

26.6.11.

* * *

ALS，2 页

1926 年 6 月 12 日

寄往黑森林托特莫斯巴德黑森林豪斯膳宿公寓

卡秋莎[④]：

写完给你的信，我去邮寄，在那家钟表店停步（结果他们还是不能告诉我修表要花多少钱），随后买了一把剃须刀，又花了两马克得到了一本集邮册——10 个 10 芬尼和 5 个 20 芬尼——在一个展台上，有两本英国小说，卖 55 芬尼：斯夸

① 戈鲁别夫-巴格连诺洛德诺夫（Leonid Golubev-Bagryanorodny，1890—1934），俄国先锋派艺术家，他有关俄国侨民社区和柏林城市风光的铅笔画很著名。

② 布宁（Ivan Bunin，1870—1953），小说家、诗人，1933 年成为第一位获诺贝尔文学奖的俄国作家。

③ 克斯特亚（Konstantin Nabokov，1872—1927），纳博科夫父亲的胞弟，俄国外交官，曾任俄国驻伦敦使馆参赞。

④ 来自俄国女性名字卡佳（Katya）。卡秋莎·玛丝洛娃（Katyusha Maslova）是托尔斯泰小说《复活》（*Resurrection*）中的主要人物。

尔的《走向帕那索斯》(文学戏仿)[①]和著名作家亨利·詹姆斯的《大声疾呼》(长篇小说)[②]。我回家(天气转暖,我穿了新裤子),午餐(炖肉、苹果汁)。午餐后,我开始通读我的讲稿——索菲亚[③]打电话说E.I.[④]到了。在去卡普兰家的路上,我顺便去了雷根斯堡,看见E.I.和E.L.[⑤]在那儿,她昨天回来的。我还没有听E.I.说什么,尤其是关于你的情况。她通常话不多。我听说你不管怎样已搬去托特莫斯——我很乐意你去那儿。你的毛皮大衣仍然寄给你。之后我去给卡普兰上课,再静静地回家,心想我会收到你的一封短信,自然这是错觉。我想我也不再给你写信。晚餐前我读买来的书,随后晚餐(通心粉和冷切肉),9点左右,出门去塔塔里诺夫家。渐渐地,很多人聚集在那儿(自然有艾亨瓦尔德、沃尔科维斯基[⑥]、卡迪什、奥夫罗西莫夫,等等),我开始了讲演。我讲了(我没有读稿,只是时不时瞄一眼——要引用时)一个多小时。他们觉得讲得很棒,但很恶毒,有几分"法西斯"意味。沃尔科维斯基尤为攻击我。整个演讲结束差不多一点了。我在奥格斯堡大街一头看见了福可夫斯基太太[⑦],并安安静静地回到我那个孤孤单单的小房间。此时是一点三刻,明天是星期天,我会睡个懒觉。我把讲稿寄给你——自然,演讲有变化,增加了很多内容——这只是一份大纲。给你啦。该睡觉了,卡秋莎。我不只是欣赏你。你是我的幸福和生命。当我想起你,我是那么快乐和轻松,既然我总是想到你,那我就总是幸福和轻松。今晚,有人会写个小短篇——或只是构思一下,直到睡意上来。我的欢乐,卡秋申卡,我的小夜曲,我的爱人。托特莫斯令人感到惬意,是吧?我们在那儿的"奥拉"旅馆住过。晚安,卡秋申卡。

弗拉基米尔

26.6.12.

---

① 《走向帕那索斯》(*Steps to Parnassus*,1913)由诗人、作家和编辑斯夸尔(Collings Squire,1843—1916)所著。

② 詹姆斯(Henry James,1843—1916)最后一部完整的小说(1911)。

③ 索菲亚(Sofia Slonim),薇拉的妹妹。

④ 不详。

⑤ 埃弗塞·拉扎列维奇(斯洛尼姆)。

⑥ 沃尔科维斯基(Nikolay Volkovysky,1881—1940),记者。

⑦ 可能指律师、记者福可夫斯基(Evgeny Falkovsky,1875—1951)的妻子。

*　*　*

ALS，2 页

1926 年 6 月 13 日

柏林寄往黑森林托特莫斯巴德黑森林豪斯膳宿公寓

暖洋洋[①]：

下雨，下雨，从早晨下起……如此美好的六月，我得待在……雨打在窗台上，劈劈啪啪，仿佛不停地打开无数的小柜子、小箱子、小盒子——无意识而有目的地，在黑夜中，在院子里，我那棵婀娜的合欢树以其特有的方式沐浴着雨水，顺从地发出持续的沙沙声。我上午出门去寄信，之后便待在家里，我沉思默想。这便是我要写的那个小短篇。我会称为“房间”，甚或“一间出租房”。[②]关于房间，关于房间的这种长长的成行排列，人得在其中穿行，每个房间有其自己的声音(门锁、窗户、房门、老鼠、衣柜的呻吟和床的嘎吱声)，不同于其他房间的声音，关于镜子里人的凝视，如同一个悄无声息的幽灵，失魂落魄，丧失了认知的能力，视而不见——带着一种显然错乱的神色——关于我们如何因心不在焉而不公正地加以轻侮的事物，关于那些我们从不张望、从不注意的吊顶造型如何令人心动。你记得吗，暖洋洋，几个小蛛网挂在陶特瑙街我的床头上？对此我遐想了一会，接着读亨利·詹姆斯，喝了些牛奶。有关膳宿费的说话声时不时地传来。从门前的灌木丛，能听到房东和她儿子的一番争论：

“4 点——”

“我不明白，妈妈，你为什么从不听我的意见——”

“4 点我们去动物园，5 点回来，6 点——”

但说到膳宿费通常是很温和，很委婉的。女佣和她的姐姐只得顺从。我很高兴住在这儿。我们今天共进星期天午餐：水饺，肉很鲜嫩，草莓馅饼和鲜奶油。然而，晚餐总是——鸡蛋、冷切肉。

---

① 原文为“Nice-and-warm”，意译为“暖洋洋”，不知是否指某种动物。——译注

② 显然没有写成一篇小说，但这些思绪写进了诗《房间》(*The Room*)里，此诗写于 1926 年 6 月 22 日。

暖洋洋，今天没有你的任何信息。也许雨挡了你的路。

现在九点三刻，我要给妈妈写信，随后去睡觉，这很可怕——我可能在 15 号不能送她任何东西：萨克家欠我 120 马克，30 马克要给阿纽塔，60——房租及小的支出，25——给泰格尔[①]，5 马克备用。护照呢？

暖洋洋，我们很爱你，我们极为尊重你。玫瑰完全枯萎了，但仍然摆在桌子上。我写字的手和橙色郁金香形台灯映在窗户的黑乎乎、镜子般的玻璃上。暖洋洋……

弗拉基米尔

26.6.13.

* * *

ALS，2 页

1926 年 6 月 14 日

柏林寄往黑森林圣布拉辛膳宿公寓疗养院斯洛尼姆博士[②]

我的爱人：

我刚从电影院回来，看到了你悲伤的短信。爱人，周三再换个地方——试试蒂蒂湖，那儿有个很美的湖，我不觉得那儿有山里的压抑气氛。或者试试医生推荐的地方——不管怎样，找个地方——既然问题在于你住在山坳里，住在山谷里不开心——但你可以另找地方——在山坡上，在山顶，在高地上。你不必如此沮丧，我的爱人。我知道，我对糟糕的气候不适应——但这些日子各地的气候都很糟糕——我也讨厌下雨。你自己真的能在黑森林地区（我在纸上洒了一滴牛奶）找到一个角落？弄几个疗养院的地址——去看看。要知道，我的爱人，我们都只想看到你完全康复，安然无恙。求你了，我的爱人，为了我，摆脱所有的不快，搬到别的地方去，反复搬，直到找到一个藏身处。得知你的状况如此糟糕，想想我会有多难受——要为你自己努力作出更好的安排。我的爱人，我的小心肝，我的甜蜜的幸福……

① 作为纳博科夫父亲墓地看管和祭祀的费用。

② 邮差画掉了纳博科夫写的“黑森林豪斯”和“托特莫斯”，写了这个新地址。

一点左右，我去和卡普兰太太一起阅读圣女贞德的故事，路上，我遇到了海象[①]和圣洁的小努基。我弯下身来抚摸它，但它漠不关心，跑走了。我用了午餐（杂烩、色拉、樱桃），接着去了萨克家。我们穿过格鲁尼沃尔德丛林[②]：今天有风，天气很好。之后我在雷根斯堡小憩，他们在谈论你的信，他们招待我吃了一顿美味的晚餐（酸奶油拌蔬菜，新鲜草莓）。韦莱夫金[③]闯来——他有眩晕症，很可怕。9点左右，我和谢尔盖·卡普兰去看电影，看了新版的《壮美之路》[④]，与旧版相差无几。此刻我喝牛奶，吃给我留的冷切肉，读你的信。亲爱的，你别哭泣……你会明白……我肯定，要是你找到一个地方，让你不再感到山里的压抑——一切都会好的。这儿还有一些别的事：我保存了我贴在寄往托特莫斯的信上的邮票，放在折叠的铝杯里，我去托特莫斯的路上，在小溪边用这杯子喝过水……纯属巧合。我的爱人，为了让你高兴起来，我能做些什么呢？

弗拉基米尔

26.6.14.

* * *

ALS，4页

1926年6月15日

柏林寄往黑森林托特莫斯黑森林豪斯膳宿公寓[⑤]

小雀儿[⑥]：

全天大雨倾盆，一刻不歇——很恐怖——现在仍下个不停。我要坐摩托去萨克家，但车主拒绝去——因为下雨路太滑。路边停着一排摩托车，但看不到一个摩托车手。一个路人对我指指一家酒馆。他们都坐在那儿，用大杯喝着加了牛奶

① 也许是纳博科夫夫妇给邻居起的外号，这邻居经常在他们住处附近遛狗；或者是有关小动物的一个游戏，这个时期，纳博科夫常在信中提及小动物。

② 格鲁尼沃尔德（Grunewald）是柏林最大的城市森林，主要是赤松，相当原生态，几乎是纳博科夫（还有《天赋》中的费奥多）在柏林唯一喜欢的地方。

③ 不详。

④《壮美之路》（*Ways to Strength and Beauty*，1925）由考夫曼（Nicholas Kaufmann）和普雷格（Wilhelm Praeger）导演。

⑤ 信封上有打印的德文“已搬去圣布拉辛疗养院”。

⑥ 原文为“Sparrowling”，意译为“小雀儿”。——译注

的咖啡。我只好去坐电车——当我到萨克家，我的橡胶雨衣的前襟成了湿透的巧克力色。我们做体操，读书。我回家，看到了母亲的来信，她转来了鲍比·德·加里①给我的信（非常温馨，我觉得。他计划邀请我们去做客），以及谢尔盖②给她的一封信。我自己忍不住把信抄了下来："……我没有马上回你的信。我难于动笔，因为我灵魂中刮起可怕的风暴。今天我要对你解释这种境况。你得理解我所做决定的极度重要性，这是我不能不做的决定。你知道，我最后这十年的生活整个是可怕的，不仅是一种有罪的生活，甚至是对我自身的犯罪。我从未求助那种力量来帮助和指导我们改弦易辙。你知道，我们在东正教精神熏陶下成长。对我来说，东正教从未、也不可能有任何帮助。但如同生活中常有的事，我终于遭受了突如其来的打击。我面临一种致命的、令人恐惧的困境。另一方面，维系我生命的那个男子，那个我爱他胜过爱世界上其他事物的男子——回归了教会，也就是说他同样遭受了突如其来的打击。那是些可怕的日子。我成为一个天主教徒，完全意识到这一步不可避免，对其必要性绝对相信。是的，这自然对我有一种影响：但不是一时的影响，不是稍纵即逝的影响。不仅仅是帮助。这是一种来自上帝的无意识的影响。天主教会比东正教会更严格，要求也更高。我需要那种力量来指导和约束我。我有了信仰，上帝诚挚地接纳了我。仪式这个星期举行，我请求你理解并为我祈祷。我知道这信仰不是表面的，而是正当、真实和真诚的。我会每天参加团契以清除我身上的罪，这样，上帝就能给予我力量、能量和意志。我会独自生活。就这个词的完整的意义来说，我们不会分离。我和他一如既往地在一起。但我们同居一室的生活与参与任何教会活动是不相容的。这对我来说并非易事，非常为难：我不能一下子就把我的自我割下一大块来。这个部分必须改变，让给新的无罪的事物。如果我一年能在东正教会参加四次以上的团契，我就不会离开它。要知道这一切是多么重要，所以别责备我：这对我也很难，但我在期待神的恩典。"

我用午餐（小牛排、樱桃蜜饯），随后出门（穿着巧克力色的雨衣）去卡普兰家上课。我一回到家，就坐下来写信——给鲍比，给母亲（我寄给她 25 马克），给潘琴科（也是 25 马克），也给丽娜③。之后……哎呀，多可爱的一个小故事！我

① 即马戈利–塞拉蒂·德·加里（Magawly-Cerati De Calry，1898—？）伯爵，纳博科夫在剑桥的同学和朋友。

② 谢尔盖（Sergey Nabokov，1900—1945），纳博科夫的弟弟，比纳博科夫小一岁。他们之间有一种复杂的关系："因多种原因，我发觉难以谈论我的另一个弟弟……我是个受到宠爱的孩子，他是这种宠爱的见证人……"（《说吧，记忆》，第 257 页）

③ 也许是埃琳娜·斯洛尼姆，薇拉的妹妹。

跟开始时一样舔着嘴唇。故事叫做“古怪（一个童话）”，关于恶魔（以一个老妇的形象）向一个小公务员提议，为他建一个后宫。[①] 你会说，轻佻的赫柏，[②]，这主题很奇特，你甚至可能退避三舍，我的小雀儿。但你会明白。我不多说了[③]。

晚餐一如往常。现在已是9点半，我穿了那条灰色旧裤子。

小雀儿，你好吗？我希望你收到此信时已经不在托特莫斯了。我担心要是你拆开信看到第二页也许会觉得我疯了。事实上，我以防万一加了引号。总之，我觉得这对谢尔盖有好处。这是真的——天主教是一种女性的楔形信仰——彩绘玻璃的美妙、年轻的塞巴斯蒂安们的痛苦的温柔……我个人更倾向于极为干瘪、秃顶的俄国小教区牧师，而不是窸窣作响的修道院院长，有着一副虚情假意的苍白表情。当我想到我所拥有的，我自己的神奇的、幸福的宗教……但没关系。也许，谢尔盖会因此不能自制，但是以一种深刻而美好的方式，这会对他很有帮助。而你，我的小雀儿，别对雨过于生气。你会意识到，雨非下不可，它无能为力——总之这不是它的错，它不可能不下。我的幸福，因为下雨，我几乎两星期没有打球了（当然，我并非在作比较）。但我只是表明——爱你。

弗拉基米尔

26.6.15.

* * *

ALS，2页

1926年6月16日

柏林寄往黑森林托特莫斯黑森林豪斯膳宿公寓[④]

我的甜心：

我做梦我和什么人沿着宫廷滨河路行走，涅瓦河水呈现铅灰色，缓缓流动，

① “古怪”（odd）意为“不平常”（uneven）；以《童话》为题发表于《舵》，1926年6月27日，第2—3页；由德米特里和纳博科夫翻译为《一个童话》（*A Nursery Tale*），收入《被推翻的暴君》（*Tyrants Destroyed*）。

② 指丘特切夫（Fyodor Tyutchev，1803—1873）的诗歌《春雷》（*Spring Thunderstorm*，1828）：“你会说：这是轻佻的赫柏/她一边喂宙斯的巨鹰/一边大笑，笑声如春雷轰鸣/从天宇传遍大地。”

③ 原文为法语。

④ 邮差将“托特莫斯黑森林豪斯膳宿公寓”画掉，重新写了地址：“圣布拉辛疗养院，斯洛尼姆夫人”。

河水中有一望无际的桅杆，大小船只，黑铁管上挂着彩条旗——我对同伴说："布尔什维克竟有这样一支庞大的舰队！"他回答："是的，那就是为什么他们得把桥拆了。"之后，我们沿着冬宫走，出于某种原因，冬宫漆上了紫色[①]——我想，我得把这个记下来，用到我的一个短篇小说中。我们来到冬宫广场——这儿到处都是建筑，某种奇异的光闪烁着。我的整个梦境被一种令人恐惧的光照亮——犹如你在战争画面中看到的那种光。

我12点左右出门（多亏有太阳，我穿了新裤子），在*书店*[②]换了书，付了8.5马克，转而去威登堡广场的一个小公园。在那儿的一张长凳上，我坐在一位老人和一个妇女中间看了半小时书，享受时隐时现但热辣的阳光。将近一点，我去向卡普兰太太解释，琼是一个女人，一个历史人物，解释完这些（直到周六）便回家，午餐（肉丸、新鲜草莓和奶油）。接着坐下来写"古怪"。约6点，我去了雷根斯堡，但只见到了索菲亚，回家，给女佣要洗的衣服（记下来），坐下来再写我的小故事。已写了七（大）张纸，但我觉得会写上二十张左右。

这时，开始下雨了——下雨可能让我没法睡前出去散一会儿步。说到晚餐，除了冷切肉，还提供了三块甜馅饼——通心粉模样，正面炸过，撒了糖（很难吃）。再说牛奶；这牛奶不一般，更贵，装在密封的瓶子里，口感很好——不会变质。你瞧，这是我守活寡的第十六天了。既看不到你，也听不到你。你为什么写信这么少，我的甜心？我很后悔没有为你准备你为我准备的那种便条簿——写了日期的。[③]现在9点差5分。院子里两只肥腴的咖啡色腊肠犬在打闹，从上看下去，像两段没有爪子的粗香肠在翻滚。我的甜心，我不知道你现在哪儿（你会在哪儿读这封信）。我爱你。我的甜心，爱你。你听见了吗？

弗拉基米尔

26.6.16.

---

① 长达一个多世纪，冬宫是赭色的，直到尼古拉二世，他决定漆成陶红色。革命后，1927年漆成了灰色，随后几年又漆了其他颜色。

② 原文为法语，此处指具有书店性质的收费图书馆，可能是拉德日尼科夫书店。

③ 1926年六七月间，纳博科夫用薇拉编了号的纸写信。他有时会在日期前加上年份，但第一页信纸上方的日期大多是薇拉手写的。

* * *

ALS，2 页

1926 年 6 月 17 日

柏林寄往黑森林托特莫斯黑森林豪斯膳宿公寓 [1]

小蚊子 [2]：

我今天上午收到你的短信。情况怎么样？小飞虫，高兴点……

我一起床就坐下来写作（不，我去寄了给你的信并换了本法文书），到 7 点完成了这个短篇。小鱼和樱桃作为午餐（刚才我停笔喝汤：我说不出汤的不同味道）。一般来说，他们给我吃很多，总是问我是否饱了。我饱极了。几天前，我抱怨可可不佳——之后，他们就给我优质的——浓而甜。这个短篇写得不赖（啊，是的，我今天为何如此健忘……上午，邮递员送来 12 马克——给你一点儿上课酬金——我把其中 10 马克付给了烟店老板，他五分钟后来的。那么巧），小说相当长——约二十页，如我所料。我明天会重写。我 7 点去了雷根斯堡，见了所有的人，在那儿午餐。（布尔什维克作了让步。他们并非全能，但他们自有一套。他们完成了百分之二十到二十五之间。我心不在焉地听着。大家都很好。L.[3] 为 E.I. 弄到了票，E.L.[4] 及阿纽塔可能和她一起去斯特丁。阿纽塔穿了一件蓝色的衣服，肩胛和腋窝处脱线了。我悄悄地将烟头扔到沙发下——似乎没有人注意。）近 9 点，我去塔塔里诺夫家——那儿人不多，我们进行了愉快的交谈。几天前，艾亨瓦尔德拜访他们，他们设法让他相信，那位小个子老太太索菲亚・S[5] 骑了辆自行车。星期天，他们将举办一个活动……有关格言。每个人必须就痛苦或欢乐的主题想出一句格言。别吱吱叫，小虫儿。我约 11 点半回到家，此刻在给你写信。今天天气还可以（只是下过一场大雨——五六点之间）。我温柔的小虫儿，我爱你。我爱你，我最可爱的小虫儿。也许你会在海德堡附近住下来——据说那是个好地方——你以为如何？总之，我期待你能很快稳定下来。我甜蜜的爱人……我不知

① “黑森林，托特莫斯，黑森林豪斯”被画掉了，重新写了地址：“圣布拉辛疗养院”。

② 原文为“Mosquittle”，意译为“小蚊子”。——译注

③ 可能指伊利亚・费金，安娜・费金的表亲。

④ 埃弗塞・拉扎列维奇。

⑤ 不详。

道“欢乐”和“痛苦”，我只知道“幸福”和“幸福”，即“想你”和“只想你”。这儿的人对有些王子和百万富翁很担心。我不知道到底是怎么回事。我爱你。我要睡觉了，小虫儿。我真心希望你幸福。晚安，亲爱的，我的温柔，我的幸福。

弗拉基米尔

26.6.17.

* * *

ALS，3页

1926年6月18日

柏林寄往黑森林托特莫斯黑森林豪斯膳宿公寓[①]

猫咪宝宝[②]：

你给我写信太少。上午，在绵绵不绝的雨中（雨快把我逼疯了），我冒雨去萨克家，路上构思了一首诗，这是昨晚睡觉前就想到的，今天，就是刚才，我完成了。诗随信附上。我和萨克做体操，对他读了这首诗。我回家（一路上还在构思），午餐——他们端来了很硬的肉——女房东稍后匆匆来说抱歉（为了弥补，她给我准备了可口的晚餐：一大盘煎鸡蛋和火腿）。午餐后，我去给卡普兰上课——我们翻译卢梭——之后回家，继续写诗直到6点，出门去雷根斯堡大街。只有索菲亚在。我坐在桌旁，写了几节诗。几分钟后，E.I.到了。我们热情地说再见——我拖着脚步回家，被诗神的工作弄得不知所措。我吃了晚餐——继续诗的工作，写完了全诗。我想寄给《农庄》。[③]我的甜心，你明白我今天过得多么平淡。我没有刮脸，当我用手掌擦着脸上的须茬，听起来像是一辆车在刹车。我忘了给你写在雷根斯堡时的事情。昨天我跟他们要了一把指甲剪和一把指甲锉，把指甲修剪干净，这件事我全然忘了。明天我打算修剪我的脚指甲（但在家里）。周三，女房东和她的儿子和女儿动身去特里约基[④]一个月。

---

① “托特莫斯，黑森林豪斯膳宿公寓”被画掉了，重新写了地址：“圣布拉辛疗养院”。

② 原文为“Pussykins”，意译为“猫咪宝宝”。——译注

③ 信中附了这首诗《琐事》（*A trifle*），工整地抄在一张纸上。

④ 特里约基（Terijoki），圣彼得堡以北30英里外的一处芬兰度假胜地；1940年起，成为列宁格勒地区的一部分；1948年更名为泽列诺戈尔斯克（Zelenogorsk）。

猫咪宝宝，你好吗？当你见到我时能认出我吗？小肖长得很快，我们不久就得给他买玩具了。小兔子想要剪个童花头，但他们误解了，把她的刘海修掉了(她现在看起来绝对像一个小兵)。其他小家伙都好。

我的甜心，亲爱的，你找到一个藏身处了吗？你什么时候能够写信给我，说你终于安顿下来，很舒适，精神很好？至于我，什么都别担心，我的欢乐，小猫咪：我过得很好，吃饱穿暖，读得很多，写得也很多。我很想知道你是否喜欢我的小诗。

现在9点10分，我就要去睡觉了。雨停了，但——从院子里的水坑来判断——我明天还是不能去打球。这极其乏味。我的猫咪，今天我要再次吻你。股市近来出奇的平稳。难道在黑森林地区不需要某种陶器？给我写信，猫咪宝宝。我不认为你会给我写得这么少。晚安，猫咪宝宝。

弗拉基米尔

26.6.18.

琐　事

一根桅杆的名称，计划——尾随着[1]
一只海鸥，在我生活中翱翔；
甲板上，一个男子，穿着长袍，
沐浴着光辉——这是我。

我明白；在一张有光泽的明信片上，
蓝色的海湾变得暗淡：
白晃晃的，一个小镇，四周有
无数的棕榈树，还有我居家的住处。

同时，一声喊叫，我让你看到
我的自我，自我——但在另一个镇子：
如同一只鹦鹉，用喙啪啪作响，

① 此诗发表于《农庄》，1926年7月4日，第7页，收入《诗集》，第183页；德米特里译作《一件琐事》，《诗选》(*SP*)，第25页。

我翻弄着剪贴簿上的剪报。

那人——就是我，带着幽灵般的手提箱；
是我，走在寒冷的街上
向你走去，仿佛来自屏幕，
渐渐模糊，不见了踪影。

哦……我感觉到我的双腿，变得沉重，
火车丢下我开走了
很多国家都不能让我温暖，
我并不生活在那儿，也从不会感到温暖！

坐在扶手椅里，那位来自伊甸园的旅客
双手放在脑后，
吸着管烟，吹着口哨，
他的爱中之爱——一片热带海湾。

弗·西林

26.6.18.

* * *

ALS，2页

1926年6月19日

柏林寄往黑森林托特莫斯黑森林豪斯膳宿公寓[1]

小羊羔[2]：

今天上午，我开始写“古怪”[3]，随后给S. K.[4]上课。回家午餐（小牛排、糖

① “托特莫斯，黑森林豪斯膳宿公寓”被画掉了，重新写了地址：“圣布拉辛疗养院斯洛尼姆夫人”。

② 原文为“Kidlet”，即“小羊羔”。——译注

③ 即《一个童话》。

④ 谢尔盖·卡普兰。

渍水果)，重新写作。7点左右我写完了，接着——为那个鞑靼人家的晚会——我列出了所有让我痛苦的事项——开始于对缎子衣服的触碰，终之于没有能力消化、吸纳世界上所有的佳丽。结果密密麻麻写了两页——原谅我，我的小羊羔——我不知把这张纸放哪儿了，或者我已经寄给你了。晚餐我吃了冷切肉和两根香肠，到9点，带着这个短篇、这首诗和痛苦的清单去卢弗小姐的家。在那儿我见到了塔塔里诺夫夫妇、福可夫斯基太太、达涅奇卡①、罗西娜、卡迪什和他的妻子、托洛斯基②和他的妻子、格里弗、令人讨厌的泽维茨迪奇③、艾亨瓦尔德。我给他们读了我的短篇。获得了极大的成功。我又随即当众朗读我的诗。④他们让我读了三遍。他们讨论了约一个小时。泽维茨迪奇和艾亨瓦尔德几乎打了起来。接着，塔塔里诺夫太太让大家就“痛苦”和“欢乐”写一句格言（艾亨瓦尔德、塔塔里诺夫太太、卢弗小姐、福可夫斯基太太，以及格里弗都写了)，并读出来。有句格言不错：“人不能独自享受欢乐。”最后，她也读了我的小单子——再次爆发了一阵莫名的兴奋。总之，整个晚会成了对本作家的一种庆祝——他，可以说，为了给晚会画上了一个圆满的句号——当我们出门来到街上（帕绍大街)，当大家彼此话别，就立马在人行道上翻起筋斗来。

当我到家，我像只落汤鸡⑤似的赶上房东家大餐厅的盛会。那儿的每个人都酩酊大醉：几个德国演员（房东儿子的朋友)，美国领事馆的雇员（房东女儿的朋友)，以及一个叫做波雷蒂卡⑥的教授（科罗斯托维茨两口子也应该在那儿，但他们没来)。我喝了些伏特加，一杯白葡萄酒，吃了一块三明治，和房东的女儿（一位长相平平的女士）跳了一曲狐步舞，乘人不注意离开了。此时几乎两点了，而我在给你写信，小羊羔。我的小羊羔，我很遗憾你不是第一个听我朗读这个短篇的人，总之，整个晚会你不在场……我周一会把小说给《舵》，他们会在那儿打印，我马上就把手稿寄给你。“他们说不幸是所好学校。是的，确实如此。但幸福是最

① 纳博科夫前女友，姓氏不详。

② 多半不是那位著名的革命家托洛斯基（Lev Trotsky，1879—1940)，可能是诗人托洛斯基-日尔博威特（Zinaida Trotsky-Zilberkweit，1902—1968）的丈夫，一个20世纪20年代在柏林的俄国侨民。或者是特罗茨克（Troitsky）的笔误。

③ 泽维茨迪奇（Petr Zvezdich，1869—1944)，记者，翻译家。

④ 他最近创作的短篇《一个童话》，诗《琐事》。

⑤《像只落汤鸡》(*Like a rooster in soup*）是一出根据谚语改编的戏剧。

⑥ 波雷蒂卡（Vladimir Poletika，1888—1981)，地理学家、统计学家、农学家。

好的大学。”至理名言？这是普希金说的。[①] 这儿有一句侨民的政治格言：“零意识到，为了有所成就，它们必得站在正确的位置上。”你知道德国人从契诃夫小说中翻译了这句话“我走在地毯上，你走在谎言上”吗？[②] “要是我走地毯，你也会走地毯。”[③] 我的小羊羔，我的幸福，你在何处？此刻我如此爱你，我甜蜜的……我要去睡觉了，我很累。我将物品都整齐地放在柜子里，房间里很整洁。爱你无止境。

弗拉基米尔

26.6.19.

* * *

ALS，2 页

1926 年 6 月 20 日

柏林寄往黑森林托特莫斯黑森林豪斯膳宿公寓[④]

我的生命：

整天都在下雨。今天上午我给母亲写信，将诗[⑤] 寄给《农庄》。我感谢他们出版译著，并加上：“我弟弟[⑥] 从巴黎写信给我，说《玛丽》的书评作者认为我受到了‘冒犯’。请费心转告他，事实并非如此。我只是对评论中的一些失实感到意外，这会给小说的情节和风格造成错觉。”简洁有力。顺便说一下：艾亨瓦尔德昨天告诉我，埃尔金[⑦]（他去巴黎了）写信给他，说莫丘斯基[⑧]“很后悔”。事情整个儿很愚

---

① 源自普希金 1834 年 3 月 23—30 日给帕维尔·纳什乔金的信：“他们说不幸是所好学校：也许。但幸福是最好的大学。灵魂在幸福的学院完成教育，能够拥有善和美，犹如你的灵魂，我的朋友；也像我的灵魂，如你所知。”纳博科夫日后在韦尔斯利学院的面试中也引用了这一格言，“弗拉基米尔·纳博科夫简介”，《最后的话》（*The Last Word*）（1943 年 4 月），第 19—21 页。

② 基于同音异义造成双关的一个玩笑：“Ya idu po kovru，ty idyosh’，poka vryosh’”，意为“我走在地毯上；你边走边撒谎”。

③ 原文“Teppich，teppst du”是伪造的德语，与德语 *Teppich*（地毯）勉强构成双关的俏皮话，意为“要是我走地毯，你也走地毯”。

④ “托特莫斯，黑森林豪斯膳宿公寓”被画掉了，重新写了地址：“圣布拉辛疗养院斯洛尼姆夫人”。

⑤《琐事》，见 1926 年 6 月 17 日信。

⑥ 谢尔盖·纳博科夫。

⑦ 埃尔金（Boris Elkin，1887—1972），律师、政治评论员和出版商，词语编辑部成员。

⑧ 莫丘斯基（Konstantin Mochulsky，1892—1948），文学批评家、索邦大学文学教授。

蠢。我用午餐（味道鲜美的肉、草莓鲜奶），午餐后读书，之后睡了两小时。我朝窗外看去，觉得遗憾，没有在给《农庄》的信加上："责备一个批评家犹如责备一场雨。"我大大地打了个哈欠，我神情慵懒，我不想读也不想写。他们端来了晚餐（一个鸡蛋和冷切肉）。我用了晚餐，打开灯，便给你写信，我的生命。你知道，当你回来，我将没有什么要告诉你——你会从信中知道一切，事无巨细！但你会有一大堆信……我甜蜜的生命，我爱你。我爱你达克斯狗一般的小爪子和眼睛四周细细的粉线。我收到来自天主教会的另一封信。让它在那儿搁一会儿。有件事我不明白。现在是八点三刻，女佣在铺床。我写完信，出去散会儿步，在毛毛细雨中。我得买些烟——我没烟了。小伙计明天来。今天我在家坐了一整天——只是在午餐前抽空把信寄了。上午，要是我不去萨克家，我就做体操——我已经能长时间倒立！——之后在我的浴盆里洗澡。（我不去浴室洗澡——那儿有块猩红的地毯——每样东西会沾上一种紫红色：我的脚跟、浴巾的下摆、袜底。）你好吗，我的生命？早上睡懒觉觉得如何？我的幸福，我的永久、温暖的幸福怎么样啊？今天我穿了蓝色外套——当然，是印条的，在我所有的套头衫和毛衣里这件是我的最爱。我的邻居（一个年轻的荷兰艺术家）和我的有了皱纹的女房东之间有一种奇怪的友谊……但，让我再说一遍，我寄宿在这儿很愉快——他们对我照顾得真的很好。我习惯了香肠，有时吃起来并不讨厌。但你，我的爱人，也要注意吃得好些……我们如此爱你。我们崇拜你。请原谅我们没有给你多写信。我今天换了一个新的笔尖。我的生命……

弗拉基米尔

26.6.20

* * *

ALS，2页

1926年6月21日

柏林寄往黑森林圣布拉辛疗养院

小鼬鼠[①]：

今天上午约10点半，我去《舵》，把我的短篇给了赫森。（我仍然不知道是否

① 原文为"Skunky"，即"鼬鼠"。——译注

就把这篇小说称做《一个童话》或《古怪》。小说相当长——18页；事实上，这是否合适还是不清楚。要是合适，那到周三，他们就会印出来，我会校对。要是不合适，那我会把小说给词语，条件是：30马克，一号前。一芬尼也不少，一天也不能延后。好不好？）我回到邻居家，我看去给卡普兰太太上课前还有整整一小时，就先去了别尔塔·嘉丽洛芙娜家[①]（据舒拉[②]说，她做得更好），但没有人给我开门，既然无事可做，我就在巴伐里亚广场拐角的一家露天咖啡馆坐一会儿，喝了一杯黑啤酒。之后我上课（今天这儿很暖和，但时不时下一点雨。我穿了那条新的灰裤子）。我用午餐（可口的炸肉排、草莓），在长沙发上躺了一会儿（我的欢乐，我在同一个房间里——我想我写信告诉过你，我拒绝搬到另一个房间），4点去找萨克。我和他打了球。在回家的路上（我买了《观察者》），顺便去了雷根斯堡。我见他们都在，待了半小时，取了洗好的衣服，回家晚餐（可口的煎鸡蛋和冷切肉）。今天的《舵》上有柯诺普林[③]的一篇文章，关于塔博里茨基和莎贝尔斯基-博格。[④]读上去有些怪。他们服刑还有八年。我看到了可爱的小鼬鼠的短信。我很高兴你的状况有了改善。小鼬鼠，待在圣布拉辛。你不能那样描述蝴蝶。"黄"是什么意思？有多种多样的黄。那只小蝴蝶，有着黑色小斑点，不只是黄，而是略带橙色的黄褐色，很像擦靴子的黄蜡。如果是这样的话，那它属于小豹蛱蝶或虎珊蝶（杂色的蝴蝶，常见的腹部有光泽）。你信中写到的另一只，白色而带黄斑点？我不知道。写得再具体一点——对其他几只也说一说。昨天晚上我出去散步——随人群（在诺伦多夫广场）观看了一种美妙的灯箱广告——缎带似的单词像一列灯光明亮的火车驶过：有关选举的新闻，以及其他新闻——一份由光组成的报纸。有一种惊人的美。现在是九点一刻。今晚我不再出去了。有关雷根斯堡我能给你写信说什么呢？他们都很好，生活无忧，我和E.L.[⑤]在暮色里坐着，我告诉他在约弗家的那个晚会，接着，我给他读了我的诗——他很喜欢。他说话的时候站了起来，手插在裤兜里，头微微侧向一边；他缓慢地走到房间另一头，立定

① 此前信中纳博科夫又称她为别尔塔·格里戈罗芙娜。
② 亚历山大·萨克。
③ 不详。
④ 塔博里茨基（Sergey Taboritsky，1895—？）和莎贝尔斯基-博格（Petr Tabelsky-Bork，1893—1952），俄国右翼无政府主义者，1922年，他们图谋杀害俄国一位自由派领导人米留科夫，却误杀了纳博科夫的父亲。
⑤ 埃弗塞·拉扎列维奇（斯洛尼姆）。

转身，再往回走，只低着头。这姿态我喜欢，在他身边我感觉很好。

好了，小鼬鼠，晚安。你再猜不到（我在吻你）我究竟吻在何处。

弗拉基米尔

26.6.21.

* * *

ALS，5页[1]

1926年6月22日

柏林寄往黑森林圣布拉辛疗养院

小猴子[2]：

（我今天选择的小动物并不可爱——但毛很厚。）今天上午，我与（我的字体很小，因为我刚用小字重写了这首诗，我还没有脱离小字的惯性。现在我写得越来越大了）萨克见面——虽然太阳不辣，但气温不低——我们出门（现在终于匀称了——不是说萨克而是指字体）去格鲁尼沃尔德，我们在那儿痛快地游了泳。我们躺在沙滩上，这时突然下起雨来，大片紫色的天空响起雷声，湖面上小小的银箭开始起舞。一棵大橡树为我们挡雨。我经罗森尼克回家（我今天穿了灰色的旧外套），中午饱餐一顿（大块肉、糖水樱桃）。同时，我继续构思晚上有了灵感的一首诗。我去卡普兰家（没有走，坐车去——因为雨下得很大）。回家的路上（到5点，天气转晴），我继续构思，买了一张刀片，换了书，买了新袖箍（那副旧的已破了），还有……一条漂亮的灰色领带（长款），完全是为了找乐子，我进一步败坏自己，买了一块雀巢果仁巧克力。回到家，小猴子，我见到了你的短信，可爱而又温馨，像你本人一样，我很高兴你精神似乎好多了。但，我的幸福，别急着回来！你得有更好的状态——记住。别早于20号回来，小猴子……稍后，躺在沙发椅上（哦，是的，我今天付了52马克的账单和给了烟贩5马克），我构思

① 两页是纳博科夫的信，两页是纳博科夫母亲给薇拉的信，在另一页上写有纳博科夫的诗《房间》(*Komnata*)，此诗来自一个短篇小说的构想（见1926年6月13日信）。

② 原文为“Mymousch”，音近俄文“小猴子”。——译注

的时候，室外暴风雨骤起，我在阵阵雷声中完成了这首诗。我将诗随信寄给你。我也将母亲的信转给你。晚餐吃冷切肉（小牛肉和火腿）。现在10点。玫瑰完全谢掉了，仍然留在我的桌子上。我很想知道你是否喜欢我的小诗……领带是那件小礼服的颜色，我想起那件小礼服就会难过（我喜欢它细细的绒毛），丝质的领带上有颜色更深的几乎看不出的菱形。今天屋子里很嘈杂：我们的女房东明天上午动身。仆人们很开心。小猴子，你好！……我爱你。你拍了许多照片，真棒。我也要宽衣解带了……[①] 我的欢乐，鲜丽的[②]、猫头鹰般的[③]、可爱的，我的爱……有一天，我睡着了，简短的语词的梦魇折磨着我。有这么一句："教皇猛击白杨树，在港口，拉帕波特高声传报。"[④] 我无法摆脱。它莫名其妙地响着……仪式般地。好吧，我的幸福，该睡觉了。不知为什么，我今晚有点累。这首诗[⑤] 会给《舵》。我爱你，我的生命。

弗拉基米尔

26.6.22.

亲爱的微拉[⑥]：

很恼火：你竟然如此倒霉碰到这样的坏天气！这真是可怕！在此情况下人怎能安然无恙。我伤心极了，感同身受，我真的期待剩下的日子你能如意，你辛苦了。这儿的天气也令人讨厌，到处都是污泥浊水。但在如此潮湿的天气里我感觉还好；我的哮喘完全停止。我的女儿现在要开始考试了，奥尔加很紧张。她的胃好多了，她已经康复。基里尔很快完成学业。6月初Ev.K.[⑦] 要去法国3个月。我为她感到高兴，虽然和她长久分开会很难受。但总的来说我们过得很艰难，我们

---

① 俄语动词 snimat' 的双关：1）拍照片；2）脱衣服。

② 俄语 *vit'evatiy* 意为"绚丽的、华丽的、夸张的"。

③ 纳博科夫此处表示亲昵的词 syshch' 出处不清楚，可能来自 sych（猫头鹰）、sytiy（丰满、满足），甚或来自 sushchiy（真实）。

④ 没有确切的语义，类似绕口令。——译注

⑤ 即《房间》。

⑥ 纳博科夫的母亲给薇拉的信，附在纳博科夫给薇拉的信里。

⑦ 即叶甫盖尼亚·霍菲尔德（Evgenia Hofeld，1884—1957）。1914年起，作为奥尔加和埃琳娜的家庭教师，她一生与纳博科夫家庭保持着密切的关系，尤其是与VB的母亲关系亲密，死后葬在她墓旁。她晚年住在布拉格，帮助奥尔加的儿子罗斯季斯拉夫·佩特凯维奇，而她自己则由埃琳娜和纳博科夫资助。战后，纳博科夫曾设法将妹妹埃琳娜和她一家、叶甫盖尼亚·霍菲尔德及佩特凯维奇带往美国。

仍然还不了债。我们的衣服都很破旧了。E.K. 和姑娘们非常感谢那些袜子，K.[1]感谢那些裤子。那些裤子很合他身，也很好看。我们在这儿的生活很单调，尤其在这种天气里。我们三个睡在一起，当然，这是很拥挤的。我们还没有出租布拉格的房子，但我没有失去希望。斯拉娃·波里索夫娜的身体怎么样？你要离开多久？我对瓦洛佳的成功感到高兴，但甚至对他的优美的诗歌更感骄傲。很遗憾我不在那儿。要是你能写信给我，告诉我你的看法。

多多吻你。

爱的致意，

埃琳娜·纳博科夫

E.K. 和姑娘们向你问好。

房　间[2]

这就是房间。依然半死不活，
但明日便会恢复朝气。
镶了镜子的衣柜看着我
不相识，像是既清醒又糊涂。

不知多少次我打开行李，
已经习惯了钥匙的各种声音，
慢慢地整个房间抖动一下，
慢慢地它就成了我的房间。

行了。一切受到召唤，
进入我的存在之中——每一个声音：
放了亚麻床单的抽屉，
双手拉开时发出吱吱的声响；

① 基里尔·纳博科夫。
②《舵》，1926 年 7 月 11 日，第 2 页；又《诗集》(*Stikhi*)，第 184—185 页。

没有关紧的窗户——
在夜里复仇似的砰砰作响；
老鼠出没，传来细微的声音；
还有人走近的脚步声：

他并未走到跟前——
就像水面上的涟漪，
他慢慢走动——我又听见
他叹息，随之走开。

我开灯。万籁俱寂。被子上
落下一团红色的光线。
一切安好。不久我也会离开
这个房间，离开这幢房子。

我知道许多这样顺从的房间，
但如果我仔细端详，我觉得悲伤：
这儿没人喜欢，或记得，
墙上煞费苦心的图案。

这幅无趣的水彩画和这盏灯，
灯罩犹如旧式的夏季薄纱衣衫，
我离开时，也会忘了
这个房间，这幢房子。

我会走进另一个房间：又是千篇一律的墙纸，
窗户旁同样的扶手椅……
但我悲伤……似乎没有什么不同，

也许这房间略胜一筹。

也许当我们临近生命的寒冬，
走过一生进入空荡荡的天国，
我们会后悔尘世的遗忘，
不知道如何装饰我们的新居。

弗·西林

26.6.22.

* * *

ALS，2 页

1926 年 6 月 23 日

柏林寄往黑森林圣布拉辛疗养院

长尾天堂鸟[①]：

上午，我坐车去格鲁尼沃尔德，在那儿畅快地游泳。我在沙滩上躺了一小时。(阳光不辣，但很热。) 一点，我从那儿去给卡普兰太太上课。她正极力劝说你和我去比亚里茨（他们 7 月 1 号去那儿 5 周）。她说——相当机敏——首先，我在那儿给她和谢尔盖上课一个月得到的 15 马克几乎足够（考虑到法郎币值较低）一个人的开销——其次，住旅馆价格不菲，但他们在那儿有极便宜的提供寄宿的房子。而且，我敢说我能说服萨克（他的学校放假若从 7 月 20 号开始）也来。总之，唯一花大钱的便是旅行（两个人大约 120 马克）。这样，如果我们有 150（旅行）加上 150（你的食宿）加上 50（其他支出）加上 150（回程），总共 500 马克，那我们可以毅然前往，比如说，20 号（我可以去圣布拉辛接你），待到我们的钱用光的那一天。当然，卡普兰一家抵达比亚里茨，他们就会为我们找一处便宜的小房子。这样的旅行可以很好地促进你的康复。问题是，我们如何得到这 500 马克？当然，我们

① 原文为“Long bird of paradise with the precious tail”。——译注

可以借这笔钱。无论如何，我的天堂鸟，请问埃琳娜[①]（如果她很快从巴黎回来）她能否费心为我们弄到一份签证（我不知道——也许她能?）；就我而言，我会申请护照，去跟F.[②]说，还有——即使我们必须和巴黎联系——我们可以在20号前安排此事。你知道，塔塔里诺夫夫妇每月大约有500马克，其中200马克给岳母——但他们仍然借钱和旅行（去意大利）。我们为什么就不能呢？午餐有肉丸和大黄蜜饯。女房东走了。我午餐后读书，之后去打球——打了两小时。回家后又读了会儿书。晚餐是冷切肉。现在8点半。我的天使，请考虑一下比亚里茨。我觉得似乎可行。如果我们得到《玛丽》的翻译费，或者萨克也同意去——那当然，一切都迎刃而解。写信给阿纽塔和E.L.征求意见。别将此事视为好像是天方夜谭。我的游泳裤在窗台上晾干了。我忘了《舵》是否要买《古怪》。明天我去萨克家前会给他们打电话。天空灰蓝色，隔壁人家的留声机传出狐步舞曲。是的，比亚里茨一定很美……这样的大海！巴斯克人在海滩上卖蛋奶烘饼。大块的烘饼，就像紧身内衣。我的爱人，今天我终于能感受到阳光了。不久就去睡觉了。会给母亲写信。我还有50芬尼。我非常爱你。晚安，我的天使，我的有着耀眼的尾巴和达克斯猎狗小爪的天堂鸟。

弗拉基米尔

26.6.23.

* * *

ALS，2页

1926年6月24日

柏林寄往黑森林圣布拉辛疗养院

布施姆斯[③]：

今天，我在夏洛腾堡车站见到萨克。我们去看狗的选秀会——但不料已经结束了。我们便在西区的丛林中散步。我回家后给《舵》打电话。那个短篇将在

① 埃琳娜·斯洛尼姆。

② 不详。

③ 原文为“Bushms”，音译“布施姆斯”，何种动物不详。——译注

周日刊载（后天）。周六上午我要去“编辑部”校对清样。赫森很高兴。天气多云，但干燥（上午和下午）。午餐后（肝和醋栗果冻——一种青蛙鱼子酱），我躺下，重读《玛丽》（我喜欢这篇小说），快到4点，我去打球。昨天我忘了告诉你，一次用力发球，球拍上断了五根线。今天接好了。我球打得不错。一条好看的波尔瑞狗，额头上有灰蓝色（像昨晚的天空）的斑点，它走近亭子。它和一条黄褐色的达克斯狗玩耍，这两条狗的柔软的长鼻互相拱着，很有趣。6点，天下起雨来（还在下）。回家的路上，我在图书馆换了本书：我同时读两部法国小说，每一部都有好几卷——根据普鲁斯特的体系——但比起他完美的艺术、深度、神奇的语言缠绵……这两部作品多么琐碎和沉闷。我到家——开门——进门——看见——一封信。什么信——哪儿来的——谁的？——我拿起信——拆开来——突然——有什么掉了出来！哦，我的甜心！如此美妙、如此美妙的照片……我盯着看，呵呵地笑，老是念叨：“多么甜蜜的小动物……多么有趣的小动物……”你站在那儿的双腿多么优雅。还有背景中的小灌木丛。晚餐，我的布施姆斯，有煎鸡蛋和土豆，还有菠菜、两片火腿、瑞士奶酪等。

晚餐前，我读马丁·杜·加尔[①]。现在8点半。雨下得很猛。我的布施姆斯站在灌木丛中，这照片靠在烟盒上，烟盒是我两周前从昆虫商店带一只柏林赫柏和一对北部拉普兰小豹蛱蝶（蛱蝶的变种还是一种蜘蛛——我不能确定）[②]时用的。布施姆斯，时间还早不能打发你……等一会儿，布施姆斯……关于比里亚茨，你应该想到的一件可怕的事情就是想到这样一些滑雪照片：它们因受潮而弯曲（毕竟，它们放在梳妆台上，面对开着的窗户），站不住了……我把它们（要是在沙滩上那会多么神奇）移到那只黄色小公文包边上，你的信就搁在那儿。芬兰总统访问拉脱维亚，在此情况下，词语社论在四十六行文字中重复了八遍“尊贵的客人”，“我们尊贵的客人”。真是谄媚之词！现在八点三刻——马上就要去睡觉了。现在8点50分。现在8点55分。9点。晚安，我的布施姆斯。短裙很好看——是哪一条？我爱你，我最最亲爱的，我的甜心，我的生命……

弗拉基米尔

6.24.

① 马丁·杜·加尔（Roger Martin du Gard，1881—1958），法国作家，1937年获诺贝尔文学奖。

② 豹纹蝶（Brenthis ino）的亚种。

* * *

ALS，2 页

1926 年 6 月 25 日

柏林寄往黑森林圣布拉辛疗养院

我温柔的爱人：

今天上午，舒拉和我去格鲁尼沃尔德——因为天晴；我们在那儿游泳，沿着湖边跑步，就穿着泳裤，玩沙子。一个俄国老妇人过来，问："抱歉，这不是男士海滩吧？"（海滩！）我回家午餐（不知什么的肉和新鲜草莓馅饼），又拔脚去卡普兰家。他们仍在用午餐。卡普兰今晚会建议萨克让他的儿子和我去比里亚茨。今天没有课，因为谢尔盖要拔牙。我去打球，一直打到 6 点半。回家的路上，我换了一本书，顺访了雷根斯堡。他们收到了你的信，阿纽塔说，"我收到信很高兴。那就是我所要说的：我收到信很高兴。"我向 E.L. 咨询去比里亚茨的旅行，他不赞成：那儿的海对你的健康不利。我想，我温柔的爱人，他是对的。他是对的，你必须待在圣布拉辛直到 8 月初。我知道，这并非容易。但你需要进一步疗养……他建议我无论如何去比里亚茨——但我真的不知道。你不去，我也不想去。另一方面，在这儿我也没有和你在一起。你怎么想，我温柔的爱人？晚餐仍然是冷切肉——还有通心粉——还有——一封信。我柔情的爱人，多么美妙的落日！我读你的描写，而且——马上——开始流口水了。至于钱——我今天向阿纽塔借了 5 个多马克，多借一点，以便明天我能延长 S.B.[①] 的订阅，当我在《舵》的时候，昨天（不，我想要说的是今天）他们取回了我洗的衣服，付了 3.85 马克。我又给了他们一些要洗的衣服。我将我的白色运动衣留给阿纽塔了——把手肘处补一下。现在 9 点半。天气晴朗。感谢上帝。哦，我的温柔，我不停地看那照片……我写信给你说布施姆斯给我寄照片了吗？看上去很像她。你回来时我会给你看。在今天的《舵》上，他们说克斯特亚叔叔[②] 接受了牛津大学的荣誉学位。我不知道他是否接受了别的什么东西，如《玛丽》。无论如何，他的书和布宁

① 即斯拉娃·波里索夫娜。

② 康斯坦丁·纳博科夫。

的书安然地摆放在我床旁的桌子上。甜心，不是吗？我因游泳而晒黑了。只有穿泳裤的地方——就是大腿根部和腰部——淡一些。不好看，但更本色。我温柔的爱人也晒黑了吗？有个人在康斯坦茨火车站遇到我，穿一件可怕的格子外套，他晒得多黑啊！……现在我要吻你，我温柔的爱人。我吻一切可以称作你和你的之物……别忘了我，我温柔的爱人。你要我一天写两封信？

弗拉基米尔

26.6.25.

* * *

ALS，2 页

1926 年 6 月 26 日

柏林寄往黑森林圣布拉辛疗养院

猫猫咪[①]：

今天上午我去《舵》改校样。[②] 赫森请我共进午餐。（前半部分今天刊登，下半部分周一再出，那时我会给你寄这两期报纸，我的猫猫咪。）我为 S.B. 作了续订。也许他们会暂停这三天的投递。但我设法让他们从那天起（可能是 23 号）寄每一期，如果《舵》送不到你那儿的话。同时，也防万一，我会给你寄发表《一个童话》的那一期。在《舵》的时候，我也和路德维格达成一致，周一当我校对第二部分（顺便说一下，第一部分有许多需要重打，因为我用很淡的铅笔作了修改）时，我会留下给布宁和 K 叔叔[③] 的书，以便分别转交给他们。我带了莎霍夫斯考埃[④] 的一本薄薄的诗集回家（他托《舵》送给我），读起来；很不错——清晰的黑暗、冷静、兴奋。我写下这些感想，并马上寄信给他（寄到《保皇党人》[⑤]）。接着我在打算给 K. 叔叔的书上重写了题辞（我不得不撕去一页），以取代原先愚

① 原文为“Pupuss”，意译为“猫猫咪”。——译注

②《一个童话》。

③ 克斯特亚·纳博科夫。

④ 莎霍夫斯考埃（Dmitri Shakhovskoy，1902—1989），翻译家、诗人；从 1926 年 8 月起，他成为苏联东正教神父，并出任主教；他是纳塔莉亚的兄长，纳塔莉亚 1927 年嫁给了纳博科夫的堂弟尼古拉斯·纳博科夫。

⑤《保皇党人》（*blagonamerennyi*），俄国侨民的一份短期刊物，1926 年创刊于布鲁塞尔，由莎霍夫斯考埃主编。

蠢的文字，即祝贺他获得荣誉学位。猫猫咪，我爱你。之后我用午餐（相当可口的肉，糖水梅子），3点去卡普兰家上课。5点回来（今天相当冷，我穿了那条灰色的新裤子，诺福克的，系了条新领带），刮了脸，坐地铁去找赫森。在那儿享用了美味的晚餐。赫森的秃头闪亮，戴绣金丝边的夹鼻眼镜，他很健谈，手挥舞着。9点我从那儿去了塔塔里诺夫家，他们举行了一场相当乏味的有关皮兰德罗的讲座。之后我朗读了《房间》，以及……同样很成功。下次，沃尔科维斯基会作有关侨民文学的报告。我们很晚再走。我陪同艾亨瓦尔德，我们谈论俄国。猫猫咪，猫猫咪，我们什么时候返回？现在两点一刻，我有点累了。我忘了告诉你我收到一封小狗汪汪[①]的信。猫咪，我求你在圣布拉辛多待一些日子……你得明白，你的健康比什么都重要。猫猫咪，我的甜蜜，我的光明，你真的必须……你父亲坚持这一点——他当然是对的。猫猫咪，我的欢乐，既然你在那儿，就尽量利用……你也必须增加体重——至少像阿纽塔那样。至少。[②]要是你爱我——你会明白的。我决定哪儿也不去：毕竟我这儿离你更近。我不喜欢没有你的旅行。你会待在那儿吗，猫猫咪？我拥有绝对权力：舒温卡和所有其他小家伙都没有投票权……猫猫咪，"痛苦的清单"不见了。你知道，这是标号为25的那封信。我爱你，我的小姑娘，我的幸福。晚安。天看来要亮了。天空泛白。

弗拉基米尔

26.6.26.

* * *

ALS，2页

1926年6月27日

柏林寄往黑森林，圣布拉辛，疗养院

小蛾子[③]：

我很晚才起床，穿好衣服，做了一会儿体操。午餐有小牛肉和新鲜奶油草

① 原文为"puppypuppish"，意译为"小狗汪汪"。——译注

② 安娜·费金身材丰满。

③ 原文为"Mothling"，意译为"小蛾子"。——译注

莓。之后去散步。在席尔大街的古董店里看到了平板印刷的旧书。我想：若是成了老照片肯定独具魅力！比如到 2126 年。一张 200 年前的照片——一张街上有着穿茄克开汽车的人的照片（对我们来说，如“茄克”听起来会像“短上衣”，“汽车”会像“蒸汽船”）①。那会是极贵重的照片。那些老照片收集起来值几百万。“你愿意来看一下我收藏的 20 世纪初的老照片吗？”“很乐意。”“你瞧，一条街道，汽车，摩托车。”“是的，但 X. 先生甚至有更老的照片：你可以看见照片上有一匹马！”我边走边构想这样简短的对话，我的小蛾子，经过了卢卡什老城附近的壮观的喷泉，欣赏着石头海神湿漉漉、光滑的后背，海神透过下泻的水流微笑着。在大力神桥②上，我为那可怜的狮子感到遗憾，那整条尾巴的修复部分显得暗淡、赤裸，像条狮子狗。我漫步过桥，一直走到谷地的蒂尔公园，那儿只要太阳隐没，阴影也时常会失去知觉。在长凳上坐了一会儿，我原路返回，在席尔大街，一个穿黑衣服的胖胖的老妇人拦住我，让我帮她过马路。我让她扶住我的手臂，我们迈着小步走到了马路对面。我觉得像一幅画：“童子军或每天做好事”。当我到家，我看书一小时——院子里的“喇叭”放着优雅的舞曲。萨克斯管吹出小提琴般的柔情，长笛伴随着脚尖旋转，甚至有弦乐的节奏……我渐渐打起瞌睡——当我醒来，已是 7 点半。天空淡蓝色，薄薄的小云朵——像有着梦幻般神奇色彩的天花板。电台的爵士乐队一直在演奏——好像受宠的小狗在哼哼唧唧。晚餐：冷切肉。现在我给你写信，我的小蛾子——你的翅膀和触须，以及所有的小斑点和柔滑的绒毛怎么样？今天我还得出去寄这封信。我的小蛾子，我的幸福，我的爱……你是否喜欢这个定义：一个人的梦只是个梦，两个人的梦就有一半的现实，梦见所有这些的梦就是现实。顺便说一下，我有个非常精彩的标题给报纸或杂志：《现实》③。你觉得怎样？小蛾子，用来形容圣布拉辛之花如何？我的爱……

弗拉基米尔

26.6.27.

---

① 见诗歌《蒸汽船》（1844），作者巴拉丁斯基（Evgeny Baratynsky，1800—1844）。纳博科夫对巴拉丁斯基的评论见《诗歌与译本》（*V&V*），第 218—229 页。

② 席尔大街一头是大力神桥，横跨兰德韦尔运河，两侧分别是柏林公园和蒂尔公园（Tiergarten）。

③ 俄语“*Yav'*”（《现实》），这个标题与俄国著名刊物“*Nov'*”（《处女地》）押韵，而更简洁（俄语中，两个字母加上软音符而不是三个字母），如“*Dni*”（《时日》）和“*Rul'*”（《舵》）。纳博科夫在“圣诞故事”（The Chrismas Story）中创建了一份苏联刊物《红色现实》（*Krasnaya yav'*），见《舵》，1928 年 12 月 25 日。

*　　*　　*

ALS，2页

1926年6月28日

柏林寄往黑森林圣布拉辛疗养院

我的罗林金[①]：

上午，我洗漱，修面，穿上新的灰裤子，深蓝色茄克，去《舵》校对那篇小说的后半部分。你喜欢那篇小说吗？我觉得还不错。顺便说一下，结果真的是霍夫曼大街（当然，是舒拉告诉我的），只是不“经过凯撒达姆”，就在特雷普托街上。书已经寄出（如释重负）。[②]从《舵》出来，我去卡普兰家上课，之后回家，午餐：肉卷和糖水梅子（不怎么样……）。不到3点，我去了德恩堡街，和Sh.打球，在花园里吃新鲜草莓和醋栗，之后——约6点——我们一起去动物园[③]，在那儿买了《观察者》。你的小妹妹给我打招呼。我不知道她在那儿干什么。我离开萨克家，往回走，我的罗林金，到家看了会儿报。我寄给你从《词语》剪下来的一篇文字：一首绝对迷人的诗，形式和内容绝对不同一般。[④]我也买了《农庄》，但上面没有任何诗歌。另一方面，阿达莫维奇[⑤]给予帕普什克夫人严厉的抨击。[⑥]晚餐：煎鸡蛋和火腿。现在9点5分。罗林金，罗林金，我的天使，近况如何？你是否意识到在圣布拉辛已有二十或三十多封信？你知道，有时我似乎觉得唯有现在我才明白我有多爱你，我们在一起有多幸福……我的罗林金。保存佩茨的诗。这是多么——新颖和具有俄国味。哪天给我寄一封密信（用数字代替字母），我乐于解码。这儿举个例（用老式拼字法）：

---

① 原文为“Rollikins”，音译为“罗林金”，不知何种动物。——译注

② 给布宁和康斯坦丁·纳博科夫的《玛丽》。

③ 动物园车站。

④ 信中附了从《词语》189期上剪下的一首诗，作者佩茨（I. Perts），诗名为《松鸡求偶》（*The Lek of a Black Grouse*），标题下写着“年青诗人”。

⑤ 阿达莫维奇（Georgy Adamovich，1892—1972），诗人，侨民圈内最有影响的文学批评家。

⑥ 可能指阿达莫维奇发表在1926年6月27日《农庄》上的一篇文章。

сплю Пагоди... Ужиналъ: яичница и ветчина. Сейчасъ пять минутъ десятаго. Катышокъ, Катышокъ, райское существо, что у тебя слышно? Будешь-ли благоразумна и останешься-ли еще на двадцать-тридцать чиселъ въ St. Blasien'ѣ? Знаешь, мнѣ иногда кажется, что я только теперь понялъ, как я люблю тебя, и какъ мы съ тобою счастливы... Мой Катышонокъ. Стихи Порша сохрани. Такiе они — свѣжiе, русскiе. Пришли мнѣ какъ-нибудь шифрованное письмо (цифры — вмѣсто буквъ) мнѣ будетъ прiятно его разгадывать. Вотъ тебѣ, напримѣръ (по старой орфографiи):

|22'|9'7'3'31'|15'17'21'17'18'7'17'|4'|13'11'18'26'17'|,
|2'1'17'|20'23'|27'11'13'19'32'|21'3'19'17'20'17'4'|1'20'17'33'7',
|20'23'|27'17'27'32'18'27'1'20'32'|9'33'26'19'3'21'28'16'3'|
|4'|6'11'18'26'29'|,
|27'6'4'1'23'|2'33'26'7'29'4'|19'3'13'33'7'28'|—|27'33'13'28'|
|27'13'33'26'1'33'7'|.

Маленькiя черточки раздѣляютъ буквы, большiя — слова. Интересно, догадаешься ли (опредѣленная цифра отвѣчаетъ всегда той же буквѣ, разумѣется). Посмотримъ, мой Катышекъ. Я самъ буду хорошимъ и въ каждомъ письмѣ пошлю тебѣ новую маленькую игру. Ты-же еще снимись! Тутъ большой спросъ на этотъ товарикъ. Милое мое, я люблю тебя... Собираюсь разсказикъ писать. А можетъ-быть стихи. Будетъ завтра мнѣ письмишко? Сидитъ-ли онъ сейчасъ въ почтовомъ вагонѣ, въ темнотѣ, между письмомъ отъ госпожи Мюллеръ къ своей кухаркѣ и письмомъ господина Шварца къ своему должнику? Тема для стихотворенiя: мы всѣ — письма идущiя къ Богу. Или нехорошо? Катышъ, маленькiй мой, такъ давно нецѣлованный...

/22'/9'7'3'31'/15'17'21'17'18'7'17'/4'/13'11'18'26'17'/

/2'1'17'/20'23'/27'11'13'19'32'/21'3'19'17'20'4'/1'20'17'33'4'/

/20'23'/27'17'27'32'18'27'1'20'23'/9'33'26'19'3'21'28'16'3'/
/4'/6'11'18'26'29'/

/27'6'4'1'23'/2'33'26'7'29'4'/19'3'13'33'7'28'/——/27'33'13'28'/
/27'13'33'26'1'33'4'/。①

正字法分开字母、斜杠和单词。我想知道你是否猜得出意思（当然，一个特殊的数字总是对应某个字母）。等着瞧，我的罗林金。要是你乖，我会在每封信中给你一个新的小游戏。再给你自己拍张照片！好心得好报。我的甜心，我爱你……我想再写个短篇。或者一首诗。我明天能收到一封信吗？此时是否坐在有轨电车里，冒着高温，一边是穆勒夫人给她的厨师的信，另一边是施瓦茨先生给他的债务人的信？诗的主题是：我们都是寄给上帝的信。或你觉得不怎么样？罗林金，我的小宝贝，很久未吻你了——

弗拉基米尔

6.28.

* * *

ALS，2 页

1926 年 6 月 29 日

柏林寄往黑森林圣布拉辛疗养院

我亲爱的：

你很久没写信啦。你很久没写信啦。你很久没写信啦，我亲爱的……

上午，我和 Sh. 去格鲁尼沃尔德；我游泳和跑步。风和日丽。回家的路上，

① 纳博科夫在 7 月 3 日给薇拉的信中提供了对这个谜语的解答。

走过路德和克莱斯特拐角的那段路时——那儿正在热火朝天地修路——我遇到了柔弱的戈格尔教授[①]，他对我说："你会和波兹德内谢夫[②]打球。是呀——是呀——是呀……"想到他把我当成了别人，我笑了，点点头，走了。午餐：肉丸加酿番茄，还有很棒的蓝莓果酱。付账单（54.80 马克——牛奶费）。女佣突然进来："有位女士找您。"进来一位拿着手提箱的女士。"格兰杰让我找你。我卖烟。我丈夫，一个官员，在基辅被枪决。"我买了 100 支——觉得我可怕地出卖了我们那位小伙计。3 点前我去给卡普兰上课。约 5 点去打球。路上，我亲爱的，我买了些邮票，把登载那篇小说的报纸寄给你，还买了网球鞋（4.45 马克）。明天，我要还阿纽塔 30 马克。我球打得不错。我 7 点半回家，吃了些冷切肉。看到一封艾亨瓦尔德的来信。记者协会理事会正在组织《波兹德内谢夫审判》。他们请我扮演波兹德内谢夫。我刚给艾亨瓦尔德回信，表示接受。这将在 7 月底举行。此事你以为如何？没什么了不的？[③]（"大概吧！"）亲爱的，当你不给我写信，我就有点恐慌。也许你因我让你在圣布拉辛保持体重而生气了？我仍然——求你啦。至于这些烟，都还不错。我觉得，这烟草比梅卡帕尔[④]的烟草还好。我会从小伙计那儿再买一百支。亲爱的，我是柏林唯一每天给妻子写信的俄国侨民。但今天我不给你提供小游戏了——因为你身体欠佳。9 点半了。我要出门寄信——给杜博尼亚克[⑤]的信和给你的信；之后我就睡觉。上午，院子墙边的刺槐投下它丝带状的阴影，透过枝叶在墙上前后晃动，与枝叶的摇曳零乱相接；刺槐仿佛披上了一件花影睡衣。但此刻，在伦勃朗油画般的光线和橙色的灯光中，窗户只映出我的脑袋。我爱你，很爱，我的爱人，我的幸福……我担心写成明天才写的信，因为每次我这么写，这种情况并没有发生。亲爱的，我爱你。给我翅膀，我要飞……

弗拉基米尔

26.6.29.

---

① 戈格尔（Sergey Gogel，1860—1933），律师、柏林俄罗斯研究所法学教授。

② 托尔斯泰小说《克莱采奏鸣曲》（*The Kreutzer Sonata*，1889）中的主要人物。

③ 原文为法语。

④ 梅卡帕尔（Maykapar）是烟厂的厂名，这家烟厂由卡拉伊姆家族于 1887 年创办。

⑤ 不详，可能是个玩笑，一个假想的通信者。

* * *

ALS，2 页

1926 年 6 月 30 日

柏林寄往黑森林圣布拉辛疗养院

我的小宝贝：

今天是你作了标记的最后一页。① 明天就是你离开满一个月了。

今天上午，我洗漱穿衣，之后去给卡普兰太太上课。最后一次（直到 8 月）我对她解释，圣琼不是圣徒约翰，而是一个有着短发型和好战倾向的少女。之后我用午餐：鱼和红醋栗。之后我去理发。在理发店中央，在最高的凳子上，坐着一个小女孩，围着的布单几乎拖到地上，她金黄的小脑袋垂着，小脸绷紧，双眼恐惧地闭着，理发师给她剪刘海，之后拿一只大瓶朝她喷了些什么。而我，离开时带着一个圆圆的青葱小脑袋的印象——去打球了。今天我状态很好。阳光强烈。约 7 点我回家，换了衣服，就去借书，之后应邀去雷根斯堡。在那儿用了晚餐，和你父亲一起起草了一封给你的电报。约 9 点半，我坐地铁去波茨坦广场，（路上，我读《舵》，现在把剪报② 寄给你，很有趣，不是吗？）在那儿发了上面提到的电报。徒步回家，又吃了一顿晚餐（冷切肉——香肠为主。别忘了两个鸡蛋和燕麦片及糖水草莓，在显然不正确的所有格的情况下——“助词‘不’的力量如此强大，以至能影响到两个甚至三个动词之后的一个名词？”普希金如是说③——阿纽塔款待我），想想刚不久，我才吃了科勒奶酪，看着灌木丛中的布施姆斯。现在已是十点三刻了——但我还要给母亲写信（附上 25 马克：没法更多，我的小宝贝）。我也会给 S.B.④ 写信。我把钱还给了阿纽塔。

---

① 见 1926 年 6 月 2 日信的注释。

② 见下一封信。纳博科夫忘了将剪报附在信里。

③ 引自普希金的《对我自己作品的评论和批评的辩驳》（1830），1841 年部分文字首次发表。“语法怎么说？否定式的行为动词不要求宾格，而要求所有格。如：我不写诗。……这个否定式能否贯穿整个动词系列并影响到名词？我不这么认为。”普希金（A.S.Pushkin）：*Sobranie Sochineniy v 10 tomakh*，奥克斯曼（Yu.V.Oksman）编，莫斯科：Khudozhestvennaya literatura，1962，第 342 页。

④ 斯拉娃·波里索夫娜（斯洛尼姆）。

我的小宝贝，再耐心一点儿……你真的需要改善……那你不能计较因重新安置花掉的那两个星期。我知道这不容易，我的小宝贝，但——要有耐心。E.L.① 告诉我们，佩尔腾伯格 ② 如何坐飞机从莫斯科飞到科夫罗，进入一层危险的雾中。柳夏 ③："哦，我想知道，哦，他怎样经历那个时刻？"阿纽塔（转身离开酒精炉）："无论如何，他那时比你只听他说具有更多的勇气。"柳夏："什么？但仍然想知道……"你的父亲喜欢我的"童话"，但他觉得我"擅长低级的题材"。确实，这篇小说有点轻佻。

我的小宝贝，你好吗？我爱你。此刻夜空繁星闪烁，和风徐来。玫瑰已经干枯，仍摆在我的桌子上。整整一个月！我的小宝贝，我吻你全身。今天有一封信。小猴到底怎么啦？

弗拉基米尔

26.6.30.

* * *

ALS，2 页

1926 年 7 月 1 日

柏林

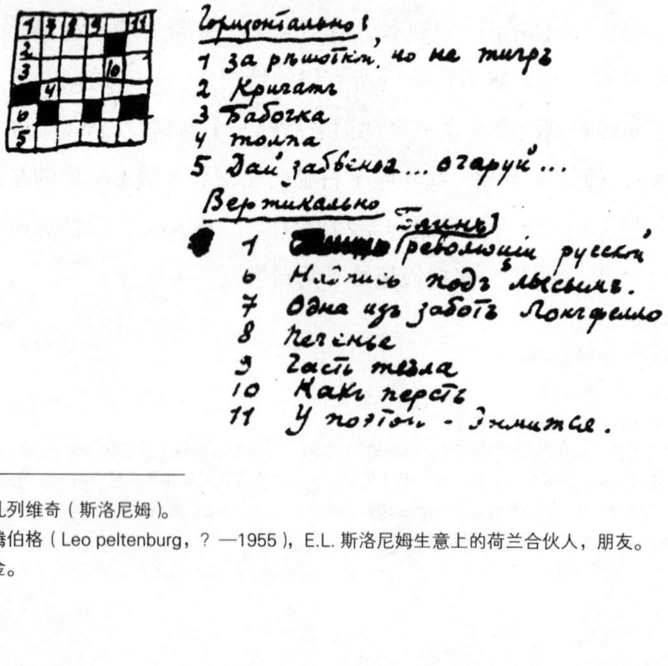

① 埃弗塞·拉扎列维奇（斯洛尼姆）。

② 列奥·佩尔腾伯格（Leo peltenburg，？—1955），E.L. 斯洛尼姆生意上的荷兰合伙人，朋友。

③ 伊利亚·费金。

横向：[1]

1. 笼子里，但不是老虎
2. （它们）喊叫
3. 一只蝴蝶
4. 一群人
5. 让我遗忘……迷人的……[2]

纵向：

1. 俄国革命的败坏[3]
6. 秃头男子下面的说明
7. 朗费罗的一种忧虑
8. 饼干
9. 正文部分
10. ……作为一个手指
11. 在诗中……它冒烟

我的猫咪：

我昨天忘了把剪报装在信封里。现在补寄。[4]上午，我在夏洛腾堡车站见到了Sh.，我们去格鲁尼沃尔德，但因为天气很阴，就没有游泳，只是在树林中散散步。回家的路上，我在席尔大街下了电车……——因为几天前，我注意到那儿有只可爱的咕噜咕噜叫的猫——今天我买了这只猫。它圆滚滚的，有一只非常可爱的小鼻子，总之并不比一棵葡萄更大。它是为你准备的。只是我不知道如何把它装进一封信里？不，对信封而言。它太鼓鼓囊囊了。我明天问问人，再把它寄走。只是记住它非常可爱。

① 信的开头纳博科夫画了他设计的纵横字谜（crossword）：大概占了第一页信纸的三分之一。

② 也许改写自传奇《在你迷人的呵护下》(*under your enchanting caress*)，其中有这样的句子：“哦，吻一下让我遗忘。”出于作曲家祖波夫和诗人马蒂森之手。

③ 原文“Blin revolyutsii russkoy”化用了俄国谚语“Pervyi blin komon”，意为“薄饼烙成了面块”，英语中相当的说法是“熟能生巧”。

④ 信中附了剪报，那是艺术展的一篇评论，塔吉亚娜·西维尔特，纳博科夫前女友斯维特兰娜的姐姐参加了展览。

午餐吃了小牛排，水果是意大利青梅[①]，收到母亲的来信。她说你信中写的关于谢尔盖的话让她很感动。你到底写了什么？我午餐后躺了一会，之后换衣去打球。路上我碰到科罗斯托维茨，回家路上，我看见一位先生走路的姿势，手的动作很奇特，还小声地嘟囔着什么。我从他身边经过时，我认出这是演员奥尔洛夫[②]。他起初很窘，随即开始闲聊起来。他告诉我，几天前，他受邀去一个私人聚会朗读我的“童话”，诸如此类。……我下星期会参加一次比赛。伯特曼[③]赢了一只水晶瓶——我很羡慕。啊，我的猫咪，我刚注意到我没有信封了。明天上午——在见萨克之前——我得去买一些，并在店里写地址。烦人。

我约7点到家，读俗气的罗尼·热纳[④]写的一部愚蠢的法国小说，之后吃了常吃的冷切肉。是的，我忘了写（以便摆脱奥尔洛夫）我在一家酒馆留步，喝了一杯啤酒——也买了一块巧克力，到家后沾着牛奶吃了。现在九点一刻，我一会儿就去睡觉了。

我的猫咪，我仍不知道你是否收到我们的简短的电报。你会发现答应过的文字游戏，就是 krestoslovitsa（写一个我自己编造的词是多么赏心悦目啊！迄今已有两年了）[⑤]。我的猫咪，再给我寄张照片吧！布施姆斯已经厌倦孤单了……蝴蝶的说明你看到了。福可夫斯基夫人把我的诗《房间》付印了。可能周六出版——我已经要赫森注意。我的爱人，别太忧郁，要一点点增加体重，每天一磅，这样，到你回来的时候，我就得到半普特[⑥]了。我的猫咪……

弗拉基米尔

26.7.1.

---

① 一种梅子。

②③ 不详。

④ 罗尼·热纳（Rosny Jeune，1859—1948），法国科幻小说作家。

⑤ 1924年，纳博科夫为“纵横字谜”编造了一个俄文词：krestoslovitsa，不久就被直译的 Krossvord 所取代。见1926年7月6日信注释。

⑥ 1普特（pood）相当于37磅。

* * *

ALS，2 页

1926 年 7 月 2 日

柏林寄往黑森林圣布拉辛疗养院

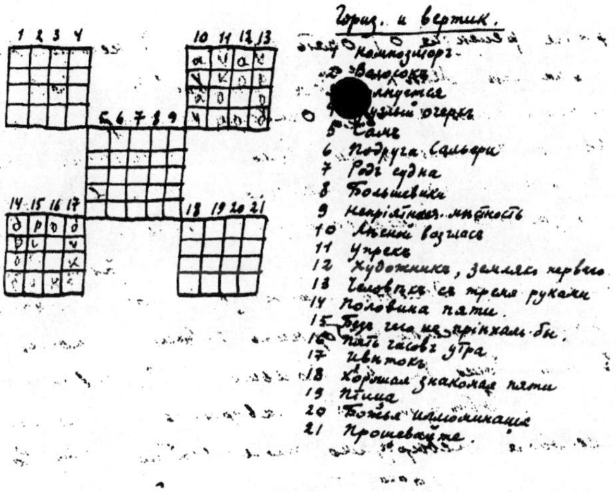

横向和纵向①

1. 作曲家
2. 一根细发
3. 波动
4. 圆的轮廓
5. 我自己
6. 萨列里的女友
7. 一种船
8. 布尔什维克
9. 讨厌的场所
10. 森林的呼喊

---

① 纳博科夫为薇拉编的字谜。见本书《附录一：谜语》。

11. 责备
12. 艺术家，一个同胞
13. 三条手臂的人
14. 五的对折
15. 不可或缺
16. 早晨五点
17. 花
18. 五的好友
19. 鸟
20. 神圣之光
21. 再见！

我的爱人：

此刻，一条小狗朝一架飞机吠叫：它低沉的声音中不知哪儿传来嗡嗡的声音——院墙挡着我看不见飞机——但小狗站在一户人家的阳台上，朝天狂吠。

今天上午，我和 Sh. 在格鲁尼沃尔德畅游了一次。烈日当空。眯眼看太阳，银光闪烁，五彩缤纷。回家的路上，我买了信封、墨水（每当我买墨水的这天，就会留下一个墨点），寄了信。我用了午餐（是的，我必须对你保守一个小秘密：至今我用餐要么在书桌上，要么——如果我在写作——在床边的桌子上。两处都极为不便。但今天有个房客走了，我最终有了一张舒适的餐桌。它靠近火炉）——某种肉和新鲜草莓——之后去打球。我打了很久，天很热，我大汗淋漓，像只老鼠，回到家，我痛快地洗了个冷水澡。之后我躺了一会儿（卡普兰打来电话说再见），构想一个新的小故事。这会是一次深入的评论（又是一个墨点……），有关一份并不存在的“文学年鉴”。我想结果相当有趣，（你注意到我绕开水塘是多么灵巧吗？）但压根不清楚《舵》是否会发表。晚餐——在新的餐桌——我吃了煎鸡蛋和冷切肉。（这儿隐约看见了字谜，我不知道你能否解出来！）[1] 现在 9 点半了。我的爱人，今天写第三十封信！超过六十页！几乎是一部长篇小说！要是我们出版一本小书——你我的书信集——那你的部分不会超出百分之二十，我的爱

① 未解开。

人……我建议你加油——还有时间……我今天爱你的程度难以形容。报上说，29号，有场地震将横贯整个德国南方——在弗莱堡“房屋晃动”。你有什么感觉吗？我小时候，总会梦到一场大洪水：这样，我可以划船去莫斯盖亚[①]，再转弯……街灯伸出水面，再往前，一只手伸出来：我向它靠近——结果成了彼得的青铜手臂！我的爱人，你是否想我想得要命？当你回来，我一个人去车站接你——或者根本不去接。在“年鉴”中，会有某个叫做柳德米拉·N写的诗，阿赫玛托娃[②]的一个模仿者。我给你举个例子：

我就记得你的冷漠
及宝石般的长庚星。
啊，我不会碰睫毛膏
我的这双含泪而邪恶的眼睛。[③]

有趣吗？还有短篇小说、文章……但我不想预先来谈论。我的爱人，我用六个吻来给信封口：眼睛、嘴唇……其他我不告诉你。

问候我的猫咪还有小狗狗[④]

弗拉基米尔

26.7.2.

① 纳博科夫在圣彼得堡的家位于波尔舍亚–莫斯盖亚街47号。他的梦可能与街名有关：“莫斯盖亚”（morsakaya）意为“大海的”。在下文的说明中，他提到普希金的诗歌《青铜骑士》（*The Bronze Horseman*，1833），此诗不仅对1824年的大洪水作了著名的描述，而且也呈现了彼得大帝作为一位超自然人物，具有即使说不上控制，但能够克服灾害的能力。彼得大帝骑在马上的青铜塑像——由叶卡捷琳娜二世下旨，由艾蒂安·法尔科内为首的团队于1770至1782年间建造，也是普希金诗歌的中心人物——耸立在议会广场，波尔舍亚–莫斯盖亚街从大广场穿过，纳博科夫的家离广场不足一英里。

② 阿赫玛托娃（Anna Akhmatova，1889—1966），苏联诗人，20世纪20年代已经成名。

③ 这几句未必实指，但柳德米拉·N的形象出现在《普宁》（*Pnin*，1957）中，即丽莎·博戈列波夫，普宁的专横的前妻，亦是叙事者以前的情人。“几天后，她给我寄来那些诗；她的作品就是那种流亡的蹩脚女诗人模仿阿赫玛托娃所写的东西：懒洋洋的抒情短诗，好像踮着脚走出抑扬格四音步，随后长叹一声，心事重重地坐下来……译成散文会是这样：除了我的眼睛，我没有什么珠宝，但我有一枝玫瑰，甚至比我的玫瑰色的嘴唇更柔软。一个文静的青年说：‘没有什么比你的心更柔软的了。’我就低下了我的目光……”（《普宁》，第180—181页）。

④ 字母有大有小，纳博科夫模仿笔迹不稳，就像一个儿童，还不能把笔握得很稳，就想着要把字写端正。这是他“小可爱”游戏的一部分，仿佛两个人物在争夺那支笔，暗中向薇拉传递信息。

* * *

ALS，2页

1926年7月3日

柏林寄往黑森林圣布拉辛疗养院

Lomota，igumen，tetka，Kolay，Maron versifikator，Leta，chugun，tropinka，landysh，Ipokrena①

从上述词语的音节中编造出十个新词，这些词语具有以下意义：1）科学遇见无知的地方；2）一台机车；3）俄国的一个城市；4）一位历史人物；5）一个好女人；6）马车的一部分；7）节育环的祝福；8）第一个建筑师（见圣经）；9）懒骨头；10）女人的名字。②

我的奇妙的粉红色天空③：

今天上午，我独自去格鲁尼沃尔德，从10点到下午2点，我裸着身子懒洋洋地躺在沙滩上，之后回家午餐（肝、苹果泥）。邮递员意外来到，一个叫拉札勒斯（也许是你的学生?）的人给我15马克。这真是天赐之物，因为我一戈比也没有了，同时，要付洗衣账单（4.5马克）和女烟贩（2.5马克）。但那个小伙计，你知道，却整个失踪了！他一阵风跑了④？我得告诉你，我约2点半开始写这封短信；搁笔；去打球（又是个炎热的好天气）。但约莫6点，下了场大雨，我跑回家，洗了个冷水澡⑤。我穿着浴衣躺了一会儿——我突然注意到，那张吸墨纸——很久以前的一天，我们买后，你，我的粉红色天空，很小心地拿着——仍卷着放在衣柜里。我赶紧展开铺在桌子上，用图钉（也叫揿钉）固定住。之后，我穿衣（都是新的：领带、裤子和你给我买的衬衫），他们刚好端来晚餐。打住。

我用了晚餐：冷切肉和通心粉。我用餐时，你那极可爱的信到了。1）我的小

① 这些词分别意为：疼痛、修院院长、姑妈、柯利亚、马罗、拙劣诗人、忘川、铸铁、小径、山谷百合、灵泉。

② 见本书《附录一：谜语》。

③④⑤ 原文为法语。

宝贝，我求你再坚持两个星期左右……我觉得你好多了。至于你低烧的原因——你知道为什么，是吧……2）我很像彭斯，但记住，诗句“我的挚友十多个”很不得体①。3）我还不知道我究竟何时会成为波兹德内谢夫。无论如何，你回来之前我并不会知道。4）那加密的四行诗是“我冷静并明智地知道……”②等等。你竟然不猜。我会立马就解决。我很遗憾我的小游戏不合你的口味……我今天再提供一个，但不是明天……我修改了给汉纳③的信——我得避免训斥……

哦，我甜蜜的、唯一的、永远的爱人……如此甜蜜的信……我多么爱你……现在是8点。我得准备一下去塔塔里诺夫家。雨停了。我爱你。打住。

我回来了。约2点。活动在卡迪什家举行，达涅奇卡作了有关“舞蹈”的演讲（沃尔科维斯基今天没有讲）。塔塔里诺夫给我一期《俄语》（哈尔滨）④，其中，艾亨瓦尔德评《玛丽》的文章全文重发。⑤是否感到高兴，我的爱人？我把它放纸箱了。我吃了许多杏子，我爱你，很爱，很爱。我不许你想我是否想你！

极度无知：认为“简历”是维特伯爵的小名。⑥在晚会上，有人坚持认为，舞蹈可以表达一切，舞蹈是“没有限制的”。我则说没有四肢就没有舞蹈。⑦亲爱的，我要去睡觉了。相当晚了。我在三个不同的时间里写这封信。我爱你，我的猫咪，我的生命，我的光明，亲爱的狗狗……

弗拉基米尔

26.7.3.

---

① 彭斯（Robert Burns，1759—1796）的诗歌《致格林克纳的詹姆斯·坦南特》（*Epistle To James Tennant of Glenconner*，1789）中第六行“我的挚友十多个”。

② 纳博科夫的诗（论及薇拉习惯在手提袋里放一把枪），写于1923年9月1日：“我冷静并明智地知道/在你喷漆的手提袋里/挨着镜子和粉盒/躲着一块黑沉沉的石头——致命七次。”（纳博科夫手稿，1923年1—10月，VNA）。薇拉的勃朗宁手枪，有七颗子弹。这些诗句发表时译文有所不同（Schiff 56），日期有误（第388页）。

③ 不详。

④《俄语》（*Russkoe Slovo*），一份俄国侨民刊物，1926至1935年，在哈尔滨刊行。

⑤ 艾亨瓦尔德的文章《评西林的〈玛申卡〉》原刊于1926年3月31日《舵》，第2—3页。

⑥ 纳博科夫就“简历”（curriculum vitae）开的玩笑。谢尔盖·维特（Sergey Witte，1849—1915），俄国财政大臣（1892—1903）和第一任首相（1903—1906）。

⑦ 俄语中，“beskonechnost”（没有限制）和“bez konechnostey”（没有四肢）构成同音异义双关。

* * *

ALS，2 页

1926 年 7 月 4 日

柏林寄往黑森林圣布拉辛疗养院

从 A 进入，从 B 出去，迷宫般的“山羊的头骨”。

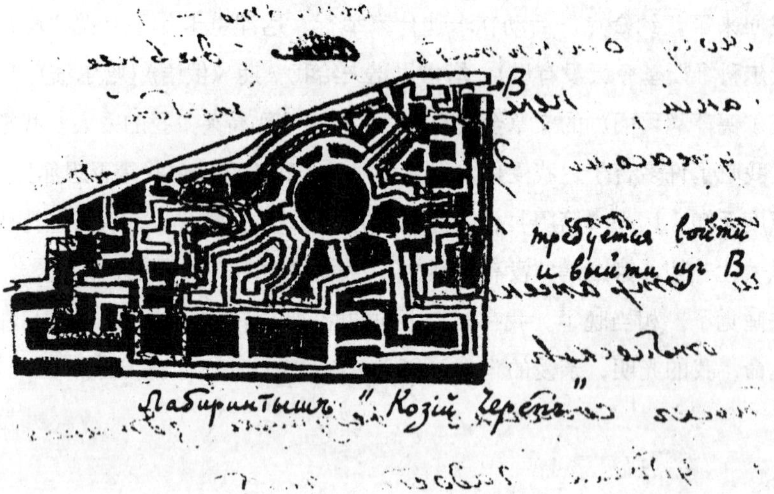

亲爱的：

一早起雨就下个不停——我只出去寄了信，之后整天待在家里。午餐有牛羊肉和糖水杏子。那个小个子烟贩露面了——拿了把湿漉漉的大雨伞，胡子拉碴的。我跟他买了一百支烟。午餐后，我阅读，想写作，但不在状态。之后我听着雨声打瞌睡，醒来时——湛蓝的天空展现在屋宇和水塘上方。又读起书来——不久他们端来了晚餐。煎鸡蛋和冷切肉。现在 8 点半。你瞧，亲爱的，我过了多么寡淡的一天。也许我睡觉前出去散一会儿步……亲爱的……

亲爱的，我现在强烈地感受到，自从那天你戴着面具在我面前出现，我幸福至极，这是我灵魂的黄金时代（啊，一只衣蛾从眼前飞过，别担心，这不是袋衣蛾或毛毡衣蛾），真的，我不知道除了你我还有何求……亲爱的，其他小小的愿望中，我能提及这个愿望——也是久已有之的愿望：离开柏林和德国，和你去南欧。想到在这儿还要待一个冬天就心怀恐惧。德语让我感到不快——你不能只靠柏油路上路灯的反光来生活——除了这些反光，即使还有开花的栗子树、可爱的导盲犬，此外也有柏林各种肮脏的卑劣行为和低级趣味，烂香肠的臭味和丑陋的自以为是。对此你和我一样心知肚明。我宁可待在别的什么国家最偏僻的乡村，也不想待在柏林。亲爱的……

亲爱的，我今天还给你寄了一条字谜，一座非常可爱的迷宫。如果你有棋盘，我会给你寄一则棋题。你不会用图表来解答棋题吧？

明天是记者协会（文艺圈）理事会，我们将商讨《审判》何时上演，角色也会最后确定。（艾亨瓦尔德扮演“检查官”。）这一切都很愚蠢，但其目的——筹集资金——是好的。

我昨天忘了给你写信：菜粉蝶的拉丁名——Pieris brassicae L.〔Pieris——是一种粉蝶，brassicae 来自芸苔属植物，等于 cabbage（卷心菜），“L.”即“Linnaeus”[①]简称，在其《自然体系》一文中，他首次对蝴蝶进行分类，赋予其拉丁名称，并广为流传〕。我的爱人，我很高兴你体重增加了。我全心全意爱你。我吻你，我的令人眩晕的幸福，每一磅都拥有我的吻……

弗拉基米尔

26.7.4.

* * *

APCS[②]

1926年7月5日

柏林寄往黑森林圣布拉辛疗养院

飞　机[③]

它歌唱，怎样——无法预料——

---

① 即林奈（Carolus Linnaeus，1707—1778），瑞典博物学家。——译注

② 明信片上写了一首诗，纳博科夫在地址一侧画了一只蝴蝶，并标注：一种栖息于东欧的棕黄色蝴蝶。

③ 发表于1926年7月25日《舵》，第2页，稍后改动。

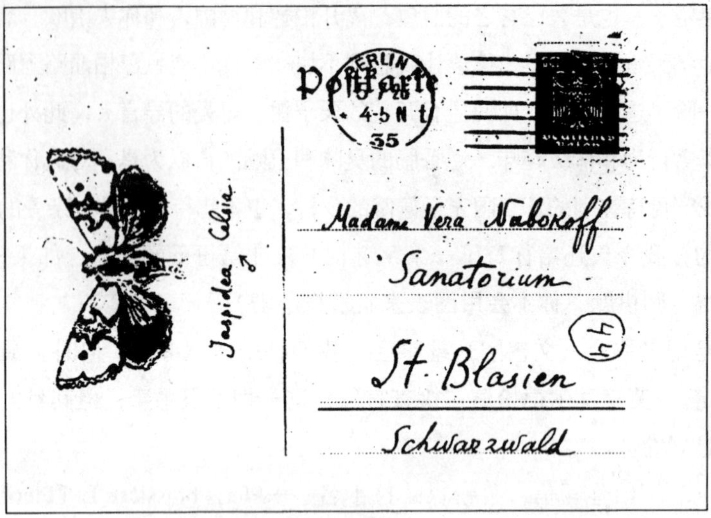

它闪耀，一阵耀眼的光芒，
　　闪耀——并歌唱
在楼宇上方，在高空，
在发光的一侧，
　　一团云升起！

在这个安详的周日上午，
它在天国的轰响很是奇妙，
　　天鹅绒般的空中响起雷鸣……
一家锁了门的银行的窗栅旁，
菩提树下，一个盲人
　　凝神谛听。

唇在谛听，肩在谛听，
在这宁静的晨光里，
　　人全身长满了耳朵。
神秘的声音在翱翔……

附近，他的狗，百无聊赖
　　扑向一只苍蝇。

一个行人，拿出了钱，
愣住，脑袋后仰，
　　看那些闪光的机翼
蓝灰色，发亮的机翼，
划过蔚蓝色的天空，
　　那儿，云团闪着光彩。

弗·西林
26.7.5. 中午

* * *

ALS，2 页
1926 年 7 月 5 日
柏林寄往黑森林圣布拉辛疗养院

一首讽刺短诗
论艾亨瓦尔德

他据此无从判断，
一个词语爱好者和其所爱。
他的名字后隐藏着普希金的诗句：
“那片飒飒作响的橡树林……”①

① 出自普希金的《诗人》(1827)。

我的小磅磅①：

我们收到你无比珍贵的来信，依次回答如下：1）不幸的是，我们没有获赠任何财产。眼下，我们口袋里只有73芬尼。我们会跟阿纽塔说，既然我们明天无论如何必须付房租了。2）有关《舵》：你6月27号写给我们的信："你付了7月的订费了吗？别订8月的了，因为我们已经在这儿订了。"自然，我们马上着手订了7月的。顺便说一下，你的来信我们牢记在心。3）我们只欠阿纽塔29马克。明天我们会借50马克，15号还。4）我们欠泰格尔20马克。5）格兰杰照料妈妈。6）我们爱你。7）在那些有洞的地方。

夜里我又构思了一首诗，我的小磅磅，今天上午寄给你。②但我起来晚了：睡得很少。午餐：肉丸和巧克力果冻。我晚了半小时到萨克家（我得3点到那儿），原因如下：外面响起一阵沙哑的俄国歌曲。我朝外望去。一个矮墩墩的男人站在邻居家的院子里——栅栏把两家的院子隔开了——正在撕心裂肺地吼着《卡利娜》③。接着他猛地脱下帽子，朝无人的窗户打招呼："现在您啦，兄弟。"我将半个马克放在火柴盒里投出去。我击中了栅栏——那个火柴盒，黄色的小盒子仍躺在栅栏的这一边。那男子大声说他要绕过来，我等了又等，他没有出现（后来，当我回家，那个黄色的小盒子不见了。我希望是他拿走了它）。Sh.和我去打球。5点左右，天色转黑（我从未见过如此黑乎乎的景色。在此背景上，所有的物体——房子、树木——似乎因电力不足而呈现灰暗），暴雨骤降，不到几分钟，地面已是汪洋，漂浮着树叶、烟头，甚至半个三明治。我们在一座亭子里等了很久，随后向一家小酒馆跑去（这都发生在帝王大道附近），在那儿喝了一杯啤酒。我回到家看上去湿淋淋的，手里拿着《观察者》和《农庄》（我寄给了你，此处一个句号毁了我的第一行诗）④。我用了晚餐（冷切肉、煎鸡蛋、凉的肉丸），随后出门（换了衣服）去协会（文艺圈），在那儿，他们讨论了"审判"的问题。显然他们

---

① 原文为"Poundlets"，意译为"小磅磅"。——译注

② 见下文。

③《卡琳卡》（*Kalinka*，1860），由作家和民俗学家拉里奥诺夫（Ivan Larionov，1830—1889）创作。

④《琐事》（*A trifle*），见1926年6月18日信："nazvan'e，machty"（一个名字，桅杆），应是"nazvan'e machty"（一根桅杆的名称）。

没有“辩护”。但他们仍然希望能找到。我的小点点，[①] 在《当代年鉴》上[②]（阿尔巴托夫[③] 对我说），有对《玛丽》的长篇评论（奥斯沃琴所写）[④]——出色的书评之一（我会从《词语》得到一份复印件）。在华沙的一份报纸《自由》[⑤] 上，有对我在文化协会晚会上的朗读所作的一篇肯定性的回应文章（我也会要一份复印件）。我11点半回家，现在给你写信，我的小鳕鱼[⑥]。你不久就能打道回府了。出于原则，我们不写是否想你……我的小磅磅，我的生命……阿拉伯人头上有一只如此可爱的蜜蜂！……

弗拉基米尔

26.7.5.

* * *

ALS，4 页

1926 年 7 月 6 日

柏林寄往黑森林圣布拉辛疗养院

我的至爱：

今天上午（天空阴沉有如母亲的珍珠项链），我去萨克家，和他一起读了威尔斯的一篇小说（关于一个人触电后如何有特异的视觉功能；他能看见两极之间的一座岛屿——海岸，被企鹅弄脏的悬崖——但那儿只生活着他的眼睛——他很快意识到，他本人出现在先前去过的地方，在伦敦，他可以听见朋友的说话，可以触摸到物体——但他见到的只是海岸，还有企鹅和海豹，它们在他身边蹒跚翻滚——当他在伦敦的朋友帮助下爬上楼，他觉得似乎在空中冉冉上升，飘浮在砂

① 纳博科夫的文字游戏：poundlets（funtiki 俄语“磅”的小称）；pointlets（punktiki 俄语“点”的小称）。

②《当代年鉴》（*sovremennye zapisky*），俄国侨民重要的文学和政治刊物，1920—1940 在巴黎刊行。纳博科夫于 1921 至 1922 年在该刊发表了三首诗，之后没在该刊发表过任何作品；从 1929 年起，他作为小说家在期刊上发表作品的日子还没有到来。

③ 阿尔巴托夫（Zinovy Arbatov，1893—1962），作家、记者。

④ 奥斯沃琴：《玛申卡》（*Mashen'ka*），《当代年鉴》（1926 年 6 月），第 474—476 页。

⑤《自由》（*Za svobodu*），华沙的一份俄侨日报，于 1921 至 1932 年发行。

⑥ 原文为“kilogramling”，此为意译。——译注

质海岸上方，荡在悬崖上）。[①] 读完这篇小说，我们在花园里吃了很多醋栗（像小小的足球），之后我们去散步。我回家午餐（某种像“奶油里脊丝”的食品以及又香又甜的煎鸡蛋），看见出了太阳，便动身（听着《克莱采奏鸣曲》）去格鲁尼沃尔德。那儿景色宜人，虽然十分拥挤——雨后，河面上浮着垃圾。一个小贩从身边走过，手里提着像是几串彩珠的东西，喊着：“一格罗申一米。”[②] 其实是——硬糖的纸带！在太阳下晃荡了约3小时，我慢慢走回家。在霍亨索伦达姆街上，有幢房子正在建造。透过砖块的缝隙，可以看见植物，阳光洒在光滑的松树味的横梁上——我不知道何故，但有某种古朴风格，房子的砖道及一个角落的意想不到的一束阳光，透着某种废墟般的肃穆和宁静的古雅：一幢房子，还没有人居住，看上去仿佛是过去留下来的老房子。再往前走，在一条小巷的深处，则是一种东方景观——一座真正的清真寺，一根工厂的烟窗看来像是一座尖塔，一个圆顶（火葬场），柏树模样的树木靠着一道白墙，两只山羊躺在黄草地上，四周长着罂粟花。但好景不长——一辆卡车打破了它——我也不能重建这景象。我继续往前走，穿过费赫比琳尔广场，那儿曾几何时，一个高挑的美人和一个矮小的丑八怪一起坐在一张长凳上——穿过霍亨索伦广场，那儿我曾有幸向一个如此可爱的面具告别——甚至在更远的过去。至于遥远的过去；在柏林的《画报》[③] 上有一幅画的复制品，那幅画取自1880年的一份时尚杂志：草地网球的着装。画中一位女士站在网（看上去像是一张渔网）的侧面，拿着最小号的球拍，以极为做作的姿态举起来——而一位绅士亦同样做作地举着球拍站在网后，他穿一件高领条纹衬衫。那位女士如此着装：一件深色外套、大衬裙、一根腰带围在腹部、紧绷的胸脯、中间一排扣子，从下巴一直扣到肚脐。穿着高跟鞋的秀足在奇特的裙子下闪着柔和的光泽，如我所说，球拍举起来——高于那顶波浪状的大帽子。以这样的着装，也许是安娜·卡列宁（见同名小说）在打网球。[④] 舒拉和我昨天看见这幅画，那时我们在酒馆躲雨——我们哈哈大笑。

我沿着雷根斯堡走到了阿纽塔家。但阿纽塔家没人，我坐在街角的一家并非

---

① 《戴维森的眼睛的非凡经历》（*The Remarkable Case of Davidson's Eyes*，1895）。

② 格罗申（Groschen），德国货币，价值10芬尼的硬币。

③ 《画报》（*Berliner Illustrirte Zeitung*），1891年创办的一家周刊。

④ 见纳博科夫论《安娜·卡列尼娜》的文章（*LRL*，第234页）中“一条有关网球的特别的注”。此注后还附有纳博科夫画的《安娜和渥伦斯基打网球时的着装》。画中，球拍并不高举，帽子也较小。

不知名的咖啡馆等他们，在那儿我用仅剩的硬币买了杯啤酒。不久，阿纽塔出现了（带着包裹），我跟着她。我和她坐了一会儿，吃了一小碟覆盆子，计划明天去筹些钱。（今天我跟她借了一马克。）约8点回到家，晚餐（冷切肉和番茄沙拉）。塔塔里诺夫太太打来电话，告诉我乌索利采夫[①]太太的母亲的葬礼于明天在泰格尔举行（这真是个悲剧：乌索利采夫给他妻子和岳母进行注射，两人都血液中毒。N.Ya活了下来，但她母亲受了六个星期的痛苦，两天前死了）。现在9点半。天空晴朗。天很热。我在给你写信，我的至爱。我的至爱，你为什么不给我写信说一下你那位“从莫斯科来”的新朋友？嗯？我很好奇……他年轻帅气吗？嗯？

小树墩，我的甜心，我想你会在十天内回来。（但别急，尽可能待到20号……我不愿意对你这么说，但真的，你在那儿待的时间越长，你的身体会越好，我的生命。）

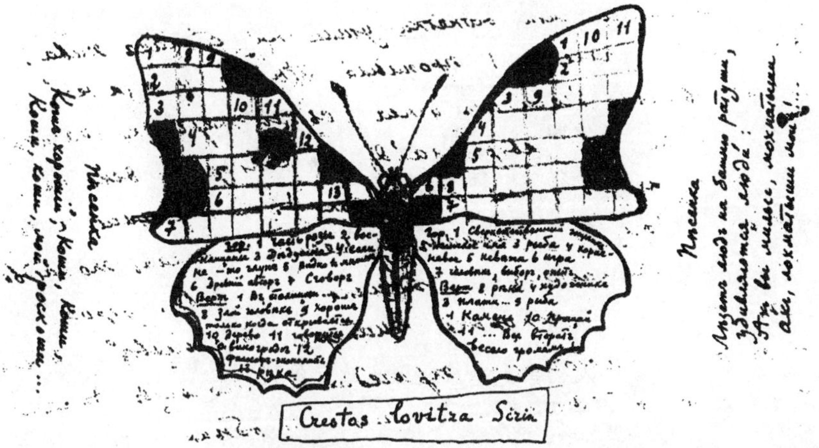

这难道不是一只漂亮的蝴蝶？[②]我花了整整两个小时才捉住它——但毕竟，结果很好。我的生命，要是你知道猫如何在院子里喵喵叫多好！有只猫用一种令人心碎的低音哀叫，另一只则痛苦地哀号。要是我当时手里有枪，我就会朝它们开枪，我说话算数！这只蝴蝶真的让我累坏了。我的生命，我爱你。我今天读《克莱采奏鸣曲》：一本相当粗俗的小册子——虽然我曾经觉得它似乎很“有力”。

---

① 不详。

② 见本书《附录一：谜语》。

你还会在边上发现一些有趣的东西，我的至爱。

弗拉基米尔

26.7.6.

字谜①：1）玫瑰的一部分，2）感叹，3）祖父，4）不然的话——（他就是）傻瓜，5）麻袋藏不了锥子②，6）一位古代作家，7）符合。

纵向：1）在京城……③ 8）一个恶人，9）打开才是好的，10）一棵树，11）说到葡萄，12）一个哲学家和一个经济学家，13）一条河。

字谜④：1）一个不可思议的魔术师，2）女人的名字，3）一条鱼，4）棕色的物体，5）恶棍，6）游戏，7）男人、选择、一次经历。

纵向：8）一条河，4）一位艺术家，3）支付…… 9）一条鱼，1）一块岩石，10）告别，11）……春雷响起尽欢欣！⑤

字谜西林⑥

小曲⑦

小猫咪，猫咪，猫咪

猫咪，猫咪，我的好猫咪。

小曲⑧

人们争先恐后爬上市政厅钟楼

---

① 左翼的下部。

② 与一句俄国谚语有关："麻袋里藏不了锥子。"（Shila v meske ne utaish.）

③ 引自涅克拉索夫（Nikolay Nekrasov，1821—1878）的诗"京城充满了喧嚣，演说家高谈阔论 / 进行着一场言词的战争"（1857）。

④ 右翼的下部。

⑤ 引自丘特切夫的诗《春天雷雨》（*Spring Thunderstorm*）："湍急的小溪流下山坡 / 林中鸟儿聒噪不歇 / 林间喧闹和山中溪流……/ 春雷响起尽欢欣。"

⑥ 此处"字谜"为俄语 Krestoslovitsa，这是纳博科夫自造的词，用来翻译英语的"crossword"（纵横字谜），英语"crossword"的现代形式出现于 1913 年，1920 年代才成为一个热词。在此信中，纳博科夫既用蝴蝶的形态描绘这则字谜，又将其拼写为"Crestos lovitza Sirin"——像一个拉丁二项式，仿佛就是他命名的一只蝴蝶，"西林"置于第一位说明者的位置上。词的间隔也引起对俄语 lovitsa（有"被捉"之意）的注意，并隐藏在这一落款中。

⑦⑧ 纵向写在所画蝴蝶的左边。

人们多么惊讶：
啊，亲爱的，我头发乱了
啊，你又怎么歪了帽子？

* * *

ALS，2页
1926年7月7日
柏林寄往黑森林圣布拉辛疗养院

周三，编辑达令先生[①]不上班，所以今天没有字谜。[②]

我的甜心：

今天我过得很愉快。上午，约10点，我漫步到格鲁尼沃尔德。天起初有点阴，后来则是一阵急雨，（阳光穿过云层）洒下一片金辉，之后，太阳持续发威，我游泳、做体操、跑步、晒日光浴——直到4点！回家的路上，我去了你父亲的办公室（他今天上午从阿姆斯特丹回来，后天去波尔多——之后经巴黎回阿姆斯特丹），他戴着角质架眼镜，看上去要务在身。阿纽塔给了我（到13号）60马克，还答应给你寄些东西。饥饿难忍，赶紧回家：他们都很焦虑——以为我失踪了——他们想报警。但他们还是给我准备了午餐：冰镇樱桃汤（很好喝）、卷心菜包肉，还有看起来像糖水菠菜的东西——其实是糖水萝卜。餐桌上，你的来信笑嘻嘻地摆在那儿。我的甜心，不是“恩赐”，只是“必需”，相应地，不是“许多面包干”，而是“一块面包干”。[③]你想知道为什么“阿拉伯”是朗费罗的“关切”吗？只需记住他诗中的这一节：“……烦扰了一天的忧虑，犹如阿拉伯人折起他们

---

① 他的身份在1926年7月10日信中有说明。
② 此句写在信纸的上方，靠近并略低于日期。
③ 纳博科夫纠正薇拉对7月1号信中字谜的解答。

的帐篷，溜之大吉。”[①] 就是这意思！我会安排好一切——毛皮大衣和《舵》。我不用钥匙就解开了你的密码（我发誓——es，两个 u，ee，ay，er）。彼此彼此，我甜蜜的爱人……

餐后我躺下来，睡了整整一小时。6 点醒来去打球。在大街拐角，我看见两个背影：阿纽塔和韦莱夫金，他们在向一个小贩买醋栗。我打球直到 8 点。下了场大雨，穿上得体的衣服，约 10 点（用了晚餐：香肠加土豆沙拉，还有冷切肉）出门去塔塔里诺夫家，为《审判》举行八人会议，即：艾亨瓦尔德（“检察官”）、戈格尔（专家）、沃尔科维斯基（第二检察官）、塔塔里诺夫（报界代表）、福可夫斯基（辩护律师）、卡迪什（主席）、阿尔巴托夫（书记员）——还有我（波兹德内谢夫）。有人打趣道：剧中犹太人和俄国东正教徒人数相当。《审判》将于下周后半周演出。

现在 12 点半，我的甜心，我全身心地爱你。我想到你那儿的天气肯定很好，就十分开心。我的甜心，我的欢乐，我的爱人，我的心肝，我的小心肝，再增加点体重……我肘部的皮炎太阳晒晒就好了[②]——但这当然不是根治。吻你，我的甜心，无论可能或不可能，都要多多地吻你——然后，很小心地——我的生命！

弗拉基米尔

26.7.7.

* * *

ALS，2 页

1926 年 7 月 8 日

柏林寄往黑森林圣布拉辛疗养院

这儿是给你的一条新字谜。[③] 但先举个例子：

---

① 引自朗费罗（Henry Longfellow，1807—1882）的诗《白昼已尽》（*The Day is Done*，1845）的最后一节（ll .41—44）：“夜晚将充满音乐 / 烦扰了一天的忧虑 / 犹如阿拉伯人，折起他们的帐篷 / 悄无声息地溜走。”

② 纳博科夫患有牛皮癣，1937 年初发得很厉害（见下文）。他在《阿达》（*Ada*）中对此作了有趣的描写，见《阿达》第一部第二十一章。

③ 这条字谜横向写在第一页信纸的上方。

这样：

1	K	ai	r
2	u	ni	ya
3	d	e	d
4	a	d’	e
5↓	g	ashi	sh[1]↓

在第一个对句，我来解释整个字谜——此条由所给词语的第一个和最后一些字母组成（如这儿的“Kuda gryadesh”）。接着，在一个对句中，我来解释第一个词（“Kair”），接着是第二个，直到所有的词语。好吧，这儿为你准备的就是这样一条字谜。

整条字谜

一块林间空地，玫瑰花丛中有间小屋……欣喜至极！
这儿，我的朋友，我们可以入住并生存下来……

1

一种水果味道香甜，但不是甜瓜；
里面有个巴黎女神！

2

伟大的沙皇！有一则谴责秘而不宣！
哦，沙皇，看！有一只耳朵和一个鼻子。

3

我不喜欢常去那儿。
我更喜欢我的小屋。

---

① 纳博科夫沿着词或字母的行列画了两个垂直的箭头：从 1 到 5，以及从“r”到“sh”。横向：1. Cairo（开罗）；2. union（联盟）；3. grandfather（祖父）；4. adieu（再见）；5. hashish（大麻）。纵向：Kuda gryadesh（？），意为“你往何处去”，这是耶稣问圣彼得的话，《约翰福音》13：36。

Вот тебѣ новая задача. Сперва примѣр, вот:

~~каиръ~~

1 К аи р
2 у ні я
3 Д 12 д
4 а дь е
5 Г аши ш

Первым двустишием объяснено цѣлое — составленное из первых и послѣдних букв заданных слов (напр. как, дже „Куда грядеши"). Затѣм объяснено двустишием первое слово („каиръ) затѣм второе и так всѣ слова. Так вот тебѣ такая загадка.

Цѣлое

Поляна, домик в розах... Благодать!
Вот тут-бы, друг, и жить и поживать...

1

Плод чрезвычайно вкусный — но не дыня;
в срединѣ-же — парижская богиня!

2

Великій царь! Здѣсь кроется донос!
О царь, вглядись: здѣсь ухо есть и нос

3

Я в них ходить не очень-то люблю.
Предпочитаю хижину мою.

4

Копѣйка-вход! Смотрите, шестипалый,
весь в волосах, — но в общем добрый малый

5

Трон: острое! Я вижу, трепеща —
поледо, ночь и блеск из под плаща.

6

Не раз царица оживляла ужин
уничтоженьем дюжины жемчужин.

Не трудно

Разгадай-ка!

4

门票一个戈比！看，六个手指，

头发蓬松，但总体还是个好人。

5

碰一下：它很锋利。我明白，颤抖：

托莱多，夜晚，斗篷下的光芒

6

王后多次为晚餐活跃

砸碎了十多个珍珠。[1]

试试把这谜解了！

小公鸡[2]：

上午约9点，路德维格在《舵》给我打电话："过来一下，你得给赫森做一下英文翻译——就几行。很急。"当然，我并不想去，因为10点半我得在夏洛腾堡见Sh.。我们见了面，我的小公鸡，去了格鲁尼沃尔德，在太阳下玩得很开心，直到一点。确实，为什么不呢：天气很好，蓝天——热得快要疯了，沙子烫得如同炒熟的麦粒。皮肤也晒得更黑了。我回家午餐：小牛排和果汁布丁。之后我午睡了一个半小时，便去打球。回家的路上，我又借了一本书，回到家痛快地冲了个澡。我收到S.B.[3]的一封信。很温馨。代为感谢和问候。周三医生说了什么？之后我用了晚餐——比较早，7点——我的小公鸡，我吃了煎鸡蛋和你熟悉的冷切肉。晚餐后，我出门去雷根斯堡，在那儿又用了一次晚餐：酸牛奶沙拉、一个鸡

---

① 纳博科夫在7月15号的信中提供了对这条字谜的解答。

② 原文为"Roosterkin"。——译注

③ 斯拉娃·波里索夫娜（斯洛尼姆）。

蛋、茶和覆盆子果酱。你父亲明天启程。阿纽塔今天和索菲亚去买布料，想要对索菲亚解释为什么某块布料并不怎么好，便说起方言来——这样，店员就听不懂她说什么了。柳夏汗淋淋的，随意咳嗽——唾沫喷到我的茶杯里了。索菲亚给大家看她的手臂晒得多黑。这时，一场暴雨骤然而降，我回家——9点半——借了一把伞，胳臂夹着一件新的，就是说干净的剑桥运动衫（我现在穿着那条灰裤子，系着我的乔其纱新领带）。总之，这是一顿阿纽塔式的晚餐——我现在还很撑（另外，我总是吃得很饱，你别担心，我的小公鸡）。这儿的女仆很可爱，但随意得可怕（"我会告诉太太，你每天晚上都出去"，等等），好管闲事。现在雨下得很大。恰如这场暴雨，同样的淋漓尽致和声势浩大——我爱你，我的小公鸡……我忘了告诉你，有一封"拉札勒斯"给你的信，但似乎没必要把信转给你。今天我收到母亲的信：奥尔加病了，她呕吐，但现在没事了。谢尔盖的朋友得了伤寒。我甜蜜和多彩的小公鸡，别急着回来，再增些体重，小公鸡……我想我们以后再也别这样分离——但我们现在得熬下去。我可爱的、贴心的小宝贝，我无法告诉你我是多么刻骨铭心地想你。

晚安，我的小公鸡……

弗拉基米尔

26.7.8.

* * *

ALS，2页

1926年7月9日

柏林寄往黑森林圣布拉辛疗养院

Romans，satin，bufet，rama，lopukh，moshennik，zasov，tina，tishina，odinokiy，tura.[①]

这是你要做的：用这十一个词（即它们的音节）组成九个新词；5）俄国诗

① 分别意为：情歌、绸缎、自助餐厅、框架、牛蒡、骗子、杆式锁、烂泥、安静、孤独者、赌棍。

人；2）诗歌形式，一朵花，一只鸟。[①]

小羊羔：

上午阴天，我去萨克家，（顺便说一下，他打算额外上一次“课”——周六。我能多拿钱吗?）我们吃醋栗，读书，之后我去《舵》。我不打算再抄一遍。《房间》将在明天发表。大家都为《当代年鉴》上的评论祝贺我。我坐公交回家。用午餐：猪肝和糖水梅子。我午睡了一小时，期间天晴了。我透过窗户看到：一个红头发的油漆工用独轮手推车逮住了一只耗子，用刷子打死了它，随后扔在水塘里，水塘映出湛蓝色的天空、快速移动的 Y 字（空中飞过的燕子的映像）和蹲着的孩子的膝盖，那孩子正专注地研究一个灰色的小而圆的躯体。我朝油漆工喊叫——他不明就里，生气了，赌咒发誓。我换了衣服去打球。球打得很棒，他们都恭维我。不幸的是，我的左鞋开裂了：我明天得去修一下。就是那么回事，我的小羊羔。

我回到家，洗了澡，穿上黑色睡衣，用晚餐：煎鸡蛋、肉和土豆，还有常吃的火腿和香肠。之后为你构思了新的“咒语”，现在就写给你，我的小羊羔，9 点 20 分。我可爱的人儿，你的信不再来了……我想，也许今天有一封，但没有。我爱你。我不知道自己写了多少封信。

我的小羊羔，很快，阿波罗，即阿波罗绢蝶——一种有着黑色和红色斑点的白色大蝴蝶——肯定会出现在你所在的地方。它会飞过高山草原，它飞得很悠闲；在清晨，可以看到它栖息在三叶草上。要是你见到——写信告诉我。

我的小羊羔，你收到我写有诗歌新作和绘画的明信片了吗？我爱你。今天我没有刮脸——所以我的脸摸上去有些扎手。我爱你。昨天（当我去打球），我买了刀片、火柴，在格斯堡大街的那家新邮局买了邮票（文特菲尔特街上那家邮局关门了）。我又忘了顺路在钟表匠店里给 B.G. 打电话。我爱你。我又该剪指甲了。我很爱你。我的小羊羔，你能听见吗，我爱你……我需要买一本新的书写纸。爱你。晚安，我的小羊羔。

弗拉基米尔

26.7.9.

---

① 见本书《附录一：谜语》。

* * *

ALS，2 页

1926 年 7 月 10 日

柏林寄往黑森林圣布拉辛疗养院

6 月收支[①]

收　入	支　出
288（萨克）	55 × 5 总共 305（房租）[②]
98（卡普兰）	25 + 25　总共 50（给母亲）
27（我的娇妻）[③]	25（泰格尔）
8（《舵》）	25（烟）
	10（洗衣）
	20（杂费）
总计：421	总计：435
	30（网球）
	总计：465
	10（借书）
	总计：475

《舵》还欠我一些（不多）。

13 号（周二），我收到 150 马克。这笔钱中，50 给了阿纽塔，55 预先付房租（到 20 号），25 给母亲。（除了网球，我不必付别的什么钱了。）

宝贝：

上午，Sh. 取消了课程，所以我不慌不忙地漱洗、刮脸和穿衣，之后坐下来写

① 纳博科夫在第一页信纸的横向上方上写了他的收支。

② 计算有误：纳博科夫也许 50 乘 5，再加 55。

③ 大概是薇拉教语言课的收入。

作。雨下得很大。油漆什么的漏到院子的水塘里：起先，一个金属色的大椭圆形成了，最奇妙的是，中间一个污点慢慢地像花一样绽放开来，随后又慢慢地改变颜色。想象地图上的一块大陆，那儿，比如说，山脉是一片辉煌的紫色，边缘变成了温和的淡紫色；那儿，林区是一种孔雀石色彩，平原粉红色，高原略带橙色。接着，宝贝，这些颜色慢慢淡化，整个污点呈现出一种沙子般的褐色，仿佛植物干枯了，大陆成了沙漠。但这儿那儿仍有绿色和粉红的色块，停留了较长时间，这样，水塘看上去像是一块大而松散的猫眼石。①

起先，我写"评论"(似乎写成了游戏文章)，接着，开始写"波兹德内谢夫的演讲"(不知道会写成啥样)。他们送来了洗干净的衣服——4马克（顺便说一下，我几乎每天都得换衬衫——我出汗出得厉害)。接着用午餐：厚皮香肠和苹果泥。卖香烟的女人来了。我姑妈维特根斯坦是她丈夫的教母。② 我坐下来再写。收到一封来自薇拉·纳博科夫的信（她对她丈夫的理财天赋感到相当惊讶)。此时，天气转晴，刺槐披上了绿茵茵的睡衣。是的，我也收到了S.卡普兰从比亚里茨发来的电报，内容如下：膳宿费90勒弗尔，有可能更便宜。90法郎似乎相当于9马克。我接着写，之后去图书馆借一本新书。啊，我得根据《胖子殉难记》——一个胖子的爱的冒险（亨利·贝劳德写的一本很有才华的书）为你写一点迷人的东西。③ 瞧他的肥胖：……我的裁缝目瞪口呆地咽下了几根针。没有意识到我的体重会让他辞不达意。

先生相当强壮，他先这么说。接着他改了口：

先生很强壮……先生太强壮了……先生很有力。有力，他对此感到满意。之后，他默默地为我量尺寸，突然意识到，在一个个形容词中，他很快就可以对我说："先生很强大。先生很彪悍……先生很讨厌……④

你不觉得很有趣吗？你回来后可以读一读。

晚餐吃冷切肉。现在我要去塔塔里诺夫家，艾亨瓦尔德会在那儿谈"粗俗"。⑤ 你认识那儿所有的女士。啊，你知道究竟发生了什么？我发现达令先生

① 这个水塘的形象似乎是一面窗户，看出另一个世界，见《庶出的标志》(*Bend Sinister*，1947)，小说的开头："柏油路上有个长方形的水坑；像一个奇特的脚印，倒满了水银；像用刀刮出来的一个洞，洞中映出另一片天空。"

② 伊丽莎白·赛恩-维特根斯坦（Elizaveta Sayn-Wittgenstein，1877—1942)，出生时姓纳博科夫，嫁给赛恩-维特根斯坦王子（Henrich Sayn-Wittgenstein，1879—1919)。

③ 亨利·贝劳德（Henri Beraud，1885—1919）的《胖子殉难记》(*The Martydom of the Obese*，1922）获1922年龚古尔奖，1933年拍成电影（法语同名，英语为《胖子的忧虑》)，由舍纳尔（Pierre Chenal）导演。

④ 原文为法语。

⑤ 艾亨瓦尔德的演讲主题是论"poshlost'(庸俗)"，纳博科夫在《文学的艺术与常识》(《文学讲稿》)、《尼古拉·果戈理》和《独抒己见》中解释过这个概念，并乐于在小说中表现这个概念。

（我们“字谜”部门的编辑）穿一件皱巴巴的短礼服大衣，仿佛在废纸篓中哭泣，显得很小的样子。我问他：“怎么啦，达令先生？”他抽泣着。我不明白谁让他这么伤心……也许你知道？……我现在去寄信，这样你很快就会收到。多多的吻和拥抱，我的宝贝。

弗拉基米尔

26.7.10.

* * *

ALS，2 页

1926 年 7 月 11 日

柏林寄往黑森林圣布拉辛疗养院

尼克·谢洛夫	**E.T. 伊凡诺夫—西林**	**M.M. 苏库丁**
他比我年长 还是年轻?	他喜欢的格言 是什么?	为什么他写自己的姓 少了一个硬音符？[①]

小老虎[②]：

信纸出了差错——我得在有横格的纸上写，不习惯在白纸上写。

上午大雨如注。哦，是的，我还没有描写昨晚的聚会。如此：艾亨瓦尔德讲得很生动，但论及形而上学的庸俗缺乏说明力（他这样论证，既然人是“神性的原始特征”[③]，是事物的最高成就，那就会落入两种位置之间——这就是我眼前的意象——物质和精神的位置之间，即人是中庸，是平常，是庸俗。人注定是庸俗的。也可以比作丘特切夫的“水喷”[④]和杰尔查文的“上帝—蠕虫”[⑤]）。赖莎[⑥]和

---

① 纳博科夫玩了拆字的游戏：Nik.Serov=rovesnik（同行）；E.T.Ivanov—Sirin=in vino veritas（酒醉吐真言）；M.M. Sukotin=kommunist（communist），Sukotin 是 1918 年布尔什维克“简化”俄语正字法改革的拥护者，但这一改革遭到了侨民的抵制。

② 原文为“Tigercubkin”。——译注

③ 引自杰尔查文（Gavriil Derzhavin，1743—1816）的颂歌《上帝》(*God*，1784)：“我是世界的普遍的联系 / 我是事物的最终阶段 / 我浓缩了鲜活的 / 神性的原始特征。”

④ 引自丘特切夫的《喷泉》(*Fontan*，1836)：“哦，致命的迷思的水喷 / 哦，不知疲倦的水喷！/ 是什么神秘的律法 / 催促你，煽动你？/ 你多么贪婪地想冲向天空！……/ 但看不见的命运之手 / 折弯了你持续不断的水流 / 从上往下，撒下一片雨雾。”

⑤ “上帝—蠕虫”一语是纳博科夫从杰尔查文的颂歌《上帝》中化用而来：“我是沙皇——我是奴隶——我是蠕虫——我是上帝！/ 然而，又如此神奇 / 我从何而来？——不得而知 / 但我不可能只来自我自己。”

⑥ 塔塔里诺娃。

我为“提问”设想了一些问题，我把一份问卷寄给你来回答。顺便说一下，免得忘了：我修改了《飞机》第二诗节的最后三行。[①] 应读作：“在公园的栏杆旁，他通常所在的地方，一个温和的听众，瞎子。”“河岸”与此无关。所以今天上午，我的小老虎，大雨如注，我决定一天都待在家里写作。到6点，我完成了波兹德内谢夫讲稿。两点左右（午餐如下：小牛排和意大利青梅），小伙计上门兜售——我买了一百支烟。刺槐树叶已经发黄并飘零，地上一片金黄色。但雨后，雨水将树叶冲进水坑；有些叶子在阴沟处积起来，形成褐黄色的一堆，看上去犹如一个焦黄的煎蛋卷。我看了一会儿书，之后用晚餐：煎鸡蛋和冷切肉。现在8点50分。暗蓝色的天上，美妙的、羽毛般的粉红色晚霞——像天穹的肋骨——刚刚消散。波兹德内谢夫讲稿是我的思想体现。我演讲后就寄给你。（我的甜心，演讲周二举行——我不能告诉你——我不会告诉你——我多么希望你能在《审判》演出现场……我的甜心，只有当你回来，我才会告诉你我多么渴望着你——但现在你不会知道这些——“你不在我玩得很爽”——你得再健康一些。甜心，我的那只红色小公文包和你一样，越来越饱满——你日增一磅，它日添一信。但我桌子上的玫瑰花不见了：它们摆在那儿一个多月。不知为何，我现在觉得，生命犹如彩虹——但我们能看见的只是部分，彩色的弯弓。[②] 我的甜心……）

弗拉基米尔

26.7.11.

有关自负和好奇的一份问卷[③]

（并非必答）

1. 名字，父名，姓
2. 笔名，或一个喜欢的笔名
3. 年龄和期望的年龄

---

① 见1926年7月5日信。

② 这儿的描写与纳博科夫喜欢的诗人勃朗宁（Robert Browning，1812—1889）的诗《阿布特·沃格勒》（*Abt Vogler*，1864）第一章第七十二行有关：“在地上，只是断弓；在天堂，则是圆满。”

③ 打在两张纸上，附在信里。

4. 对婚姻的态度
5. 对孩子的态度
6. 职业和偏爱的职业
7. 你想生活在哪个世纪？
8. 你想生活在哪个城市？
9. 何时起你有了对自己的记忆和最初的记忆？
10. 现有宗教中哪个宗教最近于你的世界观？
11. 你最喜欢哪种文学？哪种文学类型？
12. 你喜欢的书
13. 你喜欢的艺术
14. 你喜欢的艺术品
15. 你对技术的态度
16. 你欣赏哲学吗？作为一个学者还是一个业余爱好者？
17. 你相信进步吗？
18. 你喜欢的格言
19. 你喜欢的语言
20. 世界的立足点是什么？
21. 如果你有机会，你会表演什么奇迹？
22. 如果你突然有很多的钱，你会做什么？
23. 你对现代妇女的态度
24. 你对现代男人的态度
25. 对女性而言，你欣赏的美德和讨厌的恶习是什么？
26. 对男性而言，你欣赏的美德和讨厌的恶习是什么？
27. 什么能给你极度的快乐？
28. 什么会给你巨大的痛苦？
29. 你是一个嫉妒的人吗？
30. 你对谎言的态度
31. 你相信爱情吗？
32. 对你药物的态度

33. 你最难忘的梦
34. 你相信命运和先天注定吗？
35. 你的下一次轮回是什么？
36. 你害怕死亡吗？
37. 你愿意人成为不朽者吗？
38. 你对自杀的态度
39. 你是个反犹者吗？是。不是。为什么？
40. “你喜欢奶酪吗？”①
41. 你喜欢的交通方式
42. 你对孤独的态度
43. 你对我们这个圈子的态度
44. 为这个圈子想个名称
45. 喜欢的菜单

* * *

ALS，2页

1926年7月12日

柏林寄往黑森林圣布拉辛疗养院

我无尽的爱：

今天，我不想告诉你我怎样坐车去格鲁尼沃尔德，怎样用午餐，怎样打球，怎样在理事会会议上朗读我的“讲话”（再三的称赞……我开始讨厌这些了：他们甚至说我比托尔斯泰“更精致”。② 真是胡扯）——我不想告诉你今天的详情，因为我只想说我多么爱你，多么期待着你。今天甚至连一条字谜也没有：达令先生

① 引自普鲁特科夫（Koz'ma Prutkov）的讽刺短诗。普鲁特科夫是一个虚构性作者，参与虚构的有作家阿·托尔斯泰（Aleksey Tolstoy，1817—1875）及作家三兄弟：阿列克谢·米哈伊洛维奇（Aleksei Mikhailovich，1821—1908）、弗拉基米尔·米哈伊洛维奇（Vladimir Mikhailovich，1830—1884）、亚历山大·米哈伊洛维奇（Aleksander Mikhailovich，1826—1896）。

② 作家列夫·托尔斯泰（Leo Tolstoy，1828—1910）。双关语，tolstoy 的字面上有“厚、胖”之意，俄语 tonkiy 既是“精致”，又是“薄、瘦”。

求我让他去动物园，有事要办（小肖的姑妈被送到那儿；他还不知道这件事。一个可怕而复杂的伤心故事。我以后再详细告诉你）。在这封信中我不想说什么，除了我对你的爱、我的幸福和我的生命。当我想到不久就能见到你，拥抱你，我就感到激动，如此激动人心，以至我几乎一时要窒息了。这段时间，我只梦见你一次，即使如此也很短暂。当我醒来，已记不得整个梦境，只觉得梦中有什么情景非常可爱；如你有时无需睁开眼睛，就能感到窗外阳光灿烂……后来，临近傍晚，不期然又想起这个梦来，我突然明白梦中那可爱并令人激动的情景就是你，你的面庞，你的每个动作——照亮了我的梦，让梦充满了阳光，变得珍贵和难忘。我想告诉你，我生活的每一分钟就像一枚硬币，另一面就是你，要是我不能时时刻刻记得你，那我的种种面貌就会改变：另一个鼻子、不同的头发，另一个我，这样，就没有人会认出我来。我的生命，我的幸福，我的甜蜜而神奇的宝贝，我只求你一件事。安排一下，以便火车站只有我在那儿接你——还有，没人知道你哪天回来——你只说第二天到。要不然我就会诸事不妙。我还要你回来时很丰满，非常健康，无忧无虑。一切都会好的。我的生命，现在很晚了，我有点累；满天繁星。我爱你，我爱你，我爱你——也许这就是大千世界，万物闪耀，得以创造的缘故——源于五个元音和三个辅音。[1]晚安，我的欢乐，我无尽的爱。我现在想，你睡着时会如何突然战栗起来——更有甚者，为了某件难以言表的事情。

弗拉基米尔

26.7.12.

* * *

ALS，2 页

1926 年 7 月 13 日

柏林寄往黑森林圣布拉辛疗养院

小老鼠[2]：

今天上午，我和 Sh. 去格鲁尼沃尔德，之后，回家时得买些东西：邮票、网

① 俄语原文："源于五个元音和五个辅音。"（ya tebya lyublyu）

② 原文为"Mousie"。——译注

球鞋、《当代年鉴》。(明天上午寄给你——或不用寄了？因为你很快就回来了，我的小老鼠，我甜蜜的爱……）我顺路去了办公室——付欠阿纽塔的钱（我还欠她27马克——旧账——但周六会再付10多个马克——从《舵》得到的稿费)。午餐：很棒的蓝莓汤、凉菜和小牛排。之后我出门去打球——打得很糟糕。我回家，洗了澡，读书直到晚餐（冷切肉)，约9点去了古德曼萨尔。我没穿晚礼服（一个被告穿件晚礼服似乎不太适合)，但我穿了深蓝色外套，乳白色衬衫，打一条灰色领带。人相当多（阿纽塔应该在那儿，但不知为何没有露面)，他们表演《克莱采奏鸣曲》中的快板（顺便说一下，舒尔夫人[1]和她丈夫围住我——他们很想让我们去拜访他们；我得给他们我们的电话号码)，之后，我们坐下来，顺序如下：

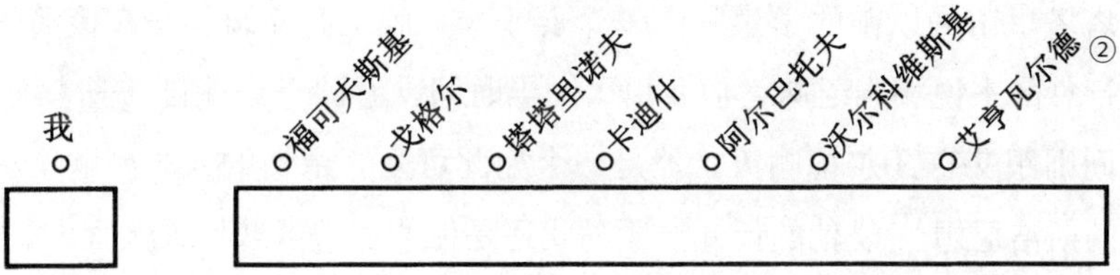

我单独坐在一张桌子前，在主桌的右边。阿尔巴托夫宣读起诉书——表现不佳，戈格尔——专家——解释能被宽恕的罪行——之后庭长问我一些问题，我站起来，没看纸条，凭记忆，作了整个的陈述（我寄给你了)。我说得很流畅，觉得我进入了状态。之后，此案的审理由沃尔科维斯基（他说：我们大家，当我们嫖妓时……）和艾亨瓦尔德（他说波兹德内谢夫在爱情和音乐两方面都犯下了罪行）进行。福可夫斯基为我辩护——很出色。因为我扮演的是一个完全不同托尔斯泰笔下的波兹德内谢夫，结果就相当有趣。之后，观众投票——现在我已经在监狱中写信了。[3]我的小老鼠，你什么时候到来？一只胖嘟嘟、很可爱的咕噜咕噜的猫咪等着你。我害怕把它寄走——他们会打破它的小爪子。我的小老鼠，你为什么不给我写信？现在很晚了，我很口渴，我一直在喝水。塔塔里诺夫和艾亨瓦尔德明天去万塞，他们邀请了我——但我不知道是否会去。我的甜心，我的欢乐，我的生命……

弗拉基米尔

26.7.13.

---

① 可能指娜杰日达（Nadezhda)，哲学家、艺术史家，记者埃弗塞·舒尔（Evsey Shor，1891—1974）的妻子。

② 纳博科夫的图解包括“波兹德内谢夫审判”的所有参与者，横向或对角地写在每一个句点旁。

③ 在托尔斯泰的故事中，波兹德内谢夫无罪释放。

* * *

ALS，2 页

1926 年 7 月 14 日

柏林寄往黑森林圣布拉辛疗养院

猫咪，小猫咪：

我崇拜的爱人……今天约 11 点，我们去了万塞。塔塔里诺夫、艾亨瓦尔德、古列维奇[①]（一位受过良好教育的绅士，我在捷尼谢夫的同学）[②]、达涅奇卡、约弗小姐和塔塔里诺夫以前的学生——一个胖乎乎、脸上有雀斑、总在傻笑的姑娘。此次出行总的来说相当乏味，但我用了一半时间以游泳——独自——来消遣，另一半时间则跟艾亨瓦尔德聊天。他是一个如此可爱、亲切的人……顺便说一下，布拉格的斯洛尼姆[③]是他的侄儿，所以我还是他的远房亲戚！天气宜人。古列维奇带了两瓶白葡萄酒；我晒得更黑了。我回到家差不多 9 点，晚餐（冷切肉），现在给你写信，我崇拜的爱人。你好吗？你爱我吗？你很快就要回来了吗？——毕竟，我一无所知……你为什么不写信，对我来说，这是件神秘的事情，但我并不责怪你[④]——要是你不想写——就不写：不管怎样我都爱你。亲爱的，塔塔里诺夫的"远足"[⑤]的想法就是坐在咖啡馆里。那就是他们的全部活动，但我去游泳，古列维奇给我端来了一杯又一杯白葡萄酒。我们坐了几次汽船，坐公交回来，在动物园下车。我忘了带钥匙（我没有随身带，因为我走时没有穿夹克，白色的那件，只拿了你那件带斑点的套头衫，傍晚时就穿上了），塔塔里诺夫打电话到我的住处，这样他们就能给我开门。这个插曲花费了我差不多 3 马克。有趣吗？不。

小猫咪，我给你寄了份剪报，是《观察者》上的一篇文章，有关基督显身的报道："一个中等身材的男子，背有点驼，长脸，大鼻子，眉毛挨到了一起，稀疏

---

① 古列维奇（Vissarion Gurevich，1876—1940），社会革命党成员，政治评论家、布拉格的俄国法学教授。

② 1911 至 1917 年，纳博科夫就读的自由派的私人学校，他在《说吧，记忆》第九章有所涉及。

③ 马克·斯洛尼姆（Mark Slonim，1894—1976），文学批评家、政治评论员、《布拉格日报》（1922—1932）的编辑。

④ 原文为法语。

⑤ 原文为德语。

的头发，中间分开……”[1]所有这些颇为令人信服，我觉得——也很有趣。我得告诉你一件事……仔细听我说，好好想一想，最后就会明白。也许我已经告诉过你，但以防万一，我就再说一次。猫猫咪，这很重要——仔细听好了。生活中有许多重要的事情，比如：网球、太阳、文学——但这件事同所有这些都不可相提并论——它更重要、更深更广，更神圣。这件事——其实，没必要这么兜圈子；我就实话实说。这就是：我爱你。

小猫咪，猫咪，是的，我爱你，我心急如焚地等候你。我还有一件事要告诉你——这件事，请你同样听仔细并记住。我想告诉你……不，求你了，好好考虑一下——我要告诉你的是：我永远爱你。

弗拉基米尔

26.7.14.

* * *

ALS，2页

1926年7月15日

柏林寄往黑森林圣布拉辛疗养院

咒　语[2]

Tolpa，**stoy**ka，**chekh**arda，**ov**chine，**go**ra，shche**gol**，podagra，biryuza，zanoza，Kain gonchaya，gosudar，rama，mayak，sila，Minsk.[3]

请将以上十六个词重组为十四个词语，并包含以下意义：1）russisch Rayter，2）ze saym，3）ze saym，4）a paat off ze Sfinks，5）ze saym，6）a Trea，7）a Bod，8）a paat of Veemin's Kloseez，9）Moofermint，10）Immobeelitee，

① 里夫·乔治·H："基督的现身。约瑟夫斯的证词。艾斯勒博士的'重构'。"剪报附在信里。

② 见本书《附录一：谜语》。

③ 分别意为：人群、柜台、跳蛙、羊皮、山峰、花花公子、痛风、绿松石、碎片、该隐、小灵狗、君主、框架、灯塔、力量、明斯克。

11）Holeedai，12）a Kliff gloreefaid bai Puschkeen，13）Nekrazoff's Heeroeen，14）a schmoll Houl. Rezpektfulee，DARLINK[①].

喷火小神兽[②]：

今天上午，Sh. 和我去格鲁尼沃尔德，阳光灿烂，我们晒日光浴和游泳长达三小时。我回家（达令先生完全昏了头——他要代我写这封信，他挥着笔……），用午餐：炸肉排和糖水苹果。想象一下，喷火小神兽，房子的整个正面搭起了脚手架，今天工人也来到院子里。我朝窗外看——一架梯子悄然竖起来。窗下工人喋喋不休地说话，他们堆起砖块，灰泥往下掉，木板噼啪响。很欢快。尽管嘈杂，我还是美美地睡了一小时，4 点去打球。在酷热下鏖战。我黑（回）家[③]，（我起来找水喝，达令先生马上抓住机会——难以忍受！）我回到家，看到了你那封珍贵的信。达令先生让我去喊（看）（不，别抢——无论如何我不会让你得手），那个艺术家是 **KORRO**（柯罗），意为："感叹"就是"koo—koo"。在"自己"一格应填"西林"。蝴蝶翅膀是对的。只有一格填对了（ruka，udod 等）。以下就是离合体：

A	nana	**S**	
N	avukhodonos	**R**	
G	ost	**I**	（angulus rides）[④]
U	ro	**D**	
L	ezvi	**E**	
U	ksu	**S**[⑤]	

你对"咒语"解答得很好。读了你的信，我的喷火小神兽，我便在浴盆里洗澡，

① 这条字谜和部分书信是用不规范的俄语写的，带有德国口音。有些词，包括签名"Darlink"，模仿了小孩的笔迹，比纳博科夫通常的草体字体要大（在信中全是大写），也许用左手写的。

② 原文为"Fire-beastie"，意译为"喷火小神兽"。——译注

③ 黑体字模仿达令先生口齿不清的说话，下同。——译注

④ 纳博科夫将"angulus rides"作为字谜的答案，虽然他心目中的这句拉丁语可能是"angulus ridet"，出自贺拉斯（Horace 65—8 BCE）的《颂歌》（*Odes*）第二章第五节第十三行："Ill terraum mihi praeter omnes angulus ridet"，意为"世上那个角落较其他地方对我更和蔼"。

⑤ 横向依次为：菠菜、尼布甲尼撒、客人、一个丑陋的人、刀片、醋。

就在那时，工人们从窗口闯进来，开始（友好地作了道歉）在窗台外铺木板。我继续用海绵不慌不忙地擦着身子，之后做体操。五分钟后他们走了。我用晚餐：煎鸡蛋和冷切肉。餐后觉得很渴，我去了维多利亚–路易丝广场的一家咖啡馆，在那儿喝了一杯啤酒，而达令先生（顺便说一下，他现在睡着了，所以写起来更容易）构思这些“咒语”。他坚持让我严格按他的发音写出它们的“意思”——但只对你说，他其实口齿不清。然而，这条字谜很难。

9 点回家，此刻我在给你写信，我的喷火小神兽。我在等待、等待、等待你。我不能让你再待在圣布拉辛了。我的幸福，我的生命……天气很闷热——我要再喝杯水，**我装水（睡）**——啊，他令人不可忍受：他又骗我。我的甜心，晚安。很爱你。

弗拉基米尔

26.7.15.

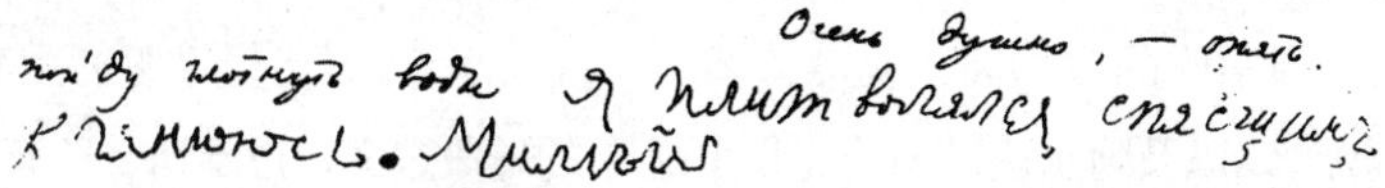

* * *

ALS，2 页

1926 年 7 月 16 日

柏林寄往圣布拉辛

你得在此人的头像上找出[①]：

1. 另一张脸
2. 一张嘴
3. 一只兔子
4. 一只小鸡

① 此信以字谜开头：画着一个人的头像，其中藏着许多小图像。第二页纸上，有这个头像的轮廓，纳博科夫在轮廓边写字。

5. 一匹小马
6. 戴了新帽子的塔夫蒂夫人
7. 一只小猴

我的爱人：

今天上午，我和 Sh. 去格鲁尼沃尔德，之后回家（因脚手架的缘故，房间很暗，砰砰的声音响个不停，难以忍受），用午餐：猪肝和糖水樱桃。我躺下来（幸运的是，工人们去吃饭了），之后坐下来写作。虽然我并没有写多少，因为他们又开始干活了，大块的灰泥从上面掉下来，打在玻璃上。问题是我无法让他们告诉我，这种讨厌的事情何时结束，他们何时把脚手架拆掉——我甚至想搬家（当然，要是只持续两三天，我还能坚持。我宁可待在这儿），哪儿都无趣。但天气很好，菩提树散发出阵阵香味，沁人心脾。你不久就会到这儿，我的爱人（只是别在这个房间——要是那时这些肮脏的木板还没拿走），你不久就会在这儿——如此幸福，我甚至都不知道能否承受得起……晚餐：通常吃的冷切肉、奶酪、萝卜。现在 9 点。《当代年鉴》上有布宁的一篇很棒的小说①，以及阿尔达诺夫的冗长小说②的一段选文，也不错。还有霍达谢维奇的一首迷人的谣曲③。也许我可以把整本杂志寄给你——只是我不知道怎么寄。我明天会给阿纽塔打电话，和她商量一下。我的爱人，你到来的时候，我会严厉责备你，因为你给我写得这么少，而我夸下海口每天给你写信。你做那份问卷了吗？我已经做好了，明天晚上在塔塔里诺夫家，答案便会公布。我手头拮据。但爱情不减。

许多的吻，我的爱人，从你的眉毛到你的膝和背。你如何看待达令先生今天的工作？我对此评价不高，但我不想得罪他。我急需袜子和香水。但我总是有很多衬衫。我的爱人，我们去捷克斯洛伐克一星期如何？星星已经从木板之间闪现。晚安，我的爱人。热得难以入睡。我不穿睡衣躺下——还是很热。爱你。

弗拉基米尔

26.7.16.

---

① 布宁的《中暑》(*Solnechnyi udar*)，《当代年鉴》，1926 年 7 月 28 日，第 5—13 页。

② 阿尔达诺夫的《阴谋》(*Zagovor*)，《当代年鉴》，1926 年 7 月 28 日，第 73—134 页。纳博科夫自造的词 mnogologiya 设法包括 "mnogo"（大量），*monolog*（滔滔不绝），及与 "verbiose trilogy"（冗长的三部曲）相当的词意。

③ 霍达谢维奇（Vladislav Khodasevich，1886—1939）的《约翰·博顿》(*John Bottom*)，《当代年鉴》，1926 年 7 月 28 日，第 189—196 页。霍达谢维奇是杰出的俄国诗人、文学批评家和传记作家，他 20 世纪 30 年代成为纳博科夫的文学同盟和朋友。

* * *

ALS，2页

1926年7月17日

柏林寄往黑森林圣布拉辛疗养院

小猫咪：

（小动物们似乎重复出现，但我没有已经采用过的那些小动物的名单，所以我对此爱莫能助。）今天上午，闻到松节油的味道，因为油漆工人正刷一种红漆，阳光下闪着光泽，从阳台的栏杆刷到我窗户的左边。我穿一套白色衣服，去了湖边。晴空万里，这又让我晒黑了一层。我买了一份量大的、疙疙瘩瘩的腌制食品，吃了。一个手臂上文满了图案的男子边在桶里拿吃食，边喊着："酸黄瓜、酸黄瓜！"① 我回家，用午餐：肉丸和叫不出名字的果冻（和凝脂奶油，即昨天留下的牛奶）。之后，我给妈妈写信，之后出门去打球。天热得可怕。我6点左右回来，洗了个冷水澡，躺下休息。《舵》上有一篇有关审判演出的评论。赖莎② 写的——写得很出色。我出门去雷根斯堡——要在那儿晚餐，以便从那儿直接去鞑靼人家，但女房东——看上去，顺便说一下，像一只地老鼠——告诉我没人在家。我（今天不得已③ 穿了镂空的舞蹈裤）在傍晚的街道上溜达，在一个公园里抽了会儿烟，不慌不忙（约8点半）去塔塔里诺夫家，古列维奇在那儿就当代绘画（问卷的宣读将在周六进行）作了冗长而相当有趣的报告。兰多夫妇④ 也在那儿——她穿了一件令人发噱的衣服，用不同的布料缝制：粉色、白色，带花边，有着不规则的绣花。她小鸟般的头颅也很有喜感，灰色香肠般的鬈发从后面顺着头颈披下来——但最有喜感的是她离开时穿的披肩和树莓色大帽子，像是多层的头盔。一位中古小仙女带走或离开了她。至于问题"你最难忘的梦是什么"？古列维奇和我恰巧写出了同样的答案：俄国。稍晚回家——虽然我很累，依然（如戈鲁别夫⑤ 所说）我给你写信。我的猫猫咪。你就要回来了！你就要回来了！达令先生

---

① 原文是柏林方言"saure Jurken"（酸黄瓜）。

② 赖莎·塔塔里诺夫。

③ 原文为法语。

④ 兰多（Grigory Landau，1877—1944），哲学家、政治评论家、《舵》的撰稿人。

⑤ 可能是艺术家戈鲁别夫-巴格利亚诺洛德尼（Leonid Golubev-bagryanorodny）。

已经睡了，所以今晚没有谜语。你就要回来了！我爱你。我在给你写信，我的猫猫咪，我爱你……你为什么不写信呢？

弗拉基米尔

26.7.17.

* * *

ALS，2 页

1926 年 7 月 18 日

柏林寄往黑森林圣布拉辛疗养院

咒　语[①]

用一周七天和这些词：lono，everei，Sinay，parodiya，[②] 组成十三个词并具有以下含义：

1）不能一分为二；2）灌木；3）机车；4）统治；5）宗教从昆虫学所借鉴的；6）废黜！ 7）太阳所拥有的；8）战士；9）事业；10）帮助；11）中心；12）部分世界；13）船的几个部分。

小狗狗[③]：

今天，塔塔里诺夫夫妇又组织了一次“出行”[④]，但我拒绝参与，早晨打电话给他们，说我去不了。我很晚起床，我真的想睡觉。午餐：牛肉青豆和意大利梅子——两点半，我已在格鲁尼沃尔德，我在那儿待到 6 点。我回家晚餐：煎鸡蛋和冷切肉——之后穿上浴衣，给你写信，小狗狗。赖莎今天在电话里告诉我，她有你的一张照片（为此很感动）。你好像给每个人都写信，除了我。这公平吗，小狗狗？顺便说一下，你记得巴拉丁斯基的诗吗：

---

① 见本书《附录一：谜语》。

② 意为：胸脯、犹太人、西奈、戏拟。

③ 原文为“puppykin”。——译注

④ 纳博科夫用德语 Ausflug（短途旅游、远足）的俄语直译 vylet（出行）。

缘于爱，我给了她
一个任性的名字，
这偶尔的创意
来自我幼稚的温柔——①

我不确定这头两个形容词是否正确，也不记得其他诗节。你呢？今天很安静。漆工和泥瓦匠都没来——因为今天是星期天。他们说这种声响会持续两个多星期。我真的不知道怎么办。小狗狗，没有阿波罗就别回来！②你的那位新朋友（来自莫斯科）好吗？你很快就会回来吧？小狗狗，向我保证，我们晚餐永不、永不、永不吃香肠。保证？我原想今晚去阿纽塔家，但我没去——我被太阳晒得晕乎乎的。今天那儿人太多！我躺下来，闭着眼睛，遐想，这时听到很大的声音，人的喧哗声：我现在仿佛置身于10世纪——同样的太阳下的喧闹、灿烂和炎热，松树飒飒作响，我周遭的这种声音中并无异于来自最初洞穴时代的东西。但我错了。就在我身边，某种持续的抽气的声音响了起来。我不睁眼睛就想判断这是什么声音。最后我睁开眼睛：结果是一个小孩在玩自行车打气筒。稍后，这个小孩走近来，仔细打量我的十字架，说："基督。"这很有趣，小狗狗。现在九点差一刻。我爱你。最好明天写封信来，否则"我会报复"。我可爱的小虫儿③，我计算了一下，我已经给你写了一百张信纸了。而你也就十张左右。这能说亲近吗？10点差12分。现在我要去睡了。我还有爽身粉，但发油早就用完了。我等待国外的布宁、莎霍夫斯考埃、德·卡里的回音④——但至今没有得到他们的任何回复。另一个——克斯特亚叔叔也没回音。祝福你，小狗狗，吻你的小爪爪。

弗拉基米尔

26.7.18.

① 纳博科夫的引文和原文有所不同，巴拉丁斯基（Evgeniy Baratynsky，1800—1844）的诗*Svoevo'noe nazvan'e*写于1832年，1949年前后，纳博科夫译成英文，题为《致他的妻子》（*To His Wife*），头几行为："我给了她一个昵称／只是一种想象的爱抚／这无意识的灵感／来自我幼稚的温柔。"（V&V，第225页）

② 见1926年7月9日信。

③ 原文为"insecticle"。——译注

④ 对他第一部小说《玛申卡》（*Mashen'ka*）赠书的回音。

* * *

ALS，2 页

1926 年 7 月 19 日

柏林寄往圣布拉辛

我的爱人：

今天上午，我收到最最甜蜜的信——还有对雌蚂蚁的描述。要是你周三回来，那当然我的这封信无法在你动身前寄到，我的爱人，但以防万一，我还是写信——这样，你就不会因额外多待一天而没有我的信。我不慌不忙地穿好衣服，去《舵》，我拿到了一小笔预付款。天热得够呛，我走路时脱了外套。我坐公交回家。用午餐——小牛肉（我想）和苹果奶冻。之后，我去萨克家，我们打网球。(顺便说一下，“网球”一词源于法语“tenez”，古时候，在室内发球时会这么喊——《亨利四世》发球很厉害，① 一如现在他们会喊——实际上，只有在俄国的乡村宅邸，人们现在还是这样，在英国已经不流行了——“嗨！”）萨克太太已从玛丽安巴回来，她带给我一支很可爱的银铅笔（我打算带去当铺）作为礼物。回家路上，我买了《农庄》《观察者》，还有——因为某种内分泌失调——八粒蓖麻油胶囊——外观很可爱，一看就想吃，有着透明的光泽——我可以把它们像牡蛎一样吞下去（现在 9 点半；6 点，我吞了四粒——按药剂师的吩咐——但到现在还没有见效)。我晚餐只吃了一个鸡蛋，喝了点茶。下了会儿棋。埃尔金打来电话，告诉我：1）阿达莫维奇仍然会为《农庄》写有关《玛丽》的书评；2）他带给我一封信——他明天转给我——是《当代年鉴》的信，请我为他们的下期杂志写个短篇。我的爱人，你真的要回来了吗？你真的要走进我的房间，即使不是今天，那就是明天？我的爱人，所有的小动物已经乐得发疯……（我不明白，为什么没有

① 亨利四世的时代并不打网球；亨利八世则热衷于这项运动；但也许纳博科夫想到了莎士比亚的《亨利五世》，还有《亨利四世》第一部和第二部中的亨利王子对法国大使赠送网球礼品的回应，大使想嘲笑国王过去作为一个花花公子的名声。“我们真高兴，皇太子这样富于风趣；他的厚赐和你们的辛苦又多么叫人感激呀！如果我们拿起球拍来拍这些球，老天在上，我们要到法兰西去打一局，一下下打得他尊大人头上的皇冠摇来晃去！……去告诉那挺有风趣的皇太子尽管取笑吧，那网球就给他取笑成了炮眼里的石弹；他的灵魂，将要受到深重的责难。”(《亨利五世》第一幕第二场，259—284）

效果?）我把《农庄》寄给你。我爱你。今天没有工人来，虽然脚手架还在那儿。(也许我应该再吃一粒?）我永远爱你，我等着你。给我来份电报。我的爱人，我的爱人，我的爱人。我的生命。

弗拉基米尔

26.7.19.

* * *

ALS，2 页

1926 年 12 月 22 日

布拉格寄往柏林

妈妈明天会给你写信。鲍克斯仰躺着，它噘着嘴唇。[1]

我的格润妮金[2]，你好!

我的爱人、我的幸福，我的整个生命。旅行很棒。暖气就在我脚下。在边境，他们真的把我们的东西翻个乱七八糟。有很久，那个官员不懂“那红家伙为何物”，这让我的同伴花时间向他解释这是“睡衣”。埃琳娜和她的未婚夫及基里尔在车站接我。基里尔魁梧，说话时，既不是尖声尖气，也不是沙哑的低声。彼得·米哈伊洛维奇[3]很可爱。(我甚至无法形容他为母亲所做的事情……）埃琳娜和他彼此相爱——看着就觉得高兴。他们会在二月份结婚，奥尔加和莎霍夫斯考埃[4]则在春天。妈妈看上去不错，但她在我到达之前刚发过一次轻微的气喘。总之，他们生活得不错。他们让我住母亲的房间，母亲和我妹妹们一起睡，斯库尔雅利和基里尔睡。他们有个捷克女佣，但她不做饭（埃帕蒂夫斯雇了她)。我的爱人，我的幸福。母亲告诉我有关谢尔盖的趣事。我给彼得·米哈伊洛维奇一条领

---

① 写在第一页信纸的上方。

② 原文为“greenikin”，音译为“格润妮金”，不知何种动物。——译注

③ 即彼得·斯库尔雅利，埃琳娜的未婚夫及第一个丈夫，埃琳娜的第二次婚姻嫁给了西科尔斯基。

④ 莎霍夫斯考埃（Sergey Shakhovskoy，1903—1974），昆虫学家，奥尔加·纳博科夫的第一个丈夫（直到约 1930 年）。

带作为礼物。他们对礼物都很喜欢。外套基里尔穿起来很合身。你身体怎样？我很想你……我需要你，我的格涧妮金。我周日回去。会带上我的象棋和蝴蝶。哦，我的幸福……在这儿举行的一次聚会上，他们读我的《恐惧》[①]。今晚，我会展示我的一首稍长的诗。[②]不知为何大家已经知道这个剧——流言四起，诗中对移民问题的处理并不就事论事。[③]我们的房间相当冷。但你应该给我写信，我的甜心。房顶上有薄雪。我很爱你，远胜于我初次来这儿时……

弗拉基米尔

26.12.22.

* * *

ALS，2 页

1926 年 12 月 23 日[④]

布拉格寄往柏林帕索尔街 12 号达维兹转

年长但尊敬的先生：

我刚收到您的来信。我们周日抵达。我们昨天朗读了长诗。两个未婚夫都在。我和奥尔加的那位下棋，赢了一盘，但输了另一盘。显然，他们因鲍克斯的缘故给母亲打预防针，因为有些情况下，一只狗也能引起气喘（在此情况下，这无济于事）。P.M[⑤]把鲍克斯叫做“鲍蒂亚”。它又胖又老。在雨天，它过街时走得很慢。当它穿了外套，他们叫它“叫花子”，因为衣服的一边有个洞（蹭墙的缘故）。母亲的病有轻微的发作。她很紧张。斯库尔雅利给她作了肾上腺素注射。总之在布

① 《恐惧》(*Uzhas*)，发表在《当代年鉴》三十期，1927 年，第 214—220 页，德米特里和纳博科夫译为《被推翻的暴君》(*Tyrants Destroyed*)。

② 《校园诗歌》(*Universitetskaya poema*)，写于 1926 年年末，发表于《当代年鉴》三十二期，1927 年 12 月，第 223—254 页；德米特里译，收《诗选》(*Selected Poems*)。

③ 《从苏联来的人》(*Chelovek iz SSSR*)，写于 1926 年秋。第一幕发表于《舵》，1927 年 1 月 1 日，第 2—3 页；德米特里译，《从苏联来的人：剧作选》(*The Man from the USSR and Other Plays*)，纽约：Harcourt Brace Jovanovich，1984。俄语全文首发于 *TGM*。

④ 薇拉后来加上“1928”，但信的内容显然表明写于 1926 年。

⑤ 即彼得·米哈伊洛维奇（斯库尔雅利）。

拉格，心情并不好。

在《红色处女地》上，他们“好心”提到了我。[1]要是能得到这一期（最新一期）就好了。前不久，在这儿举行过我的诗歌晚会。有个叫伯斯的人作了朗诵（他还读了《恐惧》[2]及《善行》）。卡特科夫教授[3]和他儿子及博布洛夫斯基[4]（他的妻子即将临产）昨天来访。

为这些马克谢谢你，我的甜心。我今天去买票。亲爱的，见到你，和你在一起多么开心。艾亨瓦尔德为什么，又是如何称赞为兰多挫败的做作之事！[5]我健康又欢乐。我正在构思（还没写）一个短篇（与贺拉斯无关）。

我很讨厌当众庆祝新年！赫森告诉我，他将在《舵》上发文抨击《道路》[6]。这是对“德弗洛金先生”（读作“特里戈林”，等于沃尔科维斯基）的回应[7]。我崇拜你。

弗拉基米尔

---

① 《红色处女地》（*Krasnaya Nov'*）（1921—1941），1924年首次提到“西林”（N. 斯米尔诺夫，《死者的太阳：侨民文学札记》），《红色处女地》3（20），第250—267页，论及西林的文字在第264—265页。

② 《恐惧》（*Uzhas*）直到1927年1月才发表（见前信）。难道伯斯从纳博科夫的母亲那儿拿到了打字稿？

③ 卡特科夫（Georgy Katkov，1903—1985），布拉格大学哲学和印度学教授。

④ 博布洛夫斯基（Pyotr Bobrovsky，1880—？），孟什维克派，克里米亚自治政府成员，纳博科夫的父亲曾任自治政府司法部长。

⑤ 艾亨瓦尔德积极评价兰多（Grigory Landau）有关格言的书《题辞》（*Epigraphy*），柏林：Slovo，1972。评论文章见《舵》，1926年12月22日，第2—3页。

⑥ 可能指月刊《道路》（*Put'*），1925至1940年在巴黎发行。

⑦ “德弗洛金”（Dvurogin）是名字“Trigorin”（特里戈林）的某种变形，特里戈林是契诃夫戏剧《海鸥》（*The Seagull*，1896）中的人物。特里戈林是通俗文学作家，道德上无所顾忌，也意识到自己才华的欠缺。

1929 年

AL，1 页[1]

1929 年 4 月 18 日

比利牛斯山东部勒布卢

捉住一只凤蝶！[2]

* * *

ALS，1 页

未写日期[3]

寄往柏林？

① 没写日期，没有信封。薇拉的笔迹，在纸边写着“布隆”？

② 凤蝶（Thais rumina，现称 Zerynthia rumina），又称红星花凤蝶（Spanish festoon）。“再往拉斯伊拉斯，在靠近一条小溪的峡谷里，一只看上去妖媚的蝴蝶飞得很低，原来是一只娇小、色彩略淡的凤蝶，但仅此一只”，“比利牛斯山东部及阿里埃尔地区鳞翅类昆虫之注解”，见《昆虫学家》六十四辑（1931），第 255 页，又见比德和派尔所编《纳博科夫的蝴蝶》(*Nabokov's Butterflies*)，第 130 页。

③ 无法确定这封便函的日期，除了薇拉将其放在 1928—1930 年间，除非“K”是指克拉马尔（Kramar），那应是 1924 年，而不是 1930 年，因为这年他也在布拉格。

我的爱人：

8点半左右在K.家里打电话给我。我的牙龈、舌头、左边脸都疼，脖子上一块地方肿起来，像是生了个瘤——鬼知道怎么回事！

我爱你。

弗拉基米尔

1930年

ALS，2页

1930年5月9日？[①]

柏林寄往柏林

亲爱的：

这是我的第一封信。老人赫森打电话让我给他儿子取一个包裹（书和一双旧拖鞋）。[②]见面时他会把包裹带来。随后，另一个老人（卡敏卡）打电话让我翻译一点东西——我得先去福可夫斯基夫人那儿取。还有什么信吗？没有，要是不算星期天诗人圈子的话。海象太太[③]刚来，问我是否随身带那只大箱子（昨天到的）去俄国，就是说，她以为我明天要动身去俄国（那位母亲在俄国住过）。真可爱。其次，为她女儿，她要“你收到的一本乌尔斯坦因[④]的书，我女儿喜欢读乌尔斯坦因的书”。另外，她说，昨天，她丈夫的哥哥去世了。给她《王、后、杰克》，要是我们还有这本书的话。需要的我都买了。现在我要去看阿纽塔，顺路买一些其他东西。我吃过饭了，但吃得不多——不想吃什么，因为我感冒了——不过现在好多了。

我的福星。吻你。我不会回来太晚。

弗拉基米尔

---

① 薇拉的笔迹写着“1926年”。这日期不准确（虽没有信封），因为纳博科夫提到他小说《王、后、杰克》的德译本已由乌尔斯坦因出版；此书于1930年3月15日至4月1日列入乌尔斯坦因的Vossiche Zeitung丛书，按惯例，这几乎是和出书同步的事。1930年，纳博科夫去布拉格旅行，于5月11日寄出第一封信。情况可能是，他写了这封便函，留给即将回来的薇拉，就在他作最后一圈拜访之前，紧接着就是打点行装，坐火车去布拉格。

② 谢尔盖·赫森（Sergey Hessen，1887—1950），哲学家和政治评论家，1924至1935年住在布拉格。

③ 纳博科夫为女房东冯·巴狄利本夫人取的绰号。

④ 乌尔斯坦因（Ullstein），德国的一家出版社。——译注

* * *

APCS

1930 年 5 月 12 日

布拉格寄往柏林莱奥波德街 27 号冯·巴狄利本夫人转

亲爱的：

我有了次很棒的旅行，在车站见到了母亲：她气色很好，精神亦佳。鲍克斯上了年纪，也发胖了，灰灰的鼻子，它没注意到我。埃琳诺契卡[①]和 E.K.[②]长得很可爱。我有一个很舒适的小房间。埃琳娜为我的晚会画了海报。总之，一切顺利。亲爱的，给我写信。

弗拉基米尔

亲爱的微拉：[③]我很开心。瓦洛佳很开朗活泼，也不很瘦。我很开心，但我们都为你没和我们在一起感到遗憾。

吻你。

妈妈　海伦娜

* * *

ALS，2 页

1930 年 5 月 12 日

布拉格寄往柏林西区莱奥波德街 27 号冯·巴狄利本夫人转

亲爱的：

我爱你。我刚清理了一些落了灰尘的书，想带上几本，我翻阅了几册《昆虫学

① 妹妹埃琳娜，那时姓斯库尔雅利（后来有了第二个丈夫，姓西科尔斯基）。

② 叶夫根尼亚·康斯坦丁诺娃·霍菲尔德。

③ 在纳博科夫信下面，他母亲附言几句。

家》[①] 旧杂志。我爱你，我的幸福。真是幸运——星期天第一个来访者竟然是一个昆虫学家：想象一下，亲爱的，我们聊得有多热烈；周四，他会在博物馆向我展示著名的凤蝶[②] 收藏。他在波多利斯克省捕到过一只纯黑的旖凤蝶[③]——在潘格莱[④] 的收藏中归于黑色燕尾蝶一类。今晚，我们全家要去看电影，明天我应邀去“斯基特·波耶托夫”[⑤]。我的晚会在20号。我爱你。昨天，一位矮个的前政府将军来[⑥]，他让我想起《最后一次降临》中的雅宁斯[⑦]，他读自己的短篇小说（《一只大理石般的脚从绸被下伸出来》等等）。基里尔很帅，优雅，喜欢阅读，相对来说受过很好教育，非常活泼。他告诉我，我弟弟谢尔盖（他长得结实，脖子粗，看上去像夏里亚宾[⑧]）问是否有男人约会的咖啡馆，并竭力劝他吸可卡因。幸运的是，基里尔很正常。我还没见到奥尔加，她和佩特凯维奇[⑨] 住在乡下。埃琳娜很迷人，而彼佳[⑩]“在我面前”很可爱（E.K. 和母亲不怎么喜欢他，他说“流感”和“令人羡慕”时拖着洋腔）。我爱你。佩特凯维奇竟然是本地最好的棋手之一（又一个好运）。我们读了《眼睛》[⑪]，仿佛主人公第一章就死了，之后他的灵魂轮回成了斯缪洛夫。说到灵魂——我很想你，亲爱的。[⑫] 老鲍克斯眼神迷离地看看我，还是没有认出我来。他们觉得，它把我当作塞瑞扎，以为他回来了。母亲精力充沛，让我惊讶。她

---

① 英国昆虫学杂志，纳博科夫甚至小时候就很喜欢读。十岁左右，他尝试在上面发表他认为是一种新的蝴蝶的说明文字（《说吧，记忆》，第133—134页）；他最终在这份杂志上发表了四篇文章，第一篇是《克里米亚鳞翅类昆虫的几则说明》，《昆虫学家》五十三辑（1920年2月），第29—33页。

② 燕尾蝶家族的一种，凤蝶科（Papilionidae），papilio（凤蝶）这个拉丁词也指“蝴蝶”（butterfly），林奈最初将所有的蝴蝶置于 papilio 名下。

③ 虎斑玳瑁凤蝶（Scarce Swallowtail），也称 Papilio（现 Iphiclides）podalirius。

④ 鲁道夫·潘格莱（Rudolf pungeler，1857—1927），亚琛地方法院顾问，鳞翅类学家，识别了三百多新种类，绝大部分是蛾子（moths）。

⑤ 意为“诗人的隐士生活”（The Poet's Hermitage）（1922—1944），布拉格的一个俄国侨民文学团体，由文学批评家、教授阿尔佛雷德·路德维格维奇·博姆（Alfred Lyudwigovich Boem，1886—1945）建立。

⑥ 可能是1930年5月16日信中的多尔戈夫将军。

⑦ 德奥演员埃米尔·雅宁斯（Emil Jannings，1884—1950）的最著名的角色是在穆尔诺（F.W.Murnau）的电影《最后的笑声》（*The Last Laugh*，1924）中扮演一个旅馆看门人。

⑧ 费奥多·夏里亚宾（Fyodor Shalyapin，1873—1938），著名的歌剧男低音。

⑨ 鲍里斯·佩特凯维奇（Boris Petkevich，？—1965），工程师。纳博科夫的妹妹奥尔加和她的第一位丈夫谢尔盖·莎霍夫斯考埃于1930年离婚，同年嫁给了佩特凯维奇。

⑩ 彼得·斯库尔雅利。

⑪《眼睛》（*Soglyadatay*）写于1929年12月至1930年2月，发表于《当代年鉴》四十四辑，1930年11月；由德米德里和纳博科夫翻译（纽约：Phaedra，1965）。

⑫ 此处“亲爱的”为“dushen'ka”，为“dusha”（灵魂）的亲昵说法。

对“基督教科学派”（当然远非布利斯太太[1]那一套）满腔热情，她不再哮喘，头脑清醒，所以我们只能表示赞同。她和E.K.为我把一切都准备好：几卷《昆虫学家》摆在我的床头柜上，他们特地买了邮票，新的笔尖，给你写信的纸，亲爱的。我爱你。有两对夫妇在这儿寄宿，还有一个声名狼藉的捷克女人——一个并无恶意、相当和蔼的老处女。天气很糟，老天爷胡闹。告诉阿纽塔我很喜欢她。竖起你的耳朵留心各种议论、哥萨克合唱，诸如此类。给我写信，要写哦，无论你身体健康，还是有什么疼痛，总之要写。“狗急跳墙”，我能听到厨房的声音。我的幸福。

弗拉基米尔

* * *

ALS，2页

1930年5月16日

布拉格寄往柏林西区莱奥波德街27号冯·巴狄利本夫人转

我温柔的野兽、我的爱人、我的格润妮金：

没有信的每一天都让我越来越悲伤，那就是为什么我昨天没有给你写信的缘故，读了有关天鹅妈妈和小鸭子之后，现在感到很后悔，我的迷娘，我的美人。于我，你始终就像蒂尔加腾大公园、像栗子、像玫瑰。我爱你。这儿有臭虫和蟑螂。昨天，我刚关灯，就觉得面颊上痒痒的，一种软须的触碰。打开灯，是蟑螂太太。另一天，我去参加“斯基特·波耶托夫”的晚会。与奇里科夫、卡达谢夫、聂米罗维奇-丹钦科重拾友谊。他，即聂米罗维奇很衰老。我遇到一个秃顶的犹太人（很小心地掩饰他的犹太特性），“著名”诗人拉索斯[2]。艾斯纳[3]朗诵了几首诗——用了古米廖夫[4]风格，如“红脸水手”、“朗姆酒”和“地图”，充满了最新的陈词滥调，声音洪亮；总之你能明白这是多么令人讨厌。而我跟拉索斯无话

---

① 不详。

② 丹尼尔·拉索斯（Daniil Rathaus，1868—1937），诗人。

③ 阿列克谢·艾斯纳（Aleksey Eisner，1905—1984），诗人，文学家。

④ 尼古拉·古米廖夫（Nikolay Gumilyov，1886—1921）俄国阿克梅派诗人，纳博科夫年轻时对他评价很高。

可谈，跟这样一个人交谈实属愚蠢，他的名字现在等同于蹩脚诗人。他这样跟我说话："他们把你比作我……"既让人同情又令人作呕。读了许多诗人和女诗人的诗，所以我觉得就像我们的"诗的"聚会：都一回事，真讨厌。吻你，我的甜心，我的爱人。我想到，波德莱尔生活中从未见过一头"幼象"，是吧？① 哦，当然不乏这些"如今我们之中……""我们的贵宾……"等等。这会使基里尔脸红。但我觉得比所有诗人和作家更有趣的是费奥多罗夫②，又是一位昆虫学家，满腔热情，知识渊博，他和我马上开始像夜莺一样同声唱起来，让我们周围的那些人目瞪口呆。试想，他们刚卖了他的藏品来还债，他真是穷困潦倒。我不知道我是否会在周二朗读《昆虫采集者》③。我肯定会读《眼睛》(妈妈已有此书）第一章。奥尔加还没有答应出席。我会朗诵几首诗。基里尔学习很好。他并不打算学工科。他想要成为一个自然科学家，如去非洲防治疟疾。全家去影院，我们看了那部舍尔曼④曾风趣地谈论过的电影（戒指从她手指上滑下来，对应了女人的"堕落"）。母亲向我详细说明了赖莎⑤对我们所说的有关某个老头和某个老太的事情。显然，母亲保守这个秘密长达十五年，那是发生在柏林的一个很严重的丑闻。多尔戈夫将军⑥（就是读自己小说的那位）说些"闲话"，口气像我祖母。埃琳诺契卡刚来，一脸天真地问，弗兰德里亚在哪儿。⑦ 啊，我的幸福，你不在身边我是多么难忍。你是我的生命。走近安哈耳特车站就让人受不了。你拿到钱了吗？我的甜心，我多么渴望吻你……

弗拉基米尔

---

① 《跳舞的蛇》(*Le serpent qui danse*)，见《恶之花》(*Les Fleurs du Mal*，1857)，波德莱尔（Charles Baudelaire，1821—1867），第二章，第 21—24 页："你那懒得支撑不住的 / 孩子般的头 / 像一匹幼象软绵绵地 / 摇晃个不休。"

② 不详。

③ 《昆虫采集家》(*Pil'gram*)，短篇小说，写于 1930 年 3 月，发表于《当代年鉴》四十三辑（1930 年 7 月），第 191—207 页；纳博科夫和彼得·珀佐夫译，《大西洋月刊》，1941 年 11 月，第 618—625 页。

④ 萨韦利·舍尔曼（Savely Sherman），笔名萨维耶夫（A.A.Saveliev，1894—1948），作家、批评家、《舵》的撰稿人，朋友。

⑤ 塔塔里诺夫。

⑥ 不详。

⑦ 弗兰德里亚（Flemlandia，或 Flandria），埃琳娜对 Flamandskiy 的逆序造词。

* * *

ALS，2页

1930年5月17日

布拉格寄往柏林西区莱奥波德街27号冯·巴狄利本夫人转

你好，我的欢乐：

你可以告诉戈尔林[①]：1）我不想出席他们的晚会——让他们自行其是好了；2）无论他们是否在“词语”或“彼得罗波利斯”[②]出版年鉴，我都不参与——我既不年轻，也不是一个诗人。告诉舍尔曼，我很喜欢他评论阿列克谢耶维奇[③]的文章。问候我们的房东。我的爱人，买周四的《最新消息》[④]（从那个叫什么来着——你知道的——我此刻想不起来了）。昨天我在博物馆，他们给我看很美的藏品——当然，并不如柏林那么琳琅满目，但我不能对捷克人这么说（现在我想起来了——利亚斯科夫斯基），他们的命名也有许多错误。费奥多罗夫，我曾给你写信说起过他，也在这儿。我的幸福。他极力推荐去瓦尔那，那儿物价很便宜，有许多蝴蝶[⑤]。从这儿去旅费20马克，从柏林去总共40，两人或带上宠物——80，来回——160，租一个房间（可以有两头宠物）每月20，而食物两人每天才1马克——这样我们旅行和生活开支总共需要250马克（通常情况下）。我想，我们6月初动身。那儿没有蛇，聂米罗维奇-丹钦科会很快办好签证。

我爱你——这多可笑，我如此想你，亲爱的。这儿，电车站有宝蓝色的圆灯笼，有许多灰黑色的房子，很窄的人行道，电车车厢里不能吸烟。过一两天，我们会去看博布洛夫斯基夫妇。基里尔受过教育，有很好的文学素养，正在和一位年轻的姑娘恋爱。母亲记得从彼得堡来的马萨尔斯基[⑥]，这儿没人知道他进过监

---

① 戈尔林（Mikhail Gorlin，1909—1944），诗人，1927年，纳博科夫曾教他英语和作诗法，曾在柏林创办青年诗人俱乐部（1928—1933）。

② 1918年在圣彼得堡创建的出版社，1922年在柏林设立分社，1924年成为独立的出版社。

③ 布宁。

④《最新消息》（*Poslednie Novosti*），俄语日报，1920—1940年发行于巴黎；阿达莫维奇评《防守》（*The Defense*）的文章发表在1930年5月15日的日报上。

⑤ 纳博科夫写的是 i mnogo babok，其中 babok 即 babochek（蝴蝶）。

⑥ 尼古拉·马萨尔斯基亲王，薇拉的妹妹埃琳娜的丈夫。

狱，所以我把详情告诉了每个人——告诉了阿纽塔。但我应该像鱼一样保持沉默，或只说一些美妙的事情。在克拉马尔家中仍然受到接待，但他们不跟主人说话，他们只是把嘴巴塞得满满的，最近基泽维特①还与另一个老人因肉冻干了一架。在一本苏联年鉴上，有某个人民委员的回忆，他凑巧叙述到我们家的物品如何被拿走，他自己如何拿了一件铁制的点头哈腰的中国佬。这件雕像我记得很清楚。我的美人，你去看米沙夫妇了吗，你通常做什么？瓦尔纳的海很适合游泳。我们会在那儿捉到黑带金凤蝶②。费多罗夫太太喜欢吻毛虫的头，对她来说这很正常。你一拿到钱，就给我一些，除了路费20，再给10到15马克。我眼下在和一个捷克出版商谈《玛丽》的出版，但我不确定是否成功（这件事通过寄宿在母亲那儿的一个捷克女人进行）。吻你，我的甜心。你身体如何？是的，我爱你，永远爱你。请给我写信，否则我会再次发火，不再写信。我的爱人，我的劳伦缇雅，我的 teplovata。③

弗拉基米尔

* * *

ALS，2页

邮戳日期：1930年5月19日

布拉格寄往柏林西区莱奥波德街27号冯·巴狄利本夫人转

我的布萨之兽④，我收到了你的简短而塔夫蒂式⑤的信。我给丰达明斯基⑥写信，我同意（虽然我更愿意——考虑到钱——皮尔格拉姆⑦死在《最新消息》的

---

① 基泽维特（Alexsandr Kiesewetter，1866—1933），历史学家、政治活动家和评论家，布拉格大学俄国历史教授。

② 南方燕尾蝶（Southern Swallowtail）。

③ 劳伦缇雅（Larentia）是一种尺蠖科蛾子；teplovata 是纳博科夫虚构的品种，俄语中这个词意为“温热的、不够热情的”。

④ 原文为“Bussa beast”。——译注

⑤ 塔夫蒂太太（Mrs. Tufty）是1926年纳博科夫在黑森林地区给薇拉写信时发明的一个人物（Tuftikins）。

⑥ 即伊利亚·丰达明斯基（Ilya Fondaminsky 笔名 I.Bunakov，1880—1942），著名的社会革命党领导人，《当代年鉴》创办者和主编，纳博科夫20世纪30年代的好朋友和资助者。

⑦ 皮尔格拉姆（Pilgram）是纳博科夫短篇小说《昆虫采集家》（*Aurelian*）的主人公，在家门口死于心脏病。

地下室）[1]。我也给法亚尔[2]寄了我该寄的东西。胖墩瞪着呆滞的眼睛看着我。昨天，它一连叫了一百五十七声，我们数的。今天天气不错，我们会去散步。我很伤心，你写得这么少，我永远的幸福。我们经济拮据，没有钱买邮票，我觉得有点难堪。

我崇拜你。

弗拉基米尔

* * *

ALS，2 页

1930 年 5 月 20 日[3]

布拉格寄往柏林西区莱奥波德街 27 号冯·巴狄利本夫人转

亲爱的：

我不知道你做哪种工作，你信中写得很模糊。我们能揭发那个可恶的老女人吗？（你能肯定她是个贼——各种商人最近都在那儿——胸针在哪儿？）你见到《最新消息》[4]上阿达莫维奇的评论了吗？我要带上那期杂志吗？今天我读——散文和诗歌，我得选一些够读上一个半小时的。我已经写信告诉你，亲爱的，我究竟要读哪些。我会把文件清理一下，你想办法找到最近一期《自由杂志》，上面有纳尔扬奇写我的文章。[5]这种对我寻根究底的文章使问题变得相当复杂，难道我们不该加以阻止？我毕竟不是个女伶。亲爱的，没有你，我越来越难以忍受了。我回去的日期是周日，25 号，晚上——11 点，我想——我会再给你写信细说。我确实收到了阁下[6]寄来的钱。现在我要写更多的信，亲爱的。两天前，我们去散步，那是一个美妙的晴好日子，我们爬附近的山，俯瞰山下如画一般的小镇——有个

---

① 俄语 Podval：既指“地下室”，也指“报纸版面的下半版”。

② 法亚尔（Fayard），法国一家出版社，1857 年成立于巴黎。法亚尔将出版纳博科夫的第一部法文书《疯子的奔跑》（*La Course du fou*，1934），是根据《防守》（*The Defense*）翻译的。

③ 未写日期。邮戳撕掉了，薇拉在信封上写了“1930”。1930 年 5 月 12 日信中提到 5 月 20 日的朗读。

④《当代年鉴》四十二辑连载《防守》，从第十章到结尾，书评刊于 1930 年 5 月 15 日《最新消息》，第 3 页。

⑤ 谢尔盖·纳尔扬奇（Sergey Nalyanch，1902—1979），诗人、文学批评家；他的《论〈数字〉的诗人》刊于 1930 年 4—5 月的《自由杂志》上（评伊万诺夫在《数字》第一期上臭名昭著的攻击，1930 年 3 月号上则是对纳博科夫最近四本书及他的诗歌的评论）。

⑥ 纳博科夫的原文“tvoyo pochtennoye”是个双关语，他高度评价（pochitat）薇拉的来信，而薇拉的信是寄来（pochta）的。

巡演的马戏团——能听见从那儿传来老虎和狮子低沉的吼声，旋转木马的喧闹(围墙上贴满了广告：绿色的老虎龇着牙齿，虎群中，有位戴着布兰登堡式穗带[①]的大胡子勇者)。我再次来到昆虫博物馆，奥本柏格[②]——一位很健谈的甲虫研究者——抨击德国，说德国人比犹太人更坏[③]。这儿的俄国移民，他们说，也是黑帮分子。[④]奥尔加还没有来，但莎霍夫斯考埃，那个再婚的人，来了。亲爱的，你想我吗？吻你。请问候阿纽塔和米沙一家[⑤]。妈妈明天会给你写信。她们在给胖墩洗澡。妈妈看上去更年轻、更精神、更开心了——我们出门散步，我总是称赞她走得多么轻快，她穿着灰色长袜的腿多么好看，她总觉得这一切要归功于基督教科学派。是的，我的幸福。我快要见到你了。你为什么不写信告诉我有关瓦尔纳的事？我觉得你会欣然接受（抓住不放）。昨天，我读了纪德的《梵蒂冈地窖》[⑥]，胡说八道，但有些地方写得很好。我迫不及待想再次坐下来写我的小长篇。我给你寄了一篇文章，母亲打出来的。你的存在让我觉得幸福，我的美人——但要是你的工作很无聊——小心！我很幸福；你不在身边，我的世界会萎缩，但我仍然知道你存在，因而我还是很幸福。久久地吻你！

弗拉基米尔

* * *

ALS，2 页

邮戳日期：1930 年 5 月 22 日

布拉格寄往柏林西区莱奥波德街 27 号冯·巴狄利本夫人转

亲爱的：

很开心，我又给你写信了，虽然你遥不可及。顺便说一下，我把下述吉卜林

---

① 制服上的某种饰物。

② 奥本柏格（Jan Obenberger，1892—1964），捷克昆虫学家，布拉格国家博物馆教授。

③ 原文为法语。

④ 如“黑色百人团”（Black Hundred）这样一些政治团体和党派，1905 年革命后参与反革命活动，有反犹太主义、无政府主义和东正教倾向。

⑤ 可能指卡敏卡（Mikhail Kaminka）及家人。

⑥ 纪德（Andre Gide，1869—1951）的讽刺性小说《梵蒂冈地窖》（*Les Caves du Vatican*，1914），英译为《梵蒂冈地窖》（*The Vatican Cellars*）或《拉夫卡迪奥历险记》（*Lafcadio's Adventures*）。

的诗为你抄下来：你可知道那个鳞次栉比的村庄，西米经销商忙于交易，——你可知道鱼的腥味和潮湿的竹子？——你可知道散发着兰花香的林中空地的静谧，有着花纹、鸟翼的蝴蝶飞舞其间？——就在那儿，我带着樟脑、鱼网和箱子，前去拜访一位我认识的温和的黄皮肤海盗——去看我那些哀号的小狐猴、棕榈树和狐蝠，因为山林之神召唤我，我必须去！[①]“飞舞”写得尤为精彩。要是明天——今天是周四——还收不到你的信，我也听从山林之神的召唤。以下就是关于我们的："她是塞巴女王——他是亚洲王爷——但他们两位对蝴蝶说话，当他们出行去国外！"[②]昨天有许多客人来与我们共进晚餐：帕宁夫人[③]和阿斯特罗夫[④]，葛恩夫妇[⑤]，柯瓦列夫斯基夫妇，我读《一首大学的诗》，我们共有十三人。亲爱的，我 25 号 2 点 47 分离开，10 点 15 分将到达安哈耳特。我希望你去接我——当然，就你一个人。

我还没有在我父亲的报纸上找到有关沃尔科维斯基的文章。难道不是舍尔曼答应弄到那期《复活》[⑥]吗？街对面的工人正在用很诱人的瓦片铺屋顶。我很爱你，亲爱的。[⑦]

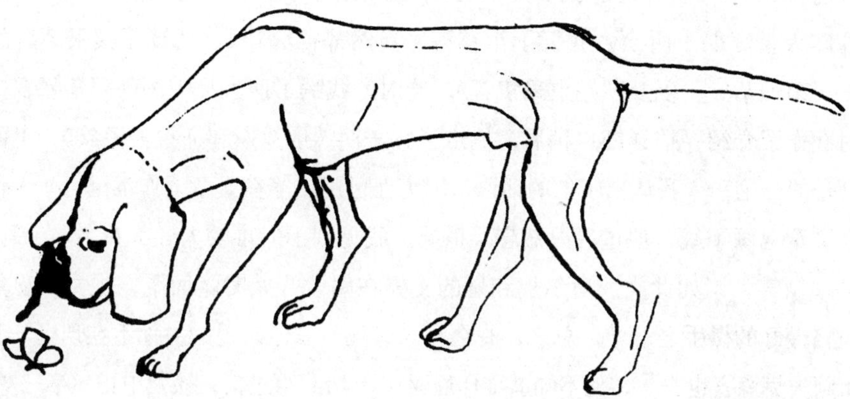

① 吉卜林（Rudyard Kipling，1865—1936）的诗《年轻人的脚》（*The Feet of the Young Men*）第三节。
② 引自吉卜林的诗《从来没有如巴尔基斯这样的女王》（*There was never a Queen like Balkis*）。
③ 索菲亚·帕尼纳（Sofia Panina，1871—1957），布尔什维克革命前，曾领导立宪民主党（CD）；纳博科夫一家于 1918 年在她位于克里米亚加斯普拉的庄园里避难。
④ 阿斯特罗夫（Nikolay Astrov，1868—1934），布尔什维克革命前，领导 CD；流亡中，任捷克斯洛伐克作家和记者协会（1930—1932）主席。
⑤ 葛恩（Vasily Gorn，1875—1938），前陆军上校和政府官员，流亡中成为记者。
⑥《复活》（*Resurrection*），1925 至 1940 年在巴黎发行的俄语日报。
⑦ 之下是纳博科夫画的一条狗嗅着一只蝴蝶。

它的脸色还不是很好看。今天晴朗。昨天，我 5 点半才睡，那时麻雀已经唧唧叫了。我们想今天可以去拜访一下住在乡下的博布洛夫斯基夫妇，但我们没有去。我把三首诗——旧诗——给了本地报纸 Nedelya①，配合那篇谈我的阅读的文章。来自柏林的人当中，只有托洛斯基②在那儿。我爱你——热烈而又很温柔的爱。

弗拉基米尔

* * *

AL，2 页

邮戳日期：1930 年 5 月 23 日

布拉格寄往柏林西区莱奥波德街 27 号冯·巴狄利本夫人转

你好，亲爱的，我爱你。无论我在布拉格而你不在，还是你去了圣布拉辛，都没有此次你不在身边让我如此痛苦难忍。这也许说明我越发爱你了。我的朗读在昨天，有很多听众，我读了十首诗（当然都很成功），还读了《眼睛》的一章——第一章——以及《昆虫采集者》。同时，我喝了两大杯啤酒。阿斯特罗夫首先对我作了介绍，很详细；稍后，他给了我一期《俄罗斯和斯拉夫民族》，上面有格列布的评论，③我认出了他的话语，因为他已用铅笔在文章上作了记号——他直接在文章上画了线，但过后显然忘了擦掉。我见到了成堆的人，都在名单上写着，不停地微笑，诸如此类。奥尔加和她的丈夫在朗读开始时露面了，她丈夫显然是布拉格最好的棋手之一④。总之，晚会相当有趣——但亲爱的，你不在现场。我见到了阿夫克森齐也夫⑤，他不知道维什尼亚克⑥给我写过信，谈及中止《第三罗马》

① 不清楚纳博科夫指的是哪份报刊：此时的布拉格，还没有 *Nedelya*，也没有 *Russkaya nedelya*。

② 不详。

③ 格列布·斯特鲁夫，《俄罗斯和斯拉夫民族》（*Rossiya I slavyanstvo*），这是份日报，1928—1934 年在巴黎发行，文章载 1930 年 3 月 15 日该报，第 3 页。

④ 奥尔加和鲍里斯·佩特凯维奇。

⑤ 阿夫克森齐也夫（Nikolay Avksentiev，1878—1943），是布尔什维克革命前的一个社会革命党政治家；流亡期间，成为《当代年鉴》的出版人之一。

⑥ 维什尼亚克（Mark Vishnyak，1883—1976），俄国政治家，律师，社会革命党人；流亡期间，成为《当代年鉴》的编辑之一。

的写作，他说伊凡诺夫只给了他们一个“片断”[①]。他再三邀请我去巴黎。《最新消息》上阿达莫维奇的文章照例写得克制。[②]但好心的舍尔曼文笔优美。[③]代我[④]谢谢他。

我的宝贝，你很少给我写信。我为此不悦，尽管我没有表露出来。再过三天就要走了。[⑤]

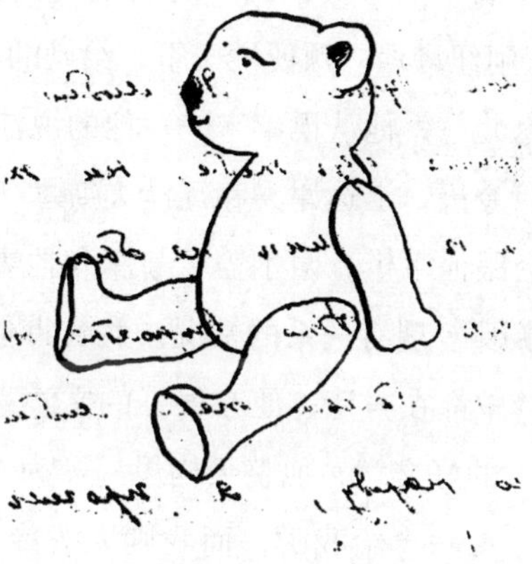

* * *

AL，2页

1930年5月23日[⑥]

布拉格

我的小宝贝：

这是最后一封便函，我请你周日十点一刻在车站见面。

---

① 伊凡诺夫（Georgy Ivanov，1894—1976），诗人、作家。他的小说《第三罗马》（*The Third Roma*）动笔于1926年，1929年开始在《当代年鉴》三十九和四十辑刊载；最后部分（“小说第二部片断”）刊于《数字》1930年2—3月号，第26—54页。

② 阿达莫维奇论《当代年鉴》的文章刊于1930年5月15日的《最新消息》，第3页。

③ 舍尔曼（Savely Sherman）论《当代年鉴》的文章刊于1930年5月21日《舵》，第2页。

④ 原文为法语。

⑤ 之下是纳博科夫画的一只泰迪熊的钢笔画。

⑥ 未写日期。没有信封；信上有薇拉的笔迹：“1930年，来自布拉格。”

我的小宝贝：

我不喜欢你的工作，我很生气，我根本不喜欢。我最不喜欢的是你得这么早起床，这会让你精疲力竭。至于朝九晚五，你也大可不必，我会坚决反对（英国风格），这真是荒谬。我一到，就会在《舵》上登广告——用我的名字和笔名——教学生。我的小宝贝，我温柔的宝贝，我娇弱的宝贝，要朝九晚五地辛苦工作，这让人难以接受。我会跟阿纽塔谈（顺便说一下，给她的小手一个大吻）。

伊兹果夫[①]昨天在这儿——他从巴黎来——他的说法和尼卡[②]一样。伊凡诺夫和齐奈达[③]一起生活。今天，卡达谢夫和瓦沙夫斯基[④]会来这儿，晚上，奥尔加和她丈夫要来——我会跟他下棋。谢尔盖·赫森和他妻子几天前在这儿，他问了许多他父亲和奥勃斯泰因[⑤]现有关系的情况。我告诉他我所知道的，还添油加醋，绘声绘色。基里尔梦中都在写诗，他有很好的文学素养，写了一篇论莱蒙托夫的好文章。他整天构思——为一首诗差不多写了五六天了——念给我听，而我则大泼冷水。他的英语发音很棒，他很熟悉英国诗歌。斯库尔雅利跟往常一样甜言蜜语，不停地说些无聊的笑话——但他是一个出色的丈夫，埃琳娜是位出色的妻子。我和胖墩的关系有些冷淡，我等着它能够认出我。我们有丰富的食物，他们的胃口都比我好。我的爱人，不久见。

布萨[⑥]

① 即阿伦·兰德（Aron Lande，1872—1935），律师、著名的CD派、政治评论家。亚历山大·伊兹果夫是其笔名。

② 纳博科夫的堂弟，作曲家尼古拉（又称尼卡）·纳博科夫（Nicolay Nabokov，1903—1978）。

③ 薇拉在这页信纸下方做了个脚注："Gippius？"齐奈达·吉皮乌斯（Zinaida Gippius，1869—1945），诗人、文学批评家，1889年嫁给诗人和小说家德米特里·梅列日科夫斯基（Dmitri Merezhkovsky，1865—1941），俩人是俄国文学象征主义的创始人，俄国革命前圣彼得堡文学界的中心人物。

④ 可能指谢尔盖·瓦沙夫斯基（Sergey Varshavsky，1879—1945），记者、律师、布拉格俄罗斯法学院教授，也可能是他儿子（虽然他这个时期住在巴黎），即作家和批评家弗拉基米尔·瓦沙夫斯基（Vladimir Varshavsky，1906—1978）。

⑤ 见1926年6月4日信，纳博科夫与斯泰因的谈话，斯泰因讲话中常以"obli"作为特殊的佐料。

⑥ 之下是一幅钢笔画：一只猫头鹰栖息在树枝上。

* * *

ALS，1 页

1930 年？

柏林？

亲爱的：

米莎来访，邀请我们今晚去，我说我得让你知道，但我去不了你那儿。你自己去吧。我稍后会去（卡敏卡家）[①] 接你（在我从赫森家出来的路上）。

吻你的纤手。

弗·纳博科夫

① 米哈伊尔·卡敏卡（Mikhail Kaminka，?—1960？），纳博科夫父亲朋友奥古斯特·卡敏卡（August Kaminka）的儿子；1920 年代纳博科夫在柏林侨民圈里最好的朋友；他和他妻子伊丽莎白 20 世纪 30 年代初移居法国。

1932年

弗拉基米尔·纳博科夫1932年给薇拉的信的原件现在不能确定。[①]1984年12月和1985年1月，薇拉·纳博科夫愿意帮助布赖恩·博伊德为撰写《弗拉基米尔·纳博科夫传》而从事的研究，但不准备让他阅读她认为涉及隐私的这部分信件，她对着博伊德的录音机读了一部分她认为可以公开的弗拉基米尔·纳博科夫的来信。这些录音带现在成了1932年信件的唯一可靠的证据。以下提供的译文是薇拉从那年的通信中选择读出来的全部信件。

* * *

VÉNAF

1932年4月4日

布拉格寄往柏林

旅行的第一段行程很愉快。我断断续续地读书，看窗外春天多变的天空……[②]埃琳娜和母亲在车站接我。母亲很精神。她气色很好，非常开心，但有点瘦。埃琳娜有梦幻一般的神情，很可爱。斯库尔雅利到底还是不适合她……看来，我比上次更喜欢基里尔了。他的少不更事是表面的，他有些调皮，招惹叶夫根尼娅·康斯坦丁诺夫娜。但他极为懒散。奥尔加的丈夫还是那么闷闷不乐，但奥尔加自己则越发漂亮了。罗斯季斯拉夫[③]非常迷人，已经能从这个房间走到那

① 最后见到这些信件的人是史黛西·希夫和她的研究助手，那是1990年代，她在写《薇拉传》(*Mrs Vladimir Nabokov*)，位于瑞士蒙特勒附件的一处公寓，那是德米特里从他母亲那儿继承来的。1932年的信件似乎已经消失，而纳博科夫写给薇拉的其他信件2002年由纽约公共图书馆收藏。

② 录音带上“等等”之类可能是薇拉加上的，她在读信的同时也想整理一下。此处及下文，她的话代之以省略号，某些情况下置于脚注。

③ 罗斯季斯拉夫·佩特凯维奇（Rostislav Petkevich，1931—1960），纳博科夫妹妹奥尔加的儿子。

个房间了。叶夫根尼娅·康斯坦丁诺夫娜头发灰白，但我们可怜的胖墩甚至更加灰白，近乎半瞎。几天后，塞瑞扎会来，那时，我们所有的人会照张相，摆的姿势完全像雅尔塔照片中的一张。波克塞克也来。[①]我的感冒迟迟未好。我睡在母亲房间里一张有靠背的又短又窄的沙发上。我不想去什么巴黎。首先把那篇《唇对唇》寄来（我只读给母亲听，不说什么）[②]，求你了，其次，就是我写蝴蝶的文章。[③]你知道，不管怎样，你和我有着很舒适的生活。允许胖墩去洗手间，它会在陶瓷底座（这是为他准备的）旁抬起一条腿。

* * *

VÉNAF

1932年4月5日

布拉格寄往柏林

请转达我对伯特兰[④]来信的感谢。如你所见，我已经给汤普森[⑤]写信。在我看来，结果会非常美好。别忘了把我要的东西寄来。我感冒好些了。我精神好，刮了脸，实际上，我想就此打住，写完这一小页纸，但我想也许你不能完全理解我对醋栗果和红皮肤的暗示。别以为他与列斯科夫及扎米亚京[⑥]的女主角的联系

① 指1928年纳博科夫家五个孩子在雅尔塔拍的照片，埃琳娜抱着鲍克斯，家里的那条达克斯猎狗。

②《唇对唇》(*Usta k ustam*)，短篇小说，写于1931年12月6日。这篇小说显然批评与巴黎期刊《数字》有关的一些作家：尼古拉·奥楚普、乔治·阿达莫维奇和乔治·伊凡诺夫，他们无耻地利用富裕、有文学志向但缺乏才华的作家亚历山大·布罗夫，这样他就会资助这份刊物。《最新消息》接受了这篇小说，甚至已经付印，但一旦意识到小说的攻击对象，就拒绝发表了。这篇小说最初出现在《菲雅塔的春天》(*Vesna v Fia'te*)(纽约：契诃夫出版社，1956)；由德米特里和纳博科夫译成英语，收入《一个俄罗斯美人：短篇小说选》(*RB*)。

③《比利牛斯山东部及阿里埃尔地区鳞翅类昆虫之注解》，《昆虫学家》，1931，第255—257页。

④ 克拉伦斯·伯特兰·汤普森(Clarence Bertrand Thompson，1882—1969)，薇拉好朋友莉斯贝特·汤普森的美国丈夫，管理顾问并著有管理学、社会学和经济学方面的书。纳博科夫1926年首次见他，之后一直认为他是他所认识的最聪明的人之一。

⑤ 这是个玩笑。纳博科夫写信给汤普森，但他让薇拉向伯特兰致谢，即转达他对他刚写信去的那个人的谢意。

⑥ 列斯科夫(Nikolay Leskov，1831—1895)和扎米亚京(Evgeny Zamyatin，1884—1937)。扎米亚京1931年流亡，因苏联理论家对其反乌托邦小说《我们》(*We*，1920)的非议并对他进行恶意驱逐。纳博科夫可能将列斯科夫的反虚无主义的小说《剑拔弩张》(*Na nozhakh*，1870—1871)比作《我们》，在列斯科夫的女性形象之一，也许是格拉菲拉·阿卡托夫和扎米亚京的革命的女主公I—330之间看到一种相似性。

类似甲虫与蚱蜢的联系。前者坚硬、缓慢，甚至有一种愚蠢，而后者——无忧无虑、快捷、飘忽不定。母亲在上日课，基里尔渴望得到伯特兰的明信片，但我没有给他。我也有一小本纪念册。今天，我让他洗了个澡。我考虑开始写一部新的小说。①

* * *

VÉNAF

1932年4月6日

布拉格寄往柏林

你节选选得很好。我会把“玛格达的童年”寄给《最新消息》，将她的“来访”寄给《俄罗斯与斯拉夫民族》②。虽然我今天寄不了，我周一会寄。我已经为自己花了约20克朗（香烟、邮票）。我觉得借钱来寄这些选文很难堪，但我别无选择。也许你能电汇我三四马克？这是否太复杂了？博布洛夫斯基的弟弟因阿兹夫③而死。阿兹夫暴露前很久，他，即博布洛夫斯基的弟弟多少觉察到阿兹夫是个密探。这是在卡尔斯鲁厄，他精神失常回了俄国，得了被迫害妄想症，他认定阿兹夫要杀他。他不跟任何人说话，他几乎什么也不吃，整天去溜冰。有一次他想用斧头砍死他的哥哥。之后不久，他卧轨自杀。他被压得支离破碎，死了。彼得·谢苗诺维奇④来吃晚饭，刚告诉我这些。现在差不多7点，他还坐在这儿。

① 并不是他接下来写的《绝望》(*Otchayanie*)，此书他6月开始动笔，9月完成初稿，12月修订完毕。

② 节选自纳博科夫的小说《暗箱》(*Kamera obskura*)，此小说完成于1931年5月，在《当代年鉴》四十七至五十二辑上连载（1932—1933），小说出版于1933年（柏林和巴黎：Parabola and Sovremennye Zapiski），威妮弗蕾德·罗伊的英译本为《暗箱》(*Camera Obskura*)(伦敦：John Long，1936)，纳博科夫的英译本为《黑暗中的笑声》(*Laughter in the Dark*)(印第安那波利斯：Bobbs—Merrill，1938)。纳博科夫称为“玛格达的童年”的节选见《〈黑暗〉节选》,《最新消息》1932年4月17日，第2—3页。是否有节选刊于《俄罗斯与斯拉夫民族》(*Rossiya I Slavyanstvo*)，尚不确定。

③ 阿兹夫（Evno Azef，1869—1918），密探、俄国帝国警察特工，社会革命党早期成员，多次策划暗杀。1908年阴谋暴露，他逃往国外。

④ 彼得·谢苗诺维奇（Oetr Semyonovich Bobrovsky，1880—1947），1918—1919年间克里米亚地方政府劳工部长（也是唯一的社会党人），纳博科夫父亲是司法部长，是纳博科夫母亲在布拉格时的好朋友。

奥尔加今天哭了：她的丈夫丢掉了他唯一的工作。我拿了点钱，想给罗斯季斯拉夫买些穿的。他只会说“好的”，还有许多的表情，并一再重复“好的，好的，好的，好的，好的”，似乎这能表明他的存在。天气阴沉寒冷。空中乌云翻卷。今天我没有出门，我的感冒几乎完全好了。今天我借钱寄东西觉得不自在，但那是心理作用。就佩特凯维奇的处境等问题进行交谈。但我周一来做这件事。只给自己留下20克朗是个错误。我以为这可以对付一些日子。你知道多有趣：上午，母亲给我拿来你的信，同样的姿态，同样的表情，如同《荣耀》中的情景。① 顺便说一下，用墨水给我写信，因为铅笔字很淡，你用铅笔写的一小页纸看上去就像灰蛾的翅膀，落满了灰尘。彼得·谢苗诺维奇答应给我那期《俄罗斯思想》，上面有我第一次发表的诗歌。② 整理一下我另外的笔记本，我发现了一首全然遗忘的诗，但写得并不坏，那是在博利厄③ 写的，开头是：“十字架，十字架……”要是你没看过，我把它抄出来给你。我特想吃橙子。我忘了给基里尔带来答应给他的那些小开本诗集。房间里有人在说话：很难写作。这儿我们的生活都很拮据。我不喜欢《暗箱》④。顺便说一下，我不知道《俄罗斯和斯拉夫民族》的地址，基里尔周一会给我找出来。母亲既没有收到这本杂志，也没有收到《我们的时代》⑤。《我们的时代》比较土气。我第一百次重读《包法利夫人》⑥。多棒，多棒！也许周一，我会去“斯基特”⑦。说实话，那儿多是平庸之辈，但仍然很好奇。叶夫根尼娅·康斯坦丁诺夫娜问我是否要半熟的还是油煎的。

---

①《荣耀》(*Podvig*)，发表于《当代年鉴》四十五至四十八辑（1931—1932），出版于1932年（巴黎：Sovremennye Zapiski）；德米特里和纳博科夫英译，纽约：McGraw-Hill，1971；此情景见俄文版《荣耀》第150页（第三十一章），英文版《荣耀》第126页（第三十章）：“他从镜子中看到……他母亲有雀斑的红润的脸上有那种特殊的表情：从她抿紧的嘴唇，但按捺不住的笑意来看，他知道有信来了。”

② 纳博科夫的诗歌《冬夜》(*Winter Night*）刊于1917年3—4月的《俄罗斯思想》(*Russkaya Mysl'*）上；实际上，他之前在期刊上发表过文字（甚至在学校期刊上发表的还不算），诗歌《月的沉思》(*Lunar Reverie*）刊于1916年7月的《欧洲信使报》(*Vestnik Evropy*)。

③ 博利厄（Domine-Beaulieu），邻近法国索利埃斯蓬和土伦的一个农场，1923年。纳博科夫在那儿打工，在农场，他开始给薇拉写信，还写诗歌。

④ 纳博科夫审读《暗箱》的校样，第一部分将登在5月末的《当代年鉴》第四十九辑上。

⑤《我们的时代》(*Nash Vek*）是1931—1933年间在柏林发行的俄语周报，代之以停刊的《舵》，由纳博科夫的一些熟人编辑，如尤里·奥夫洛斯莫夫、萨韦利·谢尔曼。

⑥《包法利夫人》(*Madame Bovary*，1856)，福楼拜（Gustave Flaubert，1821—1880）的小说。

⑦ 即“斯基特·波耶托夫”(Skit Poetov)，布拉格的一个文学团体，1930年纳博科夫参加这一团体的聚会。

*　*　*

VÉNAF

1932年4月7日

布拉格寄往柏林

今天，我和拉耶夫斯基[①]一起去博物馆看新展出的蝴蝶藏品，从那儿，母亲、基里尔和我去谢尔盖·赫森家。顺便问一下，我把钱放哪儿了？啊，在这儿，沙发下。我已经开始怀疑我昨天给汤普森的信的书信体优点了，但我相信你会很高兴这么写，尤其是这样的用语，如好、丰富、温暖等等。罗斯季斯拉夫，穿着粉色外套，蓝色裤子，紫色短靴，正站在门口，依在门楣上，现在他学走路了，像一个醉鬼，想要捡一只球，丢下他的小盒子，又捡起小盒子，丢下球，朝我羞怯地笑笑。鲍克斯很嫉妒，尽管既聋又瞎，当叶夫根尼娅·康斯坦丁诺夫娜抱起罗斯季斯拉夫，它就开始吼叫起来。奥尔加除了象棋，不愿多说。她丈夫一味沉默，他个人风格上是如此老派，奥尔加夸张地说，用化妆品、穿艳丽的衣服，简直让人厌恶。结果是，她不用唇膏，他不需要安全刀片，既然他用一般的刀片刮脸。我的感冒几乎全好了，天气令人绝望。寒风刺骨，天色阴沉。我穿了两件毛衣。我会把福楼拜，还有足球鞋带回来。今年夏天我们去保加利亚。安排好了。请代我吻阿纽塔。我担心那位女房东，趁我不在，就去找你，说个没完没了。买了几张20芬尼的邮票，马上写信。我想知道，比如，你身体是否健康。

*　*　*

VÉNAF

1932年4月8日

布拉格寄往柏林

我可以再给你写信谈鸟和动物。昨天，拉耶夫斯基和我去博物馆，但因为普

① 拉耶夫斯基（Nikolay Raevsky，1894—1988），昆虫学家和普希金学者，二战后被遣返苏联。他写有回忆录。

希金展在楼下大厅举行，我的印象有些模糊。[①] 业余摄影——浮华的果戈理拿着手杖在罗马与俄国艺术家在一起，一只非凡的鸟——撒克逊王天堂鸟[②]，对此我两年前就给你写信说过。在同样蓝色的纸上，"亲爱的奥蒂莉亚"的原型[③]，彼得堡老城迷人的几何景观，及一只浅亚麻色的啮齿动物，其背部粘着一层稻草，这是穿山甲[④]。一个披着斗篷的家伙。我的感冒好些了，但天气阴沉而寒冷。我读加兹达诺夫的小说，[⑤] 写得很弱。我对有关长条校样的电报很不高兴。我当然退回去了。

我们没有去谢尔盖·赫森家，他病了。我们周日再去。昨天，柯瓦列夫斯基和我一起下棋，赢了鲍里斯·弗拉基米洛维奇[⑥]。母亲告诉我她参加罗里奇家庭[⑦]降神会的趣事。布拉格的日常生活可怜而又肮脏。但奇妙的是，我妹妹和我弟弟意外地保持着心灵的纯洁。母亲精神饱满，叶夫根尼娅·康斯坦丁诺夫娜也没有失去信心。我刚读了《最新消息》上一篇最愚蠢最粗俗的文章，它是阿达莫维奇写的，论劳伦斯的最愚蠢最粗俗的小说。一个性变态评论另一个性变态[⑧]。现在我

---

① "普希金和他的时代"，1932 年由布拉格国立博物馆展出。

② 撒克逊王天堂鸟（Pteridophora alberti）。

③ 即阿黛尔·赫迈尔·德·赫尔（Adele Hommaire de Hell，1817？—1871？），法国旅行家、作家，同他的丈夫、地理学家泽维尔·赫迈尔·德·赫尔（Xavier Hommaire de Hell，1812—1848）著有一部游记《里海、高加索、克里米亚和俄罗斯南部游踪》（*Les steppes de la mer Caspienne，le Caucase，la Crimee et la Russie meridionale*）（巴黎：1843），成为维亚泽姆斯基（Pavel Vyazemsky，1820—1888）文学虚构的主题，维亚泽姆斯基是普希金的朋友，作家彼得·安德烈耶维奇的儿子。维亚泽姆斯基先在他的文章《莱蒙托夫和赫迈尔·德·赫尔夫人在 1840 年》中写到她，文章刊于《俄罗斯档案》（*Russkiy arkhiv*），1887 年 9 月，第 129—142 页。1933 年，维亚泽姆斯基所编《赫迈尔·德·赫尔的快乐与回忆》（*Pis'ma I zapiski Ommer de Gell*）出版（列宁格勒：Academia，1933）。"书信"中提到普希金，并描述了赫迈尔·德·赫尔与莱蒙托夫之间的一段感情。此书出版后，1934 年 5 月，普希金学者莱纳（N.O.Lerner）在一篇文章中加以驳斥并披露了维亚泽姆斯基的作者身份。之后不久，波波夫（P.S.Popov）发表了一篇更详细的文章，解密赫迈尔·德·赫尔，见《新世界》（*Novyi mir*），1935 年第 3 期，第 282—293 页。

④ 原文 Chlamydophorus truncatus，粉红色的童话般的犰狳。下一句，纳博科夫在希腊语 chlamys（斗篷）和俄语 khlamida（外套、斗篷）上玩文字游戏。

⑤ 加兹达诺夫（Gayto Gazdanov，1903—1971），俄国侨民作家和文学批评家，他的短篇小说《幸福》（*Schast'e*）刊于《当代年鉴》第四十九辑（1932 年 5 月），第 164—202 页，同期有纳博科夫的《暗箱》的开头几章。这篇小说在阿达莫维奇评《暗箱》的文章中也提到了，见《最新消息》，1932 年 6 月 2 日，第 2 页。1935—1936 年间，评论家开始比较纳博科夫和加兹达诺夫：如阿达莫维奇评《当代年鉴》第五十八辑的文章，他认为，"读西林之后再读加兹达诺夫，是一种真正的放松：一切回归原位，我们不再身处监狱、疯人院和在真空中，我们回到了常人中间……"（《最新消息》，1935 年 7 月 4 日，第 3 页）

⑥ 即佩特凯维奇。

⑦ 罗里奇（Nikolay Roerich，1874—1947），俄国画家、神秘主义哲学家、探险家。1920 年，罗里奇一家，包括他儿子尤里·尼古拉耶维奇开始在家里举行降神会。

⑧ 阿达莫维奇评劳伦斯小说《查特莱夫人的情人》（*Lady Chatterley's Lover*，1928）的俄译本（列什申科译，柏林：Petropolis，1932）：《论劳伦斯小说》，《最新消息》，1932 年 4 月 7 日，第 3 页。纳博科夫显然根据小说书名判断，如《儿子与情人》（*Sons and lovers*，1913）、《恋爱中的女人》（*Women in Love*，1920），劳伦斯是个同性恋者。

要给阿纽塔写信。他们不让我今天写，所以这封信写得像是马赛克。

* * *

VÉNAF

1932年4月11日

布拉格寄往柏林

我们去了谢尔盖·赫森家。那个令人难以忍受的话痨普列特涅夫[①]和从哈佛来的讨人喜爱的卡波维奇[②]教授也在那儿。总之，布拉格是个极其丑陋的城市。在其古老的博物馆，比如说，在某个阴暗、逼仄，五百年历史的古塔里，有着乌鸦般的东西。这儿的教堂承载着数世纪的重负，失去了风采，而对于房屋、混杂的人群、商铺和市民的嘴脸则无话可说。昨晚又遭到攻击。[③]天气暖和起来，但风仍然强劲。尘土飞扬。士兵在营地里踢足球。麻雀在公园草地上跳跃。对我来说，街上光景恍如镜中景象。知道我说什么吗？右似乎是左。在电车车站，有着大而圆的蓝紫色路灯，这种路灯我在信中曾经说起过。听着：

仿佛响起天堂的钟声，
犹如累月经年最天然的珍珠，
如果牧师失去了理智，
众人则很清醒，
他便与他们一起
带着气恼的祷告跪下来，
为了那些既驯化又难看的老虎，
那些舞蹈着的狗和熊，

① 普列特涅夫（Rostislav Pletnev，1903—1985），文学学者，批评家，布拉格查尔斯大学教授。

② 卡波维奇（Mikhail Karpovich，1888—1959），前政治活动家和社会革命党成员，如今成了一位俄国历史学家。1940年纳博科夫一家到达美国后，他们与卡波维奇夫妇成了好朋友。

③ 指臭虫。

那些可怜的瞎眼的瘦马，

还有那些被捕猎的小野兔。

拉尔夫·霍奇森[1]的诗。我想要译出来，但至今未能如愿。一首可爱的诗。我会带些书回来。我的手指还疼，也肿得厉害。我得重重地敲它一下。我也会给你带去顽固的还没有好透的感冒。“za sobak I medvedey uchyonykh/tigrov unizitel’no ruchnykh/ I petlyashchikh zaychikov I v shakhtakh/ loshadey slepykh.”[2]

昨天，有人来访，是西科尔斯基，以及另一个乌克兰人，沃尔孔斯基[3]，他欲求婚而苦恼。[4]他至今还不敢提出来。他昨天领了圣餐，但这无济于事。他们装了电子门铃。我周六晚回来。我想是 11 点。我会弄清楚。为我准备丰盛的晚餐。我一回去就要坐下来写那部小说，小说的句子已经在我头脑里奔腾。给我写些什么。我对面的墙上有幅水彩画——米斯霍尔和雅尔塔之间的沙皇之路。[5]那儿真是有非同一般的韵味。我在那儿第一次捉到了朴喙蝶[6]。桌子上，顺便说一下，有一块我们从卫城[7]偷来的圆形大理石。你怎么想，也许这样更好：“I slepykin loshadok—uglekopov/I zatravlennykh zaychikh”？或也许这样：“za malenkikh presleduemykh zaitsev/ I shakhtennykh oslepshikh loshadey.”告诉我你最喜欢哪种。8 点，基里尔和我要在博物馆碰头去“斯基特”。

---

① 拉尔夫·霍奇森（Ralph Hodgson，1871—1962），英国诗人：引自《天堂的钟声》(*The Bells of Heaven*)，《诗集》（*Poems*，1917）

② 此处和下文是纳博科夫对霍奇森诗歌的俄译，并插进了信中。

③ 不详。

④ 向埃琳娜·纳博科夫求婚，她那时已与第一位丈夫彼得·斯库尔雅利离婚。

⑤ 米斯霍尔（Miskhor），现为克雷兹（Koreiz）的一部分，位于克里米亚河畔，加斯帕拉以西约一英里，在雅尔塔的东南方。可能是波尔（Vladimir Pohl’）的风景画（见后面 1932 年 11 月 11 日信），后来此画由埃琳娜·西科尔斯基从她母亲那儿继承。

⑥ 欧洲喙蝶（snout butterfly）。

⑦ 1919 年，纳博科夫一家在逃离克里米亚之后，4—5 月间逗留在希腊，之后去了伦敦，他们在伦敦待了一年，然后父母同年幼的孩子移居柏林。

* * *

VÉNAF

1932年4月12日

布拉格寄往柏林

实际上，我应该20号回柏林：歌德纪念晚会，但我乐于避开。① 明天我会去警察局打听我能否在这儿再待上四五天。我的签证16号到期，要是可能的话，我会20号或21号返回，但无论如何，不会更晚了。你应该看到当我说想再待几天时母亲多么喜悦。昨天，我在“斯基特”。一道狭窄的石头阶梯，这是戈洛文② 的工场。沿墙是一些疑似雕塑品，光线暗淡，他们都坐在某种低矮的板箱上，有茶，矮个的博姆③ 坐在一张小桌子旁，看上去像个扎迪克④。朗读者是个名叫马科维奇⑤ 的人，一个红脸的年轻人，他读了一篇矫揉造作的小说。比如：“她通过她的睫毛拉住他”、“一个侍者看上去仿佛他刚吞了一把米尺”——章节的标题则这样：《碧波上的金发女郎》或《蓝色浪漫主义之风》。这个可怜的家伙挨了一通批评。之后，一位诗人，曼斯韦托夫⑥，留着长发，脸色苍白，目光呆滞，读了几首短诗，用了一些帕斯捷尔纳克式的短语，如“随意地”、“盲目地”、“秘密地”、“喝彩”，诸如此类。之后，女诗人阿拉·戈洛维纳⑦ 用细小的声音读她那些优雅的、玩具似的诗歌。就这些。霍赫洛夫⑧ 也在场。他准备夏天去俄国。女诗人拉索斯⑨，我们最好的抒情诗人的女儿，顺便说一下，他死于一次中风（享年六十四岁），女诗人笑

① 1932年4月20日，柏林的俄国作家和记者纪念歌德去世一百周年。

② 戈洛文（Aleksandr Golovin，1904—1968），雕塑家。

③ 博姆（Alfred Boem），文学研究者，“斯基特·波耶托夫”（Skit Poetov）创办人。

④ 扎迪克（Tzdic），犹太传统中的“义人”。

⑤ 马科维奇（Vadim Morkovich，1906—1973），小说家和诗人、文学史家。

⑥ 曼斯韦托夫（Vladimir Mansvetov，1909—1974），诗人、记者。1939年，他移民到美国，1940—1943年，他为《新俄罗斯词语》（*Novoe Russkoe Slovo*）工作，这是一份自1910年起在纽约发行的俄语日报，他后来为《美国之音》（*The Voice of America*）工作。

⑦ 即阿拉·戈洛温（Alla Golovin，1909—1987），诗人，雕塑家亚历山大·戈洛漫（Aleksandr Golovin）的妻子。

⑧ 霍赫洛夫（German Khokhlov，1908—1938），诗人、文学批评家。1934年回苏联俄国后，被捕并作为“恐怖组织成员”遭处决。

⑨ 拉索斯（Tatiana Klimenko-Rathaus，1909—1993），诗人、演员。

容可掬地问我，我怎么看待维姬·鲍姆[①]。我一个人回家，因为基里尔送他的朋友臻雅·赫森[②]回家。今晚，我会在家读《嘴唇》。现在我想去邮局把那些选文寄走。我读不懂《最新消息》上伊凡·阿历克塞维奇的那些出色的小短篇。[③]你呢？我的感冒好了。天很冷。刮风。时晴时阴。你是否知道，在包法利夫人的时代，仙人掌很流行，跟今天一样。昨天，斯库尔雅利又来看我们。他带来了伏特加、茶、一罐五香鲱鱼，还告诉我们美国人如何发明一种方法捕捉和收集闪电。[④]我和他时不时下盘棋。我归心似箭，但你是对的，我自己也觉得应该多待几天（就一两天）。

* * *

VÉNAF

1932年4月14日

布拉格寄往柏林

你喜欢《最新消息》上的那篇文章吗？这已经是那个神秘的“常人”[⑤]的第二篇文章了。我觉得写得相当不错。我选文寄走了。昨天我读了《嘴对嘴》。他们喜欢这篇东西。

我今天给德累斯顿写信。母亲和我今天想去看阿尔特舒勒[⑥]，明天，我们会去申请签证。我得说，那个西科尔斯基，他开一辆带跨斗的摩托车，他今年的收入只有去年的一半，虽然他整夜忙着。[⑦]白天通常没有人坐这种车。天气阴沉和寒冷。我穿了两件毛衣。我身体还好，但手指疼。我得让阿尔特舒勒看一下。下面是我曾告诉过你的一首旧诗。没什么特别，但写得还不坏。

---

① 维姬·鲍姆（Vicki Baum，1888—1960），奥地利畅销小说家，最著名的小说是《人在旅馆》（*Menschen im Hotel* 1929），1932年拍成电影《大饭店》（*Grand Hotel*）。纳博科夫在《塞巴斯蒂安·奈特的真实生活》（*The Real Life of Sebastian Knight*）中戏拟了《大饭店》的情节模式，并在尚未出版的康奈尔大学讲稿（《可怕的东西》）中加以批评。

② 即叶甫根尼·赫森（1910—1945），诗人，斯基特·波耶托夫团体成员，约瑟夫·赫森（Jesoph Hessen）的孙子。

③ 即布宁的短篇《篝火》（*Kostyor*）和《希望》（*Nadezhda*），《最新消息》1932年4月10日。

④ 可能指尼古拉·特斯拉（Nikola Tesla，1856—1943），塞尔维亚裔美国物理学家和发明家，1931年他出现在《时代》杂志的封面上。

⑤ 1932年，《最新消息》发表米哈伊尔·奥斯沃琴的小说《斯维采夫·弗拉泽克》（*Sivtsev Vrazhek*）的几个章节，该书叙述了革命后俄国知识分子的生存状态。这些章节署名“Obyvatel”，意为“常人”、“俗人”。

⑥ 纳博科夫母亲的一位医生朋友。

⑦ 摩托车收费通常比出租车便宜。

十字架，十字架，我在梦中
看见了墓园十字架清晰的轮廓。
没有悲伤，没有悲伤，只有期待，
还有甜美的风带来春天的信息。
在周边窃窃私语中，
那如花一般呼吸，绽放，
当十字架缓缓伸起它们的手臂，
是枝繁叶茂的树，不是十字架。

博利厄，1923 年 6 月 7 日 [①]

你可以给赫森 [②] 打电话，告诉他我得待在布拉格，因而我不能参加歌德庆祝活动。别说我哪一天到，虽然有可能 [③]20 号回去，是的，肯定是 20 号，但我不想心急慌忙 [④]。请照此办理。下面是另一首很久前写的小诗。

我统治着一个无形的印度……[⑤]

* * *

VÉNAF

1932 年 4 月 15 日 [⑥]

布拉格寄往柏林

七年前，我们去了登记机关 [⑦]。今天我又在这样一个办公室。我没有办成签证

① 未发表。纳博科夫在 1923 年 6 月 19 日给母亲的信中称此诗为 "十字架"(Crosses)。

② 约瑟夫 · 赫森。

③ 原文是法语。

④ 原文为 "S korablya na bal"，源自戈里鲍多耶夫（Aleksandr Griboedov，1795—1829）的喜剧《智慧的痛苦》(*Gore ot uma*) 中诸多格言之一。

⑤ 薇拉评论："这首诗已发表。诸如此类。后来更糟。" 此诗写于 1923 年 3 月 7 日，发表于 1923 年 4 月 8 日的《今日报》(*Segodnya*)，题为《统治者》(*Vlastelin*)，选入《诗集》(*Stikhi*)，无题，第 125 页；德米特里译，《统治者》(*The Ruler*)，见《诗选》(*SP*)，第 8 页。

⑥ 薇拉记下的日期是 1932 年 4 月 17 日，但信的第一句话表明纳博科夫此信写于 4 月 15 日。

⑦ 德国民事登记办公室。纳博科夫在他们结婚纪念日写此信。

延期。负责此事的职员不在。我得明天上午再来。但不管怎样，一个公务员，他拒绝对我说德语，借口我们两个，他说，都是斯拉夫人，他怀疑我在他的祖国延长逗留的可能性。要是明天他们还想给我找麻烦，我就干脆置之不理，在这儿待到20号，不管以什么方式。也许我会因此在边境遇到麻烦，但我会对付的，我问你，他们竟敢，这些耗子，这些道貌岸然的绅士，竟敢找我麻烦。

昨天在阿尔特舒勒家，我看到了一条迷人而亲切的黑色达克斯猎狗，是他儿子的，他儿子也是个医生。他娶了一个希腊女人，有两个女儿。在一个时尚小区有一套漂亮公寓。他儿子还在实习。我给那位老人看了我疼痛的手指，关节发炎了，夜里压迫的缘故。我们聊天，谈我们在柏林的熟人，我们在克里米亚的亲友。那条达克斯猎狗不愿意被冷落。它要求抚摸。之后，整个晚上我得用手掌感受它光滑的背部。西科尔斯基昨天也来了，谢尔盖·赫森，还有柯瓦列夫斯基夫妇也从他们的公寓过来。他白里透红的圆脸，年纪不大就秃了顶，戴了副无框的夹鼻眼镜，穿着睡衣，病恹恹的（胃溃疡）。她很美，说话带喉音，含情脉脉。我给穆尔曼[①]写过信，但我担心*白费力*[②]。我会带给你全部的书信、福楼拜作品和吉皮乌斯的《人类的面貌》[③]。这是一部混乱的长诗，但有些部分令人惊讶，很有创意。比如这个诗节："如果你依然不信，让我们去海上，撒下一张网，满满一网的鱼就是回答。犹如奴隶，无需争论，我们向海浪撒网，我们欢欣，我们的渔网沉甸甸、胀鼓鼓，黑压压，满网的鱼。"你不认为这很棒吗？我怂恿母亲读乔伊斯。但不幸的是，这儿读不到乔伊斯。公共图书馆没有他的书。除了捷克文译本。我能想象那个译本有多糟。除了我提到的那些，昨天来的还有瓦斯克，一个捷克老处女，她以前住在母亲家里。[④]基里尔迷恋的对象，伊洛契卡·弗冈[⑤]也说要来，但没有露面。我要写一本非常和谐非常简单的书。但至今，我只想到大的轮廓，有一种愉快而又悲伤的感情。啊，为了可怜的《暗箱》，我如何才能抓住它。理应非我莫属。老天爷，我多么想吃橙子啊。他们在这儿吃得不多，但最悲

①④ 不详。

② 原文为法语。

③ 吉皮乌斯（Vladimir Gippius，1876—1941），诗人、散文家、批评家，在圣彼得堡的捷尼谢夫学校教纳博科夫文学；《人类的面貌》（*Lik chelovecheskiy*）是首叙事诗（柏林：E pokha，1922）。

⑤ 即伊丽娜·弗冈（Irina Vergun），德米特里·弗冈（Dmitir Vergun，1871—1951）之女，文学研究者、政治活动家、布拉格几所大学的教授。

伤的是我在这儿的时候，他们吃得更好。叶夫根尼娅·康斯坦丁诺夫娜此刻给我拿来一杯咖啡和一只牛角面包，请我转达她对你的问候，说："可怜的宝贝，今天没有你在身边，她会感到多么悲伤。"母亲此时在上课。基里尔在学校里。天气回暖，但天空灰蒙蒙的。你想不到他们多么懒散。①要是你不盯着她，她就会，比如，在用来做汤的罐里洗小男孩的脸，反之亦然。有一天，我见此状况：奥尔加，坐在沙发上，读赫尔岑的一本破破烂烂的小说，而孩子则坐在地上，吸着鲍克斯吃食的锡碗中的什么。要是他们外出，多半是他们觉得罗斯季斯拉夫会待在这儿。

* * *

VÉNAF

1932 年 4 月 16 日

布拉格寄往柏林

蛹从来不像你画的那样挂着，烟也不会这样从那漂亮的小房子里冒出来，但那头小狮子很可爱，还有那只小熊。当然，我周六会在柏林，所以你可以邀请柯热夫尼科夫夫妇②。我很高兴能见到瓦洛佳。

你问起的那部小说涉及一次考试。如此想象一下。一个男人准备驾照考试，内容是城市地理。他的准备和交谈与此有关，当然，他的家庭，人类环境什么的，你知道，第一部分用朦胧的细节写到这些。之后不知不觉地转入第二部分。他进入考试的房间，但这根本不是驾照考试，而是，这么说吧，是有关他尘世生存的考试。他已经死了，他们问他人生的街道和十字路口。而所有这些并无神秘主义的阴影。他在考试中叙述他生活中所能记得的东西，即他一生中最鲜明最持久的东西。那些考官都是久别人世的人，比如，小时候给他做过雪橇的马车夫、他过去的文法学校的老师、他依稀记得的某个远房亲戚。这是我那部小说小小的胚胎。

① 薇拉说："我不知道指谁。"实际上，纳博科夫写的是他妹妹奥尔加和她丈夫佩特凯维奇。

② 弗拉基米尔·柯热夫尼科夫，大学生，1928 年，曾是纳博科夫和薇拉在柏林的学生。

我觉得我对你讲得很糟，但这是硬货，我已经有了。这部小说，还处在感觉的阶段，并不是深思熟虑的东西。

我的好朋友和崇拜者都是粗人，毫无办法。但来自但泽的乐观主义者很可爱。母亲感冒了，她今天卧床休息。我担心这是支气管炎或流感。她心情不佳。这可以理解。反正这儿不好玩，现在又得了感冒。入秋后她第七次感冒了。上午，基里尔和我去警察总部，在那儿我们填了某项内容，你能想到（如他们用捷克话所说），*zhyonka*①。我觉得这通常称作“登记”。周一，他们会延长我的签证至周三。这很棒。以下是我的第二首诗。第一首（最早的）发表在《欧洲信使》或《俄国财富》上，我记不清了。也不记得哪一年。我想是1916年的冬天。下面这首诗发在1917年的《俄罗斯思想》上。此诗很感人。

冬　夜

冬日月夜之宁静
像是天国永恒的呼吸。
空中，清凉的月光十分迷人。
月的光辉祝福着
大街、田野和静谧的树林。
有弹性的滑雪板发出甜蜜的吱吱声，
我修长的身影尾随其后。
成排的菩提树幽灵般地休眠，
悲伤、奇特、蒙上了白霜。
月亮温柔地照耀着雪堆。
帝王般的圆形的白色火焰
注视着被雪覆盖着的平坦的田野。
在落了叶子的灌木丛后，我惊动了一只野兔
它的三爪脚印零乱了平滑的雪地，
它消失了。又归宁静。

---

① 捷克语“妻子，夫人”。

我穿过田野——广阔的——
呼吸着清冽空气。
天空流光溢彩，大地悄无声息。
在死亡和沉睡的静寂中，
在我的灵魂中，我感觉到生命的永恒。

弗·弗·纳博科夫[①]

诗写得很弱，但整个杂志也很弱，登了译自挪威文的一些作品，还有特尔科夫夫人的一部小说《掠夺》[②]，不乏女作家特色的句子，如：

优雅的书页带着小鹿的微笑，
精致的页面步入战争。

母亲刚量了体温，38.2℃[③]，显然是流感。今天这儿天气阴沉。别忘了告诉我你对《嘴对嘴》的看法。我待到周三，为了押韵的缘故。[④]

* * *

VÉNAF

1932年4月18日

布拉格寄往柏林

所以，我后天，周三回去。今天，基里尔会弄清我的那班火车到达的确切时间。我们又到了那个卑鄙的机构，三个粗鲁的官员悠闲地抽着烟。我的护照还在

① 《冬夜》(*Zimnyaya noch*)，《俄罗斯思想》，1917年3—4月，第72页。
② 即阿里阿德娜·特尔科夫-威廉姆斯（Ariadna Tyrkov-Williams，1869—1962），作家、CD党中央委员，第一届杜马代表。特尔拉夫夫人的小说《掠夺》(*Dobycha*）发表于《俄罗斯思想》，1917年6—7月。
③ 华氏（F）100.76°。
④ 俄语"Priedu v sredu"（待到周三）押韵。

那儿。我得再去，周三上午才能拿到，有可能还需要某种邮票。真是一桩让人讨厌、毫无意义的事情。我很遗憾当初选择这样一种做法，但母亲很不安，害怕他们在边境拦住我。她今天感觉好些了，但热度不退。有一天，我重读我译的《艾丽丝漫游奇境记》[①]。有几处译得不错。我记得我译得很快，出现了一些语法错误。插图很粗俗。一本可怜的书。

昨天，那个白痴佩特凯维奇对孩子发飙，就因为打翻了杯子而把孩子揍了一顿。奥尔加哭泣，一再说，“我宁可你来打我”。叶夫根尼娅·康斯坦丁诺夫娜说这不是第一次了。一个阴郁的俗人。“孩子应该惧怕他们的父亲。”领子笔挺，脚(指甲?)很脏。但我希望你能看一下孩子。他很温柔、文静、专注。莎霍夫斯考埃去年夏天曾和费多罗夫捉住几只稀有的蝴蝶，他昨天写信给我。让我们见见，他说，在“炉边”。一次平常的约会。奥尔加知道了大为恼火。[②]我告诉她，要是这让她不爽，那当然，我就不见他。我有什么办法?

你记得我写信给你说起某个叫做普列特涅夫[③]的人。他见过埃琳诺契卡（他们在图书馆共事）后，对她说起我，“自大、英国派头”。他很生气，因为我偏爱的是乔伊斯而不是陀思妥耶夫斯基，也不喜欢列斯科夫。但她还说，他提起我的名字时，拉耶夫斯基脸上有某种外星人的表情。明天上午，他和我要去参观一个昆虫化石的藏品，或就是他们制作的铸型化石。遵循我们古老的威斯特法利亚习俗，我哪天失手打碎一盏灯，就会导致心脏骤停。我想塞瑞扎[④]会来，但今天他来了封信，说他来不了。他得省钱。换句话说，显然是他的男友得省钱。危机。他的男友是个矮个、相当肥胖、四十岁的男人。塞瑞扎，他上次在这儿的时候，给我们看了照片。下面是给你的另一首诗：“我突然听见痛苦的喊叫！有只兔子中了圈套……”那是詹姆斯·斯蒂芬斯[⑤]的诗，但我没法打出来。

我决定不再参加任何足球比赛，我只训练。这很好笑：基里尔刚拿着你

① 即路易斯·卡罗尔（Lewis Carroll，1831—1898）的《艾丽丝漫游奇境记》（*Alice's Adventures in Wonderland*，1865），西林译，S·扎尔舒平插图（柏林：Gamayun，1923）。

② 谢尔盖·莎霍夫斯考埃是奥尔加·佩特凯维奇的第一个丈夫。

③ 见1932年4月11日信。

④ 纳博科夫的弟弟谢尔盖。

⑤ 詹姆斯·斯蒂芬斯（James Stephens，1882—1950），爱尔兰小说家和诗人，这是他的诗《陷阱》（*The Snare*，1914）的头几句。

和阿纽塔的信及发表《暗箱》的《最新消息》进来。[1] 我要和奥尔加的那位坏蛋——如我们在这儿称呼他的——谈谈。《暗箱》今天得寄走。[2] 穆尔曼诺维奇[3] 没有音讯。我不想丢掉阿纽塔的信。即使我不读普希金的《浮士德》[4]，作家联盟[5] 也不会消亡。那就是必须告诉赫森的。要是他认为我打算作演讲，那他就错了。

* * *

VÉNAF

1932 年 4 月 19 日

布拉格寄往柏林

明天（周三）晚上 10 点 20 分到安哈耳特车站接我。你知道，我们不会有德莱斯顿那种事情。[6] 他们宁可将晚会安排在这个周末，等等。虽然我感到遗憾让他们失望了（那封信，我重申，是绝对诚恳的，表示热情欢迎和盛情款待），但我不愿去德莱斯顿。总之，结果是相当的蠢。今天上午我又去了博物馆。我看了蜻蜓、蝉、蚂蚁、蜈蚣的铸型化石，还有透明琥珀中的昆虫木乃伊。母亲，总的来说还好。感谢上帝，没发哮喘。昨晚，因为基里尔不在家，我帮助叶夫根尼娅·康斯坦丁诺夫娜洗碗。

---

① 小说《暗箱》第三章，《最新消息》，1932 年 4 月 17 日。
② 可能指给《当代年鉴》的校样。
③ 先前称穆尔曼（Mulman）。不详。
④ 普希金：《浮士德的一个场景》（*A Scene from Faust*），1825。
⑤ 柏林的俄国作家联盟。
⑥ 5 月 7 日，纳博科夫在德莱斯顿的俄国教堂的地下室朗读了他的作品。

* * *

VÉNAF

1932 年 10 月 13 日

科尔布桑寄往柏林[①]

你有一封莉兹贝特[②]的来信。而我有一封丰达[③]的信，他 14 或 15 号回巴黎。这儿一切照旧。但什么天气！……一个短篇正在成形。你还是将那把指甲锉带走了。吻阿纽塔，问候蒂塔[④]。从巴黎寄信时间有点长。

* * *

VÉNAF

1932 年 10 月 15 日

科尔布桑寄往柏林

我把今天收到的乌尔斯泰因的信转给你。他们要发表《门铃》[⑤]。给克雷尔[⑥]打电话，告诉他我在巴黎。跟雅各布博士[⑦]说一下，同意做缩写。那个译本不管怎样是个僵尸，你可以毫不犹豫地砍掉它。只是我不知道谁来做缩写。克雷尔的信写得很可爱。

现在，说第二件事。尼卡[⑧]让我和本地大书商赫兹[⑨]有了联系，他和格拉塞与

---

① 1932 年 10 月初，纳博科夫的堂弟尼古拉·纳博科夫、堂弟的妻子娜塔莉（Natalya Alekseevna，1903—1988）、堂弟的儿子伊凡（1932— ）受邀去朋友在科尔布桑、靠近斯特拉斯堡的住宅度假。他们邀请纳博科夫和薇拉同行，纳博科夫夫妇和他们一起住了两个月。妻子去柏林之后，纳博科夫又待了几天，后去了巴黎，进行文学朗读及出版联系。

② 莉兹贝特·汤普森。

③ 丰达敏斯基。

④⑦ 不详。

⑤《门铃》(*Zvonok*)，《舵》，1927 年 5 月 22 日，第 2—4 页；收入《肖巴之归》(*VC*)。德文翻译，即使发表，也不知详情。

⑥ 不详，可能是乌尔斯泰因的一个编辑。

⑧ 尼古拉·纳博科夫。

⑨ 赫兹（Paul Hertz，1900—？），和他的妻子苏珊娜，是斯特拉斯堡山雀书店的老板之一。该书店以经营的书籍和对顾客的吸引著称；当地的教师和学生是常客，书店经常举办讲座和艺术展，见雷蒙德·奥布拉克（Raymond Aubrac）：《姗姗来迟的回忆》(*Ou la memoire s'attarde*)，巴黎：Jacob，1996，第 46 页。

法亚尔[①]关系很密切。他对我很感“兴趣”。他答应想办法。实际上，他和他的书商朋友建立一个藏书家协会，从出版商那儿订一百多种定制的“豪华”本——供应给阿尔萨斯的图书爱好者。他答应选我的一本书，而且策划广告，将我的肖像和一部手稿放在书店橱窗里，诸如此类。一个外国作家正是他所需要的。顺便说一下，他需要几篇评论。我们应该寄给他《新文学杂志》上的文章[②]，但首先，我得知道我的书什么时候能出版。把《新文学杂志》的文章，还有《测量》上的一篇文章寄给尼卡[③]，他会转交。另外，我急需弄清我与格拉塞和法亚尔协议的要点。给我写信，求你了。我担心全搞乱了。我明天要去巴黎，周四下午 8 点我会到那儿（可怕的钢笔）。我收到母亲一张神情比较开朗的明信片。她让我去看塞瑞扎[④]，他正在巴黎。

还有一件事，我得到布鲁塞尔的邀请去进行朗读，但条件并不太诱人。俄国犹太人俱乐部筹办这次朗读，但这是娜塔莎的姐姐，马勒夫斯基-马勒维奇[⑤]来信邀请的。她建议我要求获得收入的百分之五十，包括往返旅费，或者直接拿百分之七十五。除了他们，安特卫普俄国社团也邀请了我。我今天会给她写信。会提出这一还价。我到达布鲁塞尔的时间还得与在斯特拉斯堡的朗读协调，这件事尼卡会再跟赫兹商谈。一般来说，这一切都需要等我从巴黎回来才能确定。就是昨天，我在斯特拉斯堡时，我理了发，修了表。一辆电车里有张很有特色的大海报：“动物保护协会”[⑥]，这意味我们无缘无故感到不安。

与此同时，如我所说，结果是，我提及的藏书家协会头面人物周四晚上要来吃饭，所以我周五上午要去巴黎。一封可怕的商业信函。今天晴天，一只懒散的

① 这是两家法国出版社，格拉塞（Grasset）成立于 1907 年，法亚尔（Fayard）成立于 1857 年。

② 安德烈·勒万松：《V·西林和他的棋手》（*V.Sirine et son joueur d'echecs*），《新文学杂志》（*Nouvelles litteraires*），巴黎，1930 年 2 月 15 日，第 6 页。纳博科夫将于 1932 年 11 月见勒万松。

③ 虽然纳博科夫 1937 年在《测量》（*Mesures*）发表文章，但此时作为期刊还不存在。他显然想到的是格莱布·斯特鲁夫的批评文章：《魔术小说》（*Les Romans-escamotage*），《岁月》（*Le mois*），巴黎，1931 年 4—5 月，第 41—152 页。（薇拉在解释这一情况时说：“《岁月》还是其他什么刊物，不清楚。”）

④ 纳博科夫的弟弟谢尔盖。

⑤ 即季娜依达·沙霍夫斯科伊（Zinaida Shakhovskoy，1906—2001），作家、文学批评家，嫁给马勒夫斯基–马勒维奇（Svyatoslavovich Malevsky-Malevich，1905—1973）。1930 年代，沙霍夫斯科伊夫人是纳博科夫的朋友和坚定的支持者，但后来关系不佳，尤其是对薇拉抱有敌意。她对 BB 承认，她写了《寻找纳博科夫》（*In Search of Nabokov*），巴黎：Presse libre，1979。“反对薇拉。要是你这么说，我加以否认。”见《纳博科夫传：俄罗斯岁月》（*VNAY*），第 397 页。

⑥ 原文为法语。

Io[①] 栖息在一枝凋零的紫苑上。多么讨厌的刀片，要是你正好记得，请随信寄片刀片来，否则修面如同刑罚。

* * *

VÉNAF

1932 年 10 月 17 日

科尔布桑寄往柏林

首先，我不会忘记。那位老夫人是莫里斯·葛兰内利夫人[②]。按你的要求，我在巴黎过马路很小心，我是周二到的。我收到丹尼斯·罗什[③]一封可爱的来信。他感谢我对他的称赞，乐于跟我见面，等等。我觉得你没有看懂獴和蛇的照片。你看见獴，或狐猴，它总是杀蛇。这是它的激情、责任和习性。一般来说，它是一种很可爱和温柔的小动物，但当它见到蛇，就变得狂暴，之后它翩翩起舞庆祝胜利。[④] 还没有灵感。我担心去巴黎前写不出什么来。这儿很冷。你知道，我似乎忘了把丽莎的信放哪儿了，但信中没有什么要紧的，是吧？我会再找找。葛兰内利夫妇请了一位邻居共进晚餐。她问了很多你的情况。我救了老鼠，厨房里有很多。仆人抓住它们：起先她要杀死一只，但我拿过来，带到花园里，放它自由了。此后，所有的老鼠都被带到我这儿，还哼的一声："我可什么也没看见。"[⑤] 我已经用这种方式放了三只老鼠，或许始终是那一只老鼠。它不愿待在花园里。

我不明白为什么母亲不写信。真是心痒难熬，多么想坐下来写一个短篇，但时机还不成熟。我还在想俄国贵族的法语，"别在仆人面前说"[⑥]，玫瑰丛书[⑦]，家庭

---

① 孔雀蛱蝶（Peacock Butterfly）。

② 葛兰内利家族几代人生活在科尔布桑。纳博科夫夫妇住在亚历山大和安托瓦内特·葛兰内利家中。

③ 丹尼斯·罗什（Denis Roche，1868—1951），法国作家，将俄文的《防守》《眼睛》和《菲雅塔的春天》译成法文。

④ 狐猴（mongoose）是吉卜林短篇小说 *Rikki Tikki Tavi* 的同名主人公，见《丛林故事》（*The Jungle Book*，1894）。

⑤ 原文为德语。

⑥ 原文为法语。

⑦ 1856 年以来，阿谢特出版社（Hachette）出版的法文儿童系列图书。纳博科夫提到其中的几本，如《苏菲的痛苦》（*Les Malheurs de Sophie*）、《八十天环游地球》（*Le Tour du Monde en Quatre Vingts Jours*）、《小东西》（*Le Petit Chose*）、《悲惨世界》（*Les Miserables*）、《基督山伯爵》（*Le Comte de Monte Cristo*），见《说吧，记忆》（*SM*），第 105 页。

女教师，法国诗歌。我读，即重读亚历山大·费奥多萝芙娜致沙皇的信。[1] 总体而言，很让人感动。他们彼此相爱，但就政治观点而言……顺便说一下，你趴或半卧在阿纽塔的沙发上，可能读过《最新消息》上有关勃洛克，有关他的书信。[2] 你知道那个勃洛克有犹太血统吗？在尼古拉的军队 [3] 中叫做布洛赫士兵。那让我感到有趣。我在巴黎会尽力而为。吻阿纽特契卡。

* * *

VÉNAF

1932年10月22日

巴黎寄往柏林

从斯特拉斯堡到巴黎，一路风景如画，十分迷人。山丘披满了铁锈红色或绿色的植物。层层叠叠犹如卷曲的木樨草。我下午5点到的。安顿在尼卡的虽小但很舒适的公寓里。我刮脸，换衣，去一家咖啡店，在那儿给丰达敏斯基打电话，7点半，我已经到了他的住处。津济诺夫 [4] 也在那儿，但他的妻子出门去了。[5] 随后克伦斯基 [6] 到了，看上去像个上了年纪但仍然精神饱满的演员。他说话很响，透过他压在左眼的长柄眼镜看我。我们坐下来交谈。一个委员会成立（丰达、津济诺夫、阿尔达诺夫及其他人）以筹办我的朗读会。

丰达得参加《当代年鉴》的一个会议，我后来在维什尼亚克 [7] 家才见到他。在那儿，我见到维什尼亚克（口音很重，雅典卫城的开放时间表，“现在说一下

① 费奥多萝芙娜皇后（Tsarina Fyodorovna，1872—1918），俄国末代皇帝尼古拉二世（Nicholas II，1868—1918）的妻子。纳博科夫的父亲从英文原件将书信译成俄语（柏林：Slovo，1922）。

②《勃洛克给家人的书信集》(*Pis'ma k rodnym*）第一卷，出版于1927年；第二卷刚出版，由别克托夫（M.A. Beketov）和戴斯尼特斯基（Vasily Desnitsky）编辑，莫斯科，列宁格勒：Academia，1932。

③ 沙皇尼古拉一世生于1796年，1825—1855在位。

④ 津济诺夫（Vladimir Zenzinov，1880—1953），社会革命党的重要人物，纳博科夫父亲在俄国时的朋友。流亡后，他先居住布拉格，后来在巴黎，在《当代年鉴》编辑部工作，最后于1939年去了美国。

⑤ 丰达敏斯基的妻子，阿玛莉亚·丰达敏斯基（Amalia Fondaminsky，1882—1935）。

⑥ 克伦斯基（Aleksandr Kerensky，1881—1970），社会党人政治家，第二届临时政府（1917）总理，1918年流亡。

⑦ 维什尼亚克（Mark Vishnyak，1883—1975），前社会革命党人，现在是《当代年鉴》的编辑。

我”)、文静的卢得涅夫[①]、皮肤黝黑的德米多夫[②]，还有阿尔达诺夫，他现在看起来很魁梧[③]，像舍尔曼。每个人对我都很友好。《暗箱》获得了意想不到的成功。根据丰达的说法，甚至季娜也喜欢这部作品。[④]克伦斯基握着我的手，一时没说话，然后戏剧性地轻声说，“令人吃惊”。今天有一大堆事。我现在要去喝咖啡，随后给苏佩维埃尔[⑤]打电话，给科克托[⑥]写信，之后是《最新消息》，和阿尔达诺夫见面，诸如此类。尼卡和娜塔莎对我真好。她们暗中给我准备了各种在路上吃的美味食品。我在这儿什么都不缺。

* * *

VÉNAF

1932 年 10 月 24 日

巴黎寄往柏林

众多活动继续进行。昨天我打电话给苏佩维埃尔，今天上午 11 点要去拜访他。现在还早[⑦]，一……[⑧]普鲁斯特式的早晨。我寄出给科克托的信。打电话很难找到他。据说警察监视他，要弄清楚他没有组织吸食鸦片，所以他的电话老是忙音。[⑨]昨天，我在一家俄国小餐馆午餐，那儿的客人坐在吧台前的凳子上。之后我去了编辑部。他们的接待让我感动。我见到了拉丁斯基。[⑩]他很可爱，有一张朴素的脸。他的工作是电话接线员。又见到了阿尔达诺夫和德米多夫。我们三个

---

① 卢得涅夫（Vadim Rudnev，1874—1940），曾是著名的社会革命党领导人，纳博科夫父亲的朋友，现在是《当代年鉴》的编辑。

② 德米多夫（Igor Demidov，1873—1946），政治家、记者、第四届杜马代表，《当代年鉴》的副主编。

③ 原文为法语。

④ 季娜依达·吉皮乌斯（Zinaida Gippius，夫姓 Merezhkovsky），据纳博科夫回忆，她 1916 年告诫纳博科夫的父亲：“请告诉我，我永远成不了一个作家。”（《说吧，记忆》，第 238 页）

⑤ 苏佩维埃尔（Jules Supervielle，1884—1960），法国诗人，小说家，剧作家。

⑥ 科克托（Jean Cocteau，1889—1963），法国诗人，小说家，剧作家。

⑦ 薇拉的话：“我不清楚。”

⑧ 字迹不清。

⑨ 也就是说，他把电话搁了起来。

⑩ 拉丁斯基（Antonin Ladinsky，1896—1961），诗人。

下楼喝咖啡。波尔亚科夫[①]，沃尔科夫[②]，等等。之后一个相当漂亮的少妇露面了(虽然她的暴牙让她大为逊色)，结果她竟是贝蓓洛娃[③]，她和我去了咖啡店。她说话有些俗气。她详细告诉我她与霍达谢维奇的分手。[④]暗示他生活中出现了某双灰色眼睛。她说，我根据伊凡诺夫[⑤]写的讽刺短诗收进“十字路口”团体[⑥]的专辑里，她对我的想象正是如此，“有点棕褐色”。过了一会儿，我得走了。我回了家。路上我在一家俄国商店买了一些点心什么的。晚餐后，我去参加堂·阿米纳多家[⑦]晚会。他给我一张戏票。我和阿尔达诺夫坐在一起。劳斯[⑧]宣布幕间休息，他穿着燕尾服（显然是租来的，因为他的燕尾服和他的头衔——都很糟糕），你记得，他来看过我。顺便说一下，他在家里给我提供一个房间。但这个晚会实在乏味。听众就是柏林的那些人。同样那些女士，其中的阿达莫夫夫人[⑨]邀请我去她家。所有这些都很令人压抑。他们那种旧刊《最新消息》上的幽默提不起我们的兴致，但当然，感谢天主，晚会早早结束了。今天上午，我给你写信，也收到了你的两封信。我会写信去谢谢弗鲁姆金[⑩]。你代母亲把一个包裹给了S.G.[⑪]，这很

① 波尔亚科夫（Aleksandr Polyakov，1879—1971），记者、秘书，后成为《当代年鉴》副主编。

② 沃尔科夫（Nikolay Volkov，1875—1950），前CD党成员，第六届杜马代表，在巴黎，是《最新消息》的总经理。

③ 贝蓓洛娃（Nina Berberova，1901—1993），作家，记者。

④ 霍达谢维奇和贝蓓洛娃的婚姻维持了10年。他们于1932年分手。

⑤ 伊凡诺夫（Georgy Ivanov），诗人，据说纳博科夫记下霍达谢维奇在专辑中写伊凡诺夫的讽刺短诗，并于1931年春天把短诗寄给格列布·斯特鲁夫和丰达敏斯基（《纳博科夫传：美国岁月》，第370页；马里科娃，第512、616页）。这首短诗直译后收入安德鲁·菲尔德（Andrew Field）的《纳博科夫的艺术人生》(*Nobokov: His Life in Art*)(波士顿：Little and Brown，1967，第379页)，纳博科夫意译如下：“骗子中没有再狡猾的坏蛋了/在整个杂志圈中！/你如此诅咒谁啊？/哦，约翰逊、史密森/我所在乎的……/但这位史密森，他是谁？”

⑥ “十字路口”(Perekrestok)是巴黎的一个文学团体，由接近霍达谢维奇的一些诗人组成，有别于乔治·阿达莫维奇的圈子和以他为代表的“巴黎笔记”(Paris Note)诗歌流派。诗人斯莫伦斯基（Vladimir Smolensky）、克努特（Dovid Knut）、曼德尔斯塔姆（Yury Mandelstam）和拉耶夫斯基（Georgy Raevsky）属于这一团体。1930年，该团体出版了他们的诗集*Perekretok: Sbornik stikhov*（巴黎：Ya. Povolotsky，1930）。

⑦ 堂·阿米纳多是什波利扬斯基（Aminodav Shpolyansky，1888—1957）的笔名，他是个讽刺诗人。

⑧ 劳斯伯爵（Nikolay Rausch von Traubenberg，1880—1943），与纳博科夫有姻亲关系，纳博科夫的姑妈尼娜·纳博科夫1880年嫁给了劳斯伯爵的叔父叶夫根尼·劳斯伯爵（Evgeny Rausch von Traubenberg）。革命前，他在俄国宫廷任职。

⑨ 可能指娜杰日达·阿达莫夫，医学博士，米哈伊尔·阿达莫夫（Mikhail Adamov，1858—1933）的妻子，律师，塔塔里诺夫的亲戚（见1932年10月28—29日信）。

⑩ 弗鲁姆金（Yakov Frumkin，1880—1971），律师，曾是纳博科夫父亲的朋友。1940年，作为纽约犹太人救助组织的主席，他帮助纳博科夫一家获得了从圣纳泽尔到纽约的难民船的船票。

⑪ 可能指谢尔盖·赫森，“Gessen”是俄语中对姓名“Hesesen”的直译，也可能指索菲亚·赫森，乔治·赫森的妻子。纳博科夫在与赫森的通信中称她为S.G.（见叶夫根尼·贝劳杜布洛夫斯基编：《弗拉基米尔·纳博科夫与格列布·斯特鲁夫、K·格斯南的书信》，《星星》第4期，1999）。

好。我还没有机会去看泽约卡[①]。我在等斯特拉斯堡和比利时的消息。我今天打电话给莉扎薇塔[②]。说好明天下午7点我和他们共进晚餐。我很喜欢利穆赞的诗歌。[③]我仍在写那篇小说，所以，我今天上午在苏佩维埃尔家。他瘦长，看上去像一匹马。我们谈论文学。他答应周五把我介绍给波朗[④]，他是《新法兰西杂志》的编辑。他乐于助人，周二上午我会带《防守》[⑤]再去看他。他热切而又得意地谈他自己的作品，但总的来说，他很有魅力。我从拉纳大街走回家。气候宜人，天空褐青色。我在一家俄国餐馆用了午餐，想起要给尼卡写信，就从那儿去了一家咖啡店。他们给了我一张纸，原来纸上有圆形建筑的图案。3点，我去找丰达谈晚会的事。我遇到阿玛利亚·奥丝波夫娜[⑥]以及一位很友善的上校。亲爱的，他们有一只怎样的猫！珍稀之物。是暹罗猫，深米色，或者灰褐色，有着巧克力色的爪子和同样颜色的尾巴。另外，他的尾巴较短，所以它的臀部像小狗，或更像袋鼠的臀部，颜色也像。短毛特别柔软，皱褶处有着某种很淡的斑点，灵活而清澈的眼睛随着夜晚的降临而变成透明般的绿色，它走起来有种优雅的温柔，一种美妙的款款而行。一只神奇、非凡的猫，又如此娴静——不清楚它在看什么，蓝宝石的眼睛水灵灵的。在那儿我直接给莉兹贝特打电话，当我在茶桌前再次坐下来，阿玛利亚·奥丝波夫娜，一位丰满的老妇人，很文静、很和蔼，她默默地递上我给斯捷潘[⑦]的信，信中是关于她将《尼古拉·佩列斯莱金》译成英语，[⑧]很戏剧性。斯捷潘说我不知道是谁的译作，我假装很惊奇，大家都开心地笑起来。所以皆大欢喜。5点左右，我去看霍达谢维奇。郊外的一座狭小、凌乱、有异味的小公寓。霍达谢维奇看上去像一只猴或甚至像阿恰瑞亚[⑨]，所有印度人的动作都这样，那些玩笑并不很有趣，他说话粗声粗气，而内心多半有些苦涩，他身体单薄，他对

---

① 纳博科夫的好朋友乔治·赫森（Georgy Hessen，1902—1971）的外号，他是翻译家、影评家，到美国后，又是口译者，约瑟夫·赫森的儿子。

② 莉兹贝特·汤普森。

③ 可能指利穆赞地区行吟诗人伯特郎·德·普恩（Bertran de Born，1140—1215？）及其他诗人，如贝尔纳·德·旺塔杜（Bernart de Ventadorn，1130—1190？）。纳博科夫在剑桥大学研究过法国中古文学。

④ 波朗（Jean Paulhan，1884—1968），法国小说家，文学批评家，出版家。

⑤ 即《防守》（*Zashchita Luzhina*），1930年在《当代年鉴》和《最新消息》上连载，德国：Slovo，1930。

⑥ 伊利亚·丰达敏斯基的妻子。她因肺病去世后，纳博科夫撰文回忆，见《纪念阿玛利亚·奥丝波夫娜·丰达敏斯基》（*In Memory of Amalia Osipovna Fondaminsky*），巴黎：自费出版，1937。

⑦ 斯捷潘（Fyodor Stepun，1884—1965），哲学家。

⑧《尼古拉·佩列斯莱金》（*Nikolay Pereslegin*，1927），斯捷潘的一部哲理性自传体小说。

⑨ 可能指安娜·费金的朋友玛格达·纳赫曼-阿恰瑞亚的丈夫，他是个印度人。

我很好。贝蓓洛娃也坐在圆桌前，桌上有些小点心。后来她对我说："你有没有注意到，自从我不再跟他一起生活，那儿弄得有多脏？"捷拉皮亚诺[①]和斯莫伦斯基[②]是两个可爱的年轻人，有着"诗人"的作派，他们也像诗人一样说话。从那儿，我去阿尔达诺夫家吃饭。我们三人共餐：他妻子，身材臃肿、皮肤黝黑；我喝了两小杯伏特加突然醉了。是的，我忘了，霍达谢维奇对蝴蝶略有所知：黄缘蛱蝶、孔雀蛱蝶、绢蝶。[③]总之，他多少有些让人感动。我很喜欢他，超过贝蓓洛娃。阿尔达诺夫和我就我的命运进行了推心置腹的交谈，可以在帕西有个小公寓，两三个房间，设施齐全，5000法郎一年。他给我看整整一书架十四种语言的翻译作品，许多经过整理的评论，他写作的书桌，散乱的草稿，一页未写完的纸，一个放票据的文件夹。他好像乐于受人奉承。10点左右，我们去丰达家。克伦斯基也在那儿，他拿走了我的火柴（害得我现在不能抽烟），将阿尔达诺夫叫作"阿尔达诺弗先生"——他的一个玩笑——很大声地叫——带着一丝嫉妒说起墨索里尼。那只了不起的暹罗猫和有着胖胖大手指的鲁腾伯格[④]，加邦的刽子手（他绞死了加邦）[⑤]。他忙着从阿玛利亚·奥丝波夫娜的一只小狗形状的储钱罐里掏出硬币、苏和法郎来，维什尼亚克告诉对他言听计从的阿尔达诺夫，格鲁申伯格[⑥]写到了他的事情。我们喝了很棒的茶。阿纽塔会喜欢这种茶。告诉她，我爱她并吻她。晚上11点刚过，我就回去了。一天下来我精疲力竭，此刻我躺着，给你写信。差不多一点半了，我在外套的内袋里找到了一盒火柴，抽了支烟。我还没有见到《当代年鉴》。没有时间了。明天上午：谢尔盖和米留可夫[⑦]。安德烈·谢迪赫根本不是奥斯沃琴，如我们所想，而是茨维巴赫[⑧]，他打算采访我。阿尔达诺夫认为我的

---

① 捷拉皮亚诺（Yury Terapiano，1892—1980），诗人、回忆录作者、翻译家。

② 斯莫伦斯基（Vladimir Smolensky，1901—1961），诗人。

③ 即黄缘蛱蝶（Nymphalis antiopa）、孔雀蛱蝶（Inachis io）、珍珠绢蝶（Parnassius Apollo）。

④ 鲁腾伯格（Petr Rutenberg，1878—1942），工程师、政治家、商人。

⑤ 加邦（Georgy Gapon，1870—1906），俄国东正教牧师，工人罢工和向冬宫和平请愿的组织者，但在1905年1月9日，星期五，遭到政府军队的枪杀，造成血腥事件。1906年4月，加邦被社会革命党人处决，罪名是政治特务、叛国者和煽动者。

⑥ 格鲁申伯格（Oskar Gruzenberg，1866—1942），律师，《当代年鉴》撰稿人。

⑦ 米留可夫（Pavel Milyukov，1859—1943），自由派政治家，立宪民主党（CD）领导人，历史学家，记者。流亡中，他写有关俄国历史的著作，编辑《当代年鉴》。1922年，米留可夫应邀参加柏林的一次公开演讲，纳博科夫的父亲想要抓住一个无政府主义者向米留可夫射击的手枪，他自己却被暗杀者的同伙击中。

⑧ 茨维巴赫（Yakov Tsvibakh，1902—1994），笔名"安德烈·谢迪赫"，作家。

脸看上去像奥斯沃琴。① 无论阿达莫维奇——他在尼斯——还是伊凡诺夫（他待在里加，等待奥多耶夫采娃的父亲去世）② 都不在这儿。“我叔叔有着最诚实的原则……” ③ 明天，要是我有时间，我会用法语写点什么。丰达夫妇很想让我去，尤其当他们接待令人讨厌的梅列日科夫斯基夫妇时 ④。但我明确告诉他，我不想见到他们。费尔森 ⑤，原来是我的一个热烈的仰慕者。我仍需见很多的人。下雨了。你瞧我给你写信多么勤。在格兰内利家晚餐时，我蓝外套的一粒扣子掉了，大家都穿着晚礼服。尼卡，真的，做了让步：一件绸衬衫，没穿马甲。但我的扣子掉了，安托瓦内特 ⑥ 帮助缝上了。我极力避免失礼什么的，我聊天注意分寸。今天，出地铁站去苏佩维埃尔家，我问一个路人：“拉纳大街怎么走？”“哦，先生，离这儿很远，在另一头，朝要塞方向。” ⑦ 我们两个都站在拉纳大街上。这种情况已是第三次了。最可怕的一次是酒店里，那儿就有电话，而老板对我解释景观房 ⑧（阿米那多的晚会）的位置。他要把我送到天知道什么地方去。幸亏我没有听他的，而是看我的地图，按丰达的吩咐走。我可能会对他，霍达谢维奇还有阿尔达诺夫读《绝望》⑨，朗读之后会将其中一章给《最新消息》，登在 19 或 20 号的报纸上。

如丰达所说，“活动开始了”。他们告诉我，不邀请库普林 ⑩。他喝一杯就会烂醉如泥。这儿有的是文人。我已心满意足。阿尔达诺夫并不总是能明白我是否在开玩笑。他以信不过的眼光看着我，但霍达谢维奇马上就明白了。我对阿尔达诺夫说，“没有妻子，我连一部小说也写不出。”他回应道：“是的，这儿所有的人都已经听说她如何帮助你。”韦德儿 ⑪ 很年轻。我还没有见到他。他不在。住在这儿

---

① 伊林（Mikhail Ilyin，1878—1942），笔名“奥斯沃琴”，作家。

② 海内克（Iraida Heineke，1895—1990），笔名“伊丽娜·奥多耶夫采娃”，诗人，中篇小说作家，回忆录作者，乔治·伊凡诺夫的妻子。

③ 引自普希金《尤金·奥涅金》第一章第一行。纳博科夫对这些诗句的翻译如下：“我伯父有着最诚实的原则 / 即使他病得很重 / 也要求人们敬重他，非如此不可 / 他的榜样值得别人学习 / 但上帝啊，日夜坐在一个病人身边多么无聊 / 一步也不能离开！/ 这是多么低下的勾当 / 伺候一个半死不活的人 / 给他调整枕头 / 给他喝水喂药 / 叹气——心里又算计 / 魔鬼哪天抓了你去？”（*EO* 1964，第一章，第 95 页）

④ 梅列日科夫斯基（Dmitri Merezhkovsky，1865—1941），小说家和宗教思想家，他的妻子季娜依达·吉皮乌斯（Zinaida Gippius）是诗人。

⑤ 弗雷德施泰恩（Nikolay Freidenstein，1884—1943？），笔名“尤里·费尔森”，作家，文学批评家。

⑥ 格兰内利夫人。

⑦⑧ 原文为法语。

⑨ 1931 年 6 月，纳博科夫开始写《绝望》（*Despair*），将手稿带到巴黎进行修改。

⑩ 库普林（Aleksandr Kuprin，1870—1938），俄国小说家和回忆录作者。

⑪ 韦德儿（Vladimir Weidle，1895—1979），文学研究者，有关俄国移民的历史学家、诗人。

真的很不错。哦，这么晚了。

* * *

VÉNAF

1932年10月25日

巴黎寄往柏林

于我诸事顺利。我已有时间和苏佩维埃尔成为朋友，他待人和蔼，很有才华。我整个上午都在他家里。我给他读《绝望》，他给我读他的诗。其中一些诗——很出色——我愿意译成俄语。我们进行了有益和热情的讨论。他说起《绝望》的一些片断眉飞色舞：开头和棋赛。他说译文不错，就是几处地方有些笨拙。我会在他家再待几天。他也让我想起——谢尔盖·罗兹扬科①。我现在坐在咖啡店里，刚花了6法郎在普洛科谱②吃了顿很棒的午餐。现在是两点一刻。3点，我必须去亨利·米勒家③（格拉塞），周四，去让·法亚尔家④。昨天我打电话和他们两位做了安排。明天下午我会在波朗家，谈《新法兰西杂志》。我会提出为他们翻译我的短篇小说等事宜。也许是卢仁的棋赛，如苏佩维埃尔所建议的。⑤昨天下午我也打电话给卢卡什和米留可夫（我安排了一次会面），以及阿达莫夫夫人，她答应卖票。我给丹尼斯·罗什、柯瓦尔斯基⑥和弗鲁姆金写了信，为克雷尔签了那份合

① 谢尔盖·罗兹扬科（Sergey Rodzyanko，1878—1949），第四届杜马代表，十月党人。他的伯父，米哈伊尔·罗兹扬科（Mikhail Rodzyanko，1859—1924），曾是国家杜马主席，1917年二月革命期间，他和纳博科夫的父亲紧密合作，起草沙皇的退位文件。

② 普洛科谱（Le Procope）是巴黎最古老的餐馆，位于巴黎六区，“老喜剧”路上。

③ 亨利·米勒（Henry Muller，1902—1980），法国作家，记者，1923年起，是格拉塞出版社的自由职业的审读者。

④ 让·法亚尔（Jean Fayard，1902—1978），法国作家和记者，1931年龚古尔奖得主。他是法亚尔出版社的主管，这家出版社由他的祖父创办。1934年，纳博科夫将出版由丹尼斯·罗什翻译的《防守》，名为《疯子的奔跑》（*La Course du Feu*），巴黎：法亚尔，1934。

⑤ 这些想法并没有落实。纳博科夫在《新法兰西杂志》上发表的是文章《普希金，真实性和可能性》（*Pouchkine, ou le vrai et le vraisemblable*），1937。

⑥ 柯瓦尔斯基（Ilya Kovarsky，1880—1962），医生，社会革命党成员，1917年，成为瓦季姆·卢德涅夫的助手，之后任莫斯科市长；1919年，流亡到法国，1940年，前往美国。在巴黎，他行医，成立了一家出版和经营图书的公司“罗尼克”（Rodnik，意为“泉”）。

同；周四会在法亚尔见列文森[①]。

昨天上午我见了谢尔盖，在汤普森家用了晚餐。我们没有谈我的文学。他在这儿有些课，谢尔盖也有。那种可怕的呆滞的目光和某种悲剧气氛。他说了些明显的事。但他说他要谈重要的问题，显然想知道我对他生活的态度，为此他明天，周三，下午 3 点会来找我，在我去过《新法兰西杂志》之后。我现在得写信给格拉塞。稍等。请付账[②]。一杯咖啡。

现在我已从格拉塞回家。我躺了一会儿。6 点半我得去丰达明斯基家。在格拉塞，他们热情欢迎我。米勒是个非常可爱的年轻人，我想是个犹太人，另外一个，也很友好，就是蒂森[③]，他负责我的小说。米勒和我作了有趣而诚挚的交谈。他答应一两天后给我写信再约。加布里埃尔·马赛尔[④]，那个批评家，强烈建议我去见埃尔加兹[⑤]。他还给了我另一些人的地址。蒂森对我承认，他们书还没看就买了《暗箱》，说得更确切些，他们是看了内米罗夫斯基（!）[⑥]，布良恰尼诺夫（?）[⑦]和埃尔加兹的报道才买的，埃尔加兹还没有把译文交给他们。他们建议我催她一下。我没有谈及任何金钱方面的事情，只是因为柯瓦尔斯基不在场，说起这方面的事情会难堪。我有一封尼卡给马塞尔的信，但出版社办公室有种落满灰尘的说不出的模样，就像老旧的货栈。那儿的氛围令人愉快和质朴坦率，没有德国的那些玩意儿，他们坐在桌子上，谈论纸牌什么的。一些没有镶框的褪色和起皱的照片挂在墙上。另一些照片中，有那位大胡子、高鼻子的劳伦斯，某个少女在他身边。很可爱。他们认为纳博科夫是西林的代表。我觉得一切都很精彩——但愿好运连连。

昨天下午，我写信，打电话，之后去汤普森家，计划路上买鹅肝酱。我去了

---

① 列文森（Andrey Levinson，1887—1933），文学和戏剧批评家，索邦大学教授；他的文章，《弗·西林和他的棋手》（*V.Sirin et son joueur d'echecs*），载《新文学》（*Nouvelles litteraires*），1930 年 2 月，这是较早的一篇重要的综述性文章。

② 原文为法语。

③ 不详。

④ 加布里埃尔·马赛尔（Gabriel Marcel，1889—1973），法国基督教存在主义哲学家，剧作家，《新法兰西杂志》文学和音乐评论家。

⑤ 埃尔加兹（Ida Ergaz，1904—1967），又名多西娅，法国翻译家，后成为纳博科夫在欧洲大陆的代理人。

⑥ 内米罗夫斯基（Irina Nemirovsky，1903—1942），法国作家。纳博科夫到巴黎时，她已经在法亚尔和格拉塞出版了五部小说。

⑦ 可能指亚历山大·布良恰尼诺夫（Aleksandr Bryanchaninov，1874—1960），国际法学家，右翼政治活动家。

十几家店，都没有找到，所以就想买花。也没有买到，到了只好告罪。告诉他们详情。他们还感谢你的好意。用丰盛的晚餐招待我，有香槟酒，还有常见的，许多葡萄酒。但那不是重点。他们两个待人都很亲切。他非常有趣。我们相谈甚欢，我简直舍不得离开。他给我看很珍贵的旧书。所有版本的《一千零一夜》，一本中古的解剖教材，书上的骨骼有着奇特的姿势，背景是各种风景，给我看一些优秀的英国诗人的修订稿，还有很多其他宝贝。我现在状况良好，也就是说精神饱满①。莉兹贝特扮演 Yu.Yu.②的角色，说了一些有关你的很感人的事情。周四，我和汤普森夫妇要去美国俱乐部晚餐，剧作家伯恩斯坦③将作演讲。他似乎有些俗气，但晚会会比较有趣。告诉塔塔里诺夫夫人，我给罗莫契卡④打了电话，我会去看她。我会给她票。周四参加美国俱乐部活动之后，我会去看卢卡什。明天，我会匆忙去看一下什克利雅弗夫妇⑤。无论我打电话给谁，大家都知道我在这儿。另外，在晚上，妓女用英语跟我搭讪。是的，先生。哦，苏佩维埃尔是如此可爱，我推荐汤普森听听尼古拉斯的音乐⑥。他说他一定会听的。我不怎么疲倦了：有所适应。

* * *

VÉNAF

1932 年 10 月 28/29 日⑦

巴黎寄往柏林

昨天，塔塔里诺夫家的小姐太太——罗玛、塔妮娅、罗玛的姐姐阿达莫夫夫人⑧——以及罗玛的哥哥，实际上是他邀请了所有人，我和他们一起去看吉卜赛

① 原文为法语。

② 很可能指尤利娅·尤利艾夫娜·斯特鲁夫（Yulia Yulievna Struve，1902—1991），格列布·斯特鲁夫的妻子。

③ 伯恩斯坦（Henry Bernstein，1876—1953），法国剧作家。

④ 即克利亚奇金（Roma Klyachkin，1901—1959），纳博科夫认识薇拉前的女友。

⑤ 什克利雅弗（Georgy Shklyaver，1902—1970），律师，巴黎大学国际法教授。

⑥ 纳博科夫的堂弟，作曲家尼古拉斯·纳博科夫。

⑦ 纳博科夫写明信的日期是 10 月 19 日，但正确的日期可能是 10 月 28 日，因为信中提到的奥斯沃琴的评论，发表于 10 月 27 日。

⑧ 可能指娜杰日达·阿达莫夫，见 1932 年 10 月 24 日信。

人，去一个很令人愉快的俄国人办的机构，蓝蝴蝶之家。我们在那儿喝白葡萄酒，听真正美妙的歌曲。真正的吉卜赛加上波尔亚科娃[①]。这是我在这儿第一次畅饮，但人不多。之后克利亚奇金[②]开车把我们都送回家（顺便说一下，今天上午他在柏林），我凌晨一点到家，我原本体面而芳香，但来回奔波及这几天的缺觉让人憔悴。我两点半醒来。幸运的是我上午没有事。此刻快5点了。过会儿我得去丹尼斯·罗什家。我给他准备了一张写有Bac berepomr[③]的卡片，这样，他最终能理解这是什么意思。巴黎已经对我议论纷纷，他们已经将这些议论反馈给我。他们发现我是"一个英国人"，"货真价实"。他们说我总是带着一只浴盆旅行，也许跟马丁一样。[④]我的妙语亦已回传给我。我真是一头雾水。

你读到奥斯沃琴的文章[⑤]和阿达莫维奇的长篇大论[⑥]了吗？一般而言，他们表现得多么令人愉快……[⑦]我不能瞒你，我又坐在"大厅"里。在这儿写东西很惬意。我喝了咖啡。明天及周日的什么时间，我还会写。我在这儿感觉很好。首先，因为写得很惬意，其次，因为我脑子得到了休息，我睡了个好觉，虽然没睡多久。别忘了给我寄"音乐"。[⑧]要是你找不到，那我就去《最新消息》上找。但至少提醒我是哪一期。我打电话给什克利雅弗夫妇，但没联系上。我要去拜访索尼娅[⑨]吗？问那位老人泽约卡在哪儿。[⑩]我打电话给他，但他们告诉我他不在或搬走了。

这儿街上狗很少！昨天，虽然在一条小巷，我摸了一条很可爱的有着乳白色眼睛的小狗。明天我肯定给阿纽塔契卡写信。告诉她我多么欣赏她。我很喜

---

① 波尔亚科娃（Anastasia Polyakova，1877—1947），著名的吉卜赛歌曲的演唱家。

② 可能指拉斐尔·克利亚奇金，电影和戏剧演员，供职于巴勒斯坦的一个小剧团，来巴黎作巡演；也许是上文提到的"罗玛的哥哥"。

③ 指《防守》中两个德国酒鬼在卢辛口袋里找到的一张纸条。他们误读了这两个俄文花体字"Vas vecherom"（"你今晚"），读成没有意义的罗马字体。

④ 指纳博科夫的《荣耀》（*Glory*），其主人公马丁·埃德尔威斯总是在他自己的橡胶盆里洗澡。

⑤ 米哈伊尔·奥索尔金：*Podvig.' Paris : "Sovremennye Zapiski"*（评论），1932，《最新消息》，1932年10月27日，第3页。

⑥ G.V. 阿达莫维奇，*Sovremennye Zapiski.' Kn. 50—ya. Chast' literaturnaya*（评论），《最新消息》，1932年10月27日，第3页。"西林的小说《暗箱》和以往一样有趣，结构精巧，看上去才华横溢。当然，考虑到年轻作者表现出的写作能力，难以期待总是有新的杰作出现……表面上看，这部小说是成功的，这无可争辩。但它是空洞的。它像一部好看的电影，但就文学而言，它很弱。"

⑦ 薇拉此时说，"不！"——意味着她打断了这句话，并转入下一句。

⑧ 短篇小说《音乐》（*Muzyka*），写于1932年初，刊于《最新消息》，1932年3月27日，第2页；又收入《眼睛》（*Soglyadatay*），巴黎：Russkie Zapiski，1938。

⑨ 薇拉的妹妹索菲娅·斯洛尼姆。

⑩ 问约瑟夫·赫森的儿子乔治的情况。

欢她。我已经捉住了两只跳蚤。达尼亚和罗玛几乎没变。她们似乎会设法卖出很多票。又有一只蝴蝶栖在那枝紫苑上，四片彩色的翅膀伸开来。这是一首关于科尔布桑的诗。[①] 我把诗寄给了尼卡和娜塔莎。我给她们写了两次，但她们没有回音。我甚至不知道她们什么时候到，但我在劳施家保证有一个房间。他很可爱。

* * *

VÉNAF

1932 年 10 月 29 日

巴黎寄往柏林

今天，我在丹尼斯·罗什家和达尼亚家[②]。两家在同一幢楼里，位于一个阴沉沉的小区，靠近阿勒高特大街，曾是执行死刑的地方。达尼亚再次讲了她与一个法国人的恋情。罗什原来是个灰头发的绅士，脸长，有些老派。他说他有待审读和纠正译文中的很多错误。我周四晚上再约他，一起去看些地方。泽诺斯科[③] 会在那儿，但今天他要接待一位老人，这位老人竟然是艺术家格[④] 的儿子。说白了，我今天已经给你写了信，当我在那家咖啡店停留时。但现在，当我回到家，我看到了你的两封信，觉得要再给你写封信。

顺便说一下那家咖啡店。我走到咖啡店的时候，正好一个五岁大的俄国女孩走进门。情景是这样的：在我旁边那张小桌子对面（这张桌子摆在一张长椅前），一位戴着黑帽的大个子老人和一个俄国小女孩坐着……[⑤]

---

① 《三只角，两翅膀，没有腿》(*Sam treugol'niy*, *dvukryliy*, *beznogiy*)，写于 1932 年 9 月 2 日，刊于《最新消息》，1932 年 9 月 8 日，选入《诗集》(*Stikhi*)，第 249 页。倒数第二行以"一只蓝色的长颈瓶"(v sinnyuyu kolbu) 结尾，以纪念科尔布桑。

② 不详。

③ 叶夫根尼·泽诺斯科–博罗夫斯基 (Evgeny Znosko-Borovsky，1884—1954)，棋手，著有论国际象棋、文学及戏剧批评的书。纳博科夫常把他的名字拼成"Znossko"。

④ 尼古拉·格 (Nikolay Ge，？—1938)，俄国画家尼古拉·格 (Nikolay Ge，1831—1894) 的儿子，在索邦教俄语，在欧洲介绍他父亲的艺术。

⑤ 薇拉说："你对这些不会感兴趣。"

*　*　*

VÉNAF

1932年10月31日，周日晚上

巴黎寄往柏林

现在约11点。我刚到家。今天累坏了。昨天也是，我和丰达[①]一起喝茶。他真是个天使，大家都叫他天使。这儿不需要居留证。一两天后，在阿尔达诺夫家，我会见到一位美国教授，他对我感“兴趣”。[②]要是美国人哪怕只买一本小说……哦，你懂的。关于《荣耀》，伽利玛还没有给我答复。也许他会接受这部作品。另外，其他人也表示乐观谨慎。从那儿，我去了《最新消息》。在那儿德米多夫的办公室，坐着亚历山大·班诺瓦[③]；我们吻一下互相问候。他变化不大，只是刮了小胡子。但他仍是黑脸、宽鼻，嗓音很美；他戴着夹鼻眼镜。我周四晚上去看他。我给德米多夫提供了某种传记书目方面的信息。与阿尔达诺夫及茨维巴赫交谈，他明天上午会采访我并请我吃饭。我在一家餐馆用了晚餐，8点左右已经到家。我脱了衣服，躺下来，信笔写了点东西直到半夜。之后风刮得让人无法入睡。今天上午，我勉强按时来到汤普森家。空着肚子直接喝了两杯鸡尾酒。午餐吃了鹌鹑。我们谈得非常融洽，直到下午3点。我周五再去。3点，我坐电气列车去默顿，出了车站便爬山。这是一座很独特的小城。最后我找到了卢卡什。……[④]之后，伯曼[⑤]来了，我稍后就走了，刚好赶到霍达谢维奇的住处，别尔别洛娃、大

① 丰达明斯基。

② 亚历山大·考恩（Alexander Kaun，1889—1944），俄国出生，柏克莱加州大学俄语教授。

③ 亚历山大·班诺瓦（Aleksandr Benois，1870—1960），艺术家，艺术史家，艺术批评家，《艺术世界》（*Mir Iskusstva*）的创办人之一，纳博科夫父亲的朋友和同事。

④ 薇拉："我要略去卢卡什的内容。"伊凡·卢卡什（Ivan Lukash），作家，纳博拉夫早年在柏林时，他是纳博科夫的朋友和文学活动的合作者。纳博科夫回忆时称他是"一位好朋友和一个优秀的作家"（*TD* 第142页）。

⑤ 不详。

卫·克努特[①]、曼德尔斯塔姆[②]、斯莫伦斯基[③]、韦德儿的妻子[④]都在那儿，还有另外一些人，他们的名字我没有记住。每个人读自己的诗。我也读了。之后，他们读各自笔记本上的隽语短句。有一条很可爱，说我以玛格达的魅力诱惑旧派社会革命党人。[⑤]之后，8点左右大家都走了。我和非常可爱的霍达谢维奇还待着，就我们两个。他在厨房里做了晚餐。

* * *

VÉNAF

1932年11月1日，周二上午

巴黎寄往柏林

昨天，我和茨维巴赫为《最新消息》做一次访谈。[⑥]他问了些愚蠢的问题，我的回答也不够尖锐；我想，登出来的可能是一些废话。他矮而胖，有些俗气。我终于找到马塞尔了。我周四下午去拜访他。他声音细而小。我想下午写作，但没写成，随后我睡了一小时。晚上，我去罗什家。他现在忙于细致地检查译文的每个句子，很用心，也相当有才。他已经纠正了许多你和我发现的错误。我们的校样已给了列文森。他（罗什）弄到了一大本——象棋和其他游戏——他从中获取资料。就此而言，在我看来，他是个理想的译者。《防守》应该译得很好。至于“兽穴”和“小屋”，[⑦]他译成了“包厢”和“食槽”。我得给他我自己那本有题词的《防守》。之后，泽诺斯科-博罗夫斯基一家来访：他，他的妻子和儿子。我们

① 大卫·菲克斯曼（Duvid Fiksman，1900—1955），笔名“大卫·克努特”（Dovid Knut），诗人，文学批评家，“十字路口”（Perekrestok）成员。

② 曼德尔斯塔姆（Yury Mandelstam，1908—1943），诗人，文学批评家，佩利克里斯多克成员。

③ 斯莫伦斯基（Vladimir Smolensky，1901—1961），诗人，佩利克里斯多克成员。

④ 韦德儿的第一位妻子，姓诺维茨基，其父约瑟夫·诺维茨基（Iosif Novitsky，1848—1917）是俄国财政部副部长（1908—1914）及国会议员。

⑤ 玛格达是《暗箱》中主人公的激情和挫败的原因。自1929至1940年，《当代年鉴》以连载的形式发表了纳博科夫的所有俄语小说，编辑部的许多成员都曾是社会革命党人。

⑥《访V.V. 西林》（*U V.V.Sirina*），《最新消息》，1932年11月3日，第2页，又《与弗·西林的一次访谈》（*Vstrecha s V.Sirinym*），《今日报》（*Segodnya*），1932年11月5日，第8页。

⑦ 俄语原文为“lozh”和“lozh’”。罗什的法文则为“loge”和“l’auge”。

喝某种很可口的葡萄酒，就《防守》说个没完（他们记得比我还清楚）。罗什咨询过泽诺斯科后，纠正了一些象棋方面的差错。总之，我度过了一个极为愉快的夜晚。现在，罗什和我设法让《防守》在报纸上登载：我们会分享稿酬。我会跟列文森说这件事，和叶夫列伊诺夫①谈一下那部有关国际象棋的电影。凌晨一点我才回家，给布鲁塞尔写了封信，同意20号去。这一切让我很疲倦。我得为15号的活动写个短篇，之前，为《新法兰西评论》准备一篇翻译。但我还是不得安宁。娜塔莎带孩子一会儿就来，我不知道是否应该去罗什家还是待在这儿。我刚接到基扬准采夫②的明信片，我会给他打电话。买张票来这儿，嗯？下午我要去看丰达，之后就回来，写点东西，晚上我会在别尔别洛娃家。

此刻12点了，我必须起床，我饿坏了。今天，我想，第一次能睡个懒觉。今天，我会给列文森、卡敏卡和其他人打电话。哦，是的，我给弟弟打了电话，但他不在。

* * *

VÉNAF

1932年11月2日，周三

巴黎寄往柏林

我刚用了午餐回家。谢尔盖3点到，5点我必须在《新法兰西评论》见波朗，之后去柯瓦尔斯基家，我接到他的一封优雅、彬彬有礼的信。我昨天究竟去了什么地方？哦，是的，我记得：傍晚前去了丰达明斯基家。原来如此，7点，我漫步到了丰达明斯基家，我还赶上了喝茶盛典，作为这个盛典的一部分——感谢上帝，已经准备告辞了——是梅列日科夫斯基夫妇。她是红头发，耳聋，他则个矮，看上去像博姆③，有着同样的胡子。我们打了招呼，一股冷气吹过（如阿尔达诺夫后来所说）。我根本没同他们说话，甚至一句话也没有。他们很快离开了。喝过

① 叶夫列伊诺夫（Nikolay Evreinov，1879—1953），著名导演、剧作家、戏剧批评家、出版家。

② 基扬准采夫（Savely Kyanszhuntsev），纳博科夫在捷尼谢夫学校的同学。

③ 阿尔弗雷德·博姆。

茶，仍在那儿用餐（我们的晚餐）的是阿尔达诺夫、维什尼亚克（他是个很可爱、有趣的胖子）、一成不变的克伦斯基，他也不停地说笑话，带着一种特别的犹太人语调，一般而言，行为举止有点像老卡普兰①。津济诺夫很文静，不为人注意（正是他放走了阿兹夫），玛丽亚嬷嬷②——一位修女，肥胖、粉红色的脸，很可爱，是库兹明-卡拉瓦耶夫③的前妻。当我在并不知情的情况下说到希特勒分子如何殴打他时，她愤愤地说："他罪有应得！"晚餐后，阿尔达诺夫、丰达明斯基和津济诺夫商量筹办我的朗读会——卖票、报告厅，诸如此类。④周四，第一次通知会登在《最新消息》上（阿尔达诺夫负责此事）。他们也想邀请奥索尔金，"你的崇拜者"。总之，事情顺利进行。约9点，我们都去参加一个宗教和政治聚会，过程如下：挤进一辆出租车的有胖乎乎的玛丽亚嬷嬷、伊利亚·伊斯多罗维奇⑤、阿尔达诺夫、克伦斯基，他不停地打趣阿尔达诺夫，说他就像克雷梅尼茨基⑥，格鲁申伯格⑦有糖尿病。阿尔达诺夫觉得很伤心。还有我。快乐的维什尼亚克靠着司机坐在前排，司机竟然是个俄国人，更有甚者，还有个克雷梅尼茨基的名字，当我们下了车，维什尼亚克带着司仪⑧的神气，将我们逐个介绍给司机：瞧瞧你的乘客都是些什么大人物，我们都跟他握了手，他有点窘，但很开心。这整个儿愚蠢极了。

在聚会上，斯特鲁夫⑨发了言，还有基里尔·扎伊采夫、卡尔塔绍夫⑩（他的发言很精彩，闭着眼睛，有种神奇的力量，很生动）、弗洛罗夫斯基⑪和丰达明斯基（他很激动：他们精神激昂地讲到了《新城》）⑫。我当然并不对内容如对形式那

---

① 纳博科夫在柏林的学生谢尔盖·卡普兰的父亲。

② 伊丽莎白·斯科布乔夫（Elizaveta Skobtsov，1891—1945），诗人、回忆录作者、神学家，2004年被君士坦丁堡大主教封为圣徒。

③ 库兹明-卡拉瓦耶夫（Dmitri Kuzmin-Karavaev，1890—1959），律师，1920年改宗天主教，1922年，因罗马邀请，他离开俄国去意大利。他成为红衣主教。

④ 西林晚会1932年11月15日，于拉斯卡斯路五号的社会博物馆举办。

⑤ 丰达明斯基。

⑥ 克雷梅尼茨基（Semyon Kremenetsky）是马克·阿尔达诺夫小说三部曲《钥匙》（*Klyuch*，1929）、《逃亡》（*Begstvo*，1932）、《洞穴》（*Peschera*，1934—1936）的主要人物。

⑦ 格鲁申伯格，见1932年10月24日信。

⑧ 原文为法语。

⑨ 可能是格列布·斯特鲁夫的父亲，彼得·斯特鲁夫（Petr Struve，1870—1944），先前是个马克思主义者，后成为自由派政治家、政治思想家和编辑。

⑩ 卡尔塔绍夫（Anton Kartashev，1875—1960），俄国东正教历史学家。

⑪ 弗洛罗夫斯基（Georgy Florovsky，1893—1979），东正教牧师、神学家、历史学家，他在巴黎圣塞尔日东正教神学院任教。

⑫《新城》（*Novyi Grad*），巴黎的一份俄国宗教和哲学期刊（1931—1939）。

么重视。我说到卢利伊·里沃夫[①]和扎伊采夫，说到彼得·雷斯[②]，说到一位俄国新闻记者莱文[③]，我记得，他常感叹“我白纸黑纸地跟他们说话”，我坐在别尔别洛娃旁边。她有奇妙的眼睛，似乎用一种人为的方式转动和发出光彩，但在她两只宽大的门牙之间，露出一块很可怕的玫瑰色的肉来。她告诉我，费尔森和我的另一个同学[④]，我忘了他的名字[⑤]，为我找到了某种有利可图的生意，几乎就是一份办公室工作。下周二，我会在她家见到他们。这些事谈完，时间相当晚了，我几乎没有赶上地铁。当我正要告辞，斯特鲁夫在大厅那头喊起来，手挥舞着：“恐怖伊万是渣滓，渣滓。”卡尔塔绍夫在发言中说到作为思想家的托尔斯泰：“一个傻瓜和一个马车夫。”

我很快就睡着了（我现在睡前读不了书，上床就睡），今天上午，去看米留可夫，他住在附近。一位乐观的老人，书桌上堆着纸，室内有一架钢琴、一台收音机，他很客气，承诺为我朗读的成功力所能及地提供帮助。他没有提及母亲，[⑥]我也没说什么。我昨天写得很晚，半夜才上床，门房刚把我叫醒：9点半了。12点半要去美国俱乐部，之后去卢卡什，之后法亚尔，之后克利亚奇金小姐[⑦]。谢尔盖离开后，我去《新法兰西评论》，波朗即刻见我，很和蔼，答应关心《荣耀》的最新进展，我们商定我将给他寄几个短篇，登在《新法兰西评论》上，哦，是的，顺便说一下，我手头没有“音乐”。怎么回事？在哪儿——不在艾丝特[⑧]或阿纽塔那儿？你要是找到了，就寄给我。同时，我会给《新法兰西评论》翻译我的《未知领域》[⑨]，我想这么做，我会这么做。波朗个子矮，皮肤黑，看上去像是特里意兹[⑩]的老板。我们谈论《荣耀》，此书明天会上市，我们还谈分成，谈《暗箱》。他几

① 卢利伊·里沃夫（Lolliy Lvov，1888—1967），记者，《俄罗斯与斯拉夫主义》编辑部成员。
② 彼得·雷斯（Petr Ryss，1879？—1948），历史学家、政治评论家，《最新消息》的秘书。
③ 莱文（Isaak Levin，1876—1944），历史学家、国际法学家、记者。
④ 费尔森不是纳博科夫的同学；纳博科夫这儿是说：不同于萨韦利·基扬准采夫。
⑤ 可能是萨韦利·格林贝格。
⑥ 1922年，当纳博科夫的父亲阻挡对米留可夫的暗杀而身亡，纳博科夫的母亲成了寡妇。纳博科夫家和米留可夫家的共同的朋友一再写信给生活富裕的米留可夫家人，恳求他们帮助缓解纳博科夫母亲绝望的困境，但收效甚微。见索罗金娜（M.Yu.Sorokina）编《米留可夫传（1859—1943）》（*Pavel Milyukov*，1859—1943），莫斯科，2010，第214—225页。
⑦ 罗玛·克利亚奇金。
⑧⑩ 不详。
⑨《未知领域》（*Terra Incognita*），《最新消息》，1931年11月22日，第2—3页；收入《一个俄罗斯美人：短篇小说选》（*RB*）。未见译成法文发表。

天后会寄我一份合同。我还会见他，我得去签一些《荣耀》。他要寄二十五本。

从那儿我去尼娜姑姑[①]家，看见莫玛[②]也在那儿。尼娜姑姑七十二岁了，但她始终活泼快乐，而尼古拉·尼古拉耶维奇[③]看上去则像个精神抖擞的英国老上校。我带给她一本《荣耀》，她已经在《当代年鉴》上读过这本书。从她那儿，我和莫玛去看劳施一家[④]。他们，尤其是他，有着地球上最好心的人的声誉。他们特可爱，当尼卡来了，我绝对想搬去和他们住在一起。他和堂·阿米那多是好朋友。我朗诵了诗歌，那位年轻女士——朴素、扎着辫子，她是劳施夫人第一次婚姻所生的女儿——对我读了她的作品：月亮、桦树、雷雨、波浪。莫玛的姓是扎波尔斯基。他是个歌手，现在是意大利俄国歌剧团的成员。[⑤]我待在劳施家直到 12 点半，很晚才睡。现在该起床了。

* * *

VÉNAF

1932 年 11 月 2 日

巴黎寄往柏林

娜塔莎和伊凡[⑥]周五到，我会搬去劳施家。给我的信写他家的地址。现在是上午，我躺在床上，喝由门房端来的咖啡。昨天，我告诉丰达我去看过基扬准采夫夫妇。他说，布宁是他们的好朋友。无论沙巴还是他的母亲都有所变化，但他姐姐[⑦]我认不出来了。漂亮的眼睛，但她很朴素。他们如此可爱，如此亲切，我写了什么他们都知道，他们记得你。我觉得好像就是最近，几天前，在里特尼[⑧]

① 尼娜·德米特里耶夫娜（Nina Dmitrievna，1860—1944），纳博科夫父亲的姐姐；从 1888—1910 年，成为冯·特劳本伯格男爵夫人（Baroness von Traubenberg），之后为尼娜·科洛梅采夫（Nina Kolomeytsev）。

② 玛丽亚·扎波尔斯基（Maria Zapolsky，1900—1972），纳博科夫的表亲。

③ 已故尼古拉·尼古拉耶维奇·科洛梅采夫（1900—1972）上将。见《说吧，记忆》，第 189、193 页。

④ 即尼古拉·尼古拉耶维奇·劳施·冯·特劳本伯格（Nikolay Nikolayevich von Traubenberg）一家，他的几个孩子（亚历山德拉、埃琳娜、叶夫根尼亚）和他住在一起。

⑤ 即莫玛的丈夫扎波尔斯基（Vladimir Zapolsky，1898—1982）。

⑥ 娜塔莎的儿子伊凡·纳博科夫（Ivan Nabokov），生于 1932 年。

⑦ 伊丽娜·基扬准采夫。

⑧ 圣彼得堡的里特尼大街（Liteyny Prospect）。

见到他们。墙上有死去的兄长的画像。沙巴去他的房间，四处翻找，回来时带了几首长诗，那是我在1917年10月25日从圣彼得堡寄给基兹洛沃茨克的，也就是在苏联时代的第一天。① 我会把那些诗抄给你。他们对我很了解，甚至我和斯皮列斯科② 交手的情景。有人告诉他们："他——也就是我，有这样的肩膀，有这样的肌肉。"——所以，他们认为会来一个巨人。我周六和他们一起午餐。此刻，与他们相聚真愉快。

从那儿，我去看贝贝洛娃。她令人喜爱，但只对文学感兴趣，衣着没有品位。我在她家见到费尔森，我们只谈文学，不久我便感到厌烦。我中学以来还没有过这样的交谈呢。"你知道这部作品吗？你喜欢他吗？你读过他的作品吗？"总之，很无聊。

* * *

VÉNAF

1932年11月3日，周四

巴黎寄往柏林

所有的东西需要整理。昨天下午，我在劳施家，明天起我会和他们待在丰达家，他忙于分发我的票。我和他去了阿尔达诺夫家，在那儿我们碰到了一位加州教授，他原是俄国犹太人③，还见到了霍达谢维奇、维什尼亚克、扎伊采夫④，还有阿尔达诺夫的一位亲戚⑤、通过他，阿尔达诺夫要为你在阿谢特⑥ 谋个职位，但我

① 《珀加索斯》(*Pegas*)，写于1917年10月25日，收入根纳季·巴拉塔洛（Gennady Barabtarlo）：《鸟瞰：纳博科夫艺术和玄学论集》(*Aerial Views: Essays on Nabokov's Art and Metaphysics*)，纽约：Peter Lang，1993年，第248—250页。基扬准采夫家里保存了这首诗的手稿，直到20世纪60年代后期，才交给了季娜依达·莎霍夫斯考埃。

② 斯皮列斯科（Kosta Spiresco），在柏林的一位俄国小提琴家，其妻子显然因丈夫对她的虐待而自杀，他却逃脱惩罚，继续演出，享受其他女人对他的青睐。1927年1月18日，纳博科夫和米哈伊尔·卡敏卡来到斯皮列斯科演出的酒店，自行实施对他的惩罚。曾做过拳击教练的纳博科夫击打他，而卡敏卡则对付乐队。

③ 加州大学教授亚历山大·考恩。

④ 扎伊采夫（Boris Zaytsev，1881—1972），作家、翻译家、文学史家。

⑤ 霍达谢维奇在其《快递日志》中提到了纳博科夫说的所有这些人，还加上伊利亚·丰达明斯基及雅可夫·波隆斯基（Iakov Bolonsky，1892—1951），波隆斯基是一位文献家和藏书家，参与编辑俄国图书公谊会的年鉴。

⑥ 阿谢特（Hachette），法国出版社，成立于1826年。

不知道你是否需要。这个加州人对我的作品很感兴趣，他读过一些，他邀请我周一和他共进午餐。阿尔达诺夫显然为了他的缘故邀请了大家，但最后没有人和他说话，起先我们讨论布宁是否会获得诺贝尔奖[①]，接着，晚会快结束时，突然爆发了一场有关当前这个时代和青年的激烈争论，其间，扎伊采夫表达了基督徒的陈词滥调，霍达谢维奇表达了文学的陈词滥调，我那位非常可爱和圣洁的丰达，表达了社会性质的感人言论，维什尼亚克时不时插上几句生硬的唯物主义词语，而阿尔达诺夫和他的那位亲戚则保持沉默。我当然发挥了我认为不存在什么时代的粗浅想法。可怜的阿尔达诺夫很忧郁，显然他陷入观点之阵而手足无措。报纸不敢（责骂）他，虽然在《复兴》上，霍达谢维奇进行冷酷的批评——粗暴对待《洞穴》[②]。阿尔达诺夫把我拉到一边[③]，告诉我他的文学生涯，按他们的说法，结束了，他决定停止写作，等等。扎伊采夫请我四处看看。他有着奇怪的凹陷的脸颊和很特别的眼睑。丘科夫斯基曾经评论他，说他所有的主角好睡觉并写得很具体。[④]我走晚了没赶上地铁，便和丰达明斯基一起走到帕西，他责怪自己和别人：我们连一个问题也没有问那个加州人。这真差劲。我收到库利舍尔[⑤]的一封来信，说百分比提到七十五，他们有个额外的广告活动，但他们让我别在 20 号，而是 26 号去。20 号，达曼斯基夫人[⑥]到那儿。这有某种混乱：真的，我第二天才回答他们，但他们要马上答复。我现在不知道是否应该同意，尤其是因为我不知道你的计划，我不知道从 21 号到 29 号，那个星期我做什么。我根本不想把时间花在比利时，原则上我也不想让你去那儿。去他的比利时！今天《最新消息》上那篇访谈文笔极差。[⑦]特粗俗，不得要领。为什么我可怜的小外套要如此受罪，我不明白。但实际上也不是一无是处。[⑧]尤其可爱的是这一小小的表述“有趣”，意思是“放开我”。[⑨]

---

① 布宁 1933 年获诺贝尔文学奖。

②《洞穴》(*Peshchera*)，长篇小说，在《当代年鉴》连载；1934 和 1936 年分别出了第一卷和第二卷。

③ 原文为法语。

④ 丘科夫斯基（Korney Chukovsky，1882—1969），文学批评家、儿童文学作家。

⑤ 库利舍尔（Aleksandr Kulisher，1890—1969），历史学家、社会学家、记者，为巴黎《最新消息》工作。

⑥ 达曼斯基（Avgusta Damansky，1877—1959），作家、诗人、翻译家。

⑦ 谢迪赫（A.Sesykh）：《访谈弗·西林（弗·纳博科夫）》，《今日报》，1932 年 11 月 4 日，第 2 页。

⑧ 谢迪赫称纳博科夫的外套“做工好，但过于宽松”，又说，“在巴黎，几乎没有人穿这样的雨衣”。

⑨ “有趣”（funny）一词与纳博科夫有关，据说，他在回答采访者有关德国作家对他的影响的问题时说：“真有趣！是的，他们指控我受我所不知道的德国作家的影响。一般来说，我德语很糟，很少读德国文学。”

我今天和谢尔盖及他“丈夫”[1]在靠近卢森堡公园午餐。这位丈夫，我得承认，很和蔼，文静，绝对不是那种变态，有着引人注目的面孔和高度。但我多少感到尴尬，尤其当他们的一个熟人，一个红嘴唇和鬈发的男子朝我们走近来。从那儿，我去了《俄罗斯与斯拉夫》。卢利伊再次让我想起泰尔的故事[2]，他对我发出邀请。看来我得去了。似乎那个拉赫玛尼诺夫[3]夫人（小姐?）也会在场。此刻，我坐在一家相当糟糕的咖啡店，因为我离马塞尔的住处不远，我得5点到那儿。现在4点。不值得回去。晚上，我在伯努瓦家。我不知道我明天是否给你写信。我得搬家，有一大堆事要做，

* * *

VÉNAF

巴黎寄往柏林

1932年11月3—4日，周四晚上

我和加布里埃尔·马塞尔成了好朋友。他原来对我的情况很了解，他读过德文的《王、后、杰克》，他知道我另外三部小说的故事情节，他话中充满溢美之词，诸如此类，他很想在法国出版《王、后、杰克》。他在普隆[4]负责外国版本，他说当我把作品交给他们时，他们正处于一个困难时期，对此会十分谨慎。我们商定一两天后在他住处和其他人共进晚餐，包括，顺便说一下，《上帝之眼》[5]的作者。明天，我在苏佩维埃尔家和波朗夫妇及格拉塞一起吃晚饭。后天，我——但我为什么要告诉你这一切，要是你觉得我无所事事。他们拒绝出版《荣耀》，我

① 指赫尔曼·蒂姆。

② “泰尔”（Tair，1920—1935），出版公司，由作曲家拉赫玛尼诺夫（Sergey Rachmaninov，1873—1943）在巴黎创办。公司的名字取自作曲家女儿塔吉亚娜（Tatyana）和伊丽娜（Irina）名字的头两个字母，她们有望经营这个公司。泰尔出版音乐、乐评和小说，如出版了什梅廖夫（Ivan Shmelyov）和雷米佐夫（Alexey Remizov）的作品。

③ 可能指纳塔莉亚·拉赫玛尼诺夫（Natalia Rachmaninov，1877—1951），作曲家的妻子；也有可能是他的一个女儿，纳塔莉亚·谢尔盖夫娜（Tatyana Sergeevna，1907—1961），夫姓考纽斯（Konius），或伊丽娜·谢尔盖夫娜（Irina Sergeevna，1903—1969），夫姓沃尔孔斯基（Volkonsky）。

④ 普隆（Plon），法国出版社，成立于1852年。

⑤ 《上帝之眼》（*Oeil de Dieu*，1925），弗朗茨·海伦斯（Franz Hellens，1881—1972）的小说，他是纳博科夫非常欣赏并认同的作家。

并不感到意外，天哪，我知道但一直没说，他们的审读人是那个阴险的波斯纳[1]，爱伦堡[2]的阅读人显然也掺和其中。

顺便说一下，劳施告诉我，因苏联的影响，普隆的什梅廖夫的《死者的太阳》的译本遭到广泛批评。[3]阴谋、阴谋、阴谋，如马曼·鲁热通常所说。我刚从伯努瓦家很温馨的晚会后回来，有许多艺术家，我在那儿卖出四张票。我跑了一整天，我的舌头，红得像一块火腿，伸出来，你会说我："傻瓜。"其实，他们误把信寄到了柏林，这不是我的错。波朗没有和伽利玛直接联系，但他向我保证会过问。我不能要求更多。我决定去布鲁塞尔；我没有斯特拉斯堡的消息。实话告诉你，我不太想去那儿。所有这些将再作安排，书一月才出，那时就太沉闷了。我很累，总之，我想写作。达曼斯基夫人已到这儿，向我祝贺，有一样东西我不想再浪费时间。我可怜的破碎的时间。

* * *

VÉNAF

1932年11月5日

巴黎寄往柏林

我已经和波朗商定，我随时可以给他一个短篇，但为此我需要一个短篇，就是说，一个短篇的翻译。除了《新法兰西评论》，我已经同《老实人》[4]及《新文学》建立了联系，更不用说其他报纸了。这儿每个人都以某种方式彼此联系，但，我再说一遍，我得要有译文。丹尼斯·劳施，原则上，答应为我翻译，但他现在太忙，爱莫能助。埃尔加兹夫人病了很久。我周一会去她那儿，让她译《音乐》。

---

① 波斯纳（Vladimir Pozner，1905—1992），诗人、批评家，1932或1933年成为法国共产党员。

② 爱伦堡（Ilya Ehrenburg，1891—1967），多产的诗人、小说家、剧作家、记者和政治评论家；保持苏联公民身份，1920和1930年代回苏联旅行，是《消息报》（*Izvestia*）驻巴黎的通讯记者。

③《死者的太阳》（*Solntse mertvykh*，1923）是俄国作家及思想家什梅廖夫（Ivan Shmelyov，1873—1950）的小说，由丹尼斯·劳施（Denis Roche）译成法文：*Le Soleil de la mort*.（巴黎：Librairie Plon，1929）

④《老实人》（*Candide*），法国文学杂志，成立于1924年。

我自己开始译《未知领域》[①]。我终于给劳弗斯基夫人[②]写信。明天我会在列文森家，我得开始做起来。除了手头做的不能再做什么了。我开始写一个短篇，但我完全不知道到15号能否写完。昨天，我和波朗夫妇共进晚餐。女主人是那种头脑简单的社会主义者，并不招人喜欢，穿着令人难以置信，一身短的，我认为是编织的衣服，但我和波朗就文学谈了很久。他想读《荣耀》，但他能否懂俄语不清楚。我想要确定让伽利玛给谁寄《荣耀》。苏佩维埃尔还是那么迷人，我们互称亲爱的朋友。周一，我们会和考恩共进午餐，一两天后，我会见到布拉德利。我也会在劳施家见叶夫列伊诺夫，无论如何，我会在巴黎待到23至24号，因为安特卫普和布鲁塞尔的晚会在26和27号。尼卡的看法不无道理：在斯特拉斯堡为一本一月才出版的书做广告不合适，而此时，晚会还没有举办。我认为，我们应该搬到这儿。为此，去大使馆，申请签证，和威尔海姆或皮盖谈。他们会给你提供建议，以便得到工作许可，直到1号。我也会跟马克拉科夫[③]说这件事，虽然除此之外，能在比如俄国人，或亚美尼亚人那儿找到工作，从他们那儿找工作无需工作许可。我可留意寄宿什么的。我再说一遍，我不想让你工作，所以我并不太热心这个计划。但，再说一遍，我并不坚持你来。总之，这不太好解决，所以，一切悉听尊便。我28或29号回柏林，我们会重写《绝望》，一月，我们会搬到这儿。我已搬去劳施家，我在那儿很不自在。我睡在客厅，夜里，他们在房子里四处走动，浴室没地方放我的浴巾，诸如此类。但他们很亲切，所以别担心。

昨天，我在汤普森家用了午餐，之后去看奥古斯特·伊萨科维奇[④]和鲍里斯大公[⑤]。今天，我在基扬准采夫家午餐，他从我这儿买了价值250法郎的票。当然我并不靠这笔钱过日子。从丰达那儿得到的钱更多一些，明天，维什尼亚克会给我一笔来自《当代年鉴》的钱。我花得很少。大家都感到吃惊。我会朗读《音乐》。现在我要送娜塔莎[⑥]回家。今天晚上我会写作，要是我能找到一个角落。我不管怎样没有借钱，这都是写稿挣的钱。这儿有点闹，无法写作。我只是惊讶，

---

① 《未知领域》(*Terra Incognita*)。

② 不详。

③ 马克拉科夫 (Vasily Maklakov，1896—1957)，曾是律师、政治家、国际法学家，宪政民主党 (CD) 中央委员，第二、三、四届杜马代表；在巴黎，任国际联盟俄国移民委员会主席。

④ 卡敏卡。

⑤ 鲍里斯大公 (Boris Romanov，1873—1943)，亚历山大二世的孙子。

⑥ 娜塔莉·纳博科夫。

凭一己之力，我做了那么多的事，建立了那么多的联系。

*　*　*

VÉNAF

1932年11月8日

巴黎寄往柏林

我继续写昨天的信。考恩，顺便说一下，他曾出过高尔基[①]和布宁的书，他想把我的《防守》《王、后、杰克》和《荣耀》介绍给他有联系的美国出版商。他不知道《暗箱》。我尤其希望他取这本书，但我不知道我们是否有一份完整的复印本可以寄给他。记住。我们肯定也得将《暗箱》的结尾本身寄给埃尔加兹，就是说，除去已在《当代年鉴》上发表的。[②]另外，他已经得到并带走除《肖巴之归》之外所有的短篇。[③]他似乎很专业，也很可爱。他已经为奥索尔金的一些书作了安排。阿尔达诺夫也在和他进行洽谈。他是个瘦小、文静的人，上了年纪，有精心修剪的胡子，穿一件网球衫。我在他旅馆的房间里见到了马克思·伊士曼[④]。他是个很著名的美国诗人和翻译家。记得吗，布宁曾向我打听过他？我还见到伊士曼的俄国、太苏联化的妻子，而他本人是半个共产党人，一个托洛斯基分子，他是个魁梧、皮肤晒得黑黑的人，有着漂亮的白发，看上去像只风头鹦鹉。之后，考恩和我去一家餐馆午餐，他给我拍了一张照片，如我已说过的，我们还商定再次见面。这很重要：给《词语》打电话，让他们给他寄《防守》和《王、后、杰克》，也许也给《每日时报》[⑤]寄《王、后、杰克》德文版。你

① 马克西姆·高尔基（Maksim Gorky，1868—1939），苏联作家、剧作家，社会主义现实主义文学创始人。从1921至1932年，高尔基住在国外，尤其是意大利的索伦托。

② 至今，第一至第七章和第八至第十七章已分别在《当代年鉴》四十九辑（1932年5月）和五十辑（1932年10月）上发表。其余的第十七至第二十六章和第二十七至第三十六章分别刊于五十一辑（1933年2月）和五十二辑（1933年5月）。

③ 取自小说集《肖巴之归》（*VC*）。

④ 马克思·伊士曼（Max Eastman，1883—1969），美国作家、诗人、政治活动家，支持社会主义。

⑤ 可能指《洛杉矶每日时报》（*Las Angeles Daily Times*）；或者纳博科夫分不清楚伦敦每日出版的《泰晤士报》（*Times*）和《星期日泰晤士报》（*Sunday Times*），他想到的是《纽约时报》（*New York Times*）。

别耽搁，因为他计划这个月末就离开。从他那儿，我去看埃尔加兹。她看来很迷人，原来她家境很好，根本不需要酬金，如果我对她理解不错的话，她会把她酬金的百分之四十五返还给我，一般而言，她愿意为我免费翻译小说，但因为《暗箱》的缘故，她不能这么做，虽然她乐于校对其他人的译文，她建议并极力推荐尤金·沙赫[①]（一个老相识），我只需付给他百分之四十到百分之五十的酬金。这当然只涉及我给她的两个短篇（《糟糕的一天》[②]和《完美》[③]，但没有《音乐》，我想我上次写错了）。之后，我自己会拟个草稿，其余或全部由她承担，当她完成了《暗箱》。她是个乐于助人的女士，通过她富有的律师兼商人的丈夫而广有人脉。她跟我说，她可以为你的工作许可直接去找部长，几乎马到成功。她家里有很高雅的家具，设想一下，她和丽娜[④]认识，但她说她们彼此看不上眼。她们之间发生了什么不愉快的事情。几天后，也许周三，我会在她家和加布里埃尔·马塞尔及其他人共进晚餐。如你所见，这方面很成功，这很好，顺便说一下，她提议马上付我1000法郎。我想我已经写出有价值的作品了。把我要寄赠《荣耀》的人的名单寄给我。这事别耽搁。你知道，事情虽小但令人感动。我身边现在放着的、包装完好的，是你的褐色裙装及彩色围巾。我的小糊涂虫，你把它丢在了科尔布桑，我刚从娜塔莎那儿拿来，我在她家吃了午饭。我让人把衣服寄走——你很快会收到。今晚我没有活动，原想写作，但不幸的是，可佳[⑤]的儿子来了，我会和他睡一个房间。这很可怕。所以这儿很吵，我想和什么人暂且出去一下。我现在就给汤普森家打电话，我周五和他们一起吃饭。明天，我会去柯瓦尔斯基家（我们需要给有些人寄《荣耀》），我会去看谢尔盖。我周六去看叶夫列伊诺夫。你知道，这一切让我累坏了。他们在这儿打台球，很吵，我喝了巧克力热饮。

再见……

---

① 尤金·沙赫（Evgeny Shakh，1905—？），诗人，“十字路口”成员。

②《糟糕的一天》（*Obida*），1931年夏天写于柏林，刊于《最新消息》，1931年7月12日，收入《眼睛》（*Sog*）。

③《完美》（*Sovershenstvo*），写于1932年6月，刊于《最新消息》，1932年7月3日，收入《眼睛》（*Sog*）。

④ 纳博科夫的妹妹埃琳娜。

⑤ 即亚历山大·劳施·冯·特劳本伯格（Aleksandr Rausch von Traubenberg，1909—1965），尼古拉·劳施（Nikolay Rausch）之子，他们家庭的绰号是“可佳”（Koka）。

* * *

VÉNAF

1932年11月8日

巴黎寄往柏林

今天我有一封信，我不再生气。诸事进展顺利，详情如下。这不是墨水，而是稀释的丁香花水，显得更亲切一些。请务必小心，出门别徒步。这儿他们已经想象柏林有一场革命。[①]我会打听什么时候申请签证，我会申请的，无论如何，一两天后，我会在布莱克伯娄家。[②]我不记得是否写信告诉你，周六我和圣洁的基扬准采夫夫妇共进午餐，他把他的无尾礼服改一下给我了，诸如此类的事。下午晚些时候，我去娜塔莎家，他们的德国胖女佣占一个房间，娜塔莎和瓦尼亚[③]用另一个房间。这样，实际上连坐的地方都没有了，家里很杂乱。她和我去蒙巴那斯的一家咖啡店，那儿突然有了一些展台，投木制球；要是击中某个部位，一个半裸的女孩，头足倒立，突然从台上掉下来。通常并无大碍，只是那个女孩众目睽睽之下在台上得躺上几个小时。

周日，我在莫玛家[④]用了午餐，根据娜塔莎的说法，莫玛与一群女歌手一起演出。她小曲唱得相当好。之后，我去维什尼亚克家。我在那儿喝了茶。他给我300法郎作为《暗箱》的稿酬，对我来说，这足以能用到我离开。收据（我不清楚是什么收据[⑤]）上多达（350+200+300）850法郎，其中300仍几乎原封未动。另外，我11月22号从埃尔加兹那里拿到了1000法郎。布鲁塞尔和安特卫普会支付我去柏林的旅费，如果我去柏林的话。我越来越倾向于你来这儿。根据丰达的估计，晚会会有2500到3000法郎纯收入。他是一个乐观主义者，但这是真的，票卖得很好。我没有特别过问此事，我已经卖出价值690法郎的票，我得到480现金，交给丰达入账。从维什尼亚克我去了列文森家，这儿我必须突然改变我的叙

① 1932年11月6日，德国大选中，德国国社党在国会中丧失了三十四席，但共产党增加了十一席，这对巴黎的俄国移民而言，似乎敲响了警钟。

② 不详。

③ 她儿子伊凡·纳博科夫。

④ 玛丽亚·扎波尔斯基。

⑤ 薇拉的话。

述基调。史诗开始了。在一家豪华公寓中，一排扶手椅（注意是复数）中坐着那个久未修面、胖脸大鼻的安德烈·亚科夫列维奇，穿一件红色便袍；他说话时咬着牙关，字斟句酌。有时，权衡长达半分之久，在此期间，他的脸现出极为傲慢的表情，仿佛他是养尊处优的罗马总督，其母曾与一个外省小裁缝勾搭成奸。故事继续，但小夜曲开始了，即在离他，离这个白痴不远，坐着他的妻子，一位克雷莫夫妻子式[①]的女士，但与她不同，这位妻子喋喋不休，眉飞色舞，仿佛迂回俯冲，飞快地将想当然的回答塞进谈话者的口中，说上帝知道什么是废话，最重要的是，她当面谈到她的丈夫（而他厚实的眼睑仪式性地、仁慈地垂下来），仿佛他是，比如，列夫·托尔斯泰。安德烈·亚科夫列维奇说，或者安德烈·亚科夫列维奇想告诉你，或者说到底，安德烈·亚科夫列维奇因你来信的干巴的语气而很不安。背景——常见的，被这位了不起的父亲和精力充沛的母亲所压垮——瘦小的列文森小姐在楼梯上告诉我："我是你的崇拜者。爸爸在等你，西林先生。"我被告知："安德烈·亚科夫列维奇是你的朋友，是的，你的朋友。"他庄重地加以肯定。内心，我几乎要笑死。这很奇特和有趣。他也说起他自己，以老朋友的口吻。一小句话要说上五分钟。他尽其所能，就是说，在《老实人》发表我的短篇，在另一份报纸上发表《防守》。他们两个都鄙视侨民报纸，如同某个皇帝鄙视一个僻远的叛逆的小王国。这是一种少见的优待。几天后我会再次拜访他们。晚上，我在阿达莫夫夫人家，在那儿我遇到了瓦迪姆·安德列夫[②]。

* * *

VÉNAF

1932年11月10日？

巴黎寄往柏林

昨天我竟然没有时间给你写信，虽然这一天过得相当沉闷。我在基扬准采夫

① 贝尔塔·克雷莫夫，是弗拉基米尔·克雷莫夫（Vladimir Krymov，1878—1968）的妻子，后者是俄国企业家、出版家、作家。

② 瓦迪姆·安德列夫（Vadim Andree，1903—1976），作家，巴黎年青诗人和作家联盟的组织者之一，作家莱奥尼德·安德列夫的儿子。

家用了午餐，和谢尔盖，他男友和娜塔莎[1]共进晚餐，之后，我们去看电影。但我昨天开始认真地写一个新的短篇。[2]我很想——这一次，我重读龙沙的十四行诗"我要读上三天"[3]——周四写完。所以，最后这几天，我会把自己封闭起来，虽然他们事先已经紧锣密鼓地准备各种活动和会面。我在这儿累坏了。我绝对自信我的创作生涯会在这儿达到高峰，但同时我也害怕毅然决然地把你召到这儿，就是说，你我应该志同道合，而你还没有下定决心。尼卡[4]一两天后到这儿。他会带我去几个地方。你知道，当娜塔莎让瓦尼亚去睡觉，将他的衣服用一只大别针别在他身上，她会刺破他的皮肤，却没有意识到，而他当然会叫起来；最终，她突然想到，察看一下，这时看到他的小肚子刺破了，针刺到了肉里。我收到了泽约卡的一封可爱的来信，还有一封格列布从伦敦寄来的信。他作了一次有关我的讲座。我把那份愚蠢的广告[5]寄给你。

*　　*　　*

VÉNAF

1932 年 11 月 11 日

巴黎寄往柏林

我在执行你的具体的指示。我以为，翻译几天后就能完成，当然，我会亲自转交。昨天在地铁站，我遇见了埃尔金夫妇[6]，他们告诉我，《巴黎评论》[7]，这是份杂志，在将要出版的图书目录上，有《王、后、杰克》，但作者另有其人。[8]这甚

① 他弟弟谢尔盖、谢尔盖的同伴赫尔曼·蒂姆及娜塔莎·纳博科夫，他堂弟尼古拉的妻子。

② 显然没写完。

③ 引自《恋情》(*Les Amours*，1560)："荷马的《伊利昂纪》我要连读三天。"没读完之前，龙沙希望不被任何人打扰，即使是神灵——除非来自他的卡珊德拉的什么人。

④ 尼古拉·纳博科夫。

⑤ 为小说《荣耀》(*Podvig*)做的广告（巴黎：Sovremennye Zapiski，1932）。

⑥ 鲍里斯·埃尔金（Boris Elkin，1887—1972），律师，柏林一家出版社词语（Slovo）的创办人之一。

⑦《巴黎评论》(*Revue de Paris*)，法国文学杂志，创办于 1829 年。

⑧ 也许是弗朗索瓦·博歇（Francois Porche，1877—1944）的四幕剧《一位国王、两位夫人和一个仆人》(*Un roi, deux dames et un valet*)，巴黎：L'illustration，1935。

至可能是季洛杜[①]。这种事在阿尔达诺夫那儿也发生过。名为《圣埃莱娜小岛》[②]出版了，他见到了那位作者，他在前言中提到了书名的巧合。我会把这件事弄清楚。昨天，我在奥索尔金家：一位模样年轻、身材修长的男子，留着长发，穿某种有腰带的丝绒夹克，无扣的网球衣领。我们的交谈并不十分有趣，他讨厌霍达谢维奇，和奥楚普[③]是朋友。他称后者是一个出众的、正派的人。从那儿，我去看扎伊采夫夫妇[④]：家长式的大人物。他们待人亲切，心地单纯，此外，他们告诉我，雷米佐夫对我很生气。他们有许多犹太人朋友，扎伊采夫也时不时显露一下犹太人口音。但总的来说，这些语音有些小问题，一种不甚愉悦的小怪癖。我和他们喝了茶，之后去看卢利伊[⑤]，他有一位非常招人喜爱的年轻妻子，有着普希金情妇的那种发式。我在那儿见到了拉赫曼尼诺夫夫人（小姐?）[⑥]和波尔夫妇[⑦]。非常无聊。但拉赫曼尼诺夫让我搭她的车回家。我简直累坏了，因为我还在基扬准采夫家用晚餐，餐桌上还有波特诺夫夫妇[⑧]。今天我写了几封信给尤利亚[⑨]、可怜的赖莎[⑩]，等等。我也在写一个短篇。[⑪]5点，我必须去拜访丰达明斯基，从他那儿去汤普森家用晚餐。我上次忘了在给你的信中附上有关《荣耀》的广告传单。这次我不会忘了。

很抱歉你得把这些评论重打一遍。这是根据尼卡的建议。我几乎完全把比分

---

① 季洛杜（Jean Giraudoux，1882—1944），法国小说家、散文作家、剧作家和外交官。

② 马克·阿尔达诺夫的《圣埃莱娜小岛》(*Saint-Helene，petit ile*)，巴黎：Povolozky，1921；艾伯里克·加耶特（Alberit Cahuet），同名作品（巴黎：Fasquelle，1922）。

③ 奥楚普（Nikolay Otsup，1894—1958），诗人和批评家，亚历山大·奥楚普（Aleksandr Otsup）的兄弟。

④ 鲍里斯·扎伊采夫和他的妻子薇拉·扎伊采夫（Vera Zatsev，1879—1965）。

⑤ 里沃夫。

⑥ 作曲家的妻子娜塔莉·拉赫曼尼诺夫或他的某个女儿，塔蒂亚娜或伊丽娜。

⑦ 弗拉基米尔·波尔（Vladimir Pohl，1875—1962），钢琴家和作曲家，巴黎俄国音乐学院教授和创办人之一，他妻子，安娜·彼得伦克维奇（Anna Petrunkevich，1890—1955）是歌唱家。纳博科夫在克里米亚加斯普拉的宅邸初次遇见他们，1918—1919年间，纳博科夫一家住在那儿。弗拉基米尔·波尔设法让年轻的纳博科夫对神秘主义产生兴趣；纳博科夫的组诗《天使》(*Angles*)就献给波尔（诗写于1918年），刊于《山路》(柏林：Grani，1923)；其中一首诗歌《大天使》(*Archangels*)选入《诗集》(*Stikhi*)，第14—15页。1919年，波尔准备给纳博科夫的诗歌《下雨了》(*Dozhd' proletel*，1917）配乐。见《纳博科夫传：美国岁月》(*VNRY*)，第138、143—144、152—156页。

⑧ 不详。

⑨ 尤利亚·斯特鲁夫。

⑩ 塔塔里诺夫。

⑪ 可能放弃了，或者是《海军部尖塔》(*The Admiralty Spire*）的开头，然而此作似乎因他与前女友诺沃特沃尔采夫小姐的见面及她的来信而写（见1932年11月16—21日信），此作于他离开巴黎时所写（见1932年11月21日信）。

扳平，在一家咖啡店和娜塔莎一起吃饭、喝酒什么的。尼卡会出席我的朗读会，当然，我会给他们安排座位。扬·鲁本仍然在我的译文中唱浪漫曲。她和波尔，她丈夫，从索拉回来，甚至在同一家旅馆吃饭，记得吗？那里的菜肴如此可口，他有索拉的风景图片。① 他是个音乐家，艺术家，也是个神秘学者。但总的来说，他看上去像那个我们见过的顺势疗法医生。是不是很有趣？鲁本在动物保护协会工作；她为那些小耳朵感到不安。② 我现在坐在劳施家的小客厅，这也是我睡觉的地方。他祖先的相片，伯父臻雅 ③ 和尤里克 ④ 的相片挂在墙上。我睡觉的沙发上方，挂着一把吉他，所有的椅子都很陈旧，坐的时候得加个垫子。他们都是很和蔼的人，孩子们，玛丽亚·瓦西里耶芙娜 ⑤ 的女儿和可佳的儿子 ⑥ 也很可爱，他们生活极为贫困。我不久去拜访老人库普林。要是你见到泽约卡，告诉他我会写信给他。要扔掉"比利时人"为时已晚，我想不管怎样，我会把 26 号前要做的所有事情安排好。

* * *

VÉNAF

1932 年 11 月 12 日

巴黎寄往柏林

周日晚，我搬到丰达明斯基家住三天，因为我要休息一下，直到下周二，这儿，尽管劳施家人很迷人，休息却说不上。周三，他们的小房间空出来了，房客

① 索拉（Saurat），位于阿里埃日（Ariege），1929 年 4 月末到 6 月末，纳博科夫和薇拉在此度假。

② 可能指《暗箱》的开头，描写对"吱吱"，卡通片的一只荷兰猪的迷恋，它可爱的似人的形象源于漫画家对活物解剖的关注。

③ 男爵叶夫根尼·劳施·冯·特劳本伯格（Baron Evgeny Rausch von traubenberg，1855—1923），纳博科夫姑妈尼娜·科洛梅采夫的第一任丈夫。

④ 男爵乔治·劳施·冯·特劳本伯格（Baron Georgy Rausch von traubenberg，1897—1919），E.A. 和 N.D. 劳施·冯·特劳本伯格的儿子，纳博科夫最喜欢的表哥（见《说吧，记忆》，尤其第十章）。

⑤ 玛丽亚·门泽林采夫（Maria Menzalintsev，1884—1970），尼古拉·劳施·冯·特劳本伯格的第二任妻子，于 1916 年离婚。

⑥ 亚历山大·劳施·冯·特劳本伯格，N.N·劳施·冯·特劳本伯格第一次婚姻，与奥尔加·伊夫林（Olga Eveling，1885—1928）的儿子，他们于 1915 年离婚。

走了，我搬去那儿，待到我在这儿的期限结束。我愿意付房租，但至今，他们都说不必。但我想，我需要和他们再谈谈。信还是写这个地址，或者算一下日期，要是我周三或周四回到这里，否则就会弄混了。我也许会读（仍然没作最后决定）这部小说的第一章，也许第二章。① 不，我会先读诗，再读小说，之后休息一下，再读《一个时髦的家伙》② 和《音乐》。我给可怜的尤利亚 ③ 和尼娜姨妈寄去请帖。昨天，我在丰达家，从那儿——步行——去汤普森家，沿着迷人的布朗什医生大街，两边的围墙夏天开满了玫瑰。给莉扎薇塔 ④ 写封信，因为你给她的信只有几句话。今天，我和娜塔莎一起吃饭。我 4 点左右回家，又出门只是要寄这封信，也去看一下阿尔达诺夫，他就住在附近。我感到很疲惫，但仍然很可爱，很开心。我还在小客厅里写作。他们也在这儿聊天，把桌子当作某种画板。我无法聚精会神。这儿一切都让人感到别扭：桌子、椅子和笔。明天，我会在叶夫列伊诺夫家用晚餐。我感到很恼火，因为到周二我写不完这个短篇。⑤ 不知在丰达家会怎么样。但这儿，写作不可能。今天晚上，堂·阿米那多夫妇、莫玛和她丈夫会来吃晚饭。今天这封信有点空洞和酸气。毕竟你甚至在《新文学》和《老实人》中也能发现很多粗俗的文字。我对蒂施老夫人 ⑥ 感到很遗憾。我很久没见到贝贝洛娃了。

* * *

VÉNAF

1932 年 11 月 14 日

巴黎寄往柏林

昨晚我睡得多香！真是酣睡一场！在切尔诺维兹大街一间迷人的房间里，在几排书架的遮蔽下，从凌晨一点睡到第二天下午，丰达亲自为我的浴缸放满了水。

---

① 他的新小说《绝望》(*Otchayanie*)，后面几个部分还没有完成修订。

②《一个时髦的家伙》(*Khvat*)，短篇小说，写于 1932 年 4 月 20 日至 5 月 5 日，刊于《今日报》，1932 年 10 月 2—3 日；收入《眼睛》(*Sog*)。

③ 尤利亚·斯特鲁夫。

④ 莉兹贝特·汤普森。

⑤ 即赶不上作公开朗读。

⑥ 不详。

我最终选定了目录。我会读六首诗，那是常读的，之后是《音乐》，休息后，读《绝望》的一章半。我刚对阿玛利亚·奥丝波夫娜口述了四页，以便打出来——读到他从布拉格回来，她为他做蛋酒的那个部分。[①] 你得把这几页再打一遍，即使仅因为在这儿他们没有“硬音符”。[②] 那只了不起的暹罗猫。它的名字是津-济（津济诺夫给它取的名字），它在炉边取暖，文静、惬意和可爱。这支笔写的字很美。周六晚上在劳施家，阿米那多和他妻子及扎波尔斯基夫妇，莫玛和她丈夫也在那儿。他们都是好朋友，他们弹吉他。扎波尔斯基住在锡韦尔斯卡亚[③]，追求卢西娅[④]的妹妹，之后，他在波尔塔瓦见她们。非常有趣的结合。从令人感动的汤普森家人那儿，我得到了一份工作邀请，和他们吃住在一起。我昨天给他们打了电话。周三我在他们家用晚餐。昨天我感到特别累。我一星期没有好好睡觉。我和可佳下棋，之后拿上我的公文包去丰达明斯基家，之后接上莫玛，我们去叶夫列伊诺夫家。索菲亚·普雷格尔[⑤]和一个叫作夏克维奇[⑥]的人在那儿，他是个艺术鉴赏家，先前是“浪漫戏剧”的导演。他相当有趣地谈起亚美尼亚人古吉夫[⑦]，一个有着拉斯普金式性格和强大催眠力量的人。[⑧] 总之，是一个在叶夫列伊诺夫家中以精神导师自居的神秘的弗洛伊德-戈雅式人物。非指“异教徒”，而是得之于那个西班牙艺术家。[⑨] 叶夫列伊诺夫夫人[⑩]，那部人们议论纷纷的小说《希望我们彼此相识》[⑪]的作者，她和名为《格兰古瓦》[⑫]的那家刊物有很好的关系，但她警告我，如果我在《老

---

① 《绝望》的第一章和第二章部分。

② 丰达明斯基可能用了打字机，这种打字机已经适用（不像侨民出版物）苏联正字法（Soviet orthogrphy），1918 年改革后，去掉了四个“不必要”的字母。硬音符（hard sign）未被去掉，但 ъ（*yat'*）看起来与硬音符相似，则去掉了。

③ 锡韦尔斯卡亚（Siverskaya），靠近圣彼得堡的一个城镇，离纳博科夫家田庄不远。

④ 伊利娅·费金的妹妹，即安娜·费金的另一个表亲。

⑤ 索菲亚·普雷格尔（Sofia Pregel，1894—1972），诗人。

⑥ 夏克维奇（Anatoly Shaykevich，1879—1947），律师、戏剧批评家、编剧家、音乐家，柏林俄国浪漫戏剧（1922—1926）的倡导者之一。

⑦ 古吉夫（Georgy Gurdjieff，1868—1949），神秘主义者、精神分析学家，神秘文化演说家，在巴黎演出的舞蹈剧的组织者（他为这些演出写音乐）。

⑧ 纳博科夫将古吉夫比作拉斯普金（Grigory Rasputin，1869—1916），一个声名狼藉和放荡的俄国东正教“治病术士”，沙皇尼古拉二世和他妻子，亚历山德拉皇后的精神导师。

⑨ 戈雅（Francisco Goya，1746—1828）。形容词“戈雅式”（Goyan）在俄语中首字母不大写。

⑩ 安娜·卡申-叶夫列伊诺夫（Anna Kashin-Evreinov，1899—1981），演员、作家。

⑪ 法译《希望我们彼此相识》（*Je veux qu'on se voit*）。她的小说《我要……》（*Khochu*…）1930 年在巴黎出版。

⑫ 《格兰古瓦》（*Gringoire*），法国右翼政治周刊，创办于 1928 年，以高品位的文学版著称。纳博科夫对这家周刊的反犹倾向并不知情。

实人》上发表，就不能在《格兰古瓦》上发表，反之亦然。她“来自商贾之家”，如她自己这么说，说起来滔滔不绝，她相当有魅力，苗条，近视，戴着长耳环。我们自然谈到了普拉克辛[①]，而普雷格尔在查尤齐娅·比力格[②]的电话号码，但我忘了将号码写下来。对我来说，叶夫列伊诺夫本人绝对是个异类，但很有趣，友善，热情。当他说起某人某事，效果极佳。但他进行哲学讨论，则很笨拙。如他说，所有的人皆可分类，他对某个德国人的作品读了很多，陀思妥耶夫斯基是世界上最伟大的作家。劳施是个不可救药的梦想家。……[③]我得温习一下要朗读的东西。现在已5点。7点，我在基扬准采夫家用晚餐。现在有一位穷亲戚来看丰达夫妇，带来了一种犹太点心[④]。亚历山大·费奥多罗维奇[⑤]来了，所到之处一片喧哗。

* * *

VÉNAF

1932年11月16日，周二凌晨两点

巴黎寄往柏林

来信写丰达的地址。我寄了600法郎给母亲。不管怎样，圣诞节我们得在柏林等候母亲的到来，所以对我们来说，搬来这儿也许没有什么意义。但多么成功啊！大厅挤满了人，我的钱包里已有3000法郎，听众兴高采烈，充满欣喜之情，总之，非常美妙。圣人丰达真的高兴得跳了起来。今天上午，我精心准备诗歌，同样也准备散文。3点，我上床，那就是说，下午3点，在晚会前睡上一两个小时。但我一躺下，很快进入梦乡，劳施从缪拉大街到这儿，带来了你的信。这真奇妙，但不幸的是，他来也另有使命。他在我的床脚坐了一小时，盘算具体的摄影计划。但昨天我跟沙巴[⑥]说起，他能够去了解，弄清《复兴》的情况[⑦]，比如，

① 普拉克辛（Boris Plaksin，1880—1972），曾任政府参事，法学家，回忆录作者，偶尔也写诗。

② 不详。

③ 薇拉说：“诸如此类，我略去了。”

④ 原文为 teiglach，指一种用蜂蜜和果仁做的饼干，犹太新年（Rosh Hashanah）时食用。

⑤ 克伦斯基。

⑥ 萨韦利·基扬准采夫。

⑦《复兴》（*Vozrozhdenie*），在巴黎发行的俄语日报，1925—1940。

劳施工作起来非常糊涂和笨拙，而一般而言，这并不取决于他，而取决于给他这份工作的同伴；更有甚者，劳施可能依赖的工作报酬很少，诸如此类，但关键是，这仍然不能打消他的热情。无论我说什么来动摇或打击他的决心，他都设法将事情按有利的方面去想。总之，他精力充沛——说啊说，随之，我只得穿上衣服，将他带到电话机前，他打电话，但没有打通任何一个跟基扬准采夫熟悉的人。一派胡言。最后，他穿上那件可怜的后背有两颗纽扣的绅士派头的外套，戴上手套，精力充沛地走了。我百无聊赖地待到6点，听到不远处传来梅列日科夫斯基夫妇低低的声音，接着是轻轻的脚步声。怕把我吵醒，丰达夫妇和克伦斯基踮着脚从门厅走到办公室，校对文章什么的，但走到房间门口时，他们不再压着。一场有关墨索里尼的争吵爆发了，尽管门关上了，但透过房门，仍可以听见激烈争辩的嚷嚷声。我仔细地修面，开始穿衣服。结果发现我那件无尾礼服的袖子太短，就是说，那件同样出处的漂亮的绸衬衫的袖子露出太多。① 另外，我站直时，皮带从背心后露出来。所以，阿玛利亚·奥丝波夫娜先得让我去掉那些有松紧的臂章，津济诺夫得给我他的裤子背带。他的裤子后来老往下掉。他得拽住裤腰，因为他无法用我的皮带。当一切收拾停当，我看上去很潇洒。我们三个坐下来晚餐：亚历山大·费奥多罗维奇②、阿玛利亚和我；其余的人先走了。我喝了蛋酒，我们三个9点左右出门，找了辆出租，去拉斯加斯路。我到了——挤满了人。没有空位子和余票了。但人还是往里去，挤成一团。我不想列出我们认识的人的名单——他们都在那儿。甚至在我开始朗读前，那些我认识或不认识的不断地走到我跟前，我一个劲地微笑，觉得好累，以致都认不出我正与之说话的人来。所幸的是，朗读很快开始了。我像个花花公子似的，在雷鸣般的掌声中跑上台……趁还没忘记，我曾向韦莱夫金夫人③ 发出邀请，但我不认为她在大厅。前排坐着基扬准采夫夫妇、谢尔盖④ 和娜塔莎⑤（我附上尼卡的电报）和其他亲友。作家都到场了，阿达莫维奇，众多的女士，米特卡·鲁本斯坦⑥，总之，所有的人。一张舒适的长桌，

① 萨韦利·基扬准采夫借给纳博科夫礼服和衬衫。
② 克伦斯基。
③ 1920年代后期纳博科夫家庭的一位朋友（按薇拉的看法），否则不详。
④ 纳博科夫的弟弟。
⑤ 娜塔莉·纳博科夫。
⑥ 德米特里·鲁本斯坦（Dmitri Rubinstein，1876—1936），商人、律师、艺术赞助人。

一把最安逸的椅子，一只盛满水的玻璃水杯。我从容地将从卢得涅夫处借来的很好看的公文包里我所有的小玩艺拿出来，感觉非常放松，我从容地开始背诵我的诗歌。我背诵了《致缪斯》《空中之岛》《窗户》《致未来的读者》《初恋》《小天使》和《灵感、粉红色的天空……》[①] 每朗诵完一首诗就会有令人愉悦的掌声。我喝了口水，开始朗读《音乐》。效果极好。他们出神地听着。总之，一切圆满。又是热烈的掌声，之后休息。随即人群将我围住，有个可怕的女人，不可思议地满头大汗，原来是诺沃特沃尔采夫小姐[②]，我那位帕勒洛的女友。天知道她在说什么。我瞥见丹尼斯·劳施、上了年纪的奥古斯特[③]、捷尼谢夫的几个老朋友、尼娜姑妈、塔塔里诺夫家几个女孩、霍达谢维奇、贝贝洛娃和许多我不认识的。然而，当我读起《绝望》，真正的欢乐开始了。我读了三十四页。他们心领神会。我读着，谦虚地说，棒极了。这么写真是愚蠢，但我真的感觉好极了。不管怎样，从一开始，就预示着成功，听众也很棒，精彩至极。如同一只巨兽，庞大、可爱、热情、充满活力，在我所在的场所，嘟哝着、咯咯笑着，随后又顺从地安静下来。晚会在11点半结束，又是——欢呼。握手，丰达美妙的微笑。总之，一个虚荣的人所能得到的莫过于此。我们一大群人拥进一家咖啡店。我作了简短的致词，诸如此类。最后，回家。我们三个，丰达家人和我，坐了下来。他数钱。明天我会寄给你1200法郎，他每数到一张崭新的100法郎的面钞就很兴奋，我的份额——即减去租大厅和买票的费用——如我说过的，总计3000法郎。

但意想不到的事情发生了。实际上，我不应该告诉你，直到我弄清楚再说。但不管怎样，我先说个轮廓。我不认识的一位女士[④]——阿玛利亚·奥丝波夫娜

---

① 《致缪斯》(*K muze*)，《舵》，1929年9月24日；《空中之岛》(*Vozdyshnyi ostrov*)《舵》，1929年9月8日，及《诗集》(*Stikhi*)；《窗户》(*Okno*)，《内德利亚》(*Nedelya*)，1930年5月5日，收入《诗集》，英译为：《沉思》(*The Muse*)，《诗歌与棋题》(*PP*)，第57页；《致未来的读者》(*Budushchemu chitatelyu*)，《舵》，1930年2月7日，及《诗集》，题为*K nerodivshemusya chitatelyu*（《致未来的读者》）；《初恋》(*Pervaya lyubov'*)，《俄罗斯与斯拉夫民族》(*Rossiya I Slavyanstvo*)，1930年4月19日，收入《诗集》；《小天使》(*Sam treugol'nyi dvykrylyi, beznogie'*)，《最新消息》，1932年9月8日，及《诗集》；《灵感、粉红色的天空……》(*Vecher na pustyre*)，发表时无题，《最新消息》，1932年7月31日，收入《诗集》，献给纳博科夫的父亲，又由纳博科夫翻译，《空地之晚》(*Evening on a Vacant Lot*)，《诗歌与棋题》(*PP*)，第68—73页。

② 不详。

③ 卡敏卡。

④ 奥尔加·阿希伯格（Olga Aschberg），奥洛夫·阿希伯格（Olof Aschberg，1877—1960）的妻子，奥洛夫·阿希伯格是瑞典银行家，左翼同情者，1920年代，他的银行帮助布尔什维克政府。纳博科夫显然并未意识到他们财富的来源。

和我几天后要去拜访她——请我和你去她靠近波城的城堡住三四个月，她那时甚至不在那儿，而会有仆人、汽车什么的供我们差遣。后天我会去外交部，催一下我们的签证（虽然这会受到劳施和他的怪念头的影响?）。走着瞧，但要是真有这样的事，倒也不坏。我还是感到很快乐。但愿走好运。我有张舒适的床，我可以方便地写作。但哦，时间很晚了，明天我决定和丰达夫妇去参加德米多夫妻子[①]的追悼会。我得去。他对我很亲切。总的说来，我对大家给予我的可爱、一定程度上无私、温馨的情谊常感到受宠若惊。这并非易事——组织这样一场晚会。我信中附上另一张照片，我找到了那则广告。

* * *

VÉNAF

1932 年 11 月 18 日

巴黎寄往柏林

看来我们终究要去波城住上几个月。阿玛利亚·奥丝波夫娜和我想要马上去拜访这位女士，但丰达主张，首先，在接受她邀请之前，我们得知道她是谁。至今我们只知道她嫁给了一个瑞典人，阿希伯格，不是安布尔，如我说过的，她不是伯斯基夫妇[②]的亲戚，只是他们的熟人，她的姓名是奥尔加·尼古拉耶夫娜，她非常招人喜爱，她很早就想让我们去她的城堡居住。[③]我现在在和平咖啡馆，在这儿等阿尔达诺夫，他答应我作调查。之后我们要去拜访她，也许明天，我会作充分考虑。这不错，我想，要是我们 1 月或 2 月初去那儿，先在巴黎待两周，6 月再回巴黎，或者去格拉斯，还有索拉[④]，秋天回巴黎。我会为她写首颂歌，如尼卡那样。这一切都很趣。劳施已经联系上了基扬准采夫的同伴，结果，甚至收票员的地方也已经定下了。明天，我会在劳施家。他有一天告诉我（是的，他出席

① 德米多夫（Ekaterina Demidov，1884—1931），《最新消息》副主编伊戈尔·德米多夫的亡妻。

② 不详。

③ 不是靠近凡尔赛，位于茹伊昂若萨的罗谢森林城堡（Chateau du Bois du Rocher），这城堡也属于阿希伯格家族。

④ 分别是法国东南和西南的城镇：格拉斯（阿尔卑斯山滨海地区），有许多俄国侨民；索拉（阿里埃日），纳博科夫和薇拉 1929 年去度过假，纳博科夫在那儿写作和捕蝴蝶。

了我的晚会），有希望在报纸上发表《防守》中的一节。我也得去埃尔加兹家，商谈那位译者的事。

* * *

VÉNAF

1932 年 11 月 18 日[①]

巴黎寄往柏林

今天我从汤普森夫妇那儿得知，你打了电话，但我不巧十分忙乱，周三不能和他们在一起。我想，我等不了那么久，我会给你打电话。我已经和那位让我们产生疑问的女士谈妥了。我明天三点半和圣洁的阿玛利亚一起去拜访她。我担心此行会让你吃惊，但吃惊的倒是我自己。不管怎样，我下决心接受她的邀请，只要这么做没什么不妥的地方。但我通常还是依靠丰达和阿尔达诺夫，他们建议我接受邀请。我已对《眼睛》[②]作了安排。此书会由彼得罗波利斯和当代年鉴出版。[③]我刚和切尔托克[④]说定。我会增加一篇《昆虫采集者》。我今天也去了伽利玛。我取回了《荣耀》。那儿的人都热诚地期待我的短篇，但天哪，他们也与苏联进行可怕的调情。

昨天，我在阿尔达诺夫家用了晚餐，之后去劳施家。他邀请了两个共济会员，谢里麦捷夫[⑤]和奥伯伦斯基[⑥]。只有我们四人，但我毫不犹豫地表达了我的个人观

---

① 这是当天的第二封信——译者。

② 小说集《眼睛》(*Soglyadatay*) 最终出版（巴黎：Russkie Zapiski，1938），包括中篇小说《眼睛》和几个短篇，有几篇在写此信的时候还没有动笔：《糟糕的一天》(*Obida*)、《榆钱菠菜》(*Lebeda*)、《未知领域》(*Terra Incognita*)、《重逢》(*Vstrecha*)、《一个时髦的家伙》(*Khvat*)、《忙人》(*Zanyatoi chelovek*)、《音乐》(*Muzyka*)、《昆虫采集家》(*Pil'gram*)、《完美》(*Sovershenstvo*)、《生活片断》(*Sluchay iz zhizni*)、《俄罗斯美人》(*Krasavitsa*)、《消息披露》(*Opoveshchenie*)。

③ 作为出版社的“当代年鉴”(它 1932 年出版了《波多维戈》(*Podvig*)，1933 年出版了《暗箱》)。事实上，只有纳博科夫的下一部小说《绝望》会由彼得罗波利斯出版（柏林：Petropolis，1936）。小说集《眼睛》只是由“俄罗斯纪事”(Russkie Zapiski)(作为一家出版社，而不是与当代年鉴合作的一份杂志）于 1938 年出版。

④ 列夫·切尔托克（Lev Chertok），书商和出版商，1921—1928 年间，是柏林格拉尼（Grani）出版公司的负责人之一；也在巴黎的 Dom Knigi 书店任职。

⑤ 谢里麦捷夫伯爵（Dmitir Sheremetev，1885—1963），1922 年起成为共济会会员，是共济会“阿斯特里亚”分会成员，“金羊毛”分会创办人，“北方之光”分会的导师。

⑥ 奥伯伦斯基亲王（Vladimir Obolensky，1869—1950），政治家，1913—1916 年间，立宪民主党（CD）成员，俄国共济会最高委员会成员。

点，并早早离开了，避开他们进行共济会的说教。可怜的可佳（顺便说一下，他十分肯定，他迟早会说服达斯塔克扬[①]聘他为这家影院的主管）采用了这种方式："你难道没有什么不能解决的问题？你不可能不被某种精神层面的问题所困扰。"我回答说，我不关心这样的问题，共济会人士看着我，瞪大了眼睛。无疑，这令人困窘，同样无疑，可佳以同样肯定的语气告诉他们，他以这样的语气谈起他的电影梦想，这一梦想可以轻易实现，他告诉他们，瞧，先生们，西林会来的，他对共济会运动很感兴趣。他想参与其中，诸如此类。周三晚上你打电话来时，我总是将话题转向冰球比赛，比赛很精彩，我们就坐在场边，看瑞典人打球，中场休息时，索尼娅·赫尼[②]在冰上舞蹈。实际上，我如此具体地描述劳施，并非没有含义，因为我内心有个念头，想以他为素材，把他写进故事里。这念头很有吸引力。

我坐在咖啡馆里。我会要杯热巧克力，从这里，我会去什克亚弗家用晚餐。"全城"都在谈论我的朗读晚会。甚至一个以"g"开头，接着是"e"和"n"[③]的绰号也与我有关，所以我飘飘然了，如同年轻的陀思妥耶夫斯基[④]飘飘然一样。《最新消息》上的评论是阿达莫维奇写的！[⑤]《复兴》上的评论出自曼德尔斯塔姆之手。[⑥]茨维巴赫生气，因为我没有为那篇访谈感谢他。今天又十分忙碌。我去了《最新消息》。扎米亚京吸引的人甚至还不及我晚会听众的四分之一。总之，甚至上一辈人也不记得……我不好意思对此夸夸其谈，但我要你了解情况。

有关波城的城堡的故事好得令人难以置信。这就自然决定了我们迁居法国的问题。说到阿玛利亚和丰达对我的态度而不流眼泪是很难的。她亲自把我的浴缸放满水，为我特地摆了一张带化妆品的桌子，为我准备了科隆香水和很好的香皂。这只是他们众多的关怀备至的事例中的一件。我经常在我的床上发现津-齐：温馨、舒适、可爱。明天又是一个繁忙的日子。许多的会面。好吧，我必须去什克亚弗家了。

---

① 萨韦利·基扬准采夫的商业伙伴，否则不详。

② 索尼娅·赫尼（Sonja Henie，1912—1969），挪威人，滑冰世界冠军，后来成为好莱坞电影明星。

③ 指英文"天才"（genius）。——译注

④ 陀思妥耶夫斯基（Fyodor Dostoevsky，1821—1881）。

⑤ 未署名，《V.V. 西林的晚会》（*Vecher V.V.Sirin*），《最新消息》，1932 年 11 月 17 日，第 3 页。

⑥ 曼德尔斯塔姆，《V.V. 西林的晚会》（*Vecher V.V.Sirin*），《复兴》，1932 年 11 月 17 日，第 4 页。

*　*　*

VÉNAF

1932 年 11 月 21 日

巴黎寄往柏林

我又有一大堆事情和会面，所以昨天我没法给你写信。听着，事情都落实了。我们应邀从 1 月底或 2 月初去波城，住到 6 月。之后则是格拉斯。问题是，我们得在柏林过圣诞节，要是母亲来的话。1 月上旬或中旬，我的书出版时，我要在巴黎。你知我知，听好了：我就想从 1 月到 6 月去波城，因为这相当于过去我们待在布卢和索拉。① 在我看来，你瞧，在日常生活的基础上，比较比利牛斯山东西部这些或别的蝴蝶的出现，这很重要。就是这样。所以，给我们订一个房间，靠近阿纽塔。我会带 300 马克。另外，周三上午，拍过电报（哦，不，我没有忘记），我会把《绝望》第一章交给《最新消息》，② 我会从柏林给他们寄去一个短篇，我在这儿还没有时间写完。③

阿玛利亚·奥丝波夫娜和我拜访了阿希伯格太太。她相当胖，四十岁上下，穿着得体，好激动，有几分蠢（用阿纽特契卡的话来说，我吻了她的双颊和小小的额头）。她丈夫是瑞典人，死了。④ 城堡靠近佩皮尼昂，瓦西亚舅舅 ⑤ 的城堡也在那儿，这纯属巧合。离比亚里茨两小时车程。她在那儿有座夏季别墅，我们也会去。她本人去意大利。总之，她相当可爱，但很平庸。她在学唱歌，花腔女高音。阿玛利亚·奥丝波夫娜请她周四来喝茶。当然我彬彬有礼。我感谢她并说好我们去的时间。在我看来，这份意想不到的好运已经为我的旅行提供完全正当的

---

① 1929 年。见纳博科夫《关于比利牛斯山东部及阿里埃日昆虫的笔记》，《昆虫学家》，六十四辑（1931 年 11 月），第 255—257 页，收入《纳博科夫的蝴蝶》（*N'Sbs*），第 126—134 页；又见《纳博科夫传：美国岁月》（*VNRY*），第 288—290 页。

②《最新消息》，1932 年 12 月 31 日，第 2—3 页。

③ 显然是《海军部尖塔》（*Admiralteyskaya igla*），《最新消息》，1933 年 6 月 4 日，第 3 页，1933 年 6 月 5 日，第 2 页。

④ 有误：奥洛夫·阿希伯格 1960 年才去世。

⑤ 瓦西里·卢卡维希尼科夫（Vasily Rukavishnikov，1872—1916），纳博科夫的舅舅，《说吧，记忆》（第三章）中的“卢卡”。

理由。你为什么要为那些短篇忧虑？我已经写信告诉你，它们已在翻译，一旦翻译完成，就会交给杂志。周三晚上，我和加布里埃尔·马塞尔会去埃尔加兹家。《防守》中的一章会发表在一家刊物上，丹尼斯·劳施与这家刊物有“交情”。[1] 格拉塞、普隆和伽利玛都在等《绝望》。有关《王、后、杰克》和《眼睛》的一小段对话。

我再说一遍，我做得够多了，不能再做什么了。此刻我得和美国人考恩去吃午饭了。他得到我的书，非常高兴。我不想再和沙巴谈论劳施了。我会考虑你的意见。我们会把《绝望》寄到柏林。对话通过斯特鲁夫夫人交给彼得·伯恩哈多维奇的妻子[2]，我拜访过她。有关我在贝尔格莱德的朗读：我们需要定个日期。近几天，我见到了罗什、劳施夫妇、娜塔莎[3]、谢尔盖[4]、埃尔加兹、基扬准采夫夫妇及其他人。这件事很有趣：我会给你看两封长信，满是对我的可怕咒骂，来自令人讨厌的诺沃特沃尔采夫小姐。有趣极了。

* * *

VÉNAF

1932 年 11 月 22 日

巴黎寄往柏林

不久我们就能见面了。我现在出门去参加埃尔加兹家的聚会，和马塞尔及库普林夫妇一起，我刚花了三小时给书签名，二十四本，写地址，坐在相当温馨的柯瓦尔斯基家。我又很疲惫。今天上午，我跑到邮局，写信到比利时，因为他们仍然没有给我签证。但要是他们不给签证，我就弄份过境签。之后，我和贝贝洛娃在一家餐馆用餐，此刻，去埃尔加兹家前，我得找时间顺路去拜访一下斯特鲁夫夫妇。

柯瓦尔斯基告诉我，我已经因《荣耀》赚了 600 法郎，[5] 但那笔钱还没有到手，虽然已经卖出了三百本，他们认为买得很好。实际上，我其他的书也行情看

---

① 《防守》的法译本《疯子的奔跑》(*Course du Fou*)。不确定，也许未出版。

② 安东尼娜·斯特鲁夫（Antonina Struve，1868—1963）。

③ 娜塔莉·纳博科夫。

④ 纳博科夫的弟弟。

⑤ 出让《荣耀》(*Podvig*) 版权所得，此书由当代年鉴出版社于 1932 年 11 月 6 日出版。

好。出于某种理由，这儿的人都喜欢《王、后、杰克》。这很有趣。试想，一个月或一个半月后，我们已经整装待发去波城了。是的，昨天，我去了斯洛尼姆翻译社。[①] 我说我给他们三个月考虑英文版《王、后、杰克》，我一旦在柏林就来做这件事，因为我担心把事情搞乱。他们很想要这本书。似乎有可能做一个英文版。为《暗箱》谢谢你。昨晚，我在沃尔康斯基家。[②] 那位名流在那儿，稍后我们玩室内游戏[③]，我可是内行。这些天，我写信并不太用心，我总是烦躁，已经梦想我们安静的柏林。我昨天下午见到谢尔盖[④]。我们作了很平静，甚至有点热烈的交谈。明天我会发出结婚电报，设法找到索尼亚[⑤]。我得走了。

* * *

VÉNAF

1932 年 11 月 25 日

巴黎寄往柏林

明天，尼古拉[⑥]和我打算去听“交叉火力”讲座[⑦]，后天，26 号上午，我动身去比利时。我预感会弄得精疲力竭。当晚有一场朗读，第二天晚上还有一场朗读。周二，我在斯特鲁夫家。我见到了 Yu.Yu.[⑧]，她脸瘦削，灰暗（包括头发和睫毛），但还跟以前一样健谈。近几天，我想是昨天，格列布在伦敦大学作了一场有关我的演讲。四个孩子，还有亚历克塞·彼得罗维奇[⑨]的妻子，她看上去很像格列布，她有三个孩子。你知道她是谁？一个柯托瓦家的。一个音乐家、一个表亲，以及

① 此社位于巴黎六区波拿巴特路十三号，从事俄国作家的作品的外文翻译，由马克·斯洛尼姆（Mark Slonim，1894—1976）创办，他是位政治评论家、文学研究者、翻译家。

② 可能指伊丽娜·沃尔康斯基，娃拉赫曼尼诺夫。

③ 原文为法语。

④ 他弟弟。

⑤ 索菲亚·斯洛尼姆，薇拉的妹妹。

⑥ 尼古拉·纳博科夫。

⑦ 系列讲座“交叉火力”（Feux croises）之一，由加布里埃尔·马塞尔组织，与他为巴黎普隆出版社策划的世界同名文学作品丛书合作。见 1937 年 2 月 5 日和 1937 年 3 月 4 日信。

⑧ 尤利娅·尤利夫娜·斯特鲁夫，格列布·斯特鲁夫的妻子。

⑨ 阿列克谢·斯特鲁夫（Aleksey Struve，1899—1976），目录学家、文物研究者，格列布·斯特鲁夫的弟弟；他妻子婚前叫叶卡捷琳娜·柯托瓦（Ekaterina Cottoir，1896—1978）。

一个小伙伴。从那儿，我去看埃尔加兹，在他家，我见到了马塞尔，他酷似艾亨瓦尔德，但更年轻，路上，我遇见了库普林夫妇，还有谢尔盖[①]，他给埃尔加兹上英文课。库普林夫妇几乎不讲法语。他很和蔼，是个上了年纪的小农夫，眼睛小小的。后来我们一起出门，晚上很暖和，刚下毛毛雨，人行道上到处是黄褐和仍然绿色的树叶，在路灯下闪着光泽。他对我说："生命多么神奇，又多么短促。"昨天，周三，我又到了他的住处，但我和汤普森夫妇共进午餐，他很可爱，只是有点老糊涂。他出去买酒，带回一瓶用报纸裹着的红酒。他走路小心翼翼，轻手轻脚，脸朝前冲。如此友善、淡然的微笑。我们隔着桌子面对面坐着，谈论法国拳击、狗、小丑，以及其他一些事情。"在你面前，有很长一段路。"顺便说一下，他用一种多少让人感到不可思议的方式谈到犹太人——难以传达。但他的女儿琪萨[②]不怎么招人喜欢，她是一个小演员，眼皮涂成深蓝色，眼睛像乌拉尔宝石，露出一种"说说我吧"的微笑。顺便说一下，阿玛利亚·奥丝波夫娜很喜欢这种表情，她一再重复。从那儿我去了《最新消息》。

① 纳博科夫弟弟谢尔盖。

② 琪萨·库普林（Ksenia Kuprin，1908—1971），演员、画家，她1958年回到苏联，在纳罗夫恰特帮助建立库普林博物馆。

1936年

APCS

邮戳日期：1936年1月22日

布鲁塞尔华盛顿路4号寄往德国柏林哈伦斯

我可敬的爱人，一切顺利（真的，我的旅程有点被科夫罗来的一个裁缝的折磨人的饶舌所打扰，他十分热情，要送我一根一英尺长的犹太香肠）。现在是上午，我睡得很香。我不知道怎么对你说季娜[①]有多可爱。每个暖气架上都蹲着一只猫，一只二十天大的小狼狗在厨房里悲嗥。我想，我们的小宝贝怎么样啊？[②]奇怪的是，醒来时没有你怀抱中细小的声音经过我的房门。我的爱人，不敢去想，你现在甚至更累了。这支笔有点粗。我极力克制不去抽烟。告诉阿纽塔，我给她一个吻。三明治包装得很漂亮。要是时间不变，我不知道到底多少时间，他现在会散步回来，会伸出手了。今天有笔会事宜。27号，我在安特卫普朗读。季娜认为不需要为学生举行朗读。我不在，他会怎样跌跌撞撞啊？我感觉棒极了。你把每件行李都包得结结实实。出境时他们对我的鞋子很感兴趣。我的爱人、我的幸福，我的至爱，我的生命！

弗拉基米尔

① 季娜依达·马勒夫斯基–马勒维奇（莎霍夫斯科伊）。

② 他们的儿子，德米特里·纳博科夫（Dmitri Nabokov，1934—2012）。

* * *

ALS，2 页

1936 年 1 月 24 日？[1]

布鲁塞尔寄往柏林

亲爱的，他们给予我和另外两位以“荣幸”：一位葡萄牙人和一位秘鲁人，当大家聚集在装饰着金色常春藤的非常丑陋的大厅里，这两位掏出小张的纸，带着糟糕的口音急匆匆地读了起来[2]。之后，我就说了两三句话。接着，他们招待我们喝酒，像俄国东正教团契时喝的葡萄酒。我遇到了非常愉快和有趣的人。此刻，他在那位谨慎的埃莉[3]陪伴下走路。我见到了，比如，保罗·德·瑞尔[4]，我读过他论史文朋[5]的书（我生病的时候，玛格达[6]带来那本书），几个诗人：雷内·默朗[7]、夏尔·普利斯尼埃[8]、保罗·菲伦斯[9]，那晚稍后，我们在《格兰古瓦》的艺术批评家[10]府上举行了招待会，这位批评家说，不幸的是，弗朗茨·海伦斯[11]没来，因为扎克[12]在为他画像。一盏罗马的枝形吊灯，有着蓝色、粉红色和淡白色的坠子：很可爱，但要是沾了苏打水也可能褪色——而菲伦斯的妻子，奥黛特向我们展示一只玻璃浮雕，这原是她曾祖母，罗兰夫人[13]（哦，自由，多少罪恶……）[14]的，她死于断头台。我爱你，亲爱的。头发——古生物学的——

---

① 没有信封；薇拉加了日期：约 1936 年 1 月 20 日，但这个日期必定是前一封信的。

② 在比利时的笔会（布鲁塞尔），此前的信提到这次朗读。

③ 显然指德米特里的保姆，且怀孕了（见 1936 年 2 月 21 日信）。

④ 保罗·德·瑞尔（Paul de Reul，1871—1945），布鲁塞尔大学英语教授、文学史家和批评家。

⑤《史文朋文集》（*L'Oeuvre de Swinburne*），布鲁塞尔：R.Sand，1922。

⑥ 纳博科夫的朋友玛格达·纳奇曼-阿洽里亚。

⑦ 雷内·默朗（Rene Meurant，1905—1977），诗人、翻译家。

⑧ 夏尔·普利斯尼埃（Charles Plisnier，1896—1952），比利时作家、马克思主义者。

⑨ 保罗·菲伦斯（Paul Fierens，1895—1957），艺术史家、批评家，布鲁塞尔皇家美术馆馆长，诗人。

⑩ 纳博科夫画了个箭头，将保罗·菲伦斯与“批评家”连了起来。

⑪ 比利时小说家、诗人和批评家，纳博科夫见过他，但并不是 1932 年在巴黎。

⑫ 莱昂·扎克（Leon Zack，1892—1980），艺术家和诗人。

⑬ 玛农·罗兰（Manon Roland，1754—1793）和她的丈夫让-玛丽·罗兰·德·拉·普拉提耶，作为吉伦特党人，支持法国大革命。她在恐怖时期被处决。

⑭ 这是罗兰夫人在走向断头台时的名言：“哦，自由，多少罪恶假汝之名以行！”（O Liberté，que de crimes on commet en ton nom！）

痕迹仍留在玻璃上，某个时期，头发就在浮雕上，但罗兰夫人那位正直的女儿出于道德考虑把它们去掉了：这些是她的情人，布里松[1]的头发，他也死于那次著名的死刑。突然，带着那幅未完成的画像，同艺术家扎克一起走进来的是海伦斯，一位上了年纪的绅士，有一张与众不同、猛禽一般但没有胡子的脸，我们马上“彼此投缘”(如阿纽特契卡所说，给她一个吻)。他娶了个俄国妻子，在国会图书馆工作。扎克原来是弗兰克教授[2]的兄弟，真是没想到。总的来说，谈话活泼而多样，某种程度上，我很久没有这样的谈话了，当然，我给他们看了我们儿子的照片，房子的女主人议论说：“有五岁了——更大些？”[3]第二天上午，我和季娜在当地的树林[4]里散步，下午修改《O小姐》[5]，晚上默朗和普利斯尼埃来访，交谈依然有关艺术，并涉及众多相关领域。为避免日后尴尬（如我寄自巴黎的信——当我重读这些信就有这样的尴尬)，从现在起我不再引述听到的直接或间接的恭维话。季娜在这儿为《暗箱》[6]和《疯子的奔跑》[7]组织了宣传活动，法亚尔和格拉塞会拜倒在她脚下——而我早就这么做了，因为她魅力无限。他们家的小狗看上去很活泼很乖巧——昨天，它钻到我的外衣里，头埋进衣服口袋，打了个嗝，流出口水来。我的欢乐，鞋子很合脚。尽快给我写信——我在这儿待到28号。

起初，我住一个大房间，但昨天来了个新房客，一个波斯人，搬了进来。他一来就在桌子上放了一个镜框，里面是葛丽泰·嘉宝[8]的照片——这很典型[9]。至于我，已搬到另一间也很合适的房间里——睡得很香。我刚告诉基里尔[10]我到来的消息。他们说他学习很好——季娜完全将他拉开，之后又任他回复原样：对课程的态度依然草率，还有姑娘、糊涂、轻率——换句话说，他依然故我，但她还

---

① 布里松（Jacques Brisson，1754—1793），吉伦特派领导人。

② 弗兰克（Seman Frank，1877—1950），哲学家、神学家。

③ 原文为法语。实际上，德米特里只有二十个月大。

④⑨ 原文为法语。

⑤ 纳博科夫对他的法国家庭女教师的回忆录，他首次完全用法语进行写作，《测量》(*Mesures*)，1936年4月，经纳博科夫和希尔达·沃德翻译，刊于《大西洋月刊》(1943年1月，后修订为《确证》第五章（纽约：Harper & Bros.，1951）及《说吧，记忆》(伦敦：Victor Gollancz，1951)。

⑥《暗箱》(*Chambre Obscure*)，杜西娅·埃尔加兹译（巴黎：Grasset，1934)。

⑦《疯子的奔跑》(*La Course du Fou*)，即《防守》(*The Defense*)，丹尼斯·劳施译（巴黎：Fayard，1934)。

⑧ 葛丽泰·嘉宝（Greta Garbo，1905—1990），瑞典电影演员，以美貌著称。

⑩ 基里尔·纳博科夫，纳博科夫的小弟弟，现在卢万读大学。

是认为他在学习。漫步穿过公园（树干和草地一样绿绿的），我把有关佩尔腾伯格家小姐的事都告诉了季娜。[1]P.N. 通报说，笔会为我设午宴，但这不是真的。季娜的丈夫和岳父都很亲切——丈夫斯维亚托斯拉夫[2]，即斯维提克，(这名字我说出来觉得怪异，是吧?)[3]也是捷尼谢夫的孩子：他正在写一部小说，给我看了其中一部分，写得还不错。

我会从那儿给母亲和丰达明斯基写信。这儿的仆人伯隆金有一张忧伤的脸，但他很和蔼，喜欢小狗，饭做得很好。我总是想看小宝宝——这儿所有的马车都用厚轮胎。昨天我猛然[4]惊醒，觉得我的小男孩关进手提箱了，我必须马上打开，否则他就会闷死。尽快给我写信，亲爱的。嘣、嘣、嘣，每天早晨厨房里踩着高脚椅子的踏板。我虽不在那儿，但一切都很新奇。告诉阿纽塔，初次交谈之后，当那个波斯人离开（晚上搬进来）而没有预先付钱，季娜大叫：要是换了妈妈，她会不知不觉把他的钱弄到手。提醒我，你知道，告诉《当代年鉴》，我愿意就《锚》[5]写篇短文。我讲法语似乎很轻松和流利。不知道我的《O 小姐》今天是否会受欢迎——我担心它冗长乏味。那位很和蔼的亚历山大·亚科夫列维奇[6]还没到这儿，但我会在巴黎见到他，他的情况会写信告诉你。住在这儿，你知道，很美好——车库后是美丽的田野，窗外有个大花园，整个上午，只听见麻雀的聒噪，有时一只乌鸫也叫上几声——那些就是唯一的声音。浴室看上去脏兮兮的，所有的浴室莫不如此。吻你，亲爱的。我稍微退后一步，以便更好地看照片，你多么漂亮啊！尽快给我写信，我的生命。

弗拉基米尔

① 薇拉和利奥诺拉，利奥·佩尔腾伯格的两个女儿，他是埃弗塞·斯洛尼姆的商业伙伴；纳博科夫和薇拉想为她们作媒。

② 斯维亚托斯拉夫（Svyatoslav Malevsky-Malevich，1905—1973），商人、外交官、艺术家。

③ 斯维提克也是纳博科夫未婚妻斯维特兰娜·西维尔特的外号，1923 年 1 月，她在其父母的要求下同他断绝了关系。

④ 原文为法语。

⑤《锚》(*Yakor*)，G.V. 阿达莫维奇、M.L. 坎托尔编（柏林：Petropolis，1936）；《俄国侨民诗歌选》，O. 科罗斯妥列夫、L. 马卡罗脱、A. 尤斯蒂诺娃再编（圣彼得堡：Aleteya，2005）。

⑥ 不详。

* * *

ALS，2 页

1936 年 1 月 27 日

布鲁塞尔华盛顿路 4 号寄往德国柏林哈伦斯，

涅斯托尔大街 22 号

亲爱的，我收到了你的信，还有他的小手挥舞的痕迹，也收到了母亲的一封信：顺便说一下，我已经给她写信告诉她一切。我想你，简直要想疯了。法国的晚会[①]举办得“很出色”，但人不太多——虽然所有的“精英”都在场。那天晚上，莫洛亚[②]作演讲，之前放了一部有关安娜·帕夫洛娃[③]的电影！海伦斯（他每天打电话给我——明天我去他家午餐）认为我应该把《O 小姐》给波朗（《新法兰西评论》），但我觉得报纸会出价更高。我会带上这次晚会的一篇报道（通常，有许多的小布告和文章——我尽可能收集，但你知道我不太愿意做这种事）——他们把我比作里尔克[④]，他眼下很走红。朗读效果很好，因为他们听得很专心。昨天是俄国专场，听众很多——场地很适宜，“大家心领神会”[⑤]。我先朗诵了诗歌，之后是《嘴唇对嘴唇》……我想他现在肯定睡着了——我的小甜心——或者有意把被子掀掉——枕头已在地上，旁边是奶嘴，而他站直了，喃喃地说着什么……总之，他们恰到好处地大笑；在第二部分我朗读了《斩首之邀》[⑥]的最后三章（前一天晚上，季娜举办了一个茶会，我朗读了中间的几章，所以她现在知道了全局），效果极佳，这样很自然地我也要在巴黎朗读这几章。朗读完毕，我们在一家餐馆用了晚餐。现在说说埃莱奥诺拉[⑦]：她出席了我的法国朗读会，很成功地把她介绍给了季娜（她越来越热诚），第二天，（即周六）应季娜邀请喝茶，她最早到，捧

---

① 在布鲁塞尔路易大街 185 号的艺术之家举行。

② 莫洛亚（Andre Maurois，1885—1967），法国通俗小说家。

③ 安娜·帕夫洛娃（Anna Pavlova，1881—1931），那个时代最重要的芭蕾舞演员。

④ 里尔克（Rainer Rilke，1875—1926），波希米亚-奥地利诗人，用德语写作。

⑤ 1 月 26 日，纳博科夫在布鲁塞尔协和路 65 号比利时俄国犹太人俱乐部作了朗读。

⑥ 反面乌托邦小说《斩首之邀》(*Priglashenie na kazn'*)，写于 1934 年 6—12 月，连载于《当代年鉴》五十八、五十九辑（1935 年）、六十辑（1936 年）；以图书形式出版，巴黎：Dom Knigi，1938 年。

⑦ 莱奥诺拉·佩尔腾伯格。

了一束郁金香。她和季娜一见如故——她们已经搂着彼此的腰走路，因为季娜*尽力而为*[1]，喝茶后，就是那中间几章的朗读，之后，来宾（奥尔巴赫[2]和他妻子，巴则列夫斯基夫人[3]、伊利亚申科[4]和另一些人）离去，但埃莱奥诺拉（及基里尔）留下用晚餐（即他们的正餐），之后，我们一起去看电影。那还不是全部活动：当那部欠佳的电影结束后，我们去了一家小酒吧（你知道那种通常比较粗俗、空气混沌、有些拥挤但比较惬意的酒吧，一个西班牙人弹着吉他，室内烟雾弥漫，墙上挂着图片，画着无知的舞女、倒塌的房子、鲜血、畸形人、公牛），约1点半，我们带埃莱奥诺拉去她的旅馆；昨天，她也在那儿，但晚上离开了（她脑子里将《嘴唇对嘴唇》与《斩首之邀》全弄混了）。至于卡普兰[5]，他拜访了季娜两次，而我愉快地在谢尔巴托夫家[6]用了午餐，之后，他同他的妻子开车去俱乐部出席我的朗读会，虽然我极力避免这种情况，但他和妻子开车去了我们曾用过晚餐的那家餐馆，他和季娜正计划（直到我踩了她的脚）如何举办我在埃因霍恩的朗读会。我爱你，亲爱的，亲爱的宝贝——你也许累坏了，我始终想念你，想念小宝贝。谢尔盖[7]和谢尔巴托夫夫妇过分体贴基里尔了，他吃住在那儿；——谢尔盖也有个小男孩，五岁大，很可爱——把他从地上举起来觉得很奇怪。在各个方面，基里尔变得好多了，季娜很喜欢他。在此期间，他设法：1）在艺术大厦的大理石台阶上跌下；2）在我们昨天晚餐的那家餐馆前的人行道上绊倒。我至今只积蓄了700西蒙卢德维戈维奇[8]。我今晚动身去安特卫普，但我刚在一位很可爱的出版商穆西[9]家里用了早餐，他娶了……玛格丽塔[10]。我收到塔塔里诺夫夫人的一封来信，她邀请

① 原文为法语。

②⑩ 不详。

③ 彼得·巴则列夫斯基（Petr Bazilevsky，1913—1993），农艺师、昆虫学家。

④ 可能指弗拉基米尔·伊利亚申科（Vladimir Ilyashenko，1887—1970），诗人。

⑤ 可能指谢尔盖·卡普兰，纳博科夫先前在柏林的学生。

⑥ 谢尔巴托夫亲王（Pavel Shcherbatov，1871—1951），沙皇尼古拉二世的侍从官，他妻子安娜·弗拉基米洛夫娜（Anna Vladimirovna，1879—1942），定居布鲁塞尔，也葬在那儿。他们八个孩子中的一个，安娜·谢尔巴托夫（Anna Shcherbatov，1909—2010），1929年嫁给了纳博科夫的堂弟谢尔盖·纳博科夫（Sergey Nobokov，1902—1998）。

⑦ 谢尔盖·纳博科夫，纳博科夫的堂弟。

⑧ 法郎：从此时起，纳博科夫显然觉得他的信件可能被检查，便采用不同的编码方式提及他在德国之外的收入，可能为了避免返回后对他税务罚款。比利时法郎成了谢米扬·卢德维戈维奇·弗兰克，即他在此前信中提到的哲学家和神学家。

⑨ 可能指雅克·穆西（Jacques Masui，1909—1975），法国作家。

我29号去她家参加一个（法国）晚会，所以我周三下午一点左右离开这儿。谢尔盖给我看格劳恩①的很精彩的雕刻和肖像画及家谱方面的一些材料。②我不知道，比如，我们是否莎霍夫斯考埃家的亲戚，在谢尔巴托夫家，他们十四岁起就餐时就吃一种大馅饼，有一种《战争与和平》中的氛围。③*他们很羡慕*④我的小男孩和你。*真是上流社会*⑤。

《绝望》为什么还没有出版？⑥问候阿纽塔——请把有关埃莱奥诺拉等的文字读给她听。我已*尽力而为*——两人彼此相爱。再写信给我，亲爱的。这儿天气暖和，这条大街的一头有个小广场，周边的南洋杉围起来，像一盏黑色枝状大烛台，那些小树苗长得就像松树一样。库利舍尔⑦将所有的人分成基辅人和非基辅人。雷吉娜⑧原是个可爱、颇为年轻、头发有点灰白的女士，*按季娜的说法*⑨，有才华。季娜的丈夫是个特别直率的人，他告诉我：1）他过去恨我，因为他认为我是个势利眼，像尼卡⑩；2）他无法忍受不诚实的人。基里尔相当怕他。现在，我的宝贝，我得写两张明信片到巴黎，随后就是动身去安特卫普的时间了。我非常爱你。多多吻你。这是给他的：

⑪

弗拉基米尔

36.1.27

---

① 格劳恩（Carl Graun，1704—1759），德国作曲家，尤其是意大利歌剧，“我祖父斐迪南·冯·科尔夫的曾祖”（《说吧，记忆》，第54页）。

② 堂弟谢尔盖仍是一个有激情的系谱学者，纳博科夫1951年撰写自传和1966年加以修订，谢尔盖提供了很多材料。

③ 在《战争与和平》（*War and Peace*，1863—1869）中，列夫·托尔斯泰写到这种大馅饼（kulebyaka）——一种发酵的有多层馅料的馅饼或酥饼——那是在娜塔莎·罗斯托娃的命名日聚会上。

④ 原文为法语。

⑤ 将法语Très（很）与俄语svietski（上流社会）组合在一起，仿佛是19世纪俄国贵族说法语的方式。

⑥ 小说《绝望》（*Otchayanie*）1934年在《当代年鉴》（五十四至五十六辑）连载，但直到1936年2月20日才出书（柏林：Petropolis）。

⑦ 可能指亚历山大·库利舍尔（Aleksandr Kulisher，1890—1942），律师、历史学家、记者、《最新消息》撰稿人。

⑧ 不详。

⑨ 原文为法语。

⑩ 尼古拉·纳博科夫。

⑪ 纳博科夫为德米特里画的火车。

* * *

ALS，2 页

1936 年 1 月 30 日

巴黎凡尔赛大街 130 号寄往德国柏林哈伦斯，

涅斯托尔大街 22 号

朗的地址？[①]

我的爱人、我的欢乐、我的宝贝，我忙得团团转，所以两天没给你写信了。我想我到安特卫普去朗读。是的。所以，我去了那儿并作了朗读[②]，我读了 250 比利时页，加上先前的朗读，总数达到 900 多页。[③] 潘比安斯基[④]像只不同寻常的老鹦鹉。相当乏味。我读的不是《斩首之邀》，而是《昆虫采集者》。中途休息时，以及朗读前后，有位很无趣的大个子黑女人照料我，另一位组织者表演了一个魔术——无火烧纸。我凌晨 1 点左右回到布鲁塞尔，当然没法开门，所以，可怜的季诺契卡穿着灰色的小袍子只得……第二天，我在海伦斯家用午餐。他娶了来自顿河罗斯托夫的一个俄国犹太姑娘[⑤]，有三个可爱的孩子，说俄语说得比法语好，享受一种家庭的氛围。他们建议我们也在他们避暑的地方过夏天，在乡村即使头等膳宿，才 20 法郎一天，给我们三个，他们甚至可以拿到更优惠的价格。听上去真不错。眼袋，鹰鼻，大牙，单片眼镜。总之，两个都答应认真考虑"我的前程"：他，作为比利时最重要的作家，有重大影响。下午，季娜和我跟菲伦斯夫妇在一起。他们一周后去巴黎，将为我安排与雅鲁[⑥]的见面——并不是我的心意。我和他们相处得也很融洽，也同他们讨论了我的前程。海伦斯建议就《O 小姐》给波朗写封信，设法发表在那家杂志上：他们每页付 300 法郎。在巴黎这儿，根

① 伦敦约翰·朗出版社，该社"1935"(实际上是 1936 年 1 月)出版了《暗箱》，由威妮弗蕾德·罗伊翻译，1937 年还将出版纳博科夫自己译的《绝望》。

② 1936 年 1 月 22 日，安特卫普十二月路 19 号，在布尔斯啤酒店为俄罗斯侨民作了朗读。

③ 纳博科夫暗指他在比利时挣到的比利时法郎。

④ 潘比安斯基（Leonid Pumpyansky），读者、诗人。

⑤ 玛丽亚·海伦斯（Maria Hellens，1893—1947）。

⑥ 雅鲁（Edmond Jaloux，1878—1949），法国小说家和批评家。

据[①]塔塔里诺夫夫人的看法，马塞尔和埃尔加兹，还有杜·博兹[②]都对此感兴趣，所以，也很可能在这儿做一次朗读。从菲伦斯家，我们去参加了《赛思》[③]的一次活动，比利时的文人为我致“欢迎词”。坐在我边上的一位作家，有着酒糟鼻，他很出名，因为年轻时，他吃过人肉。他父亲是个铁路职工，有个工人被车撞了，当他们急着找人帮忙，他赶紧吃了断腿上的一片肉——他想尝尝：这样的机会不可多得[④]——这个工人后来为此告他，虽然后来那条断腿还是截掉了。他告诉我，一个诗人应该什么都体验一下。那天晚上，我们拜访了雕塑家勒·博拉[⑤]。我收集了一些亲笔签名书——大部分我留在了季娜家，既然返程时我会在布鲁塞尔停留三天，因为这家俱乐部[⑥]正打算安排另一次晚会：前半场我将朗读《O小姐》(起初这让我不悦[⑦])。谢尔巴托夫夫妇提出一个可笑的计划，我作一次朗读……和V.V. 巴里亚京斯基（舅舅）[⑧]。昨天，季娜送我到车站。从巴黎北站我坐地铁去凡尔赛大街[⑨]，这样我抵达的时候已精疲力竭，带着那只越来越像石块似的令人沮丧的手提箱。所有的票都已售出。在他们的海报上，P.N. 很离谱地将我的名字印得大大的，而霍达谢维奇则印得很小。[⑩]每场1500已有保障。其他的可能性也存在。在这儿，他们在一幢漂亮公寓中给了我一间很迷人的房间。伊柳沙[⑪]和津济诺夫在温柔善良方面与季娜不相上下。津济诺夫详细告诉我有关A.O. 生病的全部情况。[⑫]当我看着这只猫，我的心揪了起来，它长得更黑，也更温和了。我刚打开行李——差不多7点半——布宁出现了，还是很重的鼻音，尽管我一再推辞，他还是“拖”我去科尔尼洛夫餐馆晚餐——竟然有这样一家餐馆。[⑬]起初，我们的交

①⑦ 原文为法语。

② 杜·博兹（Charles Du Boz，1882—1939），法国批评家和散文作家。

③《赛思》(*Le Thyrse*)，法国的一份艺术和文学类杂志，1899—1944年间在布鲁塞尔出版。

④ 原文为法语。

⑤ 不详。

⑥ 比利时俄国犹太人俱乐部。

⑧ 巴里亚京斯基亲王（Vladimir Baryatinsky，1874—1941），记者、剧作家、政治评论家，安娜·谢尔巴托夫的哥哥，阿列克谢·谢尔巴托夫-巴里亚京斯基的伯父。

⑨ 纳博科夫将住在凡尔赛大街130号，这是伊利亚·丰达明斯基的公寓，弗拉基米尔·津济诺夫也住那儿。

⑩ 诗人、批评家乔治·阿达莫维奇和诗人、批评家霍达谢维奇长期不和，前者控制着《最新消息》的文学版，后者则在对立的巴黎侨民日报上写专栏文章。

⑪ 丰达明斯基。

⑫ 阿玛利亚·奥丝波夫娜·丰达明斯基1935年死于肺结核。

⑬ 以拉夫·科尔尼洛夫将军（Lavr Kornilov，1870—1918）命名，科尔尼洛夫是俄国军队统帅，1917年8月企图发动兵变，反对1917年二月革命后成立的俄国临时政府。兵变失败强化了布尔什维克的势力。作为一个自由派人士，及临时政府领导人之一的儿子，纳博科夫在此表示了对移民中的保守倾向的反感，他们纪念俄国著名的右翼分子。

谈不着边际——主要是，似乎是因我——疲惫和生气——一切都让我恼火，他点菜的方式、他说话的腔调、他下流的小玩笑，以及服务生夸张的顺从，这样，他后来对阿尔达诺夫抱怨，我整天心不在焉。我恼怒（我与他去晚餐）了很久，但最后，我们出门来到街上，突然迸发出互相理解的火花，当我们到达缪拉咖啡馆，胖乎乎的阿尔达诺夫在等我们，我们过得很愉快。我在那儿还看到了霍达谢维奇，他皮肤发黄；布宁很讨厌他，他说到丰达明斯基："什么呀！伊柳沙满不在乎，但津济诺夫爱了她（A.O.）三十年。三十年！"（他竖起一根指头。）阿尔达诺夫说，当布宁和我交谈与对视时，感觉像是两台摄影机不停地转动。布宁对我详细地叙述了他如何在奥德萨结婚，他六岁的儿子如何夭折。① 他声称"米迪亚·莎霍夫斯考埃"（约安神父）的（形象）特征促使他写了《米迪亚的爱情》②，他声称如此——哦，我最好亲自告诉你。喝了咖啡，我们三个去阿尔达诺夫家晚餐，所以，我上床晚了，睡得不好——因为喝了酒。亲爱的。我可爱的小宝贝怎么样啊？千头万绪，我都不知道怎么开始。告诉我，《绝望》为什么还没有出版？

我会按你所说与朗相处。我爱你，爱你。

弗拉基米尔

36.1.30.

* * *

ALS，2 页

邮戳日期：1936 年 2 月 2 日

巴黎凡尔赛大街 130 号寄往德国柏林哈伦斯，

涅斯托尔大街 22 号

我最亲爱的：

没有你的音讯。求你了，给我写信；时常——无论在街上还是交谈中，每想

---

① 布宁 1898 年在奥德萨娶了安娜·察克尼（Anna Tsakni，1879—1963）。他们唯一的儿子尼古拉五岁时死于脑膜炎。1918 年夏天，布宁和他新的、"有礼貌的"妻子薇拉·穆罗姆采夫（他们 1922 年结婚）离开莫斯科前往奥德萨，那时奥德萨由奥地利军队占领。1919 年 4 月，当红军逼近这座城市时，他们没有逃离，而是待在奥德萨，经历了内战的恐怖和饥荒。到达法国后，布宁在《该咒诅的日子》（*Okayannye dni*）记载了他的奥德萨经历（巴黎：Vozrozhdenie，1926）。

②《米迪亚的爱情》（*Mitina lyubov'*），讲述一个年轻人对一个女演员的执着的爱；卡蒂亚的不忠和他自己精神的混乱导致了米迪亚的自杀。到 1936 年，德米特里·莎霍夫斯考埃（约安神父），季娜依达·马勒夫斯基–马勒维奇（莎霍夫斯考埃）的兄长，在法国和德国当了十年的俄国东正教神父；1937 年 5 月，他将成为修道院院长。

到你和我们的小男孩，就会魂不守舍（通常，当我想到他，灵魂深处就有一种美妙无比的被融化的感觉）：给我写信，我的欢乐。我很生气：我忘记写下朗的地址了，但我想，你明天会告诉我，我立马就给他写信，其实这很愚蠢。你心里明白，寄一本《O小姐》给我！隔壁津济诺夫家的收音机正在播放《哼唷，嗨哟》[1]。我收到你寄来的两本《绝望》——书出得不错——像一面三色旗。[2]他们还会给我多寄几本吗？给我们认识的人寄书怎么样？我们将给哪些人寄书？有名单吗？我收到季娜[3]的来信——她说他们想方设法把我们安置在那儿。我已经见了无数的人。两天前（周四），我感到很难受，我想可能感冒了，我几乎整天躺着；但之后，我睡了个真正的好觉，昨天和今天，又忙个不停。达斯塔克扬原来那么可爱，金发，戴眼镜，中年，个子有点矮；大家都喜欢他，他管理基扬准采夫的电影院。他们跟以前一样，无忧无虑，待人热情，我在他们家用了晚餐，之后去他们那家电影院，沙巴很有老板风范，而伊丽娜还是那么迷人（她对小男孩的照片爱不释手）。我们身后坐着（他——又老又瘦，她——腿上蹲着一只瞎眼的猎狐犬）……卡拉什尼科夫[4]和他的妻子。我会去拜访他们（伊琳娜[5]马上卖给他两张票）。看完电影，基扬准采夫夫妇坐着他们的豪华轿车离开了，但达斯塔克扬和我去缪拉咖啡馆商谈。我们路上还在讨论，但在咖啡馆遇到阿尔达诺夫和克伦斯基，所以，没有进行事务性的交谈。克伦斯基被我的非政治态度吓坏了。今天，达斯塔克扬来看我，我对他详细描述了我的电影（《魔幻酒店》）[6]，他非常认同，几天后将把我介绍给谢夫林[7]和别的什么人，我们拭目以待（我很努力）。昨天下午，我在编辑部告诉他们我在这儿遇到的尴尬，他们答应我，他们会有所补救。我把马图塞维奇[8]的短篇转交给伊戈尔[9]，拒绝了采访。谢尔曼、维什尼亚克和费多托夫[10]来

---

① *Ey，ukhnem*，伏尔加河船夫歌。

②《绝望》（*Otchayanie*），柏林：Petropolis，1938。

③ 莎霍夫斯考埃。

④ 米哈伊尔·卡拉什尼科夫，1919—1920年，纳博科夫在三一学院起初和他共住，随后寄宿在附近人家，直到1922年。1921年，卡拉什尼科夫将纳博科夫介绍给斯维特兰娜·西维尔特，他的表亲，下一年，她成为纳博科夫的未婚妻。纳博科夫后来觉得与一个他曾认为是庸俗的人结交很不自在。

⑤ 伊琳娜·基扬准采夫。

⑥ 从未实现。

⑦ 谢夫林（Semyon Shifrin，1894—1985），工程师、制片人、法国自由电影制片厂经理、格朗电影制作合伙人，1928年起，成为塞夸纳影业的导演。

⑧ 马图塞维奇（Yosif Matusevich，1879—1940），艺术家、作家、剧作家，《最新消息》编辑部成员。

⑨ 不详。

⑩ 费多托夫（Georgy Fedotov，1886—1951），历史学家、哲学家、翻译家，与斯捷潘、丰达明斯基共同主编巴黎的杂志 *Novyi grad*。

看我。谢尔曼将《斩首之邀》译得很美，周一，他会作一个有关我的讲座。（《防守》寄给P.N.了吗，这很重要！）他也咳嗽，将手捂住嘴。周一下午，我会拜访泽尔多维奇夫妇[①]——我收到她的来信，给她打了电话。我给苏佩维埃尔和D.劳施写了信。对达尔夫妇[②]我该怎么办？问题是，哥希菲尔德[③]与内斯金[④]共同拥有这家书店——这就是为什么我不太愿意去那儿。（要不给他打电话？）我把它们寄给母亲？我在给泽约卡[⑤]写信——我今天拜访了那位老人[⑥]，萨拉[⑦]长得更漂亮了。亲爱的，我甚至抽出时间用于《O小姐》，并访问了蒙巴纳斯，自波普拉夫斯基死后[⑧]，诗人一脸殉道者的模样在那儿徘徊。捷尼谢夫家的老朋友都很勤奋。和贝贝洛娃通了电话。昨天，我去霍达谢维奇家。今天在米留可夫家有场讨论，我当然不会去。我的居住条件很好（浴室比我们家还好），我渐渐又感到状态甚佳，我没法告诉你头几天感觉有多糟糕。亲爱的，我这封信写得匆忙，注意力有点不集中。地铁上有股臭味，像是脚臭，空间狭小的缘故。但我喜欢铁门的猛地关闭、墙上的涂鸦（“屎”[⑨]）、染发的女人、有葡萄酒味的男子、响亮而了无生气的站名。你知道，我兴味盎然地想要重写《这是我》[⑩]。你寄《绝望》的稿子了吗？[⑪]我爱你，多多吻你和我的男孩。这几天就给阿纽特契卡写信。

弗拉基米尔

① 泽尔多维奇（Berta Zeldovich，1882—1943），翻译家。

② 很可能指弗拉基米尔·达尔（Vladimir Dahl，1801—1872），纳博科夫的四卷本《现存大俄罗斯语言释义词典，1863—1866，1880》是达尔编的。

③④⑦ 不详。

⑤ 乔治·赫森。

⑥ 泽约卡的父亲，约瑟夫·赫森。

⑧ 波普拉夫斯基（Boris Poplavsky，1903—1935），有前途的年轻诗人，他因中毒而神秘死亡引起议论纷纷。纳博科夫后来责备自己：“在言过其实的评论中，因他不够成熟的诗歌中细小的错误而对他进行了攻击。”（《说吧，记忆》，第287页）

⑨ 原文为法语。

⑩ 这是纳博科夫为他用英语写的（近来？）自传考虑的几个书名之一。仍然不清楚他在1940年代末1950年代初出版的自传性速写及1951年出版的《确证》（美国）和《说吧，记忆》（英国）中用了它的多少材料。

⑪ 显然指纳博科夫的英译打字稿，给约翰·朗（见1936年2月4日信）。

* * *

ALS，2页

邮戳日期：1936年2月3日

巴黎寄往德国柏林哈伦斯，涅斯托尔大街22号

亲爱的宝贝，我没有安排在荷兰作任何朗读，那毫无意义。在布鲁塞尔，可能会有一场法俄晚会，在18或19号，之后，我返回柏林。我不想再听到卡普兰的愚蠢提议[①]（实际上，是季娜出于好意促使他这么做的）。一派胡言。

别忘了寄给我一本《O小姐》。（我怎么会把自己仅有的那本给了海伦斯？）（上周三）在赖莎家[②]的朗读未能举行，因为她丈夫和女儿都得了流感——他们现在好多了，她还会吸引很多听众的。我给季娜两支兰花，但当然，她得不偿失[③]。告诉“彼得罗波利斯”——我们这儿需要一定数量的《绝望》，他们应该把书寄给两家报刊（寄给批评家本人），[④]因为与我的朗读晚会联系起来，书将会卖得很好。没有你和我们的小男孩在身边，这儿的生活就绝对难以忍受。刚才，潮湿的雪下了起来，塞纳河黄黄的，人一出门，潮湿的雪地马上留下一串脚印。你说我的小宝贝梦见了我？我亲爱的小宝贝。

天哪，我拜访了卡拉什尼科夫夫妇——不会再去那儿了，再不（他们就住在附近——但他们并不知道），谈话只涉及科西嘉、菲力克斯[⑤]和鲍比[⑥]（我在这儿给他们写过信，原来，他几次问过我们共同的朋友，他怎样得到我的书，这些书他在《纽约时报》上看过介绍[⑦]——格拉布伯爵夫人告诉过我——她还是贝洛萨尔

① 他想在埃因霍温组织一场西林朗读会（见1936年1月27日信）。

② 薇拉后来加上：阿布拉莫夫娜·塔塔里诺娃（塔尔）。

③ 因为养花成本很高。

④ 可能是《最新消息》的乔治·阿达莫维奇和《复兴》的霍达谢维奇。

⑤ 不详。

⑥ 罗伯特·德·卡里伯爵，纳博科夫在剑桥的朋友。

⑦《暗箱》（亚历山大·纳扎罗夫的评论《不同领域的俄国新作》，《纽约时报书评》，1933年12月17日，第8、20页）和《绝望》（纳扎罗夫评论《俄国作家的新作》，《纽约时报书评》，1935年8月18日。第8、18页），两篇书评涉及当时在《当代年鉴》上的连载。

斯基时，我就认识她）[①]，卡拉什尼科夫打着嗝，说了许多他和其他人的粗话，说到财富（塔吉亚娜[②]现在有钱了），说到头盖骨的一种环钻术，他试过两次，他建议我读克劳德·法雷尔[③]。我午餐——昨天——是在基扬准采夫家吃的，从那儿，我去霍达谢维奇家：他的手指包扎着——生了个疖，他脸色发黄，像今天的塞纳河，他薄薄的红唇拧得厉害（而他干净而紧身的深色小外套很有光泽，有点耀眼）；他妻子[④]有着美丽可爱的眼睛，通常，直到腰部（头部往下）相当漂亮，但突然间，她的臀部往外翘起；她不好意思地改变走路的姿势来加以遮掩，就像一包要洗的脏衣服。弗拉季斯拉夫对所有的同事肆意嘲讽，就像对有蚜虫的树苗喷洒药水，当他走过来，扎伊采夫夫妇[⑤]吓得脸都白了。他相当俏皮地说起《斩首的邀请》[⑥]，他的小鼻子在两块大镜片之间扭动着，包扎的手指竖起来。费尔森也在那儿，目不转睛地看着我。晚上，我和谢尔曼及丰达明斯基[⑦]讨论了我要读的东西，商定如下：我将朗读三个短篇，长度相仿：1)《俄罗斯美人》，2)《生活片断》，3)《信息披露》。[⑧]

我给自己派了两件任务——为《O 小姐》和《绝望》找出版社。周三下午 3 点见谢夫林谈我的电影。期待苏佩维埃尔和丹尼斯[⑨]的电话。周三也将见埃尔加兹和马塞尔。霍达谢维奇晚会[⑩]的票卖得出奇的好，实际上，很久前票就全部卖光了，现在，预订加座的也很多。今晚是谢尔曼的“讲座”（他状态始终很好）。伊柳沙[⑪]想在宗教方面尽可能“影响”我，比如，从别的事情说起——附近有几

---

① 可能指伊丽莎白·格拉布伯爵夫人（Elizaveta Grabbe，1893—1982），1916 年嫁给谢尔盖·贝洛萨尔斯基-贝洛泽尔斯基亲王（Sergey Beloselsky-Belozersky，1867—1982）。

② 塔吉亚娜·西维尔特，斯维特兰娜·西维尔特的妹妹，斯维特兰娜是纳博科夫的前未婚妻，也是卡拉什尼科夫的表亲。

③ 克劳德·法雷尔（Claude Farrere，1876—1957），小说家，1905 年龚古尔奖获得者，但不久便遭冷落。

④ 奥尔加·马尔戈林（Olga Margolin，1899—1942），1933 年成为霍达谢维奇的第四任妻子。

⑤ 鲍里斯·扎伊采夫（Boris Zaytsev，1881—1972），苏联作家和翻译家，他妻子薇拉·扎伊采夫（1878—1965）。

⑥《斩首的邀请》（*Invitation to a Beheading*）。

⑦ 伊利亚·丰达明斯基。

⑧《俄罗斯美人》（*Krasavitsa*），《最新消息》，1934 年 8 月 18 日，第 3 页；《生活片断》（*Sluchay iz zhizni*），《最新消息》，1935 年 9 月 22 日，第 3 页；《信息披露》（*Opoveshchenie*），《最新消息》，1934 年 4 月 8 日，第 2 页；均收入《眼睛》（*Sog*）。

⑨ 劳施。

⑩ 2 月 8 日，纳博科夫和霍达谢维奇同日出场。

⑪ 丰达明斯基。

个出色的牧师，是否要去听一次布道，诸如此类。有个玛丽亚嬷嬷[①]觉得我有点“刻板”。充满欣赏的语气和暗示。我的幸福，给我写信，你的上一封可爱的来信我读了又读——我的甜蜜，我能感到你是多么疲惫，这真可怕；我一旦回去，会整天照料我们的小家伙，你可以休息。这座房子的设计很糟糕，难以想象可怜的A.O.[②]怎么能住在这里，从来见不到太阳，但房间本身很舒适。我发疯般地想抽烟，但我想我会信守承诺。我给泽约卡[③]写信——他去了瓦瓦家[④]看那位老人[⑤]，他们在那儿拍了所有那些裸体照，房子里到处是一只很活泼的猎狐犬脱落的毛发。我的爱！

弗拉基米尔

* * *

ALS，2 页

邮戳日期：1936 年 2 月 4 日

巴黎凡尔赛大街 130 号寄往德国柏林哈伦斯

小猫咪，这是对你 2 号来信的回复。

我求你了，马上将译文[⑥]寄给朗（附不附上信里的这封便函，你随意）。一些重要之处标出并作了纠正——这么做毫无意义——任何一个俄国读者都能在我的任何一本俄国小说的任何一页上发现许多胎记，正如你的英国女教师所说的，任何一个（优秀的）英国作家都会犯点语法错误。求你了，别为英文科目和老处女心烦，就把我准备的那本书寄往英国，除已有的，别再作任何的纠正（如：她将“与……比较”改为“比作……”，但道格拉斯[⑦]总是用“与……比较”；我甚至都不想说她用

① 伊丽莎白·斯科布乔夫，纳博科夫 1932 年遇见她。

② 阿玛利亚·奥丝波夫娜·丰达明斯基。

③ 乔治·赫森。

④ 弗拉基米尔·赫森（Vladimir Hessen，1901—1982），作家和回忆录作者，约瑟夫·赫森的儿子。

⑤ 约瑟夫·赫森。

⑥《绝望》的译文。

⑦ 英国小说家诺尔曼·道格拉斯（Norman Douglas，1868—1952），他的《南风》（*South Wind*，1917）纳博科夫很欣赏。

的修饰语）。为此，将会有校订者和我之间的信件来往（建议改进，最后我同意）。请马上寄走。我来给朗写信。

现在给你说一件事：我很有希望在这儿出版《绝望》，马塞尔[①]会乐于审读英译——这就会大大加快进度并使一切变得简单。也许，我的甜心，有泽约卡的帮助，你可以将我的修改（除了我保留的那五页）抄一份并尽快寄给我（待马塞尔看过后，我可以在这儿把它寄阿尔塔·格拉西亚[②]）。我想这很重要。

别忘了给我寄一本《O小姐》，因为我已安排周五见苏佩维埃尔，到时可以把书给他。另外，赖莎[③]积极为我在一家法国报刊谋求一份长期工作（文学和戏剧批评）。

亲爱的，我很想你。我幸福的爱人。小男孩此刻在洗澡，（你怎么做得到？）我的小宝贝。我昨天见了一个有着红头发的B.G.[④]，和她沿着林荫大道走了一会儿，几天后，晚上会去拜访她。之后，我去了总编室（并非谈编辑事务，而是去看帕尔契夫斯基[⑤]）。之后，我与塔塔里诺夫夫人见面，我们讨论各种事情。晚上，这儿有个诗人聚会：我想，我弄错了——谢尔曼的讲座是下周一——昨天贝德叶夫[⑥]作了报告，他自我翻译。阿尔费罗夫[⑦]、苏菲耶夫[⑧]、克努特都很可爱和年轻。（后者看上去更像个印度人——矮小，腿有点罗圈——而不像个犹太人。）捷拉皮亚诺，头发灰白，有张黝黑的大脸。韦代尔，看上去像乞乞可夫[⑨]。费多托夫，文静，有几分亚洲人模样。夏赫申[⑩]，不善辞令，但喋喋不休，——和我的一次交谈中胡言乱语。扬诺夫斯基[⑪]——鬈曲的金发，一个长不大的顽童。玛利亚嬷嬷露出两颗牙。女诗人切尔温斯基[⑫]，一个出言不逊、脸色苍白，有着乌黑眼睛

① 纳博科夫后来在"马塞尔"前加上"加布里尔"，在后加上"哲学家"，这表明，此信1971年1月出示给安德鲁·菲尔德看，以有助于他的研究著作《纳博科的人生管窥》（纽约：Viking，1977）。
② 阿尔塔·格拉西亚·德·贾内利，纳博科夫的美国代理。
③ 塔塔里诺夫。
④ 别尔塔·格里戈里耶夫娜·泽尔多维奇。
⑤ 帕尔契夫斯基（Konstantin Parchevsky，1891—1945），律师、政治评论家、记者。
⑥ 贝德叶夫（Nikolay Berdyaev，1884—1978），哲学家。
⑦ 阿尔费罗夫（Anatoly Alfyorov，1903—1954），作家、文学批评家。
⑧ 苏菲耶夫（Yury Sofiev，1899—1975），诗人。
⑨ 果戈理（Nikolay Gogol，1809—1852）小说《死魂灵》（*Dead Souls* 1842）主人公。
⑩ 夏赫申（Sergey Sharshun，1888—1975），达达主义艺术家、作家。
⑪ 扬诺夫斯基（Vasily Yanovsky，1906—1989），作家、医生。
⑫ 切尔温斯基（Lidiya Chervinsky，1906—1988），作家、诗人、文学批评家。

的高个子姑娘，花边衣领盖住了整个胸脯。莫丘斯基[①]——微笑着，容貌上像赫普纳[②]。津济诺夫在场，像普希金的保姆，[③]伊利亚[④]是主席，谢尔曼是秘书。讲座"奉献"给哲学分析的名言："思想一旦说出便不再真实。"[⑤]但结果是，思想一旦说出便成空谈。我今天一天都很忙乱，但这些下次再说。哦，我的欢乐，我甜蜜的迷人精，我的天使。

弗拉基米尔

* * *

ALS，2页

邮戳日期：1936年2月6日

巴黎凡尔赛大街130号寄往德国柏林哈伦斯，涅斯托尔大街22号

我的生命，我的欢乐，我和马塞尔作了一次很温馨、很热烈的交谈——他很愉快，手舞足蹈，但也显得笨拙，带着艾亨瓦尔德的那种腔调——我迫不及待地给他《绝望》的英译进行校读；而且，如他可爱地指出的，他受到了《斩首之邀》题词[⑥]的可怕怂恿[⑦]。他不会把《绝望》拖很久。我周日会和劳施谈一下译文本身（虽然另一位精力更充沛的译者会更适合我）。菲伦斯夫妇明天到，我会和他们共进晚餐，但上午会和朱尔·苏佩维埃尔谈谈《O小姐》。在布鲁塞尔，法语晚会定在15或17号，俄语晚会定在16号。亲爱的，我很抱歉把邮寄的重任放在你身上，但我确实需要法语的《眼睛》，所以，要是你能将那期《自由之作》[⑧]直接寄给季娜，那就太棒了（但别急——我周日试试从劳施那儿得到一本，所以稍等，

① 莫丘斯基（Konstantin Mochulsky，1892—1948），作家、文学史家和批评家。

② 赫普纳（Benno Hepner，1899—？），律师、历史学家、社会学家。

③ 阿林娜·马特维耶夫（Arina Matveev，1758—1828），普希金很喜欢她，为她写了好几首诗。

④ 丰达明斯基。

⑤ 此句取自费奥多·丘特切夫的诗《沉默》（*Silentium*，1825—1829），纳博科夫1941—1943年将此诗译成英语，《诗歌与译本》（*V&V*），第237页。

⑥ 法文题词为"Comme un fou se croit Dieu，nous nous croyons mortels"，意为"疯子相信他是上帝，而我们相信自身不朽"，此语出自虚构的皮埃尔·德拉朗德的《论阴影》（*Discours sur les ombres*）。

⑦ 原文为法语。

⑧《窥视：未发表中篇》（*l'aguet: nouvelle inedite*），丹尼斯·劳施译，《自由之作》（*Oeuvres libres*），一百六十四辑，1935年2月。

我周日会写信给你），我这儿还急需一本《O 小姐》——以及《绝望》。我会给什克利雅弗打个电话，我希望从他那儿得到索菲亚[①]的地址，但我先找一下你的信，也许你写信告诉过我。我想不起来了。

我去了尼娜家[②]。更好看了——我能这么说的话[③]。她丈夫很壮实，一对大耳朵，是那种“俄裔美国人”类型，他们住在一套很特别的工作室般的公寓里。她说，所有的恋童癖都大动肝火，他们发现她在写柴可夫斯基[④]，他们的男神的传记。她的牙齿、她的眼睛、她的大腿都闪着光泽；但说到底，有什么不对劲——也许因为她丈夫在场（一个名叫马基夫的人，是奥索尔金前妻的第一任丈夫）[⑤]。度过一段闲暇的午后时光后，从那儿我去博物馆见勒·塞尔夫[⑥]。在那间极为舒适的昆虫标本室，而对我来说则是引起诸多苦恼的地方，他们热情地接待了我，说实话，这正是我梦寐以求的。勒·塞尔夫给我看他的最新发现——还没有公布（非同寻常的下颌的肌肉运动，查普曼已有记载，这是一种小翅蛾蛹[⑦]，前面有退化的第三对小翅膀——它们细小的壳——这是很古老的一个品种，属于石炭纪时代）。还有鸟翼蝶属[⑧]的一个新品种，刚刚到手，雄性的在它的黄色的（后）翅上有一种不常见的碧绿色光泽，在已知品种中还没有见过……还有风蝶[⑨]的一个变种——来自阿尔及尔的珍稀标本，并无红斑点，似乎像网蛱蝶属[⑩]……还有绢蝶[⑪]收藏……真棒，要是我住在这儿，我会每天来，也许就在那儿安营扎寨，像卡达科夫在达勒姆一样。想想——勒·塞尔夫和奥贝蒂尔[⑫]一起工作！

---

① 索菲亚·斯洛尼姆。
② 贝贝洛娃家。
③ 原文为法语。
④ 柴可夫斯基（Petr Chaikovsky，1840—1893），俄国作曲家；尼娜·贝贝洛娃，《柴可夫斯基：孤独人生》（*Chaikovsky, istoriya odinokoy zhizni*），柏林：Petropolis，1936。
⑤ 马基夫（Nikolay Makeev，1887—1975），记者、艺术家、哲学家、历史学家，社会革命党成员。
⑥ 勒·塞尔夫（Ferdinand Le Cerf，1881—1945），法国杰出的昆虫学家，供职于巴黎自然史博物馆。
⑦ 一种很古老的蛾，有着功能性的下颌。
⑧ 鸟翼蝶属（Ornithoptera），属于印度、东南亚和澳大利亚的一种鸟翼蝴蝶。
⑨ 即红星花凤蝶（Zerynthia rumina，或 Spanish Festoon）。
⑩ 网蛱蝶（Melitaea），属于格纹蛱蝶（Checkerspot butterfly），是蛱蝶（Nymphalidae）的亚科，是一种完全不同的品种。
⑪ 绢蝶（Parnassian）属于风蝶（Papilionid）。
⑫ 奥贝蒂尔（Charles Oberthur，1845—1924），法国昆虫学家，《天赋》（*The Gift*）中费奥多的父亲据说和他一起工作。

萨拉[①]给我拍了照片（似乎有些不情不愿），之后，同那位老人[②]一起，我们出门去阿尔达诺夫家。顺便说一下，我在那儿同一个英国人（我不认识，说话不够清楚——但相当有趣）聊天，他叫哈斯凯尔[③]——记住，他写过一本有关芭蕾舞的书。古伯斯基[④]是他的秘书，还有一个叫马尔科姆·伯尔[⑤]的，显然喜欢我的作品，是个俄国文学的超级爱好者。我细心地记下这些——通常保持这种“人脉”（没有真正价值，我觉得）。他身边有个漂亮的芭蕾舞女演员，一个十足的傻瓜。阿尔达诺夫家宾客云集；我又与沮丧的（加林娜离开了他！）的布宁[⑥]进行了一次冗长——也相当吃力的交谈。你知道较上次我更喜欢谁了：扎伊采夫[⑦]。不幸而又快乐，喝酒喝得脸红，毫无防备，遭到霍达谢维奇的折磨。

昨天，我在达斯塔克扬家——很温馨的大家庭——和谢夫林一起吃饭，今天5点，我会再次见到谢夫林。之后，我和赖莎[⑧]去马塞尔家。之后去看科洛梅耶采夫夫妇[⑨]，发现他们还是老样子，虽然她已经过七十五岁了。格兰内利[⑩]年轻时，尼卡与他有一段感情。尼娜姨妈熟悉[⑪]我的作品，通过利昂[⑫]（我打算见他）了解具体情况。在阿尔达诺夫家的晚会上，以及通常无论我在哪儿——小男孩的照片会给在场的每一个人传看。我可能在20号下午回去。亲爱的，你想我吗？还有他，我的小宝贝？我想念某些具体的感觉：短裤背带上的线头，当我将那些扣子解开又扣上；那细小的韧带，我嘴唇触及的丝绸帽顶，当我把他抱到便壶上，带他上楼梯；当他手臂抱住我的肩膀，全身涌起幸福的暖流。别忘了告诉我，我是否要把书寄给母亲。我已

---

① 不详。

② 约瑟夫·赫森。

③ 哈斯凯尔（Arnold Haskell，1903—1980），芭蕾舞和戏剧批评家。

④ 古伯斯基（Nikolay Gubsky，1889—?），作家。

⑤ 马尔科姆·伯尔（Malcolm Burr，1878—1954），作家、翻译家、昆虫学家。

⑥ 加林娜（Galina Petrov，1900—1976），诗人、翻译家、回忆录作者，布宁的情人。从1927至1942年，她和布宁家人住在阿尔卑斯山滨海地区的格拉斯。

⑦ 鲍里斯·扎伊采夫。

⑧ 塔塔里诺夫。

⑨ 纳博科夫尼娜姨妈的家人。

⑩ 可能指亚历山大·格兰内利。纳博科夫和薇拉以及尼古拉和娜塔莉·纳博科夫1932年在科尔布桑格兰内利夫妇家度假。

⑪ 原文为法语。

⑫ 利昂（Pavel Leon，11893—1942），律师、文学史家、詹姆斯·乔伊斯的秘书、露西·利昂·诺埃尔（Lucie Leon Noel，1900—1972）的丈夫，露西则是纳博科夫在剑桥的朋友亚历山大·波尼佐夫斯基（Aleksandr Ponizovsky，？—1943）的妹妹。1939年，露西·利昂·诺埃尔将帮助纳博科夫审读第一部英语小说《塞巴斯蒂安·奈特的真实生活》。

经写信给出版社。听到谢尔曼如何翻译《斩首之邀》的情况，真是一种乐趣——毕竟，翻译家通常只是让我恼火。我爱你，我的欢乐。别忘了我所有的请求。我回家后会安排你休息。吻小宝贝。我还想给阿纽塔写封长信，我有许多话，尤其要对她说。

吻你，我的至爱。

弗拉基米尔

* * *

ALS，2 页

邮戳日期：1936 年 2 月 8 日

巴黎凡尔赛大街 130 号寄往德国柏林哈伦斯，涅斯托尔大街 22 号

亲爱的，怎么回事，你为什么不给我写信？

今天，我有场朗读，也得了感冒。朗读很困难，我想。我打电话给柳夏[①]，没找到他，我告诉他们将我的电话号码 *Aut.*19—24 转告他。我对索菲亚[②]说，（亲爱的阿纽特契卡，这是给你的。以下是谈话的内容。我先给她写信，也开始了电话交谈——可以说，她有一张赠票。然后，她清清嗓子，带点儿鼻音，开始详细地对我解释，“你瞧”，她周六晚上和一个导演有重要的事情要谈，所以不知道“她是否能脱身”，但“以防万一”，我能将票留给她，当然，她会很高兴来，要是“她终究能来的话”。我说：索菲亚，现在就决定，因为有许多人等一个空位。她突然慌乱起来，装作才想起什么来，说，好吧，我多半会来。你明白，把给我的票留在售票处。）我也打电话给什克利雅弗，周二去拜访他们。在他的办公室和谢夫林交谈了整整一小时（大鼻子，白睫毛，矮小，领带上有颗珍珠），我们商定，我给他准备一部电影剧本；他向我解释了他的具体要求。我已经作了初步的构思：一个男孩，国王的儿子的故事；他父亲被杀，就像在马赛[③]，他成了一位国

① 伊利亚·费金。

② 索菲亚·斯洛尼姆。

③ 1934 年 10 月 9 日，南斯拉夫的国王亚历山大一世（1888—1934）在马赛被杀。亚历山大的儿子彼得王子（Prince Peter，1923—1970），九岁继承了王位。摄政的是亚历山大国王的表亲南斯拉夫的保罗王子，1934 至 1941 年，任摄政王。彼得王子通过政变取得了王位，成为南斯拉夫亚历山大二世。

王——一个瑞士家庭教师，诸如此类[①]。随后发生了革命，他重拾他的玩具和收音机——这听起来很平淡，但可以把它拍得很有趣。通常，在我大脑中负责缪斯、音乐和博物馆的那个部分会有这样一种燥动，这样一种急切，我想，即使只有一天空闲，我就能写出一个短篇来。我的幸福，我爱你。泽约卡[②]来信说我的小男孩能说很多话了。我简直不相信他的存在，也许这根本就是个梦，见不到他真是种折磨。昨天上午，我在苏佩维埃尔家，他老了许多，有了酒糟鼻；我们作了很友好的交谈，他马上为《O小姐》与波朗进行联系；原来，海伦斯——他多么热诚——已经为同样的事情给他写信。3点，我已经在*N.R.F.*[③]了，带着手稿（将修改的地方写在另一张纸上，这样，当你再寄一本来，我能再写上去。现在我手头什么都没有了，但需要在布鲁塞尔读这本书）。我去的时候，他还不在，但当他出现的时候，和他一起进来的还有雷米佐夫[④]，他们是在上楼时相遇的。雷米佐夫看上去像个太监，也像枚被吃掉的棋子（你明白我的意思吗：它僵僵地待在小桌边上，一动不动，非常醒目）。偏胖，矮个，穿一件扣得严实的外套。他对我很和蔼。我对波朗解释为《O小姐》我需要做的每件事情，给了他手稿。如果他不接受（我们说好他14号前给我答复），我就转给法亚尔出版社。从他那儿，我去斯洛尼姆家[⑤]，之后又去取法文的《皮尔格拉姆》手稿。要是你也给我寄法文的《眼睛》，我在布鲁塞尔的晚会上就有“丰富的材料”了。昨天我和圣洁的菲伦斯共进晚餐（怎样的晚餐啊！），他已卖出四十张票。我们进行了很亲切的交谈，他讲了一些精彩的故事。今天，我们在博斯家再次见面，周一我们会在雅鲁家午餐。和斯洛尼姆谈了很久，很温馨，但比较散漫。他把我介绍给一个叫华莱士[⑥]的人，在苏黎世一家报社工作。所以，在目前情况下：周六15号，在布鲁塞尔进行法语朗读，周日16号，在批评家梅洛·杜·代（这就是他的名字！）[⑦]家午餐，晚上作俄语朗读。季娜在时间上有点急，我自己想在这儿待到18号，因为巴脱特夫人[⑧]（通过塔塔里诺夫）准备为我在这儿组织一场法语朗读，同时，布鲁塞尔的演讲厅

---

① 原文为法语。

② 乔治·赫森，现住巴黎，但去柏林了。

③《新法兰西评论》(*Nouvelle Revue Francaise*)。

④ 雷米佐夫（Aleksey Remizov，1877—1957），作家、艺术家、文学批评家。

⑤ 马克·斯洛尼姆（Mark Slonim，1894—1976），他经营一个中介机构，为苏联作家的书联系翻译出版。

⑥⑧ 不详。

⑦ 梅洛·杜·代（Robert Melo du Dy，1891—1956），比利时诗人和散文作者，海伦斯的同事。

也已预订，诸如此类（但和巴脱特共事会发生什么，我们不知道）。这次到访没有上次那么辛苦，因为我住得极为舒服。它们是如此可爱，津—济和尼古拉。[①] 埃琳娜·亚历山德罗夫娜[②] 用阿玛利亚的声音跟它们说话。给我写信，亲爱的！谢谢你寄来那两本书——书刚寄到。别忘了将母亲的情况告诉我。还有（我要从比利时带什么书吗?），亲爱的，吻你又吻你。我做梦也想你，亲爱的。告诉我，给阿纽塔带些什么小玩艺。我的小男孩现在学走路了。那位老人力求在这儿出版他的回忆录。[③]

爱你，我的幸福，我的辛苦的小宝贝。我回去你就可以休息了，等着那一天吧。

弗拉基米尔

* * *

ALS，2 页

邮戳日期：1936 年 2 月 10 日

巴黎凡尔赛大街 130 号寄往德国柏林哈伦斯，涅斯托尔大街 22 号

我幸福的宝贝——我没忘记，看上帝面上，给我寄《绝望》[④]，我一切安排就绪，尽快把书给马塞尔。原谅我，亲爱的，给你增加压力。另外，我可能得准备去伦敦，我刚收到格列布[⑤] 的信，他们愿意支付我的旅费（至今他只是“原则上”问我是否同意去，我刚回答同意，但我更愿意复活节从柏林去），在那儿会有一场在英俄国人的见面活动。要把事情都安排好：他们正想方设法组织一场《O 小姐》朗读会，但要是这部书出版，会在 20 或 21 号，所以我得从布鲁塞尔赶回来，我计划 15 号上午去那儿。

---

① 丰达明斯基的猫。

② 可能指埃琳娜·亚历山德罗夫娜·佩尔茨（Elena Aleksandrovna Peltsev，1898—1983），丰达明斯基家的好朋友。1937 年 4 月，纳博科夫将他的一部作品献给她。

③ 实际上，他死后很久才出版。I.V. 赫森，《流亡岁月纪事》（*Gody izgnaniya: Zhiznennyi otchot*），巴黎：YMCA，1981。

④ 纳博科夫译成英语的打字稿。

⑤ 斯特鲁夫。

昨天下午，我在博斯家（很浓的天主教色彩），我们谈论了文学。他表现出很深的情谊，夹杂着英语。总之，相当愉快。晚会本身①也许甚至比上次还好，现场挤满了人（顺便说一下，霍达谢维奇朗读时，他们挤进来，他读了一篇优美的文章——有着历史色彩，点缀着拟古诗歌的一篇微妙的仿作）。②我与布宁（他穿着外套，戴着帽子，鼻子埋在衣领里，他极怕冷）及一位更胖、搽了粉的阿达莫维奇（他说了句暧昧的恭维话③，“你看上去甚至比以前更年轻了”）在一起。中场休息后，我读了：1）《一位俄罗斯美人》；2）《未知领域》④；3）《披露消息》。对我来说，这是一种巨大的荣幸，一种乐趣。我大口吃了块糖，涂了点药膏治感冒，我的声音通常把握得很好。那位老人⑤会告诉你掌声多么热烈。随后，我们一大群人去清泉咖啡馆，喝了香槟。喝酒的作家有：阿尔达诺夫、布宁、霍达谢维奇、韦代尔、贝贝洛娃，及其他一些人。大家为米坚卡⑥的健康干杯。弗拉季斯拉夫⑦对面，尼娜的边上，坐着她的丈夫，尼娜⑧对面是他的妻子。这让我觉得如同梦中。⑨始终很愉快和活泼（这多少有点像一个学生的假期日记，但我睡得并不好）。阿尔达诺夫大声抱怨：1）“你对我们都瞧不起，我能看出你的心思”；2）“你是我们的主要作家”；3）“伊凡·亚历克塞耶维奇，把你的戒指给他”⑩。然而，伊凡不为所动，“不，我们可不能妄自菲薄”，隔着桌子这样招呼霍达谢维奇：嘿，你这个波兰人。⑪他们的魅力仍然存在，伊柳沙和津济诺夫安静地坐在另一张桌子旁。我们凌晨3点后才回家。亲爱的，很遗憾你

---

① 1936年2月8日，在拉斯加斯路5号举行的一场由西林和霍达谢维奇两人同场朗读的晚会。

② 霍达谢维奇朗读了《瓦西里·特拉夫尼科夫的生平》（*Zhizn' Vasilya Travnikova*），这是一篇戏仿之作，描写一位虚构的19世纪初期俄国诗人的生活与诗歌。这篇文章刊于1936年2月13、20、27日的《复兴》上。

③ 原文为法语。

④《最新消息》，1931年11月22日，第2—3页，收入《眼睛》（*Sog*）；纳博科夫和德米特里翻译，载《纽约客》，1963年5月18日。

⑤ 乔治·赫森。

⑥ 即纳博科夫儿子德米特里·纳博科夫（Dmitri Nabokov），纳博科夫信中又称德米特里为：Dmitrichko（德米特里奇卡）、Mitenka、Mityenka（米坚卡）、Mitya（米佳）、Mityushenka（米久申卡）、Mityushonok（米久舒诺克）、Mityusha（米久沙）、Mityushok（米久舒克）、Musinka（穆辛卡）等。——译注

⑦ 霍达谢维奇。

⑧ 贝贝洛娃。

⑨ 原文为法语。

⑩ 阿尔达诺夫对布宁说的话，意指这样一个故事：18世纪杰出的俄国诗人杰尔查文肯定普希金为下一位伟大的俄国诗人。根据广为流传的有关普希金的一个传说，为表示对出席帝国学校（Lyceum）的一次公开考试的杰尔查文的敬意，普希金读了一首诗，从老人那儿得到了一枚戒指。在他自己的文章中，普希金并没有提及戒指（“杰尔查文”，1835—1836）。

⑪ 霍达谢维奇的父亲是波兰人。

不在拉斯加兹[①]——亲爱的，我的至爱。那位无处不在的沃特沃尔采夫女士向我款款走来（先递给我一张便条，最后几个字是“没有积怨”[②]。太好了!）。我想，索菲亚和那位老人坐在一起（他一脸阴云）[③]。许多过去的幽灵——你知道，不太能确定他们眼中的表情——现实能承认我吗？不知为何我没注意到卡拉什尼科夫。给丹尼斯[④]一个拥抱。捷尼谢夫家的老朋友。女士们。V. 卢利[⑤]。诗人。率先朗读的霍达谢维奇如此匆忙（以便给我让路，他真是可爱），丰达不得不给他递条子——慢点。室内挤满了人。亲爱的，我在你的信上流连忘返，像一只昆虫四处溜达，埋着头，亲爱的！会给希思[⑥]写信——是的，没错。别尔塔[⑦]给我施加压力，我没法躲避，只能去拜访她。我在朗读会上看见了安娜[⑧]，给她打了个长长的电话。还没有见到伊柳沙[⑨]。现在我要去卢得涅夫家午餐。之后去看劳施。晚上还有一场活动，我会为“圈子里的”朗读《嘴对嘴》。我的欢乐，我的小男孩怎么样？我的爱人！下面是给他的。

[⑩]

吻你，亲爱的！

弗拉基米尔

* * *

ALS，2 页

邮戳日期：1936 年 2 月 13 日

巴黎凡尔赛大街 130 号寄往德国柏林哈伦斯，涅斯托尔大街 22 号

谢尔曼让你给他寄张小家伙的快照（不穿外套的那张）。

---

① 朗读在拉斯加斯路 5 号举行；纳博科夫信中所说拉斯加兹（La Skaz）也许与 skaz（故事）双关。
② 原文为法语。
③ 索菲亚·斯洛尼姆和约瑟夫·赫森。
④ 劳施。
⑤ 可能指卢利·里沃夫。
⑥ A.M. 希思，伦敦作者代理公司。
⑦ 泽尔多维奇。
⑧ 不详。
⑨ 伊利亚·费金。
⑩ 纳博科夫为德米特里画的火车的图画。

亲爱的，我的女神，elder—bush 并不是“一把旧刷子”而是接骨木；但是，要是你愿意，我一回去（最迟[1]23 号），我们就从柏林寄；我会给他写信——给朗，按你说的。布鲁塞尔的法语朗读会已经卖出约五十张票，每张 10 比利时谢苗·路德维格维奇[2]，在俱乐部的朗读晚会也会带来一些收益——所以按我们亲爱的格里高里·阿布拉莫维奇[3]的话说，很值得去那儿。20 号，格里高里会在这儿用法语朗读——杜西娅[4]和马塞尔及杜·博兹[5]已由精力充沛的赖莎[6]招来，而我则叫来了苏佩维埃尔和雅鲁。我在等斯特鲁夫的来信，有关伦敦朗读节目的：“北方人学社”[7]想要组织这次活动——他们是很有文化修养的绅士。经过多次挫折，我最终安排了与柳夏的会面（周五）。我想，这些就是对你上一封信中问题的全部回答。

第九天，我和克伦斯基和维什尼亚克在卢得涅夫家午餐，下午与劳施见面——我们在旅馆喝巧克力茶——我觉得他有点糊涂。他想把《绝望》给一家新杂志，要我把他自己的中篇小说译成俄语，这部作品因家庭缘故不能在法国出版！但首先，（今晚——今天是周三，我想——是的，周三——所以，今天）我要把《绝望》[8]——刚拿到——给马塞尔，周五，我要给劳施一份俄语的。今晚来了很多人（出席的作家有布宁、阿尔达诺夫、贝贝洛娃），我读了《嘴对嘴》及诗歌。我们很晚才分手——又自发地在一家咖啡馆聚起来，所以天知道什么时候才回家。我们围绕托尔斯泰与 B. 进行了一次相当有趣的争论。布宁，看上去多么像一只无用的老乌龟，伸着结实的脖子，只看到皮的褶皱而看不到喉结，嚼着什么东西，眼睛呆滞，摆动着苍老的头颅！

第十天，我和菲伦斯（夫妇）在雅鲁家：水晶瓶、一条惠比特犬、一个黑人女佣、镶木地板、午餐喝的香槟。他相当壮实，有趣，从椅子上跌下来，因为想要用

---

① 原文为法语。
② 暗语：每张 10 比利时法郎。
③ 纳博科夫创造了这个新的人物，用暗语的方式向薇拉报告他自己在法国的收入。
④ 埃尔加兹。
⑤ 杜·博斯。
⑥ 塔塔里诺夫。
⑦ “北方人学社”（Obshchestvo Severtan），英国最有影响的俄国侨民文化团体。
⑧ 英译打字稿。

椅子脚敲碎坚果——你会丧命的，爱德蒙[①]——他妻子见此情景便说；她漂亮，蓝眼睛，比他年轻得多，有一半俄国血统。交谈海阔天空——但总的来说十分愉快。他想写有关《暗箱》的文章，让我把作品给他。下午，我在——不太久——别尔塔·格里戈尔家[②]。晚上，谢尔曼作有关我的报告。阿达莫维奇（有着可爱的小眼睛）和捷拉皮亚诺（面貌不敢恭维）以我为对象作了专题发言。基调是一种颂扬及和解的情感。谢尔曼的报告充满智慧，但说得有点过头——过犹不及。韦代尔非常和蔼可亲。现场约有二十几个诗人。瓦沙夫斯基[③]觉得我有点像斯丹达尔[④]。我会把他加入我的想象性导师的名单上。昨天，我在什克利雅弗家（见我 1932 年的描述——确切地说，还是原样，甚至开胃食品都没变），下午，我修改法文的《昆虫采集者》[⑤]（总的来说，译文很美，但有许多不够确切的地方，虽然他们尽了最大努力。是由斯洛尼姆和康波翻译的），那天晚上，我去看瓦瓦[⑥]——听说那位老人[⑦]备感失望，已经离开，因为无论《当代年鉴》还是《最新消息》都拒绝了他的回忆录。我会和伊利亚[⑧]及阿尔达诺夫谈这件事。今天，我在马克拉科夫家；他几乎完全失聪，但魅力不减（福可夫斯基[⑨]打趣他），我为谢夫林写四部，不，实际上五部电影剧本[⑩]——顺便说一下，达斯塔克扬和我一两天后要去注册——以防盗版。尼娜姨妈[⑪]带来三件可爱的小外套，留了张便条："让这些小外套温暖你孩子的身体，犹如 2 月 8 号晚上你温暖了我苍老的心。"我无比想念你（还有我的米坚卡），我爱你，我的小宝贝，属于我的小宝贝。我会从他——从劳施——那儿拿到《眼睛》[⑫]，谢谢你的修订和邮寄。你知道谁给我打电话：伊娃！[⑬]"我多么遗憾没拿到你

① 原文为法语。
② 泽尔多维奇。
③ 弗拉基米尔·瓦沙夫斯基。
④ 玛丽–亨利·贝尔（Marie-Henri Beyle，1783—1842），笔名斯丹达尔（Stendhal），法国小说家，纳博科夫并不关注。
⑤ *The Aurelian*。
⑥ 弗拉基米尔·赫森。
⑦ 约瑟夫·赫森，他住在柏林。
⑧ 丰达明斯基。
⑨ 可能指律师和记者叶夫根民·福可夫斯基，纳博科夫 20 世纪 20 年代在柏林与他相识。
⑩ 没有一部留存下来。
⑪ 纳博科夫粗心地写成了"基塔"（Kita）。
⑫ 法文版《眼睛》（*Aguet*）。
⑬ 勒琴斯（婚前姓卢布尔金斯卡），纳博科夫 1917 年在圣彼得堡及 1919 年在伦敦时的女友。

1. 1907 年，纳博科夫一家在维拉，他们位于圣彼得堡乡下的夏季别墅。左起为达克斯猎狗；纳博科夫的母亲，埃琳娜；他的妹妹埃琳娜和奥尔加，由祖母玛丽亚·纳博科夫抱着；他的父亲，弗拉基米尔·D. 纳博科夫；弗拉基米尔，坐在他母亲的姨妈普拉斯科维亚·塔尔诺夫斯基的膝上；他弟弟谢尔盖。

2. 1918 年 11 月，纳博科夫家五个孩子在雅尔塔：弗拉基米尔（生于 1899 年）、基里尔（生于 1910 年）、奥尔加（生于 1903 年）、谢尔盖（生于 1900 年）、埃琳娜（生于 1906 年）。（见 1932 年 4 月 4 日信）

3. 弗拉基米尔·纳博科夫和薇拉（应该还姓斯洛尼姆），约1924年，柏林。

4. 弗拉基米尔·纳博科夫和他的学生亚历山大（舒拉）·萨克，假期徒步旅行。康斯坦茨，1925年。（右图）

5. 弗拉基米尔·纳博科夫，柏林，1926年。

6. 薇拉·纳博科夫，1920年代中期。

7. 尤利·艾亨瓦尔德，流亡批评家和纳博科夫的朋友，柏林，1920年代。（左图）

8. 伊利亚（伊柳沙、I.I.、丰迪克）·丰达明斯基，《当代年鉴》（巴黎）编辑之一和主要的赞助者，《当代年鉴》是俄国侨民的主要文学期刊，1930年代，丰达明斯基是纳博科夫的好朋友。（上图）

9. 萨韦利（沙巴）·基扬准采夫、尼古拉斯·纳博科夫、伊琳娜·基扬准采夫、弗拉基米尔·纳博科夫、娜塔莉·纳博科夫，巴黎，1932年。

10. 小说家、短篇小说作家和诗人伊凡·布宁，俄国侨民文学主要的前辈作家。

11. 弗拉季斯拉夫·霍达谢维奇，俄国侨民文学最著名的诗人，纳博科夫最亲近的文学盟友，从 1932 年到 1939 年他去世，他们一直是好朋友。（Nina Berberova 收藏）

12. 弗拉基米尔、薇拉和德米特里·纳博科夫，柏林，1935 年夏季。

13. 埃琳娜，纳博科夫的母亲，布拉格，1931 年。

14. 伊琳娜・瓜达尼尼。(私人收藏)

15. 纳博科夫和《测量》(《新法兰西杂志》的子刊）编辑部同仁，在杂志老板亨利·丘奇的阿夫莱别墅，位于巴黎郊区，1937 年。从左到右：亨利·米肖、弗拉基米尔·纳博科夫、西尔维亚·比奇、阿德里安娜·莫尼耶、杰曼·波朗、芭芭拉·丘奇、让·波朗、亨利·丘奇。

16. 弗拉基米尔、薇拉和德米特里·纳博科夫，1937 年。

17. 弗拉基米尔和薇拉·纳博科夫，韦尔斯利，马萨诸塞，1942 年夏。

18. 弗拉基米尔和薇拉·纳博科夫在他们租来的房子外，纽约伊萨卡，塞内加东街 802 号，纳博科夫在此完成了他的自传并开始创作《洛丽塔》。

19. 弗拉基米尔·纳博科夫向薇拉·纳博科夫口授写在索引卡上的文字，蒙特勒皇家旅馆，1968年。（来自 Time & Life Picture/Getty Images）

20. 弗拉基米尔和薇拉·纳博科夫手持捕网（捕蝴蝶），靠近蒙特勒，约 1971 年。（赫斯特·泰普拍摄）

21. 弗拉基米尔和薇拉·纳博科夫，蒙特勒，1968 年。（菲利普·哈尔斯曼拍摄）

朗读的入场券（原话如此!)。”我不想见面——虽然很好奇。吻我的小男孩。我爱你，快点给我写信。问候阿纽塔。

弗拉基米尔

* * *

APCS

邮戳日期：1936年2月16日

巴黎寄往德国柏林哈伦斯，涅斯托尔大街22号

亲爱的，我忙得脚不沾地——为拿到从比利时回来的返程签证，事情一团糟，我在各个部门之间跑了将近十个小时。现在我动身去比利时，18号回来。这儿的朗读晚会是21号。之后我会马上回柏林。我简短给你写几句，因为我没有时间了——我到布鲁塞尔再给你详细描述这几天的事情。

我无法告诉你我是多么想念你和我的那个小家伙。

和柳夏①共进午餐。

吻你，亲爱的。

弗拉基米尔　下午3点

* * *

ALS，2页

邮戳日期：1936年2月17日

布鲁塞尔寄往德国柏林哈伦斯，涅斯托尔大街22号

亲爱的，我的宝贝，在巴黎的最后几天主要忙于安排我的法语朗读晚会。埃尔加兹（她长胖了一点，和丈夫离了婚）对此非常积极，把我介绍给（S.里德

① 伊利亚·费金。

尔）夫人[①]，就在她家里举办（小厅可以容纳八十人）。也很有希望为《绝望》找到一家法国出版社。我请苏佩维埃尔为我的朗读作介绍，但他说不，以他的工作和羞怯为由。他们现在物色另外的法国人（也许是马塞尔）。我在劳施家。他依然很有魅力，但缺乏鉴别能力。他准备翻译《绝望》，要是他投稿的哪家报刊接受的话（但我不担心：凭我读到的文章来判断，他们不会接受）。但要是斯托克[②]接受了，如埃尔加兹承诺的，我得把作品给她翻译——她很想译。我则不那么热心。现在想象一下我两次造访政府部门，每次都得在那儿等上三小时，随后靠赖莎[③]的帮助，提出一个请求，随后再两次造访（每次一小时）特定的机构，最后拿到了回巴黎的返程签证。我也两次到比利时领事馆，他们最后只给了我一次过境签证，所以冒着朗读会迟到的风险，我得在沙勒罗伊下车（这趟列车不停布鲁塞尔），转乘电气列车——好吧，细节我当面跟你说。在菲伦斯家的晚会（读了《昆虫采集者》和《眼睛》）[④]很时尚，很成功，约有五十个听众，他们建议我给国王送一本《昆虫采集者》[⑤]，因为他对蝴蝶感兴趣。[⑥]昨天，我在马绥家晚餐（那儿有一瓶1872年的勃艮第葡萄酒，喝得晕乎乎的），之后我在俱乐部[⑦]进行朗读——先是《O小姐》，随后是《一个俄罗斯美人》——大厅座无虚席。今天，我在海伦斯家用午餐，随后在菲伦斯姑妈家喝茶，这是一位最聪明最可爱的小老太，她郑重作出决定，要关心我们搬迁到这儿的事情。此刻（周一，晚上8点），季娜邀请的二十个人要开始进来。她比以前更像是个天使[⑧]。基里尔准备化学考试，表现甚佳。用这种纸写字很不容易[⑨]——尤其是没有什么可以垫在下面，你来信中写的事情，我都会去做，亲爱的！我梦见小家伙病了，梦醒后仿佛从热的咸水中出来。我爱你。在这封像是捕虫网的信中，众多细小的琐事穿过孔洞，我给你的信中只写或多或少重要的事；我回去后，会告诉你这种美好的感觉。你会对海伦斯喜欢得要命！他是比利时的头号作家，但他的书不赚什么钱。

---

① 不详。
② 法国出版公司，1708年在巴黎成立。
③ 塔塔里诺夫。
④ 法文版的《昆虫采集者》和《眼睛》。
⑤《昆虫采集者》(*Pilgram*)。
⑥ 比利时国王利奥波德三世（LropoldⅢ，1901—1983），业余昆虫学家，从1934年起在位，直到1951年退位。
⑦ 布鲁塞尔协和路65号，俄国犹太人俱乐部。
⑧ 原文为法语。
⑨ 墨水会印到反面。

我想我的小宝贝已经睡了。我爱你。明天（18 号）我返回巴黎，那儿的朗读晚会结束后即回柏林。我收到邀请，复活节回这儿作一个有关俄国文学的讲座，他们付我头等车厢的旅费。我不怀疑，无论巴黎还是这儿，格里申卡 ① 和他的家庭可以安居下来，但前提是决定搬家。我非常爱你。那条小狗已经长大一点，什么都嚼，很可爱。没有那套漂亮的深色——黑色衣服，我真不知道该怎么办。但我本可以把那件蓝色夹克留下来。我爱你疯狂，想你也疯狂。

弗拉基米尔

* * *

ALS，2 页

邮戳日期：1936 年 2 月 19 日

巴黎寄往德国柏林哈伦斯，涅斯托尔大街 22 号

我甜蜜的爱人，我的幸福，你知道，这部小说会有个不同的书名——我在原来的标题上加了一个字母，从现在起就称为“天赋”②。很棒，是吧？我得了一种可怕的缪斯之痒；我现在可以投身于私人的深渊——更别提我多么想用自己的方式再写《这是我》和《绝望》。昨晚，我顺利回到巴黎。在季诺契卡家 ③ 的聚会（两天前）很愉快——顺便说一下，我得到了许多地址，可以把票寄去。昨天上午，季诺契卡和我去买了一些杂物——我担心有人会责备我。格里戈里·阿布拉莫维奇 ④ 也额外地给她留了一些，但基里尔对此并不知情。⑤ 我越来越喜欢他——格里戈里·阿布拉莫维奇。敏锐、务实、秀美。我承认，我略为逊色，但我老了，瘦骨嶙峋，受不了旅途之累。我又见到埃菲尔铁塔穿着花边的灯笼裤耸立在那儿，背上起了一片鸡皮疙瘩。在辉煌的落日背景下，天知道，这是对谁致意，而大致说来

① 格里戈里·阿布拉莫维奇，纳博科夫的化名。

② 纳博科夫曾计划将小说称为 *Da*（是的）；加个字母 r，成了 *Dar*（天赋）。1932 年他开始构思这部小说，1938 年 1 月完成写作。《天赋》，除了第四章，在《当代年鉴》六十三至六十七辑（1937—1938）连载。第一次完整出书是 *Dar*（纽约：Chekhov，1953）；由迈克尔·斯卡梅尔、德米特里、纳博科夫所译《天赋》(纽约：Putnam，1963)。

③ 季娜依达·马勒夫斯基–马勒维奇（莎霍夫斯考埃）。

④ 纳博科夫的化名。

⑤ 暗语：纳博科夫将部分收入留给季娜依达·马勒夫斯基–马勒维奇，没有告诉他的弟弟。

欲辩已忘言。我的法语朗读将是个大场面。面对九十余名听众马塞尔（他现在忙于校读《绝望》）将作欢迎词。亲爱的，这只是本月 25 号的活动，26 号还有一场同样的朗读，但用俄语，在基扬准采夫家，参与活动的还有布宁夫妇和希克①，所以，我将在 27 号回去。我给柳夏打电话告诉他这个情况，因为我最初的冲动②是断然拒绝，因为我对这儿的访问现在已经延期了，但显然这又是值得逗留的。请来信告知：1）希思的地址（我已经写信给朗）；2）我是否将几本《绝望》送给好朋友还是在俄语朗读会上都卖掉；3）你是否还爱我。

我已经收到柯瓦尔斯基③寄来的《荣耀》④。佩尔腾伯格小姐的一个未婚夫——从刚果来，一个有着俄国血统的比利时人，季娜的表亲，富有和正派。我对海伦斯的妻子（玛西娅·马尔可夫娜）有点生气，她总是在她丈夫和我之间作比较，这话在理：不是一家人，不进一家门。但这是真的，在他的出色的《天真》⑤——我正在读——中，有个句子几乎完全回应《O 小姐》中的一处描写，当我写到“缝隙”或“光柱”（他用的是“光束”，更胜一筹！）⑥。他很可爱，圆鼓鼓的眼睛似乎要从眼窝中弹出来，因为（病中凹陷）的面颊挤着它们。

伊琳娜·布伦斯特⑦（此处有相当低级的笔误）正想方设法安排一场朗读晚会，她热心学德语——并不是跟埃林，这让我感到高兴，而沙巴⑧不断地打听基里尔的情况——顺便说一下，他没有意识到自己的粗鲁。我不在的时候，津济诺夫病了三天，现在仍卧床休息，样子很可怕，像德国绘画《可怜的诗人》⑨（他整个地被书籍纸张包围，正在写作，瘦骨嶙峋的膝盖从毯子下撑起来）。枕头下有枚奖章——阿玛利亚的。

亲爱的，说到底⑩，我们现在可以搬家了。几天后，我觉得《O 小姐》的命

---

① 希克（Alekandr Shik，1887—1968），律师、记者、翻译家。

② 原文为法语。

③ 伊利亚·柯瓦尔斯基（Ilya Kovarsky，1880—1962），医生、政治评论员文章家，也任职于《当代年鉴》。

④《荣耀》(*Podvig*)，巴黎：Sovremennye zapiski，1932。

⑤“根据海伦斯”，薇拉补充说，表明这封信 1971 年 1 月给安德罗·菲尔德看，以帮助他撰写《纳博科夫的生活》。见弗朗茨·海伦斯《天真》(巴黎：1926)。

⑥⑩ 原文为法语。

⑦ 显然，这是伊琳娜·基扬准采夫（她后来成为伊琳娜·科马罗夫）的婚后名字。

⑧ 萨韦利·基扬准采夫。

⑨ 卡尔·施皮茨韦格（Carl Spitzweg，1808—1885），《可怜的诗人》(*Der Arme Dichter*，1839)，慕尼黑：Neue Pinakotek。

运会清晰起来——我不知道是否要给波朗打电话，还是等他的消息。看一下，中间的睫毛是否仍然比其他的更长，跟往常那样——我们最近没看。你写信给季娜说到他新学的话，但我不知道是哪些话。我的小爪子。我可能忘了给他穿衣服的诀窍!

巴尔蒙特[①]过去夜里常在街上闲逛，骂法国人是“猪”[②]，想要找一个可以捡起来的花环，被人殴打——他的朋友会去所有的警察局找他。现在他在疯人院里——让访客看一棵树，一个黄皮肤的天使坐在树上唱歌。天气暖和，有毛毛雨，尼古拉，那只猫睡在我的沙发上，它的脸藏在尾巴里，梦中嚼着什么，一根银色的胡须抖动了一下。

这封信虽然写得有点无趣，但我很爱你，我的可人儿，我的无价之宝，我的小宝贝。我希望你马上就来。即使我的签证过期。

亲爱的，达斯塔克扬进来了，我不写了。

我爱你!

弗拉基米尔

* * *

ALS，2页

邮戳日期：1936年2月21日

巴黎凡尔赛大街130号寄往德国柏林哈伦斯，

涅斯托尔大街22号

亲爱的：

俄语晚会没办成，所以我将在26号晚上或27号上午离开这儿——我会事先让你知道（出于对见面和迎接之类细微和温馨的考虑，我就想下午到达!）。这场冒险的主角是拉比诺维奇[③]，他原来是一个十足的骗子。他小题大做，把事情搅乱，什

① 巴尔蒙特（Konstantin Balmont，1867—1942），著名的象征主义诗人、翻译家、文学研究者、回忆录作者。

② 原文为法语。

③ 不详。

么都要插手，召集女士，在基扬准采夫家为女士准备茶点——但除了伊琳娜[①]自己认识的两个人之外，他和那些女士都没有露面。当他们给他打电话，他借口说脸肿了，头昏了。他甚至厚着脸皮给我打电话，对他的无耻不置一词，反倒请我去。我婉言谢绝了。我得说，我认为他是个骗子——也劝阻基扬准采夫夫妇。真愚蠢。

但法语朗读晚会正紧锣密鼓地准备着。我信中附了一张票。昨天整个下午都在整理我在比利时得到的地址。我和索菲亚[②]在电话上交谈（安排一次会面），要给她一张票，但她说："你瞧，我还是不确定，问题是我得了重感冒（?），另外我的导演……"晚上，我顺便回家换衣服，去基扬准采夫家晚餐（伊丽莎白·萨摩罗夫娜[③]的生日，我给她带了康乃馨），我看到一张便条——看起来打电话找我的人很是兴奋——瞧，伊娥，我（小姨）让我马上给她打电话，有重要的事情。我打电话去，她不在，我留下基扬准采夫家的号码，她过后打过来，说我千万别插手某个叫做拉特纳[④]的事情，此人（索菲亚）想要把他送进监狱，因为欠她的债，他"试图通过我向她施加影响"。这一切都很无聊，但又如此有趣，不得不说。

朗今天写信给我，说我打算再看一下手稿"很明智"。他信上说的其他一些事情，我会征求柳夏的意见，今天下午 3 点我会见他。别忘了：希思的地址！（我重读了你所有的信，亲爱的，因为我以为你已经把地址给我了——但没有。）

以下是我过去情感的一个实际的展示：凯瑟琳·柏霖[⑤]打电话来，我明天会在利昂家的晚餐上见她。前天晚上（在相当困难地摆脱了很可爱、很亲切，但也相当讨厌的达斯塔克扬后——终于让他走了……让他回到我的住处，因为他陪我去所有的商店——甚至陪我到室内我不熟悉的电梯，我急忙进去是要上楼找一个并不存在的熟人，还得装作这个人突然消失得无影无踪，这时，达斯塔克扬，金丝边眼镜中透出笑意，和我一起下楼），布宁打来电话请我去晚餐——和阿尔达诺夫及扎伊采夫，款待库弗勒[⑥]，但我谢绝了——我很高兴我没去。

哦，亲爱的，我不久就会见到你和我的小不点——把这个给他看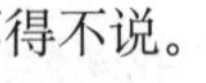[⑦]；

---

① 伊琳娜·基扬准采夫。
② 粗笔画掉了，就像后文的两处，是薇拉所为。
③ 伊丽莎白·基扬准采夫，萨韦利的母亲。
④⑤ 不详。
⑥ 库弗勒（Rinaldo Kufferle，1903—1955），作家（包括一部有关俄国移民的小说《离开俄罗斯》，1935）、散文作者、翻译家。
⑦ 纳博科夫为德米特里画的一辆运动跑车。

你知道，我对他的想象已经遇到困难，因为我从想象中索取过多，不再满足如此高度的兴趣，我自己则不愿意降格以求，所以比如，我无法在我眼睑的内在屏幕上再现我的小男孩的形象——如我能够成功再现你的形象那样。

伊柳沙[①]的家庭事务管理不善——我尽可能少介入，因为每餐都不准时，而且是大家随心所欲的结果——征求意见也很随意——所以，最一般的晚餐似乎仅凭灵感。今天下雨——隔壁花园里铁栅栏上所有的格子挂满了珍珠般的雨滴，不知何处燕子在举行很响亮很热闹的讨论会。今天，我会在霍达谢维奇家，晚上去科科什金夫人[②]家。明天去看菲伦斯。在基扬准采夫家喝了香槟，晚上睡得不好，我眉间有些疼痛。我现在就给那位老人[③]写信——这是一个想法，是吧？他认为，《当代年鉴》(顺便说一下，此书几天后就会出版）或《最新消息》会对他的回忆录感兴趣——我和伊柳沙说过，但我觉得不起作用。我得为比利时国王全部重写《昆虫采集者》——我喜欢这种相当愚蠢的事情——传统的草坪——走在上面感觉很好，古今依然，如同莎士比亚们、贺拉斯们和普希金们。

经常和温柔地吻你，亲爱的。告诉阿纽塔给我写信！我怀念我们家的生活习惯。但我不知道对我的小不点说什么——我的小宝贝，他现在散步回来——他可能长大点了，就像埃莉的肚子。我甜蜜的欢乐！

弗拉基米尔

* * *

ALS，2页

邮戳日期：1936年2月24日

巴黎寄往德国柏林哈伦斯，涅斯托尔大街22号

亲爱的，我很高兴我们的小男孩安然无恙，因为我想到他时总有这样那样

① 丰达明斯基家。

② 薇拉·科科什金，先嫁给尤里·瓜达尼尼（Yuri Guadanini，？—1911）；后嫁给弗拉基米尔·科科什金，立宪民主党的著名成员费奥多·科科什金的弟弟，费奥多·科科什金是纳博科夫父亲的熟人。

③ 约瑟夫·赫森。

的担心。我的德国签证——护照[1]破损已久，犹如青苔爬上了破墙——五月到期——要是到那时还没有完全散架——我作了黏合，他们在部里万分惊讶（因为护照分成了两半）地问我：“你用它去旅行？”[2]我转两封信给你——那个美国人很重要，正如那些知情人士告诉我，这是一个出色的出版商，而且很慷慨[3]；马基夫[4]的建议是个笑话，我原想回复：“不幸的是，这根本不适合我们。顺便说一下——你是指什么熟人？”（或许，我确实应该让马图塞维奇[5]去找他们？你考虑一下。）我认为，我们必须马上（麦克布莱德[6]12月10号的信！）寄一本《绝望》到美国，写上我的柏林地址——劳驾，我的甜心！

排字工阿里斯塔克霍夫告诉科科什金[7]母女有关《暗箱》（他排字——也向她们报告出版进度）：“起初，这是一个如此有趣的故事——谁会料想到……”（对此他摇摇头。）我在科科什金家遇到了最优秀的读者——有些人值得为他们写作。两天前，我和柳夏一起喝咖啡（我招待他），作了一些探讨。之后拜访霍达谢维奇，他因病躺在一张榻上，脸色有很大的改善——甚至看上去就像（也许因为我从一个新角度看他）一个印第安酋长——黝黑、短发、清癯——但别的相似性也激发了我的想象；披着格子毛毯，衣冠不整但口才颇佳，“他苍白的额头上有着天才的印迹”，他让我突然想起某个老派人物，这个老派人物原来就是普希金——我给他贴上络腮胡——相信我，他看上去就像他了（如某个昆虫学家看上去像只五月龟子，或一个收银员就像数目字）[8]。他状态极佳，向我接连发难。昨天在基扬准采夫家午餐，之后去卢浮宫听我的老朋友菲伦斯作的一场报告，今天和他共进晚餐。和伊丽娜在杜伊勒宫散步，之后去利昂家[9]，在那儿和尼娜姨妈一起吃晚饭。戈什

---

① 纳博科夫和薇拉各有一份“南森护照”，这是一种由盟国颁发给无国别难民的身份证；一张可以对折的纸，很容易撕坏。

② 原文为法语。

③ 可能指鲍勃斯-梅里尔，纳博科夫将与他签《黑暗中的笑声》的合同，这是 1937 年 9 月对《暗箱》的重写。

④⑥ 不详。

⑤ 马图塞维奇（Yosif Matusevich，1879—1940？），作家和艺术家，纳博科夫的朋友。

⑦ 薇拉·科科什金和她女儿伊丽娜·瓜达尼尼（Irina Guadanini，1905—1976），诗人，和她母亲一起生活，以宠物护理谋生。1937 年上半年，纳博科夫和伊丽娜有一段恋情。

⑧ 霍达谢维奇是一位普希金研究者，作为诗人，他也很受普希金影响，尤其是清晰和对形式的追求上。

⑨ 保罗·利昂，乔伊斯的秘书，他的妻子露西·诺埃尔，是纳博科夫在剑桥的朋友亚历山大·波尼佐夫斯基的妹妹，她本人自 1920 年代以来也是纳博科夫的一位朋友。

曼[①]依然很漂亮，但那位更年轻（相对来说）的叶卡捷琳娜[②]则见老许多。利昂给我一件礼物（就我理解），他题了词的几本乔伊斯的书，建议我们晚餐后去看他，但考虑到拜访会有许多麻烦和谨慎之处，我最后拒绝了，说我没有时间（这样的见面没有意义，乔伊斯见过普鲁斯特一次，偶然遇到；普鲁斯特和他正好在同一辆出租车里，前者想把车窗关起来，后者则想打开——他们几乎吵上一架）总的来说，这相当乏味。

有关他的那些新闻：深奥的双关语、词的伪装、词的仿生、词的混乱。这是我对他的戏拟：在欢乐（乔伊斯）的锅里冒泡。最后：理性背后机智起作用，倘若如此，天空甚是奇妙，但已然是夜晚。

我的甜心，要是你把我们小男孩穿戴起来，带他来这儿，怎么样？我们将重新开始，那时机会就会出现。嗯？我认为这种事应该当机立断，趁热[③]打铁（我接着进行戏仿）。

昨天，我中断写信去卢得涅夫家吃薄烤饼，我和菲伦斯共进晚餐——跟他度过了一个愉快的夜晚。现在已是上午，我去和索菲亚[④]一起吃午饭，之后去马塞尔家，再去布宁家。要是你竟敢不来，那我就周四，27号回去——今天我要是有时间，就去打听车次，再告诉你。

我想，阿纽塔已经说过：所有的地铁车站都没有钟，但在特洛加德洛车站却有两只钟——一只钟甚至有钟摆。我曾经问过一个售票员，石头台阶里含有什么成分，闪着很好看的光泽——就像石英在花岗岩上翩翩起舞，对此，他以不寻常的热心——以地铁的名义[⑤]，可以说——开始对我解释，并教我站在哪儿及怎样看可以最大程度地欣赏它的光芒；要是我加以描述的话，人们会说是我编造的。

吻你，我的幸福……你写给我的信太简短了。自从我到这儿，伊柳沙还没有洗过一次澡。

---

① 戈什曼（Henrietta Girshman，1885—1970），收藏家、艺术家，艺术收藏家弗拉基米尔·戈什曼（Vladimir Girshman，1867—1936）的妻子。

② 不详。

③ 原文为法语。纳博科夫利用俄国谚语“趁热打铁”（Kuy zhelezo poka goryacho）的读音形成双关。法语 Auait chaud（趁热）在声音和意义上略近于俄语 goryacho，但声音上更像另一个俄语词 khorosho，意为“美好”、“美妙”。

④ 索菲亚·斯洛尼姆。

⑤ 原文为法语。

再次吻你。

弗拉基米尔

马基夫的白痴般的明信片塞不进信封——我会带回去。

* * *

APCS，1 页

邮戳日期：1936 年 2 月 26 日 [1]

巴黎寄往德国柏林哈伦斯，涅斯托尔大街 22 号

亲爱的，我昨天上午的朗读 [2] 极为精彩，来了约一百人，真是隆重和活跃——总之，没有比这更好的了。马塞尔花了约一小时介绍我（前一天，除了他朗读，我还向他解释了《斩首之邀》的思想；另外，他叫来了韦代尔，后者做了充分的准备，说得很到位），《O 小姐》的每个细节都受到理解和赞赏的微笑——有一两次，我被"掌声打断"……我很开心。

看起来我们能够解决《绝望》的出版问题（斯托克或普隆）。[3]《O 小姐》和《昆虫采集者》的命运仍然未定，我会在这儿再待两三天，周五离开——那是最迟的日子。今天晚上马塞尔家有聚会。这张小明信片可不计入我的信的总数，只是让你知道昨天的朗读多么成功，亲爱的。你知道，毕竟我们亲爱的格里高里·阿布拉莫维奇超过了此前的旅行。[4] 我今天会去看安娜·娜塔诺夫娜 [5]。

亲爱的，吻你和我的小不点，我非常想念你。

弗拉基米尔

* * *

① 邮戳不是很清楚（1936.2？.26），但上下文和"我会在这儿再待两三天，周五离开"这样的话表明，此信写于 2 月 25 日，周二，邮戳则是次日。

② 在帕西街 12 号里德尔夫人家。

③《绝望》的法文本由马塞尔·斯托拉翻译，实际上名为《误会》(*La Meprise*)，1939 年才由加利玛出版。

④ 暗语：他比上次旅行挣得更多。

⑤ 不详。

ALS，2页

邮戳日期：1936年2月27日[①]

巴黎寄往柏林

亲爱的，我美好的幸福，根据库克[②]，我22点45分离开，17点19分到达夏洛腾堡，所以，要是天气好，不感冒的话——那么，周六，下午5点19分。周一（今天是周四，晚上），我和（索菲亚）[③]在一家俄国小餐馆午餐，她又憎恨地说到拉特纳（用赖莎[④]的话说，她在自己方便的时间，那就是约三个月前，得到了钱作为索菲亚本人的费用；又扔水里了[⑤]，如老乔伊斯所说）。我改用你信中建议的语气跟她说话。她说："我十八岁时，这些话就应该告诉我，现在太晚了。"她没有出席我在里德尔家的朗读会。之后我去了伊丽娜家[⑥]，和她一起，坐她的豪华轿车，去正式拜访了布宁，他穿着鲜红的睡衣接待我们——他眼睛浮肿、冷淡、沮丧——用萨默萨酒款待我们。我们坐了一刻钟（严格地说，拜访是冲着维拉·尼古拉耶夫娜[⑦]去的，但她不在家），离开后去了琼斯之家——那是一家商店。我回来时见到达斯塔克扬，我马上掉头朝缪拉大道方向走去，这样，我就顺便去访问一下（卡敏卡夫妇）。当我再次返回，我在那儿发现了上周一的那个社团，讨论的问题是"神圣和创造力"。最可爱的是拉丁斯基，像个失声的老公鸡——一只温柔的公鸡。两点半大家离去。周二有场法语朗读会，更为成功，之后我9点上床睡觉，难以置信的累（朗读从3点持续到8点，全部！[⑧]）。昨天，我和塔塔里诺夫夫人在穹顶咖啡馆午餐；3点在那儿会见安娜·娜塔诺夫娜，和她坐着，直到4点，之后，招人喜爱但一头红发的泽尔多维奇出现了，他陪我走到地铁站。晚上，在马塞尔家有聚会：他读他的新剧本，毫无才华，用一个声音悦耳的德国侨

---

① 没有信封。薇拉在第一页加上："36.2.26？"但既然此信写于周四，必定是1936年2月27日。

② 托马斯·库克，旅行社。

③ 见纳博科夫2月21日信，同样名字也被画掉了。

④ 塔塔里诺夫。

⑤ 俄语"扔水里"（za bort）形成双关：za既有"为"又有"过"之意，她得到钱让索菲亚·斯洛尼姆付"膳食费"，但又丢了。

⑥ 基扬准采夫。

⑦ 穆勒姆采夫–布宁。

⑧ 原文为法语。

民演主角。半夜，我们在回来的路上去了一家咖啡馆，克伦斯基、阿尔达诺夫夫妇、泰菲[①]以及还有几位聚在一起。今天，我和卢得涅夫谈到《当代年鉴》：他肯定要“车尔尼雪夫斯基”，给下期杂志用。[②]他会为回忆录写信给那位老人——他保证。我对基扬准采夫夫妇说再见，便去了比利时领事馆。之后，我买了几枝郁金香，冒着雨雪，拜访里德尔夫人（顺便说一下，她是庞赛大使[③]的表亲），度过了很愉快的一个小时，也不无益处。明天，我会去看波朗和斯洛尼姆，晚上起程回家。我无比温柔地想念你，亲爱的。也想念我的那位小家伙。似乎我得用航空寄这封信，否则就晚了。我想待在柏林。收到朗的来信，一切顺利。下雨了，窗外花园里淅淅沥沥；天晚了，我也累了。

泰菲一度想去“丧家犬”[④]，那时她胖乎乎的，白皙的脖子，在众人面前穿一件低胸衣服，许多留着分头的年轻人纷纷被她的粉肩吸引，现在她是个老巫婆了，那脸恰似一只橡胶套鞋。我听见谢尔曼的声音，他来看津济诺夫。再见，亲爱的，我都无法说我多么想吻你。

弗拉基米尔

* * *

APCS

邮戳日期：1936 年 6 月 10 日

柏林涅斯托尔大街 22 号寄往莱比锡 N22

埃伦施泰因大街 34—1 号布隆伯格收

亲爱的，谢谢你寄来这篇报道。很伤心地看着这张小脸在眼前晃来晃去。我刚用了午餐，但是在一家德国餐馆，因为那家俄国餐馆太贵了——超过一马克。

---

① 娜杰日达·布钦斯基（Nadezhda Buchinsky，1872—1952），笔名“泰菲”（Teffi），幽默和讽刺小说的通俗作家。

② 实际上，卢得涅夫不想要“车尔尼雪夫斯基生平”，《天赋》第四章，考虑到这会伤害俄国激进知识分子及其偶像。尼古拉·车尔尼雪夫斯基（Nikolay Chernyshvsky，1828—1889）。

③ 安德列·弗朗索瓦-庞赛（Andre Francois-Poncet，1887—1978），法国驻德大使。

④ 圣彼得堡的一家卡巴莱舞厅，1911 至 1915 年，艺术家和作家的聚会场所。

菲德·科姆①带来消息，说事情已经办妥，钱两周内到账；②泽尔多维奇写信说，她还没有收到书。我昨天没有把大黄菜都吃完。登有韦代尔写我的文章的杂志《克鲁格》到了③。天气寒冷。保证他别得感冒。今天他不在身边，我好像丢了魂似的。此刻一点半，我在邮局写信，一会儿回去再写。明天晚上，我去泽约卡家。亲爱的，安静地待在那儿。

问候阿纽塔和埃琳娜·伊沃夫娜④。

弗拉基米尔

* * *

APCS

邮戳日期：1936 年 6 月 11 日

柏林寄往莱比锡 N22 埃伦施泰因大街 34—1 号布隆伯格转

⑤

亲爱的，收到朗的来信。他为自己的“拖延”抱歉，他写道：“但直到现在，我

① 不详。
② 可能指从格劳恩产业继承的财产，1936 年，纳博科夫意外获得了这份遗产。
③《克鲁格》(*Krug*) 第一辑，1963 年（7 月），第 185—187 页。
④ 埃琳娜·伊沃夫娜·布龙柏格，安娜·费金的表亲。
⑤ 纳博科夫在明信片写地址的这面为德米特里画了一辆赛车。

们还没有出版此书的任何计划，[1] 之所以如此，主要原因是我们有些审读者不够积极，尤其对你的翻译。说到后者，我们现在写信问你，你是否有可能得到美国出版社用的那个译本?”[2] 我怎么回答?

尼娜·P[3] 打电话来，为你介绍法国交流协会的一份工作：从上午9点到下午6点，法语、德语，打字，速记，酬金150马克。我说我得写信给你（但这当然不能接受）。

日丹诺夫[4] 寄回了手稿[5]。

晚上，我构思了一个剧本，睡得很糟。[6] 我爱你，别太伤心。我能想象他们有何种“审读者”[7]（但这也依然得不到什么安慰）。

弗拉基米尔

* * *

APCS

邮戳日期：1936年6月12日

柏林 nestor 大街22号寄往莱比锡 N22

埃伦施泰因大街34—1号布隆伯格转

亲爱的，你一定要给我写信，否则我也不写了。收到F[8] 寄来的最可爱、最令人感动的明信片。他写明波朗的数目是15。一切顺利。他自己夏天结束时会来这儿。我在大信封里转交一封给阿纽塔的信。你和小男孩不在，我觉得很无聊。为

① 《绝望》。

② 译本是纳博科夫自己译的，他没有交给美国出版商，更别说在美国出版了。

③ 尼娜·科尔温-皮奥托洛夫斯基（Nina Korvin-Piotrovsky，1906—1975），弗拉基米尔·科尔温-皮奥托洛夫斯基（Vladimir Korvin-Piotrovsky，1891—1966）的妻子，诗人、剧作家，和纳博科夫同为诗人俱乐部成员（1928—1933）。

④ 日丹诺夫（Georgy Zhadanov，1905—1998），演员和导演，和戏剧导演米哈伊尔·契诃夫合作很多。

⑤ 不详。无证据表明纳博科夫在1926年《苏联来的人》（*Chelovek iz SSSR*）和1937年《事件》（*Sobytie*）之间写过什么戏剧作品。也许是一篇具有戏剧性的小说?

⑥ 可能是提及日后成为《事件》的作品；虽然他直到1937年11—12月才写此剧，他1937年1月便同演员谈及他的创作计划（见1937年1月25日信）。

⑦ 约翰·朗出版公司有一份很强的侦探小说清单。

⑧ 可能指菲伦斯。

什么在他的房间里总能闻到酸奶的香味？我刚去过阿克肖诺夫家[①]，路上遇到莎霍夫斯考埃公主[②]，说了会儿话。我收到阿达莫维奇对《洞穴》[③]的评论，文中他公然将可贵的M.A.[④]与我之间“作比较”。[⑤]昨天，我在家“用餐”，今天，我在帕里泽大街上的俄国熟食店吃了饭。我爱你，亲爱的。给我写信。

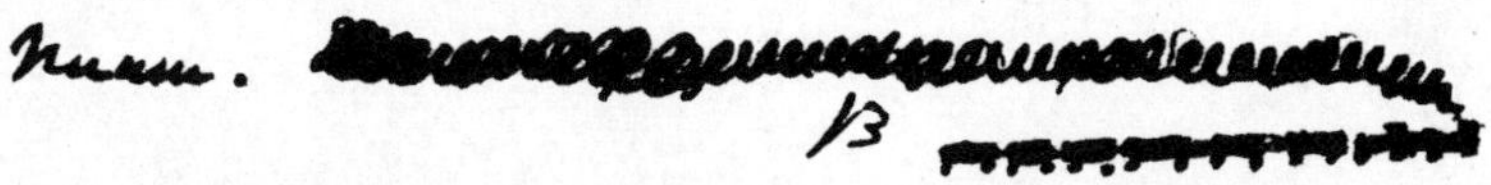

问候阿纽塔！

弗拉基米尔

* * *

APCS

1936年6月13？日[⑥]

柏林涅斯托尔大街22号寄往莱比锡N22

埃伦施泰因大街34—1号布隆伯格转

亲爱的，我很高兴你喜欢莱比锡。我又收到一篇跟我有关的文章（三天内第三篇了！）——格列布写的，发在那家俄英双语小报上。[⑦]

收到妈妈的一封信，担心K.[⑧]（他愚蠢地执意要去英国度假），也担心房子——这不是第一次了。今天天气极佳，我在格鲁尼沃尔德。《当代年鉴》7月1号出版。我必须掂量一下，以免一天的费用超出一马克。

---

① 不详。

② 安娜·莎霍夫斯考埃（Anna Shakhovskoy，1872—1963），季娜依达·马勒夫斯基-马勒维奇和娜塔莉·纳博科夫的母亲。

③ 马克·阿尔达诺夫的小说《洞穴》（*Peshchera*），第一卷，柏林：Slovo，1934；第二卷，柏林：Petropolis，1936。

④ 马克·阿尔达诺夫。

⑤ 阿达莫维奇：《在〈洞穴〉出版之际》（*Po povodu* “*Peeshchery*”），《最新消息》，1936年5月28日，第2页。

⑥ 没有日期，没有邮票，也看不清邮戳日期。

⑦ 格列布·斯特鲁夫，《论西林》（*O.V. Sirin*），《俄罗斯人在英国》（*Russkie v Anglii*），1936年5月15日，第2页。

⑧ 基里尔·纳博科夫。

尼卡的母亲[①]打来电话。亲爱的，设法在阳光下躺一会儿。你到底什么时候回来？我爱你。

弗拉基米尔

* * *

APCS

1936年6月14？日[②]

柏林寄往莱比锡N22埃伦施泰因大街34—1号布隆伯格转

亲爱的：

没有什么新鲜事，除了皮奥特洛夫斯基夫人[③]给你寄来一封长长的感谢信[④]，我没有转寄给你。我期待格特鲁德[⑤]明天来。今天去了格鲁尼沃尔德。天气好极了。给我的信写详细一些，儿子什么时候回到我身边。吻你，亲爱的。奇怪他会害怕松鼠。现在我要让自己喝杯可可了。

弗拉基米尔

* * *

APCS

邮戳日期：1936年6月15日

柏林涅斯托尔大街22号寄往莱比锡N22

埃伦施泰因大街34—1号布隆伯格转

亲爱的，昨天，我在那片树林[⑥]里待了大半天，今天，我在赫森家午餐。我

---

① 莉迪亚·法尔兹–费恩（Lidia Falz-Fein，1870—1937），尼古拉·纳博科夫的母亲。

② 没有日期，邮戳模糊。

③ 尼娜·科尔温–皮奥特洛夫斯基。

④ 有些内容画掉了，也许是纳博科夫写信时画掉的。

⑤ 不详。

⑥ 格鲁尼沃尔德。

昨天把燕麦可可写错了[1]，它结果泼出来，我几乎失手打翻，但还是喝了三杯，以免浪费牛奶，我把牛奶烧开了，将“可卡”倒进去。昨天，有个讨厌的邻居家（开着窗）的收音机（在所有的发明中，这无疑是最平庸和最愚蠢的）声音很响地开到半夜；我和另外一个人大喊“安静！”[2]，但无济于事：那个刺耳的声音响个不停。今天又是阴天。我想你。我爱你。

[3]

我转两封信给阿纽塔，吻她。

弗拉基米尔

* * *

APCS

邮戳日期：1936年6月16日

柏林寄往莱比锡N22埃伦施泰因大街34—1号布隆伯格转

亲爱的：

卢得涅夫来信恳求为他们写论《洞穴》的文章——没人愿意。他们7月1号需要这篇文章。请把这本书带回来。[4]

我还不需要你的5马克，我还能坚持。那位老人[5]让我读（重读！）他的“回忆录”，若有必要就进行修改。我今天就在他那儿晚餐（在我看来，这多少有意无意地与编辑有关系），他通常每天都会请我和他共进晚餐，但我谢绝了。

我非常想念你，亲爱的。另外，我有点兴奋。小家伙居然学会坐便盆了。特鲁德[6]来访，给他带了五个鸡蛋。我转交了两封给阿纽塔的信。我爱你。

向埃琳娜·伊沃夫娜致以最诚挚的问候！

---

① 应该是“kakao”，纳博科夫写成了“kakoe”。

② 原文为德语。

③ 纳博科夫为德米特里画的火车。

④ 纳博科夫要求写上：M.A.阿尔达诺夫，《洞穴》，第二卷，彼得罗波利斯出版社，柏林，1936年。《当代年鉴》六十一辑，1936，第470—472页。

⑤ 约瑟夫·赫森。

⑥ 即1936年6月14？日信中提到的格特鲁德。

弗拉基米尔

* * *

APC

邮戳日期：1936 年 6 月 18 日

柏林寄往莱比锡 N22 埃伦施泰因大街 34—1 号布隆伯格转

亲爱的，今天卡波维奇来信说，他周日到这儿（以便周一动身），他建议 5 点来访（但他晚上得在赫森家）。我招待他喝茶。

今天在湖边，我看见一只潜鸭，它背上驮着小鸭游着——很羡慕它。看见——也听见——一群俄国人，其中一个，严格地说，一个胖胖的德国人，发音也很粗壮，所以当她的丈夫问她“普普莎，你在那儿坐在什么上”，她回答“坐在我的屁股上”。

我还没有在埃姆登哈莱用优惠券买过什么。我吻你，亲爱的，还有他……

1937年

APCS

邮戳日期：1937年1月20日

布鲁塞尔寄往德国柏林涅斯托尔大街22号费金转

亲爱的，车顶上的雪很快开始融化了——突然间：灯泡发出光来，渐渐地照亮了整个车厢。在边境，事实证明阿纽特契卡绝对正确：警察觉得受到了极大的侮辱，因为那些系紧箱内皮带的别针，一番争执，最后达成妥协：他松开左边的别针，我松开——右边的。他恼怒地把东西翻个乱七八糟。接着，许多哄闹的比利时旅行推销员拥进来，谈论他们认识的女士和利率。不等燕麦成熟，马就会饿死[①]，有人议论说。在季诺契卡家[②]很惬意。我在一张柔软的床上睡得很香，房间很漂亮。她那头黄眼睛狼老在我身上嗅来嗅去。

我想多写些，但要知道我没有时间。我就这么寄了。爱你，爱他。吻阿纽塔。

弗拉基米尔

① 原文为法语。

② 季娜依达・马勒夫斯基–马勒维奇。

* * *

ALS，2页

1937年1月22日

巴黎凡尔赛大街130号丰达明斯基寓所寄往

德国柏林哈伦斯，涅斯托尔大街22号

我亲爱的宝贝，我在开往巴黎的列车上给你写信，所以我的字体有些歪扭。法语朗读晚会甚至比上次更成功，豪华的大厅挤满了人。① 致词时，雅克·马绥优雅而智慧地介绍了我。那位德·瑞尔老人②（他正要出版一部有关……劳伦斯的书，——不是上校劳伦斯，而是情人劳伦斯）③朝我走来，说，真没想到④，普希金能写出如此漂亮的诗句，如“星星不再闪亮，只因河水荡漾”。⑤ 朗读到中途，一阵掌声将气氛推向高潮，结束时，全场响起热烈的欢呼声。维克托办这种讲座赚了1000法郎，他是个好人，不是吗？⑥ 埃莱奥诺拉⑦在场，我一直让她待在我身边（她为什么要如此匆忙、快捷、抢跑呢），我们一起去咖啡馆，诸如此类。顺便说一下，他们说，他们不完全理解亚历山大·拉扎莱夫娜的神秘暗示（有关天赋），但她父亲猜对了。⑧ 基里尔，天哪，完全符合我们对他的已有印象（亲爱的，我已经想你想疯了——还有那个小家伙——吻你，亲爱的），他很瘦，郁郁寡欢，完全缺乏先前的活力。我不想写他的“灯泡”。花了25法郎（！）把他的东西拿了回来，我和他一起去拿的，因为他自己害怕那个女房东。我只想说，在我们打包的许多东西中，有一把沾有果酱的茶匙及锈迹斑斑的剪刀。谢尔盖和安娜⑨，

① 纳博科夫1月21日在布鲁塞尔美术馆作了朗读，此晚会也是纪念普希金逝世一百周年。

② 保罗·德·瑞尔，《劳伦斯的创作》（巴黎：Vrin，1937）的作者。

③ 换言之，是小说家劳伦斯（D.H.Lawrence，1885—1930），著有《儿子和情人》（1913）、《查特莱夫人的情人》（1928），不是自传作家劳伦斯中校（T.F.Lawrence，1888—1935）、《阿拉伯的劳伦斯》。

④⑤ 原文为法语。

⑥ 维克托，另一个纳博科夫虚构的代理人，用来暗指他在国外的收入。纳博科夫说他在洗礼时差点被牧师命名为“维克托”，这位牧师听错了他父母的名字，所以，在洗礼仪式上，他“嚎叫，既害怕被淹死，又害怕被叫做维克托”（《说吧，记忆》，第21页）。

⑦ 埃莱奥诺拉·佩尔腾伯格。

⑧ 显然又是一种含蓄的信息，以安娜·费金伪装成亚历山大·拉扎莱夫娜。

⑨ 纳博科夫的表亲谢尔盖·纳博科夫和他的妻子安娜。

还有季娜，都待他很好。小尼基[①]多可爱啊！我舍不得离开他。他躺着，一个红润的小东西，头发蓬松，患了支气管炎，身边是各式各样的玩具汽车。我跟玛格丽塔[②]谈到基里尔，她计划在一家玩具店给他安排一个工作——不管怎样，她是很严肃对待这件事的。菲伦斯在巴黎。我去了海伦斯家，他看上去比以前更像一只饥饿的秃鹰。他穿件便袍，“得了流感”。我把《愤怒》[③]给了他，在上面题了词（只是后来想起，俄语本是题献给布宁的——所以，要是发表的话，那就会很有趣）。他不停地问我是否将他的姓写得足够清楚，随后自顾自地将它写下来——那就是我们相像的地方。这个小细节让我相信，他真的会发表这个短篇；但他建议我把讲稿[④]马上给波朗。我像个希腊人深受折磨[⑤]，我做梦都想搽点什么药水。我胃口很好，不抽烟，或几乎不抽。[⑥]我想想都觉得难受，亲爱的，你现在该有多疲劳啊。利奥诺拉坚持要你探访一下荷兰。你为什么不早点去那儿，就是说在最终出走之前？

季娜对紫水晶感到兴奋。她和斯维托克，还有斯维亚托[⑦]对我都十分亲切。没想到维克托今天和她结账，为他兄弟的身份证付了钱。[⑧]

《测量》[⑨]被认为是法国最好的杂志。

谢谢你，亲爱的，让我知道了有关卢得涅夫的消息。这班列车速度真快。田野绿茵茵的，如春天季节；我坐在窗边，没穿夹克。难以书写，我的思绪随列车的震动而跳跃。更多是关于基里尔的：他现在住在一个很宽畅干净的漂亮房间里，女房东友善又有耐心，在楼下经营一家小酒馆。她只看我一眼就真的相信这是基里尔的照片出现在报纸上的那位兄长，现在基里尔认为他的股票涨了。图罗韦茨[⑩]（他卖灯泡）给他一顶帽子和一件外套，总之，他衣着得体，但鞋子让他露出

---

① 他们的儿子尼古拉斯·纳博科夫（Nicolas Nabokov，1929—1985）。

② 雅克·马绥的妻子。

③ 他的短篇《糟糕的日子》（*Obida*），俄语文本刊于《最新消息》，1931年7月12日，第2—3页。1930年代没有译成法文发表。

④《普希金：真实与可信》（*Pouchkine，ou le vrai et le vraisemblable*），《新法兰西评论》四十八辑（1937），第362—378页；由德米特里译成英文，刊于《纽约时报书评》，1988年3月31日。

⑤ 指他为牛皮癣所苦，犹如深受折磨的希腊悲剧人物。

⑥ 原文为法语。

⑦ 季娜依达·莎霍夫斯考埃和她丈夫斯维亚托斯拉夫·马勒夫斯基–马勒维奇，第三人不详。

⑧ 有关钱的委婉说法：说白了，纳博科夫付季娜依达·马勒夫斯基–马勒维奇钱，以支付基里尔办身份证的费用。

⑨《O小姐》刊于《测量》，1936年4月15日，第145—172页。

⑩ 不详。

破绽。感谢上帝，这似乎像个车站。是的，我们到边境了。我把那些照片给大家看。我吻他，我的小家伙。早点给我写信，亲爱的。有关晚会的许多事情我没有告诉你，但说出来会倒胃口。季娜和斯维托克神采奕奕。我很高心，因为这也意味在巴黎的成功。好吧，列车又开了。保重，亲爱的。温柔并久久地吻你！

弗拉基米尔

37.1.22.

问候阿纽塔并告诉她，我完全“掌控了”所有的交谈。

* * *

ALS，2 页

邮戳日期：1937 年 1 月 25 日

巴黎凡尔赛大街 130 号丰达明斯基寓所寄往德国

柏林哈伦斯，涅斯托尔大街 22 号

你好，亲爱的：

昨晚有场俄语朗读（《天赋》中的两个片断，三角与布什）①。真愉快！票全部售完。大众听得很出神，我从 10 点读到 11 点 40，中间有十分钟休息（约读了 45 页）。霍达谢维奇致简短的开场白，机智而有些片面——主要讲“手法”，分析在我的作品中“手法如何起作用”。② 当我读到布什的片断，柳夏大笑。索菲亚告诉我，前一天她通宵“给秘书口述”。我见到了莫莱夫斯基夫人③，还有其他很多人。之后，根据传统，作为整个社团，我们转到一家咖啡馆，约有二十余人，始终在场的有布宁、阿尔达诺夫、贝贝诺娃、霍达谢维奇等等。人们对我很友好④。

① 拉斯加斯 5 号，“西林”个人朗读会。纳博科夫朗读了《天赋》片断，第一章：亚沙·车尔尼雪夫斯基的自杀及在车尔尼雪夫斯基家的文学聚会，在聚会上，赫尔曼·布什用蹩脚的俄语朗读了他内容空洞而又自命不凡的剧本。

② 见弗拉基米尔·霍达谢维奇，《论西林》（*O Sirine*），《复兴》，1937 年 2 月 13 日，第 9 页；西蒙·卡林斯基和罗伯特·休斯译，《三季刊》，1970 年冬季，第 96—101 页。

③ 不详。

④ 原文为法语。

明天我会去马克拉科夫家[1]。在所有的空余时间（昨天直到凌晨3点半，因为我空余时间太少），我修改《天赋》的第一章（因为我赶着交稿，他们也把时间提前了），今天，终于全都交给了卢得涅夫（他对我很亲切）。我检查英语校样，[2]除了我期待你今天寄来的那部分——之后我就全寄给朗。

我已经和“泰尔”建立了联系，跟卢利·里沃夫作了详谈，书似乎能出版[3]。我去了埃尔加兹家，她因感冒满脸通红。拿了她的糖果。很好吃。我去了赖莎家[4]（她非常努力），也去了那位老人家[5]，并看了霍达谢维奇。周三，我要和阿尔达诺夫作一次严肃的交谈——他是唯一对P.N.[6]影响甚微的人。有人（伊利亚）已经向我提供一套公寓，有三个房间，设施齐全，位于布洛涅（眼下那儿很可爱——我一路走到霍达谢维奇家），一个月300法郎，谢尔曼也提供了一处新房子，每月400法郎，等等。我一来就与柳夏见了面，给他带了靴子，这是他梦寐以求的。我见到的每个人都称赞我的“菲雅塔”[7]。我和泰菲谈到伦敦；她在萨布林家[8]的朗读很精彩，有许多上流社会人士，前排每位一个基尼，诸如此类。难道我不该在这里给他写信？但写什么？给我一份大纲吧！

周五，我会和丰达明斯基及津济诺夫在科科什金家晚餐。伊丽娜美貌不再。我跟另一位伊丽娜（基扬准采夫）通了电话，她约三周前生了个女孩，我明天会去探望。我已经和伊柳沙的演员谈了那部戏。[9]我一有空就会动笔。我约了波朗明天见。

亲爱的宝贝，我非常想念你和他。他的照片让我爱不释手。

我在这里很惬意，自上次以来，什么也没变，我觉得自己很“自在”。

---

① 作为俄国侨民委员会主席，马克拉科夫将帮助纳博科夫获得法国居住许可。

②《绝望》(伦敦；John Long，1937)。

③ 纳博科夫向泰尔提供了《防守》，但他们想要《天赋》，见1937年2月19日信。书没有出版。

④ 塔塔里诺夫。

⑤ 约瑟夫·赫森。

⑥《最新消息》(*Poslednie Novosti*)或者是其编辑P.N.米留可夫(P.N.Milykov)。纳博科夫想与此家日报签一份合同，定期为它写稿。

⑦ 短篇小说《菲雅塔的春天》(*Vesna v Fial'te*)，写于1936年4月，刊于《当代年鉴》第六十辑，1936年，第91—113页。

⑧ 萨布林(Evgeny Sablin，1875—1949)，曾任伦敦临时代办。1915年，在纳博科夫的伯父K.D.纳博科夫手下任俄国大使馆一等秘书。

⑨ 俄国戏剧社的演员，得到伊利亚·丰达明斯基的赞助。这部剧本也许是《事件》(*Sobytie*)，纳博科夫为俄国戏剧社写的，虽然5月有迹象表明，这部戏剧写得并不好，无论想表达怎样的观念，他可能会放弃这部剧本。

今天，我睡了不足三小时。下午我在那位老人家①。此刻一点半，我还没有出门，还没有午餐，下雨了，门后珍妮②对猫说："我可怜的小烈士！"③

问候阿纽塔。

我的至爱！

弗拉基米尔

* * *

ALS，2页

邮戳日期：1937年1月27日

寄往德国柏林哈伦斯，涅斯托尔大街22号

我最亲爱的，我的阳光小宝贝：

我去了马克拉科夫家。他坚持说没有困难。但首先，我得将签证延长三个月，以便从伦敦返回。明天，我将为此事再去那儿。明天上午，我会在帕维尔家④。你还记得有个叫做卡姆布罗德的人吗？⑤要知道他赚了2000多法郎。昨天我在波朗家，给了他两篇东西⑥（他答应出席朗读会，但他褐色眼睛中闪出的光芒使我当场就把"真实"⑦给了他，而不是把它放在抽屉里睡大觉。他异乎寻常的友善——总之，承诺助我）。两天前，从达曼斯基那儿，我得到了在里维埃拉儿家提供低价膳宿的地址（一天20法郎），另外，她答应给她在滨海博利厄的叔叔写信。伊柳沙，我对他具体说过，他也会关心此事。他向我详尽地解释与米留可夫交谈中我应注意的细微差别（顺便说一下，绝对跟你和阿纽塔的指示一致）。我为你和小家伙

① 约瑟夫·赫森家。

② 丰达明斯基家的管家。

③ 原文为法语。

④ 米留可夫。

⑤ 维维安·卡姆布罗德，一个近于字谜的文学化名，这是纳博科夫发表剧本《流浪者》（*Skital'tsy*）时初次用的，这部剧本作为对虚构的作家卡姆布罗德的作品的翻译。1931年，他又使用了这个名字：《来自卡姆布罗德的长诗〈夜间旅行〉》（*Iz Kalmbrudovoi poemy "Nochnoe puteshestvie"*），《舵》1931年7月5日；《诗集》，1979。这儿，纳博科夫用这个名字作为他收入的另一个暗语。

⑥ 普希金讲稿，《普希金：真实与可信》，及短篇小说《糟糕的日子》（"Obida"的法文翻译"L'Outrage"）。

⑦ 原文为法语"Le Vrai"，即纳博科夫的普希金讲稿。——译注

作的旅行计划是，3 月中旬（或初），经巴黎直接去南方。在我看来，显然，维克托[①]（他献上许多的吻，我的生命——他非常强烈地想你，想你柔软温馨的玉体，想你的一切。我从没有像现在这样爱你）会在这儿找到生存的方式。尼娜姑妈昨天来看我，带来一份——极为感动——丰厚的礼物，送给孩子：一件漂亮的深蓝色和粉色的浴袍、两件粉色的睡衣、几件针织毛衣、几条红色开裆裤、几条白色开裆裤、一顶小帽子、几件小衬衫、还有许多其他的东西。也许你可以给她写封信？军团大街 16 号。附一张照片。

周一晚上，在伊柳沙家有一场基督徒和诗人的聚会。[②] 乔治·伊凡诺夫也在那儿，他是个口齿不清的小个子先生，脸看上去既像一只戴胜鸟，又像鲍里斯·布拉斯基[③]。我避免握手。他们讨论基督教意义上的性行为主题，扬诺夫斯基、曼申科[④]、伊凡诺夫说了许多可怕和可耻的废话，费多托夫提起这个话题（主讲人没有露面，费多托夫提议探讨“文学中的坦率”这个话题）。

我完成了半部《绝望》，寄（四十页校样）给朗。昨天，我受邀与布宁共进晚餐（还有阿尔达诺夫及采特林）[⑤]，但随便吃了一顿（我先在波朗家，之后独自去波拿巴特街上我知道的一家小酒吧用了餐——6 法郎管饱），所以 7 点到 11 点，他们一直给伊柳沙打电话。昨天，我在基扬准采夫家午餐。我见到了伊丽娜的小女儿——黑头发，坐在一辆大的粉色婴儿车里。沙巴有了辆新车。他花了很长时间对我说他恋爱中的不幸。伊丽娜不想回莱比锡，她丈夫在英国。我明天会拜访加斯东·伽利玛[⑥]，这是波朗的建议，后天，我要和索菲亚一起午餐。现在我坐在一家小酒吧，这是去看莫莱夫斯基夫人的路上，我在她那儿会见到柳夏，把东西给他。[⑦] 表在我外套口袋里滴答走着。天气很好，塞纳河如同牛奶。

牛皮癣把我折磨得够呛（我晚上睡不着觉，因为痒得要命——这极大地影响

---

① 纳博科夫指他自己。

② 也许是《新城》(*Novyi Grad*，1931—1939）的一次聚会，这是一份哲学和宗教杂志，由丰达明斯基、费奥多·斯捷潘和乔治·费多托夫编辑。

③ 鲍里斯·布拉斯基（Boris Brodsky，1901—1951），记者。

④ 曼申科（Victor Mamchenko，1901—1982），诗人，年轻诗人和作家联盟组织者之一。

⑤ 采特林（Mikhail Tsetlin，1882—1945），作家、诗人、文学批评家家、编辑和出版商，《当代年鉴》诗歌编辑。

⑥ 加斯东·伽利玛（Gaston Gallimard，1881—1975），法国出版家，1908 年创办《新法兰西评论》，1919 年成立伽利玛出版社。

⑦ 纳博科夫将他挣到的钱留给安娜·费金的表亲伊利亚·费金保管。

了我的心情），我决定去看医生，因为用了甘汞药物[1]后情况更严重了。这种愚蠢的药膏让我受害匪浅。萨布林夫人（婚前姓福明，曾是尤里克钟情的人，戈格尔的姐妹）[2]随时会来这儿，我会跟她谈谈。写信多跟我说说米坚卡。下面的画是给他的。

[3]

我附上一家比利时报纸的一篇书评。[4]我给母亲写了信。

亲爱的，吻你！问候阿纽特契卡。他们还没有提及这些事。

弗拉基米尔

* * *

ALS，1 页

邮戳日期：1937 年 1 月 28 日

巴黎凡尔赛大街 130 号丰达明斯基寓

所寄往柏林哈伦斯，涅斯托尔大街 22 号费金转

我的宝贝：

波朗刚写信给我，认为《愤怒》[5]"美妙、神奇和令人信服"[6]，他介绍给了《新法兰西评论》。他想跟我再谈谈"普希金"，所以我打算再去见他。

P.N.[7]对我非常亲切。我什么都跟他汇报——像个学生——课程得了个 A+。维克托[8]向他要一个月 2000，三四篇小文章。一两天后会有结果。

①⑥ 原文为法语。

② 娜杰日达·萨布林，叶夫根尼·萨布林的妻子。尤里克是纳博科夫的表亲，即乔治（尤里）·劳施·冯·特劳本伯格。1926 年，谢尔盖·戈格尔与纳博科夫在柏林一起参与滑稽的"波兹德内谢夫审判"。

③ 纳博科夫为德米特里画了一辆小火车。

④ R. 杜彼罗，《纳博科夫-西林的结盟》（*Conference de M.Nabokov-Sirine*），《晚报》，1937 年 1 月 23 日。

⑤《糟糕的日子》的法文版，《测量》接受了，将发 1937 年 5 月号，但显然没有刊出（见 1937 年 4 月 15 日信）。

⑦ 帕维尔·尼古拉耶维奇·米留可夫。

⑧ 纳博科夫指自己。

我又在马克拉科夫家——宁愿在N.M.罗兹扬科家[①]，他会特别关注，填好一大张申请表。你对家具还不太在行：只需要有份居留证[②]，再有柏林的法国领事的一张条子，就能带过来而不用交税。

我的欢乐，给我写信。吻你和他，亲爱的。我附上阿尔达诺夫的一篇很出色的文章。[③]

弗拉基米尔

我和柳夏[④]去了莫莱夫斯基家，之后去看医生。他建议我打某种针，[⑤]打20针，每针20法郎。我拒绝了。

* * *

ALS，2页

邮戳日期：1937年2月1日

巴黎凡尔赛大街130号丰达明斯基寓所寄往

德国柏林哈伦斯，涅斯托尔大街22号

亲爱的宝贝：

你提及的那些信都是很久以前写的——写给萨布林和季娜，还有的写给朗和格列布[⑥]及莫莉[⑦]，写给加利玛（还没有回信，要是再不回信，我就要打电话了）。我如同生活在同心的旋风中，从一处移到另一处。波朗也拿了讲稿[⑧]，但他觉得这

---

① 罗兹扬科（Nikolay Rodzyanko，1888—1941），曾任俄国侨民委员会秘书长，巴黎俄罗斯中心机构劳工部部长，米哈伊尔·罗兹扬科的儿子，老罗兹扬科是位政治家，纳博科夫父亲的同事。

② 原文为法语。

③ 马克·阿尔达诺夫，*Vechera "Sovremennykh Zapisok"*，《最新消息》，1937年1月28日，第3页。

④ 伊利亚·费金。

⑤ 治他的牛皮癣。

⑥ 斯特鲁夫。

⑦ 莫莉·卡彭特-李（Molly Carpenter-Lee，1911—1973），格莱布·斯特鲁夫最好的学生之一，她将帮助纳博科夫检查《绝望》的英译本。

⑧ 原文为法语，即有关普希金的讲稿。

些诗歌的翻译并不奔放[1]，和他商量之后，我将这些诗寄给梅洛·杜·代让他插上翅膀。[2]周四晚上，我和汤普森夫妇（还有象棋——及可爱的）伯恩斯坦[3]去了拉舍尔家[4]。周五，我与索菲亚和柳夏共进午餐，晚上，和伊柳沙、丰达明斯基及津济诺夫（他还戴着我的领带，很好看）在科科什金-瓜达尼尼家一起晚餐，凌晨两点沿着黑乎乎空荡荡的大街回家——路上伊柳沙一直动情地说着那些俄国姑娘，她们给狗剪发来谋生[5]。

周六，在里德尔家有场很奇特很愉快的朗读会（但韦代尔并不成功，其实他有点结巴——他咬住一个词不放，停在那儿五秒钟之久，随后再顺利地读下去，但总的来说他读得不错）。晚上，我去看俄国戏剧，清晨我们和女演员（还有伊柳沙）一起坐在一家咖啡馆。昨天，我在布宁家（阿尔达诺夫和罗申[6]也在那儿），今天，我在一家咖啡馆见波尔亚科夫[7]（P.N. 问题还没有得到解决），之后我去了戈洛文将军家[8]，从他那儿拿到了一份英译的活，维克托[9]译十页会得到 200 法郎的酬金。我接待了哈萨克-吉尔吉斯人乔克耶夫[10]的来访，特别谈到戈杜诺夫—车尔登采夫之死的情况，他把我想知道的事情都告诉了我。[11]我去了卡尼基萨[12]的妹妹家[13]（顺便说一下：在我的《天赋》中提到这个名字，听起来——如阿尔达诺夫

---

① 原文为法语。

② 梅洛·杜·代（Robert melot du Dy）。这篇讲稿中有几首普希金的诗：《在世界的沙漠上》（*Tri klyucha*）、《我的美人，别为我唱》（*Ne poy，Krasavitsa，pri mne*）、《我睡不着，灯熄了》（*Mne ne spitsya，net ognya*）、《为什么风在山沟里吹》（*Zachem krutitsya vetr v ovrage*）。《新法兰西评论》，1937 年 3 月 1 日，二十五辑，第 362—378 页。

③ 可能指著名的国际象棋大师奥西普·伯恩斯坦（Osip Bernstein，1882—1962）。

④ 不详。

⑤ 伊丽娜·瓜达尼尼以护理宠物为生。

⑥ 即尼古拉·费奥多罗夫（Nikolay Fyodorov，1891—1956），笔名罗申（Roshchin），作家、记者、文学批评家，从 1920 年代中期到 1940 年代，他和布宁一家住在一起。

⑦ 亚历山大·波尔亚科夫，《最新消息》副主编。

⑧ 戈洛文将军（General Nikolay Golovin，1875—1944），军事历史学家、作家。

⑨ 纳博科夫指他自己。

⑩ 乔克耶夫（Mustafa Chokaev，1890—1941），律师和记者，国家杜马穆斯林委员会秘书，在巴黎时成为《最新消息》的校对员。

⑪ 纳博科夫核实他对笔下人物康斯坦丁·戈杜诺夫-车尔登采夫的描写，此人是一位鳞翅目学家，在《天赋》第二章中他去中亚作考察，但显然在途中丧命。

⑫ 卡尼基萨（Leonid Kannegiser，1896—1918），业余诗人、社会革命党人，刺杀了彼得格勒契卡（安全警察）头目穆瓦塞·乌里茨基，为此被处决。

⑬ 伊丽莎白·卡尼基萨。

和塔塔里诺夫夫人对我说的——像一个可怕的过失）①，给她《王、后、杰克》的电影角色。去了卢浮宫（为了戈杜诺夫-车尔登采夫有关古老蝴蝶的文章）②，明天，我会见到日丹诺夫。我得再去波朗家：要是《愤怒》发表在《新法兰西评论》上，他每页支付不会超过40法郎，它四个月后才会发表，所以他会想办法发在《测量》上，要是不行，再发在《新法兰西评论》上。我发现在剑桥有一个“有用”的人，有几个南方的地址。亲爱的，准备好离开！我没法告诉你这种病③给我带来的难以忍受的痛苦；它引起的痒让我难以入眠，床单上到处是血迹——太可怕了。有一种很好的新药膏，但我不敢用，因为上面写着“会弄脏床单”④。是的，也许我会去见邓金⑤。维克托⑥从里德尔那儿得到了约800法郎。我爱你。吻我的小宝贝。还有许多其他的会见，但我把有些事情弄混了。又在基扬准采夫家用了午餐：伊丽娜同丈夫离了婚，她说当他们请人作客，他就会制造事端。那个小女孩喝奶后就会打嗝，很可爱。我整个星期都“排满了”。我附了两篇评论。⑦一切顺利，除了那该死的皮肤病。我爱你。那位老人⑧对第一章感到震惊。亲爱的，我迫切想见到你，还有小家伙。

弗拉基米尔

---

① 在《天赋》的连载中，纳博科夫认为亚沙·车尔尼雪夫斯基的诗歌《充满了时髦的陈词滥调》，像是“连斯基和卡尼基萨的混合”（连斯基是普希金的《尤金·奥涅金》中的一个平庸的浪漫派诗人），《当代年鉴》第六十三辑，1937年，第45页。在许多人看来，纳博科夫有损卡尼基萨的荣誉，他的自我牺牲精神受到俄国侨民的欣赏。在后来出版的书中（《达尔》，纽约：Chekhov，1952，第46页；《天赋》，第50页），他删掉了“连斯基和卡尼基萨的混合”这句话。

② 虽然纳博科夫没有让戈杜诺夫-车尔登采夫写这篇文章，但他自己在20世纪40年代后期想写这样的文章——“关于艺术中的蝴蝶可以写一篇很有趣的文章——加上插图，开始于公元前1420—前1375，图特摩斯四世或阿蒙诺菲斯三世时期埃及人提到的品种（大英博物馆，编号：37933）。在这个问题上，我是个先驱者。”见1949年11月10日给乔治·戴维斯的信，并在1960年代中期，开始《艺术中的蝴蝶》的写作计划。

③ 牛皮癣。

④ 原文为法语。

⑤ 丰达明斯基的家庭医生。

⑥ 纳博科夫涉及财政事务时的别名。

⑦ 有关纳博科夫在1月21日和24日的朗读，档案中未存。可能是M（尤里·曼德尔斯塔姆）的《V.V.西林的晚会》（*Vecher V.V.Sirin*），《复兴》，1937年1月30日，第9页；及可能G.费舍尔的《一个俄国作家谈普希金》（*Un ecrivain russe parle de Pouchkine*），《赛思》（*Thyrse*）第三十四辑，1937年，第41页。

⑧ 约瑟夫·赫森。

* * *

ALS，2 页

邮戳日期：1937 年 2 月 4 日

巴黎凡尔赛大街 130 号丰达明斯基寓所寄往德国

柏林哈伦斯，涅斯托尔大街 22 号

亲爱的，幸亏我坚持不懈的努力，在所有迎来送往、洽谈之余，一份最复杂的技术性英译——昨天两点左右终于完成了。我将签证延长了两个月，就是说，这次到期后我会在伦敦拿到新的。在部里，我见到了格里高里·阿布拉莫维奇[①]，他们也没有给他返程签证。他们存心找碴。我见到了可怜的日丹诺夫，他得料理他父亲的丧事：拍电影的可能性再次增加，所以我会去见科尔特纳[②]。这是去伦敦的首要之事。亲爱的，你怎么样，在做什么，你（还有可以抱着的温暖的小家伙）不在身边，我感到令人苦恼的空虚，我爱你，亲爱的。我和阿达莫维奇在贝贝洛娃家用了午餐：我们彼此真诚相待。她新做了一种“道森女孩”发型，但门牙依然有个小豁口，露出粉红的舌尖。今天我见了加布里埃尔·马塞尔，他要我对索邦听众再作一次讲座[③]：我想我得同意，虽然他们可能不支付酬金。我收到萨布林的一封“很客气”的长信，邀请我在他的住处朗读，还提出一个实用的建议，去找能“宣传”这个晚会的大人物的一个“富有的”继承人，因为如他所说，他们“比真正的俄国人对俄国文学更感兴趣”。从斯特鲁夫[④]——这个大白痴——我收到一张随手写的明信片，他认为一场重复的朗读“不可取”。我给萨布林、格林贝格[⑤]、加夫隆斯基夫人[⑥]、朗（我寄去了那张优雅的扉页）、切尔纳温夫人[⑦]写了信。

---

① 纳博科夫虚假的化名之一。

② 科尔特纳（Fritz Kortner，1892—1970），演员、电影和戏剧导演，纳博科夫和他讨论《暗箱》改编电影的问题。

③ 原文为法语。

④ 格列布·斯特鲁夫。

⑤ 萨韦利·格林贝格，纳博科夫在捷尼谢夫学校的同学。

⑥ 加夫隆斯基（Lyubov Gavronsky，1876—1943），鲍里斯·加夫隆斯基（Boris Gavronsky，1875—1932）的遗孀，阿玛利亚·丰达明斯基的哥哥。

⑦ 切尔纳温（Tatiana Chernavin，1890—1971），博物馆馆长。

昨天在安托尼尼家[1]午餐，他很友好（要是你不计较他讨厌的势利）。我需要和朗联系，想知道他付多少酬金。务必寄出——要不另打一份。[2]维克托，如他对我说的，花了很多钱，但他要给柳夏写些东西。[3]我觉得我最终会选择罗克布吕讷—卡普—马丹。[4]我一旦从伦敦返回，就会给你寄签证。母亲没有信来，不知怎么回事。牛皮癣越发严重。我从伦敦回来后得治一下。我时常会做一个梦：用药膏从头涂到脚，在医院里躺了一个月。

要没有这个病，总的来说一切都很完美。他们对我很热情[5]，我身边围满了很可爱的人。德—蒙扎[6]在纳瓦申[7]葬礼上说，“一百年前，有人杀了普希金……现在，有人杀了纳瓦申……”[8]现在我和劳施去用午餐，之后里德尔和我要去沙尔多纳家[9]。晚上，我必须去咖啡馆见霍达谢维奇“商谈”。我的内衣很寒碜，不便交给珍妮[10]，我得送去洗衣房，那儿，洗一件衬衫几乎要花3法郎。问候阿纽特契卡。亲爱的，我开始数到3月15号的日子。写信给我。

弗拉基米尔

他们通过季娜，想要把我安顿在这儿一间带家具的公寓里，三楼，设施齐全，每月650法郎。

---

① 安托尼尼（Giacomo Antonini，1901—1983），记者、文学批评家，他在《1924年的俄国小说》中评论了《疯子的奔跑》（*La Course du Fou*）和《暗箱》（*Chambre Obscure*），刊于*Den Gulden Winkel*，1934年12月。

② 英文版《绝望》的合同。

③ 纳博科夫指自己，既然他将大部分收入存在伊利亚（柳夏）那儿，给柳夏“写”些什么意味着挣更多的钱。

④ 位于摩纳哥和芒通之间，他们考虑定居的一个地方。

⑤⑧ 原文为法语。

⑥ 不详。

⑦ 纳瓦申（Dmitri Navashin，1889—1937），律师、金融家、作家、记者、共济会会员，在巴黎的苏联银行工作，1931年逃匿，在布洛涅森林莫名被杀。

⑨ 雅克·布泰耶（Jacques Boutelleau，1884—1968）的妻子，布泰耶笔名雅克·沙尔多纳，法国作家，1932年，他因小说《克莱尔》（*Claire*）获法兰西学院大奖。

⑩ 丰达明斯基家的女管家。

* * *

ALS，2 页

邮戳日期：1937 年 2 月 5 日

巴黎凡尔赛大街 130 号丰达明斯基寓所寄往

德国柏林哈伦斯，涅斯托尔大街 22 号

亲爱的，我的爱人，下面是对你所有杂七杂八问题的回答；我把基里尔的情况写信告诉了季娜和马绥。我赶走了维克托。已经去信给邦尼尔[①]和詹尼利。季娜会寄出《信使报》[②]——要是她还没有寄的话。和泰尔的交易还没有落实。赖莎随意地拿走了背带。至于莫洛亚[③]，起先，里德尔告诉我，"不巧的是，我的老朋友莫洛亚不能来"[④]，之后，就在那儿，征求过韦代尔的意见后，我删掉了有关"拜伦"的一大段。[⑤]我还不知道两篇之间，波朗会将哪篇发在《新法兰西评论》上，哪篇发在《测量》上。很难搞定伽利玛，但今天我给《新法兰西评论》打了电话，提醒他们我在等他的消息（没其他办法），他的秘书答复我，我明天会得到回音[⑥]。

找不到施瓦兹[⑦]，现在我也没有时间去治疗，要是我去向邓金咨询，他就会为"建议"要价 75 法郎，但从伦敦回来后，我还是要去找他，但只是我从谢尔曼工作的那家医院得不到免费治疗之后。我今天问了几个人，他们异口同声地说，400 已很便宜了，当然，费用全包[⑧]，所以，他们都推荐我们抓住机会，如我所做——虽然我

---

① 邦尼尔，位于斯德哥尔摩的瑞典出版集团。纳博科夫的《防守》1936 年由邦尼尔出版，书名为《终生下棋的人》（*Han som spelade schack med livet*），由埃伦·吕德柳斯翻译。

② 文学杂志《法国信使报》（*Mercure de France*）。

③ 除了小说，莫洛亚也写虚构性的传记，包括《堂璜或拜伦传》（*Don Juan ou la vie Byron*，1930），这种传记，纳博科夫在其《普希金：真实与可信》中加以嘲讽。

④⑥⑧ 原文为法语。

⑤ 可能有三段，纳博科夫说到他所知（理解为"虚构"）的一个疯子，这疯子认为他在遥远的过去多次出现，这个过去存在于他的想象中，只是与他读到的陈词滥调有关：如"拜伦的忧郁，加上相当一部分历史学家给他们的文本添油加醋的所谓历史掌故，这就提供了，天哪，所有他需要的细微末节的东西"（《普希金：真实与可信》，德米特里译，《纽约时报书评》，1988 年 3 月 31 日，第 39 页）。接下来两段直接攻击"浪漫化传记"。

⑦ 薇拉介绍的医生。

仍然通过施莱辛格夫人[①]和其他人在等有关膳宿费的答复。今天，出于好奇，我看了那个带家具的套间（三个房间等，华丽、清洁、宽畅），通过季娜，我得到了来自比利时的承诺，费用全包[②]，约650法郎一个月（当然，甚至那也不起作用）——但它原先不是650，而是800。

名片：当然没写“作家”，很简要[③]。柳夏收集了三千只蝴蝶——至今为止。[④]老保罗[⑤]最终向我提了个建议：两处一个月400，这总是个事情[⑥]，但我还没有决定，我再考虑。那个老人不是石头，而是纸板。一处，一篇文章或评论，另一处，则是“纯文学”。春天的天气一直很好。求你了，3月设法出行吧。

服役与我无关。我从伦敦回来就会得到居留证。伊柳沙[⑦]不需要钱包，但他很开心。我把书和埃琳娜[⑧]从罗马尼亚买的伏特加转交给那位老人。我会给莉兹贝思[⑨]写信。也给希思写信。会给阿纽塔写信。我从母亲那儿收到一封令人不安的信。说到底[⑩]，我难道不该这么做：我在旅行社了解到往返[⑪]布拉格要花费550法郎（途经德国）。在这儿一场朗读晚会能赚回一半。另一半我在等你的时候则会花完。所以，我3月初去布拉格十天怎么样？我已经给贝尔格莱德的克俞宁[⑫]写信，但还没有回音。给我些建议。也许这是一条出路。现在维克托[⑬]又显身了！他什么都抱怨，食物以及琐碎的事情。今天花很多时间写了一封商业信函。昨天，我和丹尼斯·劳施吃了一顿丰盛的午餐，下午，在雅克·沙尔多纳家和许多女士一起喝茶。尼娜姨妈给我介绍了在伦敦的几个“社会关系”，戈洛文夫妇同样也介绍了一些，我今天去拜访了他们。晚上，我要去参加埃尔加兹家的晚会。吻我温馨甜蜜、勇往直前的爱人，我多么想你，我的爱人，我的天使，我的灵魂……

弗拉基米尔

---

① 施莱辛格（Fanni Schlesinger，？—1959），俄国作家之友发起人之一，其主席是布宁，这一组织为作家提供物质帮助。

②⑥⑩⑪ 原文为法语。

③ 原文为法语，可能是为纳博科夫做的名片。

④ 暗语：纳博科夫是说他把钱存在伊利亚·费金这里，这儿，“蝴蝶”意味“法郎”。

⑤ 帕维尔·米留可夫。

⑦ 丰达明斯基。

⑧ 埃琳娜·布龙贝格。

⑨ 汤普森。

⑫ 克俞宁（Aleksey Ksyunin，1882—1938），记者、作家，贝尔格莱德周刊《复兴》的出版人，别与巴黎的同名日报混淆。

⑬ 纳博科夫的化名。

有关赫尔岑的情况很真实。我爱你。爱那个小家伙。

* * *

ALS，2页

1937年2月8日[①]

巴黎

我欣悦的爱人：

近来不知为何不常收到你的信。小男孩他没生病吧？不久，一个月内我就能见到你了。亲爱的……

正在为法国朗读会[②]全力以赴地作准备——报上都登了消息，朗读会上签售我的《防守》和《暗箱》[③]，接到无数的电话。对我来说，这一切获利匪浅，但自然也有风险，那些渴望去听那位当红的匈牙利作家[④]的人不会有兴趣听一个替代者（犹如一个巡演的吞剑者要代之以普莱维茨卡亚[⑤]的表演）；但令人感动的是，那些在里德尔家听过我讲座的人要再次光临！伽利玛终于安排了与我的见面——周四上午。埃尔加兹家的晚会很成功，周六晚上我为这儿的三十位“骑士”朗读，为此我选择了“年轻的车尔尼雪夫斯基”，这给维什尼亚克、卢得涅夫和津济诺夫留下了痛苦的印象。（其中的最后一位苦涩地告诉我：“你让他显得很可憎。”）[⑥]但

① 未注日期，没有信封。信中提到的采特林家的晚餐及2月10日的日期可以断定此信写于2月8日。

② 2月11日，在肖邦大厅，加布里埃尔·马塞尔建议纳博科夫代替匈牙利作家若兰·福德斯（Jolan Foldes，1902—1963），因为最后时刻福德斯病了，这是马塞尔组织的名为“交叉火力”的系列讲座。

③《防守》和《暗箱》的法文版。

④ 若兰·福德斯1936年的小说《渔猫街》（法文名为：*La Rue du Chat-qui-peche*），得名于巴黎最短的一条街，这部得奖小说获得了很大的成功。

⑤ 普莱维茨卡亚（Nadezhda Plevitskaya，1879—1940），唱俄国民歌的流行歌手。

⑥ 纳博科夫的“车尔尼雪夫斯基生平”讽刺性地叙述了俄国自由思想家和哲学家尼古拉·车尔尼雪夫斯基作为一位可能的伟大改革者，但甚至处理不好自己的生活，作为有担当的现实主义者，但不能看清或理解他身边的现实世界。

伊柳沙却很喜欢。其余的人，除了阿尔达诺夫、泰菲、佩列韦尔泽夫①和塔塔里诺夫夫人，竟没有听明白。总之，它几乎成为一个丑闻，但效果很好。昨天，我在艾丁冈夫妇家②用了午餐——他能用犹太人的笑话折磨人。他们的儿子死在柏林，急性阑尾炎，只有二十岁。关于他们，阿纽塔会怎么说？我不会无端问起，但因为他们对我的命运很感兴趣。但那位老人帕维尔③！嗯？400法郎……我可花费不起④。昨天，我去拜访了非常可爱也非常耳背的马克拉科夫。他给我看了他在莫斯科的产业的一些老照片，通过一架立体镜：每片叶子似乎鲜活，但人看起来扁扁的。

我同时接到：一封（可爱的）信，来自切尔纳温夫人，根据此信，我将“蜷缩”在同一个房间的一张长沙发上，像他儿子那样；一封来自莉兹贝特⑤的信，她建议不锁他们的房间（他们14号离开），这样，我可以待在那儿。我马上给她回信，说谢谢，但我会住在切尔纳温夫人家里——为此深感后悔，因为我预见到住在一间已经有人捷足先登的房间里会很不舒服——尤其是考虑到我的牛皮癣（这种病绝对伤害了我的生存，但我害怕去伦敦前治疗）。我的面孔有点肿，但阿达莫夫夫人⑥给我去掉了腐烂的牙神经，坐地铁时，我嘴里突然满是血和脓水——一切神奇地清理干净，但显然，我得去把那牙齿拔掉——但我又害怕周四前去拔牙。此外⑦，我感觉好极了。我几乎每天都给柳夏打电话，我走之前会给他一些杂志⑧。今天，我接待了一个名叫以斯雷尔·科甘⑨的来访，他提议在美国杂志上发表短篇小说。我给了他《旅客》和《肖巴之归》(由斯特鲁夫翻译)⑩；但

---

① 佩列韦尔泽夫（Pavel Pereverzev，1871—1944），律师，在俄国，第四届国家杜马中的社会革命党成员。

② 可能指艾丁冈（Mark Eitingon，1881—1943），俄国出生的精神病学家，他的妻子米拉·雅科夫列夫娜（Mira Yakovlevna，1877—1947），女演员。马克·艾丁冈是俄国内务部特工诺姆·艾丁冈（Naum Eitingon，1899—1981）的表兄，后者组织了1930年对库捷波夫将军的绑架及1940年对托洛斯基的暗杀。艾丁冈夫妇1920年代住在柏林，但1933年移居巴勒斯坦。霍达谢维奇在他的“1937年1月24日的日记中曾提及”艾丁冈夫妇。

③ 帕维尔·米留可夫。

④⑦ 原文为法语。

⑤ 汤普森。

⑥ 娜杰日达·阿达莫夫，医生，纳博科夫1932年见过她。

⑧ 实际上指钱的妥善保管。

⑨ 不详。

⑩《旅客》(*Passazhir*)，《舵》，1927年3月6日；又《肖巴之归》(*VC*)，1930年；格莱布·斯特鲁夫译，《旅客》(*The Passenger*)，《罗威特·迪克森杂志》(*Lovat Dickson’s Magazine*)，1934年6月，第719—725页；《肖巴之归》(*Vozvrashchenie Chorba*)，《舵》，1925年11月12日，第2—3页及1925年11月13日，第2—3页，又《肖巴之归》(*VC*)；格莱布·斯特鲁夫译，《肖巴之归》(*The Return of Tchorb*)，《季刊》(*This Quarter*)，1932年6月。

你应该写信告诉我他们发在什么地方，如果可能，将《纽约时报》上的评论寄给我。①伯恩斯坦把他的文章寄给了我。今晚，我和布宁及采特林夫妇②共进晚餐。

我期待你们俩3月15号来。告诉你对布拉格之行的想法。伊柳沙③使人迷恋、感动，总是那么可爱，但津济诺夫在“车尔尼雪夫斯基”之后有点沮丧。亲爱的，全身心地拥抱你。昨晚我梦见你了。

弗拉基米尔

* * *

ALS，2页

邮戳日期：1937年2月10日

巴黎凡尔赛大街130号丰达明斯基寓所寄往

德国柏林哈伦斯，涅斯托尔大街22号

我最亲爱的：

好了，在刊发文章《真实》方面，诸事顺利：它将发在3月1号的《新法兰西评论》上。今天我还要去拜访波朗，他是如此迷人④。

我不明白你信上所说的法国南方的情况。十分肯定的是你要在3月中旬动身(也许甚至不经过巴黎，而是斯特拉斯堡？让我们再想想）前往我们选择的地方(“不久”将作出选择。大概有十个人参与其中)。务必要明白：要是这事现在不解决，那么就不会有什么结果，我们就会耽搁，延误——总之，你要对自己说，我们的柏林生活结束了——另外，请作好准备。也许我们未来五年的生活没有经济来源，但这个夏天是有的。我从伦敦一回来，一旦签证下来，就马上寄给你。抛开其他一切不说，我生活中不能没有你和我们的小男孩。我会再待一个月，但不再多了——不了。另外，我又去了邻近那个怪人的内斯特大街。你不会愿意这么

① 阿尔·纳扎罗夫，《俄国作家近作》，《纽约时报书评》，1935年8月18日。

② 米哈伊尔·采特林和他妻子玛丽亚·采特林（Maria Tsetlin，1882—1976），后者为前社会主义革命家、此次聚会女主人、出版商。

③ 丰达明斯基。

④ 原文为法语。

做。①

我的牛皮癣越来越严重——虽然除此之外我感觉甚好。两天前，在采特林家有场文学家晚餐，昨天我出城去找那个吉尔吉斯人②。今天，我要在利昂家午餐，会和伦敦的波尔亚科夫③取得联系。下午，伊柳沙和我会去索菲亚家。我当然要给古伯斯基④写信。至于捷克斯洛伐克，我恐怕你是对的。我在等克俞宁的回复。关于我明天的朗读有许多传闻。马塞尔会再次为我“致词”。

我所朗读的（《年轻的车尔尼雪夫斯基》）引起了异常的反响。维什尼亚克说，他会离开《当代年鉴》董事会，如果这篇文章发表的话。看他们读到一整章时会发生什么，会很有趣。但那还是很久以后的事。

我想写作！我绝对不适合这儿散漫的生活——倒不如说，要是我能在每天的生活景观中发现我小小的家园——可以有三四个小时用来写作，那就适得其所了。亲爱的，我多么爱你……和那个小不点交谈多奇妙！我的小宝贝。

母亲又病了。他们同住一个房间，这样可以暖和些。她很沮丧我不能再来，也很失望。我只是不知道该做什么……

布宁给我打电话，愿意在靠近拉万登的地方找一个住处，适合我们居住和定居。我周六和他一起午餐。巴黎的天气正像普希金的劳拉所想象和认为的。⑤但麻雀在雨中啾啾，铁栅栏静默地闪着光泽。我爱你。我重复一遍；我期待你3月中旬来。如果有一份固定工作——很好，如果只是零工——也没关系，我会想办法的。

现在无法谈布特勒⑥的事，让我们先解决报纸的问题。周六下午，我将见弗莱彻女士⑦。吻你，我的爱人。

弗拉基米尔

---

① 原文为法语。薇拉毕竟力劝纳博科夫离开德国，此前谢尔盖·塔波里斯基，杀死他父亲的凶手之一被任命为希特勒的侨民事务负责人比斯库普斯基将军的副官。

② 即乔克耶夫，纳博科夫为《天赋》第二章收集有关中亚的材料。

③ 可能是所罗门·波尔亚科夫–里特福采夫（Solomon Polyakov-Litovtsev，1875—1945），记者、作家、剧作家，曾是伦敦俄国大使馆的雇员，在纳博科夫的伯父康斯坦丁·纳博科夫手下工作。

④ 尼古拉·古伯斯基，哈斯凯尔的秘书。

⑤ 出自普希金的诗剧《石客》（*Kamennyi gost*）第二幕，劳拉说：遥远的北方，在巴黎 / 也许天空乌云密布 / 寒冷的雨下着，大风刮着。

⑥ 布特勒（Richard Butler，1902—1982），英国保守政治家，那时任印度事务的副国务卿，纳博科夫在剑桥与他认识；《说吧，记忆》中的“内斯比特”。

⑦ 可能指玛丽·奇尔顿，奥布里–弗莱彻女士，亨利·奥布里–弗莱彻爵士（Henry Aubrey-Fletcher，1887—1969）的妻子，是笔名为亨利·韦德的犯罪小说作家。

* * *

ALS，2页

邮戳日期：1937年2月12日

巴黎凡尔赛大街130号丰达明斯基寓所寄往

德国柏林哈伦斯，涅斯托尔大街22号

我的幸福，我的爱人：

昨天是我诸多朗读中最成功的一天（虽然只有不到一百五十人——许多本地匈牙利人到售票处退票）[①]。上午，译文送来了，相当程度上由梅洛[②]润色，所以我读了两种文本中的几篇。顺便说一下，乔伊斯在场；我们进行了友好的交谈。他比我预想的要高，有着可怕的呆滞的目光：他有一只眼睛根本看不见，而另一只眼睛的瞳孔（他用一种特别的样子看着你，因为他无法转动）只是一个眼窝，他得转动六次才能设法转动瞳孔而不引起出血。

给米留可夫的信被退回了，也许我得再去见他——或再写一封信。我和伊利亚[③]搞了个生活计划，但很大程度上取决于伦敦之行。有件事让我很振奋：我那些法语短篇相当成功。整个夏天，除了《天赋》，我会准备两场报告[④]和翻译——写作——一两个短篇。我们会在南方过夏天——只是在最坏的情况下，要是在伦敦，在蝴蝶方面一事无成[⑤]，我们就得在靠近巴黎的地方安顿下来。但再重复一遍，我今天不把我们已经讨论的东西详细地写出来。

中午的时候我如约来到伽利玛，只有我一个来访者，楼下接待处的总机小姐说，有位女士和他在一起，我得等一会儿。一刻钟后，她（总机小姐）哼着歌，戴上小帽子，去吃饭了。我仿佛身处沙漠。半小时后，我上楼去，问人怎么去伽利玛办公室；那人说伽利玛正忙着，让我进了另一间会客室，这儿布置优雅，有

① 在肖邦大厅，作为“交叉火力”活动的一部分。

② 纳博科夫将普希金诗歌译成法语，由罗伯特·梅洛·杜·代编辑润色。

③ 伊利亚·丰达明斯基。

④ 原文为法语。

⑤ 纳博科夫暗示在伦敦谋生的可能性，在1937年2月27日信中，他用“蝴蝶”来指他在伦敦挣到的钱。

椅子、烟灰缸，能看到雨景，那儿很安静，我又坐了半个小时——也许会一直坐在那里，要不是我想再下楼的话。我从一个匆匆而过的穿着皮大衣的女员工那儿得知，伽利玛出去午餐了。我随后说：“岂有此理！”① 她愿意找找，最后在楼里的另一个地方我们找到了伽利玛，他已经穿上了外套。原来没有人告诉他。原来他本人竟然不懂英文，但马上当我的面就《绝望》写了张条子，由费尔南德斯② 来审读，他将在15号（?）前给我一个答复。前天，我也请波朗帮我校订《真实》一文（他去掉了结尾，所以现在就在“阁楼”③ 处结尾——但我并不介意这些法国臭大粪！我不再跟伽利玛和费尔南德谈英国诗人，而代之以“德国人”④）。就这么回事。

索菲亚住在单独的房间里，有只哈巴狗和一张双人床。跟往常一样让人受不了。今天我在什克利雅弗夫妇家用了早餐：千篇一律，连菜单都一样。现在我要去见弗莱彻。我收到莉兹贝特的来信：他们将旅行推迟几天，所以我会见到他们。我又给她写了信。给母亲寄些小书，不必惊动柳夏。⑤ 睡得很香，尽管痒得厉害。看来白天的朗读没让维克托赚什么钱，也就是说，塔塔里诺夫夫人给福尔德斯写信，要求赔偿损失⑥。大家都很喜欢，他们决定再同样组织一场——但条件当然会有所不同。

吻我们的小家伙！我的小猫咪……还有你，亲爱的，永远爱你，我痛苦地等待着你的到来。

弗拉基米尔

① 原文为法语。

② 费尔南德斯（Ramon Fernandez，1894—1944），哲学家、小说家，伽利玛出版社的编辑。

③ 原文为法语“garret”：不，所谓生活的社会层面和唤醒我的同胞的所有理由都熄灭不了我书房的灯光。如果我不要求一座象牙塔，那是因为我在自己的阁楼里相当快乐。（《普希金》，第42页）

④ 原文为法语。“在这些对名人生活的叙述中，我偶然发现某些相当有趣的东西，如某个著名的德国诗人的传记，他的一首名为《梦》的诗歌的内容竟然无耻地如此表现，好像诗人自己真的做了这个梦。”（《普希金》，第39页）

⑤ 暗语：纳博科夫给他母亲钱，而没有动用放在伊利亚·费金那儿的存款。

⑥ 2月11日，纳博科夫代替突然生病的若兰·福尔德斯进行朗读；没有足够的时间来为他的朗读进行充分宣传，也就无法卖出足够的票来抵消开支。

* * *

ALS，2页

邮戳日期：1937年2月15日

巴黎凡尔赛大街130号丰达明斯基寓所寄往德国

柏林哈伦斯，涅斯托尔大街22号

我最最亲爱的：

恰好相反——我很仔细地读了你的信——甚至作了笔记，所以我能够有问必答。

在伦敦，我会住采特林的公寓（她房子的钥匙已经在我手里）。以下是地址：伦敦西十一区，肯辛顿公园路52号王子饭店15室，由采特林先生转交。我稍后就到那儿，确切地说是17号晚上，因为在萨布林家的朗读定在25号。另外，格列布[1]安排了两场英俄双语活动，其中一场收费。我提议用英语朗读《我》(暂命名)[2]中的一个章节，因为我在法语朗读会的成功鼓舞了我。当我讲到传记作者的过错时，波塔莱斯[3]，许多“浪漫小说”的作者显得局促不安！格列布的一封来信，一封出乎意料的有见识的信。我写了许多信到伦敦，不断地征求意见。利昂，他的妻子和姐妹待人亲切，乐于助人。我从卡尼基萨的朋友那儿收到了去剑桥的邀请——肯定会去。日丹诺夫已在伦敦，他和科尔特纳将“为我接风”；目睹《暗箱》的成功的希望再次燃起，但我不怎么相信这会发生。我见了许许多多的人——科科什金—瓜达尼尼夫妇（你别嫉妒哦）、泰菲、布宁夫妇、塔塔里诺夫夫妇。昨天，我在L.S.加夫隆斯基夫人家，一个波斯人表演了精彩的魔术，之后，贝贝洛娃驾轻就熟地开车将我和伊柳沙送回家；顺便说一下，那辆小车就在靠近我们的房子的地方熄火了。另有两场法语朗读已经宣

---

① 斯特鲁夫。

② 早期自传的书名，曾在1936年2月2日和19日的信中提到“这是我”，显然作了修改，因为没有手稿留下来，不清楚1930年代中期纳博科夫的自传写了多少，又保留了多少在他出版的名为《确证》(*Conclusive Evidence*，1951)、《说吧，记忆》(1951)和《彼岸》(*Drugie berega*，1954)中。

③ 波塔莱斯（Guy de Pourtales，1881—1941），法国作家。

布，在3月初。请给丹尼斯[①]（他让我头疼）一本《菲雅塔的春天》。（你将在箱子里找到一册单行本。）他急于翻译，计划和《眼睛》[②]一起出版。另外，寄（或让彼得罗波利斯寄）一本《绝望》给安托尼尼（柯罗街6号），他正在写有关我的文章。亲爱的，我请你做的另一件事是：将小家伙的照片寄给母亲。我分身乏术。关于乌鸦和燕子的故事那个短篇在这儿获得了巨大的成功。我的小亲亲！

我把它寄给威尔逊[③]。是的，看来烹饪不很出色。我仍然并始终相信，我们确实要去南方——但这取决于我什么时候从伦敦回来。我想2月27号返回。我经常给柳夏打电话。他很和蔼，但不太可能。他变简单为复杂，尝试一些他明知不会去做的事情。明天，我会去看他和莫莱夫斯基夫人（顺便说一下，她在加夫隆斯基家）。我仍然大吃牛皮癣的苦头：它至今已经发展到难以想象的程度，尤其令人不快的是，我脸上也有了疤痕。但最可怕的是痒。我朝思暮想的是安宁、药膏、阳光……津-济[④]今天病了，津济诺夫给它买了一只鸡。我现在要给切尔纳温夫人写信，谢绝她的邀请[⑤]。如释重负，我得说。

我爱你。已经一个月了……我渴望写作，但我现在甚至想都不能想。

问候阿纽塔，这几天我会给她写信。柳夏15号哪儿都不去。

我亲爱的！

弗拉基米尔

你有霍达谢维奇的文章吗？[⑥]要是没有我会寄给你。

---

① 劳施。
② 法文版《眼睛》。
③ 不详。
④ 丰达明斯基家的猫。
⑤ 谢绝她邀请去伦敦时与她的家人住在一起。
⑥《论西林》（*O Sirine*），《复兴》，1937年2月13日，第9页。

* * *

APCS

邮戳日期：1937年2月16日

巴黎凡尔赛大街130号丰达明斯基寓所寄往

德国柏林哈伦斯，涅斯托尔大街22号

①

亲爱的，明天我就上路了。我已写信给大家，并收到汤普森和古伯斯基的电报——总之，一切顺利。我从波朗那儿拿到了书。② 写信给母亲了。你收到《信使报》了吗？我昨天与柳夏见面，他也打算去伦敦。他已译了三十一页，我随身带了四页。作为作者，我很高兴。③ 我给布拉格写了五封信，但克俞宁还没有回复。昨天是个安宁的日子：我早早就上了床——而在餐厅，《新城》有个聚会。亲爱的，我担心你很劳累和孤独，但你身边至少有小家伙，而我孤身一人。今天，丰达明斯基和我给P.N.④ 又写了封信。天气一直很好，温暖、湿润。我昨天在地铁上听一个售票员对另一个售票员说，“我多么喜欢蒙泰朗……”⑤ 我爱你，我爱你！

弗拉基米尔

① 纳博科夫在明信片写地址的这一面为德米特里画的一辆汽车，附有说明：爸爸画。

② 暗语：纳博科夫已从《新法兰西评论》那儿拿到了稿费。

③ 显然作为暗语，实际上并不是伊利亚·费金要去伦敦，而暗指纳博科夫的收入。也许，“页”这儿意为“100法郎”。

④ 米留可夫。

⑤ 原文为法语。蒙泰朗（Henry Montherland，1895—1972），法国小说家、剧作家和散文作者。

* * *

ALS，2 页

邮戳日期：1937 年 2 月 19 日

巴黎凡尔赛大街 130 号丰达明斯基寓所寄往

德国柏林哈伦斯，涅斯托尔大街 22 号[①]

肯辛顿公园路 52 号，王子饭店 15 号

你不需写其他，15 是公寓房间号

电话：公园 7974[②]

19-11-1937

我最最亲爱的：

他们将一节较短的三等车挂在蓝色的卧车后（然而，正好有一间空的单间，有一张柔软而狭小的长沙发），一点半，在敦刻尔克（我们缓慢地行进了很长时间，经过大堆大堆筒形物，之后是一座座桥，偶尔几盏路灯，在港口灯塔昏暗光线下，慢慢地朝后移动，时不时出现的河水黑乎乎一片，令人惊悸），车厢尴尬地脱了勾，这样，卧铺车厢，像梦游者一样，向渡船而去，而我们（两个俄国犹太人、一个跛足的英国人、一个法国老人，还有我）在昏暗、光线惨淡（我找不到合适的副词：在夜里，应该马上就能闻出这座空荡荡的黄颜色海关房子所有的忧伤的味道）的*海关*[③]，没有坐车就上了同一条渡船，走进一间舒适的大厅，这儿无论如何要比任何一节豪华车厢更好，大厅系在渡船上，梦幻般地、无助地随渡船一起摇晃，因为晃得厉害，很长时间他们不敢起航出海：风暴将我们拖延了五个多小时（奇怪的事情在我身上发生了：我享受船的晃动——从 4 点到 9 点半——上午，我见到了多么熟悉和情景！大海，放眼望去，到处都是淡蓝色的海水、海鸥，还有模糊的地平线，蜿蜒的白色海岸时而在右边，时而在左边，时而又在前边）；船一路晃动，我吃了一顿英国式早餐（相当贵），之后，他们折磨我们（一

① 写在信封上。

② 写在第一页信纸的上方。

③ 原文为法语。

群无家可归者）长达一个多小时（护照、核对身份）——最终，我们又坐上那节柔软的空车厢，飞快穿过肯特——又是熟悉的景象：松软的绿草地上有着灰色绒毛的羊。一点，我得和汤普森夫妇用午餐，但我们一点一刻才到达维多利亚车站：我急忙钻进一辆老式的方方正正的出租车（一种蓝色的立方体，不只是指外形）①，不辨东西，好像初来乍到：发现桌子上有你可爱的信（房间很理想，正对着白色衣柜有一张大床，有一台收音机，有一部人工接线——并非自动——的电话，阿夫克森齐也夫小姐②（第一次婚姻所生的女儿）的几幅静物画挂在墙上；浴室自然很漂亮；我给汤普森夫妇打电话，他们一刻钟内会从酒店派车来接我（我设法洗个澡，修下脸）——我们共有六个人一起午餐（有两个阅稿人——我已经发布"自传"，即设法给她，那个女阅稿人，她会试试，通过柯蒂斯·布朗③，这位老人，交给戈兰茨④）。利兹贝特还是老样子，充满活力，他点菜，还是那样精明，好吃。桌子不远处坐着弗里茨·马萨里⑤，告诉阿纽塔。之后，我们告辞（明天，我会在他们家里晚餐，还有别的什么人）。我给斯特鲁夫和莫莉⑥打了电话：明天我见他们两个，我会在查令十字街和莫莉一起午餐，我会从她那儿拿到订正过的"自传"，交给艾琳·比格兰⑦——柯蒂·布⑧——戈尔⑨。

我在一家奶品店用了晚餐，现在10点，我写完就去睡觉，我累坏了，而从窗户传来的城市喧闹声跟往常不同，不堪入耳——我明天会四下走走，总能找到点古迹。

---

① 这儿，纳博科夫所说同时具有双关和暗指的意义。"Kubovyi" 在俄语中既意为"方形"，又意为"靛蓝"，此词源于"Kub"，与"cab"（出租车）头韵相同。在纳博科夫非常欣赏的小说《彼得堡》（*Petersburg*，1913）中，安德列·别雷（Andrey Belly，1880—1934）的描写很出名："kubovyi kub karety"（"一辆靛蓝色的出租车"），这样，就将形状、颜色和声音表现在一个意象中了。

② 即亚历山德拉·普雷格尔（Aneksandr Pregel，婚前姓阿夫克森齐也夫，1907—1984），油画家、插图画家，采特林夫人的女儿。

③ 柯蒂斯·布朗（Albert Curtis Brown，1866—？），文学代理人，1905在伦敦创办柯蒂斯·布朗文学代理机构。

④ 戈兰茨（Victor Gollanz，1893—1967），1927年创办英国维克多·戈兰茨出版社。

⑤ 弗里茨·马萨里（Fritzi Massary，真正的名字是弗雷德里克，1882—1969），奥地利歌剧女高音歌手，电影演员，是当时最著名的女歌唱家，1933年，因其犹太血统而离开德国。

⑥ 卡朋特-李。

⑦ 艾琳·比格兰（Eileen Bigland，1898—1970），英国哲学家和游记作家。

⑧ 即柯蒂斯·布朗（Curtis brown）。——译注

⑨ 即戈兰茨（Gollanz）。——译注

我写了五张明信片：格林贝格、布德伯格[①]、我姑妈[②]、布恩[③]，加夫隆斯基夫人。明天再写几张。上午会给日丹诺夫和古伯斯基打电话。也许去看望萨布林。至于版权，——我会弄清楚。切尔纳温夫人写来一封可爱的信，周六我会和他们见面。我究竟应和希思说什么？给我写信！要是我送《防守》，我得给他一本法文版，但我没有。柳夏什么都收到了（他很清楚他应该去），但眼下他不想去伦敦[④]。我为格列布[⑤]从卢利[⑥]买了书（“泰尔”[⑦]不想要《邀请》，但愿意买《天赋》，即使有一章发表在《当代年鉴》上——但就一章。我们再想想）。给里德勒斯[⑧]《列奥那多》[⑨]，或不妨给他《海军部尖塔》[⑩]：箱子里另有一份复印件。另找时间画小火车，我累了。比利时电台还没有邀请我。我爱你们，我的亲人。信写得很无聊，但我精疲力竭了。亲爱的，我的至爱！

弗拉基米尔

1937.2.19.[⑪]

* * *

APCS

邮戳日期：1937年2月22日

伦敦诺丁山寄往德国柏林哈伦斯，涅斯托尔大街22号

亲爱的，我戴着手套写信，但还是发烧了，因为我得了感冒，正在成功地与

① 布德伯格男爵夫人（Baroness Mariya Budberg，1892—1974），冒险家，GPU和英国情报机构特工，英国外交官罗伯特·洛克哈特爵士（Sir Robert Lockhart，1887—1970）的情人，马克西姆·高尔基的文学秘书和情人，后来成为H.G.威尔斯夫人。

② 娜杰日达·沃恩拉-拉尔斯基（Nadezhda Wonlyar-Lyarsky，1882—1954），纳博科夫父亲的妹妹。

③ H.J.布恩，John Long出版公司经理。

④ 见前一封信。

⑤ 斯特鲁夫。

⑥ 里沃夫。

⑦ 拉赫曼尼诺夫的出版社。

⑧ 埃伦·里德勒斯，1936年将《防守》译成瑞典语。

⑨《列奥那多》（*Korolyok*），《最新消息》，1933年7月23日，第6页及1933年7月24日，第2页；又《菲雅塔之春》（*VF*）。

⑩《海军部尖塔》（*Admiralteyskaya igla*），《最新消息》，1933年6月4日，第3页及1933年6月5日，第2页；又《菲雅塔之春》（*VF*）。

⑪ 薇拉的笔迹。（后来写的？）

流感战斗。① 今天在北方人社团。② 我会穿着那件蓝色厚毛衣朗读。顺便说一下，晚礼服很合身：我昨天穿着它和汤普森夫妇及丹尼森·劳斯 ③ 及他妻子共进晚餐，我们讨论讲课的可能性，但这些都不能当真。莫莉 ④ 交给我很出色的“自传”修订稿，现在我急于将她的修订加入我的手稿中，这样就不会错过任何东西。和她一起用了午餐，我赶紧去看斯特鲁夫（在这儿，距离很可怕，但地铁的座位很柔软 ⑤），看见一条小狗，还有猫，见到 Yu.Yu.⑥，很丰满，但脸不胖。我写下每个人的姓氏，这些人是在约定的聚会上要见面的。

这儿风大，东西很贵，我怀念法国。

我的帽子（在巴黎遇到的第一场雨就使它没有样子）引起惊讶和哄笑，我的围巾拖到地上，虽然已薄得像一把卷尺。

别担心我得了流感，这儿大家都感冒。我住得很舒适。爱你，亲爱的。我吻他的小太阳穴。问候阿纽塔。

弗拉基米尔

* * *

AL，2 页

邮戳日期：1937 年 2 月 22 日 ⑦

伦敦肯辛顿公园路 52 号寄往德国柏林哈伦斯，涅斯托尔大街 22 号

我的爱人，我的幸福：

我今天已经好多了，体温降到 36.6—37 度之间，现舒坦地躺在床上。那个很

① 纳博科夫在信中用钢笔插进“还是发烧了”，后来又用铅笔加上“成功地”一词。

② 北方人社团（Obshchestvo Severyan）。1937 年 9 月，纳博科夫朗读会 9 个月后，米勒将军（General Evgeny Miller，1867—1939），社团主席，将被国家安全局（OGPU）特工绑架并杀害，特工中包括歌手娜杰日达·普莱维茨卡亚和她的丈夫尼古拉·斯科布林（Nikolay Skoblin，1893—1938）。纳博科夫曾见到过普莱维茨卡亚和斯科布林，当他得知他们是苏联特工并参与了米勒将军的绑架，感到非常气愤，日后他在短篇小说《助理制片人》（*The Assistant Producer*）写到了将军之死，《大西洋月刊》1943 年 5 月，第 68—74 页。

③ 丹尼森·劳斯爵士（Sir Denisson Ross，1871—1940），语言学家，近东研究专家，英国近东新闻办公室主任。

④ 卡朋特-李。

⑤ 原文为法语。

⑥ 尤莉亚·尤利耶夫娜·斯特鲁夫。

⑦ 在信封上，薇拉的笔迹：“我很好！”

可爱的萨韦利·艾萨克[①]带来了早餐、水果、体温表，提议住到他们家去，但我谢绝了。我今天得推迟一些事情：我想明天就能出门了。但昨晚状况很可怕：服了很多奎宁，喝了威士忌、葡萄酒，发着高烧，粗声粗气，在一间寒冷的大厅里，我强迫自己朗读（《菲雅塔》和《消息披露》），虽然获得了很大的成功（但听众不多，约一百来人）。格列布[②]关于我作了半小时的精彩发言——透彻、生动和清晰。晚上我“陷入谵妄”。

今天布德伯格打电话给我，说威尔斯邀我共进午餐。顺便说一下：经过考虑，我在我的文字里去掉了有关他的一句措辞，而这篇文字我至今仍不知道怎么命名[③]。我花了一整天的时间将修改的部分补充到我的手稿中，刚刚完成；现在是晚上9点半，周日之夜一片静寂——但突然间，有人吹起口哨，还在吹，根据声音的变化来判断，他骑在自行车上，这转移了我的听力——那种口哨以及随之而来的听觉印象（瞬间发生的），如同普鲁斯特的点心，油然唤醒了我青年时代的英国记忆！

要是明天没有得到朗的邀请，我就给那儿打电话。我安排了12点去萨布林家。巴卡洛夫[④]不登大雅之堂，显然不够聪明。晚会上，我见到了塔吉亚娜·瓦西里耶芙娜[⑤]、哈斯克尔夫人[⑥]（细瘦的阿尔达诺夫夫人）[⑦]、弗洛拉·所罗门[⑧]（克伦斯基的前女友）和其他许多索然寡味的人（如那位总是到场的沃尔夫）。[⑨]

年轻的泽特林整晚不在家[⑩]，所以我在这儿就是孤身一人。食品柜里有各种意想不到的糖果，我时不时吃几颗。

我今天和格林贝格谈了在这儿工作的可能性。他理解我的处境，答应帮忙。

---

① 萨韦利·艾萨科维奇·格林贝格。

② 斯特鲁夫。

③ 纳博科夫的自传，此时他想命名为《自传》、《自述》或《这是我》。在《说吧，记忆》中，纳博科夫写到他父亲1919年与H.G.威尔斯的会面，“无法让他相信布尔什维克主义只是一种尤其残酷和非常野蛮的压迫形式——它本身就像沙漠中的沙粒一样古老——而根本不是那些外国观察者所认为的是很有魅力的新颖的革命实验。”

④ 巴卡洛夫（Anatoly Baykalov，1882—1964），作家、记者、《最新消息》的专栏作家。

⑤ 切尔纳温。

⑥ 薇拉·哈斯克尔（Vera Haskell，？—1968），婚前姓扎伊采夫。

⑦ 塔吉亚娜·阿尔达诺夫（Tatyana Aldanov，1893—1968），婚前姓扎伊采夫。

⑧ 弗洛拉·所罗门（Flora Solomon，1885—1984），婚前姓贝嫩森，是有影响的犹太复国主义者、工人和儿童权利的活动家、出版家、伦敦股票证券公司老总的遗孀。

⑨ 不详。

⑩ 原文为法语。

一两天后，他开车带我去剑桥，我们会跟他和我以前的老师见面。

我爱你，亲爱的。这种纸，这种格式，便于表达思想，有助于我的风格。要是我不马上坐下来写《天赋》的第二章，我会受不了的。我那位小家伙怎么样？我有时梦到他，但梦中的他不怎么像他本人。阿纽塔为什么不回我的信？我很想你，我一回到巴黎，就给你寄签证，也许还有一张北部快车的车票，别为此生气[①]。我在这儿已给伊柳沙[②]、卢得涅夫、采特林夫人写信。不知何故他们不能很好地理解我常跑邮局。地铁车站里快速上下的楼梯（犹如钢铁瀑布）很有意思。

好了，亲爱的，现在我要量一下体温——准备上床了。36.9度。

给我写信，我的爱人。

ALS，1页

邮戳日期：1937年2月24日[③]

伦敦寄往柏林

亲爱的，我病好了，又有了充沛的精力。周一上午，我在萨布林家。我和他一起午餐（他妻子病了），我们什么都谈。我有地址，又给了他一些地址去售票。朗读会定在28号。我去了所罗门的办公室：她本人过去是出版商，在“出版界”“广有人脉”。她从“你的爱慕者的圈子里”给了一些建议。所以，此书篇幅变得相当长：已有八十四页，算上柳夏的文章和北方人的三小页[④]。晚上，我在格林贝格家：他母亲启程——我想是周六——去柏林，会带上这辆小火车，你把这个消息告诉小男孩。我的自传现在不是由汤普森的审稿人（我想这也好），而是由弗兰克·斯特劳森[⑤]（通过弗洛拉）来审读。周二，我在威尔斯家午餐，三人帮（还有一个奇妙的爱尔兰人在场，他的胡子有种嫩黄色，红脸膛，灰发剪成平头，他是乔伊斯的一个同学，为此，交谈很有趣地围绕所有那些具体的暗示，也只有

---

① 原文为法语。

② 丰达明斯基。

③ 没有信封。薇拉写着：“诺丁山，1937，2，24”。

④ 暗语：“此书”显然指纳博科夫此次伦敦之行的收入，柳夏的文章可能指他已经给在巴黎的伊利亚·费金的钱，从“北方人”来的“三页”可能指他在那儿作朗读得到的三个基尼。

⑤ 不详。

那些像他这样的人才能理解并明了《尤利西斯》中所蕴含的这些暗示）。午餐会很活泼，很成功，在一所著名的豪宅中举行。在此（如同别处）我也谈及演讲这一行当。从那儿（哦，我可以再多说一些，但我没有时间，我又得走了）我去了切尔纳温夫妇家（切尔纳温穿一件便袍，正在画一幅鲑鱼骨架），之后就回家，换了一件晚礼服，和斯特鲁夫去里德莱（婚前姓本肯多夫）家[①]；我们共进晚餐（告诉泽约卡，我左边的邻居是阿斯奎斯的女儿）[②]，之后人们聚集起来，大约有五十人听我的朗读。我读了《绝望》的第一章和自传中写体育活动的那一章——他们都很愉悦。亨廷顿（帕特南）[③]和一位《观察者》的文学批评家，莱斯利·哈特利[④]也在场。前者要求读一下自传，我也许会把我的第二本给他。比德伯格也在那儿。天哪，我得闪了！今天上午我在朗家，一切顺利。书[⑤]4月8号出版，我周五就能拿到。亲爱的，我不会让你待在那儿而没有我的信，我明天再接着写。

我爱你，亲爱的。

弗拉基米尔

我刚收到你可爱的航空信。[⑥]

* * *

ALS，8页

邮戳日期：1937年2月27日

伦敦肯辛顿公园路52号王子饭店寄往德国柏林哈伦斯，

涅斯托尔大街22号

我的至爱，我的甜心：

所有的发条都上紧了，所有的弹簧都压到底了，全都为了谋得一次工作性质

① 即娜塔莉亚·亚历山大罗夫娜·里德莱（Natalia Aleksandrovna Ridley，1886—1968），贾斯柏·里德莱爵士（Sir Jasper Ridley，1887—1951）的妻子。

② 奥维莱特·卡特（Violet Carter，1887—1969），婚前姓阿斯奎斯，是牛津勋爵赫伯特·阿斯奎斯（Herbert Asquith，1851—1928），英国首相（1908—1916）的独生女。

③ 康斯坦特·亨廷顿（Constant Huntington，1876—1962），美国G.P.Putnam出版社在伦敦办事处总编。

④ 莱斯利·哈特利（Leslie Hartley，1895—1972），英国小说家、短篇小说作家和批评家。

⑤《绝望》。

⑥ 写在信的左边。

的演讲。我见了成百上千的人。跟我在这儿近乎疯狂的活动相比，巴黎的日子就像是度假，不值一提。伦敦的地铁犹如地狱，即使周密安排，我每天花在地铁上的时间差不多有三小时，包括电梯和上下扶梯的麻烦。

但首先让我给上一封写得匆忙的信加上几笔。威尔斯：他邀请我去参加笔会的一个宴会，受到邀请并作报告的还有……麦斯基[①]——如此，虽然遗憾，我还是拒绝了，但和笔会的联系建立起来了。比德伯格，一位端庄、从容的女士，风韵犹存（不是显而易见吗？）——尽管已不复当年——是他的情人，他们这么说。

朗：译者[②]收到了（他们今天寄出的）四十五本；其中三本要给莫莉[③]。布恩先生（顺便说一下，我今天见到的那位很可爱的克劳德·霍顿[④]，曾对他作过很出色的报道）原来是个老人，有着迷人的微笑，很友好，很专注（但拒绝提高到一镑）。书[⑤]4 月 8 号出版（也许我会回到这儿，待一两天，举办一个有报酬的英语晚会——已经就此进行了商讨）。他计划作大量的宣传。甚至校样会寄给某些人，如加内特[⑥]、哈特利、尼科尔森[⑦]、威尔斯，等等。至于《暗箱》，只卖出九百七十本，我们达到两千本的销量才能收回成本. 他可以得到美国版权，但届时，如果四个月后，他们没有买下这本书，那任何人可以出盗版本. 所以，那份合约就失效了。他说我的美国代理人不必担心：要是此书在那儿谈妥（排版?），那也不错，我们友好分手；但我不想再由他们出版了：每个人都建议我远离它。

关于自传：我已经接洽了四家可能的[⑧]出版社：达克沃思[⑨]（很可靠，今天——在艾伦·哈里斯夫人家[⑩]的鸡尾酒会上，我们商定举行一次手稿朗读）或帕特曼（后者有那位男爵夫人的轻微影响，她想要让人“转交”，虽然我对那男子本人说，可以把书直接给他）。另两家会通过斯特劳森（所罗门）和比格兰（汤

① 即扬·利亚斯科夫茨基（Yan Lyakhovetsky，1884—1975），历史学家、作家、布尔什维克政府国际事务委员会主席，1932 至 1943 年，苏联驻英国大使；一个忠诚的斯大林主义者。

② 纳博科夫自己。

③ 莫莉·卡朋特-李，她帮助纳博科夫润色《绝望》的译本。

④ 克劳德·霍顿（Claude Houghton，1889—1961），英国作家、玄学恐怖小说作者。

⑤《绝望》。

⑥ 加内特（Constance Garnett，1861—1946），英国著名的俄国文学翻译家。

⑦ 尼科尔森（Harold Nicolson，1886—1968），英国外交官和作家，有关魏尔伦、丁尼生、拜伦及其他诗人的论著的作者。

⑧ 原文为德语。

⑨ 杰拉德·达克沃思公司 1898 年成立于伦敦。

⑩ 阿兰·哈里斯的俄国妻子。

普森)。每个人都希望我在里德莱家读自传的内容。我无疑会卖掉这份手稿，也许不是现在，但《绝望》出版后就会卖掉。我已经去过巴比姑妈家[①]，她给我介绍了一些引路人[②]——包括推荐给瓦连京（马克）[③]，我周日会在自由俱乐部和他共进午餐。他，还有弗洛拉[④]，以及哈斯克尔、切尔纳温夫人，其他许多人也设法帮助我。今天，我拜访了一个团体（我想，弗兰克[⑤]给他们写了信)，将一切都详尽地写下来。在剑桥，我和我的导师哈里森及法语教授斯图尔特博士（两位都答应尽力而为）谈及此事，而格林贝格亦与他的三位教授谈了同样的事情。

周一我将见佩尔斯[⑥]——他周末外出。一般而言，亲爱的，有许多人因我而颇费周折（比如，在一家如伊顿那样的公立学校有一个讲师职位)，但我压根不知道这事何日发生——也许明天，也许一年内，这完全靠运气——取决于一个响应按钮。

我不知道我是否要生活在伦敦。这城市本身在我看来很可怕。但比如食物，就很棒，非常新鲜，质量上乘。不过，什么都很贵（但5先令可以买一条法兰绒裤子)。今天，我打电话到法国领事馆申请签证，他们给我签了两周。维克托，我也是在博物馆拜访的，他现在已经收集了一百二十九份蝴蝶样本——从英国地带。[⑦]顺便说一下，别忘了带上我的。已经定了，在此情况下，我们会在法国南方过夏天。这对你，对小男孩和对我，都是必要的（我不想再说起那个希腊家伙[⑧]，他没完没了地折磨我，只有阳光才能摆脱它)。我还必须写：1）一个剧本（不仅适合俄国戏剧，也能适合科尔特纳，他今天给了我这份委任奖)；2）一部小说；3）法语的小文章；4）翻译。我动身后还没有写过一篇东西。

在领事馆，他们以某种完全难以理解的方式给我办了签证，没收费，我拿了一个小包裹去找一位上了年纪的绅士（格林贝格的一个熟人)，让他交给格林

① 娜杰日达·沃恩拉-拉尔斯基。

② 原文为法语。

③ 瓦连京（Mark Vilenkin，1891—1961)，律师，从事古老的俄国银行在英国财产的清算工作。

④ 弗洛拉·所罗门。

⑤ 弗兰克（Victor Frank，1909—1972)，文学批评家、历史学家，在1939年6月10日信中，纳博科夫将提到他在这儿可能想到的与“科学和知识保护协会”的联系。

⑥ 佩尔斯爵士（Sir Bernard Pares，1867—1949)，英国著名的俄国历史学家，俄国自由派，包括纳博科夫的父亲的支持者。

⑦ 暗语：去英国的旅行中，纳博科夫总共收入129镑（捐赠、门票、预付款)。

⑧ 牛皮癣。

贝格老太太（眼下唯一的转交方式），她明天动身去柏林——所以明天打电话给她，她住在女儿家，普法尔兹伯奇大街83号（我想!）。坚果是给阿纽塔的。之后，我去哈斯克尔夫人家用午餐，古伯斯基也在那儿，相当可爱，穿得不够好，简朴，但不做作。她两岁的小女儿不让我抱她，开始哭起来，我想起我们那位可爱的小家伙——今天，他一直在我的脑海里，跪着，如你信上所写，占据了我的生命，我今天无论做什么都想着他。我的小心肝！顺便说一下，古伯斯基告诉我，他给我写了两封（具体的、重要的信），有关《暗箱》的翻译（在女译者最初的胡言乱语的时期），但他……由奥特·K[①]转寄给我。怪不得我压根就没有收到！他也乐于为我的自传出版出力——考虑埃内曼出版社[②]。我会再次见他，安排在周日。

从那儿我去了那个机构（见前面），之后去格罗夫纳豪斯见科尔特纳，但我们有些话题没有谈完，因为6点我得去参加一个鸡尾酒会（见上面）。人很多，都是文学圈的。9点，我与科尔特纳接着谈——这次在卡尔顿旅馆。他似乎是个大傻瓜，但很可爱。给我读了两段《暗箱》——全都不合我的胃口。一位眼科医生给克雷奇马尔作了治疗，但他回家时，向玛格达隐瞒他恢复了视力，假装要瞎了，当场逮住这位女性叛逆者。明天，我要再次见他，就条件达成最后的决定。他非常乐观——但通常说些乱七八糟的事情。我刚（哦，并不确切，我写了一小时信）回家，坐在床上写信。

所以，这就是我过日子的一个样本——要是你知道，不同约会地点之间的距离特别远，而在所有这些谈话（聚会本身相当紧张——人群，雪利酒，让我跟你介绍一下西林先生）期间，我得不停地喝酒，打起精神，那你就能想象我是多么疲惫。我相当讨厌这套程序，我渴望安宁，渴望你，渴望我的缪斯女神。

我周二上午才回巴黎。没有理由待更长的时间——费用很贵——先令不耐用。我仍然在想去布拉格的旅行。再想想，我亲爱的！在很保密的情况下，老约瑟夫[③]告诉我，卡敏卡[④]打算从那笔生意中拿出一万法郎的份额给埃琳娜·伊万诺夫

① 奥特·克莱门特，文学代理人，他将《暗箱》和《绝望》卖给了 Hutchinson 公司。
② 伦敦一家出版社，由威廉·埃内曼于1890年创办。
③ 约瑟夫·赫森。
④ 奥古斯特·卡敏卡。

娜[1]和维克托[2]，他为这生意跟我伯父闹得不可开交。我不知道。

哦，是的，我还没有就剑桥的事写信告诉你！我们和圣洁的萨韦利[3]一起开车去。顺路拜访亚历山大·勃洛克[4]——不是那个诗人[5]，而是商人（卡尼基萨[6]的前夫）。如他们所说，难以表达我看到这个小城的感受，我离开那儿已有十五年了。留存在记忆中的依然活着，而曾经的生活已然变化，物是人非了，此刻：

……对峙着
以闲谈为见证——而现实
无动于衷

无论我多么努力想唤起它，对它谈论那些熟悉的地方，但我可怜的记忆沉默不语。现在一切都似乎变小了，暗淡了，简单了，一切都缺少了曾在我心中萌生的那和谐的灵魂。我走进先前住过的宿舍，自然而然地打开右边的门，发现我自己进了洗手间，小解，走回到那条小街，已是热泪盈眶（但之前，我用手指拨弄一个特殊的小东西，可以进到门厅，但拨弄了好久，没有结果，有一块写着房客姓名的小木板——宾至如归，但毕竟不是自己的家——然而记忆还是沉默，我的手指感觉不到过去）。我在细雨中来到小巷，在那儿，我遇见一位男子，他当年为要在食堂用午餐的人作登记，他马上就认出我来，这多少让我感到吃惊。之后我踱步来到学院的另一侧，来到后院。天哪，在那些高大的榆树下我写了多少诗歌！树依然挺立：

在它们的空间——乌鸦掠过
牛皮纸上勾勒了窝的草图；
不是呱呱呱——而是咕咕咕

---

① 纳博科夫的母亲。
② 纳博科夫。
③ 萨韦利·格林贝格。
④ 不详。
⑤ 并不是亚历山大·亚历山大洛维奇·勃洛克（Aleksandr Aleksandrovich Blok，1880—1921），俄国当代优秀诗人。
⑥ 伊丽莎白·卡尼基萨。

草地上艳丽的番红花。

我看到我曾经跳过的沟渠，看到河上混浊的河水——如此一种普希金式的心情启动了抑扬格的运作。[①] 我轻车熟路（全部的时间，乌鸦咕咕叫，以及麻雀啾啾——还有雾气中传来悦耳的声音——以及常春藤，以及黄杨木，以及金钟柏，以及老橡树）来到足球场，青草地上，有一组四人在靠近球门的地方踢球，其中有只球像一条狗似的认出了路人，几次朝我飞来，但虽然球沉甸甸、脏兮兮的，一如过去那些日子，但我无法像过去那样撩起一脚。我回到学院，路上遇到哈里森，他一点没变，见到我也并不高兴；我和他一起喝茶，他告诉我的事情我们1919年第一次见面他就告诉我了，同样的表情，同样的停顿，同样的微笑——他怎样学保加利亚语。他还懂瑞典语——让我尽快送他瑞典语版的《防守》[②]——所以，我求你，亲爱的，记住：E. 哈里森，三一学院。这很重要。从那儿，我去斯图尔特家，他很老了，但他马上就认出了我。最好给他送本法文版的《防守》：三一学院，斯图尔特博士收。顺便：考虑到所罗门对我不同寻常的关注，我们是否让彼得罗波利斯给她送两三本我的书，如《绝望》《防守》或《荣耀》？（除了她和格林贝格，还有其他人，同样体贴和可爱，令人感动：就是斯特鲁夫夫妇[③]，所有那些晚会——都是他们安排的——不厌其烦——他带着我的书四处奔波，为我作宣传，他们还每天早晨叫我起床——可爱极了！）

三一学院街上似乎没那么拥挤了——但此时回忆涌来，伴随着一些先前的印象，而那正是在剑桥的一个寻常的日子。夹克的款式（和颜色——大多是栗色）变了，现在的时尚是到哪儿都带着雨伞！我在一家点心店（《荣耀》中有描述）喝了茶，约莫6点，又与格林贝格（他以我的名义访问了他所在的学院）见面，我们开车返回伦敦。这次访问是个很好的教训——回归的教训——相关的警告是：我们也并不需要从另一次回归——回归俄国——中期待生活、热情、过去时光的兴高采烈的唤醒。如同装着发条的玩具，一切已经在回忆中打包——无此，什么

① 这儿构思了一首诗，虽没有写完，但让人想起普希金的著名诗篇 *Vnov'ya posetil*…（1835），1947年，纳博科夫译为《普希金归来》（《我又见到……》），《诗歌与译本》（*V&V*），第200—205页。

② 瑞典文版《防守》，艾伦·里德勒斯译（斯德哥尔摩：Bonniers，1936）。

③ 格列布和尤利亚·斯特鲁夫。

都谈不上。

我欣赏你的来信，亲爱的。当然，我注意到从巴格洛夫夫人①家窗户看到的景色（告诉她我给旅馆打了两次电话，但没有打通。其实我不想打）。柳夏还没有屈尊告诉我他从何处拿到的。我还没有考虑一个标题，但总跟你说的有关。我不想画一辆小火车，因为明天会有一辆真的小火车到达。②

萨布林很和蔼，特别自由自在，住在一套颇为雅致的小宅子里。和我在巴黎读的一本书（《神殿》中有关小卢德维克）有关的一位正在沐浴的继承人的一幅照片触动了某根有创意性的琴弦。我很想写点什么。萨布林一晚上都和我在一起——周日。有则墨水广告我很喜欢：*人爱笔爱邮差爱，子子孙孙无匮乏*。有一次，和伊琳娜③坐在巴黎的穹顶餐厅，我突然发现我的钢笔的小笔帽不见了，这支钢笔是奶奶④给我的礼物；我急忙在桌子下找，后来在我外套口袋里找到了。

今天，我会和亲爱的卡朋特-李夫妇⑤共进午餐，之后去海德公园旅馆见日丹诺夫-科尔特纳，之后去布德柏格家，之后去参加弗莱彻女士家的鸡尾酒会，再去汤普森家晚餐——这是个相对轻松的日子。

我想，这是一封很有趣的信——但我整个忘了怎么写，也累坏了——此页信是我周六上午写的，因为我昨晚累得没把信写完，但现在我已经睡了一个好觉。尼科尔森还没有从非洲返回，我给巴林⑥送去一本书和一封信。我说不出我有多爱你，多么渴望吻你。所以，4月初，我们要去南方旅行，直到秋天。我要给母亲送一本书吗？

弗拉基米尔

① 即玛利亚·佐诺斯科-波罗夫斯基（Maria Znosko-Borovsky，1882—1946），婚前姓内平（Nerpin），演员，艺名弗拉列托夫-巴格洛夫（Filaretov-Bagrov）。

② 给德米特里的礼物很快送到。

③ 伊琳娜·瓜达尼尼。

④ 玛利亚·纳博科夫（Maria Nabokov，1842—1925），婚前姓冯·科尔夫，纳博科夫的祖母。

⑤ 莫莉·卡朋特-李和她的丈夫。

⑥ 巴林（Maurice Baring，1874—1945），剧作家、作家、诗人、翻译家，从俄国角度报道1905年日俄战争；1914年陪同威尔斯去俄国，并在彼得堡拜访了纳博科夫一家。

* * *

ALS，2 页

1937 年 3 月 1—2 日[①]

伦敦[②]寄往柏林

亲爱的，此刻（周一晚上 8 点）我正要去巴黎。昨天在萨布林家举行的晚会极为成功。我朗读了十五段文字。读了《天赋》的第一章，还读了《音乐》。昨天在自由俱乐部（充满了格拉斯顿和迪斯莱利的影子，但更多是白头发的老人；其中一位餐后不可思议地打起盹来，喝咖啡时，他灰白头发的脑袋歪向一边）用了晚餐，他们提议我在那儿作一场朗读，有报酬。斯特鲁夫和哈里斯会安排另一场英语朗读，付费（另外，我们可能在萨布林家再举行一场）。这会安排在 4 月中旬：我会再来这儿待三四天（我应邀住阿诺德·哈斯克尔家），商谈这本书的出版——这很重要。所以，我觉得我干得很棒。现在说第二件事：我今天很愉快地和帕尔斯作了交谈，谈话期间，他给美国的斯蒂芬·达根[③]写了一封很出色的信，斯蒂芬最近又为一个俄国人安排了位置，他想他也会为我作出安排；他做这样的事只是第二次，所以我们的运气很好。最后——也许是最成功的——我已经有能力作出安排，我们能够在秋天移居英国，因为他们答应为我提供六个月的生活保障，直到我找到工作（无疑我会找到课来上，报酬丰厚的课，以此为起点）。所以，我此行取得了丰硕的成果，现在我的计划是：我们不在巴黎找房子，而是 4 月 1 号就去南方。我还不十分清楚我们需要多久才能拿到身份证，但无论如何，我们不必带家具。到冬天，我们会在这儿轻易找到住处。亲爱的，就这么说定了。不管怎样，我会马上开始身份证的漫长申请。我今年夏天想要在安宁中度过，我需要写作，你和孩子需要晒太阳，去海边——这样一个夏天，我们的花费不会超过 100 法郎。所以，只能在 4 月 15 号，我会来这儿待三四天，但我要你在此之前在南方安顿下来。

---

① 没有信封，薇拉加上 3 月 2 日的日期，但如果纳博科夫的“周一”是正确的，那日期必定是 3 月 1 日。

② 在信的右上角，薇拉写：肯辛顿公园路 52 号，诺丁山，1937.3.2.。

③ 斯蒂芬·达根（Stephen Duggan，1870—1950），纽约学院政治哲学教授，国际教育协会创始人和首任主席。纳博科夫 1940 年到美国之后不久，1941 至 1942 年期间，到这所学院作过讲座。

我爱你，我的至爱，我急不可耐，火车一小时后离开，我还没有整理行装，我会从巴黎给阿纽塔写信。

弗拉基米尔

* * *

AL，2页

邮戳日期：1937年3月4日

巴黎凡尔赛大街130号丰达明斯基寓所寄往德国

柏林哈伦斯，涅斯托尔大街22号

亲爱的，我最亲爱的：

我问柳夏①，也问伊利亚②了，还问了另一些人——他们都说带家具绝对没意义——尤其是因为我们会定居伦敦。为身份证的事，我已经去找过马克拉科夫。我拿到身份证明不会有多大问题，但从今天起至少得花一个月的时间。而你，亲爱的，应该马上向法国领事馆递交签证申请，地址写阿贝格鲁尔路57号，马克拉科夫收，及法国领事馆外事专员艾代尔先生③收，并注明你的丈夫在这儿。申请需一两个月，这没关系，因为到那个时候，我已经会拿到身份证了。3月25号前拿到身份证，这不太保险。——就这些。

当然，我会待在这儿，直到你来。1）至少对丰达明斯基和津济诺夫来说，并无不便。2）人们答应我预支1000法郎，如果我写个剧本的话，对我来说，在这儿写作很理想，我有个奇妙的构思——我会在一个月内写出来。这个剧不仅是给俄国剧场写的，也为科尔特纳和法国人（通过加布里埃尔·马塞尔，他现在作为剧作家崭露头角）写的。3）昨天，我开始为《老实人》④翻译我的《音乐》——译得很顺利，非常投入；我明天会译完并交稿。

---

① 伊利亚·费金。

② 丰达明斯基。

③ 不详。

④ 法国文学和政治周刊，1924年创建于巴黎。

我的《真实与可信》已经在《新法兰西评论》刊出，有望获得成功。我又给伽利玛写了信，因为关于《绝望》他还没有回复。我给了L.[①]英文一百页了。收到科特签字的一份合同。

看来已经在南方给我们找到了一个住处。今天我出门的时候，施莱辛格夫人打来电话：一切都安排好了，房间和膳食——我们两个加上孩子——要价40法郎（？稍后我们会找一套小房子）[②]。我今晚会知道所有的细节。我也记住莎夏·乔尔尼[③]的遗孀[④]在拉万杜的抚恤金。我要你坐卧铺到这儿，一天之后，到晚上，再坐卧铺去南方。也许我早一两天去那儿，那时可能的话，直接从斯特拉斯堡走。柳夏极力建议，阿纽塔春夏也应该去南方，把这个意思告诉她。(一小时后，我要去见瓦莱里[⑤]，而我在“交叉火力”的讲座——关于“女作家”或“展出”——我还没有决定——计划在5月——我会特地回到这儿——就佛朗哥将军[⑥]的意义上说，无论如何，这会是真正的成功，这是有保障的。）这就是我有关4月中旬伦敦之行的想法（我已经安排好去那儿，为了3镑坐邮政飞机回来）：那儿安排我作两三场朗读——我希望他们比我刚做的报酬更优厚。我昨天在这儿给伦敦方面写了七封信。这个月可能在泰斯连科[⑦]家有一场朗读。我也必须从波朗那儿得知《糟糕的日子》[⑧]的情况。他答应我的。

在我看来，我所有写的以及正在给你写的文字，都是很可慰藉的，亲爱的！为了上帝的缘故，别忘了展板、大头针和盒子（一只盒子装首饰，另两只，空着）。它们得放在手提箱里，你随身带着。眼下去布鲁塞尔会很可笑，也不方便，而且很贵——你去那儿不合适，亲爱的。在经过了可怕的伦敦之行的忙乱后，我在这儿感到十分舒适。似乎我能够对牛皮癣进行免费的照射治疗。我寄了本书给母亲（你寄了那些照片了吗?），所以加在一起，从我的“百科全书”共寄了九百

---

① 柳夏（伊利亚·费金）。暗语，纳博科夫在英国挣到的英磅，交给伊利亚·费金保管。

② 括号内的话是另加的。

③ 即亚历山大·格利克伯格（Aleksandr Glikberg，1880—1932），笔名莎夏·乔尔尼（Sasha Chyony），诗人、讽刺文学和儿童文学作家。

④ 玛利亚·格利克伯格-乔尔尼（Maria Glikberg-Chyorny，1871—1961），婚前姓瓦西利夫。

⑤ 瓦莱里（Paul Valery，1871—1945），法国诗人、散文作家、剧作家、哲学家。

⑥ 也许意为：如同佛朗哥将军（General Franco，1892—1975）1936年7月20日，带着他的非洲武装力量中的西班牙军队回到西班牙，此前刚进行过一场失败的政变，由此引发1936年7月17日开始的西班牙内战。

⑦ 泰斯连科（Nikolay Teslenko，1870—1942），律师，第二和第三届杜马代表，1931年起，任俄国作家和学者援助委员会主席。

⑧ 纳博科夫给他译文《愤怒》(*L'Outrage*)，见1937年1月27日和28日信。

页捷克[①]。我并不很理解你对布拉格的描写。你得弄清楚在柏林申请法国签证的情况，比如，如果从这儿发出一份邀请，他们能够给那儿的申请者一些指导。写信把母亲的想法告诉我，我对此很忧虑。总的来说，我闭上嘴巴。今天，我和伊利亚一起给 P.N.[②] 新写了一封信：要求再增加一些。如果他同意，我会立即就一个圆中内切的三角关系提供摘录（伪装的）。[③] 我崇拜你，我崇拜那个小家伙。我期待二十五天后见到你。我希望这一天尽快到来！让我们说，3 月 20 号见！

我就给阿尔塔格拉西亚[④] 写信。

* * *

ALS，2 页

邮戳日期：1937 年 3 月 7 日

巴黎凡尔赛大街 130 号丰达明斯基寓所寄往

德国柏林哈伦斯，涅斯托尔大街 22 号

亲爱的，我甜蜜的爱人，亲爱的……

我得承认，科尔特纳和日丹诺夫以某种方式对我加压和催促。但希思与此有什么相干？他真的有个选择？科尔特纳眼下跟他没有任何关系。至于格拉塞——我乐于见到他们有勇气提出要求！（除了格拉塞本人发疯，一切都变了，费思内[⑤] 早就离开了——还有，就你我知道，《暗箱》会有一个不同的名字，如果他们拍电影的话。摆脱了盲目，似乎没有什么能够留存下来）。我的感冒好了，但晚上有时候我会擤鼻子，大声地擤，不断地擤。我见了柳夏，他很快乐！他今天打来电话，要求免费给他一张在毛皮商基什内尔[⑥] 的“沙龙”举办的《当代年鉴》晚会的门票。我们两小时后见面，然后一起去那儿（布宁会在那儿，还有白痴三人组，及

① 暗语：已给他母亲寄了 900 捷克法郎。

② 米留可夫。

③《天赋》第一章的部分内容。

④ 德·贾内利。

⑤ 不详。

⑥ 不详。在 1937 年 3 月 10 日信中，他的名字是“科施内尔”（Kirshner）。

其他人)。海尼曼向我提议，将《自传》给他们朗读（现在由帕特南朗读)。斯特鲁夫来信，就4月中旬我在伦敦将要度过的五六天，附有一项行动计划。(除了其他一些事情，还会有剑桥、牛津和法国社团。）我期待比德伯格已经着手为《俄国短篇小说百篇》[①]翻译《菲雅塔》[②]。茨维塔耶娃送来一张文字华丽的便条。我给米留可夫写了信。

你可以祝贺我：昨晚，我完成了《音乐》[③]的法文翻译（在我看来，此译竟比我用法语写的任何文字都好）[④]，今晚，我会为《老实人》考虑把译文给伊达[⑤]（我将在科尔特纳家见他)。昨天在“火力交叉”现场，人爆满，赖莎[⑥]容光焕发，瓦莱里作了有关马拉美[⑦]的演讲（相当乏味)，但愿5月我的朗读会也有这么多人……

那位蓝发、很可爱的科根·柏恩斯坦[⑧]，也住在那幢房子里，他待我如同冬天里的阳光啊。我明天开始写那个剧本[⑨]。我在这儿写得很顺利。

我的爱人，我多么渴望吻你，亲爱的，多么渴望吻他，我的小可爱。

弗拉基米尔

*　*　*

ALS，4页

邮戳日期：1937年3月10日

巴黎凡尔赛大街130号丰达明斯基寓所寄往

德国柏林哈伦斯，涅斯托尔大街22号

我的欢乐，我的爱人：

我一直在写这部剧本，起得晚了，每天3点去照太阳灯：山里的阳光对我有

① 此书并未出版。

②《菲雅塔的春天》。

③ 短篇小说《音乐》(*Muzyka*)。

④ 不知是否发表。

⑤ 伊达·埃尔加兹，纳博科夫的翻译者和文学代理人，通常称为杜西娅。

⑥ 塔塔里诺夫。

⑦ 诗人马拉美 (Stephane Mallrme，1842—1898)。

⑧ 埃琳娜·科根·柏恩斯坦，医生。

⑨ 由下一封信判断，并非是他要完成的下一部剧本《事件》(*Sobytie*)。

益，至少我的小脸获益良多，否则我看上去简直面目可憎。我脖子上的疥疮多少痊愈了——但这几个星期我真是受罪不轻，我的内衣惨不忍睹——沾了血——我生平还从来没有如此悲惨过——这样的治疗我并不花钱。几个疗程下来，医生也会用我自己的血给我注射——据说这很有效。既因为我一直在写作，也可能因为紫外线光，或因为三周后能见到你，我今天充满喜悦。

我见了男演员、女演员（我戏中的女主角，巴哈列夫夫人[①]很有魅力，昨天，我们和伊柳沙和丰达明斯基及津济诺夫在她家里共进晚餐），给伊琳娜·瓜达尼尼（十五岁）上英语课，——还会上几次课，但一般来说，我在家的时间更多：写剧本是种折磨（我告诉过你它的主题——一位快乐和甜蜜的年轻女士和她母亲来到一个度假胜地——所有这一切只是生活中一段平静的时刻——结局——无可避免地，依然回到她的“戏剧性的”疯狂状态）。[②]但实际上，我开始写有所不同的东西，不过毫无结果——我恼怒地撕掉了五页稿纸。现在又没事了，虽然仍在写——也许我甚至会写得情思飞扬，留下有着双翼的影子，单单为此也真是值得一写，在纸上挥洒自如。亲爱的，你记得我从布拉格写的信吗？今天，我有同样的心情。

《当代年鉴》一两天后出版[③]，今天瓦迪姆·维克托洛维奇给他父亲几百法郎作为酬金。那位父亲会收下的。[④]

明天，我会为《老实人》对赖莎[⑤]口述《音乐》[⑥]，杜西娅[⑦]作过校对。如果他们接受，我会中断剧本写作，花三天时间，将另一篇故事译成法文——这会比我预想的更容易，也更有趣。

今天收到布恩的一封很可爱的来信。他已将样书[⑧]给了科尔森·克纳汉[⑨]、哈

---

① 玛利亚·齐齐阿诺夫公主（Princess Maria Tsitsianov，？—1962），婚前姓巴哈列夫（Bakharev），帕维尔·齐齐阿诺夫亲王（Prince Pavel Tsitsianov，？—1971）的妻子。

② 纳博科夫已知的戏剧和小说中没有这样的情节。

③《当代年鉴》第六十三辑，以显著的位置开始连载《天赋》（*Dar*）。

④ 瓦迪姆·维克托洛维奇·卢得涅夫，《当代年鉴》编辑。纳博科夫利用卢得涅夫的源于父名的名字（维克托洛维奇即维克托的儿子）来传达有关维克托（他用这个虚构的名字来谈论他自己的收入）的一个作为暗语的信息，这儿，维克托，得到卢得涅夫，他的“儿子”的一笔酬金，那是在杂志上发表文章的稿酬。

⑤ 塔塔里诺夫。

⑥ 纳博科夫生前并未以法文发表。

⑦ 埃尔加兹。

⑧ 英文版《绝望》的样书。

⑨ 科尔森·克纳汉（Coulson Kernahan，1858—1943），英国小说家和散文作家。

诺尔德·尼科尔森、哈特利、拉尔夫·施特劳斯[①]、大卫·加内特[②]、莫里斯·巴林和古伯斯基。因我的请求，此书会在4月中旬出版。[③]关于古伯斯基：他是个很有礼貌的人，但在我看来，没有什么才华。他认为我“很现代”，他自己则属于深沉和具有社会思想的俄国作家。我真的很欣赏他的一句话（总的来说，他是悲观主义者和厌世者）：“你知道，即使他们翻译——好吧，不是你或我的书，而是《安娜·卡列尼娜》，即使那样，也难于找到一个出版商……”这就是我们所谓：厚脸皮[④]。

布宁和赫马拉[⑤]晚上在基什内尔家喝醉了，赌咒发誓。柳夏穿了件晚礼服，路上好几次停下脚步，敞开外衣，在路灯的光线下炫耀自己，让我说他是否模样很好。那个晚上他和我形影不离。昨天我打电话给他，他发誓说他给阿纽塔写信（“现在我写信不同以往”，他对我说），说别带家具。你们两个都知道我的意见（也是大家的意见），但你可以按自己的意愿办事。不过，这么做（带家具）不明智，你也会后悔的！

总之，我的猫咪，该是你准备来和我团聚的时候了。你向领事馆递交申请了吗？为什么不早点来，比如25号？我期待罗克布吕讷的来信：他们说这是个神奇的地方，很安静；有人说住膳宿公寓要比自己打理好，但另有些人建议先住膳宿公寓，这样，我们可以四处打听，找一间威尔逊家的那种小屋。

几天后，我会给露西[⑥]一些材料写十行文字（有关伦敦）。我现在更平静了一些，但昨天我很生气，仍然不理解是怎么回事：请解释一下。我觉得一切顺利。再读一遍我的信。

今天我寄给你《新法兰西评论》。[⑦]我寄给伽利玛一本《绝望》的样书（即新版，但塞在衬衫袖子[⑧]里——用牛皮纸包着），因为想不到（我对他催得太紧）他曾拿回去的那份打字稿……丢失了！我也设法联系他们的审读者（费尔南德斯）。

上午，当我洗浴时，那猫（津-济）坐在浴缸的大理石边沿上，鼻子蹭着暖气

① 拉尔夫·施特劳斯（Ralph Straus，1903—1996），英国小说家、传记作家。

② 大卫·加内特（David Garnett，1892—1981），英国作家、出版家。

③ 纳博科夫和薇拉结婚十一周年。

④⑧ 原文为法语。

⑤ 赫马拉（Grigory Khmara，1887—1970），演员、导演。

⑥ 伊利亚·费金。显然是暗语：将他在伦敦挣的10英镑交给柳夏保管。

⑦ 1937年3月1日那期，有纳博科夫的文章《普希金：真实与可信》。

管，夜里，它或另一只猫（尼古拉）将身子使劲抵着门，想要推开来，所以你可以想象一个心急和讨厌的人想破门而入。

我爱你，亲爱的。我在这儿遇到两种类型的女士：一种从我的书中引用一些片断，一种想着这样的问题：我的眼睛是绿色还是黄色的。这一个半月来，我见到了很多善良和可爱的人，但也有好几位粗人。我对丰达明斯基和津济诺夫越熟悉，就越喜欢他们。

亲爱的，快来吧！没有你，我再也过不下去了。还有我的小家伙，我的小家伙……那是多么奇妙——“你笑了”！

问候阿纽塔——她从不给我写信。

我的爱！……

弗拉基米尔

*　　*　　*

APCS

邮戳日期：1937年3月14日

巴黎寄往德国柏林哈伦斯，涅斯托尔大街22号

明天我会写封长信。

亲爱的：

他穿上那件黑色的小外套多么迷人，你也笑得很可爱，我无与伦比的幸福。没有特别的消息，我在写剧本。《音乐》已经投给《老实人》。[1]《绝望》也给了（除了伽利玛）另一个——埃尔加兹的——出版商。我现在很忙碌，因为今天是星期天，我想让这张明信片早点寄出。亲爱的，快来，快来吧！似乎我们终于要去罗克布吕讷了。大家都建议经斯特拉斯堡直接去那儿。考虑一下吧！想想买什么票！我们当然要买一只浴盆，要是小家伙只有小盆的话。昨天，我和科科什金夫妇去看阿尔达诺夫的戏剧。亲爱的，你写的有关意大利和阿巴泽亚的事情，天哪，是

① 但显然没有在那儿发表。

绝对不可能的。单单旅行就是一笔开支，我得精打细算。几天后，我会给柳夏10元左右的佣金。① 一切顺利，我期待你早日到来。去罗克布吕讷，你得经过芒通。我打算去拜访乔尔尼夫人——也是谈寄宿公寓的事。她是莎夏·乔尔尼的孀妇。

我爱你，我的爱。

可怜的扎米亚京！② 我在那儿帮助抬送遗体。

弗拉基米尔

*　*　*

ALS，4页

邮戳日期：1937年3月15日

巴黎凡尔赛大街130号丰达明斯基寓所寄往

德国柏林哈伦斯，涅斯托尔大街22号

我的爱人，亲爱的：

你让我焦虑和生气——这个句子是什么意思："你返回伦敦前我值得旅行吗？"既然（如果我要去——也只因为能从晚会中获得合理的收益，或那些晚会都得到了保证）我只会在4月的第四个星期去伦敦（而且不会超过四天或五天——我会待在萨布林家或哈斯克尔家，两家都邀请了我），那你会再晚一个月来，是吗？（说"是吗"表明我对你有多生气。）既然在5月末，我会在这儿作法语演讲（演讲的题目是"妇女文学和文学中的妇女"），③，那么，也许我们还能够推迟到6月，对吧？（越来越生气。）现在听着：

我刚去见过很可爱的玛利亚·伊凡诺夫娜·乔尔尼（以免我得不到来自罗克布吕讷完全肯定的答复，不是今天就是明天就会得到答复），她和我作出决定：周四，她会去拉法维尔（在拉万登车站，叫瓦的地方），设法给我们安排一套她熟悉的寄宿公寓（顺便说一下，公寓内有中央供暖），房价略高，在一个很优美的小镇

① 暗语：纳博科夫将他的一些收入留给伊利亚·费金。

② 作家叶夫根尼·扎米亚京死于1937年3月10日。

③ 原文为法语。纳博科夫似乎从未写讲稿或作过这个讲座。

上，周围是松树林，博尔马斯，4月去（从那儿去海滩开车只需一刻钟），因为春天去那儿比去海边更适宜。食宿全部花费不会超过60法郎。这是我们三个人的费用。那么：5月，她会离开，如果我喜欢的话，愿意把她的小房子留给我们（两个房间，两个阳台，一座花园），就在拉法维尔（房子靠近海边——所以，对一个小家庭来说，这是很理想的一个地方）。我觉得，这是很吸引人的。所以——要是我们决定去博尔马斯——我作如下建议：你和孩子买票从柏林去土伦，经过斯特拉斯堡（从斯特拉斯堡坐二等卧铺车）——结果会比经巴黎肯定要便宜得多——周四，4月1号（一个有趣的日子，但跟我们没什么关系），我在土伦车站见你，带几只旖凤蝶[①]（我和你同日到达），从那儿，花8法郎，有车把我们送去博尔马斯。如果我在4月底离开一周，那玛利亚·伊凡诺夫娜已经答应来照料你。（她到之后会尽快就寄宿公寓的事写信给我——所以我能够在这个月的23号之前把一切都安排好。）

签证办得怎样了？提前一周去买票。我要你给我一个确切无误的答复。在阿巴泽亚或意大利之外的远处寻求某位未知的神灵（如果我们对那儿一无所知——如果我们开始去了解，那春天就过去了，夏天也过去了，再加上两个冬天和八个春天——根本不可能如此便宜），尤其它不管怎么说都远离这儿和伦敦！无论我们是否去罗克布吕讷（靠近芒通），还是去博尔马斯（我开始像车尔尼雪夫斯基那样写信了），[②] 你和小家伙别晚于3月30号动身去斯特拉斯堡（这不再是个建议，亲爱的，而是一个声明）。

我见到华莱士[③]，给了他《一个时髦的家伙》[④] 和《菲雅塔的春天》，带去苏黎世。将《门铃》[⑤] 寄往维也纳——其余的，篇幅太长了。我忘了，《肖巴》[⑥] 有多少页？如果是十或十一页，那就合适。寄出去，我会写信给他。向维纳韦尔[⑦] 申请没有意义：1）那儿有许多人为我着想，2）他相当排外。

---

① 旖凤蝶（Iphiclides podalirius），即珍稀燕尾蝶（Scarce Swallowtail），是欧洲珍稀的燕尾蝶之一。纳博科夫在那个地区待过一段时间（1923），知道何时会有何种蝴蝶出现。

② 尼古拉·车尔尼雪夫斯基，纳博科夫在《天赋》第四章中戏拟了他的臃肿的文风。

③ 不详。

④《一个时髦的家伙》（*Khvat*），《舵》，1932年10月2日，第4页及1932年10月4日，第2页；又《眼睛》（*Sog*）。

⑤《门铃》（*Zvonok*），《舵》，1927年5月22日，第2—4页；又《肖巴之归》（*VC*）。

⑥ 即短篇《肖巴之归》。

⑦ 维纳韦尔（Evgeny Vinaver，1899—1979），牛津毕业的文学研究学者，马克西姆·维纳韦尔（Maksim Vinaver，1862—1926）的儿子，后者是立宪民主党的创始人之一，纳博科夫父亲的朋友。

我可怜而疲惫的小蒂姆。这个夏天你要好好休息，得到恢复。我爱你，我在等你。

给帕维尔①，我只是这么写，他们说，维克托为此得到了丰厚的回报，他现在只能按同样的条件提他自己的事情：这都是在伊柳沙②的巨大的压力下实施的。

“艾德尔”是对的，“休息”也是对的。这很奇妙，你设法将那个衣领寄给了母亲！为什么阿纽塔如此固执、沉默不语——难道她打算来巴黎？可怜的扎米亚京的葬礼参加者寥寥。他死于心绞痛。阿尔达诺夫的戏剧③并不糟糕，虽然本地“才俊”④大肆贬斥。第五场演出会座无虚席，此剧已在布拉格和里加演出。我的写作并不轻松。一旦接到《老实人》⑤的答复，我就翻译另一个短篇。埃尔加兹卡⑥不必作什么删改。告诉阿纽塔，她的牙齿很结实，我是听她去就诊的那位女牙医说的。一般而言，仔细观察的话，她是个最羞怯最谦逊的小女孩。我的两位伊琳娜⑦也很可爱。今天，我在阿尔达诺夫家用了晚餐。昨天，我们五人去看了电影：伊柳沙⑧、津济诺夫、谢尔曼和利霍谢斯托夫上校⑨（关于他的情况，我曾在1933年写信告诉过你⑩——世界上最可爱的人之一）。我去了安托尼尼家吃薄煎饼。我见到了基扬准采夫夫妇，见到了那位老人⑪和塔塔里诺夫夫妇。这种相当悠闲的生活对我颇有影响。我将书寄往英国。我的牛皮癣有好转，因为我每天花一个小时在山里裸躺着晒太阳，而那位女医生矜持地面向窗户坐着，以有趣的谈话给我解闷。人们对我很亲切，我得说。

你知道我此刻想要什么：拥抱你，我的幸福，从头至脚吻你，我的爱，我的生命……

弗拉基米尔

① 米留可夫，《最新消息》的编辑。
② 伊利亚·丰达明斯基。
③《布隆希尔达的界线》(Linia Brungil’dy)，《俄罗斯纪事》第一辑（1937），第9—92页。
④ 原文为法语。
⑤ 即他们是否接受短篇小说《音乐》。
⑥ 原文为Ergazikha，这是对杜西娅·埃尔加兹（Doussia Ergaz）姓氏的带有某种轻蔑意识的称呼。
⑦ 基扬准采夫和科科什金-瓜达尼尼。
⑧ 丰达明斯基。
⑨ 利霍谢斯托夫（Aleksandr Likhosherstov，1874—1958），上校，一战期间任基辅军事指挥官，1927至1940年，在《最新消息》编辑部工作。
⑩ 实际上，纳博科夫在1932年10月24日信中提及利霍谢斯托夫。
⑪ 约瑟夫·赫森。

*　*　*

APCS

邮戳日期：1937年3月17日

巴黎凡尔赛大街130号丰达明斯基寓所寄往

德国柏林哈伦斯，涅斯托尔大街22号

亲爱的，我的至爱：

罗克布吕讷方面有了回复（两个房间，食宿全包，三人共60法郎），但我们能找到更便宜的——总的来说，博尔马斯更好，所以我们得等待一个更明确的答复。

我昨天去看了普希金[①]展览。后天我和《晨报》[②]的编辑有个约会。我在将《消息披露》[③]译成法语。这个剧有点不够简洁。

马克拉科夫通报说，事情进展顺利，会很快完成。我明天会见到柳夏。亲爱的，我身边不能没有你……画眉唱得很动听。达维多夫（旅行家）[④]，我在这儿见过他，他说夜莺是个浅薄的独奏家——花腔女高音，舞台杂耍[⑤]——但画眉有个真正的灵魂，它的歌唱述说着它在飞行中的见闻。这说法不是很有趣吗？[⑥]

吻你，吻我那个小家伙。我的爱人！

弗拉基米尔

*　*　*

AL，2页

邮戳日期：1937年3月19日

巴黎凡尔赛大街130号丰达明斯基寓所寄往

德国柏林哈伦斯，涅斯托尔大街22号

---

① "普希金和他的时代"，在普莱耶尔大厅展出，纪念普希金逝世一百周年。由谢尔盖·利法尔筹办，1937年3月16日举行了盛大的开幕式，纳博科夫也出席了。

②《晨报》(*Le Matin*)，法国的一份著名日报(1883—1944)。

③《消息披露》(*Opoveshchenie*)，《最新消息》，1934年5月3日，第3页；收入《眼睛》(*Sog*)。

④ 达维多夫(Konstantin Davydov，1877—1960)，动物学家，旅行到过叙利亚、巴勒斯坦、阿拉伯半岛、印度和中国。

⑤ 俄语 estrada，字面上意为"杂耍"，即在舞台上又唱又跳。

⑥ 原文为法语。

亲爱的，我的生命，我的至爱。我禁止你不开心，我爱你以及……世界上没有力量能够夺走或破坏这种无限的爱，哪怕一丝一毫。如果我有一天没写信，这也只是因为我绝对无法应付我现在这种生活中时间的破碎和扭曲。我爱你。

现在言归正传。我觉得你的这个计划很疯狂。丰达明斯基和柳夏也都这么认为。我刚见到他们。但你可以按自己的心意去做，根据你的——航空信——回复去做。我会写信去布拉格。首先：要是你需要某种特殊的治疗（你可以给我写信说得更详细一些），在捷克的一个特别的度假胜地接受这种治疗（在此你也可以把事情讲得更明白），那当然也就没有什么可讨论的了——我们必须去那儿。但要是你仅仅需要彻底休息一下以便恢复过来，那我们不会找到比博尔马斯更好的地方了——任何一个医生都会对你这么说。其次：你有没有认真想过，这是否会比我们在博尔马斯住膳食公寓（三人60法郎，设施齐全[①]，这相当便宜了，大家都这么说！）花费更少。第三：总之，我已和法国出版社和杂志商定——别提朋友了，他们以各种方式帮助我——再去那么远真是很荒唐（无论如何，谁会4月去捷克的一个度假胜地）。除了办理签证特别复杂，我还没有身份证，而且，我得安排去伦敦的旅行。有件事是肯定的：我宁可写信去英国，说旅行得推迟（要是没有其他方式的话），也不愿意再一个月见不到你——会写的，如果确实有所妨碍的话——然而，我不明白，要是我们先去捷克斯洛伐克，事情如何安排。去捷克斯洛伐克唯一可能的理由是母亲，但我觉得，无论如何，要是我自己去那儿一个星期，会更便宜。所有的事情都已确定，对我和大家——包括丰达明斯基——来说，这事难以理解，因为你突然决定要去捷克度假胜地，在那儿，我们会再次和外界失去联系，那儿天气寒冷，物价昂贵，生活不便。现在让我们这么办：如果你还是决定按信上写的去做，那马上给我回复，一切顺其自然，我会接受你的决定，马上给母亲去电报，办理签证，这样，我们可以4月1号在布拉格见面。但我非常肯定地告诉你，5月我必须在拉法维尔（再读一遍我的信）——因为我不想困在捷克斯洛伐克，而很有可能会出现这种情况。

最糟糕的是，你已经就签证的事写信给母亲了！这真可怕……你的计划让我很不安。你应该早点考虑这件事。我确信，在南方（因为我会和小男孩待在一起，

① 原文为法语。

直至你得到了充分的休息）你会康复的——除非有特别情况，只能在捷克斯洛伐克才能得到治疗。

我爱你，我唯一的爱。尽快回复。吻小家伙。我会寄上另一辆小火车。

写得极为匆忙，为了今天能航空寄出。

* * *

ALS，2页

1937年3月20日[①]

巴黎寄往柏林

亲爱的，我的幸福：

昨天，我给你航空寄去回信，现在我再写信作进一步说明。我越考虑并向别人咨询，你的计划就越显得可笑。(同时，当我想到母亲的安宁受到影响[②]，就更加难以忍受了——而且，说到底，根据某种更高——或更内在——的原则，我们应该——无论如何——去看望她，让她看到我们的小男孩——如此的内心折磨，我真是难以承受——对灵魂而言，这是一种无休止的撕扯，但无处安放。）所以对我信上所写的，对我所有的理由，务必三思。经过艰苦的努力，已经建立了与伦敦和巴黎的生活上的联系，我们真的有必要抹去一切，去捷克的偏僻之地（无论从心理或地理上，还是从各方面来说），我将再次割断联系，失去谋生的资源和机会吗？因为一到那儿，我们就无法离开那儿去法国南部的任何一个地方，而我4月底的伦敦之行也会无法成行。我向你保证，在博尔马斯，你会得到安宁和休息，那儿的医生也不赖。理智一点，亲爱的，再作决定。因为如果你还是这样，我会坐下班火车去柏林——那就是说，我会跟在你后面，当然这么做既不聪明也不便宜。我觉得难以跟你解释，这是多么重要：我们不能和海岸断了联系，我会设法

① 纳博科夫没有写日期，也没有信封；薇拉写的日期是“1937.2.20”，德米特里有个注解：“译于1986年12月20日”，就是说，紧接着安德鲁·菲尔德的《弗拉基米尔·纳博科夫的生活与艺术》的出版（纽约：Crown，1986），此书第一次披露了纳博科夫与瓜达尼尼的婚外情。此信收于《书信集：1940—1971》（*SL*）。薇拉写的日期（包括书信集中此信的日期）是错的：信的内容表明此信写于1937年3月19日信的次日。

② 原文为法语。

游到岸边，这虽然是个比喻，但很确切——因为真的，读了你的信，我感到就像个泳者，因海神的作祟，一个不知从何而来的巨浪，一阵突如其来的狂风，诸如此类，他被抛下刚攀上的悬崖。我恳求你考虑所有这些情况，亲爱的。几天后，我会收到乔尔尼夫人的来信。4月1号，我们会在土伦见面。顺便说一下，我对瓦那个地区的蝴蝶没有特别的兴趣。因为我对那儿的蝴蝶已有收藏，很了解。所以，我会和我的小家伙整天待在一起，晚上可以写作。5月，我们可以找到更便宜的住处。我觉得，这次常识在我这边。(有件事我绝对不同意：将我们的见面再推迟一个月。我不能再过生活中没有你和小家伙的日子了。)

朗给我写信说，克纳汉（一位著名的批评家）——朗给他寄了《绝望》——回信：喜欢此书的评论家会视为天才之作……而那些不喜欢此书的人会说此书糟糕透了……这意味着，我设想，此书是一个犯罪狂人的作品，而又是写得如此完美，诸如此类。总的来说，是愚蠢的奉承话。除此，他向我转达美国出版商的一个问询，我把问题告诉老格雷斯[①]了。

我的至爱，世上所有的伊琳娜都无能为力（我在塔塔里诺夫家又见到了第三位——之前叫穆拉维约夫）[②]。你应该别让自己步其后尘。我的每一分钟的东侧已被我们即将到来的见面之光染红。其余则是黑暗、无聊和不见你的芳踪。我要把你拥入怀中，吻你。我崇拜你。

别忘了浴盆。(或我在这儿买?）我昨天将书给了柳夏。[③] 在佩蒂[④]家和阿尔达诺夫、马克拉科夫、克伦斯基、伯纳德斯基[⑤]及我的两位同行[⑥]共进午餐。写信详细告诉我医生是怎么说的。我对你的爱无法用语言表达。

弗拉基米尔

---

① 阿尔塔格拉西亚·德·詹尼利。

② 可能指伊琳娜·乌格里莫夫（Irina Ugrimov，1903—1994），婚前姓穆拉维约夫（Muravyov），舞台布景和服装设计师。

③ 可能又是暗语，他将所得留给伊利亚·费金保管。

④ 著名的巴黎文学沙龙主人尤金·佩蒂（Eugene Petit，1871—1938），法国律师，及索菲亚·佩蒂（Sofia Petit，1870—1966），婚前姓巴拉霍夫斯基（Balakhovsky）。

⑤ 米哈伊尔·伯纳茨基（Mikhail Bernatsky，1876—1943），经济学家，1917年临时政府财政部长，巴黎的经济学教授。

⑥ 丰达明斯基和津济诺夫。

*　　*　　*

ALS，2 页

邮戳日期：1937 年 3 月 21 日

巴黎寄往德国柏林哈伦斯，涅斯托尔大街 22 号

我的亲、我的爱：

我给你寄了两封航空信，迫不及待地等一个回音，但今天已是周日，仍然音讯全无。我爱你，我仍然坚持我的计划是合理的。

我担心，亲爱的，你会再次两天不回一封信，但这种情况发生是因为两天前我寄了一封航空信，昨天等回信，今天这封信寄平信了——另外——今天是周日。对我来说，要获得见到你和我的小家伙的幸福真是很难。我的亲人……

我收到了 P.N.[①] 的回信，他很大度地同意支付维克托[②] 每行 93 生丁——出于某种原因，这儿需要指出，雷米佐夫拿 80。我会一个月从《天赋》中摘两小篇文字给他们（作为短篇打发他们）。聊胜于无[③]。

出版商帕特南，我愿意把自传给他，他信中说（说了一堆恭维话之后），他们决定不以书的形式来出版。“另一方面，自传的有些部分可能（我在床上写信——因此我的笔迹有了中古早期书写的特点）在文学期刊上发表。如果你同意我这么做，我乐意就此向一位文学经纪人咨询。”尽快来信，我是否应该同意这么做，还是将手稿交给其他等着的出版商（如达克沃思——要是他们也拒绝——那就找海尼曼）。

我去了康西埃席利[④]，到处都看了。很华丽也很可怕。玛丽亚·安托瓦内特曾坐在那张长凳上等待命中注定的马车。石板发出令人厌恶的回响。戈古洛夫[⑤] 是

① 米留可夫，《最新消息》的编辑。

② 纳博科夫的化名。

③ 原文为法语。

④ 康西埃席利（Conciergerie），原是王宫，后成为监狱，位于巴黎西堤岛（Ile de la Cité）上。

⑤ 戈古洛夫（Pavel Gorguloff，1985—1932），俄国侨民，因暗杀法国总统保罗·杜美（Paul Doumer，1857—1932）而被处死。

坐在那儿的最后一个人。

我的幸福，我必须起床，去山里晒太阳，之后去采特林家午餐。我无法告诉你我是多么讨厌这种“社交”生活。我爱你。根据你的来信，我可以给你打电话——这让我烦扰不堪——最重要的是母亲……尽快回信，亲爱的，我的爱人。

弗拉基米尔

* * *

APC

邮戳日期：1937 年 3 月 22 日

巴黎寄往德国柏林哈伦斯，涅斯托尔大街 22 号

亲爱的，事情整个儿让人失望至极，但如果对你来说真的必要，那当然，去吧。你会好起来，母亲会见到我的小家伙——好吧，我会把精力集中到这两件事上。又要一个月，生活中没有你（也没有他）——这是一种噩梦般的反感和重负，我不认为自己能够承受。别给母亲写信说这些，但今天我已经去见了马克拉科夫，通过他，我能够拿到捷克签证（明天，我会向领事馆提交申请）而不必打扰母亲。亲爱的，我能做什么？要是你能确定 5 月 8 号①来见我，那你可以从布拉格到土伦（就是说，如果你能确定这个日子不变，就和日出一样），那我就会想：我是否应该取消英国之行（4 月 20 日）和在巴黎的朗读（5 月 6 日）。赖莎保证给 V.V.②1000 法郎。亲爱的！我无论如何会“搞定”签证，随后我们会相见。我现在相当困惑。事情进展顺利。我下次再写。我很匆忙。维克托③告诉我，他有把握在 P.N. 每月拿到 600 法郎。争吵是不明智的。现在，我担心的是你的健康。是的，我的爱人，去 F.④吧。我给乔尔尼夫人写信，我们 5 月初要住在她的小别墅里！我崇拜你和小男孩！

---

① 他们见面的纪念日，纳博科夫夫妇总要庆祝一下。

② 弗拉基米尔·弗拉基米洛维奇，即纳博科夫。

③ 纳博科夫的化名。

④ 弗兰岑巴德（Franzenbad）。

问候阿纽特契卡！①

我们肯定需要一只浴盆！②

* * *

ALS，2页

邮戳日期：1937年3月24日

巴黎寄往德国柏林哈伦斯，涅斯托尔大街22号

亲爱的，多么有趣和温馨，我们在同一天写信。是的，那就是我想的，就推迟两周，因为不管怎样，我下半个月要去伦敦。但我觉得孤单、伤心及厌烦，我亲爱甜蜜的爱人。我既讨厌忙碌不堪也不愿无所事事——应付女士们，生活在众目睽睽之下，尽说些隽言妙语，听关于我的谈话。只有一种乐趣：我的牛皮癣，多亏密集的光线治疗，几乎治愈了（从我晒黑而其貌不扬的脸上全都消失了），回想起来觉得多么奇怪和恐怖——全身奇痒难忍（有时我竟想我要疯了），一刻都止不住（痒得难以入眠），痒了两个月——精神上也是如此，总是想着血迹斑斑的内衣，斑驳的脸和皮屑纷纷落到地毯上。只有太阳——太阳灯，尤其是南方的——才能击溃我的这种顽疾。最主要的是：我甚至没有什么人可以抱怨。我甜蜜的快乐，我多么迫不及待地想见你——见我的小家伙，我的小男孩……昨天，我在亚历克塞·斯特鲁夫家③，拍拍他可爱、顽皮的六岁独生子的小脑袋。④我现在有更多的悠闲时间，但总是很分散；剧本的写作进展缓慢。索菲亚·格里高里耶夫娜·佩蒂愿意给我一份工作，当然我会接受的：将一部法语作品译成英文。我期待《老实人》、米歇尔⑤、洛桑（《晨报》）⑥、波朗、伽利玛的答复。我很快会坐下来

① 在信上另加。

② 写在信的右上方。

③ 亚历克塞·斯特鲁夫（Alexsey Struve，1899—1976），文献学家、珍本交易商，格列布的弟弟。

④ 尼基塔·斯特鲁夫（Nikita Struve，生于1931年），日后成为文学研究者、翻译家。

⑤ 阿尔班·米歇尔（Albin Michel）法国出版社，1900年成立于巴黎。

⑥ 斯蒂芬·洛桑，巴黎《晨报》编辑。

写这次法国谈话。我在为《新文学》① 译《消息披露》②。我接到米留可夫一封可爱的长信（还附了相关报道的打字稿），提议一个月发表六百行文字，每行90生丁。两天前，我给了他们“礼物”。（即小号的《天赋》——或给报纸的见面礼：那就是我对有关雅沙的插曲的说法。诙谐吧？）③《当代年鉴》月底出版。有关我去伦敦的演讲，我在等最后的消息。我最亲爱的，我还用航空给你寄这封信，这样，你不会又是一天没接到信，因为我总是算错日期。试试，我的幸福，去捷克斯洛伐克别晚于10号，——否则用于治疗的时间就太少了。我们冬天去伦敦。我想，我们将衣服和书籍放在莫莱夫斯基家——她提议的——但放这儿，放伊柳沙家则更便利，他家地方大，也是他自己提出来的。罗斯托夫采夫④ 还没到这儿。我给其他人都写了信。我在照料这些小猫⑤。我觉得，运气好，维克托⑥ 会设法挣得更多，在P.N.上的专栏可以支付一个人整个夏天的食宿。我再说一遍，就此而言，我们的状况总的来说还是很乐观的。卡敏卡一两天后到这儿。昨天，为你的签证我去了部里；艾德尔在那儿大叫大嚷，因为如果他是申请的接收者，在担保人那里就要写上他的名字。这是我的错，抱歉。签证已经寄给你，你走之前别误了去取回来。考虑一下你是否应该拿到签证后就买从布拉格到土伦的票。我越想，就越觉得，对我来说，夏天离开法国真是鲁莽，所以，我恳求你（你知道在这样的度假胜地，医生会对你“抓住不放”）8号那天在土伦。

明天，有可能，我的小朋友会到来。⑦ 要不是三餐（天哪！）的诱惑（并非是美食而是经济的意义上，因为在伊柳沙家吃饭让我觉得很不舒服——倒不是因为钱，而是因为对津济诺夫⑧ 带来的烦扰——我在家的时候，他总是要准备特别精美可口的菜肴），我就会拒绝所有的邀请，把我自己锁起来写作。今天很冷，但有春

---

①《新文学》（*Nouvelles litteraires*）。

②《消息披露》（*Opoveshchenie*），1934。1937年的译文不知是否发表。

③ 即《天赋》（*Dar*）第一章，“礼物”（“Podarok”——这标题含有“dar”（礼物）一词，也是整部小说的书名）——发表于《最新消息》，1937年3月28日，第4页。

④ 罗斯托夫采夫（Mikhail Rostovtsev，1870—1952），古代史专家、考古学家，曾是立宪民主党中央委员会委员；1952至1939年，在耶鲁大学任教。纳博科夫曾问罗斯托夫采夫能否帮他找一份“随便什么工作”（《纳博科夫传：美国岁月》，第430页）。

⑤ 原文为法语。纳博科夫可能指的主要收入，说他在巴黎用不着花钱。

⑥ 纳博科夫的化名。

⑦ 纳博科夫显然指他托乔治·赫森给在柏林的德米特里带去的玩具汽车。

⑧ 弗拉基米尔·津济诺夫。

天的感觉，我爱你。设法打印《斩首之邀》。亲爱的，我们不能没有一只浴盆，按我们商量的带上浴盆。回答我有关帕特南的情况。别忘了菲利波夫。[①] 关注泰格尔的事。[②] 我写信给母亲，我可能来不了，但我在办签证。我爱你——求你，别再改变计划了。男孩长大些了吧？别忘了——足球。我吻你，吻你们俩。我温柔的……

弗拉基米尔

* * *

APCS

邮戳日期：1937 年 3 月 26 日

巴黎凡尔赛大街 130 号丰达明斯基寓所寄往

德国柏林哈伦斯，涅斯托尔大街 22 号

亲爱的，孩子没病，是吧？我不止一次做这样的梦——你知道，一个有着阴影的破碎的梦。我用这张明信片找到了节奏，这样——有足够的飞机。一只小猫来访问我们家的猫咪，含情脉脉，蓝灰色，它甜蜜地咪咪叫：得不到回应。我画下来给珍妮[③] 看，她一声叹息："我们家先生也这样……"[④] 今晚，我要去参加诗人的晚会，明天，我会在齐齐阿诺夫公主家晚餐，后天是泰菲的剧本首演。[⑤] 丹尼斯·劳施完成了《菲雅塔的春天》[⑥] 的翻译。我在自传中摘了两段给科根，寄往美国和荷兰。他也希望能发表《门铃》《旅客》和《肖巴》[⑦]。我今天在塔塔里诺夫家午餐，晚上会在尼娜姑妈家晚餐。我爱你，我从这个想法中感到快乐：母亲就要见到我们的孩子了，你也会在费兰兹贝德恢复健康。给我写信：医生究竟怎么说的？那些存放珍贵蝴蝶的盒子、那些展板和大头针怎么样了？我过几天会给阿纽特契卡写信——不，我不写：我对她固执的沉默很生气。我在电话里告诉柳夏，

---

① 不详。

② 可能与支付在柏林的纳博科夫父亲的墓地维护费用有关。

③ 丰达明斯基的女管家。

④ 原文为法语。

⑤《命运的时刻》(*Moment sud' by*, 1937)，在俄国剧场首演。

⑥ 短篇小说《菲雅塔的春天》(*Spring in Fialta*)。

⑦ 短篇小说《门铃》(*Zvonok*, 1927)、《旅客》(*Passazhir*, 1927) 和《肖巴归来》(*Vozvrashchenie Chorba*, 1925)。

我要见他。我无法对你说，我多么爱你、想你！

弗拉基米尔

* * *

APCS

邮戳日期：1937年3月28日

巴黎凡尔赛大街130号丰达明斯基寓所寄往

德国柏林哈伦斯，涅斯托尔大街22号

亲爱的，我的爱人，我三天没有接到你的只言片语了。今天是28号，十五周年。① 我及时提醒P.N.② 这件事——但那些庸人无动于衷，今天没有举行任何纪念活动（不过——他们印了"礼物"——我已经准备了下次的伪装的摘录）。我过了一个非常"社交性"的复活节：昨天是泰菲（可怕的）剧本的首演，今天，我和玛利亚·巴甫洛夫娜③ 按乔治五世风尚一起喝了茶，之后和布德柏格男爵夫人面谈，之后，在温莎旅馆和维伦金共进晚餐。但从周一开始，我要把自己关在家里，写这个剧本。我爱你，我甜蜜的爱人。今天上午我与泽约卡见面了片刻，他给了我你跟他要的东西，告诉我我们的小家伙等汽车时的情形：睫毛下垂，愉快和朦胧的神情。我接到契诃夫④ 从伦敦来的信，请我为他写一个剧本，"旨在反映社会和道德冲突"。细察之下，布宁就成了一个老俗物——而扎伊采夫⑤ 则相反，有所改进。你不在，我感到极度无聊——接下来就梦想伦敦之行。我的猫咪，为上帝的缘故，别再写信跟我说什么意大利或比利时了。我已经和乔尔尼夫人就所有的事情达成书面协定。和《晨报》的编辑谈得很愉快。爱你！

弗拉基米尔

① 纳博科夫的父亲被害十五周年。

② 米留可夫。纳博科夫的父亲1922年在米留可夫作公开演讲时被杀，当时他想要挡住对他朋友开枪的第一个杀手，但被第二个杀手击中。

③ 玛利亚·巴甫洛夫娜（Maria Pavlovna，1890—1958），俄国大公夫人、索德曼兰德公爵夫人、普提雅廷公主。

④ 契诃夫（Mikhail Chekhov，1891—1955），著名的俄国和美国演员，戏剧导演，作家安东·契诃夫的侄子。

⑤ 作家鲍里斯·扎伊采夫。

1937年

* * *

ALS，2 页

邮戳日期：1937 年 3 月 30 日

巴黎凡尔赛大街 130 号丰达明斯基寓所寄往

德国柏林哈伦斯，涅斯托尔大街 22 号

亲爱的，都好吗？已是第四天我没有接到你的信了。小家伙也好吧？昨天，我抱起布德柏格男爵夫人的三岁、脸蛋通红、乖巧而又调皮的外甥（也叫德米特里，但叫起来不一样）——我含泪想起……香榭丽舍大道上有多么神奇的玩具商店啊——无法与我们的捷克商店相提并论——这样的火车！（“玩具世界里速度最快的火车”①，有着“高速”机车和制作精美的深蓝色车厢）。我知道，你杂务缠身，但多给我写信吧！

丹尼斯·劳施在译《春天》，译得很漂亮，很快就会完成。昨天，他和我讨论了几处难译的文字。然而，布德柏格却译得不顺，所以，要么《肖巴之归》也收进这个集子里，要么我自己来译《春天》②（或斯特鲁夫——《昆虫采集者》）：交稿时间不能晚于 8 月。帕特南很喜欢这部自传，大家都愿意推荐给杂志作为“连载”发表。我可能同意这么做。否则——机会就会失去；作为书出版，篇幅就是个大问题。也正是她（布德伯格）今天再次建议我和阿列克谢·托尔斯泰③见面，但我可能不会去。玛利亚·巴甫洛夫娜是个小妇人，抽烟，有喉炎；她不停地摇铃要茶，但总不能如愿——因为复活节的缘故。我和她谈起在美国的讲课，她答应帮忙。她曾在某个偏远的地方和阿维诺夫④一起捕捉蝴蝶。关于尼卡和娜塔

① 原文为法语。

② 即将《雅尔塔的春天》译成英语。

③ 阿列克谢·托尔斯泰（Aleksey Tolstoy，1882—1945）伯爵，著名的俄国作家，1919 至 1923 年住在巴黎和柏林，之后回到俄国。纳博科夫对他的同情布尔什维克的态度很反感。

④ 阿维诺夫（Andrey Avinov，1884—1949），俄国出生的美国昆虫学家，从 1926 至 1945 年，匹兹堡卡内基自然史博物馆馆长。

莎[1]，她说，他们很可爱，但有些势利——她的这种表述，在我看来，有一种普鲁斯特式的魅力，而涉及到他们，这就表现为一种新鲜和可怕的力量。我和维伦金一起午餐，他现在积极参与安排伦敦的晚会，推销我的书。（顺便说一下，我间接地得知，《防守》在瑞典获得了——他们告诉我“异常的”——成功。）明天，我会去看阿尔玛·波尔亚科夫[2]和萨布林夫人。今天，我在某个资助人的家里和六个作家共进晚餐。“礼物”，两天前就准备好了[3]，结果超过三百余行——四百二十行。很棒！我将把下一个摘录称之为《补偿》[4]——也会挤进比指定的更多的行数。哦，我的幸福，我多么想见到你……想到5月就满心喜欢：泽约卡说，他[5]越长越好看。维克托[6]近来，即一个月的花费，超出200法郎。几天后，我会去拜访法亚尔、勒费夫尔（《新文学杂志》）[7]和蒂博（《巴黎杂志》）[8]。

我崇拜你，没有你，生活很难过，求你尽快给我写信。现在是下午3点，我要去看那位女大夫，之后再努力写上一两个小时，爱你，我的生命……

弗拉基米尔

*　*　*

ALS，2页

邮戳日期：1937年4月2日

巴黎凡尔赛大街130号丰达明斯基寓所寄往

柏林奥斯纳布吕克大街21号格巴尔教授转

亲爱的，按这个新地址——看起来并不存在——给你写信有点别扭。我们的

---

① 尼古拉和娜塔莉·纳博科夫。

② 安娜（阿尔玛）·波尔亚科夫（Anna Polyakov，？—1940），演员、慈善家，银行家波尔亚科夫（Yakov Polyakov，1832—1909）的遗孀。

③ 刊于《最新消息》，1937年3月28日，第4页。

④《补偿》(*Voznagrazhdenie*)。没有这样一个标题的《天赋》摘录；下一篇摘录将是《孤独》(*Odinochestvo*)，《最新消息》，1937年5月2日，第2、4页。

⑤ 指德米特里，乔治·赫森在柏林见到他。

⑥ 纳博科夫的化名。

⑦ 勒费夫尔（Frederic Lefevre，1889—1949），《新文学杂志》主编。

⑧ 马塞尔·蒂博，文学批评家、翻译家。

小家伙一切都好，这多么令人高兴。下次，我会再送他一辆小火车。马上就拿到签证是不可能的，事情按既定程序办理，我们无法加快进度，可能的话，有望在伦敦之行前拿到，否则为回来的签证我就得绕道艾德尔。日子乏味而令人厌烦。我真的开始感到压抑，巴黎那令人萎靡不振的魅力、那神奇的日出（升起于凯旋门之上，拱顶的上端突然生动起来，——一只鸽子振翅飞翔），城市的妩媚和生活的悠闲，时间的利用起伏不定，我无法写作，我多么想和你在一起，不受打扰，亦不用烦隔壁津济诺夫房间收音机发出的奇怪声音。我对这些事情烦透了。我们几天以前举行了一个很愉快的聚会[①]，我所能说的是：特—拉—拉，阿尔达诺夫穿了燕尾服，布宁穿了那件做工粗糙的无尾礼服，赫马拉带了把吉他，和凯德洛娃[②]一起来，伊柳沙[③]穿的裤子那么紧，两条腿就像两根黑乎乎的腊肠，还有上了年纪、待人亲切的泰菲——大家都聚在一幢富丽堂皇的豪宅里（“他们有白色的家具”——塔吉亚娜·马尔科娃[④]事先喜滋滋地告诉我），此外，我怎么也想不起主人的名字，只是我到那儿的时候，我才认出格林贝格夫人和她的儿子[⑤]；我开口说的是：“我的《牛津诗选》去哪儿啦？”饭后，每个人——尤其是女士们——都喝得有点多。维拉·尼古拉耶夫娜[⑥]向我吐露了一些心事[⑦]，当我们听着喝得烂醉的赫马拉唱那相当无趣的民谣，她唠唠说个不停：但我的生活完了！与此同时，凯德洛娃（一位目光锐利的小个子演员，阿尔达诺夫认为她又是一位科米萨尔日夫斯卡娅）[⑧]则死皮赖脸地求我给她一个角色。为什么呀，当然啦，唱最平庸的“夏洛契卡”[⑨]，一只装了巧克力的孤独的花瓶，女主人（对我）起哄：“哟，他吃了所有的巧克力。”通过落地窗，能看到正在筹建中的展馆的轮廓和天上的月亮。[⑩]要

① 根据薇拉·穆罗姆采夫（布宁）的日记，这是宴请泰菲的晚餐。

② 凯德洛娃（Elizaveta Kedrova，1909—2000），戏剧和电影演员，格里高里·赫马拉的第一任妻子。

③ 丰达明斯基。

④ 阿尔达诺夫。

⑤ 可能指索菲亚·格林贝格（Sofia Grinberg，1904—1964），律师，古书交易商和文献学家列夫·格林贝格（Lev Grinberg，1900—1981）。他们的儿子米哈伊尔·格林贝格（生于1927年）日后成为剧作家和翻译家，当时才十岁。

⑥ 穆罗姆采夫（布宁之妻）。

⑦ 原文为法语。

⑧ 科米萨尔日夫斯卡娅（Vera Komissarzhevskaya，1864—1910），著名的俄国女演员，“普希金和他的时代”展览的组织者。

⑨ 俄国酒歌，夏洛契卡（Charochka）是一种小酒杯。

⑩ 巴黎“艺术和现代技术国际展”，1937年5月25日—11月25日。

喝到吐了[①]。布宁不停地模仿我的"傲慢"，之后又发出嘘声："你会在孤独和可怕的痛苦中死去。"一位叫波斯基的夫人[②]，像一大块蛋糕，靠着可怜的伊利亚[③]的肩膀，他则绝望地看着我，让人给那位夫人一杯水，而人们向他解释，她没有昏厥，只是兴奋得有些头晕。诸如此类——因为他们的剧场需要钱。可恶[④]。

他们宣布下期《当代年鉴》在突出的位置登我的《天赋》。利法[⑤]似乎生我的气了，因为我没同意为他的展览作一次无偿演讲，而要求1000法郎的演讲费。但这就是我所做的，带着极大的快乐——也是出色的报复：在拉斯加斯有个晚会，一次诗歌朗诵，暗中帮助重病的捷拉皮亚诺（要是你还记得，他曾经在《数目》上以最恶劣的方式对待我）[⑥]，我自愿朗诵诗歌（我朗诵《未知的塞纳河》）[⑦]。

我去看了电影，和一群女人去了尼娜姑妈家，去了扎伊采夫夫妇家，去了科科什金夫妇家（经常去），去了基扬准采夫夫妇家，等等。紫色小太阳仍然有助于我：在那方面我已经完全康复了。亲爱的，我现在甚至无法想象你此时在做什么，因为不知道你新的生活环境……亲爱的，我亲爱的，尽早去捷克斯洛伐克——无论你做什么，首先把我们以及小家伙的照片给母亲看。现在差不多是晚上10点了，我要出门去寄信，之后上床睡觉。没人理解为什么我晒得这么黑：他们以为我悄悄去了一趟南方。

接下来几天，肯定会有法国几家杂志的回复。你全力以赴，肯定很累，我想想都觉得可怕。我的小可怜，我的幸福！

弗拉基米尔

---

①④ 原文为法语。

② 不详。

③ 丰达明斯基。

⑤ 利法（Sergey Lifar，1905—1986），舞蹈演员、舞蹈编剧，"普希金和他的时代"展览的组织者。

⑥《弗·西林：〈暗箱〉》，《数目》（*Chisla*）第十辑，1934年6月，第287—288页。

⑦《未知的塞纳河》（*Inconnue de la Seine*），刊于《最新消息》，1934年6月28日，第3页，好像由弗奥多·戈杜诺夫-车尔登采夫所作，这是《天赋》中的主人公、诗人；纳博科夫翻译后收入《诗歌与棋题》（*PP*），第82—85页。

* * *

APCS

邮戳日期：1937 年 4 月 4 日

巴黎凡尔赛大街 130 号丰达明斯基寓所寄往

德国柏林奥斯纳布吕克大街 21 号格巴尔教授转

亲爱的，你拿到法国签证了吗？你何时去布拉格？回答我，亲爱的。我躺在长沙发上，处在一个很不舒服的位置给你写信。昨天，我见了柳夏和布隆伯格[①]。他们坐在咖啡馆的平台上，脸色发黄，神情悲伤。他们问起阿纽塔的计划，但我一无所知。这是一个美好的清晨，在蓝色的雾气中，一切都很宁静，麻雀突然啾啾叫起来。亲爱的！我和基扬准采夫夫妇今天要去看足球比赛。我那个小家伙好吗？把他抱在怀里，嗅他的香味，吻他——这些都是天堂般的感受，我甚至为之心动。再有一个月。给我写信，我的幸福，回答问题。我昨天写了一堆信。但剧本写得很辛苦。我深爱着你，我吻你。

弗拉基米尔

* * *

ALS，6 页

邮戳日期：1937 年 4 月 6 日

巴黎凡尔赛大街 130 号寄往德国柏林维尔默斯多夫，

奥斯纳布吕克大街 21 号格巴尔教授转

亲爱的，你的笨拙绝对会要我的命。到底怎么回事？原谅我，我的幸福，但坦白说，这不管用。难道你不能事先就想到现金问题？你可能在写给我的下一封信里，说你正在德国，在巴伐利亚的一个度假胜地过着安宁的日子。我无法说出

① 可能指赫尔曼・布隆伯格，皮毛贸易行老板，安娜・费金的表亲，他的儿子约瑟夫和亚伯拉罕，纳博科夫和薇拉 1927 年 7 月在黑海的宾茨与他们结伴旅行。

我有多么的沮丧（然而，你则为欠考虑而责备我）。要是在经过周密计划和无数的麻烦（及徒劳无功……）之后，你不去捷克斯洛伐克了，这对母亲来说会是一个巨大的打击。我早知道我们不应走这步棋；要是你听我的，那你就会安然地待在博尔马斯了。而现在你写信给我，说你“一两天后”会作出相应的决定，是吗？到底是什么决定呢？为什么要在我们能做的事情上一再反复，产生这些没有意义的困惑呢？我已经给你写信，将一切都说得足够清楚和明确，要是你读了我的信，你肯定是完全明白的。如我给你信中写的，我们会在博尔马斯的小旅馆先住几天，然后再搬到乔尔尼夫人的小别墅去，要是我们喜欢的话。要是不喜欢，在她的帮助下，我们可以很容易另找住处。怎么回事，为什么如此简便易行的计划会让你举棋不定，而去捷克斯洛伐克这一极为困难和荒唐（事实证明）的行程却似乎愉快顺当？亲爱的，你还没有给我写信，说明你是否拿到了法国签证。马上写信，求你了。顺便说一下：我的医生，科根·柏恩斯坦（一位圣女，一个出色的医生，每天一小时给我进行灯光治疗，要是在别处，一个疗程就得花 100 法郎，还没有效果）说，费兰兹贝德的泥浴完全可以替代，甚至更有效——如电动沐浴，她实施过这一疗法，她对人们对德国和捷克浴疗的迷恋进行了委婉的抨击。亲爱的，说我欠考虑，这并不公正（因我已经写信给你）。关于在英国逗留 6 个月一事，我把弗洛拉[①]对我说的全都写信告诉你了——你知道不可能作出确切的估计——但她是一个可靠并有责任心的人——大家都这么认为。但让我们别想那么多，所以别着急，还是将我们的心思集中到你到达土伦这件事上（当然你得买从柏林到那儿的票）。看在上帝分上，写信确切地告诉我，你何时走，要去哪儿。最重要的是——我不能再长时期地没有你——这种半存在、四分之一存在的生活——让我受够了——没有来自你的气息，我既不能思考也不能写作——我做不了任何事。我们之间的分离正变成一种难以忍受的折磨，你所有这些不断变化的想法、矛盾的情绪、犹豫不决（当一切如此简单）只会加剧这种折磨。不，在这种状态下我无法工作：一天三四次出门对我来说，这不成其为一个工作日，这你很清楚，但当我坐下来写作，要么克伦斯基在附近用歇斯底里的声音说着什么，要么是收音机，或者伊柳沙的客人，——更别提电话，响个不停。另一方面，要是我没受到晚餐邀请，那我的开销会更大——尽管我只是花些小钱。今天我在塔塔里诺夫家

---

① 所罗门。

用了午餐，晚上我会在多布任斯基[①]家晚餐，昨天我和罗兹扬科夫妇[②]及沃尔康斯基[③]在一家餐厅共进晚餐，后天会在波尔亚科夫家午餐，在布隆伯格家晚餐，等等，等等。白天，去了《新文学》《巴黎杂志》《老实人》，跟他们作令人疲惫而客气的谈话——求你了，亲爱的，别再对我作这些孩子气的埋怨，我尽力了[④]——毕竟我们在这儿的前途已经有了安排，要是我们决定不去伦敦的话：单单授课，我很容易找到足够的课程满足生活所需，在最极端的情况下，即使没有其他事可做，也会有朋友帮助，会有各种可能性——我觉得，你绝对无法想象我在这儿受欢迎的程度。

你的信让我心烦意乱——也许我应该先平静下来，再给你写信。我非常担心你会对我提出另一个“计划”。别这么做。尽可能去捷克斯洛伐克旅行——为了妈妈——但更重要的是，拿到签证，买去南方的车票。

我很烦躁、沮丧。“花也无法让我愉快……”[⑤]——我在等伦敦的最后答复，因为我仍然不知道我在什么地方什么时候朗读。我早就给阿尔塔格拉西亚[⑥]写信了。和作家谈版权——已经告诉过你这件事。我写信给帕特南，请他们详细说一下在杂志上发表的事情——最重要的是，应该马上就做这件事。我会向汤普森表示祝贺。我已经写信给乔尔尼夫人，我们暂不定，她自己也告诉我，她不想在看到房子之前就让我定，她出租得非常便宜。夏季（六七个月）至多花一万法郎，全包[⑦]，或者能更便宜些，我的写作肯定能挣到一半的费用，这样，一个子儿也不用多花。

我将你小卡片上（有关搬家——可怕！我能想象……）的部分文字大声读给伊柳沙和津济诺夫听，他们说他们现在理解了我的那些书是谁给我写的。奉承话？我爱你，我的唯一——别嫉妒我在这儿过的“社交”生活。人们对我很好。我们继续：两个来自俄国的流亡者来到了，大声说话，所有的“os”都发重音，和隔

---

① 多布任斯基（Mstislav Dobuzhinsky，1875—1957），著名的造型和戏剧艺术家、油画家和插图画家，纳博科夫小时候的艺术指导老师。

② 可能指尼古拉·罗兹扬科（Nikolay Rozyanko，1888—1957），俄国侨民委员会（1935—1936）秘书，巴黎俄国办事处劳工部主管，他妻子莉迪亚·罗兹扬科（Lidia Rodzyanko，1898—1975）。

③ 可能指彼得·沃尔康斯基亲王（Prince Petr Volkonsky，1872—1957），外交家和历史学家。

④⑦ 原文为法语。

⑤ 亚历山大·勃洛克的诗《湖上》（*Nan ozerom*，1907）第二章，第100—102行：“我累了。我病了。/花也无法让我愉快。写吧……/原谅我，烧掉这些胡言乱语……”

⑥ 德·詹尼利。

壁的克伦斯基——谈论面包的价格、斯达汉诺夫运动[①]，等等。我如何才能写一部剧本：亲爱的，我要怎么做才能让你和我的孩子马上来这儿！我的鬈发小男孩！请赶紧给我写信。生活顺畅，但你依然满腹忧虑（笔尖磨损了，可见我写作多么勤奋）。还有——阿夫克森齐也夫来了，要和我通话呢。那儿没人，就是说，他五分钟后就会回去。年轻人津津有味地谈论着新式的轮船“十二月党人号”和“列宁号”，而克伦斯基则问“当地的人们心情如何”？他们回答：“如狼一般。”花园中麻雀啾啾乱叫，草木开始转绿。我爱你。要是我给你写短一些的信，那是因为我觉得自己空虚、沮丧，内心苦涩，也不知道如何安排我的时间。阿夫克森齐也夫回来了——回了电话。他们告诉我，有位绅士对我的作品狼吞虎咽，随后，为了醒酒，朗读了列斯科夫[②]的作品。

亲爱的，这是一封不甚可爱的信，但我对一切都很焦虑——你的行程，小男孩，你的健康……明天上午我会就身份证的事去马克拉科夫家。而你，亲爱的，别再忧虑。是的：我们确实需要浴盆，乔尔尼夫人那边有海，但没有浴室。一两天后，我会写信给膳食公寓，但我要确切地知道我们何时见面。也许 8 号之前？我爱你，我的生命。

弗拉基米尔

* * *

ALS，2 页

邮戳日期：1937 年 4 月 7 日

巴黎凡尔赛大街 130 号寄往德国柏林维尔默斯多夫，

奥斯纳布吕克大街 21 号格巴尔教授转

亲爱的：

我绝对不去比利时。我不明白怎么回事，你为什么要跟我提这些计划，一个比

① 从 1935 年起苏联开展的一场个人生产力的竞赛运动，以阿列克谢·斯达汉诺夫（Aleksey Stakhanov，1906—1977）命名，他是一个极其高产的煤矿工人。

② 列斯科夫（Nikolay Leskov，1831—1895），作家，他的小说深受俄国民间文学启发，具有浓郁的东正教色彩。

一个可笑。这些都是废话：什么瓦的物价比预想的更贵，气候更糟，没听说过（我很好奇，季娜究竟会如何“寻找”）比利时的度假胜地。我提议去南方，对孩子来说是个理想的地方（顺便说一下，夏季那儿要比尼斯凉快），一般而言，对体弱年迈的更是首选；旅费（与去比利时——那个无比灰暗阴冷的国家——的旅行相比，我们要支付的“额外”费用）算不了什么；在那儿，即南方，我们先不住乔尔尼夫人家（带浴盆），而是更高级，住在博尔马斯的膳食公寓（带浴室的艳阳旅馆）。[①]如果——让我们设想——你今天知道比利时的一个提供特殊治疗的地方（如弗兰巴德），有签证，明天就可以动身——那没问题，作为去南方旅程中的一站（就像去捷克斯洛伐克的旅行套餐一样）。这也许不错，但将近一个月过去了，才发现了这样一个度假胜地，那就不值一提了。我敢说，到5月1号，我会结束在伦敦的工作，所以我恳求你到时动身去土伦。亲爱的，这真的是我最后的决定。

晚上我梦见了你。我在某种幻觉中清晰地见到你，以至整个上午，我一直笼罩在你带来的温柔的氛围中，我感受到你的手、你的唇、你的头发、你的一切——要是我能够经常做这样的梦，我的生活就会变得更容易忍受。你是我的爱。

我今天准备去马塞尔·蒂博家。昨天，我在多布任斯基家与伯努瓦及索莫夫[②]相遇：多么可爱的一个人。给我写信，你究竟拿到签证没有？维克托昨天给他母亲寄了第四册——这两个月来，总共一千两百页捷克语译文。[③]

我在为P.N.准备一篇摘录[④]。《礼物》获得极大的成功。《当代年鉴》有望明天出版。

我无法告诉你，你对中欧的迷恋多么让我苦恼。

问候阿纽塔。真的，无论如何，她可以给我写信。

吻我的小家伙。吻你，我的爱。

弗拉基米尔

① 纳博科夫在信上另加“带浴室”。

② 索莫夫（Konstantin Somov，1869—1939），俄国艺术家，“艺术世界”运动的发起者之一。

③ 暗语：纳博科夫从法国给他母亲转交了第四笔钱，显然是1200捷克克郎。

④ 摘自《天赋》。

* * *

APCS，2页

邮戳日期：1937年4月9日

巴黎凡尔赛大街130号丰达明斯基寓所寄往德国柏林维尔默斯多夫，奥斯纳布吕克大街21号格巴尔教授转

我的亲，我的爱，当然，我为我母亲感到高兴，要是你最后还是去捷克斯洛伐克的话。祝你好运，亲爱的。但你知道的，在下次来信中告诉我医生的诊断，详细一点。我能想到你是多么疲惫，亲爱的，又是多么紧张，但相信我，你过了夏天就会大为改善，你会得到充分的休息。我会和小家伙整天在一起。我会在晚上写作。说到护照：你完全没有意识到，我的处境非同一般，我还没有跟别人一样，为“收据”① 什么的而烦恼。我告诉罗兹扬科和马克拉科夫有关你的忧虑；他们很可笑，亲爱的。我担心你的表弟对你的恐慌起了影响。顺便说一下，我在这儿获得的，是永久居住许可②。请别再为此操心了！

《昆虫采集者》已给《巴黎杂志》，《音乐》给了《老实人》，《愤怒》给了《测量》，《菲雅塔的春天》答应给《新文学》。③

有封帕特南的来信，他想将《英语之盟》④ 发在一家杂志上。昨晚，我在布隆伯格家用了晚餐。剧本写得不如人意，我将写好的部分撕掉了。我爱你，我的甜心，我很担忧你的健康，尤其是我的那个小家伙好动调皮。再坚持一下，一切都会好的。天气很暖和。我现在要去勒费夫尔家，之后去见雅布罗诺夫斯基⑤。亲爱的……

弗拉基米尔

①② 原文为法语。

③ 这些短篇并没有在这些刊物上发表，即使（如《愤怒》）1937年4月15日信中提到了稿酬。

④《英语之盟》(*English associations*)，纳博科夫最初自传中的一节。他出版的自传将包括如第四章《我的英语教育》（尤其是他家庭的英国情结和他的几位英语家庭教师）；第十三章《寄宿在三一巷》，此章主要写他的剑桥岁月。

⑤ 即谢尔盖·波特雷索夫（Sergey Potresov，1870—1953），笔名雅布罗诺夫斯基，作家、记者、文学批评家。

* * *

ALS，2 页

邮戳日期：1937 年 4 月 12 日

巴黎凡尔赛大街 130 号寄往德国柏林维尔默斯多夫，

奥斯纳布吕克大街 21 号格巴尔教授转

我甜蜜的爱人，我仍然不确定你是否会去捷克斯洛伐克，但我现在热切地希望你去。你的上一封信很温馨。

我给了布恩一份二十五人姓名和地址的名单（英国批评家和作家），他可以在书出版后尽早给他们寄书。① 我在布德伯格和斯特鲁夫的帮助下拟定了这份名单，我最终收到了他们的一封富有同情心的信，很可能，我会在 20 号去伦敦。除了英语晚会，我也在萨布林家安排了一场俄语朗读。书已经寄给阿尔塔格拉西亚②，但我会和知情的人再谈版权的事，之后给他写信③，虽然那时我已经给他写过信，把布恩对我说的事清楚地告诉了他。我已经接到汤普森的一封短信，对我的祝贺作了回复。《测量》送了一份温馨的请柬，邀请我周三去午餐。昨天，我在雅布罗诺夫斯基家，晚餐在采特林家，晚上在贝贝诺娃家，和多布任斯基等人在一起。过去的两天，亲爱的，我一直在辛苦地写车尔尼雪夫斯基被捕的内容，用了个有趣的标题《回报》④，我今天必须把它口述给柯瓦列夫夫人，寄给 P.N.。

今天，实际上，医生建议给我做试验性手术（从我的血管中抽血，注射到另外的血管中），但“学生们”（如克伦斯基称呼伊柳沙和津济诺夫）极力劝阻我；另外，我的皮肤病因晒太阳而大有改善。昨天，我修改了有关阿玛利亚的文章⑤。周二，《当代年鉴》会发表。

4 月 1 号上午，庆祝这一宗教节日，我对“学生们”说，前一晚，在扎伊采夫家，人们告诉我，那天晚上，当布宁在参加聚会，有人抢劫了他的房间。这消

---

①《绝望》（伦敦：John Long，1937）。

② 德·詹尼利。

③ 有个时期，纳博科夫以为他的纽约代理人是个男子，尽管名字是“阿尔塔格拉西亚”。

④《最新消息》没有接受，见 1937 年 4 月 17 日信。

⑤ 即《回忆阿玛利亚·奥丝波夫娜·丰达明斯基》（巴黎：非公开发行，1937），第 69—72 页。

息传得很快，同一天，一个 P.N. 的记者去找——很气愤的——伊凡。当一切很明了的时候，他似乎生我的气。我不明白这有什么好生气的。

亲爱的，我爱你，我爱你，我爱你！吻我的“那位”，我的小男孩……到 5 月 5 号，我会摆脱所有这些演讲[①]。8 号，我们会在土伦见面。这儿满目青翠，多么喜人，多么温暖！穿上了在伦敦 7 英镑 6 便士买的灰裤子有多酷！

我爱你，我唯一的幸福。

弗拉基米尔

* * *

APCS

邮戳日期：1937 年 4 月 14 日

巴黎凡尔赛大街 130 号寄往德国柏林维尔默斯多夫，

奥斯纳布吕克大街 21 号格巴尔教授转

亲爱的，我已经不再烦你的布拉格之行了——不管怎样，天遂人愿吧，但几乎和我经常梦见我的小家伙一样，我也梦到母亲见到他。有关你的几小段话：1）我们会安排；2）不管怎样，在租下那间小屋之前，我们会在膳食公寓住一段时间；3）那几个地方的天气要比，如尼斯，凉得多。说到 A.[②]：《绝望》已经寄给他；另外，此书一出版，他还会再收到一本。我不会早于 25 号去伦敦。我和斯特鲁夫保持联系，书信来往。《绝望》的出版已在英国报纸上打出广告。今天整个上午我都在对有关车尔尼雪夫斯基作口述。[③] 最后一刻，我拒绝了我写信告诉过你的那种手术，另外，我说是你让我别做手术的：因为我差不多同意了，医生期待做这种实验。天在下雨，眼前的树木更加青翠，我爱你。还有三个多星期，我几乎对即将到来的幸福有些害怕。津济诺夫发现我的车尔尼雪夫斯基，和以往一样

① 原文为法语。

② 阿尔塔格拉西亚·德·詹尼利（纳博科夫仍然以为他是个男人）。

③ 关于车尔尼雪夫斯基被捕的内容，即《天赋》第四章，打算作为节选发表在《最新消息》上，但没有发表。

“令人讨厌”。也许我今晚要去一下那位老人[①]家里——他似乎生我气了，泽约卡[②]也这样。明天，我会和波朗及《测量》的女编辑[③]共进午餐。我能真切地感受到你的疲惫，亲爱的，无以言表并一如既往地爱你到永远!

弗拉基米尔

* * *

ALS，2页

1937年4月15日

巴黎凡尔赛大街130号寄往德国柏林维尔默斯多夫，

奥斯纳布吕克大街21号格巴尔教授转

我的生命，我的爱，今天是十二周年[④]！还有，今天，《绝望》出版了，《天赋》也在S.Z.发表了。[⑤]

《愤怒》获得很大的成功。它会在《测量》5月号上发表，我们的维克托[⑥]已收到差不多1000了[⑦]。亨利·丘奇[⑧]（《测量》的出版商——他是个美国百万富翁，颈背上有个明显的疖——他上了年纪，话不多，有个德国血统的爱好文学的妻子[⑨]）别墅的午餐非常丰盛。见面的地点在阿德里安娜·莫尼耶的书店，位于奥德翁，从那儿，我们开车去丘奇家，在圣克卢那边（到处翠绿，滋润，杏树开花，虫儿乱飞）。他们真的为我庆贺，我亦状态甚佳。作家中有米肖[⑩]。我和乔伊斯的出版商西尔维亚·比奇[⑪]谈得很投合，她是个落落寡合的同性恋者，通过她，

① 约瑟夫·赫森。

② 乔治·赫森。

③ 阿德里安娜·莫尼耶（Adrienne Monnier，1892—1955），诗人、书商、出版商，《测量》的行政编辑。

④ 他们结婚纪念日。

⑤《绝望》，纳博科夫翻译（伦敦：John Long，1937）;《天赋：一部五个章节的小说：第一章》，《当代年鉴》第六十三辑，1937年4月，第5—87页。

⑥ 纳博科夫的化名。

⑦ 然而小说并没有在《测量》上发表。

⑧ 亨利·丘奇（Henry Church，1880—1947），美国出生的作家、出版商、赞助人。

⑨ 巴巴拉·丘奇。

⑩ 亨利·米肖（Henry Michaux，1899—1984），法国艺术家、诗人和作家。

⑪ 即南茜·比奇（Nancy Beach，1887—1962），美国出生的书商、出版家和詹姆斯·乔伊斯的赞助人。

我能够多方面地促进《绝望》的出版，也有望达成法文版的出版，比如伽利玛和阿尔宾·米歇尔出版社。不起作用[①]。午餐后，《测量》举行了类似编辑会议的活动，一位女摄影师[②]给我们拍了十五张照片。随后的交谈是关于我们如何借助某种声波来辨认植物的声音。我认为白杨唱的是女高音，橡树是男低音，但波朗的看法比我更巧妙，他说，不是的，橡树的声音其实和雏菊一样——“也许因为它总是有点不好意思。”[③]明天，我和他，以及辛格里亚[④]、苏佩维埃尔和米肖在蒙巴那斯一起午餐。亲爱的，我爱你。我那个小家伙的故事（“海岸”）令津济诺夫乐不可支，说给所有人听。你给伊柳沙的信写得相当出色，亲爱的。你一来法国，你的护照就要去延期。我很不安，布拉格之行泡汤了，不过我本来也没对此抱太大期望。我月底要去伦敦一个星期。明天下午 5 点我会在萨布林夫人家——商定俄语朗读晚会的事。无论如何我不会早于 25 号动身；我得让此书闲逛一阵，如比德伯格和斯特鲁夫在信中所写的那样。我将西尔维亚·比奇给我的另一些地址寄给了朗。我的“普希金”获得了令人欣喜的成功。我长胖了，脸更黑了，肤色变了——但我总觉得心绪不宁，因为我没有时间和空间写作。今晚，我在基扬准采夫家用晚餐。现在我要给那位老人[⑤]打电话。

亲爱的，亲爱的，自从你穿着小袍子站在我面前，有多久了，我的上帝啊！——我的小家伙变化有多大，我错过了多少初学之事（说话、游戏及各种童趣）……我昨天给乔尔尼夫人写了信。亲爱的，你务必妥善准备行装，以免最后一刻出现耽搁。多么有趣——说到巴德雷本此人[⑥]。可怜的伊尔夫死了，不知为何总有人想把双胞胎[⑦]分开。我爱你，我爱你。

我的法国债券有了更多的升值，波朗可爱至极[⑧]，他的活力，他忽闪的黑色眼睛，他的姿态，他未刮过的脸，总会让我想起伊柳沙[⑨]。问候阿纽塔。我在等她

---

①③⑧ 原文为法语。

② 吉赛尔·弗洛因德（Gisele Freund，1908？—2000），德国出生的法国摄影师，她擅长为作家和艺术家摄影。

④ 辛格里亚（Charles-Albert Cingria，1883—1954），瑞士小说家。

⑤ 约瑟夫·赫森。

⑥ 巴德雷本（Frau von Bardeleben），1929 至 1932 年，他们在柏林路易波德大街 27 号的女房东。

⑦ 伊尔夫（笔名）即费塞尔伯格（Yehil-Leib Feinsilberg，1897—1937），俄国讽刺小说家，写作上多与彼得洛夫合作，彼得洛夫（笔名）即叶夫根尼·卡塔耶夫（Evgeny Kataev，1903—1942）。他们合写的小说《十二把椅子》（*Dvenadtsat' stuliev*，1928）和《小金牛》（*Zolotoy telyonok*，1931）是纳博科夫所欣赏的少数苏联文学作品中的两部。

⑨ 丰达明斯基。

的信。

吻你，我的幸福，我的疲倦的小妇人……

弗拉基米尔

* * *

电报[1]

1937年4月15日

巴黎

柏林维尔默斯多夫，奥斯纳布吕克大街21号，薇拉·纳博科夫

祝福我的至爱！

* * *

ALS，2页

邮戳日期：1937年4月17日

巴黎凡尔赛大街130号寄往德国柏林维尔默斯多夫，

奥斯纳布吕克大街21号格巴尔教授转

我亲爱的：

谢谢你寄来那些小本杂志。告诉我，我是否要给你寄这一期的《当代年鉴》还是这会给你的旅行增加额外的负担？一定要写信告诉我浴盆的事：这绝对有必要，洗澡或不能洗澡。我们可以在这儿很便宜地买一只浴盆。

我很高兴和我的兄弟般的作家——法国作家，当然[2]——共进午餐，我从我的同胞那里感受不到太多的爱；——我们约有十五个人——让我颇为惊讶的是，

① 纪念他们结婚十二周年。

② 原文为法语。

各人自掏腰包——这让我花了30法郎。苏佩维埃尔（我周四会去拜访他）看上去俨然像一匹老马——带着似马一样的可爱的微笑——我觉得就像给了他一大块糖，沾满了羊毛①。我让波朗问一下伽利玛，否则我不知道拿着《绝望》身在何处②。来自《新法兰西评论》的年轻作家，对同一篇可信③甜言蜜语。交换了地址。

一次小小的反击：米留可夫在读了我的节选（车尔尼雪夫斯基被捕）④之后，勃然大怒，跺着脚，断然拒绝发表。伊柳沙今天告诉我的。进退两难：我应该拒绝和他们进一步合作，还是给他们别的作品（戈杜诺夫—车尔登采夫的旅行，或我在这儿写点什么）。天哪，我倾向于后者。但伊利亚向我建议——要是卢得涅夫不想在《当代年鉴》上发表有关车尔尼雪夫斯基的章节——按同样的条件，就在一家新杂志《俄罗斯纪事》上发表这个章节。我同意了。⑤

我和萨布林夫人谈妥了晚会的事，我晚上给她丈夫写信。我列出的那些人已经收到《绝望》，但我还没有拿到书。今天，丹尼斯·劳施给我读《菲雅塔春天》的最后译稿——好家伙，他译得很快。我一两天后去《老实人》——因为出于某种理由，他们动作迟缓。现在我最想做两件事；你，我甜蜜的爱人（还有他，我可爱的小家伙）来到我身边——以及能够顺利进行《天赋》的写作（第一章没有任何印刷错误——总之，进行得很不错）。周一，我会去英国领事馆。你怎么想，我是让布恩寄我的《绝望》给（如汤普森、所罗门、丘奇、哈里森等——总共十到十五人），还是我自己从伦敦寄？马上回答所有这些问题，我的宝贝。我的幸福，我再也无法忍受你不在身边了。——吻你，吻你——一再吻你。

弗拉基米尔

① 在纳博科夫童年时代的俄国，一个戴着连指手套的孩子，骑了一冬的马，就是一个骑马好手了。

② 纳博科夫有关普希金的演讲。

③ 原文为法语。

④ 纳博科夫为《最新消息》提供的《天赋》第四章，是讽刺性的尼古拉·车尔尼雪夫斯基的传记，《当代年鉴》的编辑拒绝先行单独发表，之后甚至不同意按正确的章节顺序发表。

⑤ 但从未发表。

* * *

APCS

邮戳日期：1937 年 4 月 19 日

巴黎凡尔赛大街 130 号寄往德国柏林维尔默斯多夫，

奥斯纳布吕克大街 21 号格巴尔教授转

亲爱的，小家伙还好吧？

今天，我收到六本《绝望》，熟悉的（糟糕的）装订，但有可爱的封面。要给你寄一本吗？今天我要为签证的事去英国领事馆，之后去 I.V.① 那儿听他回忆录的下一个部分……英语晚会，显然会在 5 月 3 号。劳施的译文可说优美，但我们检查和修改了四小时——还没有完全结束；我们周三还得再见面。我和伊拉及萨巴② 去了一家音乐厅，那儿有可怕的女人跳裸舞。今天我写了五封信到英国。邮局来了份通知，有个包裹到了。卢得涅夫要求 7 月 1 号前再给他一章③。二十天后我真的能见到你和小家伙吗？有些日子，我对你的崇拜超出任何一个人所能有的崇拜——今天就是这样一个日子。你感觉到了吗？我的至爱……

弗拉基米尔

* * *

ALS，2 页

邮戳日期：1937 年 4 月 20 日

巴黎凡尔赛大街 130 号寄往德国柏林维尔默斯多夫，

奥斯纳布吕克大街 21 号格巴尔教授转

我的至爱，多么可爱，多么迷人，你写的有关小家伙（以及阁楼!）的这一

① 赫森。

② 伊琳娜和萨韦利·基扬准采夫。

③《天赋》的一章，给《当代年鉴》。

切事情，总之，这是一封特别亲切的信（除了“卑鄙的谣言”）。周四上午，我会去见玛丽亚·伊凡诺夫娜[①]，她从南方来到巴黎。她写道：“我乐于将小房子租给你，从5月起，如果你觉得合适的话。我也会具体指点你们在法维尔的安置，如果你们希望住那儿的膳食公寓。现在去博尔马斯没有意义，因为5月的法维尔已经很漂亮了。”我多么期待他的温暖，他新学的词语，他那腼腆的微笑。亲爱的！但我不知道如何安排从柏林到这儿的航空旅行——玛丽亚·伊戈纳季耶夫娜[②]也无法帮助我们。你知道，她是高尔基及洛克哈特的情人，现在则是——威尔斯的情人——是很神秘的女冒险家类型。总之，我不知道如何是好，你是否应该途经巴黎，这意味着要中途停留，还是途经斯特拉斯堡。我想是后者。这次旅行会是你最后的尝试，我的疲倦的小妇人。在法维尔，我会把他从你手中完全接过来。考虑到那个日期（我们的日期，如你所知）[③]，我想不晚于5月8号在土伦见到你（也出于加冕[④]的考虑，不能晚于那个时候在伦敦办一个晚会）。我会从波朗家里给母亲寄书。[⑤]我在为P.N.准备一篇节选[⑥]。不会有手术。我跟季娜[⑦]有联系，在她的请求下，已让《新文学》返还她先前寄给他们的普希金材料。我在两封信里问她有关基里尔[⑧]的情况，但她还没有回复。

同样的谣言也传到我这里——我不怀疑它们也会蔓延到柏林。[⑨]那些传播谣言的狡猾的家伙应该被粉碎！我从一位老人那儿听到另一个版本：我和贝贝洛娃有私情。我确实经常去科科什金家——他们两位都很亲切——我强调“两位”。我的每个举动、声明、姿态、面部表情在当地文学和半文学圈里受到了详尽和恶意地议论。这儿有个例子，来自那些最天真的人中间。有一次，在《巴黎杂志》的一次会议和在基扬准采夫或在科科什金家的晚餐之间，不清楚和自己有什么关系（春天的一场豪雨正下着），我坐在香榭丽舍大街的一家咖啡馆里，要了一杯热巧克力茶。凑巧阿尔达诺夫也在那儿，我们在那儿坐了一会儿，之后去协和广场

---

① 乔尔尼。
② 比德伯格。
③ 1923年5月8日，他们初次见面的日子。
④ 乔治六世（1895—1952）的加冕于1937年5月12日举行。
⑤ 暗语：他将把从波朗那儿得到的稿费寄给他的母亲。
⑥《天赋》节选。
⑦ 马勒夫斯基–马勒维奇（莎霍夫斯考埃）。
⑧ 纳博科夫的弟弟。
⑨ 有关纳博科夫和伊琳娜·瓜达尼尼的绯闻。

(我撑了把伞，他戴了圆顶礼帽，雨从帽檐上流下来)，此间，我详细地向他问及这个广场的历史典故（在这个广场上，他们处死了国王，从那些年代起，这儿的建筑保留了下来)。[①] 结果是，第二天，一个谣言传到我这里：夜里（!)，西林出于势利或变态（!!)，在一家咖啡馆喝巧克力茶（即不说绿茴香酒或别的开胃酒，像一个诚实的作家那样)，出于他傲视一切的习性，对巴黎的景色不屑一顾。最终，我对他们津津有味议论我的不雅之事并不在意，我觉得你也不应该在意。我始终不渝地想你。通常，我捉弄过很多人，他们不会原谅我。我的生命，我的爱，你是我的一部分，你相当清楚这一点。吻你的双手，吻你的嘴唇，吻你的可爱的太阳穴。

弗拉基米尔

* * *

APCS

邮戳日期：1937年4月21日

巴黎凡尔赛大街130号寄往德国柏林维尔默斯多夫，

奥斯纳布吕克大街21号格巴尔教授转

亲爱的，在这儿人们做不了什么事，我是说就坐飞机而言；这样的事应该从柏林想办法；往返票[②] 相对便宜些，但不行！这很复杂——更别提27或28号了，我也许要去伦敦，而今天已是21号，所以何时才能安顿，你又怎能带着小男孩住在索菲亚[③] 的那家可怕的旅馆，而我在这儿找了住处……不，这可不行！你的来信让我烦躁不安，因为我事先就知道这不会有结果，我还得等上十七天。但也许还有办法：比较途经斯特拉斯堡去土伦的旅程和途经巴黎去土伦的旅程的不同（经济上和时间上)。如果在这两种情况下，差别很小，那就经巴黎走，这样，

① 阿尔达诺夫是个问这些问题的合适的朋友：他最著名的作品是四部曲《思想家》(*Myslitel'*)，背景是法国大革命和拿破仑时代：《第九个热月》(*Devyatoe Termidora*，1923)、《魔鬼的桥》(*Chyotov most*，1925)、《阴谋》(*Zagovor*，1927)、《圣赫勒拿岛》(*Svyataya Elena，malenkiy ostrov*，1926)。

② 原文为法语。

③ 索菲亚·斯洛尼姆。

我可以至少在两个车站之间[1]见到你——之后直接去土伦——因为设想我从伦敦，而不是在巴黎去那儿更好。但要到明天我才能知道法维尔的膳食公寓的情况（知道之后我会马上写信给你）。亲爱的，对你的困境我深为不安。我能想到，和无赖待在一起必定受折磨。然而我想你不应该在巴黎停留（我不在的话），但最好直接去法维尔。我爱你，没有你，生活毫无意义，这样吧，要是你有足够的勇气，敢冒险，就马上离开。

弗拉基米尔

或者你有无可能待在埃琳娜·伊沃夫娜家[2]？或者在安娜·娜塔诺夫娜家[3]？要我问一下吗？

我在昨天的信里回答了你有关飞机的事，所以这封信就不寄航空了。[4]

* * *

ALS，2 页[5]

邮戳日期：1937 年 4 月 23 日

巴黎凡尔赛大街 130 号寄往德国柏林维尔默斯多夫，

奥斯纳布吕克大街 21 号格巴尔教授转

谢谢你，我生命中的爱人，为你的祝福[6]，也为《信使报》[7]。(顺便说一下，你读《文摘》上一篇有关瓦格纳的精彩的短文了吗?)[8]我的生日是这样过的：在塔塔里诺夫家午餐，之后——晒太阳，之后我要去见西尔维亚·比奇，之后和杜西娅[9]去《老实人》，之后去看利昂，如果有时间，去看多布任斯基，他在画我的肖

① 原文为法语。柏林到巴黎的列车停在巴黎北站，巴黎到土伦的列车从巴黎里昂车站开出。

②③ 不详。

④ 写在卡片写地址的这面的边上。

⑤ 写在卡片的边上，又画掉了。

⑥ 祝福他的生日，4 月 23 日。

⑦ 可能是他们保存的一篇文章，作者阿伯特·帕里，《俄国侨民的纯文学》，《美国信使报》(*American Mercury*) 第二十八辑，1933 年 7 月，第 316—319 页，此文举纳博科夫的作品为例并给予高度评价，看来是他的作品的最早的英语评论。

⑧《炫耀》，《文摘》(*The Literary Digest*)，1937 年 3 月 13 日，第 13 页："'我讨厌瓦格纳，'作曲家弗农·杜克说，'对我而言，这是一种厌恶症，瓦格纳厌恶症。我觉得他将各种不相干的东西带进了音乐。他抢劫了音乐本身的自然生命。'"

⑨ 埃尔加兹。

像，晚上，我得去拉丁斯基家参加朗读会。我在等伦敦的消息，但杳无音讯——我担心我的小书不会畅销。也许书评已经有了，但我不买英文报纸。

亲爱的，考虑一下法维尔：木已成舟，房子已经租下（条件是，要是我们不喜欢那儿，合同可取消）。①

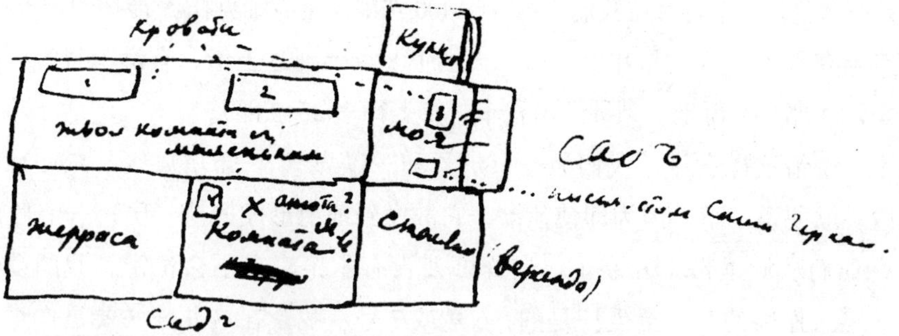

看看。房子周围是个葡萄园，与别的小屋隔开；南边，一条小径通向海滩（五分钟）；北边，有些小山和一片松树林。她提供我们床上用品，一只浴盆（她说是新的），所有必需的餐具。钥匙在隔壁的农妇手上，她会给我们洗衣服（另外，她还以玛丽亚·伊凡诺夫娜②的名义洗床单；她只要一半价格）。床垫是新的，尤其给我们用的床垫。屠户每周来送两次肉，放在农妇家（安吉拉·蒙塔拉哈夫人）。我们也许还能够雇她家一个女孩来做清洁工作——虽然打扫起来很容易，石头地面上铺着草席。海边的一切都很新鲜，阳光和沙滩。一般而言，这房子看上去干净整洁。所有的零碎物品我们可从海边的格鲁定斯基的杂货店买。所以：我们可以马上就动身（5月8号），但也许，我们也不用担心做饭，至少一个星期，头几天我们能够在埃琳娜·Iv③·戈尔德的膳食公寓吃饭，就在附近，口味不错，也便宜。没有电，但那儿9点半天还没黑（5月已是这样），我们可以早点睡觉，早点起床，跟那儿的人一样。阳台上有盏大煤油灯，屋里还有几盏小煤油灯。在走廊一头（餐厅），有个笼头，供我们用水。厨房里，我们有个火炉，有个煤油炉，还有个酒精炉（一般来说，没有煤气是唯一的不便）④。4个月（即从5月

① 下面是所租房子的速写，至多占八分之一的页面。纳博科夫作了些说明："你和小家伙的房间，床"；"我的房间，莎夏·乔尔尼的书桌"；"阳台"；"X M.I 的房间，阿纽塔？"；"餐厅（走廊）"；"花园"；"厨房"。

② 乔尔尼。

③ 伊凡诺夫娜。

④ "煤气"一词上标了个X，画了个箭头，从这儿画到下面方括号内的一段话。

8 号到 9 月 15 号），她只要 1600 法郎（什么时候付，怎样付，随我们意）；虽然有个条件，即 7 月，她会来待两个月，住在那个标着 X 符号的房间里（她是个善良的人，喜欢孩子——总之，我们住在她那儿会非常舒坦）。所以：我们需要一个月省下 700 法郎生活费——根据她乐观的估计，再加上 50 法郎用于木柴和煤油，那就是全部[1]，一个月会花我们 1350 到 1400 法郎（至少维克托[2]能挣到一半）。晚上 9 点半有班火车从这儿开出，第二天上午 8 点半到达土伦。有汽车将我们送到拉万登，从那儿，再坐一刻钟的出租车（算上行李 25 法郎）。

不，事情这样安排：我们租一只炉子和一罐煤气（“布塔煤气”——绝对没有危险，顺便说一下，因为即使泄漏，它散发到地上形成薄薄一层）一个月花 25 法郎；他们从城里带来并装上，这样即使没有木柴，也不会忙乱。我的爱，我的——渗入血肉的——至爱！是的，6 号或 7 号，我会在这儿——要是你觉得途经巴黎会让你不那么劳累，那就让我们在这儿见面——但仍然认为直接去土伦对你更有利。顺便说一下，我会弄清楚火车从柏林开出的时间和票价，并写信告诉你。今天的信大多是事务性的，我也急着要寄出去。记住：我不能再容忍任何改变了，那间小房子已经租下，房子整洁并便宜。你哪儿也租不到这么便宜的房子，而那儿的气候也如此宜人，小家伙会乐得手舞足蹈。我明天会给阿纽塔写信。她不跟我们一起来吗？久久地吻你，我的幸福。我给你买了一支很棒的唇膏。

弗拉基米尔

* * *

APCS

邮戳日期：1937 年 4 月 26 日

巴黎凡尔赛大街 130 号寄往德国柏林维尔默斯多夫，

奥斯纳布吕克大街 21 号格巴尔教授转

我的至爱，照片很精彩！谢谢我的爱！我坐在街角那家咖啡馆，沐浴在阳光

① 原文为法语。

② 纳博科夫自己的收入。

下，这让我既抓狂又痛苦：你不能和我一起欣赏那棵可爱的椴树，路人闪亮的鞋钉，我的红宝石色的杜本内酒。并不是最后的决定，我今天收到格列布[①]的一张软不拉几的明信片，告诉我他没有多余的两英镑来租一个厅；维克托[②]就担心要给他寄上两英镑，因为他会把钱浪费掉。考虑到《绝望》还没有一篇书评发表，斯特鲁夫认为并间接提议，我将注意力集中在萨布林身上，作为勃然大怒的后果，我几乎给他写了一封针锋相对的信。另一方面，我仍然没有得到萨布林的一个答复——他必定闭关了。我的计划是想早点，28号去那儿，和《自由俱乐部》达成协议，显然完全泡汤了。我会再等三天，如果没有别的事情发生，我会让你马上动身，亲爱的，这样，到1号，我们可以在法维尔了。我会将火车的情况写信告诉你。我今天给格列布写信，在和萨布林联系后，至少再认真组织一场俄语晚会，此外，租不到厅，就在私宅举行一场英语晚会。我觉得相当悲哀。最重要的是，如果英国方面不能解决问题，那就不需要推迟你的行程。我明天再跟萨布林夫人谈。在我看来，我仍然能够想方设法让此次伦敦之行成行。

我和朱尔斯·苏佩维埃尔度过了一个愉快的夜晚。我去了法亚尔，取几本《奔跑》[③]，提议他们翻译《绝望》。让[④]很可爱，答应很快给我回复。我和劳施完成了《菲雅塔》的翻译——结果很棒。[⑤]多布任斯基完成了我的肖像——我觉得画得很像。我见了伊柳沙、西尔维亚[⑥]、里德尔、埃尔加兹。我的一个片断登在复活节这期[⑦]，我有权利在5月给三篇，因为这个月只有一篇。想到我们就要见面，我的心跳了起来。为你而跳。和你一起跳。吻我的小男孩——问候阿纽塔。

我的钢笔罢工了。[⑧]

弗拉基米尔

---

① 斯特鲁夫。

② 纳博科夫财政方面的化名。

③ 即《疯子的奔跑》(*La Course du Fou*)，《防守》的法文版。

④ 让·法亚尔（Jean Fayard，1902—1978），作家、记者；法亚尔出版社创办人的孙子。

⑤ 这一时期并未发表。

⑥ 比奇。

⑦《孤独》(*Odinochestvo*)，《天赋》第二章，《最新消息》，1937年5月2日，第2、4页，东正教复活节，不是“Podarok”，作为《天赋》的第一次节选，发表于1937年3月28日，这天恰好是西方的复活节。

⑧ 用铅笔写的。

* * *

APCS

邮戳日期：1937 年 4 月 26 日

巴黎凡尔赛大街 130 号寄往德国柏林维尔默斯多夫，

奥斯纳布吕克大街 21 号格巴尔教授转

亲爱的，我昨天不必给你寄那张惊慌失措的明信片。水到自然渠成。我刚收到萨布林的一封很友好的信，晚会定在 5 月 5 号，这样，我最早可以 6 号返回。即使格列布没有组织英语晚会（5 月 3 号），不管怎样也值得去。我给了他们一份名单，给我在伦敦的所有朋友写信。我会在 30 号或 2 号动身。在哈斯克尔家，我得睡在客厅里。一切都好。我今天很高兴，因为不到两周就能见到你，亲爱的。还有他。我写安娜·娜塔诺夫娜[①]，只是因为她很久以前就提议我写。要是你仍然想途经巴黎走，那就 6 号或 7 号，我会设法给你找个房间。我要给你弄些适合海水和阳光的衣服，但我不知道你的尺寸什么的——这让我感到痛苦！今晚在一家私宅有场纪念扎米亚京的晚会（我会用法语朗读他的《洞穴》[②]）——那是一位女士的房子，古米廖夫的《蓝色的星星》就是献给她的。[③] 柳夏怎么回事，仍然没有联系。我爱你。经济的奇迹。我只在通信上花费很多。他们说我长胖了，晒得更黑了。我多么想让你得到休息。大家都赞不绝口——对我们的小房子。吻你。

弗拉基米尔

可怜，[④] 可怜的克莱门特·索恩[⑤]——泽约卡见到他如何坠落。他的翅膀，他

① 姓不详。

② 短篇小说《蓝色的星星》（*Peshchera*，1923）。

③ 古米廖夫的组诗《蓝色的星星》（发表于作者死后的 1923 年）献给埃琳娜·杜·布奇，他是 1917 年在巴黎遇见她的。不清楚见面的地点是她家里还是另一个有“蓝色的星星”之称的女人的家里，如伊琳娜·奥多耶夫采夫。

④ 倒过来写在卡片的上端。

⑤ 克莱门特·索恩（Clement Sohn，1910—1937），美国航展特技飞行员，死于 1937 年 4 月 25 日法国的万塞讷，现场有十万观众。他计划从一架飞机上跳下，穿着自制的滑翔衣，离地面几百米时再打开降落伞。这次，他的主伞和应急伞都未能打开。

可怜的翅膀……①

亲爱的阿纽特契卡：

我很伤心，你身体不适（甚至安娜·马克塞莫夫娜②信中也说到此事），生活如此忙乱和不便。我也于心不安，我不知道（没人知道）你的计划。我和柳夏详细讨论过小房子的问题，之后租了下来。你和薇拉一起来法国吗？我有多少事情要对你说！拥抱你，保重，我非常想你！

弗拉基米尔

* * *

APCS

邮戳日期：1937 年 4 月 27 日

巴黎凡尔赛大街 130 号寄往德国柏林维尔默斯多夫，

奥斯纳布吕克大街 21 号格巴尔教授转

亲爱的，很好，我同意。我没有力量继续进行这种远距离的棋赛——我放弃。你的健康，和母亲的见面，还有——为什么不承认——安静地写作《天赋》的可能性——这些就是我首先意识到的东西。但有关法维尔，我非常抱歉（我答应乔尔尼夫人，信中给她最后的答复，所以这不是一个问题）。所以现在：害怕就你而言③又有新的决定，我今天不想为我的签证冒险写上母亲（我去了捷克领事馆，没有证明他们不给我签证，而办证明要三个星期）。因而——要是决定去捷克斯洛伐克，那就赶紧，马上（否则我 7 号前拿不到）写信告诉她去部里，让他们将签证寄到我这儿。（既然我们很快就有在这儿的永久居留证，就不需要担心护照——虽然实际上，有可能签证要从捷克斯洛伐克寄到马克拉科夫那儿。）你应该马上动

① 原文为法语。语出雨果（Victor Hugo，1802—1885）的《巴黎圣母院》（*Notre Dame de Paris*，1831）第四卷第三章："他的翅膀，他可怜的肿胀的翅膀。"

② 不详。

③ 原文为法语。

身，别拖延。我对你很生气，但我很爱你。

弗拉基米尔

我[1]不明白我们为什么不能住在乔尔尼家，去附近的膳食公寓用餐。我仍然认为这是唯一可行的事情。这样，就无需做什么家务事。当一切进展顺利的时候，离开法国是荒唐的；这样，我会再度被这儿遗忘，一切都要从头开始。看在上帝面上，再想想。我们会一起做家务，我答应你。但如你所愿吧。

我不想再为法国其他的度假胜地烦恼了。[2]

* * *

APCS

邮戳日期：1937 年 4 月 29 日

巴黎凡尔赛大街 130 号寄往德国柏林维尔默斯多夫，

奥斯纳布吕克大街 21 号格巴尔教授转

亲爱的，我的英国之行整个泡汤了。斯特鲁夫没有就英语晚会给个答复，尽说些无关紧要的话，而（在明确的邀请之后）萨布林也改变了主意，他通过他妻子告诉我，不宜前往；因为复活节和加冕礼[3]。我无法告诉你，所有这些商洽将我逼进一种怎样的恼怒状态。可恶。总之，这个白痴给我——也给他自己——找了一个半月的借口。要不是第一次活动他组织得很好，我根本不会考虑第二次伦敦之行。实际上，他那时一无所得，而这次我提出收益中给他一份。可恶。我很好奇接下来会发生什么，就是说，你多久才能决定去哪儿，以及在你最后和不可改变（否则就会再次贸然让母亲兴奋）的决定去捷克斯洛伐克的情况下，我得在这儿等多久才能拿到捷克签证。

---

① 写在卡片的另一面。

② 沿着卡片左边直行书写。

③ 1937 年 5 月 2 日，东正教复活节；1937 年 5 月 12 日，乔治六世加冕礼。

明天，我会再给你写信——我今天心情不好，只有当你（我希望今晚）写信说你准备动身了，我才会平静下来。

我依然欣赏你，我甜蜜的爱人。拥抱我的小家伙。

弗拉基米尔

* * *

ALS，2页

邮戳日期：1937年5月1日

巴黎凡尔赛大街130号寄往德国柏林维尔默斯多夫，

奥斯纳布吕克大街21号格巴尔教授转

我的爱人，我的欢乐。我相信这是你最后的决定，你后天真的上路了。我在等签证，准备启程。有关护照，会再去见罗兹扬科和马克拉科夫——但我向你保证，你的担心是完全不必要的。趁我没忘，我要随身带这些东西，如晚礼服或小男孩的冬天衣服（尼娜姑妈的）？带一堆书怎样？五本《绝望》、两本《疯子的奔跑》、三本俄文《绝望》①？我要从柳夏那儿拿多少本？②回答所有这些问题。

想到很快就能见到你——还有他——（还有母亲）——我就高兴至极。记住我们见面的日期：8号和10号。之前我能拿到签证吗？

扎米亚京记忆中的那个夜晚是高调的、拥挤的、有点“怪”——顺便说一下，扎米亚京本人就有点“怪”。我读了法语《洞穴》（很不错的翻译），而布宁读了那个粗劣的俄语短篇③，有关一位红军战士（你知道，他枪杀了一位老妇人，但对一只——“小巧玲珑的”——麻雀感到惋惜：如此粗俗和一本正经。④布宁真是一个讨厌的好好先生。他多少能容忍我的诗歌，但他不能为我的“女性崇拜者”而原谅我。

---

① 俄文版《绝望》（*Otchayanie*）。

② 暗语：他要从存放在伊利亚·费金那儿的钱中取多少？

③ 扎米亚京的《龙》（*Drakon*，1918）。

④ 扎米亚京小说中的这位红军战士用刀刺人，就因为他的脸看上去很聪明。

我拜访了里德尔夫人：从她家窗户看出去，能看到展览馆那既宏伟又滑稽的低俗的石膏像（但沐浴在春天的淡淡的阳光中）。埃菲尔铁塔隐约可见，它俯视着这些唯利是图和生命短暂的建筑，就像是“一群风骚的少女中的一位老鸨”[①]。而我，亲爱的，近来脑海里酝酿着一首诗，但总是写不成：

塞纳河诱惑人的幽黑，
像是火焰的珍贵的泪水；
菩提树叶和绿色叶脉
在路灯的戏剧性的沉默中。

在电影院，我见到了“鸟人”可怕而令人震惊的坠落——这又是一种让我长时间不得安宁的震憾。

克莱姆·索恩，克莱姆·索恩，昨晚怎样度过?
在旅馆中梦见了什么?
……明天伦敦，六月阿姆斯特丹，
你可曾有预期，克莱姆·索恩?

除此以外，一个短篇正在酝酿中。[②]一般来说，我近来在体裁方面较为关注。《天赋》第二章已经想好，连标点都考虑到了。

伊柳沙[③]热心地去教堂（已去了五十七天——弗拉基米尔·米哈伊洛维奇[④]在日历上记下每一天——但还没有受洗）。[⑤]他生我的气（觉得我可怕），就像对一个无神论者一样。我说我不愿意去参加早祷，就因为当我进教堂的时候，所有的蜡

① 出自普希金的《致德尔维格》(*To Delvig*，1821)：“之所以今天遗忘 / 她年轻时的恶作剧 / 你的老鸨微笑地看着 / 一群风骚的‘雏妓’。”

② 他将发表的下一个短篇（11 月，但写作日期是 1937 年 6 月 25—26 日）是《云彩、城堡、湖水》(*Ozero, oblako, bashnya*)。

③ 丰达明斯基。

④ 津济诺夫。

⑤ 作为大斋节期间忏悔的一种异常严格的解释。

烛都熄了。维拉·尼古拉耶夫娜[①]不叫我别的，只叫我“异教徒”。这真是可笑[②]。

我仍然收到英国的来信，劝我别去那儿。布恩寄给我美国版权协议。我填写后寄回去；还得附上两美元。他还寄给我七篇书评的摘录。[③]“才华出众”，[④]“个性显著”。[⑤]但有份杂志认为，这部小说使我位于“世界上为数不多的幽默作家之中”！[⑥]这也许是有关我的评论中最真实的。

我要去听那位老人[⑦]的独白，他读他的回忆录第二部分。他已经对我读过第二部分的一章。近来我一再去拜访编辑们（《老实人》《巴黎杂志》《新文学》）——我至少想在动身前让事情有些眉目。我需要买把捕蝶网吗？

我爱你。当然啦，让我们在捷克斯洛伐克之行后去法国。哦，亲爱的，我担心你的度假胜地花费多，老下雨，我们也许会后悔没去法维尔……我的爱人，我的爱人！多久呢——一星期？十天？

弗拉基米尔[⑧]

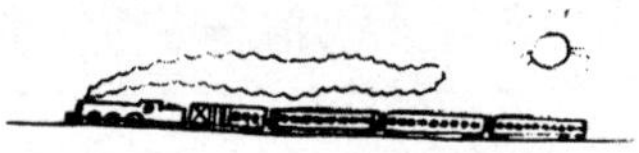

* * *

APCS

邮戳日期：1937年5月3日

巴黎凡尔赛大街130号寄往德国柏林维尔默斯多夫，

奥斯纳布吕克大街21号格巴尔教授转

亲爱的，我已经几天没有收到你的信了。你在哪儿啊？情况怎样？按我的估

① 穆罗姆采夫，布宁的妻子。
② 原文为法语。
③ 除了信中引到的三篇，还有《新闻评论》（*News Review*），1937年4月15日，《论坛报》（*Tribune*），1937年4月16日，《舆论》（*Public Opinion*），1937年4月23日，及《星期天时报》（*Sunday Times*），1937年4月25日。
④《伯明翰星期日信使报》（*Birmingham Sunday Mercury*），1937年4月18日。
⑤《爱丁堡晚报》（*Edinburgh Evening News*），1937年4月20日。
⑥《雷诺兹新闻报》（*Reynolds News*），1937年4月25日。
⑦ 约瑟夫·赫森。
⑧ 以下便是纳博科夫为德米特里画的画。

计，你已经动身了。在我的下一封信里，我会把有关护照的详情告诉你。不知道我什么时候能拿到签证，甚至大约的时间都不知道，这是很痛苦的事情。我爱你，我的至爱。你知道，我作品的节选（经过中国的旅程）① 获得了绝对“非凡的成功”。但某个粗俗的皮尔斯基 ② 在一篇冗长的文章中对我的《天赋》横加指责，说“他根本读不懂”，说“不能想象有谁能读懂”。③ 这篇文章简直就是愚蠢至极。我在准备一篇新的改头换面、篇幅不大的节选——以普希金为题材的故事 ④。我没完没了地吃各式各样的“帕斯卡”⑤——在伊柳沙家、塔塔里诺夫家、科科什金家、卢得涅夫家、维什尼亚克家，等等。关于浴盆的念头又冒了起来。我们应该买一只，对吗？栗子树开花了——一树亮丽的花，——丁香也开花了，温暖的天气，有蚊子了，我经常不穿外套到处走动。我会给你带一套小号睡衣——求你了，告诉我你的尺寸！我非常渴望写作，非常讨厌生活中没有你，也没有他。尽快给我写信！你知道吗？有人洗泥浴后体重会减少很多，之后需要到别处 ⑥ “增加体重”。吻你，亲爱的……

弗拉基米尔

* * *

ALS，2 页

邮戳日期：1937 年 5 月 5 日

巴黎凡尔赛大街 130 号寄往德国柏林维尔默斯多夫，

奥斯纳布吕克大街 21 号格巴尔教授转 ⑦

我的爱人，我甜蜜的爱人，我注意到，在你的上一封（也是令人愉快的）信里，没有一个字说到你的行程。

① 《孤独》(*Odinochestvo*)，《最新消息》，1937 年 5 月 2 日，第 2—4 页，选自《天赋》第二章。

② 彼得·皮尔斯基（Petr Pilsky，1881—1941），记者，里加《今日报》文学部主任。

③ 论《当代年鉴》第六十三辑，《今日报》，1937 年 4 月 29 日，第 3 页。

④ 这一节选，同样来自《天赋》第二章，最后并未单独发表。

⑤ 一种复活节食品，形如金字塔，是干酪和奶油做的，加上糖和鸡蛋以及其他佐料。1937 年的东正教复活节是 5 月 2 日。

⑥ 原文为法语。

⑦ 收信人地址画掉了，有人重新写了：捷克斯洛伐克：布拉格-德维奇，可洛瓦 8 号。

关于护照：我当然在申请你和我的居留许可（顺便说一下，罗兹扬科对埃弗塞·斯洛尼姆[①]记得很清楚。他是个大块头，肩膀很宽，留着胡子，眼睛乌黑，——他是玛丽亚·巴甫洛夫娜[②]的侄子)。我很担心还是拿不到居留许可（我的名字直接出现在一份“法国”护照上)，因为我2月回来时才提交了申请，3月，我听说申请已受理，进展顺利。今天，罗兹扬科为此去了安全局[③]，明天，我得再和他谈这件事。要是我们去了法维尔，如我们曾设想的，即要是我们住在法国的话，那通常情况下，事情办起来就很简单——我们可以静静地等待居留许可。但如果我动身前还拿不到居留许可的话，我就需要将护照从捷克寄回这里。周五，我会去捷克领事馆（他们告诉我，要是签证过期两三天，不会有多大的事)。我非常担心的是，我既不知道你要去哪儿，也不知道你什么时候去，也不知道我什么时候走，去哪儿（如你所见，这儿用了两个“也”，表达了双重的心理负担)。我们真的不能在8号，也不能在10号团聚吗？[④]请赶快，亲爱的！我相当、相当受够了这种分离。母亲那儿没有任何消息——这让我很不安。我能够非常清晰地想象你和琳娜[⑤]见面的情形。

今晚，我口述，让赖莎[⑥]用打字机打出《菲雅塔的春天》，[⑦]这篇稿子丹尼斯·劳施抄写得非常辛苦，他就像一个法国佬，字迹很难认。顺便说一下，我给格列布[⑧]的信这么写：“对于您的积极和有远见的帮助，我真诚地表示感谢。”这个傻瓜，我担心这对他不起作用。我的《天赋》产生了反响。卢得涅夫起了一些作用，因为我不经他的同意发表了一篇节选。[⑨]7月1日前我要设法给他提供第二章吗？这全然取决于我什么时候能离开这儿（因为在这儿我根本无法写作，虽然我有很多想法——今天，我至少要试着开始写那个我酝酿已久的短篇)。明天，我会见到柳夏——作为惯例，他会问我问题，而他比我更清楚如何回答这些问题。

---

① 薇拉的父亲。

② 丽亚·巴甫洛夫娜大公夫人。

③ 法国警察局的侦察部门，警察总局。

④ 5月8日是他们首次见面（1923）的纪念日，5月10日是德米特里的三岁生日。

⑤ 埃琳娜·西科尔斯基，薇拉的妹妹。

⑥ 塔塔里诺夫。

⑦ 法文版。

⑧ 斯特鲁夫。

⑨ 刊于《最新消息》。作为《当代年鉴》编辑部秘书，卢得涅夫通常会反对这份小报发表片断（如第一章的大概九分之一），抢在他们的“大刊”连载之前，或者只是因为没有得到发表每一章的许可。

有一次他打电话给我，问我能否马上见他，借他100法郎，因为有人跟他借这笔钱，一刻钟后，他又打来电话，不用借钱了——我真得没弄明白怎么回事。我假定，这是某种微妙的举动。好吧，我不买网了，就买浴盆——行吗？想到就要见到你和小家伙，我感到令人窒息的幸福。吻我的小家伙。我要把小家伙抱在怀里。我的小不点！我的小可爱！自从我带他一起散步，三个半世纪过去了——那些大街我一生中再也见不到了。

德米多夫[①]，那个大胡子的空想家，对我客气而有距离——但P.N.[②]有些“原谅”我最近的那篇文章了——他觉得我的车尔尼雪夫斯基是人身侮辱，因为他自己也在写那个时代。[③]（现在电话铃响了。是伊凡[④]。“虽然你，亲爱的同行，不知从哪儿抄的——仍是杰作！”）[⑤]我很少见到泽约卡[⑥]。他令人讨厌，几乎消失了。我从赖莎[⑦]那儿拿了一只小的银花瓶。那双黄鞋子送去修了——裂了些口子。我爱你，我的生命。

弗拉基米尔[⑧]

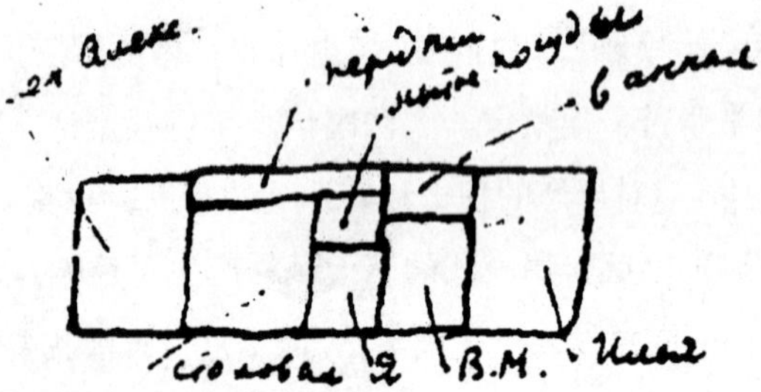

① 德米多夫（Igor Demidov，1873—1946），政治活动家和评论家，《最新消息》副主编。

② 米留可夫。

③ 是他作为历史学家的写作领域。

④ 布宁。

⑤《天赋》第二章描写康斯坦丁·戈杜诺夫-车尔登采夫通过中亚来进行鳞翅类昆虫学研究，如他儿子费奥多所想象的，费奥多想在他一去不返的这最后一次考察时陪伴他。费奥多和纳博科夫以想象戈杜诺夫伯爵的旅行，细节丰富，创造性地描绘了众多的物种，这在迪特·齐默的书（*Nabkov reist im Traum in das Innere Asiens*）中得到了辨认和再现。此书由汉堡Rowohlt于2006年出版。

⑥ 乔治·赫森。

⑦ 塔塔里诺夫。

⑧ 在此页的底角，薇拉画了丰达明斯基公寓的草图，并标出以下位置：“餐厅”，“我”，“V.M.”，“伊利亚”，“门厅”，“埃琳娜”。

* * *

APCS

1937年5月7日

巴黎凡尔赛大街130号寄往捷克斯洛伐克布拉格-德维奇，可洛瓦8号

亲爱的，坐船是种折磨，但坐办公室也是折磨：经过可怕的等待，我终于拿到了身份证，有了身份证，我也马上申请法国往返[1]签证（这样，他们肯定现在就会给我捷克签证）。然而，如我所意料的，俄国官员犯了个错误：身份证只是我的[2]（有了身份证，我能够马上获得法国南森护照[3]）。你得——好吧，有关此事我另写信——不管怎样，你无需烦恼（周一，我会和一位负责的官员再谈此事）。不过，要是我们打算7月7日前到达法国，那事情就很简单：在签证到期前几天，他们会根据法国签证给你盖章。作为跳板，我们也能很容易获得捷克居留证。我很担心你的行程。我的上帝，我的幸福，我多么高兴，你出行了！我收到阿纽塔的一封很亲切的来信，今天寄给你500克郎。

这三天我牙疼得厉害。我不得不去看医生杀死牙神经。我计划周三或周四动身去布拉格。我在等你的来信！明天第八天了——我们分开。快点——我等不及了！周一会去捷克领事馆再试试。小家伙在旅行中情况如何？我很高兴你在布拉格。你怎样去找母亲？代我吻她。过不了多久，我的爱人……

* * *

ALS，2页

邮戳日期：1937年5月10日

巴黎凡尔赛大街130号寄往捷克斯洛伐克布拉格-德维奇，可洛瓦8号

亲爱的，我是多么担心，你的小卡片今天才到。我要知道细节，我的三岁小

---

① 原文为法语。

② 从“我”一词，纳博科夫画了一个箭头到卡片的上角，并写：“你的也办好了，只是你得自己去取。”

③ 南森护照（Nansen passport）：指第一次世界大战后由国际联盟发给难民的旅行护照。——译注

男孩旅途中情况如何，他和我母亲见面的情况怎样，他看过照片认出她了吗……我甚至不知道你们住在哪儿。把签证寄给我得多久？我想周四动身。我害怕你会为护照着急，但我希望通过明天去见的那位同行[①]，我们能够以某种方式把事情办了。不管怎样，幸运的是，我获得了居留许可。无论如何，你应该解决在捷克的居留问题。或者我们7月7日前再回到这儿？

我同时得到消息，伽利玛在审读《绝望》，阿尔宾·米歇尔（通过杜西娅）来的消息也令人高兴：他们的审读人提供了出色的报告，因此很可能阿尔宾会接受这部作品。也许经由写作，我交上了好运，一切准备就绪。[②]走着瞧。

《菲雅塔》遇到了无休止的麻烦：不仅劳施再次的抄写很不清晰，而且又有了新的错误。我只能到周二交稿。这次重抄期限紧，又加上讨厌的牙疼，甚至今天（牙神经与药物较量）仍时不时地疼醒，疼痛蔓延震颤——让我有了几分疲惫。但最重要的是，我要尽早见到你俩，亲爱的……我高兴的是我们终于结束了与德国的关系。我绝不、绝不、绝不回到那儿。诅咒他们，那些邪恶的人渣。绝不回到那儿！[③]

我在做辞别“拜访”。和布宁夫妇共进晚餐。他多么粗鲁！（“一个人怎么能不喜欢你，”——伊柳沙[④]对我说——“要是你作为最好的俄国作家声名远扬。”我说：“你什么意思，我如何能声名远扬?！”“如何？——你写作！”）另一方面，维拉·尼古拉耶夫娜[⑤]，虽然有些愚蠢，依然渴望青春爱情（“他有时对我如此粗暴——里欧尼亚。”她对我说起祖洛夫[⑥]，语气有几分不得体的由衷的欢乐），但始终对我很亲切，帮了我许多忙。但伊凡[⑦]对她说话就像个穿波迪约夫卡[⑧]的粗野的暴君，朝她吼叫，令人讨厌地嘲笑她的口音——难看的大眼袋，乌龟般的脖子，总是有些醉意。但伊柳沙搞错了：他嫉妒的不是我的写作，而是无聊八卦渲染的我的“女人缘”。

---

① 原文为法语。

②《绝望》由米歇尔·斯托拉译成法文，名为《误会》（*la Meprise*）出版（巴黎：玛利玛，1939）。

③ 他说到做到。

④ 丰达明斯基。

⑤ 穆罗姆采夫，布宁的妻子。

⑥ 祖洛夫（Leonid Zurov，1902—1971），作家、艺术批评家，布宁的秘书。

⑦ 布宁。

⑧ 波迪约夫卡（poddyovka），在革命前的俄国，中下层男子穿的那种紧身长外套。

我刚去过拉霍尔家[1]。现在过了子夜。我很累。亲爱的，我多么喜欢你的字体，盖过了你的嗓音……明天，我期待一封长信。我拥抱别人的孩子——伊琳娜[2]的很可爱的婴儿、罗申夫人的漂亮女孩（他，罗申很和蔼——昨天陪我去看牙医）。

我见了柳夏，他没完没了地给我谈身份证的事情，让我烦透了。按我的理解，从现在起的两个月后，家具就要运去巴黎。是这样吗？

要是你能知道我多么想写《天赋》多好。多多地吻，亲爱的。我累了，我的笔不辨方向，跌跌撞撞了。昨天，我徒劳地想给小男孩找一张有火车的明信片。有家店铺的营业员对我说："我没有带火车的明信片，但要是你想买张可爱女孩的……"[3]这儿的栗子树开满了红艳艳的花！

弗拉基米尔

* * *

电报

巴黎，1937年5月10日[4]

布拉格–德维奇，可洛瓦8号，纳博科夫

我可爱的小男孩 +++++

* * *

ALS，2页

邮戳日期：1937年5月12日

巴黎凡尔赛大街130号寄往捷克斯洛伐克布拉格–德维奇，可洛瓦8号

亲爱的，我的签证成了一场可怕的噩梦。我没有说正在办理——相反，我曾让

① 可能指1937年2月1日信中提到的拉舍尔。

② 可能是伊琳娜·布朗斯特（基扬准采夫妹妹）的孩子。

③ 原文为法语。

④ 德米特里的生日。

你，现在也让你在布拉格进一步催促他们。无论我如何向捷克领事馆提出请求——我总共去了三次——他们不给我签证，因为：1）没有邀请，约花两周时间；2）要办的签证没有布拉格方面的再次许可，尽管事实上我的护照有效期不足两个月了。为防失效，我向布拉格提出申请（向国际事务部），但绝对需要在那儿向他们施加压力——最重要的是，向他们说明护照的有效期。我在信里附了张纸条，具体解释去哪儿和找什么人。所有这些绝对是可怕的事情。我现在主要担心的是弗兰兹巴德。亲爱的，我不能再在这儿晃荡了，这已经成为一个监狱了——这种分离——我要你休息，而不是越来越心烦意乱。没有我，你自己带着孩子真的不能去弗兰兹巴德，那不会让你得到休息，但对你来说，继续住在布拉格会身心疲惫，再加上物价昂贵。我的心已飞向布拉格和弗兰兹巴德——现在不可能也不愿意放弃。求你了，尽可能在布拉格催促他们，而我，就我而言，我会做同样的努力争取法国的南森护照，但这不会在可恶的有效期内办成。我无法告诉你，我多么痛苦，多么想见到你，我的生命。只是别做任何蠢事，别动身赴法国，除非绝对的肯定，世界上没有力量能让我得到一份捷克签证。我要寄给你500法郎——我崇拜你，所有这些没有意义，充满痛苦，仿佛命运乐于[1]折磨我们。亲爱的，我的无价之宝，我的阳光。我求你为我前去见你想方设法！

雪上加霜，我还得每天去看牙医。好吧，好吧，我想，这种地狱般的生活很快会结束。尽快给我写信，亲爱的。

弗拉基米尔

代吻母亲。

明天去德国领事馆，我会再设法延长护照期限。要是获得了布拉格的许可，你就发电报到这儿，这会对办签证有帮助。

* * *

APCS

邮戳日期：1937年5月13日

巴黎凡尔赛大街130号寄往捷克斯洛伐克布拉格-德维奇，可洛瓦8号

亲爱的，今天，我急匆匆地去找几位德国人，但他们只是建议我途经柏林去

① 原文为法语。

捷克斯洛伐克，在那儿延长我的护照期限——这当然是胡扯。明天，我通过马克拉科夫去一家法国机构，办理加急法国南森护照。我在等你有关捷克签证的消息。(我在一家餐馆写信——不知何故，人们渐渐不再邀请我，这会让我花上10多个法郎，比如今天。）我一生中似乎从未处于如此状态：恼火、泄气和痛苦的犹豫不决。要是最后我不能马上获得法国护照，另一方面，要是他们不能把签证从布拉格寄给我——没有那愚蠢的六十天保留期限——那我会让你来这儿。我已经向柳夏征求意见——他建议我再试试。事情变得很可笑[①]——我们如此分离。我觉得我那位小男孩现在会认不出我了。至于你，我只是在梦中清晰地见到你，亲爱的。

明天，我要去补牙——要是有时间，我得拔掉两只牙根——我的牙龈肿并化脓。今晚，我会在卡拉什尼科夫家，我在地铁里遇到了他。我无法告诉你，我多么想去捷克斯洛伐克。昨天我给你寄了750克郎。我的幸福……

弗拉基米尔

代吻母亲!

* * *

ALS，1页

邮戳日期：1937年5月14日

巴黎凡尔赛大街130号寄往捷克斯洛伐克布拉格-德维奇，可洛瓦8号

亲爱的，无需给我写这些生气的信。我想方设法能离开这儿——但你得理解，没有布拉格方面的许可，捷克根本不会给我签证（不给旅游签证，也不给其他任何签证)。马克拉科夫写信给本地的捷克大人物，请求他们能否为我的签证帮忙，但我周一前不会拿到签证。我能做的[②]就是不断去这些官僚机构，因为我需要：1）要么捷克给我签证，尽管我的德国护照有效期不足——每天都在接近那个日期——我只能在有效期内办理法国往返事宜；2）或者办理法国南森护照——今天，我会去安全局。我求你再耐心等几天——别做任何蠢事，如回柏林什么的。要是你真要走，那当然来这儿。但我肯定——至少他们答应我——下周初，

①② 原文为法语。

我终究能去布拉格。你的来信只是加深我的痛苦。无论如何，我极为担心你的境况——尤其是因为你显然不打算去弗兰兹巴德——你怎么能孤身一人走呢。我们的书信成了某种官僚主义的报告，满是官样文章，但我崇拜你，我自己为这种拖延而抓狂。别给我写这样的信，亲爱的，我的幸福。

弗拉基米尔

* * *

ALS，2 页

邮戳日期：1937 年 5 月 15 日

巴黎凡尔赛大街 130 号寄往捷克斯洛伐克布拉格-德维奇，可洛瓦 8 号

我至高的幸福——现在看来，我终于就要达到目标了。昨天电报以燕子般的速度[①]飞来。今天上午 10 点，我已经（他们周六关门较早）在捷克领事馆了。但结果是签证还没有到，尽管已经寄出。当签证寄出时，难道没有附一份我的护照有效期不足的说明？——难道签证的寄出不是因为我的特殊请求，而是考虑到母亲先前的努力？还是无论如何作了说明？我请他们作特别说明，并提供档案号。从领事馆，我带着马克拉科夫给大使的信急忙来到捷克公使馆，他的这封信花了四天时间（!），也不巧他有事外出，所以我只能周二上午见到他并去领事馆——要是我拿到了签证，我会在周二这天动身去布拉格。昨晚我梦见，我的小家伙沿着人行道朝我走来，不知何故脸上脏兮兮的，穿着一件黑色的小外套；我问他："我是谁？"他回答：瓦洛佳·纳博科夫，还露出一丝微笑。今天我的牙疼治好了——临时补一下，能管两三个月，但我没有时间把牙根拔掉。用药水漱口后，牙肿好了一些。亲爱的，我对你的布拉格生活有模糊的感觉，我觉得你很不舒服，也不自在——你对臭虫的看法让我明白了很多。我可怜的爱人……昨天，我在安全局逗留了几乎四个小时，他们答应尽可能……周四前办好法国护照，但当然，要是我周二拿到签证，我一秒钟都不会耽搁——另外，我不再相信他们的承诺。我已被所有这些无意义的折磨弄得精疲

① 原文为法语。

力竭——一想到你的忧虑，你的等待，我更加忧心如焚。钱的问题：柳夏有3100法郎和105英镑。我从中取了1100法郎寄给你，两倍（加上我手头有的）。除此以外，我还有一英镑银币和200法郎。我也许能找到买票的钱而不动用存款。

今天，霍达谢维奇就《天赋》写了篇有见解的书评。[①] 他曾拜访过我。今晚，我要去那家俄国剧场，观看《阿兹夫》[②] 的首演。最近几天我一直在写《菲雅塔的春天》，进行润色——我觉得已经尽力，但仍有很多修改，我已经改了三稿。我坚持每天晒太阳——总的来说，已经康复——你知道，现在我能够坦白地告诉你，因为我忍受的那种痛苦——难以形容——治疗前，即二月，我几乎处于自杀的边缘——但对你的爱没让我走到那一步。亲爱的，我很快就要见到你，这是千真万确的吗？就四天了，要是命运不作祟的话。亲爱的，我答应你，你会得到很好的休息，我们的生活无疑会更容易更简单。我和伊利亚·丰达明斯基及津济诺夫是越加亲密的朋友——他们很出色。我也无法告诉你，我多么感激科根·柏恩斯坦，我会欠她5000多法郎（!），要是她收钱的话。（一场活动通常花费100法郎!）别太担心，亲爱的。无论如何，我们很快就团聚了。告诉母亲，我吻她，我没有给她写信只因为我写信的精力全花在你身上了。

弗拉基米尔

* * *

电报

邮戳日期：1937年5月15日

巴黎

德维奇，可洛瓦8号纳博科夫

周六还不在这儿，直到周二晚上 +++

---

①《论〈当代年鉴〉第六十三辑》，《复兴》，1937年5月15日，第9页。

② 作家、记者和剧作家罗曼·居尔（Roman Gul，1896—1986）的剧本，关于密探叶夫诺·阿兹夫的故事。

* * *

APCS

邮戳日期：1937 年 5 月 17 日

巴黎凡尔赛大街 130 号寄往捷克斯洛伐克布拉格–德维奇，可洛瓦 8 号

亲爱的，昨天收到你和母亲的明信片后我平静下来。明天终于是周二啦——我期待签证，好像这是一场考试。花了两天时间，我在整理东西——到处都是书信、手稿和书籍——更别提和房东的复杂关系。

今晚，在默里斯旅馆，我与弗洛拉·所罗门有个约会，他明天回到伦敦。两天前的那场演出[①]糟透了。亲爱的，见到你我多么高兴！吻我那个小家伙。

弗拉基米尔

我亲爱的妈咪：

要是明天这种噩梦般的混乱状况得以解决，那周三晚上或周四上午，我会见到你啦。我真是不敢相信分别这么多年后会这么快地见到你。小家伙很可爱吧？我拥抱你和 E.K. 还有罗斯季斯拉夫[②]。爱你。

弗拉基米尔

* * *

电报

邮戳日期：1937 年 5 月 18 日

巴黎

德维奇，可洛瓦 8 号纳博科夫

拿到签证，周三晚上生效 +++

① 在俄国剧场演出的《阿兹夫》。

② 叶夫根尼娅·霍菲尔德，纳博科夫母亲的女伴，罗斯季斯拉夫·佩特凯维奇，纳博科夫妹妹奥尔加的儿子，帮助照料纳博科夫的母亲。

*　*　*

APCS

邮戳日期：1937年5月19日

巴黎凡尔赛大街130号寄往捷克斯洛伐克布拉格-德维奇，可洛瓦8号

亲爱的，我周四上午10点启程（途经瑞士和奥地利），周六（!）早上6点20分（!!）到达布拉格。[①] 我不可能有别的旅行路线——什么原因我以后跟你解释。我多么高兴，亲爱的！昨天，我在大使馆和领事馆之间奔波——他们直到最后一刻还在折磨我——今天，则在瑞士和奥地利领事馆之间穿梭。之后，柳夏又折磨我。我原本今晚就走，但走不了。我很愉快地和弗洛拉[②] 见面。她提议20法郎一个月，总共六个月，任何时候开始都行。（我在一家便宜的、吵吵嚷嚷的餐馆写信，很不方便。）还有许多杂事，我爱你，我很高兴，一切顺利。伊达[③] 的丈夫刚出车祸去世。爱你，我的天使！

弗拉基米尔

那位[④] 饶舌、悲伤的侍者汗如雨下，这个大声咀嚼的法国佬。明天，启程去见你，见我的小家伙，见母亲。可怜的阿尔达诺夫到处问，霍达谢维奇的评论是否侮辱了他。我将晚礼服留给了那个鞑靼人。我构思了一个很精彩的故事。[⑤]

*　*　*

ALS，2页

邮戳日期：1937年6月21日，周一

布拉格德维奇可洛瓦8号寄往马里昂巴布希别墅

亲爱的，我想早些写信，但我不知道寄到哪儿，也担心要是信寄到埃格尔兰

① 纳博科夫加上："别来接我，当然!!"字写在卡片的上方，在"早上"一词上划了根线，在"6点20"下写"威尔逊"。

② 所罗门。

③ 不详。可能是伊达·埃尔加兹，虽然纳博科夫提到她时总称她杜西娅。

④ 写在卡片的另一面。

⑤ 可能是《云彩、城堡和湖水》(*Oblako, ozero, bashnya*)，第一次发表时注明日期为1937年6月25—26日。

德，之后信会退回到这儿。我去了库克旅行社①，（刚才）去了意大利领事馆。库克的建议，最好的路线是这样的：早上7:15从布拉格出发，经过林茨直接到威尼斯（第二天早上5:35），在那儿换车，下午8:23到达尼斯。或者我们能够这么走：晚上10:40从布拉格出发，第二天晚上10:15到威尼斯，第三天下午3:46到尼斯（路上过两晚）。两种方式都是二等车厢840克郎，三等车厢550克郎。按我的意见，第一种路线无论如何要比你说的更为便利，在维也那住一个晚上。因而，我建议，亲爱的，回到这儿（周四?），在车站附近过夜，上午出发（顺便说一下，我愚蠢地将返程票给了布拉格的检票员）。但有个谜团：我们两个的过境签证（他们几乎在我的签证上盖章，但我决定花时间弄清楚你的想法）花了188克郎（即与入境签证一样价格）。我要弄清瑞士签证花多少钱（我们无论如何要为奥地利签证花钱，不管要花多少），如果价格是一样的，我们得付钱②，虽然价钱死贵——188克郎。另一方面，如果瑞士签证真的便宜（在巴黎我没花什么钱），那我们最好从巴黎走——你怎么想？蒂博③显然是个白痴；我得尽快从他那儿把《菲雅塔》撤回来，让波朗直接投给《新法兰西杂志》或《测量》。否则，我要么在这儿再寄一份稿子（我总共只有三份），要么写信给丹尼斯④，让他去一下《巴黎评论》，拿稿子交给波朗（不幸的是，他忙他自己的事情，考虑到波朗的变化无常，这当然有风险）。也许你有关杜西娅⑤的看法是对的，我不清楚……但无论如何，我应该亲自把这件事安排好。我会把《音乐》给《巴黎评论》，如果《法国评论》不接受的话。你要在马里昂巴待几天？你会在那儿留下来吗？我要去你那儿吗？不会太贵吧？顺便说一下，我开始写一个短篇，三天后完成（我是给伊柳沙⑥写的）。给阿尔塔格拉西亚⑦的信随“汉堡”号出海了。

因为路轨要修理，我的火车晚点一个半小时；所以，当我到会堂时，已经8点了，没有更改。你可以想到，母亲是多么担心！座无虚席。我朗读了《菲雅塔》

---

① 托马斯·库克，旅行社。
② 原文为法语。
③《巴黎评论》的编辑。
④ 劳施。
⑤ 埃尔加兹。
⑥ 丰达明斯基，即或者给《当代年鉴》，或者给《俄国纪事》，1937至1939年，它们是姐妹刊，丰达明斯基是这两家刊物的编辑和支持者。后者发表了这篇小说。
⑦ 德·詹尼利。

和《列奥那多》[1]。之后他们招待我喝啤酒。

今天我要去看牙医。他仍无视我的灵魂，好像这是他自己的床，我的爱人，我的小兔子。如此激动和崇拜……我无法告诉你，我多么遗憾，你如此悲伤，我可怜的，甜蜜的爱人。我爱你吻你，还有他。尽快来信，我是否要申请意大利签证，我明天会让你知道瑞士签证要花多少钱。问候阿纽特契卡。母亲拿到烟很感动，她谢谢并吻了她……鞋子很合这个肥胖，粗鲁、暴躁的奥尔加[2]的脚，虽然她总是暗示，她的脚要比你的脚小。给母亲的手套也很合适。你的肝脏怎么样？我为你要了吉卜林和法尔格[3]的作品。亲爱的……

弗拉基米尔

* * *

APCS

邮戳日期：1937年6月22日

布拉格寄往马里昂巴布希别墅

亲爱的，瑞士签证不花什么钱（我一直没有拿瑞士签证，谨慎些，也担心意大利人不愿意在上面盖章），所以，你现在可以决定了。我身上有240克郎。我仍然需要付卢伯契克[4]（或者叫这个名字的什么人）80克郎，剩下的给母亲（我已给她100）。我花了许多零花钱，夜间出租车要价很高。我仍然不知道奥地利签证要花多少钱。你尽早决定：1）拿什么签证，2）周四（甚或明天）我应该去马里昂巴还是在这儿等你。我觉得，今晚，要是你寄快件，我会收到对我昨天的信的回复，我就能知道该怎么做。我们有足够的钱支付一切开支吗？我今天收到杜西娅的来信：你让我心都碎了[5]，但我已经将你的合同寄到弗兰兹巴德（他们还没有回

---

① 《列奥那多》（*Korolyok*），《最新消息》。1933年7月23日，第6页，1933年7月24日，第2页。

② 奥尔加·佩特凯维奇，纳博科夫的妹妹。

③ 法尔格（Leon-Paul Fargue，1876—1947），法国诗人。

④ 不详。

⑤ 原文为法语。

寄给我）。要是我签字，“我会带2000法郎给费金先生”[①]。她又说，书出版之前，她会努力将译文发表在“巴比主编的刊物上”[②]。所以，我急于要见你，决定如何，从哪儿，什么时间我们去旅行。在维也纳中途停留要花多少钱？我能在一小时内拿到所有的签证。吻你，亲爱的，吻他。

弗拉基米尔

① 原文为法语。

② 原文为法语。《每周评论》（*La Revue hebdomadaire*），1892年创办于巴黎；伯纳德·巴比（Bernard Barbey，1900—1970），瑞士作家。

1939年

ALS，2页

1939年4月3日

伦敦S.W.7布里金广场5号寄往巴黎十六区

马鲁瓦路31号凡尔赛皇家旅馆

亲爱的：

首先，我崇拜你；其次，这是最愉快的一次旅行，虽然海上风浪很大，我几乎站立不住，一位小个子的老妇人差点掉下船去。但之后，从福克斯顿到伦敦，如同坐在华丽的帕尔曼车里——我简直不能相信这是三等舱。

我有个可爱的房间，天花板上画着蝴蝶，萨布林夫妇非常和蔼——我觉得我能在这儿待到地老天荒。科诺瓦洛夫①认为我会6点前到达，准备了某种晚宴，我不知道到底是什么，他会再给我打电话。我给哈里斯打了电话，同他的妻子安杰莉卡·瓦西尔②说话，为周三的活动作安排，但她会再给我打电话，因为我要求她安排得早一点。采特林夫人打电话来，她答应我今天下午3点和一位“有影响的”人见面。我未找到莫莉③，但我今天上午再试试。我路上几乎没吃什么东西，因为船只颠簸，所以随身带了许多吃的，用来改善我的早餐，因为这是“大陆”，即管家（通常是一个吉夫斯④）会送来茶和加果酱的面包，在床上用餐。布莱凯维奇⑤也打来电话；我明天在他的住处用晚餐。躺到一只真正的浴缸里非常

① 科诺瓦洛夫（Sergey Konovalov，1899—1982），斯拉夫学家，伯明翰大学教授（1929—1945），后成为牛津大学纽学院俄语部主任（1945—1967）及牛津大学俄国古典丛书的编辑。

② 瓦西利耶夫娜。

③ 卡朋特-李。

④ 吉夫斯（Jeeves）：美国作家沃德豪斯（P.G.Wodehouse，1881—1975）所著小说中人物，现用来指理想的男仆。

⑤ 布莱凯维奇（Mikhail Braykevich，1874—1940）曾是工程师、经济学家、立宪民主党成员，艺术收藏家和艺术活动赞助人，与世界艺术组织联系密切。

舒坦。亲爱的，你一双会说话的眼睛仿佛就在我面前。别忘了：1）关于贝德叶夫①要和伊柳沙②联系；2）设法将钱转给母亲；3）跟普里尔③联系。我今天或明天会给他写信。吉夫斯正在伺候我的帽子，看来他并不乐意见到这些帽子。

在《玛丽安娜》④上，有五行文字提及《误会》⑤，一味吹捧或一派胡言。我带了这份报纸，我不知道怎么寄，但要是我知道怎么寄，我会寄的。吻你，亲爱的。现在我用印刷体来写：

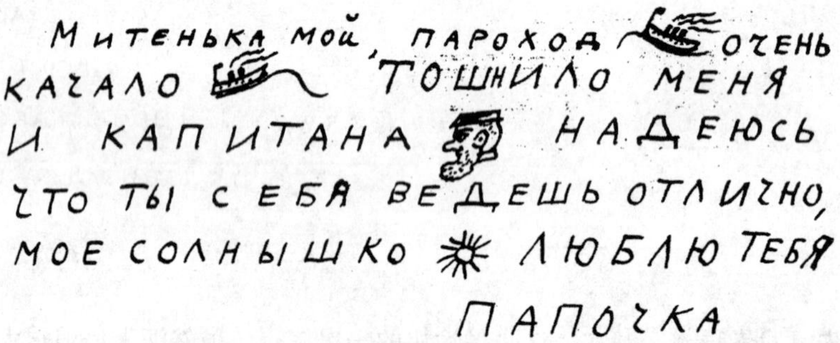
Митенька мой, пароход очень
качало тошнило меня
и капитана надеюсь
что ты себя ведешь отлично,
мое солнышко люблю тебя
папочка

我的米坚卡，轮船晃得很厉害，船长和我晕船，我希望你表现很好，我的小太阳，爱你。

爸爸

39.4.3. 上午 10 点

* * *

ALS，2 页

1939 年 4 月 4 日

伦敦布里金广场 5 号寄往巴黎十六区马鲁瓦路 31 号凡尔赛皇家旅馆

我的亲，我的爱：

我发现了这张小照片——微笑着朝外张望。

---

① 哲学家尼古拉·贝德叶夫要给纳博科夫申请里兹大学的教职写推荐信。

② 丰达明斯基。

③ 普里尔（Jarl Priel，1885—1965），作家，纳博科夫小说《斩首之邀》和《事件》的法文译者。

④ 法国知识分子周刊，由加斯东·伽利玛创办，1932 至 1940 年发行。

⑤ 即《绝望》。

昨天我在采特林夫人家——他们三个[①]都准备去巴黎，“同意”我住他们——可爱的——房子。要是我成为萨布林夫妇的负担，我就可以搬到那儿；所以，以防万一。M.S.[②]以一种非常亲切的方式，安排了一切，并给了我钥匙。这儿，在萨布林家，论愉快与舒适，无与伦比，所以我不打算搬，除非迫不得已。与采特林夫人一起，我去见了威尔太太[③]：一位上了年纪的英国知识女性，她曾安排过我伯父的讲座，写过一本有关“俄国的灵魂”[④]的书，认识不同的作家，等等。我周日会再次去拜访她。晚上，我见到了很可爱也很豪爽的科诺瓦洛夫，（他看上去很像托尔斯泰的彼埃尔！）[⑤]在咖啡馆，他给了我很多的各种各样的信息——给我介绍了有关推荐信、申请程序和计划的情况——我大多记下来了——总之，他特别热心地想提供帮助。不仅里兹，而且谢菲尔德也有空缺。除了我自己，另有两个申请人，其中之一便是斯特鲁夫[⑥]，但他说，斯特鲁夫的信息有误，即他期待高薪，但实际上没有那么高，所以他离开伦敦去里兹没有意义。他相信，这个职位适合我。夜里，我为讲英语的人准备一本俄语语法书。另外，注意到我不停地抱怨，他答应帮我得到补贴。我得向巴林和阿索尔公爵夫人[⑦]提出申请，附上由有影响的人士——教授什么的——签名信，他会综合考虑——也将同样的信寄给美国的巴哈米特夫[⑧]。总之，所有这些都是不确定的，如同写在水上，但水毕竟能反映出可能性的蓝天来。今天，我同意与格列布和名叫所罗门的男爵夫人[⑨]见面，因为她（通过采特林夫人）要求见面。今天，我在波尔亚科夫夫妇家[⑩]用了午餐，会去查令十字街和莫莉见面，在布莱凯维奇家晚餐。昨天，我给布隆伯格[⑪]打了电话，没找到他，我留了电话号码，但他没有打过来。我现在再给他打电话试试。吉夫斯想要给我洗衬裤，当他朝壁橱里看时，感到很吃惊。我爱你，我的宝贝，

---

① 米哈伊尔和玛丽亚·采特林及他们的儿子瓦伦丁。

② 玛丽亚·采特林。

③ 威妮弗蕾德·威尔（Winifred Whale，1870—1944），英国作家和翻译家。

④《俄国的灵魂》（*The Soul of Russia*），伦敦：Macmillan and Co. 1916。

⑤ 彼埃尔·别祖霍夫，托尔斯泰小说《战争与和平》中的高个、肥胖和戴眼镜的男主人公。

⑥ 格列布·斯特鲁夫，那时在伦敦大学的斯拉夫研究院任教。

⑦ 阿索尔公爵夫人，即卡捷琳娜·斯图尔特-默里（Katherine Stewart-Murray，1874—1960）。

⑧ 巴哈米特夫（Boris Nakhmeteff，1880—1951），工程师和商人，哥伦比亚大学市政工程教授；俄国临时政府驻美国大使，直到1922年6月。

⑨ 布德伯格。

⑩ 可能指记者和作家所罗门波尔亚科夫-里特福采夫。

⑪ 约瑟夫·布隆伯格，安娜·费金的亲戚。

给我写信，吻你。

弗拉基米尔

39.4.4. 上午 10 点半

亲爱的，这些胖乎乎的红色双层巴士倒映在潮湿的马路上。爱你！

爸爸

* * *

APCS

1939 年 4 月 5 日

伦敦布里金广场 5 号寄往巴黎十六区马鲁瓦路 31 号凡尔赛皇家旅馆

亲爱的，现在我得知道你的看法。我要给母亲寄些什么——又是一封 E.K. 来的绝望的信。我接到一份贝德叶夫出色的推荐信。昨天，我在波尔亚科夫家用午餐——他的样子几乎就是一个墨索里尼，来了很多客人。我和泰雷尔爵爷[①]就尼科尔森[②]进行了交谈，并不很成功，因为他们已经剑拔弩张。稍后，我和莫莉及她的很有风度的丈夫一起喝茶。[③]她给我带来剧本，[④]重新打过的，但只有一份……现在我给罗兹扬科[⑤]打电话。之后，我在很和蔼的老布莱凯维奇家晚餐；他们收藏了很多油画，尤其是索莫夫[⑥]的许多作品，让我意犹未尽。所有这些意味着巨大的距离，下雨，下雨。晚上在萨布林家，我邂逅了卡塞姆-贝克[⑦]、

① 威廉·泰雷尔爵爷，即拜伦·泰雷尔（Baron Tyrrell，1866—1947），外交部常务副秘书长（1925—1928），英国驻法国大使（1928—1934）。

② 哈罗德·尼科尔森，英国外交官和作家，1937 年，纳博科夫的《绝望》寄给他写书评。

③ 不详。

④ 也许是《华尔兹创意曲》(*Izobretenie Val'sa*）的翻译，此作写于 1938 年 9 月，刊于《俄国纪事》第十一辑，1938 年 11 月，第 3—62 页；德米特里和纳博科夫翻译：纽约：Phaedra，1966。

⑤ 罗兹扬科（Sergey Rodzyanko，1878—1949），政治家，曾是俄国杜马成员，与纳博科夫的父亲熟识。

⑥ 索莫夫（Konstantin Somov，1869—1939），“世界艺术”的一位杰出画家。布莱凯维奇成了他的好朋友，索莫夫 1939 年在巴黎去世后，布莱凯维奇是他产业的遗嘱执行人。

⑦ 卡塞姆-贝克（Aleksandr Kasem-Bek，1902—1977），俄国侨民无政府主义的政治团体“青年俄罗斯”的领导人（1923—1937），此团体 1923 年成立于慕尼黑。

比林①和舒瓦洛夫②。K.B.，一位有着杏仁眼、浅黑色肤色的活泼男子，热情邀请我出席他们在巴黎的茶会。现在我要去见布德伯格，之后去见斯特鲁夫，之后是艾伦·哈里斯，之后就是我的朗读。我非常非常崇拜你！

弗拉基米尔

39.4.5.

我的米坚卡，给我画一张小小的画。吻你。

* * *

ALS，2页

1939年4月6日

伦敦布里金广场5号寄往巴黎十六区马鲁瓦路31号凡尔赛皇家旅馆

亲爱的，晚会非常成功，我挣到了20多镑（期待有更多的进账），萨布林致词，结尾是“与其说他戴着月桂冠不如说是一顶荆棘冠”。我朗读了《利克》和《博物馆》。③中场休息时，一位声音刺耳、戴着夹鼻眼镜的小个子女人朝我走来，问：我只想知道一件事情——你收到我的回信了吗？……（记得——我们在芒通收到的。）当我说收到了（加上各种格外亲切的声音），她又说：“我不需要再说什么了。”——说完盛气凌人地走开了。《邮报》④（一家像《竞赛》这样的小刊物）⑤的一个摄影师给我、给听众和墙上的画作拍了照。伊娃·鲁琴斯也在场，丑陋，

① 可能指约希夫·比力克，翻译家和记者，他的文章出现在《新俄罗斯》上。纳博科夫在1932年11月14日信中曾提到尤齐娅·比力格，索菲亚·普雷格尔的一个朋友。

② 舒瓦洛夫伯爵（Count Pavel Shuvalov，1903—1960），电影场景设计师。

③《利克》（*Lik*），《俄国纪事》第十四辑，1939年2月，第3—27页，又《菲雅塔的春天》（*VF*），纽约：契诃夫出版社，1959；《访问博物馆》（*Poseshenie Muzeya*），《当代年鉴》第六十八辑，1939年3月；又《菲雅塔的春天》（*VF*）。

④ 多半指1840年创办于伦敦的《邮报》（*Post*）。

⑤《竞赛》（*Match*），巴黎一家体育周刊，创办于1926年，1938年成为新闻周刊，1949年更名为《巴黎竞赛》（*Paris-Match*）。

年迈，但仍有一丝“风韵”①。布隆伯格②没来，虽然我邀请了他。

昨天上午，我拜访了布德伯格——她处理我的事情非常果断和精明，简要介绍了几个计划，要“塞巴斯蒂安·奈特”③——我把第二份打印稿给了她——她有个出色的出版商，很喜欢出这一类书。4点，我见到了格列布。他坦率地解释，如果去里兹，他们给他的酬金比伦敦多（就是说，多于450镑），那他就会去那儿。帕尔斯给他们推荐了两位人选——他和我。如果情况属实，那我在伦敦的候选资格也是帕尔斯推荐的。如果第三位候选人（在谢菲尔德任教的英国人）得到了里兹的职位，那谢菲尔德的职位就空出来了。换句话说，结果似乎是，不论哪种状况，总有个位置是我的。过几天我会见到帕尔斯。斯特鲁夫并不想愚弄我——更有可能愚弄我的是科诺瓦洛夫。有关申请、教学、课程，诸如此类，我全都了解了。帕尔斯会和里兹保持联系，安排我去那儿进行一次面试（每位候选人都有这个程序），既然我在伦敦，否则我得为此专程从巴黎来。6点，我参加了哈里斯家的聚会，给了他我的“塞巴斯蒂安”，尽可能光彩照人——聚会很出色，气氛活跃。

今天上午，我在博物馆④的昆虫展厅花了两小时，那儿的人（我仔细读过《昆虫学家》）⑤欢迎我，将我当作他们中的一员，邀请我随时可以到那儿工作，让我随意看各种藏品，看整个图书馆（要比赫林的图书馆大三倍，也更好）⑥，我首先找出灰蝶科——发现我的品种（“混杂”品种）完全不为人所知⑦，虽然那儿陈列很丰富，仅“科里东”⑧品种就占了四只盒子。刚才，我和波尔亚科夫夫妇及一位来

---

① 原文为法语。

② 约瑟夫·布隆伯格。

③ 纳博科夫的第一部英文小说《塞巴斯蒂安·奈特的真实生活》（纽约：New Directions，1941），写于1938年底至1939年1月。

④ 大英博物馆。

⑤《昆虫学家》（*The entomologist*）是英国著名的昆虫学杂志，纳博科夫儿童时就读过，1920和1931年他在这个刊物上发表过文章。

⑥ 赫林（Erich Hering，1893—1967），德国昆虫学家，柏林动物博物馆馆长。

⑦ 1938年7月20和22日，纳博科夫在阿尔卑斯海滨地区的莫利奈特获得的蝴蝶品种，后来名为“吕珊德拉-科米翁”（Lysandra cormion），见《吕珊德拉-科米翁，欧洲蝴蝶新品种》，《纽约昆虫协会会刊》第四十九辑，1941年9月，第265—267页。

⑧“科里东”（coridon）是吕珊德拉，现称“波利马托斯”（Polyommatus）蝴蝶的地方变种。纳博科夫虽然为他捕到的蝴蝶起了新的名称“吕珊德拉-科米翁”，但他意识到这多半是吕珊德拉-科里东（Lysandra coridon）和波利马托斯-达弗尼斯（Polyommatus daphnis）的“杂种”，这正如在1989年由克劳斯·舒里安（Klaus Schurian）所证明的。

自智利的女士，马歇尔太太[①]在萨布林家用了可口的午餐。此刻（将近4点），我必须带着我的剧本去罗兹扬科家，之后和维伦京一起晚餐。

我刚收到你的雅致、蓝色纸张的来信，我的妩媚和温柔的爱人！我单独给米坚卡写信。我感觉很好。谢谢你，亲爱的，为睡衣和衬裤——穿起来一定很好看。所有的推荐信，加上申请和简历会在这儿复制，做成单独的小册子。我爱你，爱你，永远爱你。

我明天给阿纽塔写信。

弗拉基米尔

39.4.6.

* * *

ALS，2页

1939年4月7日

伦敦寄往巴黎十六区马鲁瓦路31号凡尔赛皇家旅馆

亲爱的，21镑之外，我又得到了10基尼，但这是给母亲的。我需要从这里（可能的话）寄给她吗？从巴黎转寄怎么样？看起来会有更好的收益。如果格列布不在最后一刻改变主意的话，那会有一场英语晚会。昨天，我带了我的剧本去找罗兹扬科，坐下来和他讨论了很长时间（在一间很宽敞的工作室，墙上挂满了——绝对是毫无才华和死气沉沉的——画作），我们谈兴很浓（既偶然，也很典型，他对我父亲的死显然一无所知）。他答应尽力而为，说了他可联系的五六位人士；几天后，我会见到他的小姨子[②]。我在维伦京的俱乐部用了晚餐——他是个病态的饶舌者——他花了整整一小时，絮絮叨叨，告诉我同一个故事（1926年，他如何被车压过的情形），还不断说上一句“长话短说”，而就是这句话也时不时让他想起“英国生活的奇特”，这会把他引到一个新的话题，迂回曲折，最

① 不详。

② 原文为法语。

后又回到他的故事上来。晚餐后，和他及一位特别和蔼可亲的克劳福德少校[①]（他认识我父亲，也读过《绝望》），我们去一家音乐厅，顺便说一下，那儿有很好的与吉特里[②]有关的素描。今天是耶稣受难日，街上空空荡荡，很安静。今天下午，李邀请我去看足球赛，我会在格林贝格家用晚餐。今天上午，我去肯辛顿公园散步（博物馆——即我的那个部门——关了，天哪，直到周二——这地方离我住处不远，就像伊柳沙住得离我们很近一样）[③]；这很奇怪，但在路上，我比上次更要清晰地想起往日的生活——也许因为我现在住在同一个地区，离我们过去住的那条街[④]只有几步路——我去看了那幢房子，四处看看，用鞋跟去踩一摊我长久未能去掉的狗屎。公园里很潮湿，有股草地洒过水的味道，坏脾气的天鹅游弋在小帆船之间，黄黄的三色堇开出花来（比其他任何地方，这些花看上去都更像希特勒的小脸）。我得在一家餐馆晚餐，因为萨布林夫妇应邀外出了。我的小太阳，你和我的小家伙睡得如何？再给我写信，要快。我没有时间将普里尔的译文看完，[⑤]我今天上午可以看完，要是不必打扫房间，像每天要严格执行的仪式一样。我要打电话给奥西亚[⑥]吗？他既没有露面，也没有跟我联系。洛里[⑦]安排好了晚餐——根据萨布林的暗示判断，他们也会在那儿为我收集一些信息，也就是说，我可能也会在那儿作些朗读。我周三会在特尔科夫夫人[⑧]家朗读。下周中旬，布德伯格和哈里斯会有回复。我觉得我会在15号动身——但只有当我不必去里兹才行。季娜[⑨]没有只言片语给我。亲爱的，温柔地吻你，我崇拜你，别有任何担心，爱你。

我的欢乐，我在这儿的池塘边看见孩子们将一只玩具军舰送下水。

我爱你。

爸爸

① 不详。

② 吉特里（Sacha Guitry，1885—1957），法国演员、剧作家、电影导演和编剧。

③ 如丰达明斯基的公寓与纳博科夫在巴黎的住处的距离。

④ 1919至1920年，纳博科夫一家住在伦敦，位于切尔西的埃尔姆帕克花园6号。

⑤ 普里尔将《斩首之邀》译成法文。

⑥ 约瑟夫·布隆伯格。

⑦ 不详。

⑧ 艾德里安娜·特尔科夫-威廉姆斯。

⑨ 马勒夫斯基-马勒维奇（莎霍夫斯考埃）。

39.4.7. 下午两点

* * *

APCS

1939 年 4 月 8 日

伦敦布里金广场 5 号寄往巴黎十六区马鲁瓦路 31 号凡尔赛皇家旅馆

亲爱的，谢谢你的可爱的来信——还有内衣。我每天给你写信，但周四（朗读之后）上午，我没有时间，11 点我就得出门——让他们来打扫（我想我——是的，我想——去博物馆），所以，这封信下午寄出。今天是个安静的日子——我在哈斯克尔家午餐，刚回来（4 点 30）——她有很可爱的孩子——尤其是那个小女孩，她说话就像我们的孩子，“四点一刻”。昨天，我和李①去看了一场球赛，他开车（一个多么好的人!）来接我，后来，他开车把我送到格林贝格家。萨韦利很想帮我一点忙——他不停地问我的情况，诸如此类。我给斯特鲁夫打了电话，给帕尔斯写信，周一会在斯特鲁夫家起草一封（给巴林）通知函。我今天不想再出门了，要看普里尔的译文②。我不能原谅自己没有带上我的蝴蝶——那只木盒子。要是有人来这儿——让他带给我！要是你小心地包好，用英文和法文写上：易碎品！蝴蝶！方便的话也可以寄来。我也设法让卡达科夫③帮忙。真遗憾把这事给忘了。我已经不咳嗽了。我的温柔，我亲爱的幸福，吻你。

弗拉基米尔

4.8.

丹尼斯·劳施是对的。④

---

① 莫莉·卡朋特-李的丈夫。

② 即《斩首之邀》法语译文。

③ 原文为法语。尼古拉·卡达科夫，昆虫学家。

④ 纳博科夫说明他的一个法文译者的姓名的拼写是正确的。此句话沿着卡边的右边横写。

* * *

APCS

1939 年 4 月 9 日

伦敦布里金广场 5 号寄往巴黎十六区马鲁瓦路 31 号凡尔赛皇家旅馆

亲爱的，最近三天相当空闲，因节日的缘故[①]，但从明天开始，一周的忙乱又要开始了。今天在萨布林家会有十人共进午餐，够热闹的；下午 4 点，我会在威尔太太家；下午 6 点半，洛里会来带我去"赴宴"。我给弗洛拉[②]打电话，没人接，后来才听说她父亲刚去世。快告诉我——我是否要给她写信说点什么？我想周二我会得到有关《塞巴斯蒂安》的回复，也会马上在朗家里露面。维拉·马克夫娜[③]愿意给我介绍出版社海尼曼[④]（甚至比达克沃思更好），她的丈夫[⑤]是这家出版社的审读，所以如果哈里斯和布德伯格不成功，我的一份稿件可以给海尼曼，另一份给朗。这不错——关于荷兰。根据昨天 E.K. 的信，母亲有所好转——在医院很舒服——很遗憾她没有早点去那儿……非常爱你，我的宝贝。我已写信给布宁，也会给帕尔斯写信。

吻我的米坚卡

一千个吻！

弗拉基米尔

4.9. 上午 10点，

一个灰蓝色的周日

① 复活节。

② 所罗门。

③ 哈斯克尔。

④ 威廉·海尼曼（William Heinemann，1863—1920）于 1890 年创办的英国出版社。

⑤ 阿诺德·哈斯克尔。

* * *

ALS，2 页

1939 年 4 月 10 日

伦敦寄往巴黎十六区马鲁瓦路 31 号凡尔赛皇家旅馆

我的爱，我的幸福（还有一张小卡片——最后一张了，我想——在晚礼服口袋里发现的——昨天我第一次穿这件衣服——我其实不必穿它）。现在有人来接我去打网球，和苏马洛可夫[①] 先生一起打，他神奇地用左手，我昨天在俱乐部领教过他的厉害了。我想——他和那些大师打过球：威尔丁、麦克劳克林、戈伯特[②]，更别提他的同时代人。他很和蔼，只有四十四岁，是英俄俱乐部的秘书。打球后，他们要带我去拜访切尔纳温夫人，我会在那儿吃饭，到 5 点，从那儿去格列布家，我可能会在那儿待一晚上。

昨天，我们在这儿很愉快地享用了一顿复活节午餐。不知何故，我和可爱的舒瓦洛夫伯爵很投合。（他带来了他的小男孩——眼睛乌黑，身材匀称——他和我们的孩子同岁！）[③] 舒瓦洛夫（他在派拉蒙任装饰师）答应给我找一个出色的戏剧经理，要是罗兹扬科那儿没有结果，可以把剧本给那位经理。我爱你。那儿的一个牧师也穿深蓝色的法衣，特尔科夫夫人（脾气坏，汗毛重），我和她就津贴的可能性等问题作了一次明确的谈话。周三我会见她。下午，我拜访了威尔夫人，她已和麦克杜格尔夫人[④] 说起我，我们商定，我今天给她写信，这样，我能够和她见面。她是个特别富有的女士。我回来，发现萨布林家有个冗长的茶会，下午 7 点，洛里打来电话，说来接萨布林和我，我们开车去俱乐部。这是一幢优雅的别墅，有四个网球场，俄国裔酒吧招待有点像安提比斯海角的厨师。[⑤] 那儿人极多，

---

① 苏马洛可夫伯爵（Count Mikhail Sumarokov，1893—1970），20 世纪 20 年代的网球冠军。

② 威尔丁（Anthony Wilding，1883—1915）、麦克劳克林（Maurice McLaughlin，1890—1957）、戈伯特（Andre Gobert，1890—1951），网球冠军。

③ 亚历山大·舒瓦洛夫（Aleksandr Shuvalov 生于 1934 年 5 月 4 日，比德米特里大六天），后成为伦敦戏剧博物馆馆长。

④ 不详。

⑤ 1938 年 8 月下旬到 10 月中旬，纳博科夫一家住在安提比斯海角。

几个人作了演讲，唱了一支饮酒歌，诸如此类。有人朗诵诗歌："往日，米哈伊洛夫·苏马洛可夫在网球场打败所有人，如今，纳博科夫在散文、戏剧和诗歌领域打败所有人。"我恐慌地看见一张笑嘻嘻的脸向我靠近……内夫[①]，他用这种语气说话，大家不禁会想我们是从德国来的老朋友。但他第一次到俱乐部来（换句话说他是特地来看我的）——而就我来说，我起初以为，他即使不是俱乐部的一个董事，也是这儿的一个常客，也就是说，他表现得很成功。晚餐后，当我们（萨布林和我）去洛里家喝茶，我告诉他内夫有怎样的"氛围"；他很惊讶，发誓他会弄清楚他究竟是如何进入俱乐部的，即谁来推荐，谁认识他。我爱你，我温柔的爱人。我刚收到里贾那[②]的一张明信片，说以"人民的心情"的视角来看，布鲁塞尔的晚会不能再继续了。我要在这儿再待下去，比如待到18号吗？仍然有许多事情我需要去了结。所以，我的幸福，我必须走了。我崇拜你。

弗拉基米尔

4.10. 周一，上午10点

我爱你，我的米坚卡

给我写信

* * *

ALS，2页

1939年4月11日

伦敦寄往巴黎十六区马鲁瓦路31号凡尔赛皇家旅馆

我的至爱，我先回答你的几个小问题：有关1937年我的期待，我和帕尔斯有过一次既长久又亲近的谈话；另外，切尔纳温夫人不断对他提起我（而且，我和他就"保障协会"有过通信[③]），所以，他记住了我；然而，我不能从他那儿拿到推荐信，因为他自己已经把信寄到里兹了，不可能那么笨拙地问他要一个"证据"。换句话说，无论他暗中青睐谁，他已经正式把票投给我了——我不能再有求于他了。

---

①② 不详。

③ 科学和知识保障协会，1933年成立于柏林，旨在为流亡学者提供帮助。

昨天，我打算顺便拜访他——他是切尔纳温夫妇的邻居，她建议我这么做，他们是好朋友；但事实上他还没有从乡下回来（复活节，整个伦敦都去乡下度假了，这可以说明我的社交活动的某种停顿——还有，这种停顿是想象中的，因为我总是去打扰别人，如果我去博物馆，只是因为那些时间里我想不到能做别的什么事情）。大学明天开学，所以，我无论如何能见到他。他还没有给格列布回信（有关怎样利用我在英国的有利条件，现在就筹划在里兹的众所周知的面试），即他们可能还没有把信转给他。今天上午，我在俱乐部很开心地和不同的对手打了两局（东西我都收到了——白裤子、鞋子，等等）。之后我喝了双份威士忌，并由洛里开车去看切尔纳温夫人。她多么迷人！顺便说一下，她告诉我，她特别对《天赋》的某些内容有感觉，因为她父亲是一个（著名的）植物学家和探险家①，她两次伴随他（在20世纪20年代）去阿尔泰等地，之后，他失踪了，像我的人物②，她在托木斯克得知，他死了，但事实上，那时他被一些本地反叛者抓住了。她的丈夫③在博物馆工作，与我就隔了几条走廊。之后，我去了斯特鲁夫家。三个孩子与他们的父亲很像，不怎么好看，长着红红的大鼻子（虽然长女不无吸引力），但第四个孩子，一个约莫十岁的男孩，也像他的父亲，但有一点不同：他绝对迷人，长相很俊，有种波提切利画中人物的美感——很可爱！④尤伦卡⑤还和以前一样，健谈，不修边幅，对童子军入迷，她穿一件难看的背心，戴一顶宽边、有帽箍的帽子。应该喝茶的时候没有茶水，而他们的"晚餐"包括复活节蛋糕和复活节的奶酪（两者都很难吃）——孩子就吃这些，不是因为贫穷，而是因为缺乏家教。我让自己和格列布待在一起，让他当场就写我跟你说过的信（给巴林），随后浏览了他所有的教材。在他看来，我的英语朗读晚会将在周五，在什克洛夫斯基家⑥，而就我所知，是收费的。我不清楚。我会去拜访拉米⑦，把你的20镑给他。萨布林仍有母亲的10镑。我给麦克杜格

---

① 瓦西里·萨波日尼科夫（Vasily Sapozhnikov，1861—1924），俄国植物学家和地理学家。

② 康斯坦丁·戈杜诺夫-车尔登采夫，费奥多的父亲，《天赋》主人公，是个昆虫学家，他在阿尔泰及中亚其他地区探险；费奥多想象在最后一次旅行中陪伴他，此次旅行，戈杜诺夫-车尔登采夫伯爵一去不返。

③ 弗拉基米尔·切尔纳温（Vladimir Chernavin，1887—1949），鱼类学教授。

④ 格列布·斯特鲁夫的四个孩子：玛丽娜（生于1923年）、安德列（生于1924年）、尼娜（？）、丹尼尔（？）。

⑤ 尤利娅，格列布·斯特鲁夫的妻子。

⑥ 什克洛夫斯基（Zinaida Shklovsky，？—1945），编辑和专栏作家，艾萨克·什克洛夫斯基（Isaak Shklovsky，1864—1935）的妻子，后者是记者、人种学家、作家。

⑦ 不详。

尔写了信。几天后去拜访朗。布德伯格答应跟威尔斯[1]谈谈，我不是今天就是明天去看她。今天上午，我去见了埃文斯（一位弄蝶专家）[2]，一位很有风度的老人，他与从印度归来的科斯特亚伯父[3]很熟悉。我们无所不谈，开始于弄蝶的生殖器官，最后谈到希特勒。我后天会再去见他。很后悔没有把那只（木）盒带来。我在家午餐，我在等古伯斯基[4]的电话，我给他打电话，写了一份申请。下午 6 点，我要去李家。亲爱的，我全力以赴，但做这种事情，我没有能力，甚至也没有诀窍。但多么高兴，真的很高兴，布勒卡[5]会来到这儿的神奇的公园里……我永远爱你。给帕尔斯写了信。吻你，亲爱的。

哈罗，我的欢乐，谢谢你可爱的照片——尤其是松鼠和自行车的照片。我爱你。爸爸

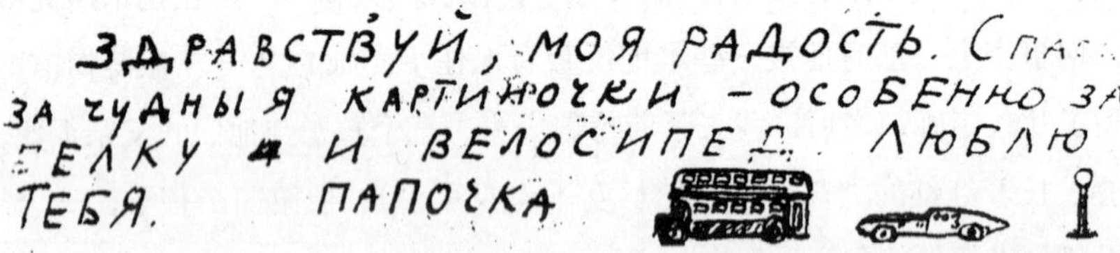
ЗДРАВСТВУЙ, МОЯ РАДОСТЬ. СПАС
ЗА ЧУДНЫЯ КАРТИНОЧКИ – ОСОБЕННО ЗА
ЕЛКУ И ВЕЛОСИПЕД. ЛЮБЛЮ
ТЕБЯ. ПАПОЧКА
[6]

39.4.11. 下午 3 点 30

* * *

ALS，3 页

1939 年 4 月 12 日

伦敦布里金广场 5 号寄往巴黎十六区马鲁瓦路 31 号凡尔赛皇家旅馆

亲爱的，首先，那些差不多画掉的是什么？什么字母？这都胡扯些什么呀？

---

① H.G. 威尔斯。

② 埃文斯（Brigadier Evans，1876—1956），昆虫学家、英国军官，在印度服役；弄蝶（Hesperidae），属于典型的弄蝶族（skipper butterfly）。

③ 康斯坦丁・纳博科夫。

④ 尼古拉・古伯斯基，哈斯克尔的秘书。

⑤ 德米特里。

⑥ 纳博科夫在信的结尾处为德米特里画了一辆双层巴士、赛车、路灯及另一辆汽车。

我不明白你要说什么——或说了些什么——但我以为，你无疑会明白，你以及我们的爱，以及所有的事情，都是始终如一，不必怀疑的。求你了，别这样，对我来说，除了你——还有他，什么都不存在。然而，我的回应也许不得要领，因为我不明白你头脑里到底在想什么——但不管是什么——应该马上并永远丢弃。现在关于我待在这儿的问题：至多到星期天，我不能再待在萨布林家了。另一方面，我真的应该再待三四天。如果采特林夫妇不回来，我可以在17号搬到他们家里去住——她把家里的钥匙留给我了。今天，我跟斯特鲁夫说了，他保证，要是我“困”在这儿，21号会有一场收入丰厚的英语朗读会。这当然是最后期限了，因为无论如何（除了一件事，下面再说），我22号晚上要到家。同时，我觉得，我在这儿待的时间越长，对我的前景越好，就是说，对等待里兹面试的邀请有好处（这样，比如说，我决定待到21号，包括这一天在内，并在最后一刻收到了邀请，那我得在这儿多待一天，坐汽车去那儿花六小时，也就是说，当天可以来回）。所有其他的事情——《塞巴斯蒂安》[1]、那个剧本[2]、转让契据、那些额外的关系之间的疏通，都需要花时间。今天有季娜的一封来信——法语朗读没有落实，所以，比利时之行就完全泡汤了。是的，我似乎要待到21号——这意味着我在这儿会见到维纳韦尔。你自己17或18号见他。我已经详细写了我的情况：1）我已经准备好，明天就会让人把材料打出来，整洁和漂亮；一份申请、一份简历和三份推荐信，加上三位推荐人的简介——威尔斯、帕尔斯和科诺瓦洛夫；2）这只有在公告之后才能寄给大学；3）公告可能在4月，或在5月初；4）我在等帕尔斯的信，所以，我能够知道在公告之前，即现在，能否赶到里兹参加面试——通常是可以做到的，即并不严格限定公告的程序——但只是他们需要知道（通过帕尔斯）我在这儿，而把我从巴黎召来就比较麻烦；5）有三人在谋求里兹的职位，斯特鲁夫和两个英国讲师：a）如果少于500镑，斯特鲁夫不会接受这个职位，b）帕尔斯并不看好莫里森[3]，如果报酬少于他在伦敦的收入，莫里森也不会要这份工作，他在伦敦教波兰语、塞尔维亚语，等等，这就是为什么，也很明显，他将我推荐为候

---

① 纳博科夫的小说《塞巴斯蒂安·奈特的真实生活》，他想在伦敦找到出版商。
②《华尔兹创意曲》。
③ 不详。

选人。c）B……（我忘了他的名字——不，没忘，我想起来了——伯基特[①]）在谢菲尔德有同样的职位，收入250镑，看起来，他是我唯一真正的对手，不过，他要是获选，那他原来的教师职位就空出来了。这就是我目前所了解的，但到17号，可能有些事情会明朗起来。我和威尔太太谈起希克斯[②]，考虑到维纳韦尔和他的联系，我能够请她为此给他[③]写信（不管怎样，我离开前会去见她）。我现在当然写不了“作品”——那是不可想象的。但以防万一，请把《真实……》寄给我，文稿在我的公文包里，当然，当我回去，我所要做的就是用英语写有关俄国文学的东西。

昨天我在李家，过得很愉快——我与他成了莫逆之交，而她，根据某些迹象判断，正期待一个孩子。今天上午，我接到几个电话：1）伊娃[④]，请我去吃饭——要是她没把给母亲的10个基尼给我，我不会去；这当然是家庭晚餐（虽然她讨好地小声说，她有我的诗，“永远不会丢掉”）。2）很可爱的谢尔盖[⑤]，他对这个剧[⑥]很满意，把它给了莱斯利·班克斯[⑦]（一位著名演员），期待明天晚上会有结果。我会再去拜访他。3）布德伯格的电话——说她对《塞巴斯蒂安》着迷什么的，把它给了出版商，认为我有个很好的机会，写信给沃波尔说起我，要在20号安排他和我共进晚餐——我说，那时我是否还在这儿我明天给她回音：我明天会去她住处。4）古伯斯基的电话。我现在必须去见他——看来我得暂停写信，我的宝贝，我无限的爱，我的幸福。

今天上午，我在东方皮草商行，邀请奥西亚[⑧]（另一位不在那儿）去一家酒吧，请他喝啤酒，给了他20镑，会马上寄给你。萨布林建议把这笔钱从这儿寄给母亲，即给叶夫根尼·康斯特，他可以通过他的慈善服务系统来做这件事。汇率

---

① 伯基特（George Birkett，1890—1954），谢菲尔德大学教授、作家，与雷蒙德·比兹利和内维尔·福布斯合著《俄国：从瓦兰吉亚人到布尔什维克分子》（*Russia from Varangians to the Bolsheviks*，1918）。

② 可能指约翰·希克斯（John Hicks，1904—1989），经济学家，那时是曼切斯特大学教授（1938—1946），自1933年，维纳韦尔在那儿教法国文学。

③ 纳博科夫画了个箭头将“他”和“希克斯”连起来。

④ 鲁琴斯。

⑤ 谢尔盖·罗兹扬科。

⑥《华尔兹创意曲》的英译。

⑦ 莱斯利·班克斯（Leslie Banks，1890—1951），演员，20世纪30年代在阿尔佛雷德·希区柯克导演的几部电影中有出色的表演。

⑧ 约瑟夫·布德伯格。

不错：一镑等于22马克。我在家午餐。见过古伯斯基之后，我回了家。斯特鲁夫会过来，我们会去参加在特尔科夫家举行的一场文学晚会，我会朗读《被推翻的暴君》[①]。

我会给普里尔写信——顺便说一下，我很想让你见见那些先生。[②]

天很热！三天来，我没穿外套就四处走动。永远爱你。当我从古伯斯基那儿回来，我会检查是否信中把一切都告诉你了，尤其涉及你的问题和关切，如果有什么没写到，我明天再补上。我每天给你写信——你都明白了吧？吻你可爱的眼睛！

弗拉基米尔

39.4.12.

我的米坚卡，我的爱！

爸爸

* * *

ALS，4页

1939年4月13日

伦敦布里金广场5号寄往巴黎十六区马鲁瓦路31号凡尔赛皇家旅馆

我的爱人，我的天使，祝贺：十四年啦！[③]再有一周，我就能吻你，我的温柔。今天，我起床时，突然觉得一切都失而复得——尤其是因为格列布酸酸地告诉我，在什克洛夫斯基夫人家的英语朗读晚会给我的报酬不超过3镑（然而，我也会有自己的措施）。我明天去拜访她，亲自把一切都安排好。所以，眼下：我只写信给伦敦在P.O.尤斯顿的科诺瓦洛夫（心想他能否路过那儿——尽管他不知道21号前我都在这儿——我要再见他）。我觉得，他仍在巴黎，在他父亲家里。[④]通

① 《被推翻的暴君》（*Istreblenie Tiranov*），《俄国纪事》第八至第九辑，1938年8—9月，第3—29页；由德米特里和纳博科夫翻译，《被推翻的暴君和其他短篇小说》（*Tyrants Destroyed and Other Stories*），纽约：McGraw-Hill，1975。

② 普里尔正在将《斩首之邀》译成法文。

③ 4月15是他们的结婚纪念日。

④ 亚历山大·科诺瓦洛夫（Aleksandr Konovalov，1875—1949），政治家和国务活动家，商人，钢琴家。

过《最新消息》很容易找到他。我在信里问他：1）我是否要把复制的申请，附上他的说明、简历及几份推荐信，直接寄给里兹的副校长，不等公告（有时根本不公告，事先进行候选人的遴选）；2）他是否会让里兹方面知道我在英国，可以前去参加所需的面试（因为让我从法国专程而来则比较困难）。如果你能见到他，那就太棒了。真的，格列布写信给帕尔斯，尤其是第二点，很有希望。帕尔斯接受了，但稍安勿躁[①]。另一方面，我作为候选人的材料已经提交（但记住，我们给的是西贡的地址[②]，所以，如果我还在英国，我会通过迂回路线收到他们的面试等通知：西贡—马鲁瓦[③]——布里金5号——运气好的话，就在我回程中发出通知），是由科诺瓦洛夫和帕尔斯提交的（因为就我而言——用格列布的话说）——帕尔斯只是说他提交了（附上格列布整理的我的简历），昨天，我为此特地去了古伯斯基家，他女儿是帕尔斯的秘书，即她了解他的信件。她告诉我，他确实把我作为候选人的材料寄出了，他们希望早日收到他寄出的材料。我和她说好，他一回来她就告诉我，这样，我可以马上去见他。我今天给她打电话想试试运气，但他仍没回来。我需要他，首要的是，和我写信给科诺瓦洛夫所说的事情一样。格列布安慰我，让我无需担心，“水到渠成”，“到时自然就会知道”，诸如此类，他并不理解，眼下若能解决对我来说是多么重要。不过，他写了封很精彩的信给巴林（总共复制了六份），我能肯定，他很快就会收集签名。总之，我有个感觉，这会有结果，只可惜我们的命运是个荡妇，对身体的关心胜过灵魂。

古伯斯基还是那么愚蠢和不靠谱——在他弯腰驼背的讲话中，在他带点讽刺味的沮丧心情中，甚至在他看起来有点像阿基里斯·K[④]的长相中，都是如此。我刚从他家回来，换了衣服，带着《被推翻的暴君》去特尔科夫夫人家。那儿约有三十个人，还有复活节蛋糕。大部分是妇女，我担心印象有点怪异——我这么判断，因为，在一连串通常的赞美之后，阿德里亚娜[⑤]暗示，她为我的理性担忧。格列布用一种柔和动听的声音吟诵了几首关于彼得堡的诗，这是从俄国来的一位

---

① 原文为德语。

② 此前，纳博科夫一家曾住在巴黎西贡路8号；1939年2月，他们搬到凡尔赛皇家旅馆。

③ 凡尔赛皇家旅馆位于马鲁瓦路31号。

④ 不详。

⑤ 特尔科夫-威廉姆斯。

匿名女诗人的作品。对我来说，我对伊丽莎白·希尔[①]最感兴趣，这是位活泼、壮实和具有男子气的女士，有着狼一般的下巴，火辣的眼睛——是剑桥大学的俄国文学讲师。她详细地告诉我她的工作和“美好的青年”的情况，邀请我10月在剑桥作一个讲座——一个公开的讲座——有关19世纪俄国文学。我拿不到讲座的报酬，但他们负责我的全部旅费。我说好的，当然可以。一般而言，她缠住了我，务必要落实《塞巴斯蒂安》的出版（我仍然一本样书也没有）。她今天还要给我打电话，定下一次见面的时间，我得给她两个电话号码，因为我今晚会在不同的地方。她缺少女性的魅力。她精力充沛、干劲十足，强调社交生活（她的学生唱俄国歌曲——你明白我的意思），但她的俄语很出色——她是一个俄国牧师的女儿。狮子一般的——简直是一头母狮。今天上午，我和普里尔忙个不停，把给大学的文件誊抄[②]出来，之后我又给我们的小家伙买了一件（价格便宜，但质量很好）小玩具，用了午餐，现在要去布德伯格家，从那儿去格林贝格家晚餐（他答应“考虑一下”，但他也是个优柔寡断者，和格列布一样），从那儿去看萨布林夫妇的一位朋友，女演员夏洛夫夫人[③]（年老、发胖——我说这些只是以防万一，虽然即使她年轻苗条，什么也不会改变——我唯一感兴趣的一个女人——是你）。萨布林夫妇非常亲切，尤其是他（在一副傲慢的外表下）。我今天午餐时向他们宣布，我会在伦敦待到21号，但17号会从他们家里搬走。他们不反对。我担心那额外的三四天的花费会比之前待的所有日子还要多。顺便说一下：香烟每天花一先令，两趟地铁（但我坐地铁经常超过两趟——多达六趟或八趟）为六便士——如果距离短，一张邮票两个半便士，伦敦邮票一个半便士，另外，还有其他零碎花费，比如我得买信封，所以我每天至少要花掉两先令。当然，我把买车票的钱放在边上。

我给所罗门写了信。别忘了维纳韦尔和——科诺瓦洛夫。家具怎么样？你开始搬了吗？我写信给普里尔，说我22号前回不去，最糟糕的是，我妻子也可能回不去，诸如此类。我有他先前给我的信——关于手稿的那封信。

好吧，就这些，亲爱的。我所做的事情好像盲人摸象。面对错综复杂的人际关系，我觉得自己像个白痴。我准备回巴黎了，让里兹像座城堡一样浮现在地平

---

① 伊丽莎白·希尔（Elisabeth Hill，1900—1997），俄国文学研究者，从1936年起任教于剑桥大学。

② 原文为法语。

③ 薇拉·夏洛夫（Vera Charov，？—1971），演员、戏剧导演，伦敦俄国戏剧社的创始人。

线上淡紫色的尘埃中，但如果真是这样，那就认了，这不是我的错——我尽力了。现在对我来说最重要的事情似乎就是把文件给他们，然后亲自出现在那儿。斯特鲁夫甚至比克拉姆的送信人[①]更不可靠。

黄蓝色的汽车[②]，我爱你。我崇拜你。

弗拉基米尔

39.4.13. 下午 3 点

* * *

ALS，2 页

1939 年 4 月 14 日

伦敦布里金广场 5 号寄往巴黎十六区马鲁瓦路 31 号凡尔赛皇家旅馆

我至亲（也相当愚蠢）的爱人，我准备给你——一个小小的意外，即：当我上次去男爵夫人家的时候，我和她商定，她写信给她的朋友朱尔斯·罗曼斯[③]，把我推荐给巴黎的笔会。昨天，当我在她的住处，她给我看他的回复，一封很有礼貌的信——我们当场就草拟了类似申请这样的信件，附上我的简历，相当于我正式提出申请加入；这就是我要说的事情。我 5 点半就到了，但她还不在，一小时后才来，所以我无法按时去见格林贝格夫妇，我感受到她狮子般的威风，我取消了这次拜访（我过一天再去看他们）。原来诺曼·道格拉斯是个丑恶的鸡奸者，他常年住在佛罗伦萨。20 号，我会和休·沃波尔[④]共进午餐。有关《塞巴斯蒂安》的回复随时可能会有。从那儿，我慢慢走到夏洛夫夫人家，她丈夫的名字是斯庞特[⑤]，一位瘦削的先生，戴着角质架眼镜，不停地哼着什么曲子。她体形硕大，非常好客。萨布林夫妇和沃龙佐夫-达什科夫[⑥]也在那儿。今天，我又和伊丽

① 见卡夫卡的《城堡》(*The Castle*，1926)。

② 俄语发音近于"我爱你"。

③ 朱尔斯·罗曼斯（Jules Romains，1885—1972），法国小说家，剧作家，诗人和散文作家。

④ 休·沃波尔爵士（Sir Hugh Walpole，1884—1941），英国多产小说家。

⑤ 不详。

⑥ 柳德米拉·沃龙佐夫-达什科夫（Lyudmila Vorontsov-Dashkov，1885—1943），是沃龙佐夫-达什科夫伯爵（Count Illarion Vorontsov-Dashkov，1877—1932）的第二任妻子。

莎白·希尔见了面（在大英博物馆的台阶上），她明天回剑桥，无论如何要再见到我。猫咪很清楚它吃的是谁家的肉。我晚上会在什克洛夫斯基家。

现在再说一件事：我设法把英语朗读晚会（21号）安排在哈里斯家，他家有很多房间，很便利。我拟了一份名单——我觉得，我们会邀请那些能付钱的人来。我给普里尔写了封长信。麦克杜格尔小姐[①]不知何故还没有回我信。周一，我和罗兹扬科（他今天给我打电话）要去参加某个展览会的开幕式。我比你更不能肯定他办事的能力。古伯斯基答应给我找一份翻译的工作（即把某人的书从俄语译为英语）；报酬不错，译起来也不难。希尔也给我提供同样的机会。

我17号上午会搬到采特林家。萨布林夫人很坦率地对我说："你和我们住在一起两个星期了，时间够长的了。"我先前曾跟她说起搬家，但她不让我走。亲爱的，我不想再听到你那些不祥的暗示。我跟你解释过所有关于帕尔斯的事情。他还没来这儿。威尔斯病了，不在伦敦。拿到了一些签名（四份足够了——萨布林已经签了，特尔科夫夫人也签了）之后，信件（也许后天）会寄给巴林。打了六份，没写地址，所以其中另外两份会寄给威尔斯和休·沃波尔（并不确定，也许寄给别人）。我周一会再去男爵夫人家。周二，我会在朗家里——我多少能想到，借助一些友人的帮助，他的报告意味着什么，但仍有许多事情不明朗——我会跟他打听。我不会在信上写我带多少钱，因为我担心招致不测。我寄给你20镑，10镑给了母亲——我们可用剩余的钱。别给我写什么"别松懈"及"未来"[②]之类的话——这只会让我紧张。然而我崇拜你。无数的吻，我多么想见你，吻你的眼睛，我更想你，也更想他了。

弗拉基米尔
39.4.14. 上午
下午3点又写

他们刚从帕尔斯那儿跟我打电话，安排了面谈，希尔小姐给了我一些很好的建议。

---

① 纳博科夫曾在此前的信中提及（1939年4月10日和11日），不详。

② 原文为法语。

*　*　*

ALS，2 页

1939 年 4 月 15 日

伦敦寄往巴黎十六区马鲁瓦路 31 号凡尔赛皇家旅馆

我的至亲至爱，昨天我和伊丽莎白·希尔在一家茶馆待了两个半小时，她表现出少有的热情和关切，具体指导我如何争取里兹的职位，周一，我安排了和一位很有影响的女士，柯伦夫人[①]的见面。另外，昨天，我还写了一封长信给剑桥的高迪[②]，我甚至可能去见他（如周四：费用便宜，来回只需 5 先令！但另外，我会设法让格林贝格开车送我去）。她并非优雅，但很博学，也很聪明。她自己付了茶钱，让出租车把我送回家。帕尔斯周三"接见"我——他不能再早了！顺便说一下，希尔的看法有所不同，即：如果伯基特得到里兹的职位，那谢菲尔德和里兹的职位就会合并（?）（就如科诺瓦洛夫的情况一样，伯明翰和牛津的职位合并），如果斯特鲁夫得到了职位，那他的职位会和"塞尔维亚语–波兰语–阿尔巴尼亚语"教职合并（?），而这一课程眼下由莫里森负责。她还认为，鉴于我的文学地位和推荐信，我有"很好的机会"。我作好了准备——你也应该作好准备——接受失败，但这会是一个很痛苦的过程。记住，我尽力而为了。

昨晚，我在科诺瓦洛夫夫人家，这是一位很令人感动的老妇人，我们就朗读作了最后的决定，我给了格列布两先令来寄那些邀请函。朗读晚会在哈里斯夫妇家举行，约有四十人参加。我爱你，我的幸福。

我和洛里共进午餐，4 点，会和大人物弗拉基米尔·基里洛维奇[③]一起喝茶，在卢琴斯夫妇家用晚餐。

我现在能感到家里有警示声，因为我已经在自己的房间里，而他们需要整理房间。娜杰日达提醒了我两次，我下楼时步子太快，声音太响。通常，这个话题有太

① 贝里尔·柯伦先生，皇家历史协会秘书。

② 亚历山大·高迪，曾是剑桥大学俄语讲师。当 1936 年高迪退休时，伊丽莎白·希尔接替了他的位置。

③ 弗拉基米尔·罗曼诺夫亲王（Grand Prince Vladimir Romanov，1917—1992），1938 年起，成为流亡中的罗曼诺夫家族的领导人。

多的话要说。从周一开始，我的地址是：

N.W.8. 小树林花园47号

我数着过日子，亲爱的，多么想见到你们俩。

爱你，爱你，爱你！

弗拉基米尔

39.4.15. 上午11点

顺便说一下，波尔亚科夫给了我一部很大的车，给我们的猫咪——我不知道怎样把它运走！

我的小猫咪，我的生命，吻你！

爸爸

* * *

ALS，2页

1939年4月16日

伦敦布里金广场5号寄往巴黎十六区马鲁瓦路31号凡尔赛皇家旅馆

我的爱人，我的生命，幸运的是，今天是个休息日——也顺便说一下，今天的风狂大，窗户嘎嘎响，长满疙瘩的小树左右摇晃。昨天，洛里夫妇（我觉得，我已经给你写信说过，她来自维索茨基家族，就是那个精明的女士的妹妹——她们在那个家族里都很精明——她竟有这样一个胖乎乎的小男孩——你在伊柳沙家见到过他们——姑妈认为他俄语讲得很漂亮）[①]带我去看戏——一部没有才华并庸俗的剧[②]——关于一个纯洁的灵魂（一个老妇人）如何在威尔士矿区的一个乡村设法建立一座学校，如何在矿工的孩子中发现一个天才，诸如此类的故事——但上了年纪的西比尔·桑代克[③]演得无比精彩。呵，还有一件事：周日，即23号，洛里夫妇

① 不详。

②《绿色谷物》(*The Corn is Green*，1938)，作者乔治·威廉姆斯（George Williams，1905—1987），首演在伦敦公爵夫人剧场。

③ 西比尔·桑代克（Sybil Thorndike，1882—1976），英国女演员。

要开车去巴黎，他们提议带上我。实际上，我打算22号回来，但省钱对我是个诱惑。我们早晨5点或6点出发，下午7点到达巴黎。路上会很辛苦，我生日的四分之三时间会在没有你的情况下度过，但我认为这是值得的。

我和那位大人物喝茶喝得很迟，这样我6点半才回家，换了衣服去卢琴斯夫妇家。首先，她给我看一本相当厚的皮面书（我压根没有认出这是我1917年以来的一本集子），收有一百多首诗，（我全忘了！）有个共同的标题《透明》——显然，我曾打算出版。这些诗涉及她，涉及革命，以及关于维拉——有些诗作并非真的很糟糕，但大体上说，这些诗都很有趣——对事物中显露出的某种不可思议的震动、彷徨和成就有一种预感。她提议重新打出来。全家团聚——母亲一点没变，很可爱的赫勒一家[①]、卢琴斯父子[②]，看到他们，我想起我们在剑桥的欢宴和共同的朋友——但都失去了联系，和我一样。那儿一切都很富足，无忧无虑。伊娃解释说，“你明白，我在这儿的（时装）店和香奈儿在巴黎的时装店一样”，他是个很有才华的建筑师。我对他们详细讲了我的情况，我想在这儿安居的愿望（但没提大学，否则我们会婆婆妈妈地说个没完）。[③]我几天后会拜访赫勒夫妇。伊娃说“非我莫属”、“有趣”！她儿子十岁，很友好，长相可爱，但安静和羞怯。她说：“你呀，你最终娶了一个犹太女子和一个木材商的女儿，而我最终嫁了一个基督徒和一个比我小六岁的男人。”最终……是的，她想给你寄件连衣裙……我不知道。不管怎么说，这相当有趣。

我似乎到处找人谈我的英语朗读。你觉得吗？我的太阳，此时此地我是多么爱你。你知道，我觉得，即使里兹没有结果，我们无论如何也会在秋天把家搬到这儿来——我知道他们会帮助我。吻你，我的爱人。今天，我似乎会整天在家，要是没有不速之客的话。

弗拉基米尔

39.4.16. 周日上午10点半

---

① 不详。

② 罗伯特·卢琴斯（Robert Lutyens，1901—1972），建筑师，他父亲，著名建筑师爱德华·卢琴斯爵士（Sir Edward Lutyens，1869—1944）。

③ 出自俄国谚语“一个有着七个保姆的孩子只有一只眼睛”。

说到你，我的小人儿，我把你抱起来，说，看着灯，“A，A，A……”

爸爸

*　*　*

ALS，2页

1939年4月17日[①]

伦敦寄往巴黎十六区马鲁瓦路31号凡尔赛皇家旅馆

N.W.8，小树林花园47号

电话（梅达韦尔）[②]：70.83

16–IV–39

我至爱的亲人，好了，我搬家了。一个很棒、雅致的小套间：（“前厅”）窗外一片绿色，能看到麻雀、云彩和水仙花。我收到你有着简单图画的可爱的信（有关15号的事，有关那个罗马尼亚人，等等）。收入不是特别可观：朗读收入只有42镑及几先令（其中10镑寄给了母亲，20镑给了你），此外，我从弗洛拉[③]那儿得到了20镑。换句话说，我现在有30镑及几先令。我不知道在哈里斯夫妇家的朗读会有多少收入——最坏的情况下（即除了入场券，没有人愿意多付一些——尽管邀请函上有多多赞助的暗示）——也会有差不多3镑的收入。（对巴林等人的）“呼吁”会有什么效果也很难说。

昨天，我在弗洛拉家待了约两个小时，她昨天下午给我打电话的。我觉得她绝不会邀请我，要是（如她稍后的一些话里表明的那样）伊娃[④]（她不知道我和弗洛拉的关系）不给她打电话的话。在她家和我一起喝茶的是一群德国侨民——幸运的人——由两位——不怎么幸运的德国侨民女士招待。她决定将过去视为糟糕的东西丢掉，重新将我抓在手里。她仍然建议马上搬到伦敦来，当我对她解释，

① 薇拉有误。他4月16日在布里金广场萨布林家里写了一封信并寄出。但此信是4月17日他搬到采特林家后写的，邮戳也是这个日期。

② 梅达韦尔（Maida Vale），伦敦西区的一个住宅区。

③ 所罗门。

④ 卢琴斯。

我们在巴黎已经有了一个套间（虽然我要是能够确切知道我能在这儿马上找到一份工作——出版社、电影院，随便什么工作——我们可以放弃那个套间），她的建议变得更加朦胧。她喜欢看顾眼前的人，最好是她手下，她没有先见之明，但我觉得，要是我们真的打定主意，秋天搬到这儿来，那她会帮忙的。她还建议我应该让自己在这儿坚持三个月，她答应为我找住处，但（我不想孤身一人，也不愿意太依赖她——她冷冰冰的眼神，甜腻腻的细小的声音真让我受不了）这当然是废话——我生活中不能没有你。最近这个星期，从今天开始，简直是折磨，我想回家，回到我自己的角落，我的能量在枯竭，我精疲力竭了，我再也坚持不住了。唯一能使情况真正改善的就是去里兹面试（昨天，我出门的时候，帕尔斯来找萨布林夫妇，明确告诉他，如果，出乎意料——帕尔斯的意料，他很讨厌格列布——这就是他确切说明的——格列布，而不是我，得到了里兹的职位，那我，当然，就会得到伦敦的职位——这与伊丽莎白·希尔有关莫里森的预测并不符合）。我后天会去帕尔斯家。真不巧，他意外来萨布林家，我恰不在。回答你的两个小问题：1）是的，希尔自告奋勇组织剑桥讲座——我会带你去；2）古伯斯基的女儿是个大块头，红红的脸颊，眼神有些迷茫，她这样的少女通常会有这样的眼神。

我昨天晚上和萨布林夫妇在一起。她直白地告诉我，我应该给佣人多少钱：给吉夫斯 10 先令，给打扫房间的女仆 5 先令，给厨师 5 先令，因为要带着手提箱和一只大盒子（布卡给的玩具车）从他们家搬到这儿，只能坐出租车，今天上午（加上午餐时间，我现在正在吃饭）花了我 25 先令，除此之外，如我已经写信说过，我会剩下 30 镑和几个先令。

午餐后，我会和普里尔接着工作（我还没有完成——我很累，到晚上我甚至连看报的精力都没有），5 点半，我要去见男爵夫人[①]，8 点，去赫勒夫妇家。不是，——肯定地说，我不是一个花花公子。6 月，我们就去山里。去那儿。

吻你，我的幸福，**我也吻你，我的米坚卡。谢谢你的很可爱的图画！**

弗拉基米尔

39.4.16. 中午 12 点

① 布德伯格。

当你搬家的时候，别忘了退掉那个套间，好吗？

* * *

APCS

1939年4月18日

伦敦寄往巴黎十六区马鲁瓦路31号凡尔赛皇家旅馆

亲爱的，我在回家的路上，在邮局给你写信，因为我满头大汗，要是我回家再写，那我就不会再出门了。昨天下午，我在男爵夫人家[1]——没有新鲜事儿，他们在读[2]。我在赫勒夫妇家晚餐，在那儿见到米沙[3]，他们都热衷于要把我的命运掌握在他们手里，他们都有“丰富的人脉”，等等。明天，赫勒要给我打电话，谈有关里兹的特别举措。什么笔啊……[4]今天，我和罗兹扬科共进午餐——他们在那儿也作了“朗读”。从那儿，我去了城里，寄上25镑，让你给奥西亚[5]，去拜访史普瑞尔[6]（朗），他原来是一个矫揉造作的公子哥儿。看来我能将《防守》，即我们已经谈到一笔预付款——卖到60镑（译本和我的版权包括在内）。他们答应很快就解决。我的预付款并不只是这些。现在我要回家了，我和奥西亚共进晚餐，他就住在我那幢楼里，他对此很惊讶。我要早点上床，精疲力竭了。吻你，我的爱人；我感到从未这样想你。明天也会是困难的一天。

拥抱我的米坚卡。

弗拉基米尔

4.18. 下午6点

---

① 布德伯格。

② 这可能是说出版社仍在审读《塞巴斯蒂安·奈特的真实生活》。

③ 米哈伊尔·卢伯津斯基，伊娃·卢琴斯的兄长，纳博科夫在剑桥的同学。

④ 这张明信片上的笔迹比较粗，用的是邮局的秃笔。

⑤ 约瑟夫·布隆伯格。

⑥ 不详。

*　*　*

ALS，2 页

1939 年 4 月 19 日

伦敦小树林花园寄往巴黎十六区马鲁瓦路 31 号凡尔赛皇家旅馆

亲爱的，你的两封来信都收到了，一封直接寄这儿的，另一封则由萨布林夫妇转交。一切顺利，给我写信可直接寄这儿，不必由采特林转交。47 是我的房间号，门房已很熟悉我。

我的情况是：我觉得这个星期我无法把事情定下来。很抱歉我安排和洛里夫妇开车走——拒绝会很尴尬（他已经在船上订了位子，无论如何，要是他不想“款待一下”我、他妻子及他自己，他不会和他妻子及我进行这样一趟旅行——他会自己坐火车去）。另一方面，他们回来时还是开车，一周后，他们同样愿意带我跟他们一起走。换句话说，我离开这儿不用花什么钱（除了新的签证）。但让我先告诉你我今天遇到的事情，这样可以说得更清楚：

卢伯津斯基上午给我打电话，接着是维拉·赫勒，说：1）他们会通过关系给里兹施加影响；2）同时，伊娃通过她丈夫的很多亲戚设法为我在陆军或海军的某个机构安排讲授俄国研究；3）他们对丹尼森·劳斯[①]进行游说，他的侄子原是我在三一学院的好朋友——我全忘了！最后……4）卢伯津斯基先生给我提供经济资助，要是我等在这儿的话。通常情况下，每个人都告诉我，两三个星期内办不了什么事，我需要在这儿站住脚。我去萨布林夫妇家取你的小巧可爱的信，之后我和科诺瓦洛夫共进午餐。他没什么新消息告诉我，他对要提交的材料也帮不上忙。从那儿，我去见伯纳德先生[②]。当我的面，他就寄相关材料一事口述了一封给里兹的信（在信中他提到，“如果格列布·斯特鲁夫离开他在这儿的职位，那可以将此职位给予纳博科夫”）。材料被封好，信寄出了。他很热情，我在他那儿待了一个多小时。另外，以防万一，他还给我写了一封给芝加哥大学一位“大牛”，塞缪

① 丹尼森·劳斯爵士，语言学家，1937 年 2 月，纳博科夫和他一起吃过饭。

② 帕尔斯。

尔·哈珀教授[1]的推荐信，眼下他就在伦敦。在去见古伯斯基的路上，我会将信放在他住的旅馆，我和古伯斯基及某个女作家波索布尔[2]共进晚餐。

我很焦虑，因为我可能事情还没办好就得回巴黎，就是等不到里兹的面试，但我又不能再忍受生活中没有你俩的这种日子了。

是的，我们肯定需要搬到伦敦来：放弃那个套间，取出存款。我会设法拿到那些签证——不通过布德伯格，而是通过同样年迈的卢琴斯夫妇（有一天，伊娃给她兄弟在阿尔弗雷德·蒙德爵士那儿安排了一个工作）[3]，但我也要跟萨布林夫妇和古伯斯基谈。

打杂的女佣在这儿。后天，我要去拜访维纳韦尔。他们把母亲换到医院的三等病房，她的情况没变……尽快寄钱——他们在那儿欠了5000——我已经写信给那个罗马尼亚人和那个老人[4]。奥索尔金是对的：对国际象棋里的皇后来说，已经没有什么退路了……我得走了，6点了，我对你的喜爱无可估量，也无法用言词来表达。

弗拉基米尔

4.19. 下午5点

* * *

APCS

邮戳日期：1939年4月20日

伦敦寄往巴黎十六区马鲁瓦路31号凡尔赛皇家旅馆

我的至爱，我在古伯斯基夫妇家（他们很亲切）用了晚餐，用餐的还有一位女子，她入狱多年（波索布尔），最近刚从俄国逃出来。上午10点半，我拜访了丹尼森·劳斯先生，他给他表亲，里兹大学东方语言系的一位教授写信介绍了我。

---

① 塞缪尔·哈珀（Samuel Harper，1882—1943），芝加哥大学俄语教授（1906—1943）。

② 朱莉亚·德·波索布尔（Julia de Beausobre，1895—1979），先嫁给俄国外交官尼古拉·德·波索布尔，在他于1932年去世后，她被关进苏联集中营；获释后前往英国，1947年嫁给历史学家刘易斯·内米尔。

③ 阿尔弗雷德·蒙德（Alfred Mond，1868—1930），1938年起成为梅尔切特伯爵，是英国实业家、金融家和政治家。

④ 约瑟夫·赫森。

眼下一切进展顺利。明天或后天，我会就签证的事去见加姆斯[①]。现在我要出门去午餐了（我会在途中的邮局给你写信），午餐在柯伦小姐家（她是历史学会的秘书），她也在帮忙。之后，我会和格林贝格在皮卡迪利一起喝茶，在哈尔佩恩家[②]晚餐。明天，在哈里斯夫妇家，我会朗读《塞巴斯蒂安》的几段文字。天气晴朗宜人，一切沐浴在阳光之中，也反射着太阳的光辉。蓝色的出租车从红色的公交车旁驶过，瞬间呈现出紫色。劳斯很有风度。我周六上午6点半动身，所以我想，我会8点到巴黎。我爱你。总之，虽然什么还没有落实，但从各方面来看，前景是有希望的——不管在不在里兹，我们秋天要搬到这儿来。但一周后我可能还得回这儿，和洛里一起。亲爱的，吻你。

吻你，我的斯贝塔酷[③]。

弗拉基米尔

下午12点半

* * *

ALS，2页

1939年4月21日

伦敦N.W.8小树林花园寄往巴黎十六区布瓦洛路59号

亲爱的，今天接到布拉格来的一封绝对令人悲伤的信，母亲肺上有处脓肿，她转到了重症病房，和一个垂死的女人住在一起。他们身无分文，萨布林夫妇的钱还没有寄到，你从巴黎换点钱给他们怎么样？这真是折磨，我们应该延缓这种折磨。我确实不知道该做什么！所罗门建议做一次化疗。我会跟她再谈。E.K.的来信完全令人绝望。这真可怕……[④]

就各种工作而言，今天是我的一个重要的日子。昨天，我在历史学会的一间有悠久历史的大厅，和学会乐于助人的秘书共进午餐；我邀请她出席我今

① 不详。

② 哈尔佩恩（Aleksandr Halpern，1879—1956），律师，曾任临时政府代办。

③ 此词俄语原文为“sel’takat’”，很可能是德米特里随口说而薇拉学给纳博科夫听的，没有具体词义。

④ 纳博科夫的母亲于1939年5月2日在该医院病逝。

天的朗读晚会。从那儿，我去了皮卡迪利，和格林贝格一起喝茶。他令人感动，也不免窘迫地提出要给我“10镑左右”，我回答说我会偶尔向他借，借个长期的。之后，我回家，挑选朗读的作品，《塞巴斯蒂安》前三章。我爱你。后天见！之后我去哈尔佩恩家晚餐，他不是很愉快，举止小心翼翼，以免泄露满腹心事。所有这些意味着关系疏远。今天上午10点，我在塞缪尔·哈珀教授家（他在芝加哥大学的地位如同帕尔斯在这儿的地位——但更有权力）。他原来是个活泼可爱的大家伙，说，从7月1号（记住这个日期）起，芝加哥大学会有我的一个机会；他要我到时候把材料寄给他。后天，他要去俄国。帕里[①]为他工作。总之，这也有希望。离开他之后，我急忙赶去——得坐出租——见维纳韦尔，他二十年来一点没变！我们谈得很融洽，他赞同我做的事情，答应同特罗菲莫夫[②]（曼彻斯特大学的一个俄语讲师）谈谈，以便他能在里兹这件事上“助一臂之力”。另外，应我的请求，他写信给我（信会寄到布瓦洛路），“应邀在曼彻斯特作朗读”。我要求这封信是为得到这儿的签证，因为我明白我肯定得和洛里一起回来。委员会（遴选候选人等）在下周末才能召集，之后，我希望会收到里兹的面试邀请，面试时，他们可能问你各种意想不到的问题（比如你有哪些兴趣爱好）。随后，我去和萨布林夫妇共进午餐。如果我在英国无论哪儿得到一个职位（顺便说一下，也有其他的职位空缺），我们就不难拿到签证。不管怎样（即秋天搬来这儿，只能看运气了），我会再去见加姆斯——昨天和今天我都打了电话，但没有结果，他不容易找到。现在我去见男爵夫人，从那儿去和哈斯克尔共进晚餐，之后，和她一起去哈里斯家参加我的朗读晚会。今天很暖和，满眼绿色，我用香波洗了头发。瓦连京·采特林[③]今天上午到，晚上离开去度周末。到周日晚上，亲爱的。记住，很可能我们8点前到不了那儿，10点或更晚（我不这么认为）。有我睡觉的地方吗？我在这儿睡眠不足，虽然我睡得相当早。所以：这是我在这儿写的最后一封信。我不记得我们在布瓦洛的房间在几楼，贴张卡片，因为我半夜到的时候门房可能睡了。我欣赏你

---

① 帕里（Albert Parry，1900—1992），俄国出生的俄国历史专家，他早年在对俄国侨民文学作概观时讨论过“西林”，《俄国侨民的纯文学》，《美国信使报》第二十九辑，1933年7月，第316—319页。1938年从芝加哥大学获得博士学位后，他在科尔盖特大学创办了俄语系。

② 特罗菲莫夫（Mikhail Trofimov，？—1948），在曼彻斯特大学先任讲师。后成为俄语教授（1919—1945）。.

③ 瓦连京·采特林（Valentin Tsetlin，1912—2007），未来的精神分析学家。

们俩。

我的欢乐，米坚卡，我来啦！

弗拉基米尔

39.4.21. 下午 4 点半

维纳韦尔请求将《斩首之邀》寄给他（给特罗菲莫夫）。如果我们有书的话，寄给他！E. 维纳韦尔教授，曼彻斯特大学。

* * *

ALS，2 页

1939 年 6 月 1 日

伦敦 W.8 霍恩顿大街 22 号寄往巴黎十六区布瓦洛路 59 号

亲爱的，海上的三个多小时真是可怕。虽然阳光很强烈，但风大浪高，船颠簸得很厉害。我待在甲板上，任太阳烤着自己，时刻迎着海浪打来，看着海水打湿了那些没有防备的英国人。我从未见过这么多人同时呕吐。一群女游客给淋了个透湿——从结果来判断，她们吃了很多橘子。甲板上到处都是呕吐物。

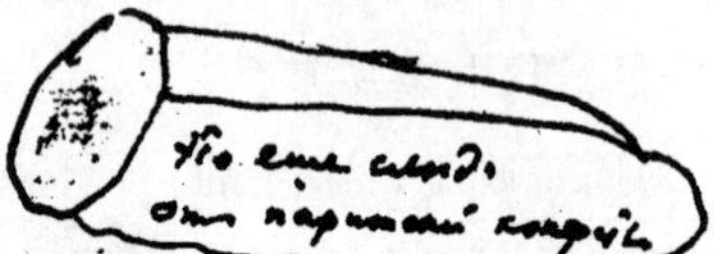

（这是一小块巴黎糖果）

这儿要比萨布林夫妇家条件更好，住得更舒适。哈斯克尔非常可爱和有趣。他们已经邀请普里策[①]（柯林斯）周六来午餐，我们将集中谈我的书。你在车站看起来如此美丽，亲爱的。一般来说，哈斯克尔是很有帮助的。我餐后给采特林夫

① 普里策（Ronald Politzer），柯林斯出版社的宣传总监，这家英国出版社成立于 1819 年。

妇打了电话——今晚将和他们共进晚餐——也给卢伯津斯基[1]打了电话，此人我还没有联系上，打去电话的还有所罗门（我周五去见她，同时她对我口述一信，我应写信给克莱夫·加西亚上校[2]，有关在参谋学院得到一个教俄语的工作的可能性）和古伯斯基夫妇（我今天和他们共进午餐），还有布德伯格的代理人（奥托·泰斯[3]，我今天和他一起喝茶），还有格列布[4]（他隐约谈起一次朗读会，我明天会去见他）、伊娃[5]，昨晚我顺便去看她。她因心脏问题卧床两周了，她丈夫在陪伴她，我周日再去看他们。不管怎样，我又开始不停地拜访、交谈和按计划行事。等到明天或后天，再把你给纽摩索拉克斯[6]的信寄出去——我竟忘了名字！天哪，我多么想看蝴蝶！要是我明天上午没什么事要做，我就去博物馆（终于要一睹为快了）。

在这儿住得很舒适满意。我们三个穿着睡袍用早餐，培根和鸡蛋，别有风味。哈斯克尔比我晚两年从剑桥毕业。他对澳大利亚的动物和景色有浓厚的兴趣，为自己的动物学知识感到骄傲[7]。今天，我还得打几个电话。我仍然忘不了我身边的一个小男孩，每五分钟就会大吐一次（旅客休息室里发生的事情无法形容）。我昨晚读了劳伦斯上校的《智慧七柱》[8]，书很冗长，两章就足够了——但有些章节写得很精彩。天色发灰，斜阳西下。在一只真正的浴缸里沉到水里，又伸出手来拿木鞋则很奇怪。亲爱的，别忘了我更加欣赏你了。

哈罗，我的罗利！别洛夫队长表现如何？我欣赏你。

弗拉基米尔

39.6.1.11 点 30

---

① 米哈伊尔·卢伯津斯基。
② 克莱夫·加西亚，陆军上校，伦敦附近参谋学校的教师。
③ 奥托·泰斯（Otto Theis，1881—1966），美国出生的驻伦敦的编辑和文学代理人。纳博科夫经常拼错他的名字。
④ 斯特鲁夫。
⑤ 卢琴斯。
⑥ 纳博科夫想夏天在阿尔卑斯的萨瓦住一阵。显然他和薇拉商量在名为 Seythenex 的村里租房住，但他将村庄的名字写成 Pneumothrax（气胸）。
⑦ 原文为法语。
⑧ 陆军上校托马斯·劳伦斯（Thomas Lawrence，1888—1935），又称“阿拉伯的劳伦斯”，他的自传性经典《智慧七柱》（*Seven Pillars of Wisdom*，1922）叙述了他在 1916—1918 年阿拉伯反抗土耳其奥斯曼的暴动中的经历。

* * *

ALS，2页

1939年6月2日

伦敦霍恩顿大街22号寄往巴黎十六区布瓦洛路59号

我的至爱：

我昨天在古伯斯基家用了午餐，之后坐在他们家的小花园里晒太阳——葡萄藤的枝蔓盘绕在墙上，沿着篱笆爬到隔壁人家，有去无回。我就翻译问题试探古伯斯基，他答应“尽力而为”，但希望和计划有如葡萄藤也会逾墙而去。上午阴天，之后晴朗起来，空中有什么快速移动，那是白蝴蝶[①]翩翩而飞。他给了我他的书，《我的双重身份》[②]，我在地铁里读这本书，对我来说，这书似乎写得不错——至少书的开头。从那儿，经过富有活力的泰晤士河，我前去见奥托·泰斯，即我跟你说起过的小个的布德伯格，荷兰人，模样像西尔贝曼[③]，似乎是美国犹太人。他没有给我提供特别的消息。他认为一周内会有最终的答复。莫拉[④]会很快回来，我还有时间去见她。泰斯的妻子[⑤]，一个记者，为《新闻报》[⑥]工作。周一，他们计划举办某种聚会。从那儿，我回家——这意味着我大步走——去取柳夏的瓶子，去找采特林夫妇（我将瓶子托门房交给布隆伯格夫妇）。在采特林夫妇家过得很愉快。我们整个晚上谈论我的情况——她答应尽可能组织一次会议，出席者包括她自己，还有所罗门、维拉·赫勒、维拉·马科夫娜[⑦]等——总之，多挣一些，这样我们就有钱用于从10月开始在英国的头几个月的生活。从《最新消息》

① 通常，这是粉蝶（Pieridae）家族的；更严格地说，是亚属粉蝶科（Pierinae）的白蝴蝶，如熟知的大（菜）粉蝶（Piers brassicae）和小（菜）粉蝶（Pieris rapae）。

② 尼古拉·古伯斯基，《我的双重身份》（*My Double and I: Sentimental Adventures*），伦敦：Willam Heinemann，1939。

③ 西尔贝曼，《塞巴斯蒂安·奈特的真实生活》中的一个性格古怪的人物，第13—14章：“小个子男人，有着浓眉……发亮的大鼻子……明亮的微笑……大脑门……明亮的棕色眼睛。”

④ 玛丽亚·布德伯格男爵夫人。

⑤ 路易丝·摩尔根（Louise Morgan，1883—1964），美国出生的记者。

⑥《新闻报》（*News Chronical*），英国日报，1930年由《每日纪事》（*Daily Chronical*）和《每日新闻》（*Daily News*）合并而成，1930年又加盟《每日邮报》（*Daily Mail*）。

⑦ 哈斯克尔。

周四那一期来判断——我在他们那儿看到了这一期——皮奥[1]最终巴结上了阿达莫维奇——这种彼此之间的无耻颇能迷惑人。[2]

我差不多12点回家，读书到一点，读的是很有趣的班尼特[3]的“日记”——总之，这儿有一种书的盛宴。我梦到我清晰地听到了小男孩的细嫩的声音，醒了过来。我在床上写信，女佣一会儿就来叫我用早餐。昨天，我打电话给格林贝格（周六见他）和萨布林夫人（她因厨师的离开，也因某位亲王夫人的婚礼而不知所措。她让我再给她打电话，等她头脑清醒一些能够作出重要决定的时候，我再给她打电话。白痴）。今天上午又打了一通电话——给赫勒夫妇、所罗门、罗兹扬科、贝比莎姨妈[4]。亲爱的，我很想你们俩。我的日子还没有完全分割，无论如何，我在*一天之内*[5]要见到格列布[6]和米沙[7]。昨天，突然地，问题似乎迎刃而解，我生病时所构思的，能够也必须用英语写下来——一切汇集起来，瞬间豁然开朗——现在我很想把自己关起来，静下心来写作。[8]吻你的眼睛，亲爱的，无数的吻。

弗拉基米尔

① 科尔曼–皮奥特洛夫斯基。

② 乔治·阿达莫维奇在刊于1939年6月1日《最新消息》的文章中说皮奥特洛夫斯基是个“诗人，很少出现在我们当地的报纸上，他技巧娴熟，自视甚高……他的诗风有点像（亚历山大）布洛克，不过更干燥更清爽一些，仿佛经过了普希金的修正”。纳博科夫长期对阿达莫维奇的言行颇为反感，如阿达莫维奇对一次酒店晚宴的评头论足（见《普宁》：“在巴黎的俄国人中挑选了一位有影响的文学批评家佐尔契科·乌兰斯基，在乌果乐克吃了一次香槟晚餐后，便让这个老家伙在一份俄语报纸上他开的专栏里吹捧一下丽莎的诗才，佐尔契科就镇定自若地将安娜·阿赫玛托娃的花冠戴到丽莎栗色的鬈发上了。”）

③ 阿诺德·班尼特（Arnold Bennett，1867—1931），英国小说家和记者。他的传记还没有完整出版；纳博科夫可能指班尼特的畅销书《怎样过好一天二十四小时》（*How to Live on 24 Hours a Day*，1910）或他的散文集《自我和自我管理》（*Self and Self-Management*，1918）。

④ 娜杰日达·沃恩拉–拉尔斯基，也称“贝比姨妈”。

⑤ 原文为法语。

⑥ 斯特鲁夫。

⑦ 卢伯津斯基。

⑧ 写什么不清楚。在《塞巴斯蒂安·奈特的真实生活》于1939年1月完成之后，纳博科夫并未写新的英语小说，直到1941年10月动笔写《庶出的标志》。既然这部小说与希特勒1941年6月入侵苏联（这意味着纳博科夫现在可以自由地将德国和苏联极权主义联系起来加以批判）有关，也反映了在战争爆发后，他极力想让薇拉和他母亲从欧洲脱身的心情，因而不太可能是他在这儿说的要写的作品。他下一部主要的俄语作品是短篇《魔法师》（*Volshebnik*），是1939年10月和11月写的《洛丽塔》的原型，以及一部后来放弃的小说《生活在别处》（*Solus Rex*），某种意义上可以看作是1939年下半年开始写的《微暗的火》的前身，但不知道纳博科夫这儿说到的是哪部小说。

写吧，我的生命，迈开大步，滑起来，一二，一二……砰！①

我的欢乐！

弗拉基米尔

6.2.8 点 30

* * *

ALS，2 页

1939 年 6 月 3 日

伦敦霍恩顿大街 22 号寄往巴黎十六区布瓦洛路 59 号

亲爱的，噢，自然，昨天上午（打了许多电话之后——我打电话给所罗门，周二我去他那儿晚餐，给维拉・赫勒、特尔科夫夫人、采特林——我周四去拜访特尔科夫夫人）我去了博物馆。我先拜访了里莱上尉②（《昆虫学家》编辑）。他看了我的"梅拉东"③，说：1）这是一个相当新的品种；2）唯一可能对这个问题有所了解的人是斯泰姆普弗④，他住在巴黎（1929 年，里莱和他就 carswelli—arcilani 有过一场著名的争论——你记的）；3）我当然必须在《昆虫学家》上发表，提供照片——通常这会让我花费两镑，但似乎我能够争取免费。之后，我去见埃文斯将军，我和他花了两小时将我的弄蝶⑤进行分类，同样，其中也有一种未知的，但因各种原因，问题很复杂（埃文斯自己怀疑另有一种称做花弄蝶的蝴蝶种类，如同 armoricanus 和 foulquieri）⑥，我得再多花些功夫。我和薇拉・马克⑦一起午餐，

---

① 可能指德米特里学滑冰。

② 里莱（Norman Riley，1890—1979），英国昆虫学家，英国大英博物馆昆虫部负责人。日后，纳博科夫对希金斯和里莱的著作《英国和欧洲蝴蝶研究指南》（*Collins' A Field Guide to the Butterflies of Britain and Europe*）写了书评，文章刊于 1970 年 10 月 23 日《泰晤士教育增刊》；并收入《独抒己见》。

③ "梅拉东"（meladon），即纳博科夫 1938 年在莫利奈特捕到的蝴蝶"吕珊德拉-科米翁"（Lysandra cormion），现知是波利马托斯-科里东（Polyommatus coridon）和波利马托斯-达弗尼斯（Polyommatus daphnis）之间的一个变种；见 1939 年 4 月 6 日信及注释。

④ 斯泰姆普弗（Henri Stempffer，1894—1977），法国鳞翅目昆虫学家。

⑤ 弄蝶（Hesperidae，或 skipper），即体型小或中等的蝴蝶的一个大家族，因为许多品种很相似，所以难以分类。

⑥ 即北方花弄蝶（Pyrgus alveus），也称大白花弄蝶（Large Grizzled Skipper），分布在欧洲大陆的大部分地区；而 Pyrgus armoricanus，即 Oberthür's Grizzled Skipper，也分布在欧洲大陆；Pyrgus foulquieri，即 Foulquieri's Grizzled Skipper 分布在法国中南部，意大利和西班牙的北部。

⑦ 薇拉・哈斯克尔。

面对面。没想到普里策周六不能来午餐，但邀请我周一上午去他那儿，即去科林斯出版社。卢伯津斯基，我曾打电话给他，他仍说他们很想得到《塞巴斯蒂安》。我3点半去斯拉夫语学校见斯特鲁夫和伯纳德先生[1]。关于我的朗读晚会，我和格列布作了一次相当不切实际的交谈，他建议安排在3号——但在哪儿，怎样举行，由谁主持，天知道。有关他所谓"薪水提高"的传言是胡扯。之后，我见了雅科布森[2]（我周三会在他那儿晚餐），并颇费周折地去见帕尔斯。他（也许觉得他给了我虚假的希望，表现出——似乎真诚地——对里兹大学的拒绝的气愤，里兹大学甚至觉得没必要向他通报情况）对我尤其亲切，马上口述了两封信——其中一封信是对哈珀施加影响，另一封……总之，有趣的是，情报部门倒有可能，情报部门召募他这样的专家。从大学，格列布和我去了哈里斯家，他住在附近，在那儿喝茶。我7点回到家，用晚餐，聊天，早早上床。我很想早日开始这部新作。亲爱的，给我写信，哪怕就几句话，我崇拜，我崇拜你。今天，我给娜杰日达[3]打电话，写信给维纳韦尔、切尔纳温夫人、希尔小姐，以及其他我记下来的人，我会在什克洛夫斯基家喝茶，我想。我今晚要和阿诺德[4]去看露天演出的莎士比亚戏剧。以下是眼前的经济情况。到目前为止，我只得到5镑（从帕尔斯那儿——作为礼物），但不管怎样，足够付我的旅费。一个有趣的笑话：一个私人侦探报告说，他爬上一棵树，从窗户偷看一对夫妇："她先跟他玩，接着他跟她玩，接着我跟自己玩并掉下了树。"亲爱的，我觉得我们不应该把旅行推迟到7月1号。吻你，无数的吻，再有十天。

你好吗，我的小狗汪汪？在我回去前把我的蝴蝶整理好。吻你们俩。

弗拉基米尔

39.6.3. 上午8点

---

① 帕尔斯。

② 雅科布森（Sergey Yakobson，1901—1979）伦敦大学国王学院教师，日后成为国会图书馆斯拉夫和东欧部主任。他兄长罗曼·雅可布森（Roman Yakobson，1896—1982）是著名语言学家和图书馆学家。

③ 多半是娜杰日达·萨布林。

④ 哈斯克尔。

* * *

ALS，2页

1939年6月4日

伦敦寄往巴黎十六区布瓦洛路59号

亲爱的，昨天上午，当然，我在博物馆，那儿的弄蝶吸引了我（一般来说，蝴蝶的魅力就像某种受到祝福的天鹅绒般的深渊），我在家用了午餐，午餐后写了三——不，四封信——不，五封信——给维纳韦尔的信，给伊丽莎白·希尔的信（要求介绍翻译的工作），给加西亚上校的回信（他邀请我明天去喝茶），给弗洛拉[①]的短信（加西亚什么时候回信，她让我跟她说），给李夫妇的信，还有给切尔纳温夫人的信——我的信寄出才10分钟，就收到了她的邀请（以及介绍一小份翻译的工作）——我明天去拜访她。我4点左右出门去什克洛夫斯基夫人家；我在她家的时候，她写了一封给列维茨基夫人[②]（米留可夫以前的情妇）的信，季娜依达[③]向我保证，列维茨基夫人会很高兴地为我的英语朗读——当然是收费的——提供一个地方。从那儿，我去了萨布林夫妇家——她头痛发作，戴了副蓝色玻璃眼镜，扎了块棕色头巾；弗拉基米尔·基里尔[④]代替我和他们待在一起。7点，我用了晚餐，和哈斯克尔去看戏——露天演出的莎士比亚戏剧——《无事生非》——不折不扣。设想公园的一个角落（瑞金特公园），后面有几排绿色的庭院椅子（通常由穿着黑衣服的老妇人租用），前面有几排绿色的帆布躺椅。他们分发格子布——但我穿了两件毛衣，一件主人的外套，戴了一顶贝雷帽。舞台是一块新修剪过的草地，周围是树木和开着花的灌木丛，借助“舞台灯光”，一排修剪过的冬青巧妙地隐藏了扩音器。一群“眼花缭乱”，虽然有些过于拥挤的观众——和了不起的演员。天气很理想，长长的一天就要过去，演出期间，树木随同风和鸟准备入眠，人们可以听到画眉，随后听到鸽子的叫声，夜晚的流逝与戏剧的演出并不完全相称——所以，天空和公园扮演了一个角色，而观众则扮演着另一个

---

① 所罗门。

② 可能是阿格莱达·施曼斯基（Glaida Shimansky，1903—1995），婚前姓列维茨基，诗人、小说家和文学批评家。

③ 季娜依达·什克洛夫斯基。

④ 弗拉基米尔·基里尔洛维奇亲王。

角色——稍后，当夜幕降临，天空呈现出一片紫色，被灯光照亮的树木成了一种淡绿色，就像某种因为过于平淡而被删去的场景。许多蛾子飞来飞去，坐在我们旁边的是那位和蔼但毫无才华可言的《木兰街》的作者①。我回家时看到了你小巧可爱的信，亲爱的：1）是的——大公爵和夜猫子；2）山羊奶酪；3）“雨下大了”——随便哪一个；4）逐字逐句翻译，有关硬音符号，作一个脚注。②就这些。今天上午，我和哈斯克尔要去动物园，将在维拉·赫勒家午餐，在伊娃③家喝茶，在格林贝格家晚餐。他们马上要叫我去早餐——幸运的是，大家都穿睡衣。亲爱的，我爱你，吻你。我很快就回去，作好去山里的准备。

我的米坚卡，我的小耳朵，我的欢乐！

弗拉基米尔

39.6.4. 上午 8 点

* * *

AL，2 页

1939 年 6 月 5 日

伦敦 W.8 霍恩顿大街 22 号寄往巴黎十六区布瓦洛路 59 号

我的活色生香的爱人，我的赫斯珀里德④，为我⑤：

昨天，我和很可爱的阿诺德⑥（他的脸很像袋鼠的脸，这是值得注意的——因为他对澳大利亚特别着迷）及他的小儿子（看上去像米老鼠）一起去动物园。一块神奇的绿洲——这样的动物园真是少见，这儿的动物看上去，即使不完全是愉快的，但至少并不压抑。当然，我们最欣赏的是熊猫宝宝（1867 年由传教士大

---

① 路易·戈尔丁（Louis Golding，1895—1958），小说《木兰街》（*Magnolia Street*，1932）的作者。

② 纳博科夫评论《访问博物馆》（*Poseshenie muzeya*）的法文翻译，小说原文刊于《当代年鉴》第六十八辑，1939 年 3 月，第 76—87 页；由德米德里和纳博科夫译成英文，刊于《绅士》，1963 年 3 月。1939 年或之后是否发表过此小说的法文不详。在小说的结尾，流亡的主人公走出博物馆，他在博物馆神秘地迷失方向，走进一条街道，商店的招牌上没有硬音符号，这个细节让他感到恐惧：他不知何故重新回到了苏联。

③ 卢琴斯。

④ 古希腊神话中守卫金苹果的四姊妹之一。——译注

⑤ 原文为拉丁语。

⑥ 哈斯克尔。

卫[①]在中国的山区里发现)。它的皮毛是烟灰色，有着白色的斑点，眼睛四周是大大的黑眶，脑袋很大，虽有熊一般大少，但温和得像只玩具熊——看起来也确实像熊。还有一位非常有趣的先生，一个模样像艺术家和博物学家的老人，留着小胡子，秃顶的脑袋晒得黑黑的，他每天上午与那些狼玩耍，即他走进狼的笼子——跟它们滚在一起，躺在它们身上，钻到它们身下，缠成一团，吻它们的牙齿，拽它们的尾巴，而它们则心不在焉。[②]此外，池塘中有个小丘，好像没有防护措施，鲜花盛开，草丛中盘踞着各种毒蛇。我和维拉·赫勒共进午餐，从她那儿去了伊娃家。她儿子很好玩（他像成人一样跟我说话）。在上述两处，我们讨论了我的情况。我5点离开，留给伊娃另一封信的抄件（最近几天我拿到了一些推荐信），她想要转交给她没有提及其名字的什么人。因为去萨韦利[③]那儿的时间还太早，我在海德公园坐了一会儿：火热的太阳，温室的暖气管闪着光芒。萨韦利令人感动。他父母也在那儿——他父亲发现，就办理签证和护照遇到的奇特经历而言，我们两个可谓同道。我12点到家。这儿有个小空白：早餐前我没有时间把信写完，午餐前我必须去银行和去柯林斯出版社。之后，我会在切尔纳温夫人家用午餐，和上校[④]喝茶，6点我要去奥托家[⑤]（参加欢迎我的聚会），今天晚上，和哈斯克尔夫妇去看电影，经济情况仍然很糟。除了帕尔斯的5镑，我通过伊娃拿到了另外10镑。这是真的，格林贝格也愿意给我资助（不是他个人，而是通过他的富裕的公司），支付我们来这儿的最初的费用，从10月初开始。他仍然不知道会多久——一个月或更长，他得给我打电话。不管怎样，我觉得你应该毫不迟疑地去找塔季谢耶夫[⑥]，办理你的护照（虽然要先给罗兹扬科[⑦]打个电话确认一下）；我一回去，就马上向英国领馆提出申请，为我们申请一个月（10月份）的签证。为写完这封信，我在某个纪念碑（肯辛顿团什么的）[⑧]边上坐下来，写起信来并不舒服，虽然笔还不错。我觉得，亲爱的，我们现在能够平静地做好17号出发去萨伏

---

① 阿曼德·大卫神父（Amand David，1826—1900），法国天主教神父，传教士，动物学家，植物学家，1869年从一个猎户那里获得一张大熊猫皮。1936年，活的大熊猫首次被带到西方，送入芝加哥的布鲁克菲尔德动物园；1938年，五只大熊猫被送到伦敦动物园。

② 道格拉斯·斯图亚特（Douglas Steuart，1872—1949），英国动物学会会员，以“伦敦动物园的狼人”著称。

③ 格林贝格。

④ 加西亚。

⑤ 泰斯。

⑥ 塔季谢耶夫伯爵（Boris Tatishchev，1876—1949），曾任俄国驻法总领事（1920）。

⑦ 尼古拉·罗兹扬科，1937年，纳博科夫为签证的事已和他联系。

⑧ 路易·肯辛顿王子的纪念碑，位于肯辛顿大街的伊维那公园（Iverna Gardens）。

伊的准备。看在上帝的分上，把这件事定下来。天很热，我非常、非常、非常崇拜你。

我的米坚卡，你为什么不写信？爱你。

39.6.5. 上午 8 点 45 分

* * *

ALS，2 页

1939 年 6 月 6 日

伦敦霍恩顿大街 22 号寄往巴黎十六区布瓦洛路 59 号

亲爱的，昨天和柯林斯谈得很愉快。此书卖得很好。[①] 弥尔顿 · 沃尔德曼 [②] 先接待了我，随后柯林斯本人也加入我们的谈话。他们问我各种问题，这让我想到没有发生的里兹的面试。重要的是，他们想知道我是否还有更多的作品在孕育中 [③]，是否会用英语写作，等等。今天上午，我会带去《疯子的奔跑》[④]，他们对此书也很感兴趣。沃尔德曼给它命名为"傻瓜的伙伴"(傻瓜的伙伴走了三步，但也是法文"疯子"的一语双关的翻译——很有趣)。[⑤] 尤其是，我们有关《塞巴斯蒂安》的交谈以此结束，几天后，他们再作决定——我也作决定。计划有所变化，即切尔纳温夫人择日再搬——所以，我要对陆海军俱乐部，对加西亚上校另作拜访。我们坐在台球室，他喝茶，我喝威士忌。他对参谋学院没有办法，用他的话来说，因为这三所军事院校中都没有正式的俄语课程。但他是个很可爱的人。所以，亲爱的，我就去了奥托家 [⑥]——那儿有许多人——如洛瓦特 · 迪克森 [⑦]，我努力表现自己。书在麦克米兰。前不久，布德柏格让我别告诉奥托我还把书给了普

---

① 模仿《塞巴斯蒂安 · 奈特的真实生活》中那拉乐天派西尔伯曼的德国英语。

② 沃尔德曼（Milton Waldman，1895—1976），出版和编辑顾问。

③ 原文为法语。

④《防守》法文版。

⑤ 法文 Fou 意为"疯子"，但也意为国际象棋中的"象"，所以"疯子的奔跑"（La Course du Fou）既意为"象的走棋"，也意为"疯子的奔跑"。"傻瓜的伙伴"取"疯子"（fou）的发音，也预见到《防守》中卢仁的虚拟的自我伙伴（sui-mate）。

⑥ 泰斯。

⑦ 洛瓦特 · 迪克森（Lovat Dickson，1902—1987），加拿大出生的英国出版家和作家。

里策（柯林斯的代表），但奥托知道的。如果在两周内，柯林斯按所建议的给予肯定的答复，如果麦克米兰（通常比柯林斯逊色）回答是否定的，那我就把书从奥托那儿撤回。然而，因为“双重游戏”(虽然在与柯林斯的商谈中，我是自己的代理——所以，我并不真的违反对奥托的承诺)，现在的情况有点微妙。

我听到了来自柯林斯的高度评价。让我再说一遍，一切都很顺利——由于某种原因，我总是想到我的乌儿斯坦—梅瑞克斯阶段①。我在家晚餐（在一家冷饮点心铺用了午餐——因为出版社和上校那儿隔得太远赶不回来)，之后哈斯克尔夫妇(我跟他们成了很好的朋友——他们各方面都很可爱）和我去看了电影——一部很精彩的法国电影《十字路口》②。今天下午，我在米沙家③，但我会在所罗门家晚餐。亲爱的，别忘了我昨天给你说的有关护照和萨沃伊的事。7 月 1 号前不需要困在巴黎。我们能在萨沃伊待到 9 月 1 号——我至少会带上 45 镑，另外，我们也能靠卖《塞巴斯蒂安》的钱。几天后另有一笔钱会有结果。我崇拜你，我的爱我的福。给我写信。

亲爱的，你喜欢这张画吗？④ 爱你爱你爱你很爱你。一周内就回去啦。

弗拉基米尔

39.6.6. 上午 8 点半

* * *

ALS，2 页

1939 年 6 月 7 日

伦敦霍恩顿大街 22 号寄往巴黎十六区布瓦洛路 59 号

亲爱的，为什么不给我写信？小男孩没生病，是吧？你总是能够写上三言两

---

① 纳博科夫的头两部小说《玛申卡》(*Mashen'ka*，1926）和《王、后、杰克》(*Korol'*, *Dama*, *Valet*，1928）在德国由乌尔斯坦分别于 1928 和 1930 年出版，这位还未成名的作家的作品翻译获得了优厚的稿酬。莫非“梅瑞克斯”(Meriks）是两书书名头几个字母的组合？

② 由伯恩哈特（Curtis Bernhardt，1899—1981）导演（1938）。

③ 卢伯津斯基。

④ 此页信纸的底部有个贴纸轮廓。从轮廓来看，可能是一张汽车贴纸。

语的。不友好[①]。

昨天上午，我将《疯子的奔跑》给了沃尔德曼，并最后一次，也是第四次去了博物馆。埃文斯将军（赫斯帕里得斯）——自从我来这儿后，我们成了很好的朋友——给了我一份重要的差事，去巴黎的勒塞尔夫——从巴黎博物馆带某个品种，他10月份需要这个品种——虽然众所周知，几乎不可能让一个法国人寄什么东西。另外，他告诉我，这儿人手不足，许多藏品需要分类——不排除这样的可能性，当我们搬来这儿，他们也许会给我一份工作。我回家午餐（天很热，到处雾茫茫的，公园里到处是太阳崇拜者），下午去见米沙[②]。他打算郑重其事地推出我的剧本，他自有办法。从那儿，我去所罗门家晚餐。她同两个人交谈，一个是海军部的，另一个是外交部的，今天上午，我给他们两个写了信，附上我的材料——个人简历和推荐信。顺便说一下，我很快需要寄一本书给那位——哈珀，塞缪尔·哈珀。今天，我在玛丽亚·所罗莫伊洛夫娜[③]家和哈斯克尔夫妇共进午餐，下午3点半我要在维多利亚见莫莉[④]，6点我得出席洛瓦特·迪克森家（一位知名的出版商）的聚会，之后去斯拉夫学校，再去雅科布森家晚餐。多忙碌的一天啊。明天晚餐，我会在特尔科夫夫人家。亲爱的，我很想念你和他。我最担心的是我们不能在6月17号离开巴黎——这有必要，我需要（除了捕捉蝴蝶）写作——但在巴黎新的休耕期[⑤]会把业务荒废了。我们现在应该有足够的钱满足生活所需——更别提不止一处的资助有了眉目。E.K.那儿有什么消息吗？周五我见过阿德里亚娜[⑥]之后会给她写信。这一次我在这儿几乎没什么开销——那45镑没有动用。要是事情还没有结果，看在上帝面上给圣索罗克斯[⑦]写信。我告诉这儿的有些人："我们认识的朋友邀请我妻子去乡下，但她不能一个人带孩子走，因为这会让她得不到休息。"我给谢尔盖·罗[⑧]打电话，但他不在家。周日，我要和洛

① 原文为法语。
② 卢伯津斯基。
③ 玛丽亚·萨摩伊洛夫娜·采特林。萨摩伊洛夫娜和所罗莫伊洛夫娜是不同的父姓或名，但纳博科夫通常与弗洛拉·所罗门联系，这似乎造成一定的记忆差错或笔误。
④ 卡朋特–李。
⑤ 原文是俄语"mezhmolok"，指奶牛不产奶的时期。
⑥ 特尔科夫–威廉姆斯。
⑦ 阿尔卑斯萨沃伊地区名为塞思内克斯（Seythenex）的村庄，他们计划夏天去那儿度假。
⑧ 罗兹扬科。

里打网球。我都好，但我梦到你，梦到和平（不用说[①]，也梦到蝴蝶）。我似乎觉得，我把事情安排得井井有条，但没听到你说一句称赞的话，吻你，我的至爱。

亲爱的，我欣赏并拥抱你，船长怎么样？

弗拉基米尔

39.6.7. 上午 11 点

* * *

ALS，2 页

1939 年 6 月 8 日

伦敦霍恩顿大街 22 号寄往巴黎十六区布瓦洛路 59 号

亲爱的，我不喜欢你的信，信写得有点文不对题。我想 17 号去——最晚 20 号——这是极限了——因为我要弄到第一代蝴蝶[②]。给她写信。其次：1）要是我“玩得开心”，那显然是因为我有时间：在伦敦，周六上午做不了什么事。2）卢伯津斯基在负责这个剧本。当只有一个本子，通常很难“做”什么。我让他无论如何复制一份。3）特尔科夫夫人出门了——今天我见不到她，虽然我在电话里跟她谈过。4）格林贝格给了 30 镑。我没告诉你，这是为了我们的久留之地，但这仍然是个事情[③]。愚蠢并令人讨厌。5）柯林斯不需要巴黎的任何来信，因为他们所要的就是一次面谈。对英国人来说，作者眼睛的颜色起关键的作用。6）我周六给希尔写了信——但这不起多大作用。7）我们应该从教会绝对没有意义的邀请中得到谅解——你不知道那些聚会的情况，我知道。但我没有给他们写信说：“我妻子和我很高兴前去参加，只要没什么事使我滞留伦敦的话。”

39.6.8. 上午 8 点半

我早餐前开始写信，肚子饿了。现在信写好了。所以，亲爱的，我今天的生

① 原文为法语。
② 那个夏天的第一代蝴蝶。
③ 原文为法语。

活一如昨天。采特林夫人显然已经和有些人说过。我周一得再跟她打电话。那时我就会确切地知道当我们来这儿的话我们能有多少收入（除了格林贝格，他的情况我没有跟任何人说过）。3点半，我已在维多利亚，和莫莉①一起喝柠檬茶。她说她也愿意对我日后的工作提供帮助，等等，其实②，有关这个戏还什么都没有落实。5点45，我去了奥托家③，我们一起去看洛瓦特·迪克森（我突然意识到——就是他的杂志曾经发表过《旅客》④）。那儿有许多人——我状态很好——这听起来很蠢，但我感觉如此——我和洛瓦特说了一个多小时的话（他为麦克米兰朗读了《塞巴斯蒂安》片断），一切顺利，几天内就会有最终的答复。一种有关文学创作的新的观念从头脑中闪过，我马上琢磨起来（然而，我之前对此有所思考：我们并不从左到右看一幅画，而是即刻就尽收眼底；这也应是创作一部小说的原则，但因为书的特性——一页页、一行行，等等——有必要读两遍，第二遍才是真正的阅读）。我和雅科布森夫妇共进晚餐。谢尔盖·尤西夫提议我见一下汤姆孙⑤（他在科学和知识保护委员会供职），他从美国带来了“给雅利安人的八个位置”。我会去拜访他。我希望我不会陷入困境，因为柯林斯和麦克米兰两家都同时对《塞巴斯蒂安》感兴趣。我为此征求哈斯克尔的意见。我在切尔纳温夫人家午餐，今天下午也许会去福克斯电影公司，我听说他们需要审稿人；我回家晚餐，之后去特尔科夫夫妇家。这种状况开始让我厌倦——尤其是收到你的信之后。但我很爱你。

吻我的米坚卡。

弗拉基米尔　上午11点

---

① 莫莉·卡朋特-李。

② 原文为法语。

③ 泰斯。

④《旅客》（*Passazhir*，1972）成为纳博科夫第一篇译成英语的短篇小说，译者是格莱布·斯特鲁夫，刊于《洛瓦特·迪克森杂志》，1934年6月，第719—725页。

⑤ 不详。1933至1940年间，艾斯特·辛普森是科学和知识保护委员会秘书。

* * *

ALS，2 页

1939 年 6 月 9 日

伦敦寄往巴黎十六区布瓦洛路 59 号

我的亲，我的爱，再过五天我就回去啦。我越这么想，我就越想在 17 号离开巴黎。请让我们别去教堂！路太远！太乏味！天会下雨。我不想在那儿建立什么“联系”。我求你了！今天上午，我在一个异常生动的梦中醒来：伊柳沙[①]（我觉得是他）走进来，说他电话中告诉我，霍达谢维奇“结束了他的尘世生命”——他说得很清楚。[②]昨天上午，我在切尔纳温夫人家（之后在那儿用了午餐）。得到了一件翻译的活——一篇科学方面的文章，从骨骼判断老鼠的年龄——三十页，小号字体。我接受了，因为不管怎样，会有 7.5 镑的收入，但我得四天内译完。两点左右在肯辛顿公园坐下来开始工作，之后（当天气变阴）我回家继续工作——我几乎译了三分之一——非常困难并很痛苦地写下 5+10+30+7.5+[③]……之后，我去了福克斯电影公司，一位很可爱的女士说，他们经常需要俄语和法语的审稿人，她记下了我的地址等信息。我接着译有关老鼠的文章，在家用了晚餐，之后去看特尔科夫夫人。如她已经告诉我的，她去查看出租给难民的小房子，从伦敦去需要五小时，但她说那儿的情况很糟，泥土地面，潮湿，一切都很简陋——她不太想把 E.K. 和罗斯季斯拉夫[④]安置在那儿，她想设法让他们住在这儿的俄国人宿舍里，这儿的条件要好得多。她觉得会有办法的，总的来说，她待人很热诚。

今天，我收到希尔（无关紧要）和伯奇[⑤]（我会见到他）的来信。一点前我会译那篇有关老鼠的文章，之后到伊娃家午餐，3 点——不，明天见古伯斯基，今

① 丰达明斯基。

② 弗拉迪斯拉夫·霍达谢维奇得了癌症。当纳博科夫 5 月末在巴黎看望他的患病朋友，霍达谢维奇已经病得太重不能见他。他于 6 月 14 日去世。

③ 此次旅行他赚钱的数目。

④ 即纳博科夫的外甥罗斯季斯拉夫·佩特凯维奇及纳博科夫妹妹以前的家庭教师叶夫根尼娅·康斯坦丁洛夫娜·霍菲尔德，现在是罗斯季斯拉夫的监护人。

⑤ 伯奇（Frank Birch，1889—1956），英国密码专家，曾在海军服役。在纳博科夫剑桥求学的日子里，伯奇是国王学院的研究员（1915—1934）及剑桥大学历史系讲师（1921—1928）。

天见了斯特鲁夫。8点，我会在普里策家晚餐。我够忙的了，我想做自己的事。维拉·马科夫娜[①]很亲切，专心致志——很有魅力！两天前，在李和洛瓦特[②]之间来回奔走，冒着酷暑，我大汗淋漓，情急之中走进一家药店，要买滑石粉，店里的一位老妇人说：你是今天第三个要我在你们背上搽粉的人——她让我在一张椅子上坐下来，开始在我脖子上搽滑石粉。亲爱的，我似乎觉得你很累，压力很大。让我们让教堂见鬼去[③]——求你了！今天相当凉爽。我在想给你带些什么。你想要手套吗？什么尺寸？还是想要短裤？背心？或者买什么都没什么关系？

我希望带回60镑左右。我崇拜你，吻你。

你想我吗，亲爱的？我会带回一只漂亮的气球……只是开个玩笑！

弗拉基米尔 6.9.

谢谢你，我的生命，谢谢你的小巧可爱的信，我明天会给男孩回信。

我求你别晚于20号离开。我想我23号给她写过信，但会再给她写信。我爱你，爱你，爱你。

* * *

ALS，2页

1939年6月10日

伦敦霍恩顿大街22号寄往巴黎十六区布瓦洛路59号

我的至亲至爱：

昨天上午，我译关于老鼠的文章——简直是折磨，我后悔接了这份活，但到周二我得译完。之后在卢琴斯夫妇家午餐；他是个最精致最可爱的人，在智力和天赋方面，比他妻子要高出好几头。她相信，在我动身前，资助的问题能够解决——但我不这么想。无论如何，我最终触及到了“文学基金”。从那儿我去了

---

① 哈斯克尔。

② 迪克森。

③ 原文俄语“Chort”意为“魔鬼”(用作咒骂语，如：“见鬼！”)。纳博科夫一语双关，用罗马字母拼写这个俄语单词。

斯特鲁夫家，他为我给汤普森写信，写给我先前申请过的同一个保护协会；但如今在我作为里兹的候选人和帕尔斯的努力之后，如那个呆板的年轻弗兰克[1]一样，我也有机会在那儿得到同样的贷款。从那儿，我去普里策夫妇家晚餐，共进晚餐的还有哈斯克尔夫妇、沃尔德曼和他妻子，以及知名的书商布坎南[2]（他晚上喝得醉醺醺的，废话连篇）。沃尔德曼（柯林斯的合伙人）邀请我参加周二的最后讨论。显然，我们在商谈一份合同。他很喜欢《疯子的奔跑》；我似乎觉得他们两本书都要，第二本是我翻译的。普里策让我别和男爵夫人布格比尔或贝德伯格（如他称呼她的）[3]有什么牵扯，因为她的名声会让他经手的作品受损。哈斯克尔起草了一封信，我猜想[4]是给奥托·泰斯（她的合伙人）的。实际上，我和她的讨论只涉及将此书提供给查托和温达斯（我想，奥托介绍过他们）。他只是要出版此书，现在准备把它提供给麦克米兰（洛瓦特·迪克森），这压根让人无法想象。所有这些都让人头疼——尽管大家安慰我说，所有作家的处境都一样。

今天上午，我要去拜访弗兰克·伯奇，一个在外交部相当出名的人。之后在哈斯克尔夫妇家和一些客人共进午餐，之后去古伯斯基夫妇家。晚上去看戏。在离开古伯斯基夫妇家与去看戏之间，我进行翻译。亲爱的，今天我多么崇拜你，我的小家伙，我的小家伙……去看一下你的牙医，我不想再推迟我们的行期了。总之，曙光初显——阴影渐散……还有三天，我就回啦。到 20 号，我也许能为卢得涅夫[5]写那篇文章，已经构思好了。该是写新作品的时候了。吻你，我迷人的宝贝。

谢谢那些蝴蝶，亲爱的，也谢谢你的信。我很快就回去啦！

弗拉基米尔

39.6.10. 上午 10 点[6]

---

① 弗兰克（Victor Frank，1909—1972），文学批评家、历史学家，哲学家谢苗·弗兰克之子。他日后是 BBC 和伦敦自由电台的政治评论员。

② 不详。

③ 指布德柏格（Budberg）夫人，但普里策故意叫成布格比尔（Bugbear，意为“妖”）或贝德伯格（Bedbug，意为“臭虫”）。——译注

④ 原文为法语。

⑤ 悼念霍达谢维奇的文章《谈霍达谢维奇》（*O Khodasevich*），《当代年鉴》第六十九辑，1939 年 7 月，第 262—264 页。霍达谢维奇 6 月 14 日才去世，但巴黎侨民文学圈想必知道他去世就在这几天之间。

⑥ “39”也许是薇拉用铅笔加上的。

* * *

ALS，2页

1939年6月11日

伦敦寄往巴黎十六区布瓦洛路59号

亲爱的，公式t=D′/mD决定了两个样本的平均值是否有差别，等等，等等——这种东西写了满满三十页纸。我只剩下五张了。

昨天上午，我给弗兰克·伯奇打电话，我原来在剑桥不止一次见过他！他复印了我的材料，建议多准备几份，把它们寄出去，他当场就列了一份名单——这样，我有望在外交部获得一份工作。他可爱极了，说我的材料“相当棒”。我在哈斯克尔家和六个人共进午餐，之后去看望古伯斯基夫妇，在那儿待了一个小时，到4点已经坐下来做有关老鼠的该死的翻译了，一直工作到8点半，这才去看戏——一部愚蠢的滑稽剧，很唠叨，平庸至极，之后，我们回家晚餐。今天上午我一直在俱乐部打网球，很兴奋也很愉快，也在那儿用了午餐，之后去拜访洛里，5点，又忙于翻译。我一口气工作到9点半，直到他们喊我用晚餐。维拉·马克①不在那儿，但哈斯克尔带来一个“跳舞的”——很漂亮，腿很粗，非常腼腆。他对昨晚的戏很欣赏，因为其中一个场景提到了他：“我们的阿诺德。”晚餐一结束，我就继续工作，而眼下已经精疲力竭了。我希望明天上午能完工，之后去看贝比姨妈②，之后在采特林夫人家用午餐，之后去见汤姆孙，之后去哈里斯夫妇家晚餐。我很累很累。两封信似乎合在一起了，因为我通常在上午写信，但今天我已经说了两天的事情，亲爱的。明天晚上将在这儿写最后一封信。我的一个同屋是富尔达的儿子③，他父亲住在梅拉那④。我崇拜你，我急着想回家。最后这两天有许多事要处理，虽然已经明白了：1）我们可以无忧无虑地过个夏天；2）我们10月

① 维拉·哈斯克尔。

② 娜杰日达·沃恩拉–拉尔斯基。

③ 可能是路德维格·富尔达（Ludwig Fulda，1862—1939），德国作家和诗人。但富尔达于1939年3月7日在柏林自杀，他儿子应该知情。

④ 位于意大利的皮埃蒙特。

到这儿来。无数的吻，我甜蜜的爱人。

我的小家伙，你的小学堂怎么样？我周三回来。这是一首诗①。我爱你和你的妈咪。

弗拉基米尔　6.11. 午夜

*　*　*

ALS，1 页

1939 年 6 月 12 日

伦敦寄往巴黎十六区布瓦洛路 59 号

亲爱的，我今天忙个不停，杂事很多，只能抽空给你写上几句。我跟不少人说起罗斯季斯拉夫②，但在许多情况下不可能将这两件事搅在一起，即同时要找个工作什么的，还要求人把一个外甥安排好。有两个人告诉我："先照顾你儿子。"无论如何，我们的问题（首先是我的，其次是你的），即到这儿来，已经解决。采特林夫人答应筹到头三个月所需的 100 镑。我刚完成翻译工作，明天把译文交给切尔纳温夫人；柯林斯也明天去。不晚于 25 号，我的欢乐，记住！或我一个人走（哦？所以，拜托——你完全能够自己走……）我开个玩笑，我最亲爱的，我很爱很爱你。

还有你，亲爱的，周三 5 点 45 分车站见！

弗拉基米尔

39.6.12. 下午 7 点

---

① 俄文诗 *V sredu priedu*。

② 罗斯季斯拉夫 · 佩特凯维奇，那时在巴黎。

1941 年

ALS，4 页

邮戳日期：1941 年 3 月 18 日

马萨诸塞州韦尔斯利韦尔斯利学院寄往纽约市 87 西大街 35 号[①]

亲爱的：

我刚收到你的信以及信上 W. 和 L. 小姐[②]可爱的附言，还有米坚卡的中文涂鸦。曼斯韦托夫[③]是个傻瓜，是个无赖。我觉得，他这个俗气的人会逃之夭夭。我爱你。鲍里斯·瓦西里耶维奇[④]对鲍罗丁[⑤]很了解，说他的脸黑不溜秋，说他是个漆黑的人物，就是个共产党奸细，因为粗野而被他们一起工作的公司一脚踢了出去。但你没有曼斯韦托夫的那 50 元怎么办呢？《大西洋月刊》[⑥]的编辑应该会随时跟我联系，也许他会拿一份，之后我会马上给你寄些东西。要是《新共和》[⑦]有回复，告诉我，我想在这儿写篇文章，我住的房间很安静，空闲时间也多。在波格斯洛夫斯基夫妇家[⑧]，我发现人不再那么多（两三对美国夫妇，一个相当漂亮的俄国姑娘，鲍里斯显然很喜欢她），我和他下棋，静下心来准备我的头两次讲

① 写在信头上。3 月 15 日起，纳博科夫应韦尔斯利学院邀请，开始为期两周的系列讲课。

② 希尔达·沃德，他在纽约给她上俄语课，另一位也许是多萝西·劳斯霍德（Dorothy Leuthold，1897—1969），也是他的一个学生。

③ 弗拉基米尔·曼斯韦托夫。

④ 鲍里斯·瓦西里耶维奇·波格斯洛夫斯基（Boris Vasilyevich Bogoslovsky，1890—1966），曾是白军将领；移居国外后，在哥伦比亚大学受教育，后成为哲学家和教育理论家。1930 年代后期至 1940 年代前期，在康涅狄格州达里恩的倡导改革的樱桃草坪学校任教。

⑤ 不详。

⑥《大西洋月刊》（*The Atlantic Monthly*），美国文学和文化杂志，于 1857 年创办于波士顿。自 1938 至 1966 年间，由爱德华·威克斯（Edward Weeks，1898—1989）主编，他是个散文作家。

⑦《新共和》（*The New Republic*），美国政治和艺术类杂志，1914 年创办于纽约，其时是周刊。著名的文学和社会批评家爱德蒙·威尔逊（Edmond Wilson，1895—1972）为这家杂志长期撰稿，1940 年代后期曾任杂志主编，经过这位新朋友的介绍，纳博科夫自 1940 年 11 月中旬起，在这家杂志上发表了四篇书评。

⑧ 可能位于康涅狄格州的达里恩。

课。早早上床，服了颠茄叶素[①]，胃里马上起了难以置信的反应（整个一天，我胃里一直沉甸甸地压着什么，虽然我没有吃什么油腻的食物）——反应厉害的时候，全身颤抖，发烧，根据脉搏的情况估计有四十度，恶心。楼里的人都睡了，起风了，风通过窗户的缝隙往里钻（窗帘扬起来，好像窗户没关似的），我的身体如此糟糕，我都想明天给韦尔斯利[②]发个电报，说我不能去了。我尽可能将自己裹得严严实实保暖，继续把课备完（又似乎觉得这些课程如噩梦般的无用），睡觉时差不多是凌晨4点了。上午醒来，睡衣湿透了，但身体状况好多了，胃里有一种久违的轻松感，现在也这样。怎么回事？我觉得这是一种真正的危机，既然早晚的反差令人震惊——反差如此之大，我从中获得了意想不到的感悟，这会为《天赋》孕育新的篇章[③]。此外，我爱你，亲爱的，吻我的小心肝，也希望你早日康复。昨天，我刚准备好，鲍里斯[④]，他当然无法开车带上我，他告诉我，实际上至多十分钟后，唯一一班到波士顿的慢车就要开了——我如何坐这班车的，我不知道。路上花五个多小时，车上多是表情冷漠的过路客（韦尔斯利是形成有关波士顿观念的车站之一），但我感觉很好，很享受这样的旅行。这儿景色很美，湖光山色，学院建筑让我想起剑桥[⑤]。7点半早餐，在一间无烟公共休息室。我坐在一张单独的餐桌旁，同桌的有五个老处女教师，以及——她叫什么名字，安提比斯的那位房主——凯利小姐[⑥]，她看上去有点像，但很可爱。这儿一切都很迷人、舒适。

今天上午的两节课之间（19世纪俄国小说和高尔基及契诃夫的短篇小说[⑦]），

① 抗胃痉挛的药。

② 1940年，纳博科夫加入纽约的国际教育机构，通过这个机构，他应邀去韦尔斯利学院讲课。

③ 纳博科夫完成《天赋》(除了第四章，已经在《当代年鉴》第六十三至六十七辑，1937年4月至1938年10月发表）之后，1938年1月，这部小说仍萦绕在他脑海里。可能在1939年春天，他又加上一篇重要的文字，由德米特里译成英文，名为《父亲的蝴蝶：〈天赋〉附录二》，先行发表（*N's Bs dmu*，198—234），之所以称为附录二，因为1934年的短篇《圆圈》(*Krug*）是附录一；对于俄国读者，可见*Vtoroe Dobavlenie k Daru*，亚历山大·多米宁编，《星星》(*Zvezda*)，2001年1期，第85—109页。有个保存下来的文件夹，显然不早于1939年9月，标着"《天赋》第二部"，和其他材料在一起，显然被认为是这部小说的第二卷。在某个阶段，这个第二卷的结束是费奥多·戈杜诺夫-车尔登采夫，《天赋》主人公，写完普希金的未完成诗剧《露莎卡》(*Rusalka*)，而后来纳博科夫自己发表了这部诗剧（《新杂志》，1942年第2期，第181—184页）。此信中表达的新的想法是否就是《天赋》的续写计划，若没有更多的证据仍是个疑问。

④ 波格斯洛夫斯基。

⑤ 英国的剑桥大学。

⑥ 凯利（Amy Kelly，1881—1962），韦尔斯利学院英语写作副教授。

⑦ 在1940至1941住在纽约期间，纳博科夫准备了几百页俄国文学讲义，以便在美国教学。其中有些材料很可能用作1941年韦尔斯利的讲课，之后又用于在韦尔斯利（1946—1948）、康奈尔（1948—1958）、哈佛（1952）的俄国文学课程，并以《俄国文学讲稿》(*LRL*）结集出版，在书中，他讨论了果戈理、屠格涅夫、陀思妥耶夫斯基、托尔斯泰、契诃夫和高尔基。

他们自然邀我去参观他们图书馆的藏书，各种初版书及一些破损的对开本，这些书总让我觉得不爽。但欧几里德初译本里蠕虫咬出的一个个小圆洞，这些仿佛证明那些书中定理并不很完美的小洞，由因它们的微妙讽刺让我忍俊不禁：“能够做得更好。”图书馆那位女士多少误解了我的快乐，将我拉到意大利手稿部去。

课上得很好。珀金斯小姐[1]（我有两次把她叫成平克利小姐），一位圆脸，模样有点像犹太人的老姑娘，听了课，我觉得她很满意。女孩们看上去都像运动员似的，不戴手套，脸上有粉刺，抹着唇膏，总之很愉快。卡波维奇[2]打来电话，周六会去看他。

吻你，我的爱人，要健康又强壮[3]，如我的流亡者[4]常写的。

弗拉基米尔

*　*　*

ALS，4 页

1941 年 3 月 19 日

马萨诸塞州韦尔斯利三一学院寄往纽约市 87 西大街 35 号[5]

[6]

① 珀金斯（Agnes Perkins，1877？—1959），韦尔斯利学院英国文学教授，她是纳博科夫在韦尔斯利学院的接待者和朋友。当纳博科夫到韦尔斯利时，她临近退休年龄了。

② 米哈伊尔·卡波维奇，哈佛大学历史教授，从 1942 年起，成为《新杂志》编辑。纳博科夫 1932 年在布拉格首次见到卡波维奇，但只是移居美国后他们才成为好朋友。

③ 薇拉“因坐骨神经痛而卧床休息”。

④ 尼古拉·车尔尼雪夫斯基，流放到西伯利亚，纳博科夫在《天赋》第四章中对他的书信体风格进行了嘲讽。

⑤ 信头，纳博科夫在“韦尔斯利”前开玩笑地加上“三一学院”（1919—1922，他在剑桥三一学院读书，见信的结尾）。

⑥ 纳博科夫画了一架飞机或一只昆虫；他可能画掉了一个过去或写错的日期，修饰性地画了一个图案。

我至爱的亲人：

好消息：今天，《大西洋月刊》[1]的编辑从波士顿打电话给我——我们很喜欢你的小说[2]，这正是我们一直期待的作品，我们马上就发表，还说了更多的好话。他要求我写更多的作品。周一，我会在波士顿和他共进午餐。我为此给珀佐夫[3]写信。这会给人留下印象——一个幸运的突破。

还没有说到课程。听课（昨天讲"无产阶级小说"，今天讲"苏联戏剧"）的人越来越多，课也越来越受欢迎和称赞，并接到更多的邀请，诸如此类。[4]我的两位女监护人，珀金斯和可爱的凯利，都满脸笑容。你怎么样，亲爱的？给我写信。我还不知道《大西洋月刊》会付多少钱——但先前的溢美之词多少应该反映薪水的上涨[5]。我很爱你。明天没课，我要对下一次的讲课进行加工，周六下午两点，我要去卡波维奇家[6]，周一6点前回来。今天更暖和，雪更有些甜味，天空有芒通[7]的那种色调，阳光洒下来，楼里到处是或圆或方的光圈。还有，我爱你[8]。我觉得很棒（我口里衔着烟嘴）——我感觉很棒，烟抽得少了，因为这儿很多地方不让抽烟。我写信给沃德小姐、契诃夫[9]、达莎[10]、娜塔莎[11]、莉兹贝思[12]。今天，我在一个特别大的厅里讲课，人很多，厅里有管风琴和讲台。

珀金斯小姐在君士坦丁堡染上了一种奇怪的病，头向左歪，这样，她得不断地很熟练而又不显眼地将头撑住，时而用一根手指，时而用钱包，但我还是马上就注意

①《大西洋月刊》的爱德华·威克斯。

②《云彩、城堡、湖水》(译自1937年的短篇小说 *Ozero, oblako, bashnya*)，《大西洋月刊》，1941年6月号，第737—741页。这是纳博科夫最好的短篇小说之一，但其强烈的反极权主义，尤其反纳粹的主题有助于说明此信中表露出的特别的热情。

③ 珀佐夫（Petr Pertzov，1908—1967），俄国出生，哈佛受教育，纳博科夫短篇小说的译者，如《云彩、城堡、湖水》《昆虫采集者》《菲雅塔的春天》。见马克西姆·斯莱耶《纳博科夫：致美国译者的信》，*AGNI* 第五十辑，1999年10月，第128—145页。

④ 1939年8月，苏德签署互不侵犯条约，这给希特勒入侵波兰提供了方便，并引发第二次世界大战，纳博科夫直率而鲜明的反苏主义对当时的美国听众有很强的吸引力，他们虽然还没有参战，但支持同盟国。

⑤ 纳博科夫想到湖水和映在水面上的云彩，小说《云彩、城堡、湖水》写到这种难以捉摸的喜悦，这儿也是双关：俄语 ozero（湖水）表明，他希望《大西洋月刊》通常的稿酬上多加一个"zero"（零）。

⑥ 位于马萨诸塞州的剑桥。

⑦ 从1937年10月到1938年7月，纳博科夫一家住在法国芒通。

⑧ 原文为法语。

⑨ 米哈伊尔·契诃夫，戏剧导演。1940年，纳博科夫写信给契诃夫（那时他在康涅狄格管理一家戏剧工作室），建议他改编《堂吉诃德》，纳博科夫愿意写剧本。契诃夫有兴趣，虽然这个计划从未落实。

⑩ 多萝西·勒索尔德。

⑪ 娜塔莉·纳博科夫。

⑫ 莉兹贝特·汤普森。

到了，今天，我和她一起订正女孩们的英语作文，她接受了我所有对错误的订正（同时，我还订正了她的一处改错）。昨天，我在女士俱乐部用了晚餐，“你可以想象”我在餐桌上多么活跃，身边都是美女，尽可能不口沫四溅。我们开始时谈学术问题，但我很快将话题水平降下来——总之，是个很出色很健谈的人①，然而珀金斯小姐曾警告我，我应该待到7点半，但别多待。她会去纽约，想要见你。从某些迹象和他们的话题来判断，我有个印象，他们可能邀请我上秋季学期的课——我不知道。

上一期《大西洋月刊》(我一直多写了一个字母“n”，像附带似的）原来有出版商的吼叫，他们不能再这样下去了，他们需要真实的东西，不管这是什么，只要是真实的。腐朽的俄罗斯将彻底被摧毁②（我刚和一位法国教授谈过——这是会蔓延的)。我想知道下面译什么（以同样的方式，和P.③一起，和他在一起工作，愉快又轻松)，你怎么想？④暴君？⑤信息披露？⑥还是我用**俄语写个短篇**——之后再把它译出来？“生活在韦尔斯利学院，在橡树和新英格兰宁静的夕阳下，他梦想以他的美国钢笔，交换他自己的无与伦比的俄国羽毛笔。”(出自《弗拉基米尔·西林和他的时代》，2074，莫斯科)。我的剑桥心情似乎又回来了，吻你，我的爱人，我的无与伦比的小羽毛。写吧!

弗拉基米尔

41.3.19.

* * *

ALS，3页

1941年3月20日

马萨诸塞州韦尔斯利韦尔斯利学院寄往纽约市87西大街35号⑦

自从那个晚上，我的胃安然无恙！⑧

---

①② 原文为法语。

③ 珀佐夫。

④ 译完《云彩、城堡、湖水》后，珀佐夫将译《昆虫采集者》。

⑤ 短篇《被推翻的暴君》(1938)。

⑥ 1934年的一个短篇。

⑦ 写在信头。

⑧ 在第一页信纸左侧纵向书写。

亲爱的：

今天，我专心备课，翻译普希金①。我恐怕明天没有时间给你写信：上午，在有关英语文体与风格的课上（即在英国语言文学系）有场“讨论”，约半个小时（不是我的课程，但经我同意），还有一堂讲苏联短篇小说的课。之后，去波士顿。

今天上午我作了一次散步，春风扑面，但仍有寒意。白纸般的、美国小桦树那纤细的树枝映衬着浅蓝色的天空。干枯的橡树叶则像包装纸。女孩子的那些色彩亮丽，有着红色或蓝色车杠的自行车（明天别忘了两件事：自行车、施泰因!）靠在杉树杆上。

我独自一人走着。孤身一人。

此刻，有如：

（暴风雨临近）
白天的大海即将刮起一场风暴——
我多么强烈地
（渴望）
拥抱那奔腾不息的波浪
满怀爱意躺在她脚旁！②

我想知道，米坚卡是否能看懂我给他画的画。③先给他解释，溜冰的人滑了个“8”字，而罗马人穿这样的“袍子”。我想我今天应该能收到你的来信④。本地的德国教授对卡夫卡一无所知。

那位很可爱的凯利小姐现在给我送来一托盘丰盛的早餐，可以在床上吃，她觉得我受不了七点一刻那种简餐。厨师发誓，“我们要给那位长点肉”，便热衷于

① 他 1940 年 12 月下旬开始翻译普希金的《莫扎特和萨列里》（刊于《新共和》，1941 年 4 月 21 日，第 559—560 页），普希金的其他诗歌翻译收入《三位俄国诗人：普希金、莱蒙托夫和丘特切夫》（康州诺福克：New Direction，1944）。

②《尤金·奥涅金》第 1 章第 33 节，是纳博科夫最喜欢的诗句，如：“我想起那暴风雨前的大海：/ 多么羡慕那层层波浪 / 波涛汹涌，奔腾不息 / 满怀爱意躺在她脚旁。”纳博科夫 1976 年直（英）译为：“I recollect the sea before a tempest: /how I envied the waves/running in turbulent succession/with love to lie down at her feet ! ”（*EO*，1976）

③ 信里附有另一张纸，纳博科夫在纸上给德米特里画了一幅颇为复杂的画：一个溜冰场，背景上有“罗马”神殿；一个穿束腰外衣的秃头男子，头上戴着桂冠，刚在冰上滑出一个“8”，代表“罗马Ⅷ”这个数字。

④ 原文为德语。纳博科夫的德文译者和编辑 E. 齐默说：“他的嘴唇并不认同这样的说法：他只是假装说不了流利的德语。”

做许多种油炸甜点，而我很讨厌。我崇拜你，我的猫咪。

弗拉基米尔

41.3.20.

给米坚卡

[①]

罗马数字Ⅷ

* * *

ALS，3页

1941年3月24日

马萨诸塞州韦尔斯利韦尔斯利学院寄往纽约市87西大街35号

亲爱的：

我只收到你的两封信，第一封有H.[②]和L.[③]附言，另一封信，才收到，是穆辛卡·纳博科夫[④]的信。但这两封信之间还有什么信吗？

---

① 纳博科夫给德米特里画的画。

② 可能指希尔达·沃德。

③ 可能是莉兹贝特·汤普森（见1941年3月18—19日信）。

④ 德米特里。

我刚从卡尔波维奇夫妇那儿回来，跟往常一样在那儿过得很愉快，但又有新的令人温馨之处——一幢光线很明亮的房子，还没有（虽然在有些角落已经开始）鲜花盛开。浴缸里的水，如我告诉塔吉亚娜[1]的，水温更像（温暖的）友谊，而不是（滚烫的）恋情。昨天有很多客人——叶夫根尼·拉比诺维奇（！）[2]，仍和以前一样穿着护膝，腿粗粗的，还有珀佐夫的兄长[3]、莱德尼茨基[4]——一位头发淡黄、肤色黝黑的波兰人，他说起他的逃亡经历，一再重复："……噢，我带上需要的零碎物品——科隆香水、牙刷。"他眼睛无神，没有才气。今天，我和威克斯共进午餐——他原来也是三一学院学生！他会把校样送到我这儿。我想我会给他《菲雅塔的春天》。有位审稿的女士，也一起午餐，她对我说："我知道你会出名，但我不知道你是否会有趣。"现在是晚餐时间了。我爱你。我仍不知道你怎么样。自行车[5]明天会从纽约直接送到我们住处。我明天有两堂课。"小说技巧"以及契诃夫和高尔基作品的背诵。今晚，我要忙自己的事，有些事仍然没有做完。天气潮湿，多雨，什么都像水彩画一样，湿乎乎的。这是我的第四封信。

我崇拜你。

弗拉基米尔　周一下午 5 点

[6]

① 塔吉亚娜·卡尔波维奇（Tatyana Karpovich，1897—1973），米哈伊尔·卡尔波维奇的妻子。
② 拉比诺维奇（Evgeny Rabinovich，1901—1973），生化学家、诗人，笔名叶夫根尼·莱希。
③ 康斯坦丁·珀佐夫（Konstantin Pertzov，1899—1960），在波士顿多家建筑公司工作，1945 年成立了自己的公司。
④ 莱德尼茨基（Vatslav Lednitsky，1891—1967），文学史家、哈佛和伯克莱大学教授，《新杂志》的撰稿人。
⑤ 纳博科夫把给德米特里的自行车水运到纽约。
⑥ 纳博科夫给德米特里的信写在另一张纸上，几乎占了整页纸。在信的下方，有一幅精心画的画：一辆自行车和一个朝自行车伸着双臂的小男孩。他穿着某种自行车手的服装（又或许穿了一身冬衣）。自行车的上方有一只小蝴蝶。

我的穆辛卡，自行车正在向你骑去！

就像这样的自行车！爸爸

*　*　*

ALS，3页

邮戳日期：1941年3月25日

马萨诸塞州韦尔斯利韦尔斯利学院寄往纽约市87西大街35号[①]

亲爱的，我收到夹在中间的这封（可爱的）信，我以为收不到了呢。我很高兴你感觉好多了。是的，让我们推迟回复那个傻瓜斯韦托夫先生[②]。对塞迪赫主席[③]，我的回复是，我同意，但我需要知道他们支付多少：一次课少于50，或五次课少于200（我讲不了五次以上的课）就不值得。我提出愿意朗读我自己的作品。正好五十年前，谢尔盖·沃尔康斯基就在这儿，在他的"游记"[④]中留下对韦尔斯利最庸俗的描述。

现在是中午，我刚上完两节课回来：很成功。但我敢说，当他们告诉我，"你要是离开，这会是个悲剧"，我觉得这纯粹是美国人的礼貌。

明天上午——不，后天——我要恭恭敬敬在站在院长[⑤]面前，我把她想象成一个蜂后或蚁后。今天，我第一次和这儿的一位男士共进午餐——他是一位英国文学教授[⑥]。你没有写信告诉我身体的其他状况如何。说句心里话：我想回家。当我觉得我的课还剩下不到50分钟，我就用粉笔将俄国作家的名字写在黑板上以节

---

① 写在信头。

② 曼斯韦托夫，1941年3月18日信中那位"傻瓜、无赖"。

③ 安德列·塞迪赫，笔名茨维巴赫，纳博科夫1932年在巴黎初次见到他，他1941年来到美国。他不久成为《新俄罗斯词语》主编和"援助俄国流亡作家和学者文学基金会"主席。

④ 谢尔盖·沃尔康斯基（Sergey Volkonsky，1860—1937），戏剧和舞蹈理论家、帝国剧团导演，1893年，他到美国芝加哥在世界博览会上作了一个报告。"见到这些年轻的女孩身处自然和科学之中是多么赏心悦目。所到之处——林中、湖上、宽敞的走廊里，你能在年轻人清脆的笑声中感受到韦尔斯利的欢乐。"谢尔盖·沃尔康斯基：《我的回忆》，A.E. 查莫特译，伦敦：Hutchinton，1924，第1章，第242页。

⑤ 米尔德里德·迈克菲（Mildred McAfee，1900—1994，1945年起姓霍顿），1936至1949年间任韦尔斯利学院院长，在这期间（1942—1945）有三年时间离职休假。

⑥ 可能是查尔斯·克比-米勒（Charles Kerby-Miller，？—1971），英国文学助理教授。他和他妻子威尔玛（1897—1990）成为纳博科夫和薇拉在韦尔斯利及坎布里奇期间的朋友。

省时间。不写的话我得讲几遍，虽然——解释或回答问题——是相当容易的。

午餐前我真的能够为米坚卡画点什么吗？我仍然对《大西洋月刊》和威克斯很有好感。吻你的锁骨，我的小鸟。[①]

弗拉基米尔

穆辛卡

丁零零，丁零零

自行车来啦

爱你

爸

* * *

ALS，3 页

邮戳日期：1941 年 3 月 26 日

马萨诸塞州韦尔斯利韦尔斯利学院寄往纽约市 87 西大街 35 号[②]

亲爱的：

我刚收到《云彩、城堡、湖水》的校样及威克斯可爱的来信。现在我要去午餐了；我在床上已经备好了今天下午的课，这是最重要的课程内容（“小说技巧：狂喜与灵感”[③]的最后部分），之后去散了会儿步；风和日丽，简直想把钢笔伸进湖里抽一管湖水；没有一只蝴蝶。昨天，我和珀金斯小姐及另外三个可爱的老姑娘共进晚餐。布朗[④]告诉我——听到我抱怨，无法从溢美之词中把握真相——他们真的乐坏了。泉水从覆盖在上面的冰层下汩汩地喷（或者说溅）出来。

① 在俄语中，这句话部分是押韵的。

② 写在信头。

③ 原文为俄语。纳博科夫在音译这些俄语单词时有意出错，以模仿他的夸张的发音来面对英语观众。在他的《文学讲稿》中，他解释了这些词语（这些词的联系与差异来自普希金）：“vostorg 和 vdokhnovenie，可解释为‘狂喜’和‘重温’……第一个词是热的、短暂的，第二个词是冷的、持续的……vostorg 的纯粹的火焰，即最初的狂喜……没有预想的有意识的目的，但……在打破旧世界和建设新世界的关系上是极为重要的。当时间成熟，作家安顿下来真正创作作品，他就依赖第二种宁静和稳定状态的灵感，vdokhnovenie，这一可信任的伙伴帮助他重温和重建世界。”

④ 哈珀·布朗，英语系教师。

周三上午

塔吉亚娜[①]凑巧来听了课（今天是公开课），之后在我的房间喝了茶，而这时你宝贵的信也到了，谈及阿纽塔的情况[②]。卡尔波维奇已经知道了，会尽力而为[③]，但以防万一，周六到周日我设法和他们待在一起（我下午一点从波士顿去里奇菲尔德[④]——我是说30号——我想，1号或2号，我就要去纽约了）。讲课很重要，这对我很有利。只有一人离开，周六上午（还是讲苏联短篇小说）。此刻，他们带我去参加庆祝晚宴，之后去看戏。我不太想问威克斯他们会支付多少，但那些知情的人说，一般来说，一篇同样篇幅的文章，他们给150美元。我们最好尽快把“春天”[⑤]翻新[⑥]一下。阿尔达诺夫给了珀佐夫一个短篇，他同意了。我不喜欢你仍然睡那张小床。吻我的穆辛卡·纳博科夫，吻你，我温柔的爱人。谢谢《大西洋月刊》，我们能够轻松地还清债务，还有余钱去旅行一次。

我一如既往地爱你。

弗拉基米尔　下午5点

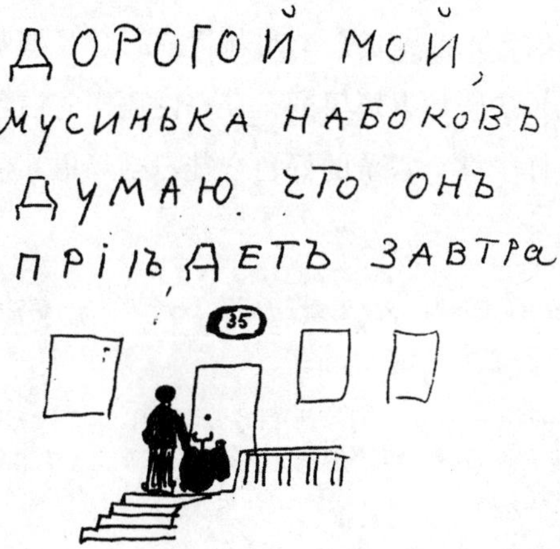
ДОРОГОЙ МОЙ,
МУСИНЬКА НАБОКОВЪ
ДУМАЮ. ЧТО ОНЪ
ПРIѢДЕТЪ ЗАВТРА
35

① 塔吉亚娜·卡尔波维奇。
② 安娜·费金仍在被占领的法国，直到1941年9月才逃离。
③ 卡尔波维奇已帮助纳博科夫一家移居美国，纳博科夫请求他再施援手，设法让安娜·费金与他们团聚。
④ 康涅狄格州的里奇菲尔德，他去那儿见米哈伊尔·契诃夫。
⑤ 纳博科夫和珀佐夫合译的《菲雅塔的春天》直到1947年才发表，《哈珀杂志》，1947年5月，第138页以下。
⑥ 俄语 perelistsevat'，将一件衣服拆开，将布料的里面翻到外面，再缝起来（这样一翻，衣服看起来像是新的）。

亲爱的

穆辛卡·纳博科夫

我觉得它明天会到[①]

* * *

ALS，5 页

1941 年 3 月 28 日

马萨诸塞州韦尔斯利韦尔斯利学院寄往纽约市 87 西大街 35 号[②]

我甜蜜的爱人：

我收到丹尼斯[③]一封很热情的信，也明确回复他：我准备为《新共和》写一篇三千字的文章《翻译的艺术》[④]。昨天，我睡觉和写作。今天是 3 月 28 日[⑤]。我写了信给伯特兰[⑥]、施瓦茨[⑦]、威尔逊[⑧]、塞迪赫[⑨]、威克斯、波格斯洛夫斯基、埃德加·费舍尔[⑩]、洛里默[⑪]、丹尼斯、阿尔达诺夫[⑫]，也把校样[⑬]寄走了。今天晚上，我去听了一场令人乏味的音乐会，是一个叫莉莉·庞斯[⑭]演唱的，她是个炫技的女高音，头发染成橙色，皮肤晒得黑黑的，穿一件蓬松的白色连衣裙。一个肤色黝黑的小个犹太笛手，样子像个害羞的好色之徒。剧场里人很多，他们就让一百个

---

① 纳博科夫给德米特里的信在另一张纸上。文字下面是一幅画：一个人手扶一辆包装着的自行车，他走在门前的台阶上，门牌码是“35”。

② 写在信头。

③ 奈杰尔·丹尼斯（Nigel Dennis，1912—1989），《新共和》助理编辑，1941 年初负责文学版。

④ 刊于《新共和》，1941 年 8 月 4 日，第 160—162 页。

⑤ 他父亲去世纪念日。

⑥ 汤普森。

⑦ 施瓦茨（Delmore Schwartz，1913—1966），美国诗人和短篇小说作家。

⑧ 纳博科夫和爱德蒙·威尔逊的关系将变得很紧张。详细过程见《纳博科夫——威尔逊书信集：1940—1971》（*DBDV*）。

⑨ 安德列·塞迪赫。

⑩ 埃德加·费舍尔（Edgar Fisher，1884—1968），供职于国际教育协会，此协会安排了纳博科夫的巡回讲学。

⑪ 不详。

⑫ 马克·阿尔达诺夫 1940 年移居美国，1942 年他与人合办了《新杂志》。

⑬ 他译的普希金的《莫扎特和萨列里》（见 1941 年 3 月 20 日信的注释）。

⑭ 莉莉·庞斯（Lilly Pons，1898—1976），著名的法裔美国歌剧女高音演唱家。

左右的人站在台上——就像《纽约客》杂志里上了年纪的男人和女人[①]。我不太想去见科乌谢维茨基[②]了。昨晚有个宴会——英语系的全体人员都出席了，其中不乏年轻美貌的姑娘。晚宴后他们让我讲讲曼斯菲尔德[③]、福楼拜、普鲁斯特等，结果引起热烈的争论。现在已是上午8点了，我爱你。11点，我要去拜访院长夫人，这位年轻的女士我已经在音乐会上见过一面了。

周六，4月20号，你我要和珀金斯小姐在那家俄国茶餐厅共进午餐。[④]昨天，我突然意识到她像谁——那种手指按在太阳穴上的样子，那种轻微的抽搐，说话时略微弯腰的那种习惯。她对你有特别的兴趣（韦尔斯利掌控力[⑤]？）。据我所知，鲍比斯·梅里尔[⑥]对冒险电影感兴趣，是不是？

明天上午的课结束后，我要去见卡尔波维奇夫妇。总之，这儿的一切都很成功（除了昨天讨论中的一个失误：学生："但你难道不认为一个读者必须与人物感同身受吗？"我说："不，——必须与作者感同身受。"）下一次课，我的鸟儿，可能就是周一，从里奇菲尔德回来的课了。爱你。

弗拉基米尔　中午12点

拜访院长夫人后我继续写信。我听说他们对我很满意，他们会付我300美元（现付250），这至少是有保障的。一点，我要在她的住处与可爱的珀金斯和凯利共进午餐。我刚收到你可爱的来信。是的，明天我要给M.M.[⑦]明确施加压力，我肯定他会尽力而为。今天天空呈现灰蓝色，很暖和——海鸥捕食着池塘里的小金鱼。经过讨价还价，我付了2美元60美分，运那辆自行车。我离开时身上有6或7美元，记不清了。到达里恩的车票花了1美元。是的，我5点左右到达里恩。从达里恩到这儿的票价要6元多。我向波格斯洛夫斯基借了10美元，在这儿，他

---

① 可能指杂志人物的卡通风格。《纽约客》创办于1925年，已成为美国作家和读者喜爱的杂志。

② 科乌谢维茨基（Sergey Koussevitzky，1874—1951），俄国出生的指挥家和作曲家；波士顿交响乐团音乐指导（1924—1949），曾在彼得堡纳博科夫家里演奏过。1940年，托尔斯泰基金会的亚历山德拉·托尔斯泰（Alexandra Tolstoy，1884—1979）收到科乌谢维茨基的一封支持纳博科夫的信，也许此信为他进入美国提供了便利。

③ 曼斯菲尔德（Katherine Mansfield，1888—1923），新西兰出生的短篇小说作家。

④ 位于纽约。

⑤ 来自德语，意为"纯洁"：薇拉会是一位体面的韦尔斯利夫人？

⑥ 1938年，印第安纳波利斯的出版商鲍比斯·梅里尔出版了纳博科夫的《黑暗中的笑声》。出版商想要卖掉小说的电影版权？1945年，纳博科夫将为2500美元卖掉版权，但1969年前并无这部小说的电影问世。

⑦ 卡尔波维奇。纳博科夫正在为安娜·费金寻求一份宣誓书，安娜·费金设法离开被占领的法国来美国。

们几乎每天给我叫出租，每次花 25 或 50 美分。除了自行车，还有香烟和其他零花钱。总之，我没有足够的钱去里奇菲尔德和回家了——要是我不兑现支票的话。可怜，可怜的老 H①。你给我寄信了吗？他们问我是否要一份固定工作。不知道，不知道——如泽约卡常说的。真的，这儿真迷人——但所有树都喷了药水，所以可能没有多少蝴蝶。我已经写信给俄语俱乐部，要求 50 美元②。是的，周四我应该到家了。我途经诺沃克③去见契诃夫④——不是诺福克。上帝啊，我得跑了。崇拜你，我的猫咪。

弗拉基米尔　41.3.28.

亲爱的：

那，小自行车到了吗？

我本人就快到啦

吻你身上我喜爱之处。⑤

ДУШЕНЬКА МОЙ,
НУ ШТО, ПРІѢХАЛЪ
ВЕЛОПЕДИКЪ?
СКОРО И САМЪ ПРІѢДУ.
ЦѢЛУЮ ТЕБЯ ВЪ ЛЮБИМОЕ МѢСТО.
ОТЦѢПЛЯЕТСЯ!!!

① 可能指约瑟夫·赫森，他仍滞留在被占领的法国。他 1942 年移居美国。

② 可能写信给安德列·塞迪赫，关于曾在 1941 年 3 月 25 日信中讨论的讲课。

③ 康涅狄格州的诺沃克。

④ 米哈伊尔·契诃夫，纳博科夫要和他讨论他的戏剧“堂吉诃德”的演出问题；他住在康涅狄格州的里奇菲尔德。

⑤ 这些词圈起来，像是从纳博科夫画在下面的火车头烟囱冒出的一团团烟。还有一幅画，画的是有四只眼睛和两只手臂的火车车厢。车厢急着要抓住火车头。车头和车厢之间有句话：“脱钩了！”

亲爱的：

他们给你理发了吗？

下雪天你去公园了吗？[①]

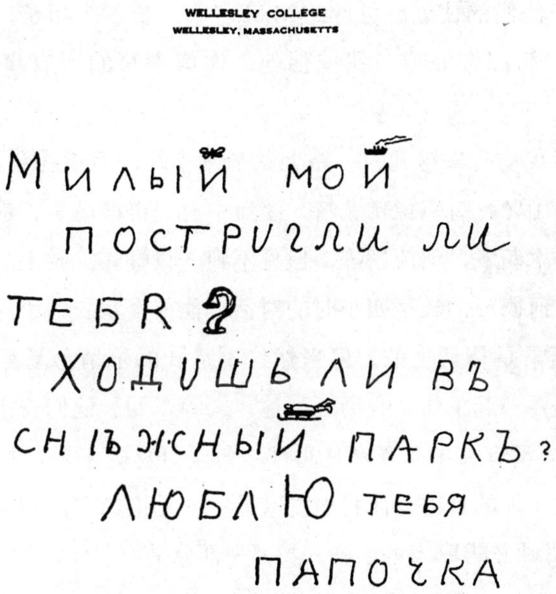
WELLESLEY COLLEGE
WELLESLEY, MASSACHUSETTS

МИЛЫЙ МОЙ
ПОСТРUГЛИ ЛИ
ТЕБR ?
ХОДUШЬ ЛИ ВЪ
СНѢЖНЫЙ ПАРКЪ ?
ЛЮБЛЮ ТЕБЯ
ПАПОЧКА

爱你！

爸爸

* * *

ALS，3页

1941年3月31日

康涅狄格州里奇菲尔德寄往纽约市87西大街35号

我的佳人：

因为行程多变，我根本无法按时给你写信。最后一次课，周六，似乎是

① 这封给德米特里的信写在另一张纸上；信可能附在另一封给薇拉的信里，寄出日期可能早于或晚于3月28日。俄语字母 И 上的两点是两小幅画（一只蝴蝶和一只轮船）。问号也是一幅画：这是某种管子或烟囱。字行间还有一小幅画：一个男子在一辆雪橇上。有些俄语字母被与之相像的拉丁字母代替：如 Я（R）和 И（U）。

最成功的（苏联短篇小说——背诵作品，但我设法让课堂活跃起来）。[①]课后，我和凯利小姐去看一个著名的蝴蝶收藏，那是丹顿[②]的私人收藏——我爱你——确实有稀世珍品，但标签很糟糕，且没有注明地点。之后，塔吉亚娜[③]来了，我们开车去他们的住处。可怜的M.M.[④]头上长了个疖子。他向我保证，周一，即今天，一切都会完成，我催促他，你信中写的所有事情，我觉得都会落实。

昨天下午，我动身来这儿——路上花了六小时，但现在我已经离你很近了。这是一个迷人的山区，有点像佛蒙特，溪流中有一群群游鱼，这是个散发着紫丁花香的日子，树木萌发，河流解冻，但见不到一只蝴蝶。晚上，我和契诃夫作了一场有关《堂吉诃德》的长达四小时的对话，他很喜欢我的小品，他想要做的改变也很简单，通常是格调上的。但当然这不是我的事情。基督徒式的启示，等等。我们今晚还要一起工作。我周三到达，二等车厢。他们安排我住（男演员宿舍——我爱你），没有在韦尔斯利住得那么舒适（总的来说，我保持着这样的印象，那儿有一种简朴的魅力，而我很受奉承——无论如何，不可能有更好的状态了）。光与影，茹科夫斯基[⑤]的绘画。契诃夫部分是卢卡什，部分是天才。现在我要去看排练了。下午，我会见到日丹诺夫[⑥]和他的同行。当我走出车厢，手提箱的把手坏了。崇拜你，我的爱人。

弗拉基米尔

41.3.31. 上午

---

① 原文中 Peredrakonil 一词，来自 drakonita，可能是以前一种兴奋剂的商标。“Draconite”是一种“宝石，据说取自龙的脑子”，《牛津英语词典》(*OED*)；“Drakonita”是个地名，“‘Draconite’，一种兴奋剂，不再生产但墙上仍有广告”，见《透明》(纽约：McGraw-Hill，1872，第 43、94 页）以及似乎为“dragonara……龙药”提供基础，见《阿达或爱：一部家族编年史》(纽约：McGraw-Hill，1872，第 169、438、439 页)。

② 在韦尔斯利自然协会，藏有多达一千五百个蝴蝶品种。威廉·丹顿和罗伯特·丹顿收藏蝴蝶并根据他们兄长谢尔曼发明者的方法进行整理。

③ 卡尔波维奇夫妻。

④ 米哈伊尔·卡尔波维奇。

⑤ 茹科夫斯基（Stanislav Zhukovsky，1873—1944），波兰出生的俄国风景画家。

⑥ 乔治·日丹诺夫，演员和导演，1936 年在巴黎，纳博科夫与他认识，并和米哈伊尔·契诃夫有了联系。

我的米久申卡：[1]

自行车怎么样？

我的欢乐！

爸爸

* * *

AN，1页

1941—1942？[2]

亲爱的，珀金斯小姐请我去教师活动室（绿厅）喝茶，所以我三点一刻左右去叫上凯利小姐，约4点和她一起去教师活动室。（你也）去那儿吧。

① 纳博科夫给德米特里的信写在另一张纸上。

② 日期用铅笔写在纸的下方，可能是薇拉后来加上的“1941—1942”。

1942年

AN，1页

1942年5月或稍晚[1]

地址不详

信纸上方：115－38＝76

薇罗契卡：

首先，给我一份乞乞科夫那天所吃东西的英文清单，从在科罗博奇卡家早餐开始，到晚餐结束（38页到115页），以及泼留希金提供了什么（第三章—第六章）。

标题如下

乞乞科夫一天（75页）吃的食物（ ）[2]

（与他在泼留希金家没吃的食物比较。）

① 这张清单来自果戈理的《死魂灵》（1842），也许更早出现在纳博科夫的著作《尼古拉·果戈理》（*Nikolay Gogol*），诺福克，CT：NewDirection，1944，1942年5月，他应邀写了这部专著。

② 纳博科夫画了个箭头从空括号指向纸的上方的计算出来的答案。115-38 = 76有误，答案应是77。

* * *

ALS，2页

1942年8月3日[①]

佛蒙特西沃兹博罗寄往马萨诸塞州坎

布里奇克蒙德旅馆伯特兰·汤普森夫人转[②]

亲爱的，今天我才收到你带有小熊图案的可爱的信。我觉得，你不必参与周四纽维尔[③]的那趟艰难的行程（他是否真的去也不清楚）；最好你周六和德里克斯[④]及娜塔莎[⑤]一起来。米久申卡的表现很好，虽然我没有写一行字，但最好将这种无所事事的生活状态延长两三天。卡尔波维奇夫妇周三开车去坎布里奇，所以你应该给莱文夫人[⑥]打电话，商量德里克斯动身的时间和地点。我明天会给莉兹贝特[⑦]打电话。

女房东写信说，要是我们15号8点前把东西搬走，我们就不必交8月的租金。我把她的信和一封来自犹太人社团的信附在里面。俄文报纸说，今天，"对到达巴尔的摩的旅客的检查（其中点了'伊·费金'的名）[⑧]进行得很缓慢。一百七十五人用轮船暂时转送到巴尔的摩的'眼泪岛'"。你也许应该打电话给布隆伯格夫妇[⑨]（她写信说起阿纽塔的到来，她打了个电报让她去纽约）。我认为她不值得在佛蒙特待上十天。

他今天球打得棒极了；给五只蝴蝶做了标本，又自己动手做了标签；和玛瑞

---

① 没有邮票；可能是由人转交的，在信封的上方，薇拉的笔迹：来自布拉特尔伯勒，卡尔波维奇夏天住在那儿。在信封反面的封口处，不知是谁写的："弗拉基米里奇让你别忘了朗姆酒，给他买鞋子（运动鞋），十号尺码，可能的话买深蓝色的。"弗拉基米里奇是纳博科夫的父名弗拉基米诺维奇的口语变体。朗姆酒用于诱捕蛾子。

② 1942年，纳博科夫一家在卡尔波维奇位于西沃兹博罗的宽敞的别墅里住了几个星期，8月初，薇拉前往马萨诸塞州的坎布里奇为明年寻找住房。

③④ 不详。

⑤ 娜塔莉·纳博科夫。

⑥ 埃琳娜·莱文（Elena Levin，1913—2006），哈里·莱文（Harry Levin，1912—1994）的妻子，哈里·莱文是哈佛大学英语文学教授，1960年起，任白璧德比较文学教授。

⑦ 汤普森。

⑧ 伊利亚·费金。

⑨ 安娜·费金的亲戚。

莎[1]一起盖了所新房子；买了本超人[2]的新书，睡觉时读给他听；他吃得很多，很快睡着了。

天气恶劣：天晴，大太阳，风刮个不停。我爱你。没有蛾子——就是说无法开窗——风太大。总之，一个相当无用的夏天，但对他有好处。我给他读《鼻子》[3]。他大笑，但更喜欢超人。

别忘了带：1）朗姆酒；2）盒子；3）针（中号）。告诉班克斯[4]，我很想念那个博物馆。

你给我写了一封如此可爱的信，如果那房子还不错，尽管有点贵——就租了吧。我抱怨的是租金而不是住得不够舒适。这些 Arctia virgo[5] 飞进来，就像舞台上的丑角（我刚把窗子打开一点，灯下的飞蛾吓了我一跳）。别忘了我的房间。我今年冬天有许多东西要写。

银行给你送来支票。戈尔登维泽[6]说，他会转交 50 美元给阿纽塔。我这几天会写一首俄语诗。他突然明白你多么需要收放自如。

小车还没有到；可能明天到。吻你，我心中的欢乐，我持久不息并奇妙无比的欢乐。

弗拉基米尔　42.8.3.

我把这封信寄给莉兹贝思。否则信会退回到这里。

阿纽塔的信刚刚到。是附在别的信里的。温柔地吻你。

---

① 卡尔波维奇的女儿玛丽娜，后来成为李·赫德曼夫人。

② 1939 年开始的连环漫画书。纳博科夫就超人和露易丝·莱恩的新婚之夜写了一首诗，《明天悲伤的男人》，1942 年 6 月，他将诗寄给《纽约客》，但未能发表。

③ 果戈理的短篇小说《鼻子》（1836）。

④ 班克斯（Nathaniel Banks，1868—1953），哈佛比较动物学博物馆昆虫部主任。1941 年 10 月，纳博科夫开始在比较动物学博物馆工作，整理馆里的蝴蝶收藏；从 1942 年到 1948 年，他是那儿的助理研究员，实际上是鳞翅类昆虫方面的负责人。

⑤ 实际上是 Grammia virgo，雌性虎蛾。自 1866 年，Virgo 不归入灯蛾属。Arctia 属和 Grammia 属看起来很相似；也许纳博科夫记得 19 世纪早期的形象，那时这种蛾子仍然属于 Arctia virgo。

⑥ 戈尔登维泽（Alexsey Goldenweiser，1890—1979），俄国出生的律师；20 世纪 40 年代，帮助他的同胞从欧洲移居美国，包括纳博科夫一家、费金一家和赫森一家。（见加琳娜·格鲁沙诺克，《薇拉·纳博科夫与 A. 戈尔登维泽的通信》，《纳博科夫网刊》，2007 年第 1 期）

* * *

APCS

邮戳日期：1942年10月2日

南卡罗莱纳州哈茨维尔寄往马萨诸塞州坎布里奇克雷格环路8号

亲爱的，只写上几句：我崇拜你，经过路上诸多奇遇，我终于在下午6点抵达该地，[1] 讲课（很成功）在8点。我现在正赶往下一站（一共三讲）。我今天再写信详细告诉你。

吻我的米坚卡和阿纽塔。

弗拉基米尔　周五上午

* * *

ALS，8页

1942年10月2—3日

南卡罗莱纳州哈茨维尔寄往马萨诸塞州坎

布里奇克雷格环路8号35号公寓

我的甜心：

一百万只蝴蝶，一千次欢迎仪式（可理解为南部的热情豪爽）。

但我经历了最糟糕的旅行。当我在纽约爬上卧铺车厢，发现我的铺位已被另一个旅客占用了，他买到的是和我同样的铺位。然而他默默地占了，我们在厕所旁进行了友好的交谈，而乘务员设法解决我们的问题。最后，他调到了另一节车厢，我爬上了我的合法床位——此时已差不多是午夜了。根本睡不着，因为在无数的车站，剧烈的震动和机车连接或脱离时的吼叫让人无法入眠。白天，秀丽的

---

① 纳博科夫开始去美国南方进行巡回讲学。他的第一站是南卡罗莱纳州哈茨维尔的库克学院。

景色一一掠过——高大的树木形成了不同的景观——其油画般的阴影及闪亮的植物让我想起高加索山谷的景致或波特[①]作品中诗情画意的草木（有几分科罗[②]的色彩）。不见丝毫秋色，唯有最温柔的"眼之魔力"[③]。当我在弗洛伦斯下车，对这儿的酷烈和骄阳以及阴影带来的愉悦顿时感到意外——如同你从巴黎到达里维埃拉时的感觉。火车晚点一小时，汽车自然早就开走了。我打电话给库克[④]，他们说再打回来并派车。我在一家小餐馆的电话机旁等了一个半小时，身心疲惫，蓬头垢面，心情烦躁。最后一个声音低沉的人给我打来电话，他在弗洛伦斯办事，他是学院的教师（我没记住他的名字），说他们跟他说了我的情况，6点左右他会带我去哈茨维尔。讲课安排在8点。我想必是用有气无力的声音问，他怎么能想象我会在那儿干等（到6点还有3小时），他听后爽快地说，他马上就过来，带我去旅馆，他没说哪家旅馆，我甚至不能肯定是否明白了他的意思。我向附近的候车室走去，准备在那儿等他。过了一会儿，我感觉有个年轻的出租车司机，在入口处用车上电话跟什么人通话（我已走出门外，因为讨厌室内的长椅和垫子），说到我的名字。我走过去，问他是否在找我。却是一个误会，他接到一个叫耶鲁瓦特的人的电话，或听起来像这个名字——一个声音不太像的人。但交谈中，他说起他的朋友，一家旅馆的员工要去车站接人，但撞上了一辆卡车，他的车坏了，便让他代为接人，在我听来，这家旅馆的名字正是电话中那个声音低沉的人说的那家旅馆，让他多少有点意外的是，我说我也许就是他要接的人。结果是，那个好心人确实要去哈茨维尔，但同事并没有告诉他我的名字，也没有告诉他那个让他去接人的名字，他此时摸不着头脑了。没有人来帮我，我也不知道该怎么办（当然，我也可以花10块钱叫辆车直接去库克——但我担心那个声音低沉的人的上司会一直找我），我就认为我便是他要接的人。当我带着手提箱来到萨尔蒙旅馆时，那儿的人也毫不知情。和哈茨维尔最后并脆弱的联系即把我带来的出租车司机也消失了（我愚蠢地让他走了），我在大厅里徘徊，有种噩梦般的感觉：全都弄错了，我被错当成别人带到了这儿，而那个声音低沉的人正绝望地在车站找我。

---

① 波特（Paulus Potter，1625—1654），荷兰艺术家，以其风景中的动物画著称。

② 科罗（Jean-Baptiste-Camille Corot，1796—1875），法国风景画家。

③ 源自普希金诗歌《秋天》（*Autumn*，1833），第七节，第一段第一行："令人忧伤的时间！眼之魔力！/你的告别之美让我愉悦……"）

④ 库克学院，纳博科夫前往讲课的地方。

通盘考虑后，我决定再给学院打电话，至少要知道那个声音深沉的人的名字；同时，我还没有完成在火车上做的那件大事，急切想马上就做。当我去办公室打听消息，我听到大厅的人群中有人对另一个说他不明白是怎么回事——为什么他派到火车站的出租车没有返回。我走过去，急忙问他是否在等我。“哦，不是，他说，我在等一个俄国教师。”“我就是那个俄国教师！”“哦，你看起来不像啊。”他笑着说，现在一切都明白了，我们拥抱。他原来名叫英格拉姆[①]，一个神学教授，一个很和蔼很可爱的人。这时差不多4点了，他答应，他的事情一忙完就来接我，5点左右开车（五十英里！）送我去库克。觉得讲课前没有时间刮脸（晚餐定在6点一刻），我出门（因腹泻上过厕所后）去理发店。他们刮脸刮得很糟糕，脖子上刮得生疼，因为隔壁椅子上一个五岁男孩大叫着和理发师较量，理发师想要剪掉他后脑勺上的头发，给我刮脸的老人有些紧张，让孩子安静，最终把我鼻子下面刮破了一点。

英格拉姆准时到来，正当我们走到马路拐角，人行道一侧有位瘦削的女士招呼我们。当我们停下来，她困窘地说她把我们的车当成出租车了，并且（这儿的人都很健谈）说她想要去库克学院——她女儿是那儿的学生——她担心会赶不上一位俄国作家的讲座。这天显然充满了意想不到的巧合，所以我们三个就上了高速公路，谈论着基督教和战争——一次很不错但多少有点无聊的交谈，一直聊到了哈茨维尔。6点整，我被带到了一座气派的大房子，那是库克夫人（学院创始人库克少校[②]的媳妇[③]，库克少校在内战中断了一条腿，在这儿一直住到九十岁）的气派的有很多柱子的大宅子，作为嘉宾我会住到周二。我一进去，她就告诉我，十分钟后以我名誉邀请的客人就到了，我飞快地洗了澡，穿上晚礼服。我爱你。衬衫很硬挺，袖扣很难扣上，结果一个袖扣滚到床下去了（今天才找到）。最后，见已经6点20了，就不管袖口的事了，急忙到楼下，“压根没穿内衣”。直觉让我马上就说明掉了袖扣，立刻就有人拿来袖扣，并蒙其中一位女士（但不是最漂亮的）把袖扣缝到了我的纸板似的袖口上。不久，一切都很顺利并圆满。

照片还没有寄到这儿，所以并不奇怪，学院期待出现一位有着陀思妥耶夫斯

---

① 本·英格拉姆博士，库克学院基督教教育系主任。

② 库克少校（Major James Coker，1837—1918），1894年创办威尔什·内克高中；1908年成为库克学院。

③ 原文为法语。

基式大胡子、斯大林式小胡子、契诃夫式夹鼻眼镜和托尔斯泰式宽松上衣的绅士。书也没到这儿（周五到——我这封信写了两天，亲爱的——现在是周六晚上10点）。为此，格林院长[①]以一种相当低调的方式将我介绍给一大群听众。我讲的是“常识”[②]，演讲效果甚至比我通常预期得更好。之后，是韦尔斯利陈年好酒“潘趣”和许多姑娘。约10点我和库克夫人一起回来，我注意到房子前面被灯光照亮的圆柱上有某种很有趣的飞蛾，花了一个小时把它们装进放了烷气的玻璃杯里。你可以想到这混乱的一天我有多累——但随即我睡了个好觉，第二天上午作了“悲剧之悲剧”[③]的报告（完成了讲座主题，今天的，第三天及最后一讲——都在上午，包括朗读《O小姐》——因这些讲座，我今天收到了一张支票——一百美元——我周一去兑现）。

宅子前面，有个很大的花园，周边是高大的树木，不同品种的槲树，在花园一角，有些花坛，“木樨花”发出一种奇异的焦糖般的香味——这让人想起克里米亚的夏天——还有成群的蝴蝶。我作完报告就去捉蝴蝶，早餐后，学院的生物学家（有点像麦克科什[④]）开车带我去树林——或者说湖边的灌木丛，在那儿我捕到了珍贵的赫斯珀里得斯[⑤]以及几种皮厄里得斯[⑥]。想要给我亲爱的米久申卡寄一只最大个的本地凤蝶[⑦]，但这种蝴蝶很容易破碎，所以我还是寄一只“欧布尔”[⑧]吧，这是本地最有特色的蝴蝶——我回去后会把它做成标本。很难传达在这种少见的蓝色草地上，在鲜花盛开的灌木丛中漫游的幸福感（这儿有种灌木结鲜艳的浆果，像是用复活节常见的廉价的紫色染成的——是一种很令人震惊的化学般的色调，但这个地区的主要树木是一种姿态优雅的松树）。在西边，是一片棉花地，库克人似乎拥有一半的哈茨维尔，他们大部分的财富建立在棉花工业上。眼下是采棉花的季节——“黑人”（一个令我感到震惊的用语，让我马上想起俄国西部地

① 格林博士（Charles Green，1900—1980），库克学院院长（1936—1944）。

②《文学艺术与常识》，《创造性作家》的修订稿，《新英格兰现代语言协会会刊》，1942年1月，第21—29页，收入《文学讲稿》（*LL*），第371—380页。

③ 收入《从苏联来的人：剧作选》（*MUSSR*），第323—342页。

④ 格拉迪丝·麦克科什博士，韦尔斯利学院动物学教授。

⑤ 赫斯珀里得斯（Hesperids），弄蝶。

⑥ 皮厄里得斯（Poierids），蝴蝶的一个大家族，大部分为白色、黄色和橙色。

⑦ 一种燕尾蝴蝶，通常体大，颜色艳丽。Papilio glaucus，一种虎凤蝶，通常是本地区体型最大的蝴蝶。

⑧ 欧布尔（Phoebis sennae eubule），一种浅黄色的无纹粉蝶（Cloudless Sulphur）。

主的家长制下的“Yid”[①]）在田里采棉花，100“蒲式耳”得一个美元——我叙述这个有趣的数据，是因为它机械地撞击着我的耳朵。晚上，在另一位库克家[②]有晚宴（我在各种不同的媳妇、女婿中晕头转向，但我的女主人的父亲是个著名的艺术家[③]，他的相当学院派的绘画和他的自画像——山姆大叔的大胡子，拿破仑三世小胡子——随处可见；她的公公[④]，是一位少校——但我已经写过这位少校了）。今天，在作了“悲剧之悲剧”的报告之后，我又去捉蝴蝶——又很有收获，早餐后，一位长老会牧师，史密斯[⑤]，原来是一个热心的蝴蝶收藏家，是著名的昆虫学家史密斯[⑥]的儿子，我对这位昆虫学家很了解（他对天蛾很有研究）[⑦]。两人都带着网，牧师和我到几英里外的一个新的地方，捉蝴蝶一直到4点半；我在那儿为班克斯弄了点东西（克里索普泰拉蝇）。5点，学院里最好的网球运动员，一个植物学家开车来看我，我们愉快地打球（白短裤迟早是有用的）打到6点，之后就是晚餐（连续三天穿晚礼服了），之后是学院那种学术性的接待，这是我们俩都知道的。顺便说一下，这次访学的最后一讲是讲有如幽灵般的作家查尔斯·摩尔根[⑧]。

我的房间很棒，当然，夜晚响起蟋蟀弦乐般的声音，远处什么地方一列火车噗噗地放汽。我希望下一次讲课的地方也有许多蝴蝶——但少一些殷勤，也少一些加冰块的威士忌。我在这儿还没有花过一分钱，费舍尔给我写信，说在瓦尔多斯塔，他们给我准备好了住宿，多久都行。明天，除了在附近一个库克家里有一场晚宴，我似乎没有其他的应酬，会去远一些的地方捕蝴蝶。有一种大尾赫斯珀里得，身上有孔雀般的羽毛——很迷人。这儿有许多人读过发在《大西洋月刊》和《纽约客》上我的文章——通常，这儿的氛围和韦尔斯利一样，属于中产阶层趣味。如同在韦尔斯利，在聚会中我讲同样的段子，开同样的玩笑，通常这样的段子和玩笑会带着同样俗丽的情调传出去，而这是我讨厌的。牧师和我捉了许多有趣的毛虫，他会把它们养起来。我渴极了。所有的玻璃杯都有甲烷味道。

---

① 对俄国犹太人的贬称。

②③ 不详。

④ 原文为法语。

⑤ 埃利森·史密斯（Ellison Smyth，1903—1998），长老会牧师。

⑥ 埃利森·史密斯（Ellison Smyth，1863—1941），昆虫学家，弗吉尼亚理工学院生物系首任系主任。

⑦ 天蛾（Hawkmoths）。

⑧ 查尔斯·摩尔根（Charles Morgan，1894—1958），英国剧作家和小说家，他1940年因《旅行》（*The Voyage*）而获詹姆斯·泰特·布莱克奖。

我的甜心，这就是周四、周五和周六我所有的活动。我希望你已经去过博物馆。我过几天会给班克斯写信——告诉他我会比预料的多待几天（顺便说一下，费舍尔还没有对下一次旅行作出说明，只有一张有关瓦尔多斯塔的卡片）①。我已经急于回到你身边，回去看博物馆，②只有当我在灌木丛中寻找某种塞克拉③，我才觉得来这儿是值得的。格林让人感到很愉快，他是个多么可爱、开朗和天真的绅士啊。有位女士抱怨她花园里的毛虫，我告诉她，美丽的蝴蝶就由它们变化而来，她回答："我不相信。我从未见过它们长出翅膀来。"有个库克人告诉我，当他送他妻子去欧洲不来梅，他身边有个德国人对所有他认为是乘客的人挥着手帕，也对甲板上挥手的他的妻子喊道："去舱里吧，我累了！"④晚上，那些有孩子的父母很少外出，因为（尽管他们富有）没有人给他们带孩子——黑人仆人从不在白人家里过夜——这是不允许的——他们也不能有白人仆人，因为白人不允许和黑人一起干活。这儿的每个角落都坐着汤姆叔叔。

请给我写信，告诉我所有的事情。吻阿纽塔：我愉快地想起我们在一起的生活——我希望这种生活能持续多年。我很想让一只停在外面黑乎乎的窗玻璃上的阿西达里亚⑤进来，但这儿的蚊子和里维埃拉的蚊子一样，很凶。他们给我洗了一件换下来的衬衣。

吻你，我甜蜜的爱人——别以为我在追求这儿的克里奥尔女孩。这儿更多是珀金斯小姐一类的姑娘，年轻姑娘都有暴躁的丈夫；我很少见到女学生。我真是受够了。无论如何我会让那只蛾子进来。

弗拉基米尔　周五和周六

我的米久申卡，灰色的战机正在飞来，像鱼一样。

---

① 纳博科夫将去瓦尔多斯塔的佐治亚州立女子学院讲课。

② 哈佛大学比较动物学博物馆。

③ 塞克拉（Thecla），一种灰蝶（lycaenid）。

④ 原文为德语。

⑤ 阿西达里亚（Acidalia），一种夜蛾，但此名已弃用。

*　*　*

ALS，1 页

1942 年 10 月 5 日

乔治亚州亚特兰大寄往马萨诸塞州坎布里奇克雷格环路 8 号

亲爱的，我明天下午坐火车离开弗洛伦斯去里士满①。昨天——周日——我上午去捕蝴蝶，午餐后休息和读书。约 4 点，和一个库克人去划独木舟，沿着迷人的河道，两岸是柏树林——记得在我们去新墨西哥途中的景象——一条弯曲的河流（或者说是“河湾”，袖子一般的湖面），岸边长着茂密的柏树和雪松——枝繁叶茂，倒映在水面上，各种洞穴和暗流，树干深深地扎根于黑玻璃似的水下那宽阔的河床里，水面上的细树干，在倒映中显得更细长。你到处可以看到爬在枯枝上的红肚龟——人们可以在这片长满柏树的迷宫似的水道徜徉几小时，看不到别的，只有这种龟。感觉这儿并非热带，也并非地质第三纪的景象。

我又在姓库克的人家用了晚餐（他们是摩尔根夫妇，他们认识威克斯、莫里森②和其他好心的波士顿人）——他们有一幢大宅子，两辆车，游泳池及一个工厂老板所有的其他生活设施，但他和她用罐头食品准备晚餐（真的，也有冷冻山鸡）时，我们就坐在厨房里。

现在是上午 8 点，我要去把支票兑了，之后带上网随便转转。告诉我的米坚卡，这儿有个孩子把“蝴蝶”叫作“飞蝶”。我给他寄一只珠宝商的“香子兰”③。吻他，也吻你，我亲爱的欢乐。

弗拉基米尔

42.10.5. 周一

① 纳博科夫还不知道他在里士满的课已经取消了。

② 莫里森（Samuel Morison，1887—1976），著名历史学家，自 1941 年起，是哈佛大学美国历史教授。

③ 可能是给德米特里的一种蝴蝶。不详。

* * *

ALS，1 页

邮戳日期：1942 年 10 月 7 日

乔治亚州亚特兰大斯佩尔曼学院里德院长

寓所寄往马萨诸塞州坎布里奇克雷格环路 8 号

亲爱的：

我在一所黑色的韦尔斯利——为黑人女子开办的学院——给你写信，费舍尔让我来这儿，因为里士满实行军事性质的灯火管制，那儿的课程延期了。我今天给他写信，说无论什么情况下这些课程的中断多么事出有因，无论我受到多大的礼遇，我都要缩短此次行程，11 月中旬而不是 12 月中旬回家。我在这儿待到周二，为生计而上课。住房不错，女院长①确实很和蔼——明天，我要和一位生物学家（麦克科什小姐的第三种变体）去附近捕蝴蝶——但最终，我的悠闲却是浪费我的时间。我想你，亲爱的，也想我的米久申卡。给我的信寄到这儿（要是这封信周五寄到的话）或寄去瓦尔多斯塔。

周一，我见几位库克，捕蝴蝶，但我有点头疼，周二更是疼得厉害，还打冷颤。我好不容易把手提箱整理好，带了一些阿斯匹林，要了卧铺车厢。坐了一小时灰狗后，我 7 点左右到了弗洛伦斯火车站，疲惫不堪，等到 10 点半才来火车。夜里，一个哭闹的婴儿让我无法入睡（到早晨，哭声一分为二——原来有两个人在哭，一个在对面的铺位上，一个在我隔壁的铺位上），但到早晨，我的病好了，到学院时神清气爽。我和女院长共进午餐，太阳耀眼。在校园里散步。6 点半，和院里教师共进晚餐。此前，我想打个盹。吻你，亲爱的。

弗拉基米尔

① 弗洛伦斯·里德（Florence Read，1886—1973），斯佩尔曼学院院长（1927—1953）。她成为纳博科夫多年的朋友和支持者。

* * *

ALS，2 页

1942 年 10 月 11 日

亚特兰大

亲爱的：

这儿蝴蝶很少（海拔超过一百英尺），我希望在瓦尔多斯塔会有更多的蝴蝶。和之前一样，我还是没花一分钱。我有关普希金（黑人血统!）①的讲课受到了几乎是滑稽的热烈欢迎。我决定用朗读《莫扎特和萨列里》②来结束我的报告，既然在这儿，不仅普希金，而且音乐也很受推崇，我产生了有些恶作剧的想法，在莫扎特（及这个乞丐音乐家）创作音乐的三个地方，作报告时加进小提琴，之后再加入钢琴。预想的效果——还以一种相当喜剧的方式——借助唱片和一位女钢琴家来取得。除此，我还参与了一次生物学课程，谈论模仿，两天前，和一位女教授及一群肤色很黑的少女开车出行，起劲嚼着口香糖，坐一辆镶木的游览巴士一般的汽车去二十英里外捉昆虫。里德小姐，学院的女院长是位很可爱的女士，胖乎乎的，鼻孔边长着个疣子，她并不过于强调意识形态的东西：每天上午，我在她的住处早餐（谈论黑人问题和心灵感应），每天上午，9 点，我得和她去教堂，穿一件学校制服坐在台上，面对四百个在管风琴伴奏下唱圣歌的少女。我请求原谅——说我是个异教徒，我讨厌所有的歌曲和音乐，而她回答：没关系，你会喜欢这儿的。为我考虑，她们选择祈祷词，感谢上帝，为“诗歌和自然的细微之物；为夜晚轰鸣的列车；为工匠和诗人，为那些乐在其中并精益求精的人”；还有利沃夫的音乐——上帝保佑沙皇③——演奏得像首英国颂歌。这一切相当感人但难于动心。每天晚上都会出席不同的黑人重要人物的晚餐——不喝酒。我有两个大房间，奇怪的是，约 8

---

① 普希金的曾祖父，艾布拉姆·加尼巴尔（Abram Gannibal，1696—1781）是非洲人，普希金引以为豪。纳博科夫想探讨加尼巴尔的渊源，他的“艾布拉姆·加尼巴尔”是他 1964 年《尤金·奥涅金》评注本的附录。

② 普希金的诗剧《莫扎特和萨列里》（1826—1830）来自“小悲剧”系列。根据爱德蒙·威尔逊的建议，纳博科夫为《新共和》翻译了此剧，1941 年 4 月 21 日，第 559—560 页；收入《三个俄国诗人》和《诗歌与译本》（*V&V*）。

③ 俄国作曲家阿列克谢·利沃夫（Aleksey Lvov，1798—1870），纳博科夫引自其《俄罗斯帝国颂》（*The Hymn of the Russian Empire*，1833—1917）。

点醒来时天还有点暗——从地理上说，这儿处在西部，但时间是亚特兰大的，所以实际上，并非7点半，而还是早晨5点。我和本地的一位职业女球手打了几次球。我在准备果戈理的课。天气晴热；当我追逐蝴蝶，我的裤子和衬衫沾了一层绿色：草籽状如细小的牛蒡粘在身上。收不到你的来信让我伤心，亲爱的。拥抱阿纽塔。**我的小宝贝怎样啊？我期望找几张有小火车的明信片，但这儿没有。吻你，吻我的米久申卡。**

现在4点钟，走了很长的路，我现在裸身躺在床上。你不在，日子很难过——在各种意义上。把我已经放了灰蝶的盒子塞好——塞在左边。① 我给班克斯捉了几只有趣的苍蝇，我马上给他写信。给我寄一份俄语杂志到瓦尔多斯塔。本地黑人中有位俄国文学专家问我——在俄国，是否可以谈论——以及一般来说承认——普希金有黑人血统？我周四上午离开这儿。还是讲"悲剧"——周一。我的甜心，你的小屁股怎么样了？给我写信。多多地吻你。

弗拉基米尔

42.10.11. 周六

* * *

ALS，1页

1942年10月12日

亚特兰大斯佩尔曼学院寄往马萨诸塞州坎

布里奇克雷格环路8号35号公寓

我至爱的亲人：

我给米久申卡寄了一只好看的长尾弄蝶，寄给你一张100美元的支票，这是他们在斯佩尔曼给我的，让我感到有点意外，虽然说好，我的演讲只给我提供住宿。通常，我在这儿颇受尊敬，艺术家向我展示他们的画作，雕塑家展示他们厚嘴唇的圣母像，音乐家则为我唱"圣歌"。院长女士待我异常亲切，她亲自给我买票，给瓦尔多斯塔拍了电报，我要买香烟或刀片时，开车带我到处转——她是个非常聪明和有教养的老妇人，我们成了好朋友。另外，当然啦，我的一日三餐高

① 纳博科夫外出的时候，薇拉按他的指示在哈佛的比较动物学博物馆整理放在盒子里的蝴蝶。

朋满座，也少不了她的拿手菜和盛情厚意。

谢谢你的很亲切而又小巧的信（尽管信中也不免因经济拮据而抱怨）。我几天内就要写完果戈理了①，接着想写一个短篇②。我肯定地告诉你，为那个剧本③所做的所有事情都没有指望，但如果邦尼④感兴趣，可以让他读读，跟他解释这不是我自己翻译的，有许多细微差别不见了。我会按你的意思在瓦尔多斯塔给凯利和珀金斯小姐写信。重要的是，我要去韦尔斯利。我身体很好，但今天有点累，接待了很多客人，还得整理行装。我崇拜你。

弗拉基米尔　周一晚上

* * *

ALS，2页

邮戳日期：1942年10月14日

瓦尔多斯塔寄往寄往马萨诸塞州坎布里奇克雷格环路8号35号公寓

亲爱的：

昨天，我给你寄出一张斯佩尔曼的支票。昨天下午7点左右到了这儿，即靠佛罗里达的地方，周一上午动身去田纳西（途中，我还要在斯佩尔曼过夜——这是里德小姐安排的）。

在车站认识的一位女教授开车送我去旅馆，学院为我订了一个很漂亮的房间，并付了我的所有餐费，所以在这儿，我走之前无需花什么钱。他们还给了我一辆车，但我只是瞅了一眼，不敢开。学院有一个迷人的校园，离城区一英里，周围是松树和棕榈树。这儿很靠南边了，我沿着唯一的一条大街，在丝绒般的暮色中和闪烁的霓虹灯下走走，不久便感到南方的慵懒气息而折返。和我一起上楼的隔

① 他写的论著《尼古拉·果戈理》。

② 他没有动笔，直到1943年1月写《助理制片人》，这是他的第一篇英语小说（《大西洋月刊》，1943年5月，第68—74页）。

③ 可能指《事件》，1941年4月4日，在纽约用俄语演出。1939年，莫莉·卡朋特-李似乎将此剧或《华尔兹创意曲》译成英语，见1939年4月5日和8日的信。

④ 爱德蒙·威尔逊。

壁房间的一位男子建议我留步喝点酒。他原来是佛罗里达的一个食糖生产商，交谈由此说起。完全出于偶然，我找火柴，拿出了带在身上放蛾子的盒子。话题中断（正说到找工人的困难——你可以想到我多么生自己的气，因为接受这样的邀请），他说，这样的盒子，他旅行中带着用来放……蝴蝶。总之，他原来是热情的昆虫学家，和康斯托克[1]通过信，等等。这样的巧事我已经第二次遇到了。

上午，他们来接我，开车送我去讲课。我讲的是有关“常识”。[2]照例获得成功。之后，那位胖乎乎、很可爱的院长[3]带我去参观图书馆、游泳池、马厩等。1点，他们开车带我去扶轮俱乐部午餐，我在那儿也作了报告（有关战争小说）。午餐后，我让院长开车带我去乡村，他同意了。我花了1个半小时捕漂亮的蝴蝶，之后，他来接我，带我回旅馆。我赶快换衣服，4点，去了很古怪也很无趣的女士俱乐部，朗读了几首翻译的诗歌。我刚回来；躺在床上；让服务生把我裤子上粘的许多刺一样的茅草弄干净。我非常爱你。

7点，他们会带我去参加盛大的教师晚宴，但我在那儿应该无需作报告。总之，在这儿过得很愉快。我收到了你的信，这封信送到弗吉尼亚去了。邦尼[4]的信去哪儿了？我想，经过我的抗议，费舍尔会缩短这次旅行（我要求他让我11月中旬有空闲的时间，要是他不能找到更多的讲座的话），或给我找到大量有报酬的讲课。明天，我要写很多信。哦，现在已经6点了。

米久舒诺克，我的小老鼠，在我的房间，有把摇椅和一台电风扇（在灯台上），呼—呼—呼—

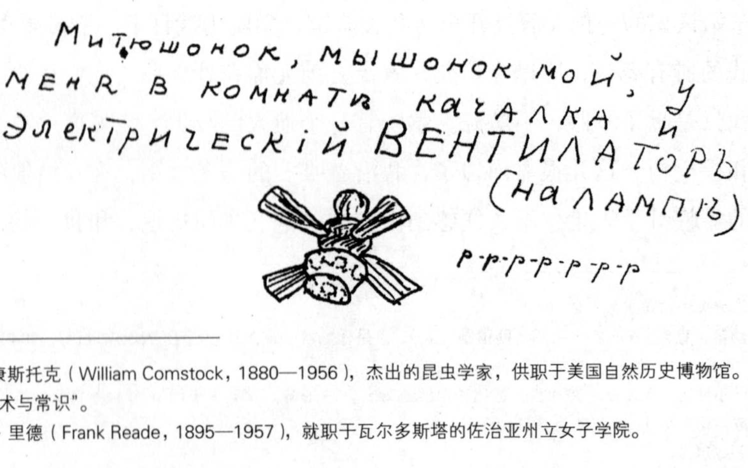

---

[1] 威廉·康斯托克（William Comstock，1880—1956），杰出的昆虫学家，供职于美国自然历史博物馆。

[2] “文学艺术与常识”。

[3] 弗兰克·里德（Frank Reade，1895—1957），就职于瓦尔多斯塔的佐治亚州立女子学院。

[4] 威尔逊。

顺便说一下，作一次心灵感应的小实验。集中注意力并说出我房间里挂了哪两幅画？马上就试一下，因为我会在下次的信中告诉你。问候阿纽塔。有些内衣已经在斯佩尔曼送去洗了，也留下了我的外套和帽子。谢谢你去了博物馆，我的甜心。你把所有的眼蝶重新钉好之后，就整理粉蝶（菜粉蝶，豆粉蝶，端粉蝶，等等——问一下班克斯）。爱你，爱你。

弗拉基米尔　周三

* * *

ALS，2页[①]

1942年10月17—18日

瓦尔多斯塔寄往马萨诸塞州坎布里奇克雷格环路8号

我亲爱的宝贝：

我给你寄上一张支票，是在这儿讲课的收入，总共150美元（再加上我钱包里的80美元）。

亲爱的，你的小巧的信总是来自不同的地方。我填好了所有的表格，重新打出来，并已经寄走——这是一个相当辛苦的程序[②]。我描述了我的下一部小说，提到邦尼、米哈伊尔[③]和珀金斯小姐。昨天，我读了《O小姐》，晚上，对生物系学生讲模仿。今天，读者论坛有个见面会，我朗读《莫扎特和萨列里》。捉蝴蝶。和里德院长打网球。他是个完美的人，有着威尔逊的非理性和汤普森的知识——今天，他花一小时分析勃朗宁的一首短诗，听得很过瘾。他显然渴望有个听众，因为这儿的教师水平，一如少女的年龄，是偏低的。这个大块头男人看上去——体型上——像卡迪什[④]。

现在是6点。重写以及处理那些文件花了我三小时，8点有场盛大的晚宴，

① 附在C.A.皮亚斯的信中，皮亚斯是《纽约客》的诗歌编辑。

② 向古根海默基金会申请资助以让纳博科夫完成他手头的小说，这就是后来的《庶出的标志》（纽约：Henry Holt，1947）。

③ 卡尔波维奇。

④ 记者米哈伊尔·卡迪什，纳博科夫在柏林就认识他。

穿晚礼服。明天是个……我的笔写不出来了，我把信放在一边。晚宴后有音乐会，今天（现在是晚上 11 点，周日），我被那位生物学家（当提到那位女生物学家时，总会想起麦克科什的模样）带去奇妙的棕榈荒野和松树林，从上午 10 点到下午两点，捉蝴蝶。真是心旷神怡——以前从未见过的花（有一种花我想寄给米久申卡）、紫色的浆果 Calocarpa americana[①]、杨梅灌木丛[②]、棕榈树、柏树、烈日、硕大的蟋蟀和很多有趣的蝴蝶（其中有一种眼蝶）。[③]我在那些阳光下的灌木丛中迷失了方向，不知道怎样回到路上，那位生物学家站在车旁，双脚没在沟渠齐膝深的水里，正给她自己捉一种水里的小虫子。唯一的麻烦是各种各样的刺，撕破了网，扎破了我的腿。我们紧靠佛罗里达边界，植被和动物如同一般，但我更想去（一百五十英里远）墨西哥湾，那儿天气甚至更热。我的捕捉会更丰富。

之后我被送到里德夫妇的别墅，在那儿午餐，休息，与宾客相谈甚欢，用了晚餐——之后，我被送回旅馆。明天上午 11 点 35 分，我要去亚特兰大，在斯佩尔曼过夜，第二天去田纳西。

尽管能捉蝴蝶，我还是很想你，我亲爱的欢乐。这三个学院始终热情好客，让我从早到晚时时都感受到他们给我带来的快乐，以致我很少有时间能静下来写作。我很好，但有点累。刚才，我让人送块三明治来，上面爬满了小蚂蚁，房间里也到处都有蚂蚁。一幅画画的是河边有着红房顶的白色小屋，另一幅则是一个小姑娘看着花园里的一只小鸟。[④]

我多多地吻你，我迷人的姑娘。

弗拉基米尔

42.10.17—18.

别忘了代我问候阿纽塔。你说 T 仇视他？

---

① Calocarpa americana，美国紫珠。

② 杨梅灌木（Myrica），一种矮树，结杨梅。

③ 1941 年 6 月 9 日，在大峡谷的南侧，纳博科夫和薇拉在不同的海拔高度分别捕到一种后来纳博科夫命名为“朵乐喜眼蝶”（Neonympha dorothea），见“一种新的或少为人知的北方眼蝶（Lepidoptera：Satyridae）”，《心智》第四十九卷，第 61—80 页。这一蝴蝶品种后来更名，这种蝴蝶不被认为是新品种，而是新的亚种，即 Cyllopsis pertepida dorothea，一种墨西哥以北地区至今未知的蝴蝶。他在瓦尔多斯塔附近所见的这种眼蝶是同一属里的不同品种。

④ 见上一封信，信中纳博科夫让薇拉想象房间里墙上的画，作为一种心灵感应实验。

* * *

ALS，2页

1942年10月20日

亚特兰大—芝加哥—弗罗里达，达克西路寄往

马萨诸塞州坎布里奇克雷格环路8号

亲爱的：

我在从亚特兰大去考恩的路上给你写信——火车还没有开。求你了，给里德小姐写几句吧——我丈夫在信中常常提起你，我几乎觉得已经认识你了——诸如此类的话——对你及你出色的同事对他表现出的深情厚意表示感谢。她给我一只真正的军用指南针，送给米久申卡，送给我一大张有蝴蝶的埃及壁画的印刷品，对此我将写点什么。[①] 总之，很难描述她对我的关心。她与莫伊[②]很熟，因为她以前在洛克菲勒学院工作；她答应给他写信介绍我。她是个白人。

我再次去北部，已没有多少兴趣——我仍然不知道接下来何去何从。火车上人很多，晚点两三个小时——但我没有预想得那么累。昨天，我给凯利小姐写了封长信。火车刚开，我的手感到了震动。我非常爱你。我坐的是卧铺车厢，这种档次的票价才一个多美元。

我的米久申卡，我坐的这辆晃动的火车叫做"南部飞鸟"。吻你。

就这些，亲爱的。你怎么样，我的宝贝？真是个好姑娘，整理了这么多盒子的蝴蝶。问候那位老人[③]，等我知道什么时候能回去就给他写信。

弗拉基米尔

42.10.20. 周二

问候阿纽塔，我另外给她写信。

---

① 根据迪特·齐默，这种有着蝴蝶的埃及壁画是在西底比斯的纳黑特墓中的；他的《纳博科夫的蝴蝶和蛾子指南》中有一张图片。20世纪60年代中期，纳博科夫开始写一部论艺术中的蝴蝶的书，但没有写完；埃及壁画也显著地出现在《阿达》中。

② 亨利·莫伊（Henry Moe，1894—1975），"约翰·西蒙·古根海默纪念基金会"秘书长。

③ 约瑟夫·赫森，他刚逃离被占领的法国到达美国。

* * *

ALS，2 页

1942 年 11 月 5 日

芝加哥火车站寄往马萨诸塞州坎布里奇克雷格环路 8 号 35 号公寓

亲爱的：

去芝加哥[①]的旅行很顺利，在当地一个著名的博物馆（自然博物馆）度过了愉快的一天。我看到了我的眼蝶，说明如何将它们重新摆放，和一位很友善的昆虫学家（他大概知道我在进行巡回讲学——也似乎在某个博物馆杂志上发过文章）愉快地交谈和共进午餐。现在我在一个很漂亮的火车站。

一个非常漂亮的火车站，我的米久舒诺克。

我在这儿理了发，再有半小时我就要去斯普林菲尔德。我感觉很棒。芝加哥（还有宏大，美妙绝伦的博物馆）沿湖边的大片阴沉湿润的天空让我多少想起巴黎，想起塞纳河。温暖但细雨蒙蒙，灰石建筑与混浊的天空浑然一体。

他们要我付两美元理发费——可怕。

吻你，爱你，亲爱的。

弗拉基米尔

42.11.5.

* * *

ALS，2 页

1942 年 11 月 7 日

斯普林菲尔德寄往马萨诸塞州坎布里奇克雷格环路 8 号 35 号公寓

亲爱的：

在斯普林菲尔德火车站，俱乐部[②]的一个秘书来接我（此外，他第二天还将

---

① 纳博科夫 1942 年第二次美国巡回讲学去了伊利诺伊的斯普林菲尔德、明尼苏达的圣保罗、俄亥俄的盖尔斯堡。

② 午餐俱乐部（The Mid-Day Luncheon Club），成立于 1925 年，主要接待政治家、商人和应邀演讲的名人。

带我去参观林肯故居和林肯墓）——他沉默寡言，性情抑郁，多少像个牧师，寒暄几句便不再吭声了。[1] 他是个老单身汉，他的职业便是为斯普林菲尔德几家俱乐部做秘书。当他注意到林肯墓的旗杆被一根新的、更长的旗杆取代，他顿时神态活泼，眼睛闪烁，精神相当紧张。原来他的*爱好*——甚至可以说，他生活的激情——是旗杆。他松了一口气，当守卫告诉他具体的数据——七十英尺——因为他自己花园里的旗杆仍然要高出十英尺。他还感到很满意，当我说：在我看来，这旗杆的顶端不够垂直。他想了很久，不安地抬头看，最终相信，七十英尺太高，弯曲不是视觉误差，而是真的不直。他在攒钱要竖根一百英尺的旗杆。斯邦卡[2]，从他的梦想来看，也有同样的情结，弗洛伊德医生对此会有巧妙的说法。

我为一大群听众作了演讲。我和州博物馆（真是一个令人着迷的博物馆，有着出色的蝴蝶藏品和奇妙的昆虫化石，有些会送到卡彭特[3]那儿，放在我们的博物馆里）的馆长麦克格雷戈尔[4]及历史图书馆馆长保罗·安杰尔[5]相处融洽。现在我在斯普林菲尔德车站等火车，一小时后来车。我很爱你，亲爱的。昨天，我又发病了——但时间不长——发烧，两肋之间疼痛。天不冷，但潮湿。多多地吻我的米久申卡。

弗拉基米尔　42.11.7.

*　*　*

ALS，2 页

邮戳日期：1942 年 11 月 9 日

圣保罗寄往马萨诸塞州坎布里奇克雷格环路 8 号

我至爱的亲人：

费舍尔是对的，总之，不是我们：从芝加哥到圣保罗的火车原来特贵（告诉

---

① 埃尔默·尼尔（Elmer Kneale，1885—1944），伊利诺伊登记机构收账员，午餐俱乐部的创始成员，担任俱乐部秘书二十九年（1915—1944）。

② 果戈理短篇小说《伊凡·费多洛维奇·斯邦卡和他的姨妈》中的人物，见《狄康卡近乡夜话》第二部（1831）。

③ 卡彭特（Frank Carpenter，1902—1994），古生物学家，哈佛大学比较动物学博物馆昆虫化石部主任。

④ 约翰·麦克格雷戈尔，人类学家，斯普林菲尔德伊利诺伊州立博物馆代理馆长（1941—1945）。

⑤ 保罗·安杰尔（Paul Angle，1900—1975），历史学家，伊利诺伊历史图书馆馆长（1932—1945）。

米坚卡，火车是全钢铁的，设施齐全，每小时一百英里——叫做：西风号）。那个很有风度的特克院长①来接我，开车送到最好（也很奇特）的旅馆。昨天（周日），我和他及他的老母亲共进午餐，之后，他开车带我出城去乡村兜风：一大片湖水，看起来有点像安纳西②。圣保罗市很大，寒冷，山上有座大教堂，风格是罗马圣彼得大教堂那样的，可以俯瞰密西西比河（河那边是它的姐妹城——明尼阿波里斯）。今天，我在校园里待了一整天，到处转转，聊天，和教职员工一起吃饭。我惊慌地发现我没有带上我的论小说的讲义，他们10点半时问我要讲义——但我决定脱稿讲，结果越讲越顺利，效果很好。昨天，从乡村回来，我去看电影，片子很无聊，走路回来——我走了一小多小时，8点左右睡觉。路上，一阵莫名的冲动在胸中涌起——这是一种渴望写作的激情——而且想用俄语写作。然而我不能写。我觉得，从来没有体验过这种感情的人不会真正理解这种感情的痛苦和悲剧。在这个意义上，英语是一种幻觉和代用品。在我通常的情况下，即忙于捕蝴蝶、翻译或学术性写作，我自己对这种状况的悲伤和苦恼并不完全能说清楚。

我身体健康，胃口很好，服维生素，较往常看更多的报纸，眼下新闻更加激进。圣保罗是个很乏味的城市，只有宾馆里有些夜生活，一个吧台姑娘看上去像达莎③；但我的房间很迷人。

费舍尔（他眼下在附近的什么地方，可能明天就到这儿）似乎想让我回去，他带来的消息是，在盖尔斯堡没有两次讲学，只有一次，也就是，我只能在那儿挣到50美元了。这儿知识分子的水平比东部大学还有低得多，但每个人都很和蔼，对我颇为赏识。现在约5点。6点半，我要去特克家晚餐。明天，我要查一下去盖尔斯堡的火车，因为看起来我似乎需要回芝加哥，再从那儿去盖尔斯堡：我们的行程有什么搞混了（我也可以换乘慢车，不必绕道芝加哥——但时间更长——总之，我会去查）。

我爱你，亲爱的。当我回去时尽量开心些（但即使你情绪低落我也爱你）。要不是为你们俩——对此我心里很清楚——我就去摩洛哥当兵了：顺便说一下，那

① 查尔斯·特克博士（Charles Turck，1890—1989），圣保罗的麦卡莱斯特学院院长（1839—1958）。

② 法国的安纳西湖。

③ 多萝西·勒索尔德。

儿的山里，是灰蝶的天堂——Vogelii obthr[①]。但眼下我最想做的事就是用俄语写书。旅馆里很舒适，窗外下着雨，房间里有本圣经和一本电话簿：可以方便地和天国或某个人交流。[②]

弗拉基米尔　周一

*　　*　　*

ALS，1页

1942年11月11日

盖尔斯堡寄往马萨诸塞州坎布里奇克雷格环路8号

亲爱的：

我今天上午到了这儿[③]——圣保罗市的寒风把我的上嘴唇刮肿了。我这儿的讲课面对九百个听众——讲“常识”[④]——电台转播。下面是我写的一首小诗：

当他少时，他会跌落，
会躺在沙堆或地毯上
静静地躺着，直到知道
他所能做的：起身或哭泣。

战斗之后，静静地躺着
躺在他至今躺着的山坡上
——但无需决定做什么，
因为他既不能哭泣也不能起身。[⑤]

---

① Vogelii obthr，即蓝灰蝶。

② 纳博科夫后来在诗歌《房间》（1950）中重新描绘了这一情景："房间住进一个垂死的诗人 / 他黄昏到了一家死气沉沉的旅馆 / 那儿有两本书 / 一本是天堂之书，另一本是电话号码簿。"（*PP* 164）。

③ 伊利诺伊盖尔斯堡的诺克斯学院。

④《文学艺术与常识》。

⑤ 最初发表在《大西洋月刊》，1943年1月，第116页。

我住在这儿一家可爱的旅馆里——有某种奇特的金黄色嵌板及许多有趣的小玩意。今天，我买了第三份报纸。① 你为什么不给我写信，亲爱的？我刚才转了一圈的这所大学令人赏心悦目。我明天晚上在那儿讲课。我想回家，出门很久了。

弗拉基米尔

42.11.11. 周三下午 4 点

我的甜蜜，我的欢乐！

* * *

AL，1 页

邮戳日期：1942 年 12 月 7 日，周一

弗吉尼亚法姆维尔寄往马萨诸塞州坎布里奇克雷格环路 8 号 35 号公寓

我的甜心：

我爱你。霍诺斯学院② 原来这么迷人，异常优美——总之，一切都让人感到愉悦。在纽约，我设法亲历亲为。见了莫伊，很清楚，巴伯③ 是他最亲近的朋友。"好吧，如果汤姆 · 巴伯推荐你，你肯定是个极好的人！"结果十分美好。皮亚斯④ 带我去喝威士忌，我们聊了两小时的文学。"我不断收到信，对我说，你就是我要的这个学期的人选。"（这种奉承话现在不会让我受宠若惊了。）见了娜塔莎⑤，她带我和一位亚美尼亚女士——你可能认识——去看电影。一部很平庸的苏联电影。见了阿尔达诺夫，我让津济诺夫⑥ 和弗鲁姆金⑦ 去见他，除了他们，还有柯瓦

① 显然关注斯大林格勒战役，德国的进攻因遭到顽强抵抗和恶劣的天气而受阻。11 月 19 日，苏联军队取得了保卫战的最终胜利，这是第二次世界大战的一个转折点。

② 霍诺斯学院，州立师范学院分校，现为弗吉尼亚法姆维尔的朗沃德大学。

③ 托马斯 · 巴伯（Thomas Barbour，1884—1946），爬虫学者，哈佛大学比较动物学博物馆馆长（1927—1946）。

④ 查尔斯 · 皮亚斯，《纽约客》的诗歌编辑。

⑤ 娜塔莉 · 纳博科夫。

⑥ 弗拉基米尔 · 津济诺夫 1939 年离开欧洲到了美国。

⑦ 雅科夫 · 弗鲁姆金（Yakov Frumkin，1879—1971），俄国犹太人协会主席，这个犹太人组织帮助纳博科夫一家前往美国。

尔斯基夫妇[①]、曼斯韦托夫和他写诗的妻子。见了达莎[②]——带她去餐馆吃饭——她可爱极了，很健谈。见了希尔达[③]——她根本不愿意拿钱。见了康斯托克、桑福德[④]和米切纳[⑤]，他原来是个很可爱的年轻人（我发现，是他而不是康斯托克，给我画了这些出色的图画）。我需要准备并为我的吕珊德拉—科米翁[⑥]画生殖器，但我发现，和其他所有的“品种”一起，它已经转到距纽约五十英里远的昆虫研究院去了。第二天上午（一个周六），有人把它从那儿带给我，我心满意足地工作起来。[⑦]昨天，经过一次妙不可言的旅行，我到了这里。在格兰吉教授[⑧]家用了晚餐，那是他在乡村的住宅，没有暖气，在一片松树林中，之后，开车送我去一个暖和舒适的旅馆。我睡过了头——得马上起床，再见，亲爱的。吻我的米坚卡。

---

① 伊利亚·柯瓦尔斯基医生，纳博科夫 1932 年在巴黎认识了他和他的妻子。

② 多萝西·勒索尔德。

③ 希尔达·沃德，她帮助纳博科夫将《O 小姐》从法文译成英文（《大西洋月刊》，1943 年 1 月，第 66—73 页）。

④ 莱奥纳德·桑福德（Leonard Sanford，1868—1950），外科医生，业余鸟类学家。

⑤ 查尔斯·米切纳（Charles Michener 生于 1918 年），1942 年起，成为美国自然历史博物馆鳞翅类昆虫部部长助理。

⑥ 不清楚他为什么要这么做，因为他已经在 1941 年发表了论吕珊德拉-科米翁的文章，不必多此一举。

⑦ 这促使他写了诗歌《论发现了一种蝴蝶》，《纽约客》，1943 年 5 月 15 日，第 26 页，以《一个发现》为题再次发表于《诗歌》并收入《诗歌与棋题》(*PP*)。

⑧ 詹姆斯·格兰吉博士（James Grainger，1879—1968），教授，弗吉尼亚州立师范学院及（1949 年起）朗沃德大学英语系主任（1910—1950）。

1943 年

APCS，1 页

邮戳日期：1943 年 4 月 15 日

纽约寄往马萨诸塞州坎布里奇克雷格环路 8 号

我至爱的亲人——如是：到今天十八年了。[①] 我的欢乐，我的温柔，我的生命！

我和泽约卡共同度过了一个美好的夜晚，他一点没变，除了他的鼻子更大——也更亮了。[②] 医生给了宣誓书（5 美元）。之后，我们去邦尼家，其他人也到了，泽约卡完全不知所措。现在赶紧去博物馆，从那儿去见 A.[③]。吻我们的小男孩。崇拜你。

弗拉基米尔

① 纳博科夫夫妇结婚纪念日。

② 乔治·赫森和他父亲约瑟夫·赫森 1942 年 12 月到达美国。

③ 可能是安娜·费金，她现在住在纽约市。

1944年

APCS，1页

1944年6月5日

马萨诸塞州坎布里奇寄往纽约市104西大街250号43号公寓[①]

亲爱的：

我两天没有外出，在家写作，尽吃些干酪和橙子。这部小说[②]我已经写了十一页。要是灵感继续的话，我会在你回来前写完。[③]果戈理那本书的校样和送奶人的账单同时到了。现在是周一上午，我马上要去博物馆。外面空气新鲜，有风。写信告诉我大家的情况。

我的米久申卡，可能的话也给我写信，我的宝贝，我的空中堡垒。

吻你们，亲爱的，问候阿纽塔和柳夏。一切都好！

弗拉基米尔　44.6.5.

① 薇拉和德米特里这时住在纽约，因为德米特里要做阑尾切除手术。

② 这部小说后来名为《庶出的标志》。

③ 实际上他直到1946年5月末才写完这部小说。

*　　*　　*

ALS，1 页

1944 年 6 月 5 日

坎布里奇克雷格环路 8 号寄往纽约市 104 西大街 250 号 A. 费金转

我寄给你，亲爱的，两张账单，显然需要付账。我刚从博物馆回来，才看到你和米秋沙的小明信片——说手术将在周三进行。[1] 我急需知道更多的情况。

在乌斯特豪斯 [2] 和卡朋特共进晚餐。洛夫里奇 [3] 很欣赏米久申卡的信。

现在我要坐下来写作了。

[4]

我发明了一种新飞机!

44.6.5. 周一

① 薇拉和德米特里在纽约，德米特里做了阑尾切除手术。

② 乌斯特豪斯（Wursthaus），马萨诸塞州坎布里奇的一家餐厅。

③ 洛夫里奇（Arthur Loveridge，1891—1980），英国生物学家，哈佛大学比较动物学博物馆爬虫学部主任。

④ 在此行上，有一大幅给德米特里画的形状古怪的飞机。纳博科夫在飞机的两个部位画了两个箭头，分别写上“发动机”和“备用轮胎”。

*　*　*

ALS，4页

1944年6月6日

马萨诸塞州坎布里奇寄往纽约市104西大街

250号43号公寓A.费金转

我至爱的亲人：

昨天是异常冒险的一天。从上午开始，那时我准备去博物馆（穿了件球衣，因为我安排了和克拉克①4点半打网球），T.N.② 打来电话，很激动——她开车带着生病的米哈伊尔③ 从佛蒙特过来，与此同时，多布任斯基夫妇④ 到了，他们进不了自己的房子，因为没有人在家里（多布任斯基夫妇在随后的灾难中不见了踪影，如你很快会明白的）。我答应她，打球后，我顺便去看望米哈伊尔，再去博物馆。下午约一点，仍然觉得健康和精力充沛，我在乌斯特豪斯用了午餐，我吃了弗吉尼亚火腿和菠菜，喝了一杯咖啡。约两点我回去看显微镜。就在两点半，我突然感到恶心想吐，几乎来不及跑出去——就要吐了：绝对是一种荷马式干呕，急性腹泻，痉挛，虚弱。我不知道是怎样回家的，我匍匐在地板上，朝垃圾桶吐个干净。等我稍有力气便打电话给T.N.，他叫来救护车，将我送到那家很可怕的医院⑤，你带米久申卡去那儿看过病。一个绝对无能的浅黑肤色男子想从我的鼻子里抽胃液——我不愿再提这件事——总之，我因痉挛和干呕而身子扭动，请求他们赶紧送我去别的医院。T.N.想起那位医生，便开车送我去，那时我已经处于休克状态。这位医生，非常亲切（我没记住他的名字），马上亲自做好所有的安排，亲自开车，把我带到你去过的那家医院⑥。他们把我和一个可怕的垂死的老人放在同一个病房——因为那病人不断呻吟，我无法入睡。他们给我挂了一瓶盐水——今

① 不详。

② 塔吉亚娜·卡尔波维奇。

③ 米哈伊尔·卡尔波维奇。

④ 艺术家姆斯季斯拉夫·多布任斯基和他的妻子伊丽莎白·多布任斯基（娘家姓沃尔肯斯坦因）1939年起住在美国。

⑤ 在信边上，薇拉写下："马萨诸塞州总医院。"

⑥ 在信边上，薇拉写下："哈克尼斯亭坎布里奇医院。"

天上午[1]，虽然腹泻还没停，但我感觉好多了，很饿——想抽烟——但他们只给我喝水。库尼医生[2]给我治病。

他刚来过，腹泻停了，他说我后天，周五就能出院。他们第一次（5点半）让我吃饭——相当奇怪，那种食物（但你是知道的）：意大利饭、培根、罐头梨子。我没吃培根。我给你写此信，因为我害怕会发生某种误解——我很担心小家伙的手术——今天（周三）多么奇怪，我们两个都进了医院。一个愚蠢的故事，但总之我现在完全康复了。我不想说这儿的居住环境。干净，但十分吵闹。我被转到另一个普通病房。总算[3]。他们把我推出去，我在走廊里吃了饭，吃得很香，还入院后抽了第一根烟。

医生说这是由食物中毒引起的急性肠炎。

T.N. 来看过我，她说他们还不明白米哈伊尔得了什么病，某种过敏吧，她带来了信件。

《纽约客》(还没有收到那个短篇[4]）愿意给我500美元，条件是我的所有作品优先给他们。

总之，大肠杆菌海滩登陆[5]侵袭了我。

任何情况下都别来这儿。我已经康复。

小家伙怎么样？亲爱的！爱你们俩。

弗拉基米尔　44.6.6.

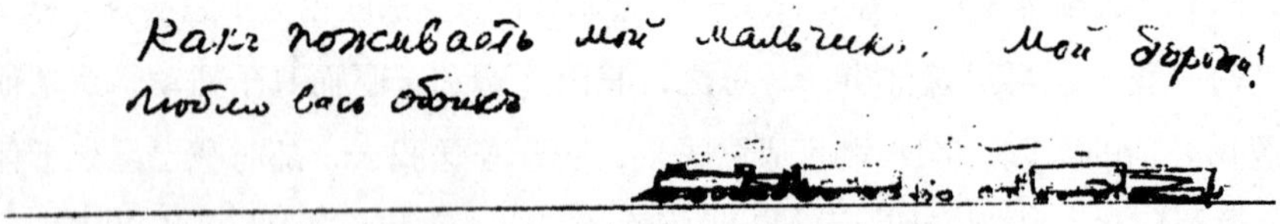
Какъ поживаетъ мой мальчикъ. Мой дорогой!
Люблю васъ обоихъ
[6]

① "今天上午"加在此行上面。

② 不详。此句下面划了条横线。

③ 原文为法语。

④《一个被遗忘的诗人》。《纽约客》没有接受，后来发表在《大西洋月刊》，1944年10月，第60—65页，并收入《纳博科夫的十二篇小说》(纽约：Doubleday，1957)，第39—54页。

⑤ 纳博科夫入院是6月6日，这天盟军在诺曼底登陆（D-Day）。

⑥ 在第四页信纸的左边，有一列给德米特里画的火车。

* * *

APC，1页

邮戳日期：1944年6月8日，周四

马萨诸塞州坎布里奇寄往纽约市104西大街250号A. 费金转

我至爱的亲人：

我担心，我在等消息！

我今天完全好了。我离开这儿就会给你写封长信，告诉你我这次奇特的住院经历。这都是昨天发生的事。周五到周六那个晚上，我可能在卡尔波维奇夫妇家过夜。

我得了出血性肠炎。今天，我肠胃正常了，吃了很多，一切都好了，我对小说进行了构思。小家伙怎么样？T.N. 帮了很大的忙，卡朋特也让人很感动。

爱你。

* * *

APCS，1页

1944年6月9日

马萨诸塞州坎布里奇寄往纽约市104西大街250号A. 费金转

亲爱的，我很高兴得知手术非常成功。我一拿到墨水瓶就给迪尼克[①]写信。我明天上午（周六）就离开这个古怪的地方，在卡尔波维奇夫妇家过夜。我完全康复了，今天是第一次，他们允许我沿着走廊散步。我有点虚弱，但无大碍。你方便就给我写信，告诉我米久申卡的情况。我很担心他。医生建议我起诉那家餐馆。把我送来这儿的医生名叫马肯塔兹。我想我写信告诉过你，怀特[②]愿意给我

① 亚历山大·迪尼克，密歇根大学俄语和德语教授。

② 凯瑟琳·怀特（Katharine White，1892—1977），作家和《纽约客》小说编辑（1925—1960）。

500美元作为条件。我回复了她。[1] 今天通常是个更幸福的日子。吻我的愁眉苦脸的小家伙。也吻你，我的欢乐。别担心，一切顺利。

弗拉基米尔　A病房

44.6.9. 周五

* * *

ALS，2页

1944年6月11日

马萨诸塞州坎布里奇克雷格环路8号

寄往纽约市104西大街250号43号公寓A. 费金转

亲爱的：

在电话里听到你那悦耳的声音真是莫大的欣慰。你和小家伙不在身边，我觉得生活无聊得让人无法忍受。这几天我几乎耗尽体力，但就灵感而言，一切进展顺利。今天，我的胃第一次正常工作，要不是腰部还是无力，我就觉得身体很棒了。

普通病房混乱不堪。喧嚣声不绝于耳，包括以下几种：

1) 始终开着的收音机发出的类似动物园的声音；

2) 重症病人的喘息、呻吟和咆哮声；

3) 偌大的病房里，来访客人四处走动、笑谈和聊天声；

4) 难以置信的噪音是一个十六岁的白痴护工，一个体制内的笨蛋制造的。他做鬼脸，跺脚，吼叫，故意把碗碟弄得丁零哐啷，说些笑话——还模仿老人的呻吟，那些老人痛苦难忍，他的模仿通常会引起善意的笑声。

护士总想撩起我的小隔间的帘子，并恼怒地说，既然所有其他的帘子都是撩起的，我可怜的小隔间让整个病房显得难看。到快要出院的时候，我几乎要崩溃了，所以周六上午，当我从走廊（我出来抽根烟）看见T.N.来接我，我马上从太

① 纳博科夫接受了这个条件。

平门出去，这时我还穿着睡衣和晨袍，向汽车跑去——当恼怒的护士冲出来时，我们已经开车——她们无法拦住我们了。

我在这儿住的是谢尔盖的房间[①]，我只是今天才起来和多布任斯基夫妇一起喝茶。我不清楚下面会发生什么。明天，卡朋特会来访，他要带我去列克星顿，但我还根本走不了。下面是他那儿发生的事。那个可怕的日子，当我爬出博物馆，他要陪我去，但我拒绝了。那天晚上他打电话来，当然没人接听，他很担心，便又从列克星顿来坎布里奇，想要进我们的房子，不知道该怎么办。

我检查了论果戈理一书的最后校样，并寄了出去。看上去很优雅。巴伯到了。米哈伊尔感觉好多了，但他令人非常不快。医生说，我完全可以投诉那家餐馆。我非常爱你。我必须承认，曾有片刻，当我躺在那儿，没有脉搏，不免胡思乱想。我希望你见一下T.N.叫到克雷吉[②]来的那个身体很结实的警察，想要知道“这女人是谁”？以及“你服了什么毒”？你什么时候回来？我崇拜你。

弗拉基米尔

1944.6.9. 周日[③]

亲爱的，你的小肚子怎么样？爱你们俩！

* * *

ALS，1页

邮戳日期：1944年6月13日

坎布里奇克雷吉环路8号寄往纽约市104西大街250号A.费金转

亲爱的：

昨天，以及刚才，我步履蹒跚地走回我们的住处，心想会有你的一封来信，但没

① 谢尔盖·卡尔波维奇，米哈伊尔和塔吉亚娜·卡尔波维奇的儿子。

② 纳博科夫家的公寓位于坎布里奇克雷吉环路8号。

③ 既然那天显然是周日，那实际的日期必定是1944年6月11日。

有。我们写信去的那个俄语系[1]热情地回了信，说得很详细。我把格罗西亚[2]的一份账单转给你，还有莉兹贝特[3]的一封信。我的腰部虚弱不堪。我拖着步子像是爬山。明天（周三），我会住回家，周五，我可能去卡朋特夫妇家过周末。卡尔波维奇夫妇去佛蒙特了。

我还是不知道手术的具体情况，医院怎么样，你打算什么时候回来，诸如此类。昨天，我顺便去了乌斯特豪斯，虽然我不想对他们说什么，以免冒犯或让他们不悦，但因老板的粗鲁，刚开口就发生了争吵，很显然，这不是第一次就他的不幸的火腿而抱怨了。明天，我会去博物馆。

吻阿纽塔，问候柳夏。给我写信，我至爱的亲人。

弗拉基米尔

[4]

亲爱的，你能笑一笑吗？

---

[1] 可能为纳博科夫教授俄国文学寻找一个教职。在韦尔斯利，他的职位只是一年一聘，1946 前，他只教基础俄语而不是文学。

[2] 不详。

[3] 汤普森。

[4] 纳博科夫为德米特里画了一辆赛车、一个赛车手和三位工作人员。

1945 年

APCS，1 页

邮戳日期：1945 年 2 月 9 日

马里兰州巴尔的摩寄往马萨诸塞州坎布里奇克雷吉环路 8 号

亲爱的：

我刚到这儿——下午一点半，因为暴风雨而耽搁了。旅途很愉快。他们还在巴尔的摩的巴尔的摩爵爷旅馆给我订了个房间。睡得不太好。现在我要去午餐。这儿温暖，多雾，根本没有雪，巧克力肤色的仆人，痛痛快快地洗了个澡。

米坚卡怎么样？米坚卡怎么样？乖吗？

爱你！

弗拉基米尔

*　　*　　*

APCS，1 页

邮戳日期：1945 年 2 月 10 日

马里兰州巴尔的摩寄往马萨诸塞州坎布里奇克雷吉环路 8 号

亲爱的：

课上得很好。一所迷人的学院[①]，一位迷人的女院长。教音乐的是布什夫人[②]，来自里加，她俄语说得很标准，就像《天赋》中与她同名的人（“我对俄语很感

① 圣蒂莫西学院。

② 不详。

兴趣”)[1]。

几分钟后，我会去纽约。[2]米久申卡怎么样，小家伙怎么样，他还很乖吧？

爱你！

弗拉基米尔

① 在《天赋》中，里加出生的作家布什成了笑柄，他在柏林对一群俄国侨民作家用蹩脚的俄语读他的剧本。

② 他去看乔治·赫森。

1954年

ALS，1页

1954年4月18日

堪萨斯州劳伦斯市埃尔德里奇旅馆寄往纽约伊萨卡欧文广场101号

我至爱的亲人：

我刚到[1]，俄语和德语教授马上来接我。

我压根没睡——车晃动得厉害——但床铺很舒适。包厢[2]也很好，但乘务员无所事事（车厢很空），就开收音机。这儿的旅馆很一般，水龙头得用力按，浴室没有淋浴。湿热，有蝴蝶。

我很爱你。米久舒克打电话了吗？[3]我好奇呢[4]。

弗拉基米尔

1954.4.18. 下午6点半，休斯顿旅馆[5]

---

① 纳博科夫前往劳伦斯的堪萨斯大学作年度人文讲座并参与论坛讨论。
② 用的是英语单词“parlor car”，但用西里尔字母拼写。
③ 那时德米特里在哈佛大学上本科三年级。
④ 英语“I wonder”，但用西里尔字母拼写。
⑤ 写在信头。

*　*　*

ALS，2 页

1954 年 4 月 20 日

堪萨斯州劳伦斯市埃尔德里奇旅馆寄往纽约伊萨卡欧文广场 101 号

亲爱的：

昨天是很艰难的一天，但我睡了一大觉（这家旅馆原来住起来很舒适，很安静，优势之一是“永恒的”小老太太），我很享受言说的乐趣。上午 10 点，我就托尔斯泰讲了一个小时，之后，午餐前我有一小时空闲，我接受你的建议，去一个空房间休息——一个带着羞怯的微笑的教授——我刚在他的班上作了演讲——给了我他的打印的回忆录让我读读[①]。我和一位上了年纪的女作家和一个年轻的作者（他们各写过一部小说，描写上世纪初的拓荒生活——“由此可见”）共进午餐，下午一点，我会在他们合班的课上演讲。在我看来，班上的学生很聪明，我要给他们讲“艺术和常识”——我觉得他们比他们的老师更能理解。同时，我和埃尔默[②]保持密切的联系，在所有的交谈——你知道我的意思——中，他是一个令人愉快、又善解人意的热情的参与者；然而并不笨（虽然他对问题的回答不免过于琐碎），也有幽默感。他找时间带我去看出版社，之后，我们开车在校园里转转。所有的丁香和紫荆都开花了，校园在山坡上，印象中相当像伊萨卡——倾斜的街道，很难停车。[③]我换了衣服去喝茶，4 点，我为人数不多但更有见解的人朗读我的英文诗歌。跟往常一样，不可或缺的帕夫纳夫妇，来自莫吉廖夫，出现了，俄语说得软绵绵的，不够清晰。朗读安排在一个气派优雅的大厅——总的来说，这个校园的美丽和便利远远超过我们可怜的康奈尔。6 点左右，我来到一对年轻的德国夫妇文特[④]的家，在那儿用了晚餐：他原是德国军队的一名翻译，到过加特

① 从 1948 年到 1951 年，纳博科夫的回忆录进行连载，大部分发表在《纽约客》，但也发表在《哈珀杂志》和《党派评论》上，这样他成了美国回忆录写作方面的名人。

② 埃尔默·贝斯（Elmer Beth，1901—1970），堪萨斯大学新闻系主任和人文学科委员会主席。

③ 1948 年至 1958 年，纳博科夫在纽约伊萨卡的康奈尔大学任教。

④ 不详。

契纳[1]。还有一位俄语课的指导老师，很可爱的安德森[2]（克劳斯以前的学生）[3]，带着两条猎犬，晚餐后，在他的住处聚了一群俄国人，我为他们读了我的翻译，给他们展示赫尔曼怎样赢牌，以及他怎样出错牌，因为他们的老师不会解释这些[4]（我没有伤害任何人的感情）。晚上10点左右回到家，马上就睡觉了——又睡了个好觉。今天忙昆虫学的事，晚上作有关果戈理的报告。崇拜你们俩，拥抱你们俩。

弗拉基米尔　休斯顿旅馆

1954.4.20. 周二，上午10点45

① 圣彼得堡西南的一个小镇，曾是皇家领地。说到这个德国人到过加特契纳，迪特·齐默解释说，“可能暗示他是围困列宁格勒的德国军队中的一个翻译；包围圈位于加特契纳城和普尔科沃山（现为圣彼得堡机场）之间。德军那个地区的前线司令部就在西弗斯基，那是法尔兹–菲恩斯的地产。莉迪亚·埃杜多芙娜娘家姓法尔兹–菲恩斯，婚后姓普克（Lydia Peucker，1870—1919），她是纳博科夫伯父德米特里·德米特里耶维奇·纳博科夫（Dmitri Dmitrievich Nabokov，1867—1949）的第一位妻子。”

② 不详。

③ 塞缪尔·克劳斯（Samuel Cross，1891—1946），哈佛大学俄语教授。纳博科夫对克劳斯的俄语语法知识不敢恭维。

④ 纳博科夫解释赫尔曼打牌的技巧，赫尔曼是普希金短篇小说《黑桃皇后》（1834）中的主人公。

1964 年

ANS，1 页[①]

1964 年 5 月 3 日

蒙特勒寄日内瓦博赛枢赫大道 22 号博利厄诊所

亲爱的：

我要寄你兰花，但哪儿也没有。[②]

我午间来。

快乐的米久沙周五打来电话。拥抱，拥抱再拥抱。亲爱的。

弗拉基米尔

① 附在花束上一张便条。信写在一张白色小卡片上，地址写在另一面。

② 薇拉因腹痛一个月而入院做阑尾炎手术。

1965年

ANS，1页

1965年4月15日[①]

致薇拉：

四十朵花代表四十年。

弗拉基米尔

① 纳博科夫夫妇结婚四十周年纪念日。

1966年

ALS，1页

1966年10月2日

蒙特勒寄往纽约104西大街250号费金转

亲爱的：

我今天收到了你的电报，昨天收到米久沙的漂亮的明信片：他有个采访和一张照片，发表在塔尔萨当地的报纸上。[①] 我还收到明顿[②] 寄来的可爱的扉页，一面是蝴蝶（设计得出奇得好），另一面是纳博科夫家族田产的地图：要是你有机会的话，跟他要吧。[③] 没有其他有趣的信件——除了格罗夫版的米勒的《北回归线》——有个叫叶戈洛夫的俄语翻译家的滑稽译著[④]。我写得飞快，因为我才意识到，要是我不马上寄的话（即在埃琳娜[⑤] 和我坐下午一点半的火车去洛桑之前），那你就收不到这封信了。她为弗拉基米尔[⑥] 的事情弄得心烦意乱，睡眠也很差，因为他们在她身下放了块板（今天他们把板拿走了）。她此刻在给我做煎蛋卷，天

---

① 德米特里在俄克拉荷马的塔尔萨歌剧团谋得了一个歌唱家的位置。

② 沃尔特·明顿（Walter Minton，1905—1981？），普特南出版社（G.P.Putnam' Sons）的总裁，这家出版社将出版带有这些扉页的《说吧，记忆：自传修订本》(版权日期为1966年，但出版日期为1967年1月)。

③ 薇拉正在纽约讨论纳博科夫作品的出版事宜。纳博科夫夫妇对普特南出版社的预付稿酬不甚满意，1958年以来，普特南是《洛丽塔》的主要美国出版商；和明顿商谈的结果，他们请威廉·莫里斯另找出版商，1967年和McGraw-Hill签了合同。

④《北回归线》，亨利·米勒（Henry Miller，1891—1980）的色情小说，最初于1934年在巴黎出版，1961年由格罗夫出版后面临涉嫌淫秽的审判。1964年，美国高等法院宣判该小说无关色情。是年，格罗夫出版了叶戈洛夫的《北回归线》俄译本。

⑤ 埃琳娜·西科尔斯基，纳博科夫的妹妹，她1949年起住在日内瓦，薇拉外出时，她来蒙特勒照料兄长。

⑥ 弗拉基米尔·西科尔斯基（生于1939年），埃琳娜的儿子。

气很好，我非常想你。

弗拉基米尔

66.10.2. 中午 12 点 50 分

我不知道如何将信折起来……[1]

① 信写在航空邮单上，可以折成一个信封。

1968 年

AN，1 页

1968 年 6 月 8 日 ①

明天上午

拜托

写一份证明去公园旅馆并请他们

==

我会在村里把它寄走

① 写在索引卡上的便函，用红和蓝两种颜色的铅笔写的。红色的字句写成斜体。在左下角，可能是薇拉后来加上的：68.6.8. 寄往韦尔比耶。韦尔比耶是瑞士西南方的一个村庄。

1969年

ANS，1页

1969年4月15日①

蒙特勒

碧玉兰②

致薇罗契卡

来自弗·纳、阿达和卢塞特③

(以及德米特里)

1969.4.15.

* * *

ANS，1页

1969年7月4日

寄自瑞士提契诺库利格里亚

在阳台上听到花园里传来的你那纯净的声音令人多么喜悦。如此甜蜜的音调，

① 结婚四十四周年纪念便函，用英语写在一张索引卡上；只有一面写了字。日期用不同的笔写在卡片底部，但可能也是纳博科夫写的。此便函可能夹在《阿达》书中，书是4月10日收到的。

② 碧玉兰（Cymbidium lowianum），欧洲的兰花品种。

③《阿达》中人物，小说将于1969年5月出版，小说与兰花有密切关系。纳博科夫为企鹅版《阿达》(1970)画了一朵卡特兰作为封面，企鹅采用了。

如此温柔的节奏!

你的弗·纳

1969.7.4.①

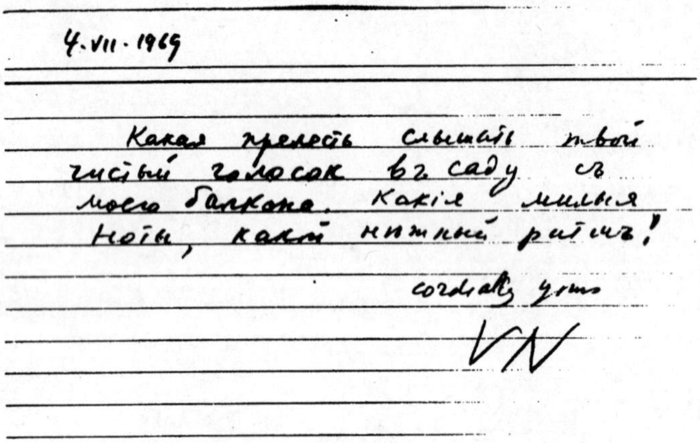
4.VII.1969

Какая прелесть слышать твой чистый голосокъ въ саду съ моего балкона. Какiя милыя ноты, какой нѣжный ритмъ!

cordially yours

VN

* * *

ANS，1 页②

1969 年 7 月 22 日

寄自瑞士提契诺库利格里亚

致薇罗契卡：

我多么喜欢古米廖夫的诗!

我无法重读这些诗句,

但心中已留下印迹,

诸如，再三思考；

……我不愿死在一座凉亭里

① 写在索引卡片上。纳博科夫夫妇去库利格里亚的安娜·费金家度假。

② 写在索引卡片上。

1969年

因暴食和炎热，

而宁愿网住一只神奇的蝴蝶

在野外的某个山顶上。

弗·纳博科夫[①]

69.7.22. 库利格里亚

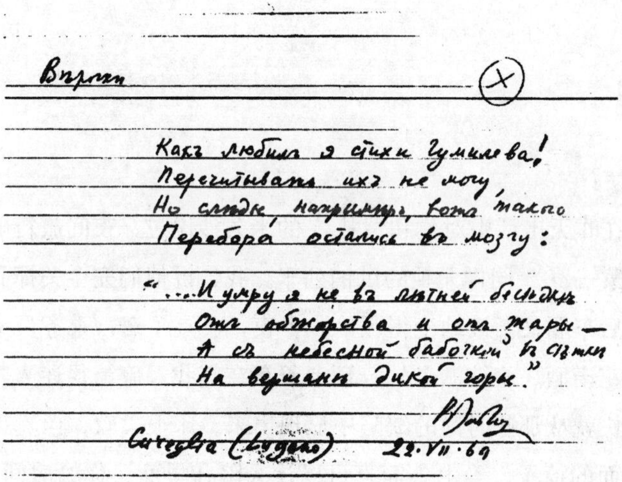
Вирши

Какъ любилъ я стихи Гумилева!
Перечитывать ихъ не могу,
Но следы, напримеръ, вотъ такого
Перебора остались въ мозгу:
«...И умру я не въ летней беседке
Отъ обжорства и отъ жары —
А съ небесной бабочкой въ сетке
На вершине дикой горы.»

VNabokov

Cureglia (Lugano) 22.VII.69

① 此诗最初收入《诗集》297；后由德米特里翻译，刊于《大西洋月刊》，2000 年 4 月。

1970年

ALS，2页

1970年4月6日

陶尔米纳寄往蒙特勒，蒙特勒皇家旅馆

你好，我的天使：

如我已经在昨天电话中对你和蒙扎[①]的米久沙说过，夜间旅行顺利，没有睡觉，坐的是和蒙—罗[②]同样无趣的卧铺列车。我告诉他们完全关掉我车厢里的讨厌的暖气，之后车厢又渐渐地变得很冷。半夜，我点了酒，乘务员给我拿来半瓶口感尚佳的鲁花诺酒。旅馆派来的一辆老爷车在等我。旅馆很迷人，毋宁说，它的迷人之处很快就从那些时尚的缺陷中显现出来。床很柔软，但真正的杰作是一张蒙着金色绸面的椅子，坐上去简直可以让人陷在里面。你的房间就在我隔壁，稍大一些。我建议，我们可以有个带起居室的套房。

一件礼物——六七个大橙子——放在一只奇特的篮子里等候我，里面还有一张弗雷迪·马丁尼主管的精美的名片。我咳出最后一口罗马带来的黑痰，马上出门走了四小时的路。冷风吹来，但有阳光，蝴蝶飞舞。当地的一种娇小的斑绿粉蝶[③]从一片橙色的野菊花丛中飞掠而过。和旅馆的事务主管在友好的气氛中共进晚餐，9点上床睡觉。3点左右醒来，感觉很饿、很孤单、很地道的蚊子无声地消失在白色的天花板上，外面还有两三个这样的小间。百叶窗开着，叶片比一般的要软。杏蓝色的黎明由此登堂入室。能看到海（从一个小阳台上）和埃特纳山，山上有雪和熟悉的云彩，别忘了要第二条毯子，而启明星在浅蓝色的空中闪

---

① 米兰附近的一个小城，德米特里在那儿住了多年，因为那儿有大奖赛赛车道，并邻近斯卡拉歌剧院。

② 从蒙特勒到罗马。

③ 斑绿粉蝶（Euchloe ausonia），一种粉蝶（Pierid）。

烁，俄国散文作家总是喜欢描写南方的美丽。景色秀丽的花园里一片鸟叫声；务必给我带那本欧洲鸟类的书来，就在我“厨房”架子上美国西部图书的边上，靠右下方。

现在我要刮脸和洗澡，7点——之前他们不提供服务——打电话叫早餐，之后，我去城外的山上，不是山——只是两个村子间长着橄榄树的小坡。我很想你，我的宝贝！

弗拉基米尔

1970.4.6.

圣多明尼哥皇家旅馆[1]220房间[2]

* * *

ALS，2页

1970年4月7日

意大利陶尔米纳寄往蒙特勒皇家旅馆

亲爱的：

昨天天气晴朗，尽管空气中仍有寒意，但有许多蝴蝶在沟渠和背风的橄榄树丛中飞舞。我从上午8点到午后，一直在游逛，想要捉一些不同的飞得更快的蝴蝶，已经获得了某种有趣的品种。我在一家“奇遇”咖啡店吃了一块三明治。在我们旅馆天堂般的花园里，我在阳光下坐了两个小时，之后出去买了些小东西，此刻，亲爱的，我求你：

给我带：1）三四个熏衣草香袋，药剂师知道哪一种，袋上有个女士的画像。他们哄骗我，要么给我驱虫粉，要么给我厕所用的芳香剂（一个傻瓜将我所说橱柜用的听成了厕所用的）；2）务必带至少一管美能牌无刷剃须膏。这儿买不到无刷的，除了那款相当可怕的意大利产的乐爽，由使用说明来判断：适用于胡须湿

① 写在信头。

② 房间号是纳博科夫加在信头上的。

热时。避免儿童接触。（否则就会遇到亨伯特发生的情况）[①]。

今天上午，《先驱论坛报》周末版终于到了（我在罗马读到的），天在下雨。没有风，气温似乎更暖和了，但天阴沉沉的，我午餐前不想出门。我想找到那家小餐馆，我昨天没找到——虽然我能记得许多“过去式”的细节，仿佛就是最近，而不是十年前发生的。[②]

很多，有很多胖乎乎的德国人。

这是我给你写的第二封信，你周三，8 号，会收到第一封信，据当地人乐观估计，这封信会在周四，9 号收到。你预订周二，14 号的票了吗？

我崇拜并拥抱你。

弗拉基米尔

周二，上午 11 点

圣多明尼哥皇家旅馆[③]

* * *

ALS，2 页

1970 年 4 月 8 日

意大利陶尔米纳寄往蒙特勒皇家旅馆

我的安其罗：

我最后找到那家餐馆，它叫作安其罗之家，它确实令人愉悦。昨天上午（如你从我们的书呆子的周二的信中所知）十分阴沉，但《菲雅塔的春天》中迷人的奇迹突然发生了。我在吃了意大利白豆等待咖啡时，突然注意到天空露出一丝阳光，便取消了咖啡（但喝完了颜色好看的红色科尔沃[④]），三分钟后，我已经

① 不仅指亨伯特的命运，而且也是对亨伯特和洛丽塔关系的某种嘲讽：“有些汽车旅馆马桶上方贴有注意事项……要求客人别往垃圾桶里扔啤酒罐、包装盒、纸盒、死婴。”“如果孩子们遵守一些规矩，不能做的事情不做，那性犯罪就能减少吗？别在公共厕所里玩耍，别吃陌生人的糖果，别坐陌生人的车。”“别往抽水马桶里扔垃圾。谢谢。再叫。管理。又及：我们认为我们的客人是世界是最好的人。”（《洛丽塔》，第 146、165、210 页）

② 1959 年 11 月，纳博科夫和薇拉在陶尔米纳的爱克赛西奥酒店住过几天。

③ 写在信头。

④ 科尔沃（Corvo），一种西西里葡萄酒。

到了爱克赛西奥酒店所在的山脚下，并捕住了一只最令人赏心悦目的当地的妖姬（很抱歉，这些名称有些冷僻①），就是Thais zerynthia hypsipyle cassandra②。我非常喜欢陶尔米纳，几乎要在这儿买座别墅（八个房间，三间浴室，二十棵橄榄树）。

在安其罗有个美国人家庭；那母亲叫侍者："哪儿能给小男孩洗一下？"③（小男孩想去洗手间。）一位穿着传统的老太太（看起来多半为了做广告）从她的村子里拿来一篮子新鲜鸡蛋。

不知为何，所有讲英语的意大利侍者都喜欢说"蔬菜"，好像要和"餐桌"押韵似的。④我8点半上床，服了一颗安眠药，从9点睡到次日6点，中间醒过一次。为此，告诉——最好别告诉——贾内茨⑤，那条新的用来做网的"涤纶纱巾"现在染上了颜色——哦，染的不是一只幼蝶的血，而是我这个老男人的血，是昨天夜里被拍死的蚊子的血。我不想再用这种薄薄的纸写信了，透光得厉害。

上午起又下雨了，和昨天一样，云层很厚，天边雾蒙蒙的，海边的孔雀石，披上了泡沫的斗篷，棕榈树和杉树随风舞动，如加林娜·库兹涅佐娃的日记⑥中所描写的。米兰只有华氏五十度，所以你最好带上毛皮大衣。我很想你，亲爱的！我的220号房间和你的221号房间是最后两个房间，在一条宽敞的走廊的一边，这走廊多半是个前景，门对着门。正对你房间的门是个奇特的景观：它是假的，画上去的，从门后，一个相当快乐的白须僧侣伸出头来。

我现在去刮脸，洗澡，之后看天气情况。我觉得午餐前天不会晴。无数的吻。我在等你的电话或一封短信。

弗拉基米尔

70.4.8.周三，上午7点

圣多明尼哥皇家旅馆

① 原文为法语。
② 波利西娜凤蝶（Zerynthia polyxena）的亚种，也称南方彩蝶（Southern Festoon）。Thais是被取代的通用名称，hypsipyle是使用不久的蝴蝶品种名（之后，根据分类优先法，此名也就不用了）。
③ 原文为法语。
④ 英语"蔬菜"（vegetable），"餐桌"（table）。
⑤ 不详。
⑥ 指布宁的情人加林娜·库兹涅佐娃的《格拉斯日记》（*Grasskiy dnevnik*），华盛顿特区：Viktor Kamkin，1967。

* * *

ALS，2 页

1970 年 4 月 8—9 日

意大利陶尔米纳寄往蒙特勒皇家旅馆

亲爱的：

今天太阳还是露脸了，但不很久，我在城外的山谷里捕蝴蝶不到两小时，从 11 点到一点。之后吃了一块山羊奶酪三明治，为你的健康喝了一杯葡萄酒。小心别生病！我小心[①]。很高兴 15 号你和我在一起。[②]

我下午竟然睡着了，虽然我夜里睡得很好，4 点出门去理发，买橙子、杂志、山地靴的鞋垫；我离内布罗迪山的东山坡那些引人注目的地方很近，我们没去逛逛真是说不过去[③]；然而，我们应该等到那讨厌的大风不再吹，每个春季它都会在陶尔米纳肆虐三天（一位老人告诉我的）。我买了很多橙子，一天吃三个，走进一家很迷人的书店。我显然去过那儿，十年前就踏足过，因为老板认出了我，这都犹如梦中。这儿的汽车仍与旅游者争道，但春天到了，一切都更令人赏心悦目：我们的花园春色妖娆，从我们房子的窗户就能尽情欣赏。你别忘了，亲爱的，那本写鸟的书，剃须膏和香袋，熏衣草香袋，行吗？

他们在这儿的保暖设施做得很好。

我还没有告诉你问候阿纽塔，而不说你也明白，我真的不能再收到你的信了吗？在利法的新回忆录[④]的书评中，我读到这样的句子："迪亚戈利夫很快放弃了他的新爱，一个名叫马克维奇的男生。"[⑤]我要把这件事告诉托帕齐娅[⑥]吗？顺便说一下，她看到了发表这篇书评的《观察者》。这很可怕。

给我寄这些杂志——《新政治家》《旁观者》《棋题爱好者》了吗？

---

① 原文为法语。

② 他们结婚四十五周年纪念日。

③ 内布罗迪（Nebrodi）一词双关，即指内布罗迪山，俄语则有"没逛"之意。

④ 塞尔吉·利法的《我的一生》(纽约：World Publishing，1970)。

⑤ 伊戈尔·马克维奇（Igor Markevich，1912—1983），乌克兰出生的作曲家和指挥，纳博科夫堂弟尼古拉的朋友。

⑥ 多娜·卡塔尼（Donna Caetani，1921—1990），伊戈尔·马克维奇的第二任妻子。

他们给我们留了一张漂亮的小桌子。

这是第四封信了。我周四把信写好了——多美好的上午！谢谢你昨天给我打电话，我的光明。爱你。你在糖果盒里找到我的笔记了吗？

弗拉基米尔

周三（8号）下午6点

周四（9号）上午6点

圣多明尼哥皇家旅馆

* * *

ALS，2页

1970年4月10日

意大利陶尔米纳寄往蒙特勒皇家旅馆

我的金嗓子天使：

（免不了用这些昵称的习惯。）我信中有些细小的不一致可以这样来解释：我写了许多事情以备不时之需，一天之内跟你打几次电话，次日上午才把信写完。这是第五封信，也是这个阶段的最后一封信，因为我觉得你在蒙特勒收不到我的信了，要是你按时坐飞机出行的话。

周四，9号，天气仍很冷，但阳光灿烂，我第一次走了很长时间的路（从上午9点到下午3点），去了卡斯特莫拉；但那儿已是海拔七百英尺，没有蝴蝶，我大部分时间就在陶尔米纳附近转悠。（我细心吗？我很细心吗？）一个有趣的细节：下午一点左右，我走进一家小吃店，里面没有人，我用不同的语言叫起来，突然一只毛发蓬松的狗出现了，猛地冲出店去，我在那儿站了一会儿，刚要走——我突然看见：狗引着店老板从附近的一间小屋回来了。你很容易就能想到后面的事情。我回到住处，花时间整理我的捕获物，4点半，出门去“麦康巴”咖啡馆喝热巧克力茶，（很好喝！）那家咖啡馆我带你去过。

阿尔佛雷德·弗兰德莱[①]打来电话，想（上帝啊，又是这种透明的信纸！）[②]

① 可能指阿尔佛雷德·弗兰德莱（Alfred Friendly，1912—1983），记者、《华盛顿邮报》的总编（1955—1967）。

② 旅馆提供的那种很薄的信纸。

周六，11号，和他妻子过来待两天，但我没答应，让他20号左右来，他同意了。昨天晚餐时，附近餐桌上的一位美国女士示意他沉默的丈夫，她用下巴指向走进来的一对夫妇说："他是位产煤大亨。"另一个观察到的情况：在广场，当我又去买橙子，一个德国人以最和蔼的微笑拒绝一个跛子向他兜售纪念品，并说："但作为弥补，我要拍你一张照片！"（我希望我能记住这个德国人[①]的说法。）

我对山坡上茂盛的花卉及某种宁静（如同加利福尼亚山区所有的氛围）感到惊奇不已，虽然时不时会被某个农场传来的普西尼[②]的音乐或一头驴子不停的哀嚎声打断。

我很高兴收到了你的礼物——针织上衣。

啊，我的爱人。上午天气晴朗，空气清新，我加了件毛衣。

现在我在等你。我有点遗憾，在某种意义上，这次通信就要结束了，拥抱并崇拜你。

记下洗衣服的事，到9点左右去取。

弗拉基米尔

1970.4.10. 周五，上午7点

圣多明尼哥皇家旅馆

* * *

ANS，1页

1970年4月15日[③]

意大利陶尔米纳送往圣多明尼哥皇家旅馆

弗拉基米尔·纳博科夫太太：

四十五个春天！[④]

① 原文为意大利语。

② 普西尼（Giacomo Puccini，1858—1924）歌剧中的咏叹调。

③ 纳博科夫夫妇结婚纪念日。此信的日期和地点"70.4.15. 陶尔米纳"似乎是薇拉后来加上的。卡片很可能附在花束上。

④ 纳博科夫所用的"春天"（*vesen*）也指俄语的"年"（*let*），同时意为"夏天"（*let*）的所有格复数：即他们结婚"四十五个春天般的岁月"。

1971年

ANS，2页[1]

1971年4月15日

蒙特勒送往蒙特勒皇家旅馆弗拉基米尔·纳博科夫太太

亲爱的：

纪念四十六周年。

弗拉基米尔[2]

① 此便函写在一张没有横线的白色卡片上。一面写有地址，信的内容写在另一边。很可能这张卡片附在花束上。

② 纳博科夫在首字母下简略地画了一只小蝴蝶。

1973年

AN，1页

邮戳日期：1973年1月22日

蒙特勒寄往日内瓦市立医院831号房间E8

亲爱的：

这是给你的十二张10法郎[1]。

爱你！

等你。

① 可能是瑞士法郎。

1974年

AN，1页①

1974年1月5日②

蒙特勒

(thumb hurt)
Happy Birthday
my darling
1974 l'année d'Ada und'Ada

弗拉基米尔·纳博科夫太太：

拇指受伤③

亲爱的，

生日快乐！

1974

---

① 便函写在索引卡片上，用钢笔画了一只小蝴蝶。

② 薇拉的生日。

③ 加上的这句话解释字体潦草。

《阿达》出版之年①

* * *

AN，2页

1974年7月14日②

采尔马特

欢迎到采尔马特③，亲爱的：

日常计划等

在住处早餐。我只吃玉米片。7点半

一点左右在选定的咖啡馆午餐

（火腿、当地的奶酪）

冰箱钥匙：蓝色

和门钥匙放在一起

7点整晚餐

结实的穿大衣的门房：弗兰岑先生

别的信息：见面再说

缆车开往施瓦尔茨④

在弗里换车

下车并朝右走

有楼梯和指示牌→施瓦尔茨

① 此年，《阿达》将在法国和德国出版。德文版（*Ada，oder，Das Verlangen*）于该年问世（由u. 弗里塞尔和M. 瑟斯塔朋译，汉堡：Rowohlt，1974）；法文版（*Ada ou l' ardeur*）需要纳博科夫润色，直到1975年才出版（G. 夏因和J. 布兰德内尔译，巴黎：Fayard，1975）。

② 日期由薇拉所加："弗给我的信74.6.14."。

③ 写在一张索引卡片上。

④ 写在卡片的另一面。

弗·纳会在咖啡馆
（靠近施瓦尔茨车站）10点半到11点
之后步行去
斯塔菲尔—兹默茨—采尔马特
（至少两小时）

1975 年

ANS，1 页[①]

1975 年 7 月 14 日

达沃斯

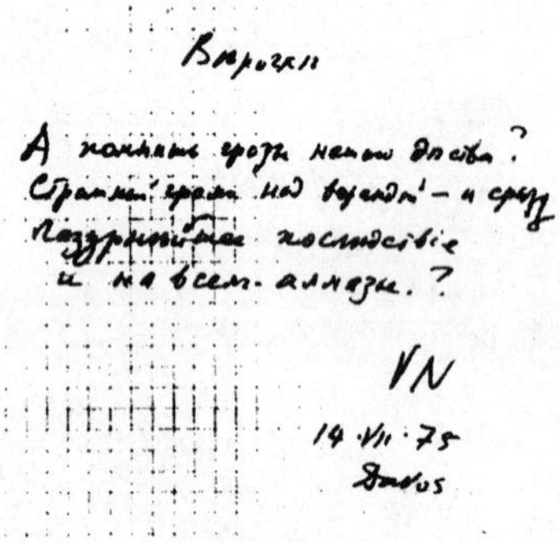

致薇罗契卡

你还记得我们童年时的雷阵雨吗?

可怕的雷声在阳台上轰隆隆地响——顷刻

露出蔚蓝的天空

一切如同宝石——记得吗?

弗·纳

75.7.14. 达沃斯

① 写在一张有格子的索引卡片上。

1976年

ANS，1页[1]

1976年4月7日

蒙特勒

致薇罗契卡

在荒漠中，电话铃响了：

我没有听见，

很快它就挂了。[2]

弗·纳博科夫

76.4.7. 蒙特勒

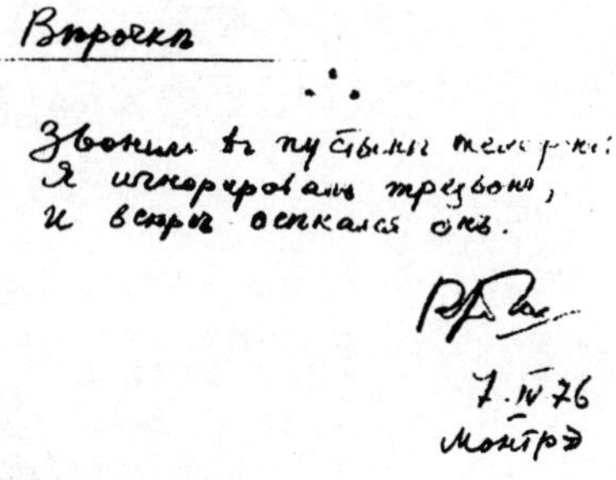

① 写在一张画线的索引卡片上。

② 俄语小诗。

未注明日期的信

AN，1页
日期地点不详

致猫咪基托维基，金色彼得罗维奇
吃吧，我的幸福
吃这些葡萄呀。

附录一：谜语

1926年夏天，纳博科夫在每天给他妻子（身体欠佳，在疗养院）的信中，附了许多辛苦制作的填字游戏，不在考验智力，而是引起一笑。这些字谜形式多样，独出心裁，轻松，发笑，温馨并有趣。除了少数几个，薇拉·纳博科夫在回信中似乎全都解答出来了。

对1926年纳博科夫的妻子并不造成麻烦，她多半也没有什么可以咨询的材料，而对下个世纪他的编辑来说，即使有Google这样的工具，仍是不小的挑战。即使集思广益解决这些字谜，但有些解答仍然成问题。这当然是谜，智力上要尽可能跟上纳博科夫这个具有标杆性的诗人，他偶尔也给20世纪20年代中期的俄侨办的期刊提供各种填字游戏，有些是他自己编的。非俄语读者具有双重的困难：对大多数人来说，读翻译的俄语字谜就像看一部意大利字幕的德国电影。但我们将这些字谜作为附录，是希望至少这些出于爱意而制作的字谜中饱含的深情厚意不致流失掉，如同对当初的收信人而言，这情意不会丢失一样。某些奇特对话的主旨可以通过表情来把握。

格纳迪·巴拉布塔罗

1926 年 7 月 1 日

填字游戏提示（俄语）

横向：

1 за решеткой, но не тигр

2 Кричат

3 Бабочка

4 Толпа

5 Дай забвенье...очаруй...

纵向：

1 Блин революции русской

6 Надпись под лысым

7 Одна из забот Лонгфелло

8 Печенье

9 Часть тела

10 Как перст

11 У поэтов-дымится

填字游戏提示（英语）

横向：

1 behind bars，but not a tiger

2（They）shout

3 a butterfly

4 A crowd

5 Give me oblivion...enchant...[1]

---

① 也许是对浪漫曲《在迷人的爱意里》(*Pod charuyushchey laskoy tvoeyu...*）的改写，其中这样的诗句："哦，给我一个吻让我遗忘。"此歌曲出自作曲家尼古拉·祖博夫和诗人 M. 马蒂森之手。

纵向：

1 The spoil of the Russian Revolutio[①]

6 An inscription below a bald man

7 One of Longfellow's cares

8 Biscuits

9 Body part

10 ...as a finger

11 in poetry...it smokes

解答（俄语）

横向：

1. кассир 2. орут 3. махаон 4. банда 5.опьяни

纵向：

1. ком 6. оо[?] 7. араб 8. сухарь 9. стан 10. один 11. рана

解答（直译）

横向：1. kassir 2. orut 3. makhaon 5. op'yani

纵向：1. kom 6. 00（?） 7. arab 8. sukhar' 9. stan 10. odin 11. rana

解答（意译）

横向：1. cashier 2.（they）yell 3.（papilio）machaon 4. a gang 5. intoxicate[②]

纵向：1. kom[③] 6. 00（?）[④] 7. Arab 8. rusk 9. torso 10. alone[⑤] 11. a

① 此句化用了俄国格言“Pervyi blin komom”，意为“第一块饼至多是一块面团”；接近英语格言“熟能生巧”。

② 纳博科夫在 1926 年 7 月 7 日信中提供了答案。

③ “Kom”意为“球、团块”，与前述俄国格言形成双关“Pervyi blin komom”，意为“第一块饼至多是一块面团”，此处也是对俄国革命的结果的一个评价。

④ 也许是作为秃头形象的“o”和希腊语前缀“oo”（如英语 *oolite*）的结合，意为“蛋”：一个秃头就像是一个蛋。

⑤ “alone”一词填在纳博科夫在俄国谚语“（他）像根手指一样孤单”留下的空格中。

wound[①]

1926年7月2日

填字游戏提示（俄语）

横向和纵向：

1 Композитор

2 Волосок

3 Волнуется

4 Круглый очерк

5 Сам

6 Подруга Сальери

7 Род судна

8 Большевики

9 Неприятная местность

10 Лесной возглас

11 Упрек

12 Художник, земляк первого

13 Человек с тремя руками

14 Половина пяти

15 Без чего не приехал-бы

16 Пять часов утра

17 Цветок

18 Хорошая знакомая пяти

19 Птица

---

① 联想到米哈伊尔·莱蒙托夫的诗《梦》(*Son*) 中的伤口："我梦到身旁有颗子弹 / 在我躺着的达吉斯坦炎热的山谷。/ 伤口很深，冒着热气 / 我生命的血液一滴一滴流光。"米哈伊尔·莱蒙托夫《当代英雄》，纳博科夫和德米特里译（纽约花园城：Doubleday Anchor，1958）。

20 Божья иллюминация

21 Прощевайте

填字游戏提示（英语）

横向和纵向：

1 Composer

2 A thin hair

3 Is waving

4 Roundish outline

5 Myself

6 Salieri's girlfriend

7 Kind of a boat

8 Bolsheviks

9 Unpleasant locale

10 Sylvan exclamation

11 Reproof

12 Artist, compatriot of one

13 Man with three arms

14 Half of five

15 Wouldn't have come back without this

16 Five a.m

17 Flower

18 Good acquaintance of five

19 Bird

20 Divine illumination

21 So long!

解答（俄语）

横向和纵向：

1. Гуно 2. усик 3. нива 4. окат 5. Сирин 6. Изора 7. ротор 8. ироды 9. Нарым 10. куку 11. укор 12. Коро 13. урод 14. Вера 15. ехал 16. рано 17. алоэ 18. муза 19. удод 20. зори 21. адио

解答（直译）

横向和纵向：

1. Guno 2. usik 3. niva 4. okat 5. Sirin 6. Izora 7. rotor 8. irody 9. Narym 10. kuku 11. ukor 12. Koro 13. urod 14. Vera 15. ekhal 16. rano 17. aloe 18. muza 19. udod 20. zori 21. adio

解答（英语）

横向和纵向：

1. Gounod① 2. a whisker② 3. grainfield 4. circumference 5. Sirin 6. Isora③ 7. rotor（boat） 8. Herods④ 9. Narym⑤ 10. "Cuckoo" 11. reproach 12. Corot⑥ 13. freak 14. Vera⑦ 15. traveled 16. early 17. aloe 18. the muse 19. hoopoe 20. dawns 21. adieu⑧

---

① 查理·弗朗斯瓦·古诺（Jean-Francois Gounod，1818—1893）。

② 也是一个动物学术语：触须、触角。

③ 在普希金的《莫扎特和萨列里》（写于1830年，发表于1832年）中，萨列里用"毒药，我的依苏拉的最后的礼物"毒死了莫扎特。纳博科夫1941年翻译了这个"小悲剧"。《新共和》，1941年4月21日：第559—560、565页。

④ 俄语中，此词成为一个民间熟知的贬义词。

⑤ 西伯利亚托木斯克地区的一个村子，许多政治犯被流放到那儿。

⑥ 让-巴蒂斯特·柯罗（Jean-Baptiste Corot，1796—1875）。

⑦ 一个玩笑，口语中将妻子作为一个男人的另"一半"（"polovina"）。

⑧ 法语"再见"的非常规拼写。

1926年7月3日

字谜（俄语）

Ломота, игумен, тетка, Коля, Марон, версификатор, Лета, чугун, тропинка, ландыш, Ипокрена

Из слогов данных слов требуется составить десять других слов, значенья которых: 1) Место свиданий науки и невежества 2) двигатель 3) город в России 4) историческое лицо 5) добрая женщина 6) часть повозки 7) благовест диафрагмы 8) первый архитектор (см.Библию) 9) бездельник 10) женское имя.

字谜（直译）

Lomota，igumen，tetka，Kolya，Maron，versifikator，Leta，chugun，tropinka，landysh，lpokrena

字谜（英语）

Aching，abbot，aunt，Kolya，[①] Maro[②]，versifier，Lethe，cast iron，little path，lilly of the valley，Hippokrene[③]

从以上词语的音节中组成十个新词，其义分别包含：1）科学遭遇无知的地方；2）一台机车；3）俄国的一个城市；4）一个历史人物；5）一个好女人；6）马车的一部分；7）横膈膜的祝福；8）第一个建筑师（见圣经）；9）懒骨头；10）女人的名字。

解答（俄语）

1. университет 2. мотор 3. Кременчуг 4. Наполеон 5. матрона 6. дышло 7. икота 8. Каин 9. гуляка 10. Филомена

---

① 尼古拉、尼古拉斯的简略形式。

② 维吉尔（Publius Virgilius Maro）的姓。

③ 赫利孔山（Mt.Helicon）上的圣泉，据说可以激发诗人的灵感。

解答（直译）

1. universitet 2. motor 3. Kremenchug 4. Napoleon 5. matrona 6. dyshlo 7. ikota 8. Kain 9. gulyaka 10. Filomena

解答（英语）

1. university 2. motor 3. Kremenchug 4. Napoleon 5. Matron 6. pole（of a carriage） 7. hiccups 8. Cain[①] 9. idler 10. Philomena

1926 年 7 月 6 日

填字游戏提示（俄语）

横向：1. часть розы 2. восклицанье 3. Дедушка 4. если не-то глуп 5. видно в мешке 6. Древний автор 7. Сговор

纵向：1. В столицах... 8. Злой человек 9. Хорош только когда открывается 10. дерево 11. говорится о винограде 12. философэкономист 13. река

横向：1. Сверхъестественный жулик 2. женское имя 3. рыба 4. коричневое 5. Невежа 6. игра 7. человек, выбор, опыт

纵向：8. река 4. художник 3. плати... 9. рыба 1. камень 10. прощай 11. ...Все вторит весело громам!

填字游戏提示（直译）

横向：1. chast’ rozy 2. vosklitsanie 3. Dedushka 4. esli ne—to glup 5. vidno 6. Drevniy avtor 7. sgovor

纵向：1. V stolitsakh... 8. Zloy chelovek 9. Khorosh tolko kogda otkryvaetsya 10. derevo 11. govoristsya o vinograde 12. filosof—ekonomist 13. reka

横向：1. sverkh”estesvennyi zhulik 2. zhenskoe imya 3. ryba 4. korichnevoe

① "该隐与妻子同房，他妻子怀孕，生了以诺。该隐建造了一座城，就按着他儿子的名，将那城叫做以诺。"（《创世记》第 4 章 17 行）。

5. Nevezha 6. igra 7. chelovek，vybor，opyt

纵向：8. reka 4. khudozhnik 3. plati... 9. ryba 1. kamen’ 10. proshchay 11. ...Vsyo vtorit veselo gromam!

填字游戏提示（英语）

横向[①]：1. part of a rose 2. exclamation 3. Grandfather 4. if not—then（he is）dimwit 5. can be seen in a sack[②] 6. an ancient author 7. accord

纵 向：1. In capital cities...[③] 8. An evil person 9. Good only when it opens 10. a tree 11. said of grapes 12. a philosopher and economist 13. a river

横向[④]：1. A supernatureal trickster 2. woman’s name 3. a fish 4. something brown 5. ruffian 6. a game 7. a man，a choice，and an experience

纵向：8. a river 4. an artist 3. pay... 9. a fish 1. a rock 10. fare-well 11. ...All sings is cheerful tune with thunderclaps![⑤]

解答（俄语）

横向：1. шип 2. ура 3. мороз 4. далек 5. шило 6. Ювенал 7. антанта

纵向：1. шум 8. Ирод 9. парашют 10. олива 11. зелен 12. Конт 13. Аа

横向：1. маг 2. Ада 3. налим 4. какао 5. олух 6. короли 7. богатый

纵向：8. Обь 4. Коро 3. налог 9. окунь 1. малахит 10. адио (sic) 11. гам

解答（直译）

横向：1. ship 2. ura 3. moroz 4. dalek 5. shilo 6. Yuvenal 7. antanta

纵向：1. shum 8. Herod 9. parachute 10. oliva 11. zelen 12. Kont 13. Aa

横向：1. mag 2. Ada 3. nalim 4. kakao 5. olukh 6. koroli 7. bogatyi

---

① 左翼的下面部分。

② 联想到俄国谚语“麻袋里藏不了锥子”。

③ 出自尼古拉·涅克拉索夫的诗句“京城充满了喧嚣，演说家高谈阔论，/进行着一场言词的战争”（1857）。

④ 右翼的下面部分。

⑤ 引自费奥多·丘特切夫的诗《春天雷雨》（*Vesennyaya groza*）：“湍急的小溪流下山坡，/林中鸟儿聒噪不歇，/林间喧闹和山中溪流……/春雷响起尽欢欣。”

纵向：8. Ob’　4. Koro　3. naalog　9. okun’　1. malakhit　10. adio（sic）　11.gam

解答（英语）

横向：1. thorn　2. hurray　3. Frost①　4. “brightwit”②　5. an awl　6. Juvenal③　7. entente

纵向：1. din④　8. Herod　9. parachute　10. olive　11. green⑤　12. Comte⑥　13. Aa⑦

横向：1. magician　2. Ada　3. burbot　4. cocoa　5. fool⑧　6. kings⑨　7. rich

纵向：8. Ob’⑩　4. Corot　3. tax　9. perch　1. malachite　10. adio　11. noise

1926 年 7 月 9 日

字谜（俄语）

Романс, сатин, буфет, рама, лопух, мошенник, засов, тина, тишина, одинокий, тура.

Требуется: из этих одиннадцати слов (т.е. из их слогов)

составь девять других: 5-русских поэтов, 2-формы поэтических произведений, цветок, птица.

字谜（英语及直译）

Romans，satin，bufet，rama，lopukh，moshennik，zasov，tina，tishina，odinokiy，tura.（Love song，sateen，cafeteria，frame，burdock，swindler，bar lock，

---

① 如“Dedushka Moroz”，“霜爷爷”（Grandfather Frost），是“杰克霜”（Jack Frost）的俄语表达，即“严寒”。

② 俄语“Dalekiy”意为“远”，但“nedalekiy”（不远）又意为“不太亮”。这儿，纳博科夫用的是这个形容词的阳性形式的表语式。

③ 尤维纳尔（Decimus Junius Juvenalis），公元 1—2 世纪，罗马诗人。

④ “din”（喧闹），见上注。

⑤ 出自俄国谚语“Khorosh vinograd，da zelen”（“葡萄虽好只是酸”），这谚语源自克雷洛夫（Ivan Krylov，1769—1844）寓言《狐狸与葡萄》（1808），伊索和拉封·丹都有同样内容的寓言。

⑥ 孔德（August Comte，1798—1857）。

⑦ 拉脱维亚的一条河，现称利耶卢佩河（Lielupe）。

⑧ 成语“olukh Tsarya Nebesnogo”（“天父的傻瓜”）。

⑨ 一种扑克牌游戏，打牌者需要尽快将手中所有的牌的打出去。

⑩ 西伯利亚的一条河。

slime，silence，lonely［man］，rook.）

这是你要做的：从这十一个词中（即它们的音节）组成九个新词：五个俄国诗人，两种诗体，一朵花，一只鸟。

解答（俄语）

Шеншин-Фет

Апухтин (more likely, as a joke, Опухтин)

Романов (possibly, also as a joke, Никрасов)

Никитин

Ломоносов

Ода

Сатира

Роза

Турман

解答（直译）

Shenshin—Fet

Apukhtin（开个玩笑，可能是 Opukhtin）

Romanov（也是个玩笑，可能是 Nikrasov）

Nikitin

Lomonosov

Oda

Satira

Rosa

Turman

解答（英语）

Shenshin——Fet①

Apukhtin（开个玩笑，可能是 Opukhtin）②

Romanov（也是个玩笑，可能是 Nikrasov）③

Nikitin④

Lomonosov⑤

Ode

Satire

Rose

Tumbler pigeon

1926 年 7 月 15 日

字谜（俄语）

Волшебные словечки

Толпа, **стойка**, **чехарда**, **овчина**, **гора**, **щеголь**, подагра, бирюза, заноза, Каин, гончая, государь, рама, маяк, сила, Минск.

Их етих сесьнацати слоф тлебуйця зделять ецирнацать

длюгих, снаценье католих: 1) люский писятиль 2) тозе 3) тозе 4) цасть Сфинкся 5) тозе 6) делево 7) пцица 8) цасть дямской одезды 9) двизенье 10) неподзвизность 11) плязник 12) утёс, воз петый

① 阿法纳西·费特（Afanasiy Fet，1820—1892），俄国诗人、翻译家，是纳博科夫欣赏的诗人。1820—1834 及 1873—1892 年间，费特登记的名字是阿法纳西·申辛，他出生后被继父收养。他生前用生父亲的姓费特作为笔名。

② 阿列克谢·阿普赫金（Aleksey Apukhtin，1840—1893），俄国诗人。阿普赫金患有肥胖症、水肿，这让他看上去臃肿不堪（“opukhshiy”）。这可以解释纳博科夫在谜语中对他的名字（“Opukhtin”）作了昵称式的发挥。

③ 俄国大公康斯坦丁·康斯坦丁诺维奇（笔名 K.R.，“R” 即 “Romanov”，1858—1915），俄国诗人，纳博科夫并不欣赏。谜语中提供的音节允许不正确的拼写（Nikrasov），应为（nekrasov），纳博科夫在这个时期的其他谜语中提到过这位俄国大诗人。也可能纳博科夫将费特的名字当作两个名字。

④ 尼基丁（Ivan Nikitin，1824—1861），俄国末流诗人。

⑤ 罗蒙诺索夫（Mikhail Lomonosov，1711—1765），俄国科学家、作家和诗人。

Пускиным 13) гелоиня Никлясова 14) маянькое отвельстие. С потьценьем МИЛЕЙШИЙ

字谜（英语及直译）

咒语：

Tolpa, **stoy**ka, **chekh**arda, **ov**china, **go**ra, shche**gol'**, podagra, biryuza, zanoza, **K**ain, gonchaya, gosudar', rama, mayak, sila, Minsk.

(Crowd, counter, leapfrog, sheepskin, mountain, dandy, gout, turquoise, splinter, Cain, whippet, sovereign, frame, lighthouse, force, Minsk.)

You musht täk zees zekshtain Wödz und tön zem into fortain azers, ze Meanink off witch ees: 1) russisch Rayter 2) ze saym 3) ze saym 4) a Paat off ze Sfinks 5) ze saym 6) a Trea 7) a Böd 8) a Paat of Veemin's Kloseez 9) Moofermint 10) Immobeelitee 11) Holeedai 12) a Kliff gloreefaid bai Puschkeen 13) Nekrazoff's Heeroeen 14) a schmoll Houl. Rezpektfulee, DARLINK①

解答（俄语）

1. Толстой 2. Чехов 3. Мамин-Сибиряк 4. щека 5. лапа 6. чинара 7. гоголь/сойка 8. подол 9. гонка 10. стоп/заминка/стойка/поза 11. Пасха 12. Ая-даг 13. Дарья 14. щель

解答（直译）

1. Tolstoy 2. Chekhov 3. Mamin-Sibiryak 4. shcheka 5. lapa 6. chinara 7. gogol'/soyka 8. podol 9. gonka 10. stop/zaminka/stoyka/poza 11. Paskha 12. Aya-dag 13. Dar'ya 14. shchel'

① 这一字谜和部分信件是用歪歪扭扭并似乎口齿不清的俄语写的，带有一种拿腔拿调的德国口音。有些词，包括签名“Darlink”是孩子般的笔迹，比纳博科夫通常的花体字（信中皆为大写）要大，也许是用左手写的。

解答（英语）①

1. Tolstoy 2. Chekhov 3. Mamin—Sibiryak 4. cheek 5. paw 6. plane tree 7. goldeneye/jay 8. (skirt) hem 9. chase 10. stop/hesitation/hitch/pose 11. Easter 12. Aya—dag② 13. Dar'ya③ 14. chink

1926年7月18日

Волшебные словечки

Из семи дней недели и из слов: лоно, евреи, Синай, пародия, требуется составить 13 слов значенье коих:

1) не делится пополам 2) кустарник 3) мотор 4) властвование 5) что религия берет у энтомологии 6) низложи! 7) Бывает на солнце 8) борец 9) занятие 10) помощь 11) центр 12) часть света 13) части корабля

字谜（英语及直译）

咒语：

从一周7天及以下词语：Iono，evrei，Sinay，parodiya④ 组成13个词，其义分别包含：

1）can't be divided in half 2）shrub 3）engine 4）rule over 5）what religion takes from entomology 6）dethrone! 7）the sun has them 8）fighter 9）undertaking 10）assistance 11）centre 12）part of the world 13）parts of a boat

① 这部分似乎是唯一的"咒语"类谜语，不要求严格遵循音节规则。文中有些答案包含了一种音节和个别字母的结合（如"na c xa"，答案是"Easter"）。

② Ayu-Dag，纳博科夫拼写为Aya-Dag，是克里米亚的一条河流。普希金在其叙事诗《巴赫奇萨拉伊水泉》（Bakhchisarayskiy Fontan，1821—1823，发表于1824）最后的诗句中提到了它。

③ 涅克拉索夫的叙事诗《严寒，通红的鼻子》（*Moroz Krasnyi Nos*，1863）中的女主人公。

④ "Bosom"（胸脯）、"Jews"（犹太人）、"Sinai"（西奈）、"parody"（戏拟）。

解答（俄语）

Волшебные словечки

Из семи дней недели и из слов: лоно, евреи, Синай, пародия, требуется составить 13 слов значенье коих:

1) не делится пополам　2) кустарник　3) мотор　4) властвование　5) что религия берет у энтомологии　6) низложи!　7) Бывает на солнце　8) борец　9) занятие　10) помощь　11) центр　12) часть света　13) части корабля

解答（直译）

1. nechet　2. tal'nik　3. rotor　4. tsarenie　5. vosparenie　6. svergni　7. pyatna　8. pobornik　9. delo　10. subsidiya　11. sredina　12. Evropa　13. rei

解答（英语）

1. uneven　2. purple willow　3. rotor　4. reign　5. soaring　6. overthrow　7. spots　8. champion　9. enterprise　10. subsidy　11. middle　12. Europe　13. yard (—arm)s

附录二：纳博科夫去世后

布莱恩·博伊德

除了薇拉本人，最早能读到纳博科夫给薇拉的信的是安德鲁·菲尔德，他1960年代开始写纳博科夫的传记。1971年1月，纳博科夫让菲尔德看了他给父母的信，以及几封他给妻子的信，这几封信恰好在手头，并能够确认。她丈夫1977年去世后（此年，菲尔德的《纳博科夫传略》正好出版），薇拉开始考虑出售她丈夫的手稿。1979年，在读了我的博士论文后，她邀请我给文件编目，既是为可能的出售作文稿整理，也是帮助她找出能出版或可以借此回答记者和研究者问题的材料。1981年，她默许我给她丈夫再写一部传记。经我一再请求阅读他给她的信件，她最终同意我将那些信件作录音。1984年12月和1985年1月，我利用暑假，从新西兰大学去她那儿，年已八十的她亲自读那些信件，当时她得了重感冒，声音沙哑，不时将咳嗽声传进我的盒式录音机，我坐在她对面的一张小餐桌旁，那是在蒙特勒皇家旅馆套房的起居室内，她和纳博科夫自1961年就住在那儿。她给那些信件编过号，但经常没按正确的顺序，她随意拿起一扎信件，所以难免杂乱无序。她警告过我，她压根不愿意读——确实，有些信她根本没读——但是，考虑到这完全是她的个人隐私，令我吃惊的是，她在每一次宣布“删掉”之前都尽可能读了。她偶尔也会加上一个注释。后来当我能够看到信的原件，我见到了那些她标出“不读”或“不”、“读时小心”的地方。

1986年12月，菲尔德听说我在写传记，便出版了《弗拉基米尔·纳博科夫的生活与艺术》，大体上是他1967年的《纳博科夫的艺术生涯》和1977年的《纳博科夫传略》的合成。1986年的这部传记披露了纳博科夫和伊琳娜·瓜达尼尼的恋情，而他是听季娜依达·莎霍夫斯考埃（婚后姓马勒夫斯基-马勒维奇）说的。莎霍夫斯考埃在三十年代后期是纳博科夫的好朋友和支持者，这在书信中也有反映，但在五十年代末她转而反对纳博科夫，尤其对薇拉很反感，也许部分的原因是她对现在是薇拉处理她丈夫的几乎所有信件心生不满。结果是一篇论纳博科夫的文章引起她的理所当然的不快，1959年伽利玛为法文版《洛丽塔》的出版举行午餐会，当她走近他时遭到了他的冷落。[①] 她将这种冷落归咎于薇拉（她本人也感到意外），并决定给予回击，不仅通过她自己1979年的回忆录《寻找纳博科夫》——她告诉我，她写此书是“反击薇拉，但如果你说出去，我会否认”——而且，比如说，将纳博科夫给斯维特兰娜·西维尔特的最后一封信的抄件交给国会图书馆（纳博科夫在那儿存放了许多早期的手稿），而将另一份抄件放入她自己的档案里，她还决意将他与瓜达尼尼的恋情公之于众。看到菲尔德对瓜达尼尼恋情的披露，薇拉和德米特里马上选了当时纳博科夫给薇拉的三封信，明确说明纳博科夫急于让薇拉和德米特里尽快去和他团聚。这些信中的第一封信，薇拉把日期错标为“1937年2月20日”(其实信写于1937年3月20日)，现在加上了德米特里的注释：“译于1986年12月20日”。尽管这些信是纳博科夫于1940年到达纽约之前写的，那时他还没有从俄语转向用英语作为通信的主要语言，但纳博科夫1937年给薇拉的这三封信收入了1989年由德米特里合编的《书信集（1940—1977）》。

1990年，蒙特勒皇家旅馆翻修时，薇拉得搬出旅馆，听了德米特里的建议，她在位于蒙特勒皇家旅馆上方的山坡上买了毗邻的两个套间。她住其中一个大的套间，把较小的那个套间处理成一间办公室、一间客房和一个档案室。1991年薇拉去世时，德米特里拥有了这两个套间。1992年，他把纳博科夫的文献卖给纽约公共图书馆的亨利·W和艾伯特·A·柏格收藏部，但设法收回了一些他希望留在手里的材料，如他父亲的日记，《诺拉的原型》手稿，以及给他母亲的信。德米特

① 详情见《纳博科夫传：美国岁月》，第394—397页。“用了雅克·克鲁瓦塞的笔名，莎霍夫斯考埃宣称，纳博科夫在欧洲流亡时期的情感是如此荒芜，在他的回忆录里，‘他甚至遗忘了他最黑暗岁月中的朋友’。莎霍夫斯考埃似乎对《确证》中没有提及她的名字感到不满，虽然纳博科夫回忆录中有关流亡生活的部分有意回避了他的私生活，将篇幅限定在对那些对俄国文学作出贡献的一些作家的评论上，语气也远不是冷漠（丰达明斯基，‘一个圣洁、英雄般的人物，对流亡文学所作的贡献超过了任何人’；霍达谢维奇，‘一个反讽和刚强的天才，他的诗歌如同丘特切夫或勃洛克的诗歌，是复杂的一个奇迹’；‘聪明、清晰和迷人的阿尔达诺夫’）。莎霍夫斯考埃引述《绝望》中赫尔曼的观点，仿佛这些观点就是纳博科夫自己的，而不是他卑视的一个疯子和杀人犯的观点，她声称在纳博科夫的世界中，‘善不存在，一切都是噩梦和欺骗。那些寻找知识的满足的人，宁可服毒也别去读纳博科夫。’”(《纳博科夫传：美国岁月》，第396页）

里有新世界的开放心态，与他母亲属于旧世界的那种谨慎态度不同，在九十年代后期，允许史黛西·希夫和一位说俄语的研究助手阅读给薇拉的信，以便她写作薇拉传记，他也同意对别的研究者、记者和文献纪录片作者开放。伯格收藏部急于得到答应给他们的任何材料，2002 年，给薇拉的信由德米特里的助手复印，并为奥尔加·沃罗尼娜和我本身做了拷贝，原件送往纽约。我们发现 1932 年的信件没有复印，之后越发不安的是，纽约方面并没有收到这些信的原件，德米特里的房间或地下室也没有找到，文献的其他复印件已经整理归档。我们根据录音材料翻译了 1932 年的信件，二十多年后，录音效果已经有些失真。2011 年 2 月，当我最后一次拜访德米特里，这是他去世前一年，他允许我翻查室内及地下室的每个架子、抽屉和柜子，但 1932 年的信还是没有找到。

致谢

如果没有已故德米特里·纳博科夫向我们慷慨提供给薇拉的信件，这项计划是不可能进行的，2002 年，这些信件仍然由他保管，放在蒙特勒。同样，也要感谢他的助手的帮助，尤其是安东尼奥·埃皮科科，他找出并复印了这些信件。感谢阿列克谢·科诺瓦诺夫和柯里斯·加利克。感谢尼基·史密斯，德米特里那时的代理人，对这项计划给予热情支持。感谢纽约公共图书馆的亨利·W 和艾伯特·A·柏格收藏部，尤其是馆长伊萨克·格维尔茨和弗拉基米尔·纳博科夫档案的编目员斯蒂芬·克鲁克，2002 年下半年，当信的原件一到馆里，他们总是给我们提供阅读的机会。感谢格纳迪·巴拉布塔罗给予了很大的帮助，在对俄语原件、根据录音所作的记录、英语翻译和注释的阅读中，他表现得很细致、敏锐、具有洞察力，对 1926 年纳博科夫信中附带的字谜也作了解答。感谢安德列·巴比科夫，他对俄语原件的解读也作出了贡献。已故奥默里·罗内恩有关俄国侨民的丰富知识也有助于解答一些难题。迪特尔·齐默在他有关纳博科夫的柏林和纳博科夫的蝴蝶这些课题的研究中提供了极为精确的信息。莫尼卡·马诺勒斯库梳理了在斯特拉斯堡和巴黎的法语期刊以查证 1937 年纳博科夫期待在法语期刊上发表但实际上并没有发表的短篇小说。布朗温·尼科尔森提出了一些有价值的编辑建议并帮助编辑了参考书目。斯坦尼斯拉夫·希瓦卜林就翻译的五个要点提出了很好的建议。加亚·迪门特也检查了俄语文本的抄写。亚历山大·多列宁提出了许多建议，对抄件、翻译和注释进行了校对。迈克尔·赫斯特将薇拉·纳博科夫对她读信的录音进行数字化处理，提高收听效果。当然也要特别感谢薇拉·纳博科夫本人，不仅感谢她妥善地保存了这些信件，而且感谢她在 1984 和 1985 年间，亲自读了大量的信件（以双卡录音机录下来），尽管涉及到她的个人隐私、她的时代和她的健康状况，没有她的帮助，我们今天的这部书信集中，1932 年的那些信就只好付之阙如了。

参考文献

档　案

伊琳娜·瓜达尼尼文件。私人收藏（塔吉亚娜·莫洛佐夫）

弗拉基米尔·纳博科夫档案，亨利·W 和艾伯特·A·柏格收藏部，纽约公共图书馆，纽约，纽约州。

弗拉基米尔·纳博科夫和维拉·纳博科夫文件（抄件和复印件）及录音带。私人收藏（布莱恩·博伊德）

季娜依达·莎霍夫斯考埃文件，艾姆斯特学院，俄国文化中心，艾姆斯特，马萨诸塞州。

季娜依达·莎霍夫斯考埃，华盛顿特区，国会图书馆。

弗拉基米尔·纳博科夫著作

《阿达或爱欲：一部家族纪事》(*Ada or Ardor*: *A family Chronicle*)，纽约：McGraw—Hill，1969。

《阿达或爱欲：一部家族纪事》(*Ada oder Das Verlangen*)，汉堡：Rowohlt，1974。

《阿达或爱欲：一部家族纪事》(*Ada ou l'ardeur*)，巴黎：Fayard，1975。

《眼睛：未发表中篇小说》(*L'aguet*: *nouvelle inédite*)，自选集（*Oeuvres Llibres*）第 164 种，1935。

《庶出的标志》(*Bend Sinister*，1947)，纽约：Time，1964。

《暗箱》(*Camera Obscura*)，伦敦：John Long，1936。

《暗箱》(*Chamber Obscure*)，巴黎：Grasset，1934。

《确证：回忆录》(*Conclusive Evidence*: *A Memoir*)，纽约：Harper and Brothers，1951。

《防守》(*La Course du Fou*)，巴黎：Fayard，1934。

《天赋》(*Dar*)，纽约：Chekhov，1952。

《纳博科夫——威尔逊书信集：1940—1971》(*Dear Bunny, Dear Volodya: The Nabokov—Wilson Letters, 1940—1971*)，洛杉矶：加州大学出版社，2001。

《绝望》(*Despair*)，伦敦：John Long, 1937；纽约：Putman, 1966。

《确证》(*Drugie berega*)，纽约：Chekhov, 1954。

《弗拉基米尔·纳博科夫访谈录》(*Entretien avec Vladimir Nabokov*)，《现代语言》(*Les Langues modernes*) 第 62 辑，1968 年。

《尤金·奥涅金》(*Eugene Onegin*) 普林西顿：普林西顿大学出版社，1975。

《眼睛》(*The Eye*)，纽约：Phaedra, 1965。

《菲雅塔的春天：三十一个短篇》(*Fruhling in Fialta: Dreiunzwanzig Erzahlungen*)，汉堡：Rowohlt, 1966。

《天赋》(*The Gift*)，纽约：Putman, 1963；纽约：Vintage, 1991。

《荣誉》(*Glory*)，纽约：McGraw-Hill, 1971。

《苍天路径》(*Gorniy put'*)，柏林：Grani, 1923。

《物以类聚》(*Grozd'*)，柏林：Gamayun, 1923。

《防守》(*Han som spelade schack med livet*)，斯德哥尔摩：Bonnier, 1936。

《斩首之邀》(*Invitation to a Beheading*)，纽约：Putman, 1959。

《黑暗中的笑声》(*Kamera obskura*)，柏林及巴黎：Prabola, 1933。

《王、后、杰克》(*King, Queen, Knave*)，纽约：McGraw-Hill, 1968。

《王、后、杰克》(*Konig, Dame, Bube*)，柏林：Ullstein, 1930。

《王、后、杰克》(*Korol', Dama, Valet*)，柏林：Ullstein, 1928。

《黑暗中的笑声》(*Laughter in the Dark*)，印第安纳波利斯：Bobbs-Merrill, 1938。

《文学讲稿》(*Lectures on Literature*)，纽约：Harcourt Brace Jovanovich, 1980。

《俄国文学讲稿》(*Lectures on Russian Literature*)，纽约：Harcourt Brace Jovanovich, 1981。

《艾丽丝漫游奇境记》(*Anya v strane chudes*)，柏林：gamayun, 1923。

《洛丽塔》(*Lolita*)，纽约：Putman, 1958。

《看那些小丑！》(*Look at the Harlequins!*)，纽约：McGraw-Hill, 1974。

《从苏联来的人：剧作选》(*The Man from the USSR and Other Plays*)，纽约：Harcourt Brace Jovanovich/Bruccoli Clark, 1984。

《玛丽》(*Mashen'ka*)，柏林：Slovo, 1926。

《误会》(*La Méprise*)，巴黎：Gallimard, 1939。

《纳博科夫—威尔逊书信集》(*The Nabokov—Wilson Letters*)，纽约：Harper and Row，1979。

《纳博科夫的蝴蝶：集外集》(*Nabokov's Butterflies: Unpublished and Uncollected Writings*)，波士顿：Beacon，2000。

《纳博科夫的十二个》(*Nabokov's Dozen*)，纽约州花园城：Doubleday，1957。

《尼古拉·果戈理》(*Nikolai Gogol*)，康涅狄格州诺福克：New Directions，1944。

《绝望》(*Otchayanie*)，柏林：Petropolis，1936。

《微暗的火》(*Pale Fire*)，纽约：Putman，1962。

《给斯特鲁夫及赫森夫妇的信》(*Pis'ma k glebu Struve. Pis'ma k Gessenam*)，《星星》第4期，1999。

《荣誉》(*Podvig*)，巴黎：Sovremennye Zapiski，1932。

《普宁》(*Pnin*)，纽约州花园城：Doubleday，1957。

《诗歌与棋题》(*Poems and Problems*)，纽约：MacGraw-Hill，1971。

《斩首之邀》(*Priglashenie na kazn'*)，巴黎：Dom Knigi，1938。

《塞巴斯蒂安·奈特的真实生活》(*The Real Life of Sebastian Knight*)，康涅狄格州诺福克：New Directions，1941。

《一个俄罗斯美人：短篇小说选》(*A Russian Beauty and Other Stories*)，纽约：MacGraw-Hill，1973。

《诗选》(*Selected Poems*)，纽约：Knopf，2012。

《书信集：1940—1977》(*Selected Letters, 1940—1977*)，纽约：Harcourt Brace Jovanovich/Bruccoli Clark，1989。

《玛丽》(*Sie kommt—kommt sie?*)，柏林：Ullstein，1928。

《流浪者》(*The Wanderers*)，Grani 第2期，1923。

《眼睛》(*Soglyadatay*)，巴黎：Russkie zapiski，1938。

《说吧，记忆》(*Speak, Memory: An Autobiography Revisited*)，纽约：Putman，1967。

《诗集》(*stikhi*)，密歇根州安娜堡：Ardis，1979。

《独抒己见》(*Strong Opinions*)，纽约：MacGraw-Hill，1973。

《纳博科夫短篇小说选》(*The Stories of Vladimir Nabokov*)，纽约：Knopf，1995。

《三位俄国诗人：普希金、莱蒙托夫和丘特切夫诗选》(*Three Russian Poets: Selection from Pushkin, Lermontov and Tyutchev*)，康涅狄格州诺福克：New Directions，1944。

《摩纳先生的悲剧》(*Tragedya gospodina Morna, P'esy*)，圣彼得堡：Azbuka-kassika，2008。

《摩恩先生的悲剧》(*The Tragedy of Mr.Morn*)，伦敦：Penguin，2012。

《透明》(*Transparent Things*)，纽约：McGraw-Hill，1972。

《被推翻的暴君和其他短篇小说》(*Tyrants Destroyed and Other Stories*)，纽约：McGraw Hill，1975。

《纳博科夫和布宁：来往书信》(*V.V.Nabokov and I.A.Bunin: Correspondence*)，莫斯科：IMLI RAN，2002。

《菲雅塔的春天和其他短篇小说》(*Vesna v Fial'te rasskazy*)，纽约：Chekhov 出版社，1956。

《诗歌与版本：三个世纪的俄国诗歌》(*Verses and Versions: Three Centuries of Russian Poetry*)，纽约：Harcourt，2008。

《肖巴之归：短篇小说及诗歌》(*Vozvrashchenie Chorba: Rasskazy i Stikhi*)，柏林：slovo，1930。